Die VOLX BIBEL

Neues Testament

frei übersetzt

von Martin Dreyer

Ein neuer Vertrag zwischen Gott und den Menschen

vol[x]bibel-verlag

An der Volxbibel mitgearbeitet haben:

Wolfgang Günter (der Lektor), Julia Pfläging, Rahel Dreyer, Corinna Schober, Jenny Schimmanz, Joachim Senftleben, Dennis Diedrich, Martin Nerlich, Tobias Schier, Alexander Gärtner, „Sprotte“ Thomas Günther, Storch: Sprache, Grammatik, Rechtschreibung.

Viktor Sudermann, Wolfgang Günter, Storch:
Theologisch, exegetisch, geistlicher Input.

Andreas Ebert, Bernhard Meuser:
Visionär, unterstützend.

„Spustl“ Sebastian Pranz: Logo und Webdesign.

Fettes **Danke** an euch alle! Ohne euch wäre es nicht gegangen!
Echt jetzt! Jesus wird es zurückgeben, ganz sicher, tausendfach!

Besonders danke ich:
Meiner Ehefrau Rahel für ihre Geduld und ihre unermüdliche Unterstützung. Du bist eine gigantisch tolle Frau, ich liebe Dich!
Andreas und Bernhard, ohne euch würde es die Volxbibel nicht geben.
Andre für seine treue Freundschaft.

Danke Jesus, du bist mehr, als Worte beschreiben können.

3. Auflage 2006

Umschlag: Dietmar Reichert, Dormagen
Satz: OLD-Media OHG, Neckarsteinach
Druck: FINIDR s.r.o., Tschechien
ISBN-10: 3-9810656-0-3
ISBN-13: 978-3-981-0656-0-2
Best.-Nr. 889.030

Vorwort zur Übersetzung

Herzlich willkommen in der Welt der Volxbibel!

Dieses Buch hat schon vor seiner Veröffentlichung für viel Gesprächsstoff gesorgt. Viele Fragen wurden an das Projekt gestellt, und einige davon möchte ich hier gerne beantworten.
Die Volxbibel ist ein Experiment, etwas Neues, nie Dagewesenes. Sie ist die erste deutsche Bibel, die versucht zu zeigen, wie Jesus möglicherweise heute geredet hätte, ohne seine Aussagen ins Lächerliche zu ziehen oder ihnen die Schärfe zu nehmen. Die Volxbibel ist außerdem die erste Bibel überhaupt, bei der wirklich jeder mitschreiben und mitgestalten kann.

Die Volxbibel ist ein Sprachexperiment.

Sprache verändert sich ständig, das kann jeder sehen, der mal in die erste Bibelübersetzung von Martin Luther reinschaut. Deshalb muss sich die Sprache der Bibel auch ständig weiterentwickeln, damit sie jeder verstehen und lesen kann.

Meine Eltern sagten immer: „Diese Musik ist aber toll“! Dreißig Jahre später war dann alles „geil“, jetzt ist das eher „krass“, was wirklich gut ist. Wer weiß, was man morgen sagen wird, wenn man etwas besonders gut findet? Sprache verändert sich und ist vielschichtig. In Hamburg spricht man anders als in Bayern. In Schwaben „schwätzt“ man, in Dortmund wird „gelabert“. Deshalb wird für den einen ein Vers aus der Volxbibel cool klingen und für den anderen eher peinlich, für den einen zu radikal und für den Nächsten zu lasch. So ist das eben.

Luther hatte bei seiner ersten Bibelübersetzung ein bestimmtes Motto. Es war nicht seine Absicht, besonders alt, schwierig oder religiös zu schreiben. Im Gegenteil! Er wollte „dem Volk aufs Maul schauen“, und mit dem „Volk“ meinte er die Leute vom Markt, den Normalo von der Straße, den Freak von gegenüber. Genauso ist es das Ziel der Volxbibel, eine möglichst normale Sprache zu sprechen, mit Ausdrücken, wie man sie im Jugendzentrum oder auf dem Schulhof hört. Begriffe, die erst mal nur jemand versteht, der christlich aufgewachsen ist, sollten, so weit es ging, vermieden werden.

Die Volxbibel ist ein Open Source Experiment.

Es gibt eine einfache Möglichkeit, die Bibel sprachlich modern zu halten und sogar auf regionale Unterschiede einzugehen. Um viele Leser anzusprechen, braucht man viele Übersetzer.

Deshalb geben wir jedem die Möglichkeit, sich am Sprachexperiment Volxbibel zu beteiligen. Wie beim bekannten Internet-Lexikon *Wikipedia* liegt der „Quellcode" der Volxbibel offen. Jeder, der mitmachen möchte, kann seine Vorschläge im Übersetzer-Forum auf www.volxbibel.de im Internet veröffentlichen.
Wenn du Stellen aus der Volxbibel überholt, unverständlich oder sogar peinlich findest, kannst du dabei helfen, es in der nächsten Ausgabe besser zu machen. Alle Übersetzungsversuche werden ernst genommen und von einem Team von Lektoren und Theologen geprüft. Die besten Vorschläge erscheinen im nächsten Update der Volxbibel. Wenn ein Vers oder Abschnitt von dir ins nächste Update übernommen wurde, steht hinten natürlich auch dein Name drin.

Die Volxbibel ist ein geistliches Experiment.

Die Bibel ist, so sagt man, „Gottes Wort". Die Worte, die in ihr geschrieben stehen, kommen von Gott, es sind seine Worte. Sie können lebendig werden und anfangen, dein Leben zu verändern. Mir war beim Übersetzen wichtig, diese Worte nicht „weichzuspülen", sie sollten die Schärfe und Klarheit des ursprünglichen Textes behalten, damit ihre Bedeutung für keinen Menschen verloren geht. Gott möchte durch die Worte der Volxbibel direkt zu dir reden!

Darum möchte ich jeden Leser herausfordern: Öffne dich dafür, dass diese Worte heute für dich plötzlich lebendig werden können. Gott kann so mit dir reden!

Viel Spaß beim Lesen, Nachdenken, Mitübersetzen wünschen dir

Martin Dreyer und Team

Die Volxbibel wird die erste Bibelübersetzung der Welt, an der alle mitschreiben können, eine Bibel vom Volk fürs Volk, geschrieben von Profis und von Laien. Welches Buch wäre nicht würdiger dafür als das Buch der Bücher, die Bibel, selbst!

Einleitung

Die Volxbibel beginnt mit vier Büchern, die von dem Leben, was Jesus hier auf der Erde geführt hat, erzählen. Jedes Buch hat seinen eigenen Schwerpunkt, seine eigene Perspektive. Das ist genau so, als wenn vier Freunde von dir im Kino denselben Film sehen würden, jeder würde ihn aber später aus seiner Sichtweise etwas anders beschreiben, auch wenn sie alle im gleichen Film waren.

Nach diesen vier Büchern kommt ein weiteres spannendes Ding, nämlich die Geschichte von den Aposteln. Die Apostel waren die erste Führungsriege der Christen, gleich nachdem Jesus als Mensch von der Erde verschwunden war und in den Himmel zu Gott gezogen ist. Das Buch erzählt von einer besonderen Kraft, die direkt von Gott kam, man nennt diese Kraft auch den heiligen Geist. Dieser Geist ist genauso wie Gott, er ist genauso eine Person wie Jesus oder der Vatergott. Mit dieser Kraft wurden die Freunde von Jesus abgefüllt, Gott zog sozusagen höchstpersönlich in ihren Körper und in ihr Bewusstsein ein. Und was dann passiert ist, war wirklich abgefahren. Von dort fing nämlich eine richtige Jesus-Revolution an, die die ganze Erde bis zum heutigen Zeitpunkt total verändert hat!

Nach dieser Geschichte mit den Aposteln kann man noch verschiedene Briefe lesen, die von Leuten wie Paulus und Petrus an die Jesus-Familien in den einzelnen Städten geschrieben worden sind. Diese Gemeinden, wie man sie heute nennt, haben sich alle in ganz kurzer Zeit gegründet. Die Briefe wurden von Christen geschrieben, die es echt draufhatten und die Gott extra für diesen Job ausgesucht hat. Teilweise kannten sie Jesus noch persönlich, teilweise haben sie Jesus erst kennen gelernt, nachdem er gestorben war. Wie das geht, wirst du selber lesen können ;+) Diese Briefe gehen oft auf die ganz konkreten Probleme ein, die in diesen Gemeinden vor Ort in dieser Zeit am Start waren. Sie können aber auch heute noch in deine Situation sprechen und im alltäglichen Leben mit Gott weiterhelfen.

Die Volxbibel schließt mit einer Vision, die Johannes gehabt hat. Keine Ahnung, was du davon verstehst, ich hab immer das Gefühl, was damit eigentlich gemeint war, wird uns zum großen Teil erst später klar werden.

Christen sind davon überzeugt, dass die Bibel „das Wort Gottes" ist. Sie meinen damit, dass hinter den Buchstaben, die du da liest, eine größere Kraft steckt, eben Gott. Worte sind Gott wichtig, er hat mit Worten diese Welt gemacht. In dem alten Teil der Bibel hat Mose mal geschrieben: „Gott sprach, es werde Licht, und so ist dann das Licht entstanden." Er hat gesprochen, Worte ausgesprochen, keine Gedanken gedacht oder Bilder gemalt.

Ich würde mich freuen, wenn durch dieses Projekt viele Leute anfangen, sich auf diesen Jesus einzulassen, von dem in der Volxbibel überall erzählt wird. Er ist die Hauptfigur, er spielt die Hauptrolle in diesem Film, er ist der große Held, um den sich alles dreht. Ich habe mich auf Jesus eingelassen, als ich 21 war. Vielleicht ist das ganz schön spät, manchmal wünschte ich mir, jemand hätte mir schon früher von ihm erzählt. Dann wäre mir viel Scheiß und Ärger erspart geblieben. Ich kann auf jeden Fall mit Sicherheit behaupten, dass seitdem viel in meinem Leben und um mich herum ins Wanken geraten ist, es gab auch derbe Stürme, wo ich fast abgesoffen wäre, aber der einzige stabile Faktor war immer Jesus. Er hat stets zu mir gehalten, auf mich aufgepasst, für mich gesorgt. Es gibt nichts Besseres, als mit Jesus zu leben und ein Christ zu sein, ehrlich!

Wenn du das auch werden willst, dann schreib mir, oder frag jemanden, von dem du glaubst, er könnte es wissen. Denn Jesus hat mal gesagt: „Wenn jemand etwas sucht, dann wird er es auch finden" (Matthäus, 7. Kapitel, Vers 8). Jesus lässt sich immer finden, er möchte gerne mit jedem Menschen leben, aber er will dich nicht zwingen, er wartet auf dich, er wartet, bis du kommst. Am Ende von dieser Volxbibel steht auch noch etwas zu dem Thema, wie man zu den Leuten von Jesus gehören kann, wenn man das will.

Und jetzt geht es los...

Martin Dreyer

Inhalt

Die Geschichte von Jesus, wie Matthäus sie aufgeschrieben hat

1

Die Leute vor Jesus
[1] Dies ist die Story von Jesus Christus. Jesus ist ein Ur-ur-ur-und-so-wei-
ter-Enkel von David und Abraham. Seine genaue Vorfahrenreihe sieht so
aus: [2] Abraham, Isaak, Jakob (der Papa von Juda und dessen Brüdern),
[3] Juda, Perez und Serach (Tamar war ihre Mama), Hezron, [4] Ram, Am-
minadab, Nachschon, [5] Salmon, Boas (der Sohn von Rahab), Obed (der
Sohn von Ruth), Isai, [6] König David, Salomo (dessen Mama war Urias
Frau), [7] Rehabeam, Abija, Asa, [8] Joschafat, Joram, Usija, [9] Jotam, Ahas,
Hiskia, [10] Manasse, Amon, Josia, [11] Jojachin und seine Brüder (zu der
Zeit, als das Volk Israel nach Babylon abgeschleppt wurde), [12] Scheal-
tiël, Serubbabel (als das Volk in Babylonien festsaß), [13] Abihud, Eljakim,
Asor, [14] Zadok, Achim, Eliud, [15] Eleasar, Mattan, Jakob. [16] Jakob war der
Dad von Josef, Josef war der Mann von Maria. Und Maria war die Mutter
von Jesus Christus, und der ist der Sohn von Gott. [17] Zahlensymbole
sind wichtig! Darum: Von Abraham bis zum König David waren es vier-
zehn Generationen. Und auch von David, bis sie nach Babylon entführt
wurden, waren es vierzehn Generationen, und von der Zeit bis zu Chris-
tus noch mal vierzehn. [18] So, und jetzt kommt, wie der Sohn von Gott
ein Mensch wurde: Seine Mutter Maria war mit einem Typen, der den
Namen Josef hatte, verlobt. Obwohl sie noch nicht verheiratet waren
und keinen Sex hatten, war Maria plötzlich schwanger. Und zwar hatte
der Geist* der von Gott kommt, dafür gesorgt: Er hatte sie auf überna-
türliche Weise schwanger gemacht. [19] Als Josef das mitbekam, musste er
erst mal nachdenken. Eigentlich wollte er sofort mit ihr Schluss machen,
aber auf der anderen Seite konnte er ihr das auch nicht antun, das wäre
zu peinlich für Maria gewesen. [20] Er machte sich voll den Kopf darüber,
als er plötzlich im Traum einen Engel** sah, der ihm sagte: „Josef, ja, ich
meine genau dich! Du musst keinen Schiss haben, Maria zu heiraten!

---

* Gott wird in der Bibel in drei Formen beschrieben: als „Vatergott", als „Sohngott" und als „Geistgott". Er ist aber immer der Gleiche, bloß in einer anderen Form (gut zu vergleichen mit Wasser: flüssiges Wasser, Wasserdampf und Wassereis). In der Volxbibel wird dieser dritte „Geistgott" oft als Power, Kraft, Energie übersetzt, weil das Originalwort diese Deutung auch hergibt.

** Engel sind gute Geister und sozusagen die Briefträger von Gott. Manchmal schickt er sie zu den Menschen, wenn er was ganz Wichtiges sagen will. Sie sollen uns aber auch beschützen.

Das Baby, was sie bekommen wird, hat ihr Gott geschenkt. 21 Sie wird
einen Jungen bekommen, den musst du unbedingt Jesus nennen. Jesus
heißt übersetzt ‚Retter', denn er wird seine Leute aus der Falle raus-
holen, in der sie stecken, durch alles, was sie in ihrem Leben verbockt
haben." 22 Das alles passierte, damit die alten Propheten* Recht behal-
ten mit ihrer Ansage: 23 „Eine Jungfrau wird schwanger werden und ei-
nen Sohn bekommen. Den wird man Immanuel nennen. Das bedeutet:
‚Gott ist bei uns'." 24 Als Josef wieder aufwachte, tat er genau das, was
der Engel ihm gesagt hatte, und heiratete Maria. 25 Maria und er aber
schliefen nicht miteinander, bis sie ihren Sohn zur Welt brachte. Josef
gab ihm den Namen Jesus.

2

Die studierten Jungs suchen den neuen König

1 Jesus wurde in dem Kuhdorf Bethlehem im Bezirk Judäa in Israel gebo-
ren. Herodes hatte damals dort das Sagen. Irgendwann kamen so For-
scher aus Vorderasien, die sich tierisch gut mit den Sternen auskannten,
in die Hauptstadt Jerusalem und quetschten überall die Leute aus: 2 „Wo
ist der Typ, der in Zukunft das Sagen hat in Jerusalem? Wir haben das
in den Sternen gesehen und sind hergekommen, um ihm zu sagen,
wie geil wir das finden." 3 Der König Herodes war total fertig, als er das
hörte, und nicht nur er, alle in Jerusalem waren das. 4 Er organisierte
sofort ein Meeting mit den angesagtesten religiösen Typen und den
Leuten, die viel studiert hatten und eine Menge wussten. Die fragte er:
„Wisst ihr, wo dieser König geboren werden soll?" 5 Darauf meinten sie
zu ihm: „In Bethlehem, das hat Micha schon in seinem Prophetenbuch
geschrieben. Dort steht: 6 ‚Bethlehem, du bist nicht die unangesagteste
Stadt in Judäa. Denn aus dir wird der Mann kommen, der sich um mei-
ne Leute in Israel kümmern wird.'" 7 Da rief Herodes die Forscher heim-
lich zu sich, weil er genau wissen wollte, wann sie den Stern zum ersten
Mal gesehen hatten. Danach befahl er ihnen, nach Bethlehem zu gehen:
8 „Ihr müsst dort das Kind suchen und mir sofort Bescheid geben, wenn
ihr es gefunden habt, okay? Ich gehe dann auch mal vorbei, um ihm und
allen anderen klar zu machen, wie toll ich das finde." 9 Nachdem sie dies
so bequatscht hatten, gingen die Forscher nach Bethlehem. Dort pas-
sierte etwas total Abgefahrenes: Der Stern, den sie in Vorderasien gese-
hen hatten, leitete sie fast wie ein GPS-System direkt zu dem Haus, wo
das Baby lag. 10 Darüber rasteten sie vor Freude total aus. 11 Sie gingen

* Propheten: Das sind so Typen, die haben einen ganz besonderen Draht zu Gott. Die können nicht nur wie jeder andere mit ihm reden, die hören auch ganz oft, was er zu ihnen oder durch sie zu anderen sagen will.

in die Hütte, wo der Stern drüber stehen blieb, und fanden dort Maria mit ihrem Baby. Sie fielen sofort auf ihre Knie und jubelten ihm zu. Anschließend packten sie die Geschenke aus, ein paar Goldbarren sowie ganz wertvolle Räucherstäbchen und Kräuter, die sie extra aus ihrem Land mitgebracht hatten.
12 In der Nacht sagte Gott durch einen Traum zu ihnen, sie sollten nicht mehr bei Herodes vorbeischauen. Darum wählten sie einen Umweg, um nach Hause zu kommen.

Maria und Josef hauen nach Ägypten ab

13 In der nächsten Nacht hatte Josef einen heftigen Traum: Er sah einen Engel Gottes, der ihm befahl: „Ab nach Ägypten! Nimm das Baby und die Mutter und mach dich auf die Socken. Ich werde mich bei dir melden, wenn ihr zurückgehen könnt. Herodes will nämlich euer Kind töten."
14 Da haute Josef in der Nacht mit Maria und dem Baby ab nach Ägypten.
15 Dort versteckten sie sich, bis Herodes abgenippelt war. Damit erfüllte sich, was schon die alten Propheten früher mal vorausgesagt hatten: „Ich habe meinen Sohn aus Ägypten rausgeholt."

Jesus soll umgebracht werden

16 Herodes rastete total aus, als er mitbekam, dass die Astrologen ihn gelinkt hatten. Wütend ließ er alle Jungen töten, die unter zwei Jahre alt waren und in Bethlehem und Umgebung wohnten. Als Anhaltspunkt berechnete er die Geburtszeit nach den Angaben der Sternenforscher.
17 Mit diesem derben, brutalen Mord wurde wahr, was der Prophet Jeremia schon vor langer Zeit vorhergesagt hatte:
18 „In der Stadt Rama wird man ohne Ende Angst haben und weinen. Rahel wird tierisch abheulen, weil ihre Kinder alle tot sind."

Wieder in Ägypten ...

19 Als Herodes schließlich das Gras von unten sah, hatte Josef im Traum wieder Besuch von einem Engel Gottes, der zu ihm sagte:
20 „Mach dich auf die Socken, nimm die Mutter und geh wieder nach Israel zurück! Die Typen, die das Kind umbringen wollten, sind tot."
21 Also machten sich Josef und Maria auf den Weg zurück nach Israel.
22 Schließlich hörte er das Gerücht, dass Archelaus, der Sohn von Herodes, der neue König von Judäa war. „Schlechte News!", dachte Josef, denn der war auch ziemlich berüchtigt. Gott sagte ihm aber in einem Traum, er sollte in das Gebiet Galiläa gehen und sich da erst mal 'ne Wohnung nehmen.
23 Sie gingen darum erst mal rüber nach Nazareth und bauten dort ihren Stützpunkt auf. Dadurch wurde auch das noch wahr, was die Propheten über den Auserwählten, den Christus, schon vor Jahrhunderten vor-

hergesagt hatten. Sie sagten nämlich: „Man wird von ihm sagen: ‚Er ist
einer aus Nazareth.'"

3

Über Johannes, der die Leute getauft hat

1 In dieser Zeit fing der Typ mit dem Namen ‚Johannes, der die Leute
tauft' an, in der Wüste große Reden zu schwingen. Sein Lieblingsthema
war dabei: 2 „Lebt nicht weiter so wie bisher! Rennt nicht in euren Unter-
gang. Schlagt einen neuen Weg ein, denn jetzt geht's ab! Gott wird bald
das Sagen haben!" 3 Schon der Prophet Jesaja hatte folgende Ansage
gemacht: „Da macht jemand in der Wüste den Lauten und ruft: ‚Bahn frei
für den Oberboss! Platz da, alles aus dem Weg!'" 4 Johannes' Klamotten
waren aus Kamelhaaren gemacht und wurden von einem Ledergürtel
zusammengehalten. Er fraß Heuschrecken mit wildem Honig zum Mit-
tag, so derbe drauf war der. 5 Er zog viele Menschen aus dem Umland
an. Aus Jerusalem, dem Jordantal und auch dem Bezirk Judäa kamen sie.
6 Sie sagten vor ihm ganz offen, wo sie Mist in ihrem Leben gebaut hat-
ten. Johannes machte dann mit ihnen so ein religiöses Ritual im Jordan,
indem er sie dort untertauchte, man nannte das Taufe. 7 Als Johannes
aber mitbekam, dass auch viele von den religiösen Profis, wie die Pha-
risäer und Sadduzäer, sich taufen lassen wollten, wurde er total wütend
und sagte: „Ihr miesen Spinner! Wie kommt ihr darauf, dass Gott euch so
eine reine Weste bescheren wird? 8 Zeigt doch erst mal durch euer Leben,
dass ihr euch wirklich ändern wollt! 9 Ihr glaubt doch nicht im Ernst, ihr
könntet euch so durchmogeln mit dem ‚Abraham ist unser Papa'-Ge-
quatsche! Gott kann sich aus diesen Mülleimern Kinder von Abraham
machen, wenn er will. 10 Eure letzte Stunde hat schon geschlagen. Die
Leute, die nicht das bringen, was sie bringen könnten, werden aussortiert
und vernichtet werden. Jeder Baum, an dem nichts wächst, wird abge-
holzt und verbrannt. 11 Alle, die einen neuen Weg in die Richtung Gottes
einschlagen, werde ich mit Wasser taufen. Ich bin aber nur die Preview
vom Hauptfilm, der Vorgeschmack auf den, der nach mir kommt. Dem
kann ich noch nicht mal die Schuhe zubinden. Der bringt ein völlig neues
Programm, er wird euch mit dem heiligen Geist taufen. Der wirkt wie ein
Feuer in euren Gedanken. 12 Er hat schon den Filter aufgestellt, der den
Dreck vom Guten trennen wird. Den Dreck, der übrig bleibt, den wird er
verbrennen, das Gute wird er aufbewahren."

Gott steht zu seinem Sohn

13 Auch Jesus ging aus seiner Heimat in Galiläa zum Fluss Jordan, weil
er sich von Johannes taufen lassen wollte. 14 Aber Johannes hielt das für

keine so gute Idee: „Es müsste eigentlich umgekehrt laufen, Jesus, ich
müsste von dir getauft werden!“, sagte er zu ihm. 15 Aber Jesus meinte
nur: „Es ist okay, so wie es ist. Wir müssen das tun, was Gott gut fin-
det.“ Also wurde auch Jesus von Johannes getauft. 16 Als er Jesus dann
untertauchte und der wieder aus dem Wasser rauskam, öffnete sich
plötzlich die Wolkendecke über ihnen, und man sah, wie der Geist von
Gott in Form einer weißen Taube runtersegelte und auf ihm landete.
17 Zur gleichen Zeit hörte man eine Stimme aus dem Off, die direkt aus
dem Himmel kam, die sagte: „Dies ist mein Sohn, den ich wahnsinnig
liebe, ich freue mich tierisch über ihn, er ist der Auserwählte!“

4

Die Große Prüfung für Jesus

1 Anschließend wurde Jesus vom Geist, der von Gott kommt, in die
Wüste gesteuert, wo der Chef des Bösen, der auch Satan genannt wird,
versuchen sollte, ihn vom guten Weg mit Gott abzubringen. 2 Vierzig
Tage und Nächte bekam er nichts zu essen, er bekam irre Hunger, so
einen Hunger, der schon wehtat. 3 Schließlich kam Satan vorbei, um
ihn fertig zu machen. Er sagte zu ihm: „Wenn dein Alter Gott ist, dann
kannst du dir aus diesen Steinen ’ne Pizza zaubern, wenn du das willst,
oder?“ 4 Jesus antwortete ihm: „Nein, das werde ich nicht tun. Denn
im alten Buch* steht drin: ‚Der Mensch braucht nicht nur Essen, um zu
leben. Er braucht auch einen Wegweiser durch das, was Gott zu ihm
sagt.‘“ 5 Danach ging Satan mit ihm zur Stadt Jerusalem und stellte ihn
dort auf den Rand der Mauer vom Tempel. 6 „Spring runter!“, foppte er
Jesus. „Du bist doch der Sohn von Gott! In dem alten Buch kann man
ja auch lesen: ‚Gott wird durch seine Engel eingreifen. Sie werden dich
auf Händen tragen, und du wirst keine Schramme abkriegen.‘“ 7 Jesus
holte zum Gegenschlag aus. Er sagte: „Dort steht auch: ‚Du sollst mit
Gott, deinem Boss, keine Spielchen spielen.‘“ 8 Jetzt beamte ihn Satan
auf einen hohen Berg und zeigte ihm von dort die ganze wunderschöne
Welt. 9 „Das alles kannst du haben, wenn du dich vor mir hinkniest und
mich nur für einen Moment zu deinem Gott machst“, sagte er. 10 Jesus
ließ ihn nur abblitzen, indem er antwortete: „Satan, verschwinde! Im
Alten Testament steht drin: ‚Du sollst bloß Gott als Chef anerkennen
und du sollst nur das tun, was er dir sagt!‘“ 11 Endlich gab der Satan auf
und verließ ihn. Und eh du dich versahst, waren plötzlich Engel da, die
sich um Jesus kümmerten.

---

* Das alte Buch oder das „Alte Testament“ ist der erste Teil der Bibel. Es war sozusagen die Bibel der Leute in der Zeit, als Jesus auf der Erde war.

Es gibt Hoffnung für alle, die von Gott nichts wissen wollen

12 Als Jesus hörte, dass sie Johannes in den Knast gesteckt hatten, ver-
steckte er sich erst mal in Galiläa. 13 Er verließ Nazareth und hauste in
Kapernaum am See Genezareth, im Gebiet von Sebulon und Naftali.
14 So wurde die Vorhersage vom Propheten Jesaja erfüllt, der meinte:
15 „An alle in Sebulon, Naftali und auf der anderen Seite des Jordan:
16 Die Leute, die im Dunkeln leben, sehen einen 1 000-Watt-Halogen-
strahler. Es wird hell für die, die im Dunkeln sitzen, die superschlecht
drauf sind und keine Peilung mehr haben.“ 17 Ab dann fing Jesus an, den
Leuten folgende Message zu sagen: „Schlagt eine ganz neue Richtung
für euer Leben ein! Dreht euch zu Gott um! Denn es hat ein neues Zeit-
alter begonnen, Gott hat jetzt das Sagen!“

Vier Fischer und Jesus

18 Am See Genezareth lernte Jesus zwei Brüder kennen: Simon, der spä-
ter den Namen Petrus bekam, und seinen Bruder Andreas. Sie waren
von Beruf Fischer und gerade bei der Arbeit, als Jesus vorbeikam. 19 Je-
sus quatschte sie an: „Hey, ihr zwei! Mir nach! Ich will euch beibringen,
wie man Menschen dazu bringt, mit Gott zu leben!“ 20 Da ließen sie
alles stehen und liegen und gingen ihm hinterher. 21 Gleich danach tra-
fen sie am Strand noch zwei andere Fischer, Jakobus und Johannes, die
Brüder waren. Sie hingen mit ihrem Vater Zebedäus im Boot, um Netze
zu reparieren. Auch die bequatschte Jesus, mit ihm zu gehen, 22 was die
sofort ohne Rücksicht auf ihren Papa taten.

Jesus legt los

23 Jesus ging durch das ganze Land von Galiläa, erzählte in den Synago-
gen*, also da, wo sich die Juden zum Gottesdienst trafen, von Gott und
machte den Leuten klar, dass eine neue Zeit angebrochen war, in der
Gott das Sagen hat. Er machte alle möglichen Kranken gesund; keiner,
den er traf, blieb unberührt. 24 Schließlich war er überall das Gesprächs-
thema, selbst in Syrien redete man über Jesus. Sie schleppten alle
möglichen kranken Menschen zu ihm, Leute, die irre Schmerzen hatten,
völlig durchgeknallte Typen, Menschen, die nicht mehr gehen konnten,
und er heilte einfach jeden. 25 Die Fangemeinde wurde immer größer,
mittlerweile liefen Tausende Jesus hinterher. Wo auch immer er hinging,
alle waren total begeistert von ihm. Leute aus Galiläa, aus dem Gebiet
der zehn Städte, aus Jerusalem und dem ganzen Gebiet von Judäa lie-

* Synagogen nannte man die Häuser, in denen die Juden am Sabbat (Samstag) ihren Gottesdienst feierten.

fen ihm nach. Selbst vom gegenüberliegenden Jordanufer kamen sie angelaufen.

5

Jesus hat eine Message: Was wichtig ist

1 Als Jesus sah, wie fett die Anzahl der Leute war, die ihm gefolgt waren,
ging er auf eine Anhöhe und pflanzte sich mit seinen Jüngern dort hin.
2 Weil Jesus ihnen was beibringen wollte, sagte er Folgendes zu ihnen:

Wer für Jesus gut drauf ist und wer nicht

3 „Gut drauf kommen die Leute, die kapiert haben, dass sie Gott mit
nichts beeindrucken können. Sie werden mit Gott in dem Land leben,
wo er das Sagen hat. 4 Gut drauf werden die Depressiven kommen,
denn Gott wird ihre Tränen abtrocknen. 5 Gut drauf kommen die Leu-
te, die niemandem mehr auf die Fresse hauen wollen, denn ihnen wird
einmal alles gehören. 6 Gut drauf kommen die Leute, die abgehen,
wenn Gott sein Ding durchzieht, weil Gott genau das tun wird. 7 Gut
drauf kommen die Leute, die ein Herz für die Menschen haben, de-
nen es dreckig geht, denn Gott hat auch ein Herz für sie. 8 Gut drauf
kommen die Leute, die kein schlechtes Gewissen mehr haben müssen;
ihre Gedanken sind nicht mehr dunkel und sie werden Gott erkennen
können. 9 Gut drauf kommen die Leute, die dafür sorgen, dass sich
Menschen wieder vertragen, denn Gott wird sie in seiner Familie auf-
nehmen. 10 Gut drauf kommen die Leute, die Ärger kriegen, weil sie
das tun, was Gott von ihnen will. Sie werden mit Gott in seinem Land
abhängen. 11 Wenn ihr verarscht oder gelinkt werdet oder man Gerüch-
te über euch verbreitet wegen mir, dann könnt ihr darüber froh sein.
12 Feiert und habt keine Angst, denn nach dem Leben werdet ihr dafür
ganz fett absahnen. Auch den Propheten von früher hat man übel
mitgespielt."

Kühlschränke und Licht: Wie Christen in der Welt abgehen sollen

13 „Ihr seid wie ein Kühlschrank für diese Welt. Ohne euch würde alles
Gute vergammeln. Wenn dieser Kühlschrank aber nicht mehr funktio-
niert, gehört er auf den Schrott, wo er verrotten soll. 14 Auch sehe ich
euch wie einen 1 000-Watt-Halogenstrahler, der es hell macht in der
Welt. Wenn eine Stadt oben auf einem Berg liegt, kann man ihre Be-
leuchtung nachts ja auch kilometerweit sehen. 15 Wenn du dir eine Lam-
pe für dein Zimmer besorgst und sie nachts anmachst, dann stellst du
sie doch auch nicht unters Bett. Ganz im Gegenteil, du hängst sie oben
irgendwo auf, damit es im ganzen Zimmer hell wird. 16 Genauso soll

auch euer Licht für alle Menschen sichtbar sein. So wie ihr lebt und an
eurer Einstellung, daran sollen sie euren Papa im Himmel erkennen und
von ihm begeistert sein."

Was Gott sagt

17 „Ihr glaubt doch nicht im Ernst, ich bin da, um das, was Gott damals
durch die Propheten gesagt hat und durch Mose, der den alten Vertrag
für euch unterschrieben hat*, für null und nichtig zu erklären. Ganz im
Gegenteil, ich bin dazu da, um genau das voll durchzuziehen, was dort
steht. 18 Denn das müsst ihr euch klar machen: Nicht die kleinste Klau-
sel wird jetzt unwirksam, es wird so lange funktionieren, wie die Erde
funktioniert. 19 Wenn einer behauptet, dieser alte Vertrag zwischen Gott
und Israel wäre jetzt total egal, und andere Leute dazu bringt, ihr eige-
nes Ding zu machen, der wird auch irgendwann für Gottes Ding total
egal sein. Wenn jemand aber anderen diesen Vertrag erklärt, ihnen klar
macht, was Gott geil findet und was nicht, der wird mal bei Gott eine
fette Rolle spielen."

Was bei Gott angesagt ist und was nicht:
Jesus legt die Gesetze der Juden anders und auch radikaler aus

20 „Hey, ihr müsst echt tierisch aufpassen, dass ihr nicht so werdet wie
die religiösen Profis, diese Pharisäer und Theologen. So kommt ihr
nämlich nicht in das Land, wo Gott das Sagen hat**. 21 Ihr habt gehört,
dass Mose, der ja den alten Vertrag unterzeichnet hat, meinte: ‚Ihr sollt
niemanden töten! Wenn du aber jemanden ermordest, solltest du dir
lieber einen Rechtsanwalt besorgen, denn dafür wirst du angeklagt und
bestraft.' 22 Ich sage dazu aber Folgendes: Selbst wenn du nur tierisch
sauer bist auf deinen Kollegen, musst du damit rechnen, angeklagt zu
werden. Wenn jemand zu seinem Kollegen sagt: ‚Du alter Vollidiot', der
wird vom Weltgerichtshof verurteilt werden, und wer noch ganz andere
üble Sachen über ihn ausspricht, wird in der Hölle verkohlen. 23 Wenn
du auf deinem Platz im Gottesdienst hockst und dir plötzlich einfällt,
dass du eigentlich gerade ein großes Problem mit deinem Bruder
hast, 24 dann lass alles stehen und liegen, geh zu deinem Bruder und
versuche erst mal das Ding mit ihm klarzukriegen, bevor du wieder in
den Gottesdienst gehst. 25 Und wenn du mal angeklagt wirst, versuch

---

* Der „alte Vertrag", im Original „das Gesetz", aus dem ersten Teil der Bibel war sozusagen ein komplettes Lebensprogramm mit vielen Regeln, nach dem sich die Menschen richten sollten. Gott hatte ihn mit den Israeliten und ihrem Anführer Mose geschlossen.

** In diesem Land, wo Gott das Sagen hat, im Original „Reich Gottes", hat das Böse und Dunkle nichts mehr zu melden. Gott ist dort so was wie der Bundeskanzler oder der Präsident und bestimmt alles durch seine Liebe.

dich um jeden Preis mit deinem Gegner zu einigen, bevor ihr vor dem Richter landet. Am Ende steckt der dich sonst in den Knast. [26] Dann wird man dich am Ende so lange im Knast schmoren lassen, bis du den letzten Cent bezahlt hast."

Versuche um jeden Preis straight zu leben

[27] „Ihr wisst doch zum Beispiel auch, dass im alten Vertrag steht: ‚Du sollst nicht fremdgehen, wenn du verheiratet bist!' [28] Dagegen meine ich: Wer alleine auf eine verheiratete Frau scharf ist, der ist mit ihr in seinen Gedanken schon fremdgegangen. [29] Wenn du damit also auf Dauer ein Problem hast und das nicht auf die Reihe kriegst, dann solltest du lieber deine Augen rausoperieren lassen und blind rumlaufen. Ich würde sagen: Besser blind im Himmel, als sehend in der Hölle. [30] Wenn du deine Finger nicht von bestimmten Sachen lassen kannst, dann hack sie lieber ab, als damit Mist zu bauen. Besser einhändig im Himmel, als mit beiden Händen in der Hölle."

Wie man den alten Vertrag in Bezug auf Ehe auslegen sollte

[31] „Bis jetzt war die Ansage: ‚Wenn ein Mann seine Frau in die Wüste schicken will, soll er ihr ein Formular ausfüllen und sich dann von ihr verabschieden. Dann ist er sie los.' [32] Dagegen meine ich: Wenn sich ein Mann von seiner Frau trennt, obwohl die ihn nicht betrogen hat, so bringt er sie im Grunde dazu, ihre Ehe zu brechen, sobald sie mit einem anderen ins Bett steigt. Das bedeutet auch, dass jemand, der eine geschiedene Frau heiratet, sie im Grunde dazu bringt, ihre alte Ehe zu brechen."

Straight sein in Dingen, die man sagt

[33] „Ihr habt ja auch gehört, dass in dem alten Vertrag steht: ‚Wenn du dein großes Ehrenwort gibt, musst du auch wirklich die Wahrheit sagen, und wenn du irgendwas hoch und heilig versprichst, musst du das auch halten.' [34] Ich meine dagegen: Du sollst generell überhaupt kein Ehrenwort abgeben und auf etwas schwören. Und erst recht nicht, indem du dich dabei auf den Himmel berufst, denn da ist alleine Gott zu Hause. [35] Das Gleiche gilt im Grunde auch, wenn du auf Dinge aus der Welt schwörst, wie zum Beispiel auf deine Mutter oder so, denn das ist genauso ein anmaßender Blödsinn, weil Gott das ja alles geschaffen hat. Das gilt auch für Städte, wie zum Beispiel Jerusalem, denn gerade die ist nun wirklich alleine Gottes Stadt. [36] Auf dich selbst kannst du ja auch nicht schwören, denn du bist ja noch nicht mal in der Lage, deine Haarfarbe von Geburt an zu bestimmen.

37 Bleib doch einfach bei den zwei Worten, sag entweder ‚ja' oder
‚nein', alles andere ist totaler Quatsch und zeigt nur, dass du irgend-
wie falsch gepolt bist und es mit der Wahrheit nicht so eng siehst,
wenn du mal gerade nicht schwörst."

Lieben ist besser als Hassen

38 „In dem alten Vertrag steht: ‚Wenn dir jemand auf das eine Auge
haut, darfst du zurückschlagen, aber nur so, dass er auch ein Veilchen
kriegt. Wenn dir jemand die Fresse poliert, dann darfst du ihm auch die
Fresse polieren, aber nicht mehr.' 39 Ich stelle dagegen: Haltet aus, wenn
euch jemand anzeckt! Wenn du was von jemandem aufs rechte Ohr
bekommst, dann sag ihm, er soll auf das linke auch noch mal drauf-
hauen! 40 Wenn jemand dir deine Klamotten klauen will, dann gib ihm
die Schuhe auch noch dazu! 41 Falls jemand von dir verlangt, dass du
mit ihm einen Kilometer spazieren gehst, dann geh mit ihm zwei! 42 Sei
großzügig und gib, was man von dir will, auch wenn man es nur leihen
möchte. 43 Man meint ja auch bei euch: ‚Liebe die Leute, die nett zu dir
sind, und hasse die Leute, die ätzend zu dir sind!' 44 Ich sage euch aber:
Liebe die Leute, die ätzend zu dir sind. Bete für alle, die keinen Bock
auf dich haben, miese Intrigen gegen dich anstiften und dir übel nach-
stellen! 45 Wenn ihr so drauf seid, merkt man euch an, dass ihr zu einer
anderen Familie gehört, nämlich zu der des Papas im Himmel. Sein
Motto ist: Lass die Sonne für die guten Leute genauso scheinen wie
für die miesen, und lass es für die, die auf Gott Bock haben, genauso
regnen wie für die, die ohne Gott leben wollen. 46/47 Wenn du nur nett zu
deinen Freunden bist, was ist daran schon cool? Dann bist du genauso
drauf wie die, die nicht mit Gott leben. 48 Euer Ziel sollte aber sein, so
draufzukommen wie Gott, denn er ist euer Vater."

6

Sinnloser Gottesdienst

1 „Passt auf, dass ihr nicht nur gute Sachen tut, um vor den Kollegen
den Lauten zu machen! Dafür bekommt ihr vom Papa im Himmel kei-
nen Preis ausgehändigt. 2 Wenn du irgendeinem Penner auf der Straße
Geld schenkst, dann tön damit nicht groß rum, wie es die Pseudos ma-
chen. Sie labern in jedem Gottesdienst die Leute voll und erzählen es
jedem, ob der es hören will oder nicht. Sie wollen als die großen Helden
dastehen. Ich sag nur: Die haben ihren Preis schon bekommen. 3 Also,
wenn du mal irgendwo jemanden aus der Klemme ziehst, dann häng
das nicht an die große Glocke, behalt es für dich. 4 Dein Papa, der dich
genau beobachtet, wird dir dafür was schenken."

Beten leicht gemacht

5 „Wenn ihr mit Gott redet, könnt ihr schön locker bleiben. Nicht
so wie die religiösen Spinner, die gerne in den Kirchen oder auf der
Straße rumlungern und Showbeten veranstalten, damit sie jeder be-
wundern kann. Ich sag dazu nur eins: Vergesst es! Da kommt von
Gott auch nichts bei rüber! 6 Wenn du aber mit Gott reden willst, dann
hock dich in deine Bude, mach die Tür hinter dir zu und quatsch dich
mit ihm aus. Gott ist wie ein richtig guter Papa, der weiß genau, was
in dir abgeht, er wird dir helfen können. 7/8 Laber deine Gebete nicht
so daher wie die Leute, die keine Ahnung von Gott haben. Die glauben
doch tatsächlich, wenn sie Gott total zutexten, wird er ihnen schon
eine Antwort geben. Hey, euer Papa weiß schon immer vorher, worum
es euch diesmal geht. 9 Jetzt mal ein Paradebeispiel, wie ihr beten
könntet: ‚Hey, unser Papa da oben! Du allein sollst auf dieser Welt
ganz groß rauskommen! 10 Du sollst hier das Sagen haben, auf der
Erde genauso, wie es ja schon da oben im Himmel der Fall ist. 11 Bitte
versorg uns mit allem, was wir heute so zum Leben brauchen! 12 Und
verzeih uns die Sachen, wo wir mal wieder Mist gebaut haben. Wir
wollen auch denen verzeihen, die sich bei uns was zu Schulden kom-
men lassen. 13 Pass auf uns auf, damit wir nicht irgendwelchen fiesen
Gedanken nachgeben und dir auch so untreu werden. Hol uns aus
der Gefangenschaft von dunklen Gedanken und Taten raus. Denn dir
ist doch nichts unmöglich, du hast die ganze Power und du sollst für
immer unser Held sein. So passt es!‘ 14/15 Der himmlische Papa wird
euch freisprechen, wenn ihr die freisprecht, die euch etwas schulden.
Tut ihr das nicht, wird Gott euch auch nicht freisprechen.“

Dinge mal sein lassen

16 „Wenn ihr mal aus religiösen Gründen nichts essen wollt, dann zieht
dabei nicht so eine Fresse wie diese Pseudos, damit bloß jeder mit-
kriegt, wie hardcoremäßig die gerade unterwegs sind. Viel mehr als
diese Reaktion von Menschen werden sie dafür sowieso nicht absahnen
können. 17 Wenn du jedoch mal für Gott auf irgendwas verzichtest, dann
zieh dir ganz normale Klamotten über und geh auch unter die Dusche,
18 sodass niemand etwas davon mitkriegt. Nur dein Papa im Himmel
soll es sehen, der weiß ja eh alles und er wird dir dafür etwas anderes
schenken.“

Kohle scheffeln, bis der Arzt kommt? Das bringt es nicht!

19 „Scheffel nicht ohne Ende Kohle und leg sie dann auf die hohe Kante!
Die Kohle ist schneller weg, als du denkst, falls du nicht sogar vorher

mal beklaut wirst. 20 Versuch lieber, so viel wie möglich auf dein Konto
bei Gott einzuzahlen, denn das sind Werte, die nie verloren gehen und
die dir auch niemand klauen kann. 21 Denn die Dinge, die ganz besonde-
ren Wert für dich haben, dafür lebst du am Ende auch."

Tag und Nacht

22 „Mit deinen Augen schaust du dich um und kannst so alles deut-
lich erkennen. Und wenn mit deinen Augen alles paletti ist, geht's
dir erst mal gut. 23 Wenn du aber Dreck auf der Linse hast, verlierst
du total die Peilung. Wie übel ist es dann erst, wenn du richtig im
Dunkeln bist und wenn du dann auch noch Gott aus dem Blick ver-
loren hast!"

Gott muss die Nummer eins in deinem Leben sein!

24 „Niemand kann in zwei Mannschaften gleichzeitig spielen. Wenn
er für die eine kämpft, kann er nicht auch noch für die andere da
sein. Genauso wenig könnt ihr für Gott und für das Geld kämpfen. Es
geht nur eins von beiden. 25 Also lasst keine Panik aufkommen, wenn
ihr nichts zu fressen habt oder zu trinken oder auch keine Kleidung.
Das Leben besteht aus mehr als nur zu futtern und cool auszusehen.
26 Guckt euch doch mal die Vögel an! Die gehen auch nicht Tag für
Tag arbeiten oder sparen, was das Zeug hält, und trotzdem werden
sie von ihrem Papa aus dem Himmel gut versorgt. Glaubt ihr nicht
auch, er wird dasselbe mit euch machen können? 27 Und selbst wenn
du vor lauter Panik einen roten Kopf kriegst: Länger leben kannst du
dadurch auch nicht. 28 Warum habt ihr dann immer so viel Schiss,
dass eure Klamotten total out und sogar peinlich werden könnten?
Seht euch doch mal die Blumen auf den Wiesen genau an! Die ge-
hen auch nicht jeden Tag arbeiten und machen sich trotzdem keinen
Kopf, was sie heute wieder anziehen sollen. 29 Hey, selbst der große
König Salomo, der so tierisch gut aussah, hatte längst nicht so geile
Klamotten wie auch nur eine dieser schönen Blumen. 30 Also, wenn
Gott sich schon so einen Kopf macht, wie sein Grünzeug aussieht,
was ja heute noch blüht, aber morgen schon wieder vergammelt ist,
wie viel mehr wird er sich darum kümmern, dass ihr gut ausseht?
31 Macht euch also nicht so viele Gedanken, ob ihr nun genug zu
fressen und zu trinken haben werdet. Und schon gar nicht über euren
Style. 32 Ihr habt doch nicht ernsthaft Bock drauf, so zu sein wie die
Leute, die keine Ahnung von Gott haben und sich nur mit so einem
Quatsch abgeben? Der Papa aus dem Himmel hat den genauen Plan,
er weiß, was ihr so braucht und was nicht. 33 Ihr müsst nur darauf

achten, dass Gott die Nummer eins in eurem Leben ist, dann wird er
euch auch alles geben, was ihr so braucht. 34 Also habt keine Angst,
was die Zukunft angeht! Es reicht doch, wenn jeder Tag seine Pro-
bleme mit sich bringt."

7

Leg den richtigen Maßstab an

1 „Steck niemanden in eine Schublade, indem du dir vorschnell eine
Meinung über ihn machst. Sonst könnte Gott dasselbe mit dir auch tun.
2 Denn das Bild, was du dir von jemandem machst, der Maßstab den du
da anlegst, danach wird man dich auch einschätzen. 3 Du machst den
Lauten, wenn dein Bruder mal was nicht draufhat, und kapierst dabei
gar nicht, wie wenig du selber kannst. 4 Du sagst zum Beispiel: ‚Hey
Freundchen, pass auf, ich nehme dir mal die Sonnenbrille von den Au-
gen, damit du siehst, wie dreckig du eigentlich bist.' Dabei bist du selber
total blind für deinen eigenen Dreck, in dem du bis zum Hals steckst.
5 Du alter Klugscheißer! Kümmere dich erst um deinen eigenen Mist,
und dann kannst du dich ja immer noch um deinen Bruder kümmern!
6 Was euch ganz besonders wichtig ist, sollt ihr nicht billig machen, in-
dem ihr damit hausieren geht und es lächerlich macht. Alles, was euch
besonders wertvoll ist, sollt ihr nicht an die Leute verschenken, die nicht
kapieren, wie wertvoll das ist, was sie da bekommen. Die werden euer
Vertrauen, das ihr zu mir habt, doch eh missbrauchen und euch hinter-
her noch aufs Maul hauen wollen."

Beten funzt!

7 „Redet mit Gott und bittet ihn um Sachen, es funktioniert! Versucht
alle Register zu ziehen, macht euch auf die Socken, dann wird sich eine
Lösung ergeben! 8 Wenn einer Gott um etwas bittet, der wird es auch
bekommen. Wenn jemand etwas sucht, dann wird er es auch finden.
Und wenn jemand eine Frage hat, wird er auch seine Antwort bekom-
men. 9 Wenn ein Kind seinen Papa um ein Toastbrot bittet, wird er ihm
dann ein Stück Blech geben? 10 Und wenn ein Kind einen leckeren Lut-
scher haben will, wird er ihm dann Rattengift andrehen? 11 Also wenn
selbst Menschen, die oft so link und brutal sind, ihren Kindern das
Beste geben, was sie haben, dann wird der Papa aus dem Himmel euch
doch erst recht richtig coole Sachen geben, wenn ihr mal bei ihm anfra-
gen würdet. 12 Ich sag nur: ‚Mach den ersten Schritt! Behandle jeden so,
wie du auch behandelt werden möchtest.' Und das ist schon die mega-
kurze Zusammenfassung von allem, was Gott bisher zu den Menschen
gesagt hat."

Rechts oder links?

13 „Um den Weg in den Himmel zu finden, musst du dich gut ausken-
nen. Es ist leicht, sich zu verfahren, denn der nette, leichte Weg geht
oft in die falsche Richtung. Viele biegen irgendwo falsch ab und landen
geradewegs in der Walachei. 14 Die Schranke, die vor der Straße des
Lebens ist, hängt tief und der Weg dorthin ist schlecht asphaltiert. Auch
darum verfahren sich viele."

Alarmglocken

15 „Passt auf vor den Leuten, die nur Dünnschiss und Lügen über das
Leben erzählen! Sie tun so, als wären sie ganz peacig unterwegs, und in
Wirklichkeit sind sie brandgefährlich. 16 So wie man sofort schnallt, was
das für ein Baum ist, wenn man gesehen hat, was daran wächst, genau-
so kann man auch Menschen danach einschätzen, wie sie sich so be-
nehmen. Äpfel kann man auch nicht von Kirschbäumen holen, und Ka-
rotten wachsen schon gar nicht an Tannen. 17 Und überhaupt: Wenn ein
Baum gesund ist, werden auch seine Früchte gesund sein. Ist er krank,
sind es seine Früchte auch. 18 Ein gesunder Baum wird keine schlech-
ten Früchte haben und ein kranker Baum wohl kaum gute. 19 Wenn ein
Baum irgendwann nichts mehr bringt, wird er gefällt und kommt in den
Ofen. 20 Und genauso werdet ihr auch erkennen, wie ein Mensch wirk-
lich drauf ist, wenn ihr euch anseht, wie er lebt."

Fromme Labertaschen

21 „Die, die mich immer volllabern mit ‚Oh Herr, allmächtiger Jesus',
werden nicht in das Land kommen, wo Gott das Sagen hat, sondern
nur die, die tun, was mein Himmelspapa wirklich will. 22 Am letzten
Tag auf dieser Welt, da wird abgerechnet. Dann werden viele große
Sprüche machen und sagen: ‚Mann, Gott, wir haben doch immer
weitererzählt, was du unserer Meinung nach zu uns gesagt hast. Wir
waren sogar für dich unterwegs und haben ganz derbe Wunder für
dich getan!' 23 Ich werde dann nur kontern: ‚Habt ihr auf euren Ohren
gesessen? Ihr habt doch die ganze Zeit nur euer eigenes Ding durch-
gezogen! Haut bloß ab!'"

Worauf ihr euch verlassen könnt

24 „Wer mir gut zuhört und sich darauf einlässt was ich sage, den kann
man gut vergleichen mit jemandem, der für sein Haus einen fetten Be-
tonboden gegossen hat. 25 Wenn es dann mal regnen sollte und draußen
ein Orkan tobt, wird das Haus nicht kaputtgehen, denn es hat ja einen
guten Boden, auf den man sich verlassen kann. 26 Wer mir nur zuhört

nach dem Motto: ‚Hier rein, da wieder raus', den kann man vergleichen
mit jemandem, der sein Haus auf Sandboden gebaut hat. 27 Falls mal
ein tierisches Gewitter kommt und das Wasser steigt und der Wind
ganz heftig wird, dann wird der Boden unterspült und das ganze Haus
bricht zusammen. *26 Wer mir nur zuhört nach dem Motto: ‚Hier rein, da
wieder raus', den kann man vergleichen mit jemandem, der am Strand
zeltet. 27 Falls mal ein tierisches Gewitter kommt und das Wasser steigt und
der Wind ganz heftig wird, wird das Zelt zerfetzt werden und wegfliegen,
und er landet im Nassen."*

Das hat gesessen!

28 Nachdem Jesus am Ende war mit seiner Rede, waren die Leute alle to-
tal fertig. 29 Denn was er gesagt hatte, war nicht so ein dünnes Gelaber,
wie es die religiösen Profis immer abgelassen hatten. Jeder merkte, dass
Gott höchstpersönlich mit ihm gesprochen hatte.

8

Jesus heilt jemanden, der so was wie Aids hat

1 Eine fette Meute von Menschen hing mit Jesus dort rum, als er diese
Reden hielt. Danach ging er den Berg runter, 2 wo plötzlich einer zu
ihm kam, der eine unheilbare Krankheit hatte, ähnlich wie Aids. Dieser
Typ legte sich vor Jesus flach auf den Boden und wimmerte zu ihm:
„Hey, eins weiß ich, wenn Sie es wollen, können Sie mich hier und jetzt
gesund machen!" 3 Jesus strich ihm über den Kopf und sagte: „Okay,
dann will ich es auch tun. Ab jetzt bist du gesund." Und tatsächlich, der
Typ stand auf und war sofort geheilt! 4 Schließlich meinte Jesus zu ihm:
„Posaun das jetzt nicht überall herum, sondern geh mal zu einem Arzt,
damit der dich noch mal durchcheckt. Und vergiss nicht, nach alter Sitte
auch so ein religiöses Ritual im Gotteshaus durchzuziehen, damit jeder
rafft, dass allein Gott dich gesund gemacht hat!"

Ein Soldat hat viel Vertrauen

5 Als Jesus in dem Dorf Kapernaum eintrudelte, lernte er dort einen
Offizier aus der römischen Armee kennen. 6 Der meinte zu ihm: „Herr
Jesus, können Sie einen meiner Leute nicht auch gesund machen? Der
kann seine Beine nicht mehr bewegen und hat große Schmerzen." 7 Da
meinte Jesus zu ihm: „Okay, ich komme mit und werde ihn gesund ma-
chen." 8 Nun winkte der Typ ab und sagte: „Meister, ich bin zu schlecht,
dass Sie zu mir nach Hause kommen. Aber ich glaube Ihnen, wenn
Sie nur einfach sagen würden: ‚Er ist jetzt gesund', dann wäre er auch
gesund. 9 Wissen Sie, ich habe auch einen Chef, und ich habe ebenfalls

Leute unter mir, denen ich sage, was sie tun sollen. Wenn ich zu dem einen sage: ‚Verschwinde!', dann haut er ab. Wenn ich zu einem anderen sage: ‚Komm her!', dann kommt er her. Und wenn ich zu einem Untergebenen sage: ‚Mach mal das und das!', dann tut der das auch sofort."
10 Jesus war total baff, als er das hörte. Er meinte zu den Leuten, die um ihn herumstanden: „Derbe, so ein heftiges Vertrauen ist mir in Israel noch nicht begegnet.
11 Euch muss klar sein: Eines Tages werden viele Leute aus der ganzen Welt ankommen und mit den alten Glaubensvätern Abraham, Isaak und Jakob im Himmel eine Riesenparty feiern.
12 Aber die mal ursprünglich von Gott ausgesucht worden waren, um mit ihm abzufeiern, denen wird es richtig dreckig gehen, sie werden einsam sein und rumschreien, aber niemand wird sie hören."
13 Schließlich sagte Jesus zu dem Offizier: „Sie können jetzt wieder nach Hause gehen. Das, was Sie wollten und worin Sie mir vertraut haben, ist auch passiert." Und tatsächlich, genau zur selben Zeit wurde der Angestellte gesund.

Tierisch viele werden von Jesus gesund gemacht

14 Dann kam Jesus in die Hütte von Petrus. Seine Schwiegermutter hatte tierisch hohes Fieber und lag im Bett.
15 Als Jesus nur die Hand von der Frau nahm, war das Fieber sofort weg. Es ging ihr sogar so gut, dass sie aufstehen konnte, um den Leuten was zu essen zu machen.
16 Gegen Abend brachten sie noch viele Menschen zu Jesus, die irgendwie besessen waren von einer dunklen Macht. Jesus sprach dann oft nur ein Wort aus und die Leute waren sofort frei von ihren Zwängen und Süchten, und auch so wurden alle, die krank waren, gesund.
17 Darüber hatte Jesaja schon vor vielen Jahren mal 'ne Ansage gemacht: „Er wird allen denen es dreckig geht, helfen, und die krank sind, wird er gesund machen."

Alles geben für Gott

18 Als Jesus mitbekam, dass die Crowd immer fetter wurde, nahm er mit seinen Leuten das Boot und fuhr damit über den See an das gegenüberliegende Ufer.
19 Da kam einer von den Theologen auf ihn zu und meinte zu ihm: „Jesus, ich will bei dir sein und dir überall nachlaufen, wo du auch hingehst!"
20 Da sagte Jesus zu ihm: „Selbst ein Hund hat seine Ecke, wo er pennen kann, und auch der Kanarienvogel kann sich in seinem Käfig mal ausruhen. Der Menschensohn* weiß nicht, wo er sich

---

* Wenn Jesus „Menschensohn" sagt, meint er damit immer sich selbst. Damit will er sagen, dass er als Sohn von Gott trotzdem auch ganz und gar Mensch ist. Der Begriff kam übrigens auch schon im alten Buch vor.

ausruhen kann." 21 Ein anderer Typ sagte zu Jesus: „Chef, ich will erst noch meinen Vater unter die Erde bringen, danach geh ich auch mit dir bis ans Ende der Welt!" 22 Aber Jesus sagte nur: „Bleib jetzt bei mir. Lass die doch deinen Vater begraben, die sowieso selber schon tot sind!"
23 Schließlich stieg er in ein Boot und fuhr mit seinen Leuten woanders hin.

In Seenot

24 Als sie in der Mitte des Sees angekommen waren, kam plötzlich ein heftiger Orkan auf. Das Wasser schlug über die Reling und schwappte ins Boot. Aber Jesus hatte sich pennen gelegt. 25 Seine Leute machten schließlich Alarm, weil sie so langsam voll die Panik hatten zu kentern, und weckten ihn schließlich auf: „Meister, du musst uns helfen, sonst geht der Kahn unter!" 26 Jesus blieb ganz cool: „Hey Leute, keine Panik! Ihr könnt mir vertrauen!" Er stellte sich an den Bootsrand und sprach zu den Wellen, die sich daraufhin sofort beruhigten. Plötzlich war alles ganz still und ruhig. 27 Da waren alle echt total baff und konnten es gar nicht fassen: „Was ist das für ein krasser Typ! Selbst der Wind und die Wellen müssen tun, was er sagt!"

Zwei durchgeknallte Psychopathen werden geheilt

28 Als Jesus mit seinen Leuten auf der anderen Seite vom See in der Nähe von dem Ort Gadara ankam, rannten zwei total durchgeknallte Psychos auf sie zu. Die beiden lebten auf dem Friedhof und waren so derbe unterwegs, dass alle Schiss vor ihnen hatten und ihnen aus dem Weg gingen. 29 Die beiden machten den tierischen Aufstand und schrien: „Was willst du von uns? Du bist doch der Sohn von Gott, willst du uns denn jetzt schon fertig machen?" 30 Nicht weit entfernt waren gerade ein paar Schweine am Fressen. 31 Die bösen Geister, die in den beiden wohnten und durch ihren Mund sprachen, begannen dann plötzlich rumzubetteln: „Also, wenn wir die beiden schon verlassen sollen, dann wollen wir wenigstens dort in den Schweinen wohnen!" 32 Da sagte Jesus nur ganz trocken: „Verschwindet!", und die bösen Geister ließen die Männer sofort frei und zogen bei den Schweinen ein. Als das passiert war, stürzten sich dann aber alle Schweine die Klippen runter und ertranken im See. 33 Völlig fertig rannten die Jungs, die auf die Schweine aufgepasst hatten, in die Stadt und erzählten die ganze Story jedem, der es hören wollte. 34 Die waren davon allerdings nicht so begeistert. Vermutlich waren ihnen die Schweine mehr wert als die beiden Menschen. Darum wollten sie, dass Jesus möglichst schnell die Biege machen sollte.

9

Ein Krüppel wird geheilt

1 Schließlich stieg Jesus wieder in ein Boot und schipperte nach Hause.
2 Als sie dort ankamen, brachten sie in einem Rollstuhl einen Mann
zu ihm, der nicht mehr gehen konnte, weil seine Gelenke steif waren.
Jesus war irgendwie angetan von dem Vertrauen, was sie in ihn hatten.
Er sagte zu dem Typen: „Du brauchst keine Angst mehr zu haben. Und
was den ganzen Mist betrifft, den du in deinem Leben gebaut hast,
der ist dir vergeben. Für Gott ist das so, als ob du ihn niemals verzapft
hättest." 3 „Dieser Typ macht wohl Witze über Gott!", riefen da ein paar
der Theologen. 4 Aber Jesus hatte mal wieder den Durchblick. Er sagte:
„Warum seid ihr nur so übel unterwegs? 5 Was geht denn leichter? Zu
sagen: ‚Deine Schuld ist vergeben!', oder diesen Mann gesund zu ma-
chen? 6 Ich werde es euch zeigen, dass der Menschensohn* jetzt schon
die Macht hat, den Mist den ihr tut, zu verzeihen!" Und zu dem Krüppel
sagte er dann: „Steh auf, nimm deinen Rollstuhl und geh nach Hause!"
7 Und da stand der Typ tatsächlich auf, klappte den Rollstuhl zusammen
und ging nach Hause! 8 Die Leute, die das sahen, waren alle begeistert
und rasteten total aus. Sie jubelten Gott zu, weil er einem Menschen
solche Power gegeben hatte.

Der Steuereintreiber Matthäus

9 Jesus schlenderte so durch die Stadt, als er plötzlich einen Steuer-
eintreiber** traf. Jesus sagte nur zu ihm: „Komm mit!", und der stand
sofort auf und ging ihm hinterher. 10 Abends lud ihn Matthäus, so hieß
der Typ, dann sogar noch zu einer Party bei sich zu Hause ein, und
viele seiner Kollegen und andere Leute, die auch ziemlich mies drauf
waren, kamen vorbei. 11 „Warum um Himmels willen gibt sich eurer
Meister mit solch einem Pack überhaupt ab?", stänkerten die Theolo-
gen. 12 Jesus bekam das natürlich mit und antwortete nur: „Die Gesun-
den haben keinen Arzt mehr nötig, die Kaputten aber schon!" 13 Dann
sagte er noch: „Kapiert ihr das endlich, wenn Gott sagt: ‚Es ist mir
total egal, wie viel Kohle ihr mir spendet, ich hab euer Herz im Blick!'
Mein Ding ist es, dass die Leute, die getrennt sind von Gott, wieder

---

* Siehe Erklärung S. 24.

** Steuereintreiber sind ja sowieso schon nicht beliebt. Und damals in Jerusalem schon gar nicht, weil sie für die falsche Seite arbeiteten, nämlich die Römer, die sich damals im Land breit gemacht hatten, und weil sie gerne auch mal den einen oder anderen Betrag in die eigene Tasche steckten. Matthäus war also eigentlich ein ziemlich linker Typ.

mit ihm zusammenkommen. Die, die sowieso mit ihm leben, um die geht es mir jetzt nicht."

Das Neue sprengt das Alte

14 An einem anderen Tag kamen dann mal die Leute von Johannes mit einer Frage zu Jesus: „Die Pharisäer, diese religiösen Profis, die essen ja manchmal tagelang nichts, weil sie sagen, dass Gott das sehr geil findet, und wir sind auch regelmäßig dabei. Warum macht ihr das nicht auch so?" –
15 „Ja, warum sollten wir denn?", antwortete Jesus. „Gerade jetzt ist eher Party angesagt, wie auf einer Hochzeit, wo der Typ, der heiratet, noch da ist. Wenn ich erst mal weg bin, dann gibt es noch genug Zeit, um auf das Essen zu verzichten und depressiv zu sein.
16 *Niemand spielt das neuste Betriebssystem auf einen uralten Rechner. Die Mühle würde Stunden brauchen, um hochzufahren; das System würde die Festplatte sprengen.*
17 *Genauso würdest du auch keinen 200-PS-Porschemotor in eine alte Ente einbauen. Das Teil würde sich bei 180 auf der Autobahn von selbst zerlegen. Diese neue Form zu leben braucht auch einen neuen Rahmen, in dem sie ausgelebt werden kann, sonst funktioniert das nicht."*

Jesus ist stärker als Krankheit oder Tod

18 Als Jesus noch am Reden war, kam so ein Leiter von einer jüdischen Gemeinde zu ihm gelaufen, legte sich vor seinen Füßen platt auf den Boden und bettelte: „Meine Tochter ist gerade an einer Krankheit gestorben. Bitte, verehrter Herr Jesus, können Sie meine Tochter nicht wieder leben lassen? Kommen Sie doch bitte kurz vorbei und beten für sie!"
19 Auf dem Weg zu dem Haus, wo er wohnte,
20 kam plötzlich eine Frau vorbei, die seit zwölf Jahren ohne Unterbrechung Blutungen hatte und schwer krank war. Sie schlich sich heimlich von hinten an und berührte nur ein wenig seinen Mantel.
21 Sie hatte sich das nämlich so ausgerechnet: „Es reicht, wenn ich ihn mal kurz anfasse, dann werde ich bestimmt gesund werden."
22 Jesus bekam das mit, sah sie an und sagte zu ihr: „Keine Panik! Du hast so sehr darauf vertraut, dass es passiert, darum bist du jetzt auch gesund geworden." Und tatsächlich, die Frau war sofort gesund.
23 Schließlich kam Jesus bei dem Haus von dem Typen an. Als er aber die große Menschenansammlung sah, die dicht gedrängt davor stand, und voll die depressive Musik hörte, die dort gespielt wurde, befahl er:
24 „Haut alle ab! Das Mädchen ist nicht tot, es schläft nur!" Da lachten ihn die Leute voll aus.
25 Schließlich waren alle gegangen. Jesus ging in das Zimmer des Mädchens, setzte sich ans Bett und nahm seine Hand. In dem Augenblick stand das Mädchen auf und

war kerngesund! 26 Das war natürlich die News des Tages, und wirklich
alle, die in der Gegend wohnten, hörten davon.

Blinde Menschen werden gesund

27 Jesus machte sich weiter auf den Weg. Am Dorfrand saßen zwei Blin-
de, die von den Jüngern hörten, dass es Jesus war, der dort vorbeikam.
Sie dackelten hinterher und riefen ihm nach: „Hey Jesus, bitte hilf uns!"
28 Die beiden folgten ihm so lange, bis sie bei dem Haus ankamen, wo
Jesus wohnte. Dort fragte er sie: „Seid ihr euch denn ganz sicher, dass
ich euch helfen kann?" – „Ja klaro", antworteten sie, „du kannst alles!"
29 Da strich er ihnen über die Augen und meinte noch: „Weil ihr das
wirklich glaubt, wird es auch passieren." 30 Und tatsächlich, im selben
Augenblick konnten sie sehen. Jesus aber schärfte ihnen ein: „Haltet
bloß euren Mund und erzählt niemandem davon, klar?!" 31 Die beiden
konnten sich aber kaum beherrschen und erzählten jedem davon, ob die
es hören wollten oder nicht.

Umso mehr Leute Jesus heilt, desto größer wird der Ärger

32 Kaum hatten sich die beiden verpieselt, brachten die Leute wieder
einen Kranken zu ihm, der nicht reden konnte, weil irgendein fieser
Geist in ihm drin war. 33 Jesus trieb diesen Dämon, so nannte man diese
bösen Geister, aus ihm heraus und danach konnte der Typ sofort reden.
Keiner der Leute peilte so richtig, was da gerade abging, die meisten
sagten: „So was Derbes gab's hier noch nie zu sehen!" 34 Die Hardliner
aber, diese Pharisäer, manipulierten sie, indem sie versuchten, ihnen
klar zu machen: „Der kann das nur, weil er seine Kraft von der dunklen
Seite der Macht hat. Der oberste Dämon hilft ihm dabei, die Biester zu
vertreiben."

Es gibt viel Not, es gibt viel zu tun

35 Jesus ging jetzt auf Tour. Er zog durch die Städte und hielt große Re-
den in vielen Synagogen. Überall erzählte er davon, dass jetzt alles gut
wird, dass eine neue Zeit angebrochen ist, in der Gott das Sagen hat.
Egal wo er war, überall tat er Gutes und machte Kranke wieder gesund.
36 Als er die Massen an Menschen sah, die hinter ihm her waren und alle
was von ihm wollten, taten sie ihm voll Leid. Denn sie hatten alle keine
richtige Peilung vom Leben, sie brauchten dringend Hilfe. Sie waren alle
wie Kinder ohne Eltern. 37 „Es gibt viel zu tun, und doch gibt es nur we-
nige, die bereit sind, die Drecksarbeit zu machen", meinte Jesus zu sei-
nen Leuten. 38 „Ihr müsst Gott bitten, dass er noch mehr Leute einstellt,
damit sie die Arbeit tun, die getan werden muss!"

10

Eine Schulklasse um Jesus
1 Schließlich sammelte Jesus zwölf von seinen Schülern um sich, denen
er beibringen wollte, wie man dieselben Sachen hinkriegt wie er. Er
überschrieb ihnen dieselbe Power, die er auch hatte, die Kraft, mit der
man die fiesen Geister aus Menschen rausholte und auch Leute, de-
nen es dreckig geht, wieder gesund machen konnte. 2 Das waren zwölf
Männer, die man von da an auch „Apostel" rufen durfte (das heißt so
viel wie Botschafter), und zwar: Simon, der auch Petrus heißt, seinen
Bruder Andreas, Jakobus, der Sohn von Zebedäus, und sein Bruder
Johannes. 3 Philippus und Bartholomäus, Thomas und Matthäus, der
früher als Steuereintreiber gearbeitet hatte, Jakobus, der Sohn von Al-
phäus, und Thaddäus, 4 Simon, der früher ein Untergrundkämpfer war,
und Judas, der Jesus später verraten würde.

Was die Schüler von Jesus machen sollen
5 Diese zwölf Jungs schickte Jesus dann auf die Reise. Er gab ihnen
folgende Order mit auf den Weg: „Geht noch nicht bei den Ausländern
vorbei, 6 erst mal sollt ihr bei den Israelis aufschlagen, denn die haben
überhaupt keine Ahnung, was Gott angeht, obwohl sie es eigentlich
besser wissen müssten. 7 Folgendes müsst ihr denen klar machen: ‚Ab
jetzt hat Gott das Sagen!' 8 Betet für Leute und macht sie gesund, auch
von so Sachen wie Aids. Wenn jemand irgendwelche Dämonen in sei-
nem Körper hat, holt sie raus! Und wenn jemand gestorben ist, lasst ihn
wieder lebendig werden! Und tut das alles, ohne Kohle dafür zu verlan-
gen, denn ihr habt es auch für lau von mir bekommen. 9 Nehmt generell
keine Kohle mit auf die Reise und 10 keinen Rucksack mit Klamotten
drin, keine Schuhe und so. Das ganze Zeug braucht ihr nämlich nicht
mehr, denn Gott wird auf euch aufpassen. 11 Wenn ihr in irgendeine
Stadt kommt oder in einen Ort, dann sucht jemanden, der nichts dage-
gen hat, wenn ihr bei ihm pennt. Da bleibt dann so lange, bis es weiter-
geht. 12 Wenn ihr in irgendeine Wohnung oder in ein Haus reinkommt,
dann betet kurz dafür, so nach dem Motto: ‚Ich wünsch euch Frieden!'
13 Wenn die euch dann bei sich pennen lassen, wird es ihnen gut gehen
und sie werden Frieden haben. Die das nicht tun, die eben nicht. 14 Falls
ihr mal in einer Stadt nicht gerne gesehen werdet und man auch nichts
davon hören will, was ihr zu sagen habt, dann macht euch aus dem
Staub. Diese Leute können euch den Buckel runterrutschen. Und Gott
wird denen dann schon zeigen, was sie davon haben. 15 Denen wird es
irgendwann mal super dreckig gehen. Irgendwann werden sie dafür

bezahlen müssen, genauso wie damals die Städte Sodom und Gomorra,
nur noch schlimmer.“

Die Jesus-Leute werden tierischen Ärger bekommen

16 „Hey, es ist für euch so, wie wenn ihr beim Auswärtsspiel in die
Heimkurve müsst. Darum passt auf euch auf! Ihr müsst fast so schlau
sein wie Albert Einstein und dabei so liebevoll wie Mutter Teresa.
17 Passt auf euch auf und seid auf der Hut vor den Menschen! Die
werden versuchen, euch wegen Nichtigkeiten anzuzeigen, und in den
Synagogen wird man euch zusammenschlagen. 18 Weil ihr zu mir ge-
hört, wird man euch vor den Richter zerren, ihr werdet in den Knast
geworfen und verhört werden. Ihr werdet aber hart bleiben und zu den
Sachen stehen, die ich euch erzählt habe, denn alle Menschen müssen
davon hören. 19 Wenn sie euch im Knast verhören, habt keine Panik
davor. Gott wird da sein und euch helfen, das Richtige zum richtigen
Zeitpunkt zu sagen. 20 Ihr müsst nur euren Mund aufmachen, dann
wird Gott, euer Daddy, schon dafür sorgen, dass ihr das Richtige sagen
werdet. 21 Das wird eine harte Zeit sein: Selbst ein Bruder wird seinen
eigenen Bruder an die Polizei verraten. Väter werden ihre eigenen
Kinder anzeigen. Kinder werden gegen ihre Eltern aussagen und sogar
dafür sorgen, dass die gekillt werden. 22 Die ganze Welt wird euch has-
sen, nur weil ihr sagt, dass ihr zu mir gehört. Doch wer zuletzt lacht,
lacht am besten; ihr werdet am Ende gerettet werden. 23 Wenn die hin-
ter euch her sind, dann flieht von einer Stadt in die nächste. Hey, eins
ist ganz sicher: Noch bevor ihr das ganze Ding zu Ende gebracht habt,
werde ich zurückkommen. 24 Der Lehrling hat nicht so viel zu sagen
wie der Meister, und auch ein Angestellter ist unter seinem Chef. 25 Der
Lehrling kann sich schon freuen, wenn er genauso behandelt wird wie
sein Meister. Wenn sie aber zu dem Meister schon ‚Du Oberspacken‘
gesagt haben, was sagen die dann erst zu Leuten aus seiner Familie?
26 Also, habt keinen Schiss vor den Leuten, die euch auf die Fresse hau-
en wollen. Denn bald ist es so weit, da kommt eh alles raus, selbst die
geheimsten Geheimnisse werden ans Licht kommen. 27 Alles, was ich
euch hier insgeheim anvertraue, das dürft ihr ab jetzt rausposaunen.
Alles, was ich euch so zwischendrin gesagt habe, da könnt ihr jetzt
Werbung mit machen. 28 Ihr braucht echt keine Angst vor denen zu
haben, die sowieso nur euren Körper töten können. Eure Ideen, eure
Gedanken, das, was ihr in euch habt, also euren Geist, all das können
sie nicht töten. Nur vor Gott muss man Respekt haben, er kann mit un-
serem Leben Murmeln spielen, wenn er will. 29 Was müsste man heute
für einen Kanarienvogel bezahlen, he? 5 Euro? 10? Und trotzdem fällt

keiner so mal eben tot von der Stange, es sei denn, Gott will das so.
30 Glaubt mir, selbst jedes einzelne Haar auf eurem Kopf kennt Gott in-
und auswendig. Er hat sie sogar gezählt! 31 Ich sag es noch mal: Keine
Panik! Ihr seid Gott weitaus mehr wert als eine ganze Halle voller Kana-
rienvögel! 32 Darum gilt: Wer sich für mich gerade macht, für den werde
ich mich auch vor Gott gerade machen! 33 Wenn sich aber jemand da-
für schämt, zu mir zu gehören, für den werde ich mich auch schämen,
wenn ich vor meinem Vater im Himmel stehe und mit ihm rede."

Sich gerade machen für Gott

34 „Ihr glaubt doch nicht im Ernst, ich bin auf die Erde gekommen, um
mit den Menschen Händchen zu halten und ‚We are the world' zu sin-
gen. Nein, wo ich bin, gibt es Auseinandersetzung! 35 Vater und Sohn,
Mutter und Tochter, Schwiegertochter und Schwiegermutter werden
sich tierisch zoffen wegen mir. 35 Am derbsten wird es in den Familien
abgehen. 37 Wenn dir dein Vater oder deine Mutter oder dein Sohn oder
deine Tochter wichtiger ist, als ich es bin, dann hast du ein Problem.
Dann hast du es eigentlich nicht verdient, dass ich noch da bin. 38 Wenn
jemand nicht bereit ist, diese derben Sachen zu machen, von denen ich
euch erzählt habe, der sollte lieber zu Hause bleiben. Auf mich kannst
du dann nicht mehr zählen. 39 Wer zu viel Angst hat, Dinge aufzugeben,
und alles festhält, der wird am Ende gar nichts mehr haben. Wer aber
alles für mich gibt, der wird auch immer gut drauf sein und nahe an
Gott leben."

Alles zahlt sich irgendwann mal aus

40 „Wenn euch jemand bei sich wohnen lässt, dann lässt er im Grunde
mich bei ihm wohnen. Und damit wohnt Gott selber bei ihm zur Un-
termiete. 41 Falls einer sogar jemanden bei sich wohnen lässt, der ein
Prophet ist, wird er ganz fett belohnt werden. Und wenn man jemanden
mal zur Untermiete einziehen lässt, der einfach nur ein gläubiger
Mensch ist, wird er auch was von Gott dafür bekommen. 42 Eins ist für
mich ganz sicher: Für jeden, der einem meiner Leute, auch wenn es nur
ein totaler Frischling ist, mal 'nen O-Saft anbietet, weil der Durst hat,
wird sich das irgendwann mal bezahlt machen."

11

1 Nachdem Jesus diese heftigen Ansagen an seine zwölf Leute abgelas-
sen hatte, ging er weiter in die anderen Städte, die in der Gegend waren.
Dort wollte er mit seinen Schülern auch seine Botschaft unters Volk
bringen.

Jesus trifft auf Johannes

[2] Johannes, der Mann, der die Leute getauft hatte, den hatten sie in der
Zeit in den Knast geworfen. Dort erzählte man ihm von den heftigen
Sachen, die bei Jesus so abgingen. Er schickte deshalb ein paar aus
seiner Gruppe zu Jesus, um ihn mal auszuchecken: [3] „Bist du der Typ,
der uns alle aus dem Dreck rausholen soll, oder müssen wir noch länger
warten?“ [4] Jesus sagte dazu nur: „Geht zu Johannes und erzählt ihm,
was ihr gesehen habt, als ihr bei mir wart: [5] Blinde können wieder sehen,
Krüppel können wieder gehen, Aidskranke können wieder lachen, weil
sie gesund sind, die mit kaputten Ohren können wieder hören, selbst
Tote fangen wieder an zu leben, und den Leuten, die keine Kohle haben,
wird eine gute Nachricht erzählt. [6] Und dann sagt ihm noch: Die, die kei-
ne Probleme mit mir haben, die haben das große Los gezogen!“ [7] Nach-
dem sie wieder abgehauen waren, hatte Jesus noch was für den Rest der
Menschen, die da rumstanden: „Warum seid ihr überhaupt zu Johannes
gegangen, als der in der Wüste abhing und seine Geschichten erzählte?
Wolltet ihr einen Typen sehen, der immer sofort einknickt, wenn mal ein
Windchen weht? [8] Oder wolltet ihr einen feinen Pinkel sehen im Arma-
nilook? Dann hättet ihr nach Monaco fahren sollen! [9] Oder wolltet ihr
jemanden sehen, der den direkten Draht zu Gott hat, einen Propheten?
Also Johannes ist auf jeden Fall ein großer Prophet. [10] Johannes ist der
Mann, von dem schon in dem alten Buch steht: ‚Ich schicke jemanden
schon mal vorweg, der ist die Preview, der Vorfilm für denjenigen, der
dann auflaufen wird.‘ [11] Eine Sache gebe ich euch schriftlich: Er ist jetzt
schon der derbste von allen Menschen, die je geboren wurden. Trotz-
dem werden die, die jetzt am wenigsten zu sagen haben, mal im Land,
wo Gott wohnt, ganz vorne sein, weiter als er auf jeden Fall. [12] Und seit
Johannes versuchen die Mächtigen mit allen Mitteln zu verhindern, dass
Gott ganz groß rauskommt. [13] Das ganze alte Buch und die Jungs mit
dem besonderen Draht nach oben, die Propheten bis hin zu Johannes,
hatten das schon vorausgesagt. [14] Falls ihr das überhaupt kapiert: Er ist
Elia, von dem die Propheten schon immer Geschichten erzählt haben.
Die meinten, wenn er kommt, dann geht's richtig ab, dann bricht die
Zeit an, in der Gott das Sagen hat. [15] Sperrt eure Lauscher auf und tut,
was ich euch sage!“

Jesus geht mit den Leuten seiner Zeit hart zur Sache

[16] „Was für Vergleiche fallen mir ein, wenn ich an die Menschen denke,
die ich heute so kenne? Sie sind wie Kids, die im Jugendzentrum rum-
hängen und nicht so richtig verstanden haben, worum es eigentlich
geht. Was auch gerade abgeht, man kann es ihnen nicht recht machen.

Sie sagen zu ihren Freunden: [17] ‚Wir waren auf 'ner derben Party und ihr habt nicht abgetanzt. Anschließend waren wir auf einer Beerdigung, und ihr wolltet nicht abheulen.' [18] Johannes hat zum Beispiel manchmal wochenlang nichts gegessen und getrunken. Da meintet ihr sofort: ‚In dem lebt ein fieser Geist!' [19] Jetzt ist der Typ da, der einer von euch ist und gleichzeitig Gott, der ernährt sich genauso wie ihr. Und ihr motzt gleich rum: ‚Der frisst und säuft sich die Hucke voll und hängt nur mit seltsamen Leuten rum.' Doch Gott wird das irgendwann klarstellen, wer hier richtig liegt und wer falsch." [20] Danach ließ Jesus noch seinen Frust ab über die Städte, in denen er die heftigsten Wunder getan hatte und man sich trotzdem kein Stück verändern wollte. [21] „Oh Mann, ihr da in Chorazin und Betsaida, wacht endlich auf! Wenn die Wunder, die ich bei euch getan habe, in den ekligen, dreckigen Städten passiert wären, wie zum Beispiel in Tyrus oder Sidon, dann hätten sie alle angefangen, ihr Leben zu hinterfragen, sie hätten eingesehen, dass sie viel Mist bauen, und hätten das geändert! [22] Am letzten Tag der Abrechnung, da werden Tyrus und Sidon besser wegkommen als ihr. [23] Und dir, eingebildetes Kapernaum, wird es richtig dreckig gehen! Wenn rauskommen wird, was du so alles erlebt hast, und man das mit Sodom* vergleicht, dann würde diese Stadt noch stehen. [24] Darauf kannst du dich verlassen: Sodom wird am letzten Tag, wo Gott die große Abrechnung startet, besser dastehen als du!"

Jesus betet zum Vater

[25] Und Jesus fing an vor allen mit Gott zu reden: „Hey Papa, du regierst über das ganze Universum. Danke, dass du den Leuten, die meinen, die Weisheit mit Löffeln gefressen zu haben, nicht erzählt hast, was wirklich abgeht, aber denen, die das Gefühl haben, dass sie dumm sind und nichts begreifen, denen hast du es gezeigt. [26] Yes, Daddy, du hast Bock, dass es so passiert und nicht anders. [27] Mein Papa hat mir den Joystick für diese Welt in die Hand gegeben. Nur der Papa kennt seinen Sohn, und keiner kennt den Papa im Himmel so gut, wie ich ihn kenne. Und natürlich auch die, denen ich zeige, wie der Papa ist. [28] All ihr Depressiven, Fertigen und Kaputten, kommt zu mir her! Ich werde dafür sorgen, dass ihr euch so richtig entspannen könnt. [29] Lasst mich der Boss in eurem Leben sein und lasst euch von mir zeigen, wie man richtig lebt! Ich bin nicht so drauf, dass ich euch von oben herab zu irgendet-

---

* Sodom war eine ziemlich fiese Stadt, wo die Menschen, die da wohnten, nur Mist gebaut haben: Leute ausgeraubt, andere Götter angebetet, Sex mit Eseln und alles so Sachen, auf die Gott überhaupt keinen Bock hat.

was zwingen will. Bei mir könnt ihr euch so richtig ausruhen. 30 Ich will
euch nicht unter Druck setzen, ich möchte, dass es euch gut geht!"

12

Schluss mit religiösen Gesetzen, die Liebe kommt zuerst!

1 An einem anderen Tag streunten Jesus und seine Leute durch die
Felder. Seine Leute schoben tierischen Kohldampf und schnappten
sich ein paar Äpfel von den Bäumen und aßen die. Das alles passierte
ausgerechnet an einem Sabbat*, den man einmal in der Woche feierte
und an dem jede Art von Arbeit verboten war. 2 Als die Pharisäer, die
geistlichen Oberprofis, das mitbekamen, fingen die gleich bei Jesus an
rumzumeckern: „Ihre Leute brechen die Gesetze, die Gott mal in das
alte Buch geschrieben hat! Sie holen sich das Zeug von den Pflanzen
und essen es, obwohl man das nicht darf. Heute ist doch Sabbat, und
unser religiöses Gesetz verbietet das!" 3 Jesus meinte dazu nur: „Habt
ihr überhaupt was begriffen? Kennt ihr nicht die Story von David und
seinen Kollegen und was die taten, als sie Kohldampf geschoben ha-
ben? 4 Sie gingen in den Tempel** und aßen sogar das Zeug, was nur die
Priester essen durften, die dort arbeiten, nämlich das Brot, was zum
Opfern*** da war. 5 Mann, lest doch mal in den alten Büchern. Da steht,
dass die Priester auch an dem Tag, wo sie eigentlich nicht arbeiten soll-
ten, im Tempel gearbeitet haben. Diese ganzen Sabbatgesetze waren
ihnen doch trotzdem nicht völlig egal – sie mussten ja sogar im Tempel
arbeiten. 6 Ich will nur, dass ihr das eine begreift: Hier ist jemand, der
hat mehr drauf als dieser Tempel. 7 Wenn ihr verstanden hättet, was das
bedeutet: ‚Menschen, die andere Menschen lieben, sind mir wichtiger
als irgendwelche Opferrituale!', dann würdet ihr nicht die Leute, die
keinem was Böses getan haben, fertig machen wollen. 8 Als der Typ,
der von Gott auserwählt ist, habe ich das Recht zu sagen, was erlaubt
ist und was nicht." 9 Nachdem er das gesagt hatte, ging er schließlich
weiter und kam noch bei einer Synagoge vorbei. 10 Da tauchte so einer
auf, dessen Hand war total kaputt. Die Pharisäer fragten Jesus natür-

---

* Der Sabbat wird bis heute von den Juden einmal pro Woche gefeiert – von Freitagabend bis Samstagabend. Gott hatte die gute Idee, dass sich jeder Mensch einmal in der Woche richtig entspannen sollte. Damals war das eine total seltsame Vorstellung, weil man in den anderen Ländern sieben Tage durcharbeitete. Allerdings kamen im Lauf der Zeit ziemlich derbe Regeln dazu, was man am Sabbat tun durfte und was nicht.

** Der Tempel ist so ungefähr das, was heute die Kirchen sind: ein Gebäude, in dem man eigentlich Gott treffen sollte. Allerdings gab es nur einen einzigen Tempel, und der stand in Jerusalem. Die Versammlungshäuser auf dem platten Land nannte man Synagogen.

*** Opfern: Die Juden hatten damals so seltsame Rituale, wo sie Tiere und so verbrannt haben. So stand das auch in dem alten Buch, aber manchmal dachte man, wenn man beim Opfern alles richtig macht, kommt es Gott nicht so sehr drauf an, was man eigentlich denkt und tut.

lich: „Wie sehen Sie das denn mit der Sache, dass man am Sabbat, unserem religiösen Feiertag, nicht heilen darf? Das steht doch auch im alten Buch!“ Sie versuchten einfach alles daran zu setzen, irgendwas zu finden, um gegen ihn Anzeige zu erstatten. [11] Jesus konterte: „Wenn jemand von euch einen kleinen Hund hat und der fällt in so ein ganz tiefes Loch auf einem Bauplatz, ob nun Sabbat ist oder nicht, er würde ihn auf jeden Fall da rausholen, oder? [12] Ein Mensch ist doch tausendmal mehr wert als so ein Hund! Natürlich ist es auch am Sabbat erlaubt, Gutes zu tun!“ [13] Dann sagte er nur zu ihm: „Zeig uns mal deine Hand!“ Und tatsächlich, die Hand war total gesund.

Jesus tut das, was im alten Buch schon lange gestanden hat

[14] Die religiösen Heinis, diese Pharisäer, steckten nach diesem Ding die Köpfe zusammen: „Wie können wir diesen Jesus bloß aus dem Weg räumen?“ [15] Jesus hatte aber schon lange kapiert, was sie vorhatten. Er verdünnisierte sich und viele gingen mit ihm. Und wie immer: Er machte alle Leute, die krank waren, wieder gesund. [16] Jesus befahl ihnen aber, bloß ihr Maul zu halten. [17] Damit wurde das wahr, was der Prophet Jesaja schon vor langer Zeit vorher wusste: [18] „Dieser Mensch ist ganz besonders, den hab ich mir ausgesucht, weil ich ihn liebe und mich tierisch über ihn freue. Ich werde ihn mit einem neuen Programm ausstatten, mit meinem Geist, und er wird allen Menschen erklären, auf was Gott steht und auf was nicht. [19] Er ist nicht so einer wie Rocky, der sein Anliegen mit den Fäusten durchsetzt. [20] Er tritt nicht nach, wenn du auf dem Boden liegst, er versetzt dir keinen Schlag in die Magengrube, wenn du schon angezählt wurdest. Er sorgt dafür, dass das, was richtig ist, auch am Ende siegen wird. [21] Darum kann jeder, und wirklich jeder, seine Hoffnung auf ihn setzen.“

Jesus heilt einen Mann und stellt ein paar Dinge klar

[22] Schließlich brachte man einen zu Jesus, der weder sehen noch reden konnte, weil ein Dämon, ein schlechter Geist, in ihn eingezogen war. Jesus betete kurz, und da konnte er gleich wieder sehen und auch reden! [23] Da waren die Leute alle total platt und begeistert von ihm. Sie riefen: „Der ist vielleicht ja doch der Mann, von dem die Propheten schon vor langer Zeit gesagt hatten, dass er uns alle retten wird, ein Sohn vom König David!“ [24] Die Pharisäer waren da ganz anderer Meinung. Sie sagten: „Er trickst euch doch nur aus! Die bösen Geister kann er nur austreiben, weil er der oberste der bösen Geister ist!“ [25] Jesus konnte auch Gedanken lesen und meinte nur: „Wenn es in einem Land viele Leute gibt, die das Sagen haben, und jeder will was anderes, dann dreht alles irgend-

wann mal durch. Genauso ist das in einer Stadt oder 'ner Familie. Wenn
man sich da gegenseitig fertig macht, gewinnt keiner. 26 Und so ist es
doch auch mit dem obersten der bösen Geister, dem Satan*. Wenn
der sich so selbst bekämpfen würde, dann würde er sich ja auch selbst
zerstören, und damit auch alles, was ihn ausmacht. 27 Wenn ihr sogar
sagt, ich vertreibe die bösen Geister mit der Kraft des obersten der bö-
sen Geister, mit Satan, dann erzählt mir doch mal, wie das denn eure
Leute so machen? Sollen sie doch entscheiden! 28 Hey, schnallt ihr das
denn nicht? Die bösen Geister verschwinden, weil der gute Geist, der
Geist Gottes, sie vertreibt! Es hat eine neue Zeit begonnen, eine Zeit, in
der Gott wieder das Sagen hat! 29 Ich will es in einem Bild sagen: Wenn
du einen Bruch machen willst in einem Haus, wo ein Karate-Weltmeis-
ter wohnt, was musst du vorher tun? Du musst ihn ablenken und am
besten auch noch fesseln, erst dann kannst du richtig loslegen. 30 Eine
Sache ist klar: Jeder, der nicht auf meiner Seite ist, kämpft gegen mich,
jeder, der mir nicht hilft, kann gleich verschwinden. 31 Und noch etwas
müsst ihr unbedingt wissen: Es gibt nichts, was so schlimm ist, dass
Gott es nicht verzeihen kann, sogar wenn ihr fiese Witze macht über
Gott. 32 Aber wenn ihr ernsthaft behauptet und wirklich glaubt, dass ich
das nur kann, weil ich von Satan komme, dann könnt ihr so lange Verge-
bung suchen, bis ihr schwarz werdet, ihr werdet sie nie finden."

Was am Ende dabei rumkommt, das zählt

33 „Es funktioniert im Grunde wie bei Apfelbäumen! Wenn der Baum
gesund ist, hat er auch leckere Äpfel dran. Ist der Baum aber krank,
sind die Äpfel auch verkrüppelt. 34 Ihr blöden Spinner! Wie kann bei
euch, die ihr sowieso nur Dünnschiss redet, überhaupt was Gutes bei
rauskommen! Alles, was ihr in euerer Birne an Gedanken habt, kommt
raus, wenn man euch mal beim Reden zuhört. 35 Wenn einer gut ist,
merkt man das schon bei dem, was er redet. Ein Mensch, der einfach
link und falsch ist, dem merkt man das an, wenn er nur den Mund
aufmacht. 36 Eins müsst ihr euch klar machen: Am letzten Tag dieser
Welt gibt es bei Gott eine große Abrechnung, auch über alles, was so
aus eurem Mund rausgekommen ist. 37 Was ihr geredet habt, kann
letztendlich über eure Zukunft entscheiden, denn daran werdet ihr
gemessen werden. Dann wird es sich irgendwann zeigen: hopp oder
topp!"

---

* Satan wurde der oberste Geist der bösen Geister genannt. Er wird ab und zu in der Volxbibel vorkommen. Er ist der Erfinder der Lüge und sozusagen der Chef von der dunklen Seite der Macht.

„Zeig uns, dass du es draufhast!“

38 Die Theologen und die oberfrommen Pharisäer meinten mal zu Jesus: „Zeigen Sie uns doch, was Sie alles so draufhaben! Machen Sie doch noch mal eine Wundershow extra für uns, dann glauben wir Ihnen auch, dass Sie von Gott kommen!“ 39 Darauf meinte Jesus nur: „Nur ganz miese Typen, die an gar nichts glauben, wollen jetzt noch einen Beweis haben. Aber einen Beweis sollt ihr trotzdem kriegen, und der hat mit der Geschichte von Jona zu tun. 40 Jona war drei volle Tage und Nächte im Bauch von einem riesengroßen Fisch. Genauso wird der, der sozusagen der Prototyp von Mensch ist, so wie Gott den Menschen eigentlich immer haben wollte, drei volle Tage in seinem Grab verschwunden sein. 41 Selbst die Leute aus der Stadt Ninive werden im Gegensatz zu euch noch gut dran sein am letzten Tag der Abrechnung, weil die sich wenigstens geändert haben. Denn nachdem Jona ihnen klar gemacht hatte, dass sie totalen Mist bauen und so nicht weitermachen können, wandten sie sich wieder radikal zu Gott und änderten ihr Leben. Und der, der jetzt mit euch redet, hat viel mehr zu sagen als Jona, und trotzdem glaubt ihr ihm nicht! 42 Das Gleiche gilt auch für die Königin, die im Süden das Sagen hatte. Sie wird beim Tag der Abrechnung sogar als Zeuge auflaufen, gegen die Menschen in dieser Zeit aussagen und sie fertig machen. Ihr war kein Weg zu weit, um vom damaligen Machthaber Salomo zu lernen. Und der, der jetzt mit euch redet, hat viel mehr zu sagen als Salomo, trotzdem wolltet ihr ihm einfach nicht vertrauen.“

Passt auf, wen ihr an euch ranlasst

43 „Wenn so ein fieser Geist, so ein Dämon, aus einem rausgeschmissen wurde, dann ist der sozusagen obdachlos und sucht wie verrückt ein neues Opfer, in dem er wohnen kann. 44 Kriegt er das nicht hin, versucht er als Erstes dort wieder einzuziehen, wo er mal zu Hause war. Wenn er dann seine Bude super aufgeräumt und picobello vorfindet, 45 dann lädt er glatt noch mal sieben fiese Geister ein, und es wird noch viel heftiger mit ihm werden als jemals zuvor. Ich meine das als ein Bild für die Leute, die ohne Gott leben. Bei denen wird es so passieren.“

Wer gehört zur Jesus-Familie?

46/47 Das Haus, in dem Jesus diese Rede hielt, war supervoll. Schließlich kamen seine Mutter und seine Brüder an und wollten auch mal was von ihm haben. Als jemand ihm das verklickern wollte, dass er sich doch auch mal um seine Familie kümmern sollte, 48 sagte Jesus nur: „Wieso meine Brüder, meine Mutter? 49 Das hier ist jetzt meine Familie. Hier sitzen meine Geschwister und meine Mutter! 50 Hey, jeder, der das tun

will, was mein Vater von ihm verlangt, der ist wie ein Bruder für mich
oder wie eine Schwester oder wie meine Mutter. Er ist Teil unserer
Gruppe, nichts kann uns auseinander bringen.“

13

1 Abends ging Jesus am See spazieren und setzte sich an das Ufer. 2/3 Es
dauerte nicht lange, da sammelte sich wieder eine große Menschen-
menge um ihn herum. Weil er zu ihnen reden wollte, setzte er sich in
ein Ruderboot und fuhr so weit auf den See raus, dass ihn von dort aus
alle hören konnten.

Was einen daran hindern kann, Gott zu vertrauen

4 Dann sagte er: „Ein Bauer säte Getreide aus. Einige der Körner fielen
dabei auf die Straße. Sofort kamen die Vögel und pickten sie auf. 5 An-
dere Körner fielen auf tierisch steinigen Boden, wo wenig Erde war. Da
keimten sie zwar, 6 aber als die Sonne voll draufknallte, vertrockneten
die Triebe, weil die Wurzeln noch nicht richtig in die Erde gewachsen
waren. 7 Ein paar von den Körnern fielen zwischen die Disteln, und die
Pflanzen krepierten bald. 8 Aber der Rest fiel auf guten Boden, ging auf
und vermehrte sich, dass es dreißig-, sechzig- oder hundertmal so viel
wurde, wie es mal war. 9 Ich hoffe, ihr habt kapiert, was ich damit sagen
will.“ *4 „Ein Programmierer saß an seinem Rechner und schrieb eine neue*
Software. 5 Die Software war total gut und verkaufte sich schnell. Auf dem
alten Rechner lief sie aber überhaupt nicht, die Hardware war schlecht und
der Rechner ging kaputt. 6 Bei anderen Rechnern lief sie eine Zeit lang ganz
in Ordnung, bloß immer dann, wenn es kompliziert wurde und wenn ande-
re Programme gleichzeitig liefen, stürzte das Ding ganz ab und musste am
Ende auch weggeworfen werden. 8/9 Bei Computern, die eine gute Hard-
ware hatten, die man immer in Schuss gehalten hatte und pflegte, da lief
sie aber hervorragend und machte sich hundertfach bezahlt.“

Warum benutzt Jesus Bilder, um Sachen deutlich zu machen?

10 Einige Zeit später löcherten ihn seine Freunde und wollten wissen, wa-
rum er immer in so Bildern redete und nicht direkt sagte, was er dachte.
11 Jesus antwortete darauf: „Ihr seid dazu in der Lage, die Geheimnisse
vom Reich Gottes, dem Gebiet, wo Gott das Sagen hat, zu begreifen,
andere werden es aber nie kapieren. 12 Es wird so laufen, dass die, die
viel verstanden haben, bald wirklich alles verstehen werden. Die, die
aber bisher nix verstehen, denen wird das bisschen auch noch abhanden
kommen, was sie bisher verstanden haben. 13 Darum rede ich in Bildern.
Obwohl sie es sehen könnten, haben sie es nicht erkannt, und obwohl

sie es hören könnten, haben sie nichts kapiert. [14] Damit wird wahr, was
Gott schon durch den alten Propheten Jesaja gesagt hat: ‚Obwohl sie
alles mitbekommen, verstehen tun sie gar nichts. Sie kriegen zwar alles
mit, aber begreifen nicht, was da abgeht. [15] Denn ihnen ist mittlerweile
eh alles egal, sie sind eisenhart geworden. Sie sitzen auf ihren Ohren
und haben Tücher vor ihren Augen. Darum sehen und hören sie nix. Die
wollen es auch gar nicht anders und wollen auch nicht anders leben.
Wie kann ich ihnen da noch helfen?‘ [16] Ihr könnt an deren Stelle echt
happy sein und euch sehr freuen, weil ihr das mit euren Augen und
Ohren buchstäblich erleben könnt. [17] Versteht doch: Tausende von den
Leuten, die Gott braucht, um zu Menschen zu reden, diese Propheten,
und auch viele, die okay für ihn leben, hätten sehr viel darum gegeben,
das zu erleben, was ihr jetzt erleben dürft. Aber damals war einfach
noch nicht die Zeit dafür.“

Jesus erklärt, was er mit der Story von der Saat meinte

[18] „Ich will euch mal erklären, was ich mit der Story von dem Typen,
der Samen aussät, klar machen wollte. [19] Bei einem Menschen, der die
Worte von dem Reich Gottes hört, diesem Land, in dem Gott das Sagen
hat, und das nicht wirklich ernst nimmt, bei dem kommt der Chef des
Bösen, der Satan, an und reißt die ganzen Pflanzen wieder aus seinem
Herz raus, die gerade gewachsen waren. Damit war der Samen gemeint,
der auf dem Weg gelandet ist. [20] Mit dem tierisch harten steinigen Bo-
den waren so Leute gemeint, die die Message zuerst hören und da total
drauf abfahren, [21] aber wenn es Probleme gibt, weil sie gläubig gewor-
den sind, oder Leute sie deswegen sogar in den Knast stecken wollen,
dann war es das bei denen auch schon mit ihrem Glauben. [22] Der Boden
voller Disteln ist wie einer, der die Worte hört und das auch sofort um-
setzt, aber sobald es Probleme gibt oder er plötzlich tierisch reich und
dadurch verführt wird, dann erstickt die Pflanze des Glaubens in ihm
ganz schnell, und alles bleibt, wie es mal war. [23] Mit dem guten Boden
ist einer gemeint, der die Worte hört und begreift, was sie bedeuten,
und dann total für Gott abgeht. Der bringt dann dreißig-, sechzig- oder
hundertmal von dem raus, was gesät wurde.“

Jesus erklärt, was er mit seiner Story über die Software meinte

[18] „Ich will euch sagen, was ich mit der Story von der Software meinte.
[19] Jeder, der meine Predigt über das Land, wo Gott das Sagen hat, hört
und meine Worte nicht ernst nimmt, bei dem ist es so, als ob der Satan,
der Chef von allem Bösen, kommt und die Worte aus seinem Herzen gleich
wieder löscht. Damit meine ich die Software, die auf den alten kaputten

Rechner geladen wurde. [20] Ein Mensch, der sich zuerst tierisch freut über das, was ich sage, ist wie der Rechner, der ganz okay ist, bei dem aber noch viele andere Programme mitlaufen. Es funktioniert eine Weile, [21] aber sobald es Probleme gibt, Leute ihn ärgern, weil er gläubig ist, dann zieht der schnell den Schwanz ein, und nichts bleibt mehr übrig. [22] Mit Rechnern, die im Grunde ganz okay waren, aber zu viele andere schlechte Programme auf ihrer Festplatte hatten, sind Menschen gemeint, die am Anfang auch ganz begeistert über das sind, was ich sage, und das zum Teil auch über Jahre umsetzen. Sobald aber die derben Sorgen abgehen, die das Leben so mit sich bringt, oder sie durch den ganzen Luxus, der sie vielleicht umgibt, abgelenkt werden, dann vergessen sie schnell, was ich gesagt habe, und alles bleibt am Ende doch beim Alten. [23] Der gute Rechner, der immer in Schuss gehalten wurde, ist jemand, der meine Worte hört, sie versteht und sofort umsetzt. Er wird seinem Eigentümer lange erhalten bleiben und viel Nutzen bringen."

Unkraut im Weizenfeld: Gott hat das letzte Wort

[24] Jesus erzählte noch eine andere Geschichte: „Dieses Land, wo Gott das Sagen hat, kann man auch gut mit einem Bauern vergleichen, der supergute Samen auf sein Feld streut. [25] In einer Nacht, als alle pennen, kommt sein Erzfeind und sät einfach Brennnesselsamen ohne Ende zwischen die guten Weizenkörner, danach verschwindet er wieder. [26] Die Samen gingen dann irgendwann auf, aber die Brennnesseln gleich mit. [27] Irgendwann kamen die Angestellten vom Bauern an und fragten den: ‚Hast du das Feld nicht nur mit richtig guten Samen bestreut? Woher kommen dann die Brennnesseln?‘ [28] ‚Das muss der Typ gemacht haben, der mich nicht abkann, mein Erzfeind‘, meinte der Bauer. ‚Sollen wir das jetzt einzeln rausrupfen, oder was?‘ [29] ‚Nein, dann würdet ihr die guten Weizenpflanzen ja auch mit rausrupfen. [30] Lasst sie mal in Ruhe wachsen, bis Erntezeit angesagt ist. Dann werden die Angestellten die Order kriegen, zuerst das Unkraut zu entfernen und es zu verbrennen. Und der Weizen kommt dann in den Vorratsraum.‘"

Kastanie oder Hefeteig

[31] Jesus versuchte mit einem anderen Beispiel, noch etwas deutlich zu machen: „Mit dem Land, wo Gott das Sagen hat, ist es so wie mit einer Kastanie. [32] Kastanien sind nicht besonders groß, aber wenn du sie im Boden vergräbst, dann wächst daraus ein riesiger Baum, in dem sogar Vögel wohnen können. [33] Man kann das Land, wo Gott das Sagen hat, auch mit einem Hefeteig vergleichen, mit dem eine Frau eine Pizza machen will. Sie nimmt viel Mehl und tut nur ein paar Brösel Hefe dazu

und verknetet alles. Schließlich ist dann der ganze Teig voller Hefe und
geht auf." 34 Jesus benutzte ständig irgendwelche Beispiele und Bilder,
wenn er mit Menschen redete. In keiner seiner Reden durften sie fehlen.
35 Damit wurde das wahr, was die alten Propheten schon damals voraus-
gesagt hatten: „Ich werde ihnen durch praktische Bilder und Vergleiche
klar machen, worum es geht. Was bisher niemand geschnallt hat, sollen
sie jetzt verstehen."

Jesus erklärt, was er mit der Story sagen wollte, wo es um die Samen und das Unkraut ging

36 Schließlich schickte Jesus die vielen Menschen wieder nach Hause.
Seine Freunde wollten dann aber noch mal was genauer wissen: „Was
war da eigentlich mit gemeint, als du von Unkraut und Brennnesseln
erzählt hast?" 37 „Also, das ist so", sagte Jesus, „der Typ, der Gottes
Sohn ist, das ist der Bauer, der die guten Samen aussät. 38 Das Feld ist
die Welt, der Samen sind die Leute, die mit Gott zusammen leben und
die unter seinem Einfluss stehen, und die Brennnesseln sind die Leute,
die das tun, worauf Satan Bock hat. 39 Der Erzfeind, der die Brennnessel
zwischen die guten Samen gesät hat, ist der Satan persönlich. Die Ernte
ist ein Bild für die große Endabrechnung, wenn diese Welt sterben wird.
Und die Arbeiter sind Engel. 40 Genauso wie das Unkraut vom Weizen
getrennt wird und vernichtet werden muss, genauso wird es bei der letz-
ten großen Gerichtsverhandlung abgehen. 41 Der Menschensohn* wird
seine Engel vorbeischicken. Die werden aus diesem neuen Reich, wo
Gott das Sagen hat, alle rausschmeißen, die link sind und miese Sachen
fabrizieren. 42 Die werden dann in einen Riesen-Ofen geschmissen und
vernichtet werden. Viele werden voll abheulen, wenn sie da sind. 43 Alle,
die das getan haben, was Gott gut findet, werden in der neuen Zeit gut
dastehen. Passt auf, wenn ich euch was erzähle!"

Alles geben für Gott, das zahlt sich aus!

44 „Das neue Land, in dem Gott das Sagen hat, kann man auch gut mit
einem vergrabenen Schatz vergleichen, den ein Typ zufällig beim Um-
graben von einer Wiese findet. Er verbuddelt den Schatz ganz schnell
wieder, und weil er sich so tierisch über das Ding gefreut hat und es
so wertvoll für ihn ist, geht er los und versteigert alles bei Ebay, was er
sonst noch so hat, nur um diese Wiese zu kaufen, denn dann gehört
der Schatz auch ihm. 45 Noch 'ne andere Story: Wer Teil von dem neuen
Land sein will, wo Gott das Sagen hat, der sollte so drauf sein wie ein

---

* Siehe Erklärung S. 24.

Aktienhändler, der eine unheimlich Gewinn bringende Aktie zum Kauf angeboten bekam. 46 Er verkaufte sein Haus und alles andere, was er noch hatte, nur, weil er diese eine Aktie unbedingt haben musste."

Der Vergleich mit einem Fischernetz

47 Man kann das Land, wo Gott das Sagen hat, auch mit einem Netz vergleichen, was in das Meer ausgeworfen wurde. Tierisch viele unterschiedliche Fische waren da drin. 48 Wenn das Netz erst mal voll ist, ziehen die Fischer es ans Land. Dann setzen sie sich hin und sortieren aus. Die essbaren Fische in Wannen, die ekligen in den Müll. 49 So wird es auch am Ende der Welt abgehen. Die Boten von Gott, die Engel, werden das Gute von dem Schlechten trennen. 50 Die Schlechten werden im Höllenschredder verfeuert. Dort werden sie abheulen und rumflennen, aber niemand wird sie hören. 51 Habt ihr das kapiert?" – „Ja, haben wir!", sagten sie.

Der Vergleich mit einem Mailwasher-Programm

47 „Man kann das Reich, in dem Gott das Sagen hat, auch mit einem Mailwasher-Programm vergleichen. 48 Wenn du ins Netz gehst und deine E-Mails abholst, bekommst du viele verschiedene Mails in deinen Posteingang. Gute Mails von deinen Freunden, aber auch viel Werbeschrott. Der Mailwasher sortiert dir die guten Mails raus, der ganze Schrott kommt in den Mülleimer und wird gelöscht. 49 So wird es auch am letzten Tag der Erde sein, bevor die dann verschrottet wird. Die Engel, die Angestellten Gottes, werden dann alles filtern, was auf der Erde gelebt hat. 50 Das, was mies und böse ist, wird in den Höllen-Schredder geschmissen werden. Dort wird es ihnen ganz übel ergehen, die werden viel heulen, aber da ist dann niemand mehr, der ihnen helfen kann. 51 Habt ihr das begriffen?" – „Ja", meinten sie, „wir haben verstanden, was du damit sagen willst." 52 Da meinte Jesus: „Darum ist jeder, der das verstanden hat und Menschen davon erzählt, wie jemand, der aus seinen alten und neuen Erfahrungen die richtigen Konsequenzen zieht und das weitergibt, was dabei rumkommt."

Jesus hat zu Hause nicht wirklich ein Heimspiel

53 Nachdem Jesus mal wieder versucht hatte, mit diesen Vergleichen den Leuten etwas zu verklickern, 54 ging er in seine Heimatstadt und hielt dort in der Synagoge an, um wieder 'ne Predigt zu halten. Alle waren total baff und fragten sich, wo er nur diesen Schnall vom Leben herhatte und woher die Kraft kam, diese irren Wunder zu tun. 55 „Der ist doch der Sohn von einem Zimmermann aus dem Ort. Seine Mutter Ma-

ria und auch seine Brüder Jakobus, Josef, Simon und Judas kennen wir
gut. 56 Seine Schwestern haben wir erst neulich beim Einkaufen getrof-
fen. Wie kann der denn bitte etwas Besonderes sein?“ 57 Sie waren sogar
total genervt von ihm. Jesus meinte dazu nur: „Der Typ, der Gott reden
hört, der Prophet, wird zu Hause mehr ausgebuht werden als woanders,
und seine Familie wird ihm auch nicht zuhören.“ 58 Keiner hatte dort
großes Vertrauen in ihn, darum tat er auch nur wenige Wunder.

14

Johannes, der die Leute getauft hatte, wird umgebracht

1 Als Herodes, der damals in Judäa das Sagen hatte, mitbekam, was
man so über Jesus redete, bekam er leichte Panik. 2 Er sagte zu seinen
Angestellten: „Das ist garantiert Johannes, der die Leute getauft hat!
Der feiert bestimmt gerade sein Comeback, obwohl er ja eigentlich tot
sein müsste. Vielleicht ist er ja auch ein Zombie und kann deshalb so
derbe Wunder tun.“ 3 Herodes hatte Johannes vor einiger Zeit in den
Knast gesteckt – vor allem, weil seine Freundin Herodias, in die er tie-
risch verknallt war, das unbedingt wollte. Die war allerdings eigentlich
die Frau von seinem Bruder. 4 Johannes hatte ihm ganz klar gesagt, dass
das total falsch ist; man darf sich nicht einfach die Frau von seinem
Bruder schnappen und heiraten. 5 Herodes war so sauer auf Johannes,
dass er ihn am liebsten ermordet hätte. Er traute sich aber nicht, weil
er Angst vor den Leuten in der Stadt hatte, die alle totale Fans von Jo-
hannes waren. 6 Als Herodes Geburtstag hatte, machte die Tochter sei-
ner Freundin auf der Party zur Musik einen derben Striptease. Das fand
er so geil, 7 dass er ihr anschließend hoch und heilig versprach: „Du
kannst von mir heute haben, was du willst!“ 8 Ihre Mutter bequatschte
sie dann, und schließlich bettelte sie Herodes an: „Ich möchte, dass
du Johannes den Kopf abschlagen lässt und ihn mir auf einem Tablett
servierst!“ 9 Damit hatte Herodes nun nicht gerade gerechnet. Aber
schließlich hatten eine Menge Leute mit ihm am Tisch gesessen, die alle
mitbekommen hatten, wie er sich mit diesem Versprechen weit aus dem
Fenster gelehnt hatte. Darum sagte er zu seinen Soldaten, 10 sie sollten
Johannes den Kopf abschlagen. 11 Sie servierten dem Mädchen dann
auch den Kopf auf einem Tablett, die ihn wiederum der Mutter übergab,
damit sie zufrieden war. 12 Die Schüler von Johannes holten dann den
toten Körper ab und verbuddelten ihn. Danach erzählten sie Jesus, was
passiert war. 13 Jesus war total geschockt und echt fertig. Er schnappte
sich ein Boot und wollte irgendwo hinfahren, wo er mal alleine sein
konnte. Die Leute bekamen das aber mit und verfolgten ihn am Ufer
entlang.

Fünftausend bei Jesus McDonalds

14 Jesus kam mit seinem Boot nach einer Zeit wieder ans Land. Sehr
viele Leute waren ihm gefolgt und wollten Hilfe. Die Menschen taten
ihm total Leid und darum heilte er mal eben alle, die irgendwie krank
waren. 15 Abends kamen dann seine Leute zu ihm und meinten: „Hey
Jesus, ganz schön spät geworden! Außerdem ist auch gar nichts los
hier. Lass doch die Menschen gehen, damit sie sich bei McDonalds was
zu essen holen können!“ 16 Jesus sagte dazu nur: „Nein, das ist jetzt
überhaupt nicht angesagt. Ihr könnt ihnen auch was zu essen machen!“
17 „Aber wir haben gerade mal fünf Brötchen und zwei Frikadellen am
Start!“, meinten die Schüler zu ihm. „Das reicht nie und nimmer!“
18 „Locker bleiben, her damit!“, sagte er. 19 „Pflanzt euch einfach auf die
Wiese“, sagte Jesus zu den Leuten. Dann nahm er die zwei Frikadellen
und die fünf Brötchen, sprach ein Tischgebet zu Gott und verteilte die
Teile. 20 Und das Unglaubliche passierte: Es reichte dicke und alle wa-
ren nach dem Essen pappsatt! Schließlich sammelten sie die Reste am
Abend noch ein, und da kamen sage und schreibe zwölf volle Einkaufs-
wagen zurück! 21 Ungefähr fünftausend Männer waren dabei gewesen,
dazu noch die Frauen und die Kinder, die man nicht mitgezählt hatte.

Jesus kann auf dem Wasser gehen

22 Nach diesem Essen meinte Jesus zu seinen Leuten, es wäre jetzt
angebracht, in das Boot zu steigen, um an das andere Ufer zu fahren.
23 Als er die Menschen weggeschickt hatte, hatte er Lust, noch ein
wenig allein mit Gott zu reden, und ging dazu in der Nacht auf einen
Berg. 24 Seine Freunde fuhren auf dem See, als plötzlich ein ganz derber
Sturm aufkam. Sie bekamen ziemlichen Schiss, es war starker Gegen-
wind und sie drohten zu kentern. 25 So gegen vier kam ganz plötzlich
eine Gestalt auf dem Wasser auf sie zu: Jesus! 26 Als sie ihn da gehen
sahen, ging der Punk erst richtig ab, sie hatten volle Granate Angst und
dachten, es wäre irgendso ein Geist oder so was. 27 Jesus ließ sie aber
nicht so lange zappeln und rief ihnen zu: „Hey Jungs, keine Panik! Ich
bin es doch nur!“ 28 Petrus war total geplättet. Er rief zurück: „Hey, wenn
du auf dem Wasser gehen kannst, dann will ich das auch können! Ein
Wort von dir genügt!“ 29 „Tu dir keinen Zwang an“, lachte Jesus, „komm,
wenn du willst!“ Gesagt, getan, Petrus stieg aus dem Boot aus und das
Unglaubliche passierte, er konnte tatsächlich auf dem Wasser zu Jesus
gehen! 30 Plötzlich bemerkte Petrus aber die großen Wellen, die um ihn
herum waren, er verlor Jesus aus dem Blick und bekam plötzlich voll
die Panik. „Hilfe, Jesus, ich ertrinke!“, schrie er und ging unter. 31 Jesus
rannte schnell zu ihm, packte seine Hand und zog ihn aus dem Wasser

raus. Er konnte sich den Spruch nicht ersparen: „Hast du so wenig Ver-
trauen, Petrus? Ich hab's dir doch gezeigt! Mir kannst du echt glauben!"
32 Beide gingen dann zusammen zum Boot. Sobald sie an Bord waren,
verschwand der Wind von selber. 33 Die anderen waren alle total platt,
knieten sich vor Jesus hin und sagten: „Du bist wirklich Gottes Sohn!"

Jesus macht wieder Menschen gesund

34 Sie landeten in einer Stadt namens Genezareth am Hafen und mach-
ten einen Landgang. 35 Als die Leute die dort wohnten, spitzkriegten,
dass der große Heiler am Start war, holten sie alle kranken Menschen.
36 Und es war so, dass die sogar nur einen Zipfel von seinen Klamotten
berühren mussten, dann wurden sie schon gesund!

15

Gottes Regeln müssen richtig ausgelegt werden

1 Etwas später kamen die religiösen Profis und Theologen, die man Pha-
risäer und Schriftgelehrte nannte, bei Jesus vorbei, um ihn mal wieder
auszuchecken. 2 „Warum befolgen Ihre Leute noch nicht mal die alten
Benimmregeln, dass man sich vor dem Essen zum Beispiel die Hände
waschen muss? Immerhin wird das ja vom alten Buch vorgeschrieben."
3 Jesus konterte nur: „Ja, und warum tut ihr mit euren Regeln, die ja
angeblich von Gott kommen, genau das, worauf er eigentlich überhaupt
keinen Bock hat? 4 Zum Beispiel möchte Gott, dass wir unsere Eltern
gut behandeln und sie versorgen, wenn sie alt sind! Wer das nicht tut
und sie sogar hasst und mies behandelt, soll sterben. 5 Ihr deutet das
dann aber so um: Wenn jemand Eltern hat, denen es total dreckig geht,
kann er sie trotzdem links liegen lassen, solange er genug Geld für ir-
gendwelche wohltätigen Zwecke spendet. Das ist dann für euch total
okay. 6 Dadurch macht ihr Gottes Regeln echt lächerlich! 7 Ihr seid so
falsche Spacken! Der alte Prophet Jesaja hatte total Recht, als er meinte:
8 ‚Diese Typen können ganz tolle Sprüche klopfen, aber ihr Herz ist mei-
lenweit entfernt von Gottes Herz. 9 Wenn sie im Gottesdienst sitzen,
bringt das überhaupt nichts. Alles, was sie behaupten, das Gott von den
Menschen will, wollen in Wirklichkeit nur sie von den Menschen und
nicht Gott.'" 10 Jesus winkte die Leute zu sich und sagte zu ihnen: „Bitte,
ihr müsst mir jetzt gut zuhören, es ist total wichtig, dass ihr das kapiert:
11 Nicht das, was man in sich reinspachtelt, lässt einen mies draufkom-
men, sondern das, was man im Kopf hat, die Gedanken und was man
ausspricht, sorgen dafür, dass du dich dreckig fühlst." 12 Schließlich
nahmen seine Freunde Jesus mal beiseite und meinten zu ihm: „Hey
Jesus, wenn du so weitermachst, werden diese Pharisäer tierisch abge-

fressen auf dich sein, ist dir das egal?“ [13] Jesus sagte: „Es gibt Leute, die
haben bei Gott mittlerweile einfach verloren, mit denen hat Gott nichts
am Hut. [14] Ihr braucht vor denen keine Panik zu schieben! Die meinen,
sie haben das neuste GPS-System, eins, das genau weiß, wo's im Leben
längsgeht, aber in Wirklichkeit tapsen sie völlig im Dunkeln. Und alle,
die ihnen nachlaufen, werden vermutlich irgendwann im Leben einmal
total abstürzen.“ [15] Petrus hatte das nicht so ganz kapiert und fragte
noch mal nach: „Wie jetzt, Jesus?“ [16] „Oh Mann“, stöhnte Jesus, „wenn
ihr das nicht kapiert, wer dann? [17] Es ist doch total klar, wenn du etwas
isst, geht es dir durch den Magen, bis du es auf dem Klo irgendwann
wieder rauslassen musst. [18] Üble Worte aber kommen aus deinem In-
nersten nach außen heraus, und danach fühlst du dich oft total dreckig,
stimmt's? [19] In deinem Innersten, in deinem Herz, da fängt der ganze
Mist erst an zu gären. Dort fängst du plötzlich an Mordgedanken zu
kriegen, in deiner Phantasie steigst du mit anderen Frauen oder Män-
nern ins Bett, beklaust jemanden oder lügst anderen die Hucke voll.
[20] Dort fängt es an. Dadurch entfernt sich der Mensch von Gott, nicht
durch das Nichtbefolgen irgendwelcher äußerlicher Regeln, wie zum
Beispiel, dass man sich vor dem Essen die Hände wäscht oder so.“

Jesus hilft einer Ausländerin

[21] Schließlich wollte Jesus weiter, und er machte sich auf den Weg Rich-
tung Tyrus und Sidon, das sind zwei kleine Städte in einem Gebiet,
wo die Menschen eher keine Lust auf Gott hatten. [22] Dort traf er auf
eine etwas nervige Ausländerin, die ein großes Problem hatte: „Oh,
großer Meister, Sie sind mein Held, bitte helfen Sie mir! Meine Tochter
ist ganz seltsam unterwegs. Irgendwie ist so ein böser Geist, so ein
Dämon, in ihrem Körper drin und macht sie total fertig.“ [23] Jesus hatte
irgendwie keinen Bock auf sie und behandelte sie wie Luft. Seine Jün-
ger waren langsam ziemlich genervt von ihr, weil sie ihnen andauernd
hinterherschrie. Sie meinten zu ihm: „Soll sie doch hingehen, wo der
Pfeffer wächst! Die geht uns so tierisch auf die Nerven!“ [24] Schließlich
beugte sich Jesus zu der Frau rüber und sagte zu ihr: „Hey du, ich hab
eigentlich nur die Order, denen zu helfen, die 'nen israelischen Pass
haben!“ [25] Die Frau ließ aber nicht locker, sie legte sich platt vor ihm
auf den Weg und fing an zu weinen: „Meister Jesus, bitte helfen Sie
mir!“ [26] „Euer Volk ist noch nicht dran“, sagte Jesus, „das wäre so, als
wenn man den, der als Letzter in der Schlange vor der Kasse am Super-
markt steht, einfach nach vorne lässt.“ [27] „Sie haben ja Recht“, meinte
die Frau, „aber alte Omas und Kranke werden schon mal vorgelassen,
oder?“ [28] Jesus gab sich geschlagen: „Bist ganz schön hartnäckig und

hast großes Vertrauen in mich. Darum soll das jetzt auch passieren, was du von mir möchtest." Und das total Abgefahrene passierte: Die Tochter wurde in dieser Sekunde ganz gesund!

Jesus ist der beste Arzt weit und breit

29 Irgendwann machte sich Jesus wieder auf den Weg Richtung See Genezareth. Dort schlug er sein Lager auf einem Berg auf. 30 Irre viele Leute kamen bei ihm vorbei. Ganz fertige Typen, einige konnten nicht mehr gehen, andere waren blind, die nächsten konnten nicht mehr sprechen. Es war wirklich krass, denn alle wurden von ihm wieder gesund gemacht! 31 Die Leute rasteten total aus, denn sie konnten es live miterleben, wie Menschen, die nicht sprechen konnten, plötzlich loslaberten, oder andere, die nicht mehr gehen konnten, erst mal 'ne Runde joggen gingen. Oder auch, wie welche, die nichts mehr sehen konnten, sich plötzlich 'ne Zeitung kaufen gingen. Die Menschen dankten Gott dafür und begannen für ihn Lieder zu singen, so sehr freuten sie sich darüber.

Jesus McDonalds die Zweite

32 Am Ende winkte Jesus seine Leute zu sich und forderte sie auf: „Die Menschen, die alle gekommen sind, tun mir irgendwie Leid. Sie hängen jetzt schon drei Tage hier mit mir rum und haben noch nichts gegessen. Ich hab ein wenig Angst, sie könnten den Rückweg nicht mehr schaffen, weil sie totalen Hunger haben. Ich bin dafür, wir organisieren was zu futtern!" 33 Die Freunde waren da anderer Meinung: „Mann Jesus, wie sollen wir denn so viel zu essen herkriegen? Der nächste ‚Drive in' ist voll weit weg, und die Supermärkte haben alle schon zu!" 34 „Holt mal die Sachen raus, die ihr noch dabeihabt", forderte Jesus sie auf, „mal sehen, was da zusammenkommt." – „Sieben Brötchen und noch ein paar kleine Frikadellen vom Aldi!", erklärten sie. 35 Jesus bat die Leute, sich einfach hinzupflanzen. 36 Dann nahm er die sieben Brötchen und die Frikadellen. Er schaute in Richtung Himmel und bedankte sich bei Gott dafür, dann zerteilte er die Brötchen und die Frikadellen und gab die seinen Freunden, damit sie die an die Leute weiterverteilten. 37/38 Und etwas total Abgefahrenes passierte: Alle, die da waren, hatten fett zu essen, und dabei waren zu der Zeit viertausend Männer plus Frauen und Kinder da. Nach dem Essen gingen seine Leute noch los, um die Reste einzusammeln, und sie kamen mit sage und schreibe sieben Einkaufswagen voller Lebensmittel zurück! 39 Erst jetzt sagte Jesus den Leuten, sie sollten mal nach Hause gehen. Er wollte aber weiter und fuhr mit einem Boot zu der Stadt Magadan.

16

„Zeig uns, was du draufhast!“

1 An einem anderen Tag schlugen wieder einmal die religiösen Profis,
diese Pharisäer und Sadduzäer, bei ihm auf. Die wollten ihn irgendwie
linken und forderten ständig, dass er irgendwelche Wunder tun sollte,
um zu beweisen, dass er wirklich von Gott kam. 2/3 Jesus schenkte ihnen
richtig ein: „Ihr meint, ihr habt voll die Peilung, stimmt's? Wenn die
Wettervorhersage Regen ankündigt, dann checkt ihr das ab, und wenn
es stimmt, dann glaubt ihr das auch. Genauso mit schönem Wetter.
Aber obwohl ihr das, was ihr heute hier erlebt, von vorne bis hinten ab-
gecheckt habt, begreift ihr trotzdem nicht, was hier tatsächlich gerade
passiert. 4 Diese Leute, die keine Ahnung von Gott haben, wollen immer
nur Beweise, Beweise, Beweise. Aber sie werden nicht mehr bekommen
als denselben Beweis, der mit Jona zu tun hat*.“ Dann ließ er sie einfach
links liegen und zog ab.

Es gibt Sachen, die sind wichtiger als Essen

5 Schließlich waren sie mal wieder mit dem Boot unterwegs. An Land
angekommen, kriegten die Freunde von Jesus spitz, dass nichts mehr
zu essen am Start war. 6 Jesus ließ noch mal einen Spruch ab, indem
er sagte: „Leute, passt gut auf! Die Pharisäer und Sadduzäer, diese
religiösen Oberprofis, die versuchen ständig, Viren in euer Hirn einzu-
schleusen, um eure Gedanken zu verseuchen.“ 7 Die dachten sofort, er
wollte ihnen mit diesem Spruch beipulen, dass das Essen heute irgend-
wie verseucht wäre, warum auch immer. 8 Jesus konnte aber Gedanken
lesen, und er konnte sich den Kommentar nicht verkneifen: „Manno,
warum habt ihr schon wieder Panik, dass ihr irgendwie hungern müsst!
Traut ihr mir das echt zu? 9 Warum begreift ihr das bloß nicht? Ihr wart
doch dabei, als ich den fünftausend Leuten auf dem Berg was zu essen
besorgt hab, und da war sogar noch richtig fett von dem Zeug übrig!
10 Oder das Mal, als ich viertausend Leuten 'ne Runde Hamburger aus-
gegeben habe, und auch da war noch sehr viel am Ende von da! 11 Denkt
doch nicht immer mit eurem Bauch, wozu habt ihr euren Kopf eigent-
lich? Ich versuch es jetzt noch mal: Passt auf, dass die religiösen Spin-
ner, diese Pharisäer und Sadduzäer, euch nicht einen Virus in eurem
Kopf aufspielen.“ 12 Erst jetzt kapierten sie, dass Jesus mit dem Virus die
falschen religiösen Ansichten meinte, die die Pharisäer ungefiltert unter
die Leute brachten.

---

* Jesus hat das im 12. Kapitel in den Versen 39 und 40 noch ein bisschen genauer erklärt.

Glaubenssachen

13 Als Jesus in der Gegend von Cäsarea in Philippi ankam, wollte er von
seinen Leuten wissen: „Was glauben die Menschen eigentlich, wer ich
bin?“ 14 „Also, von einigen haben wir gehört, sie glauben, du wärst so
was wie der Geist von Johannes, der die Leute getauft hat. Ein anderer
meinte, du wärst ja wie einer von den alten Propheten, also Elia oder
Jeremia.“ 15 „Okay, eine Frage hab ich noch an euch: Was glaubt ihr,
wer ich bin?“ 16 Da rutschte es Petrus einfach so raus: „Du bist auf alle
Fälle der Auserwählte, du bist der Christus! Du wirst uns alle hier aus
dem Dreck rausholen, du bist der Sohn von dem einzigen heftigen
heiligen Gott!“ 17 „Bingo! Petrus, freu dich! Denn das kannst du nur in
dir, in deinem Herzen, kapiert haben, wenn mein Papa, der im Himmel
wohnt, dir das gezeigt hat! 18 Für mich ist jetzt klar: Du bist Petrus, du
bist wie ein Stahlbetonboden, auf dem ich meine gesamte Organisation
aufbauen werde. Und die wird so stabil sein, dass keine Macht der Welt
sie vernichten kann. 19 Ich werde dir den PIN-Code für den Eintritt in das
Reich Gottes in die Hand geben. Wenn du jemanden auf der Erde be-
schuldigst, dass er Mist gebaut hat, dann muss er dafür auch bezahlen.
Jeder, dem du zusprichst, dass der Mist den er gebaut hat, vergeben ist,
und die Schulden die er bei Gott gemacht hat, schon bezahlt wurden,
der ist sie dann auch für immer los!“ 20 Er wollte aber auf keinen Fall,
dass seine Leute das überall rumposaunten, dass er der Auserwählte,
der Christus ist.

Jesus macht das erste Mal die Ansage, dass er bald sterben wird

21 In diesen Tagen versuchte Jesus irgendwann mal seinen Leuten klar
zu machen, dass er noch ganz schlimme Sachen durchmachen würde:
„Wenn wir in Jerusalem sind, werden mich diese religiösen Oberpro-
fis und auch die obersten Chefs vom Tempel foltern und um die Ecke
bringen. Drei Tage werde ich tot sein, aber dann kommt mein großes
Comeback.“ 22 Petrus war total fertig, als er das hörte. „Nein, oh nein,
Jesus, das darf auf keinen Fall passieren, hörst du?!“ 23 Jesus war plötz-
lich super genervt und schrie in Richtung Petrus: „Satan, hau ab! Du
willst mich nur austricksen!“ Dann sagte er noch: „Was du dir da zusam-
menreimst, ist auf einer anderen Ebene, einer Ebene, auf der Gott nicht
denkt. Das verstehst du einfach nicht!“

Jesus fordert die Leute auf, so zu leben, wie er lebt

24 Anschließend hielt Jesus seinen Jüngern noch eine kleine Predigt:
„Jeder, der mich als Vorbild hat und so leben will wie ich, der darf sich
selber nicht mehr so wichtig nehmen. Er muss bereit sein, für Gott

zu leben. Sein eigenes Ich steht nicht mehr im Mittelpunkt. 25 Jeder,
der nur dafür lebt, sich ein gutes, nettes Leben zu schaffen, wird am
Ende dumm dastehen. Aber jeder, der sein Leben und seinen Besitz
für mich und meine Sache einsetzt, der wird am Ende fett absahnen,
er wird ein echtes Leben gewinnen. 26 Denn was hast du schon davon,
wenn alle dich supergeil finden, du ein Superstar wirst und dir alle
zujubeln, aber du dafür deinen Platz im Himmel verlierst? Du kannst
noch so viele Millionen Euro haben, kaufen kannst du dir diesen
Platz im Himmel dafür auch nicht. 27 Denn der Menschensohn* wird
irgendwann mit den Engeln vorbeikommen und dann werden alle mit
dem großen Laserlicht vom Vatergott gescannt werden, alles wird
rauskommen, was man so getan hat im Leben. Es gibt dann eine En-
dabrechnung für das, was so gelaufen ist. 28 Ich mach jetzt noch mal
'ne Ansage: „Ein paar von euch, die jetzt hier stehen, werden es noch
mitkriegen, wenn der Auserwählte, der Menschensohn*, sein Come-
back feiern wird!"

17

Die Freunde von Jesus bekommen was zu sehen

1 Sechs Tage später gingen Jesus, Petrus, Jakobus und sein Bruder Jo-
hannes auf einem sehr hohen Berg spazieren. Kein Schwein war sonst
noch da, sie waren total alleine. 2 Plötzlich passierte etwas echt Hef-
tiges, Jesus fing vor ihren Augen irgendwie an zu leuchten und seine
Kleidung strahlte so hell, als würde sie von einem fetten Halogenstrah-
ler angeleuchtet werden. 3 Und dann kam plötzlich der Mose vorbei
und auch Elia, und sie redeten 'ne Runde mit Jesus! 4 Petrus war völlig
platt und sprach aus, was alle dachten: „Hey Jesus, hier ist es super-
geil! Wenn du Lust hast, könnten wir hier ein paar Häuser hinbauen,
eins für Mose, eins für Elia und eins für dich!" 5 Doch während er so
vor sich hinredete, wurden sie von einer weißen, hellen Rauchwolke
eingenebelt, und eine Stimme sprach aus dem Off: „Dieser Mann ist
mein Sohn, den ich sehr liebe und über den ich mich unheimlich freue.
Ihr müsst unbedingt genau das tun, was er euch sagt!" 6 Die Freunde
von Jesus kriegten so einen Schiss, dass sie sich platt auf den Boden
warfen. 7 Jesus ging schnell zu ihnen und beruhigte sie: „Ihr braucht
keine Angst zu haben! Ihr könnt wieder aufstehen!" 8 Und als sie sich
trauten die Augen wieder aufzumachen, war nur noch Jesus da. 9 Auf
dem Rückweg ins Tal schärfte ihnen Jesus ein: „Haltet bloß euern Mund
über das, was ihr gerade gesehen habt, und zwar so lange, bis ich von
den Toten wieder zum Leben gekommen bin." 10 Seine Leute wollten
wissen, warum die gelehrten Jungs immer sagen, dass Elia, einer die-

ser Propheten, eines Tages wiederkommen muss. [11] „Das stimmt, was
die sagen“, meinte Jesus, „Elia wird wiederkommen und alle Sachen
regeln. [12] Hey, er ist schon da gewesen, aber keiner hat kapiert, dass er
es ist. Sie sind mit ihm total ätzend umgegangen, und genauso wird es
mit dem Menschensohn* sein, dem wird es auch sehr dreckig gehen.“
[13] Jetzt begriffen seine Leute, dass er den Johannes meinte, der die Leu-
te getauft hatte.

Die Freunde von Jesus bringen es nicht – Jesus bringt es voll

[14] Schließlich kamen sie wieder an einen Ort, wo schon viele Leute auf
sie warteten. Da kam so ein Typ zu Jesus, legte sich flach vor ihm auf
den Boden und bettelte: [15] „Großer Meister, bitte kümmern Sie sich
um meinen Sohn! Der ist sehr neben der Spur, krampft ganz oft, neu-
lich so schlimm, dass er mitten ins Lagerfeuer gefallen ist, und einmal
auch ins Wasser. [16] Ich war schon bei Ihren Freunden mit ihm, aber die
konnten auch nichts für ihn tun.“ [17] Jesus war etwas genervt: „Ihr habt
doch nur voll das eingeschränkte Denken drauf, ich pack’s bald echt
nicht mehr! Nun bring den Jungen schon vorbei!“ [18] Sie holten den
Jungen sofort, und Jesus fing an, so einen dunklen Geist, der in ihm
wohnte, rauszuschmeißen. Der haute sofort ab, und von da an war der
Junge wieder quietschlebendig. [19] Abends wollten seine Leute dann un-
bedingt wissen, was bei ihnen nun schief gelaufen war. [20/21] „Ihr müsst
dabei nur ganz auf Gott vertrauen, wenn ihr so was macht“, meinte
Jesus. „Wenn euer Vertrauen nur so groß wäre wie so ’ne kleine Kas-
tanie, dann könntet ihr zur Zugspitze sagen: ‚Ab in die Nordsee!‘,
und es würde passieren. Es gibt nichts, was dann unmöglich wäre!“
[22/23] An einem anderen Tag hing Jesus mit seinen Leuten in Galiläa.
Dort sagte er zu ihnen: „Der Menschensohn* wird bald festgenommen
werden. Sie werden ihn umbringen, aber nach drei Tagen wird er ein
großes Comeback feiern.“ Seine Leute waren alle total fertig, als sie
das hörten.

Für wen soll man ablöhnen?

[24] Als sie in Kapernaum aufschlugen, kamen ein paar Steuereintreiber
vorbei und wollten von Petrus wissen: „Wie isses? Löhnt dieser Jesus
eigentlich auch ordentlich seine Steuern für den Tempel?“ [25] „Na klar!“,
meinte Petrus und ging schnell zu Jesus, um mit ihm darüber zu quat-
schen. Jesus fragte ihn: „Also, was meinst du denn, Petrus? Stell dir
vor, ein Ehepaar besitzt ein Haus. Von wem würden sie die Miete dafür

---

* Siehe Erklärung S. 24.

verlangen, von ihren Kindern, die da drin wohnen, oder von Fremden?“
26 „Natürlich von den Fremden“, antwortete Petrus. „Dann müssen die
Kinder also nichts bezahlen“, schlussfolgerte Jesus. 27 „Aber wir wollen
ja keinen Ärger mit den Jungs, also pass mal auf: Du nimmst jetzt mal
deine Angel und gehst zum See und dann wirfst du die aus, ja?! Pass
auf, da wird gleich ein fetter Brocken anbeißen, und der wird eine Gold-
münze im Maul haben, die genug Kohle abwirft, um deine und meine
Steuern zu bezahlen.“

18

Gott ist anders als die Menschen

1 Irgendwann diskutierten die Leute von Jesus mal die Frage, wer denn
im Land, wo Gott das Sagen hat, die Nummer eins sein wird. 2 Jesus
bekam das mit, holte ein kleines Mädchen zu sich und stellte es in die
Mitte. 3 Dann sagte er in die Runde: „Eins muss euch klar sein: Wenn
ihr nicht so draufkommt wie die Kinder, dann werdet ihr keine Tickets
für das Land, wo Gott wohnt, ziehen können. 4 Wer aber so winzig in
seinem Denken und seiner Art sein kann wie so ein kleines Kind, der
wird die Nummer eins in diesem Land, dem Reich Gottes, werden.
5 Und wer so einem Kind ein Zuhause verschafft, wo es sich wohl
fühlt, und das tut, weil er mich liebt, der nimmt in Wirklichkeit mich
auf.“

Eine Warnung

6 „Wenn aber einer so dreist ist und das kindliche Vertrauen, was die
Leute in mich haben, irgendwie kaputtmacht, der wäre besser dran,
wenn er von einer Bahn überfahren werden würde. 7 Ich warne jeden,
der meine Leute dazu verführt, Gott nicht mehr zu vertrauen! Es ist
unvermeidbar, dass man mal dazu verführt wird, Mist zu bauen, aber
ich will die echt warnen, die mit Absicht meine Leute verführen! 8 Da-
rum: Wenn irgendetwas, was zu dir gehört, dich zu etwas verführt,
was Gott nicht will, dann trenn dich radikal davon. Besser einhändig
im Himmel als beidhändig in der Hölle, wo man ewig einsam ist,
ewig getrennt ist vom Leben, ewig getrennt von Gott. 9 Oder wie ist
es mit deinen Augen? Wenn dein Auge dich dazu bringt, Mist zu bau-
en, dann reiß es lieber raus und schmeiß es in den Müll. Besser ein-
äugig im Himmel als mit zwei Augen in der Hölle. 10 Ihr müsst sehr
aufpassen, dass ihr nicht arrogant werdet und auf andere runterguckt,
die irgendwie nicht so toll sind wie ihr. Hey, glaubt mir, deren Engel
wissen den PIN-Code zur Eingangstür, wo mein Vater im Himmel
wohnt!“

Jesus ist für die Leute da, die keinen Durchblick mehr haben

11 „Der Menschensohn* ist für die da, die nicht mehr wissen, wo es
längsgeht. 12 Was denkt denn ihr: Wenn jemand hundert Meerschwein-
chen hat, und eines büchst plötzlich aus dem Stall aus und ist ver-
schwunden, was macht der dann? Er wird sich doch sofort aufmachen
und seinen ganzen Garten durchsuchen, bis er das eine Meerschwein-
chen gefunden hat. 13 Und wenn er es dann endlich unter einer Hecke
findet, wird er sich nicht tierisch freuen, und zwar in diesem Augenblick
mehr über das eine als über alle anderen, die ja noch im Stall sind?
14 Genauso ist mein Papa drauf, er will nicht, dass ihm irgendjemand
durch die Lappen geht, er liebt sie alle!"

Passt auf den anderen auf!

15 „Also, wenn jemand, der auch an Gott glaubt, schlecht mit dir umge-
gangen ist, dann sprich mit ihm darüber und sag ihm, was dich verletzt
hat. Wenn ihr euch dann versöhnt, ist alles wieder super. 16 Wenn der
aber nicht auf dich hört und das Friedensangebot ablehnt, dann nimm
dir ein paar Freunde mit und versuch noch einmal, mit ihm oder ihr zu
reden. 17 Wenn es das aber auch nicht bringt, dann mach das Ding öf-
fentlich und sprich mit der ganzen Clique darüber. Wenn derjenige jetzt
nicht nachgibt, dann hat er selber Schuld, dann schließt ihn aus eurer
Gemeinschaft aus. 18 Ihr müsst wissen: Wenn ihr Leuten sagt, dass alles
gut ist, und ihnen die Schuld erlasst, dann ist das Ding auch für Gott im
Himmel gegessen. 19 Das andere müsst ihr aber auch wissen: Wenn nur
zwei Leute, die hier leben, sich in einer Sache total einig sind und Gott
dann darum bitten, dann wird er es ihnen geben, garantiert! 20 Denn im-
mer da, wo sich zwei oder drei Leute wegen mir treffen und zusammen
abhängen, da bin ich auch voll dabei."

'ne Story von jemandem, der nichts verzeihen konnte

21 Petrus fragte mal Jesus: „Also wie ist das, wenn einer von uns mal
ständig total ätzend zu mir ist, wie oft muss ich ihm denn dann verzei-
hen? Reicht siebenmal?" 22 „Auf keinen Fall", antwortete Jesus, „nicht
nur siebenmal. Vergeben ist grenzenlos. Du musst einfach immer
vergeben, egal wie oft. 23 Das Reich, wo Gott das Sagen hat, kann man
auch gut vergleichen mit einem Bundeskanzler, der mit seinem Finanz-
minister den Etat ausrechnen will. 24 Da kam so ein Unternehmer vor-
bei, der hatte beim Staat sehr hohe Schulden, die er nicht mehr bezah-
len konnte, er war total pleite. 25 Weil er seine Schulden auf keinen Fall

---

* Siehe Erklärung S. 24.

selbst bezahlen konnte, wäre es jetzt sogar angesagt gewesen, alles,
was er hatte, zu verkaufen und den Rest ins Pfandhaus zu bringen. Er
musste sogar seine Familie loswerden, um wenigstens einen Teil von
seinen Miesen abzudrücken. 26 Der Typ ging in das Büro des Finanzmi-
nisters, ging auf die Knie und bettelte: ‚Herr Minister, bitte geben Sie
mir noch ein paar Tage Aufschub. Dann hab ich das Geld bestimmt
zusammen!‘ 27 Irgendwie tat der Mann dem Minister da voll Leid, und
er unterschrieb einen Wisch, der ihm alle seine Schulden erließ. 28 Aber
kaum war der Typ auf freiem Fuß, ging er zu einem seiner Angestellten,
der ihm noch die Kohle für ein Mittagessen schuldete, und machte den
voll an: ‚Bezahl mir sofort deine Schulden, das gehört sich so!‘ 29 Der
Angestellte war aber auch total pleite und bettelte: ‚Bitte geben Sie
mir noch ein paar Tage Aufschub, dann hab ich das Geld zusammen,
versprochen!‘ 30 Aber der Unternehmer war total ungeduldig und link.
Er rief die Polizei, ließ den Mann verhaften und in den Knast stecken,
bis er jeden einzelnen Cent bezahlt hatte. 31 Das sprach sich schnell
rum, und irgendwer steckte das dann auch dem Minister. 32 Da rief der
Finanzminister die Polizei und ließ ihn abführen. Vor Gericht sagte er
dann zu dem Unternehmer: ‚Mann, wie sind Sie nur drauf? Ich habe
Ihnen die gesamten Schulden erlassen, weil Sie mich darum gebeten
haben, und Sie? 33 Warum sind Sie nicht auch mal großzügig mit ihrem
Ex-Angestellten umgegangen, so wie ich mit Ihnen, he?‘ 34 Supersauer
ließ er den Unternehmer abführen, und der sollte so lange unter mie-
sesten Bedingungen im Knast sitzen, bis seine ganzen Schulden be-
zahlt waren. 35 Genauso wird es euch auch gehen, wenn ihr nicht eure
Leute mal in Frieden lasst und ihnen vergebt, wenn sie was gegen euch
verbockt haben.“

19

Wie das ist, wenn sich Eheleute trennen wollen?

1 Als Jesus mit seiner Rede fertig war, haute er aus Galiläa ab und ging in
den judäischen Bezirk auf der anderen Seite vom Fluss. 2 Tierisch viele
Leute kamen ihm nachgelaufen, er hatte dort wieder mal Sprechstunde
und heilte die Leute, die krank waren. 3 Die Pharisäer, diese religiösen
Oberprofis, hatten überhaupt keinen Bock darauf und versuchten ihn
irgendwie reinzulegen. „Was denken Sie denn so zum Thema Eheschei-
dung?“, wollten sie plötzlich wissen. „Ist das okay, wenn man sich aus
irgendeinem Grund von seiner Frau trennt?“ 4 „Mann, lest ihr eure
Bibel eigentlich nicht?“, fragte Jesus zurück. „Da steht doch eindeutig
drin, dass Gott am Anfang einen Mann und eine Frau gemacht hat.
5 Da steht: ‚Ein Mann wird seine Alten verlassen und wird mit seiner

Frau so zusammenwachsen, dass die beiden praktisch ein Körper sind.'
6 Sie sind dann im Grunde nicht mehr zwei Leute, sondern nur noch
eine Person. Was Gott so zusammengebracht hat, sollte der Mensch
nicht wieder auseinander reißen." 7 „Aber warum war es dann für Mose
okay, dass man sich von seiner Frau trennt, sobald man ihr einen Wisch
unterschreibt? Mose hat schließlich das alte Programm geschrieben,
die Gesetze, nach denen wir heute leben!" 8 „Also, Mose hat das nur
erlaubt, weil er wusste, wie link und hart die Menschen oft unterwegs
sind. Plan B sozusagen, aber Gottes ursprüngliche Idee sah mal anders
aus. 9 Ich bin der Meinung, dass jeder, der seine Ehefrau im Stich lässt
und eine andere heiratet, eine Ehe zerstört hat. Dabei gibt es nur eine
Ausnahme, nämlich wenn die Ehefrau ihm schon zuvorgekommen ist."
10 Seine Freunde waren daraufhin ziemlich erschrocken: „Also, wenn das
so ist, dann heiraten wir lieber gar nicht erst", sagten sie. 11 „Das kann
nicht jeder begreifen, was ich damit gemeint habe", sagte er, „Gott wird
schon dafür sorgen, dass jeder das kapiert, der das kapieren soll." 12 „Es
gibt eben Menschen, die können normal keine Kinder kriegen, dann gibt
es Menschen, die können es nicht, weil sie mal einen Unfall hatten oder
so. Und es gibt eben auch Menschen, die verzichten ganz darauf, weil
sie alles für Gott geben wollen. Das kann nicht jeder begreifen, aber bei
wem es jetzt klingelt, der sollte auch so leben."

Jesus und die Kids

13 An einem andern Tag brachten ein paar Eltern ihre Kids zu Jesus. Sie
wollten, dass er für sie betete und ihnen alles Gute von Gott zusprach.
Seine Leute waren davon aber gar nicht begeistert und wollten sie nach
Haus schicken: „Jesus braucht auch mal 'ne Pause", meinten sie zu den
Eltern. 14 Aber Jesus war gar nicht nach Pause zumute, als er die Kinder
sah: „Lasst sie durch, die können ruhig zu mir kommen. Denn die pas-
sen total gut in Gottes neue Zeit rein, in das Land, wo Gott das Sagen
hat." 15 Er legte ihnen sogar seine Hand auf den Kopf und betete für sie.
Erst danach ging er weiter.

„Wie muss ich drauf sein, um im Himmel zu landen?"

16 Ein junger Mann kam mal mit einer Frage zu Jesus: „Meister, was
muss ich denn alles Gutes tun, um im Himmel zu landen und ewig dort
zu leben?" 17 „Wieso fragst du denn ausgerechnet mich?", fragte Jesus
zurück. „Wirklich gut ist doch sowieso nur einer, und das ist Gott. Also
kannst du ewig leben, wenn du genau das tust, was er will." 18 „Was will
Gott denn von mir?", fragte der Typ zurück. Jesus antwortete ihm: „Du
sollst niemanden töten! Du sollst deinem Ehepartner treu bleiben. Du

sollst nicht klauen! Und du sollst keinen Mist über Leute erzählen, Sa-
chen, die nicht stimmen. [19] Respektiere deine Eltern und liebe die Leute
so, wie du dich selber auch liebst." [20] „Dann hab ich alles gemacht! Gibt
es sonst noch was?", wollte der Typ wissen. [21] „Ja", meinte Jesus, „wenn
du wirklich auf der sicheren Seite sein willst, dann verkauf alle deine Sa-
chen auf dem Flohmarkt, gib die Kohle den Obdachlosen auf der Straße
und dann komm und tu, was ich auch mache!" [22] Das war 'ne Runde zu
heftig für ihn, und er ging traurig weg, weil er selber sehr viel Geld hatte.
[23] Jesus beugte sich zu seinen Leuten und sagte zu ihnen: „Hey, eins ist
ziemlich sicher: Ein Typ, der irre reich ist, der hat es auch irre schwer,
mit Gott zu leben. [24] Da ist es schon leichter, dass ein Mercedes unter
einer Bahnschranke durchfährt, als dass jemand mit viel Kohle es packt,
Bürger von dem Land zu werden, wo Gott das Sagen hat." [25] „Puh, wer
kann es denn überhaupt schaffen?", fragten seine Leute erschrocken.
[26] Jesus schaute sie ruhig an und meinte: „Für Menschen ist das eh nicht
drin, aber Gott kriegt das schon hin!"

So zu leben wie Jesus – das bringt es!

[27] Petrus hatte mal 'ne Frage: „Jesus, wir waren doch bisher richtig ra-
dikal, oder? Wir haben alles hinter uns gelassen und tun, was du sagst.
Was bekommen wir eigentlich mal dafür?" [28] „Eins ist ganz klar für mich:
Alle, die mir jetzt so zur Seite stehen, werden eines Tages ganz fett ab-
sahnen. Ihr werdet neben mir sitzen, wenn ich den Joystick dieser Welt
in der Hand halte. Ihr werdet mit mir das Urteil sprechen über die zwölf
Völker aus Israel. [29] Jeder, der irgendwas aufgibt, seien es seine Eltern
oder seine Familie oder einfach alles, was ihm gehört, um das zu tun,
was ich von ihm möchte, der wird einmal ganz fett absahnen, und er
wird als Bonus noch das neue Leben bekommen, das niemals aufhört.
[30] Viele Menschen, die jetzt den dicken Macker markieren und was in
der Welt zu melden haben, werden in Gottes Welt eine kleine Nummer
sein. Und viele, die jetzt die Nullen sind und nichts zu sagen haben,
werden dann ganz vorne sein und in der ersten Reihe mitmischen."

20

Noch 'ne Story von Jesus über die Leute vom Bau

[1] „Ich will euch noch 'ne Story erzählen", meinte Jesus. „Da war so ein
Bauunternehmer, der hatte eine fette Baustelle in der Innenstadt am
Start. Dafür ging er morgens immer zum Arbeitsamt, um ein paar Ar-
beiter anzuwerben. [2] Er handelte mit den Typen die Kohle aus, die sie
für ihren Job dort kriegen sollten, und ließ sie auf dem Bau arbeiten.
[3] Ein paar Stunden später ging er noch mal zum Arbeitsamt und sah da

noch ein paar Leute rumstehen, die keine Arbeit hatten. 4 Die schickte er
dann auch auf die Baustelle und versprach ihnen eine angemessene Be-
zahlung. 5 Gegen Mittag und um drei Uhr ging er noch einmal dorthin
und warb noch ein paar Männer zur Arbeit an. 6 Als er gegen fünf beim
Hauptbahnhof vorbeikam, sah er da auch ein paar Leute rumstehen
und fragte sie: ‚Habt ihr heute keine Arbeit gefunden?' 7 ‚Keiner hatte
einen Job für uns', sagten sie. ‚Wenn ihr Bock habt, könnt ihr auf meiner
Baustelle arbeiten!', rief er denen zu. 8 Abends rief er dann den Chef
von der Baustelle und sagte ihm: ‚Hey, ruf mal die Leute zusammen,
die gearbeitet haben, und zahle ihnen ihren Lohn aus.' 9 Zuerst kriegten
die Leute, die erst um fünf angefangen hatten, ihr Geld. Die waren sehr
überrascht, als man ihnen einen vollen Tageslohn in die Hand drückte.
10 Nun hatten sich die anderen Arbeiter die Sache aber durchgerechnet
und dachten, sie würden deshalb noch mehr Kohle abkassieren, als sie
vereinbart hatten. Aber sie kriegten auch nur den Tageslohn, den sie
vorher ausgehandelt hatten. 11/12 Da kamen die voll aggromäßig drauf
und meinten: ‚Die haben nur 'ne Stunde gearbeitet und kriegen diesel-
be Kohle wie wir. Dabei mussten wir den ganzen Tag in der brüllenden
Hitze malochen!' 13 ‚Entspann dich!', sagte der Chef, ‚es läuft hier doch
alles korrekt ab! Wir zwei hatten genau diesen Preis miteinander aus-
gehandelt, oder?! 14 Nimm dein Geld und hau ab! Ich will den anderen
genauso viel Lohn geben wie dir. 15 Immerhin ist es ja mein Geld, und
damit kann ich auch machen, was ich will! Oder bist du genervt, weil ich
nicht jeden Cent zehnmal umdrehe?' 16 Genauso werden die, die jetzt
ganz vorne sind, irgendwann mal die Loser sein, und die Loser werden
mal ganz vorne sein."

Jesus macht noch mal die Ansage, dass er bald sterben wird

17/18 Als sie sich dann wieder aufmachten, um nach Jerusalem zu gehen,
sagte Jesus zu ihnen: „Wir gehen jetzt nach Jerusalem. Da wird man
mich an die Priester verraten. Die werden mich vor den Kadi zerren und
mit mir kurzen Prozess machen. 19 Ich werde von allen ausgelacht wer-
den, die werden mich sogar foltern und töten. Aber nach drei Tagen wer-
de ich ein fettes Comeback feiern, obwohl ich tot war, werde ich wieder
lebendig werden."

Streit über die „Dauerkarten auf der Ehrentribüne"

20 Irgendwann kam mal die Frau von Zebedäus vorbei, flankiert von
ihren Söhnen Jakob und Johannes, und wollte etwas von Jesus. 21 „Was
willst du?", fragte er sie. Sie legte sich platt vor ihm auf den Boden und
bettelte: „Gib meinen beiden Söhnen einen Sonderplatz auf der Ehren-

tribüne in deiner neuen Zeit, gleich neben dir!" 22 Jesus sagte zu ihr:
„Du hast doch gar nicht kapiert, was das bedeutet. Könnt ihr denn so
heftige Sachen ab und so leiden, wie ich das tun werde?" – „Klar", mein-
ten sie, „kein Problem!" 23 „Ja, ihr werdet auch schlimme Sachen durch-
machen müssen, das ist sicher, aber ich kann das nicht für euch klar
machen, wer mal neben mir sitzt und wer nicht. Das liegt alleine beim
Papa im Himmel." 24 Die anderen Jesus-Freunde waren total angefres-
sen, als sie hörten, was Jakobus und Johannes von Jesus wollten. 25 Also
musste Jesus mal wieder Frieden stiften. Er holte sie zu einem Meeting
zusammen und sagte: „Ein mieser Chef herrscht über seine Angestell-
ten wie ein Tyrann, und die Abteilungsleiter können zusammenschei-
ßen, wen sie wollen. 26 Aber genau so soll es bei euch auf keinen Fall
abgehen! Wer der Chef sein will, der sollte wie die Putzfrau sein, 27 und
wer ganz vorne stehen will, soll sich ganz hinten anstellen. 28 Auch der
Menschensohn* ist nicht hier, um den Lauten zu machen. Er kam, um
sich klein zu machen vor den anderen, um zu dienen und das Ganze
sogar mit seinem Leben zu bezahlen, damit viele Leute aus ihrem Dreck
rauskommen, in dem sie stecken." 29 Als Jesus dann mit seinen Freun-
den aus Jericho abzog, folgten ihnen sehr viele Leute. 30 Zwei Männer,
die blind waren, hingen auf der Straße rum. Als sie hörten, dass Jesus in
der Gegend war, schrien sie wie blöd: „Hey, großer Meister, bitte helfen
Sie uns!" 31 Die Leute versuchten krampfhaft den zweien das Maul zu
stopfen, aber ohne Erfolg. Sie schrien nur noch lauter: „Bitte helfen Sie
uns, Herr Jesus!" 32 Schließlich blieb Jesus bei ihnen stehen und fragte
sie: „Was geht?" 33 „Großer Meister, wir möchten so gerne sehen kön-
nen!" 34 Da taten die beiden Jesus irgendwie sehr Leid. Er ging zu ihnen,
streichelte über ihre Augen, und sie konnten sofort wieder sehen! Von
diesem Tag an gingen sie auch mit ihm mit.

21

Jesus wird zum großen Star gemacht

1 Schließlich kam Jesus mit seinen Leuten in Betfage an, einem Vorort
von Jerusalem City. Als sie beim Ölberg angekommen waren, meinte
Jesus zu zwei von seinen Freunden: 2 „Hey ihr beiden, geht schon mal
vor! Wenn ihr in den Ort reinkommt, werdet ihr am Zaun ein rotes
Mofa finden, wo der Schlüssel im Schloss steckt. Schmeißt das Ding
an und bringt es zu mir! 3 Sollte jemand fragen, was ihr damit vorhabt,
so sagt einfach: Der Chef braucht es! 4 Das alles soll so sein, damit
wahr wird, was die Propheten schon vor langer Zeit vorausgesagt ha-

---

* Siehe Erklärung S. 24.

ben. Sie sagten nämlich: [5] ‚Ihr aus der Familie Gottes: Passt auf, der neue Chef wird bei euch reinschneien, er ist peacig unterwegs und fährt auf einem Moped, das einem Jungen gehört.'" [6] Die beiden Leute aus seiner Clique taten genau das, was er gesagt hatte. [7] Sie brachten das Moped zu ihm, legten ein paar Klamotten auf die Sitzbank und setzten Jesus darauf. [8] Die Menschen bejubelten Jesus, als wäre er der Superstar schlechthin. Sie legten sogar ihre Jacken vor ihm auf den Weg, damit er darüber rollte. [9] Alle drängelten sich um ihn herum und wollten ein Autogramm haben. Sie riefen: „Da kommt er, der Superstar!! Der neue König ist da! Hurra!! Er ist der Mann, den Gott endlich zu uns geschickt hat!! Gott ist super!!" [10] Ganz Jerusalem flippte total aus: „Was ist denn das für ein Mann?", fragten sie überall rum. [11] „Das ist Jesus, der große Prophet aus Nazareth, das liegt in Galiläa", riefen die Leute, die mit ihm gingen.

Gottes Haus wird zum Einkaufszentrum

[12] Jesus ging erst mal in den Tempel, das große Gebäude downtown, in dem die Gottesdienste gefeiert wurden. Dort machte er voll den Aufstand und schmiss die ganzen Händler raus, die da ihr Zeug verkaufen wollten. [13] „Gott sagt: In meinem Haus soll gebetet werden! Ihr habt daraus ein Einkaufszentrum gemacht!", rief er. [14] Schließlich kamen die ganzen Kranken vorbei, die verkrüppelt waren oder nicht mehr sehen konnten, und er heilte einfach alle dort im Tempel! [15] Als die Priester und die Theologen ankamen und sahen, was da abging, und mitbekamen, dass sogar die Kids riefen: „Wow, dieser Mann ist der Sohn von unserm Urvater David! Der ist cool drauf!", da waren sie total abgefressen und fragten Jesus nur: „Hören Sie nicht, was die Kids da schreien?" [16] Und Jesus antwortete: „Na klar! Habt ihr das nie gelesen, was im alten Buch steht: ‚Selbst die noch nicht wählen dürfen und auch die kleinen Kids werden auf dich abfahren'?" [17] Damit ließ er sie links liegen und verließ die Stadt, um in den Vorort Betanien zu gehen, weil er dort einen Pennplatz suchen wollte.

Der Pflaumenbaum, der nichts brachte: Alle, die vertrauen, werden fette Wunder erleben

[18] Am nächsten Morgen, als sie wieder in Jerusalem aufschlugen, hatte Jesus ziemlichen Kohldampf. [19] Auf dem Seitenstreifen am Straßenrand stand so ein Pflaumenbaum, und weil er Hunger hatte, wollte Jesus sich ein paar Pflaumen abgreifen. Aber da war nix außer Blättern. Da sagte Jesus zu dem Baum: „An dir soll nie wieder irgendwas wachsen!" Und im selben Augenblick war der Baum vertrocknet und tot. [20] Die Jünger,

die das mitbekamen, waren echt fertig und fragten ihn: „Was war da
denn los?“ 21 Da meinte Jesus: „Also, wenn ihr wirklich etwas glaubt
und kein bisschen Zweifel daran habt, dass es auch wirklich passiert,
dann könnt ihr noch ganz andere krasse Sachen machen. Dann könnt
ihr sogar zu diesem Berg sagen: ‚Ab mit dir ins Meer!‘, und der würde
glatt abheben und sich ins Meer schmeißen! 22 Alles wird möglich sein,
alles werdet ihr bekommen können, wenn ihr dabei nur ganz fest glaubt,
wenn ihr betet.“

Woher oder von wem hat Jesus diese Power?

23 Schließlich hing Jesus noch ein bisschen im Tempel rum, um dort
eine Rede zu halten. Sofort waren die scheinheiligen Priester wieder
da und die Leute, die was zu sagen hatten: „Wer hat Ihnen das Recht
gegeben, hier solche Reden zu halten? Und woher kommen überhaupt
Ihre übernatürlichen Kräfte?“ 24 „Ich will mal ’ne Gegenfrage stellen“,
sagte Jesus. „Wenn ihr die beantwortet, werde ich auch antworten.
25 Also: Hatte Johannes, der die Leute getauft hat, seine Order direkt
von Gott bekommen oder nicht?“ Damit fingen ihre Köpfe an zu rau-
chen. 26 „Wenn wir sagen: ‚Er bekam die Order von Gott‘, wird er uns
fragen, warum wir Johannes dann nicht geglaubt haben. Wenn wir aber
sagen: ‚Er war nur ein Spinner‘, machen uns die Leute die Hölle heiß,
weil er total beliebt ist und alle glauben, dass er ein Prophet war.“ 27 Da-
rum antworteten sie: „Keinen blassen Schimmer!“ Darauf sagte Jesus:
„Dann werdet ihr auch nicht erfahren, wer mir diese übernatürlichen
Kräfte gegeben hat.“

Die Geschichte von den zwei Söhnen

28 „Mal ’ne andere Geschichte, bin gespannt, wie euch die hier
schmeckt: Da war mal so ein Typ, der hatte zwei Söhne. Zum ersten
sagte er: ‚Geh mal bitte in unsere Werkstatt und reparier das Auto, das
dort steht!‘ 29 ‚Klar, mach ich‘, sagte er, aber irgendwie hatte er dann
doch keine Lust und ging einfach nicht hin. 30 Dann ging er zu dem
zweiten Sohn und wollte dasselbe von ihm. ‚Ich hab aber null Bock!‘,
meinte der bloß. Aber später tat es ihm Leid, dass er seinen Vater so
angezählt hatte, und er ging doch hin und reparierte die Kiste. 31 Preis-
frage: Wer von den beiden hat denn das getan, was der Vater wollte?“
– „Der zweite natürlich!“ Jetzt erklärte Jesus, was er mit der Geschichte
sagen wollte: „Auf eins könnt ihr wetten: Drogendealer und Nutten wer-
den eher ihren Platz finden in Gottes neuer Zeit als ihr. 32 Johannes, der
die Leute getauft hat, hatte den Plan: Er sagte, ihr müsst eurer Leben
ändern, sonst fahrt ihr gegen die Wand. Aber ihr wolltet nichts von ihm

wissen. Die Dealer und die Nutten aber haben getan, was er gesagt hat.
Und obwohl ihr das sehr wohl mitbekommen habt, vertraut ihr mir nicht
und ändert euch nicht."

Die Story von den fiesen Mietern:
Die Rebellion gegen Gott geht nach hinten los

33 „Ich will euch noch 'ne krasse Story erzählen: Da war einer, dem gehörte
ein großes Wohnhaus in der Stadt. Das Haus hatte er fett renovieren
lassen, mit Kabelanschluss und allem Drum und Dran. Dann vermietete
er das Teil. 34 Am Ende des Monats wollte er durch seinen Hausverwalter
die Miete von den Konten der Mieter einziehen, so wie es abgemacht war.
35 Aber alle Mieter weigerten sich zu zahlen. Sie schrieben sogar Droh-
briefe an ihn. 36 Da beauftragte der Hausbesitzer eine Firma, die bei den
Mietern anklingelte, um die Kohle einzutreiben. Aber als die ankamen,
wurden die von den Mietern kurzerhand umgebracht. 37 Schließlich dach-
te sich der Besitzer: Ich lass das meinen Sohn erledigen, dem werden
sie bestimmt nichts tun, den werden sie respektieren! 38 Als die Mieter
vom Balkon aus den Sohn ankommen sahen, meinten sie zueinander:
‚Da kommt der Typ, der mal alles erben wird! Wenn wir den auch noch
lynchen, dann gehört das Haus uns!' 39 Gesagt, getan. 40 Was wird der
Hausbesitzer wohl machen, wenn er davon hört?" 41 „Er wird das Haus
sofort von den Bullen räumen lassen und die Leute in den Knast bringen.
Und dann wird er sich neue Mieter holen, die pünktlich ihre Miete bezah-
len, das ist doch klar!", antworteten sie. 42 „Genau", sagte Jesus, „schon in
dem alten Buch steht: ‚Der Stein, den die Bauarbeiter für Schrott hielten
und weggeworfen haben, der ist zu dem Fundament geworden, auf den
das ganze Haus gebaut wird.' Was die Leute nie gerafft hatten, genau
das tut Gott gerade vor euren Augen. 43 Darum: Das Land, in dem Gott
das Sagen hat, das werden solche Leute wie ihr gar nicht bekommen.
Das kriegen die Leute, die tun, was Gott von ihnen will. 44 Alle, die nicht
mit Gott leben, werden sterben, und wer nicht auf ihn baut, wird vor die
Hunde gehen." 45 Als die Priester und die religiösen Profis, diese Pharisä-
er, kapierten, dass Jesus von ihnen sprach, 46 hätten sie ihn am liebsten
gleich festgenommen. Aber sie hatten zu viel Angst vor den Leuten, die
alle glaubten, Jesus wäre ein großer Prophet.

22

Was abgeht auf der Party Gottes

1 Und Jesus war mal wieder am Storys erzählen: 2 „Wenn Gott wieder
anfängt, den Joystick der Welt komplett in die Hand zu nehmen, und
seine gute Zeit beginnt, dann ist das, als ob ein Präsident von einem

Land eine megagroße Hochzeitsparty für seinen Sohn organisiert. 3 Die
ganzen VIPs waren eingeladen, und nachdem die Vorbereitung klar
war, schickte er seine Angestellten los, um die Gäste abzuholen. Aber
keiner hatte Lust zu kommen. 4 Da schickte er seine Leute noch mal
los mit der Nachricht: ‚Das kalte Buffet ist angerichtet, der Lachs und
der Hummer sind schon fertig, alles wartet nur auf euch, nun kommt
doch!‘ 5 Aber die so eingeladenen Gäste hatten einfach keinen Bock zu
kommen, sie waren so mit ihrem Leben beschäftigt, mit der Arbeit und
alledem. 6 Ein paar waren sogar richtig aggromäßig unterwegs und ver-
prügelten und erschossen die Angestellten. 7 Da rastete der Präsident
total aus und schickte ein paar von der GSG 9 los, um die Mörder zur
Rechenschaft zu ziehen. In andere Städte schickte er sogar seine Armee
und ließ alles platt machen. 8 Dann sagte er zu seinen Angestellten: ‚Die
Vorbereitung für die Party ist fertig, aber die eingeladenen VIPs waren
sich anscheinend zu fein, mit dabei zu sein. 9 Geht jetzt zum Haupt-
bahnhof, auf die Straßen und in die besetzten Häuser und ladet alle
ein, die euch begegnen.‘ 10 Jetzt gingen sie los und brachten jeden mit,
den sie finden konnten: die Penner unter der Brücke, die Junkies vom
Hauptbahnhof, aber auch den Geschäftsmann aus dem Einkaufszent-
rum. Und so wurde die Partyhalle total voll. 11 Als der Präsident ankam,
um die Leute zu begrüßen, war da so ein Penner, der in seinem drecki-
gen Trainingsanzug rumhing. 12/13 ‚Mein Freund, wie bist du denn hier
so reingekommen? Da lag doch extra ein Armani-Anzug nur für dich
im Foyer?‘ Darauf konnte der Penner nichts antworten. Da meinte der
Präsident ziemlich derbe: ‚Legt ihm Handschellen an und führt ihn ab
in die Einzelhaft! Dort wird er voll abheulen, aber keiner wird ihm helfen
können.‘ 14 Denn sehr viele haben ’ne Einladung bekommen, aber nur
wenige waren bereit dazu, sich dafür klarzumachen.‘“

Gott oder der Staat?

15 Den Pharisäern, diesen religiösen Profis, wurde es langsam zu bunt.
Sie überlegten sich, wie sie Jesus aufs Glatteis führen könnten. 16 So
schickten sie ein paar von ihren Leuten und ein paar Herodesfans zu
ihm, die ihn dann fragten: „Großer Herr, Sie wollen die Wahrheit um
jeden Preis. Wenn es darum geht, das zu tun, was Gott will, sagen Sie
alles, was Ihnen in den Kopf kommt. Und es scheint Ihnen dabei egal
zu sein, ob die Leute das gut finden oder nicht. 17 Darum noch ’ne Fra-
ge: Findet Gott es eigentlich gut, dass wir unsere Steuern dem Staat
bezahlen, oder eher nicht?“ 18 Jesus merkte sofort, was sie eigentlich
wollten. „Ihr linken Spinner!“, sagte er. „Warum versucht ihr die ganze
Zeit mich reinzulegen? 19 Gebt mir mal ’nen Euro!“ Sie gaben ihm einen.

[20] „Wessen Wappen ist da hinten drauf? Was ist da eingeprägt?" [21] „Der
Bundesadler", antworteten sie. Da sagte Jesus: „Dann gebt dem Bund,
was dem Bund zusteht, und gebt Gott, was Gott gehört!" [22] Damit hat-
ten sie nicht gerechnet. Sie zogen sich zurück und ließen Jesus erst mal
in Ruhe.

Wie das ist, wenn jemand gestorben ist

[23] Am Nachmittag kamen so ein paar Leute aus einer religiösen Spe-
zialtruppe, die nannten sich Sadduzäer. Bei denen war eins ganz klar:
Wenn einer stirbt, bleibt er tot und fängt nicht wieder in einer anderen
Form an zu leben. Die hatten auch noch 'ne Frage an Jesus: [24] „Also
Meister, unser Urvater Mose hat klar gesagt, wenn ein verheirateter
Mann abkratzt, ohne ein Kind zu haben, dann soll sein Bruder sich die
Frau schnappen, und das erste Kind soll alles erben. [25] Wie ist denn das,
wenn da nun sieben Brüder sind? Der erste heiratet und stirbt, ohne
ein Kind zu haben. Sein Bruder heiratet die Witwe, weil es so üblich ist.
[26] Dann stirbt der zweite Bruder auch schneller als erwartet, und der
nächste Bruder nimmt die Ische zur Ehefrau. So geht das immer weiter,
bis sie am Ende mit allen sieben Männern verheiratet war. [27] Irgendwann
stirbt die dann auch noch. [28] Wenn alle, nachdem sie gestorben sind,
wieder lebendig werden, zu wem wird sie dann gehören? Sie war ja mit
allen sieben im Bett!" [29] Jesus antwortete darauf: „Oh Mann, ihr kennt
weder die Bibel noch habt ihr gerallt, was Gott wirklich draufhat! Ihr
liegt mit eurer Denke total daneben! [30] Wenn wir alle nach dem Tod zu
einem neuen Leben kommen, dann gibt es so was wie Ehe gar nicht
mehr. Ihr werdet eher wie Engel sein. [31] Wenn ihr aber nicht glaubt, dass
nach dem Tod noch was kommt, dann will ich euch gern noch mal auf
den Schirm bringen, was in den alten Schriften der Bibel steht. [32] ‚Ich
bin der Gott von Abraham, Isaak, und von Jakob.' Das bedeutet, dass
Gott kein Gott für die Toten ist, sondern für die, die leben!" [33] Was Jesus
da vom Stapel ließ, war für viele der Hammer.

Was superwichtig für Gott ist

[34/35] Als die Pharisäer hörten, wie Jesus den Sadduzäern das Maul
gestopft hatte, dachten sie sich eine neue Frage aus. Einer von den
Theologen ging mit folgendem Ding zu ihm hin: [36] „Meister, was ist
das absolut wichtigste Gesetz von Gott, was will er von uns?" [37] „‚Liebe
Gott, deinen Chef, mit allem, was du hast, mit deinem ganzen Gefühl,
volles Rohr, entscheide dich dafür!' [38] Das ist das wichtigste Gesetz
überhaupt! [39] Und gleich danach kommt: ‚Liebe die Leute, die mit dir
leben, genauso, wie du dich selber auch lieben sollst!' [40] Da steckt alles

drin, alle Gesetze und Forderungen, bei den Propheten angefangen bis
heute.“

Ein Sohn vom König David oder ein Sohn von Gott?

41 Jesus wollte dann auch noch ’ne Frage an die religiösen Profis loswer-
den: 42 „Was für ’ne Meinung habt ihr eigentlich über diesen ‚Christus‘*,
der alle aus dem Sumpf rausholen soll? Wessen Sohn ist der denn?“
Da sagten sie: „Der ist ein Sohn vom König David.“ 43 „Aber warum
hat David, als der total angezappt vom heiligen Geist war, ihn plötzlich
‚Chef‘ genannt? Denn David sagte: 44 ‚Gott sagte zu meinem Chef: Setz
dich auf die Ehrentribüne an meine Seite, bis ich allen Feinden gezeigt
hab, wer hier das Sagen hat!‘ 45 Wenn David also ‚Chef‘ zu ihm gesagt
hat, kann er ja nicht sein Sohn sein, oder?“ 46 Da waren sie alle platt und
trauten sich nicht mehr, ihm irgendwelche dummen Fragen zu stellen.

23

Jesus macht mit scheinheiligen Theologen und Pharisäern kurzen Prozess

1 Jesus hielt mal wieder eine Rede zu den Menschen und auch zu seinen
Freunden: 2 „Die Theologen und die Pharisäer versuchen euch Sachen
über die Gesetze von Gott beizubringen. 3 Tut alles, was sie euch sagen!
Aber versucht bloß nicht, sie nachzumachen, weil sie sich selber nicht
an das halten, was sie da so von sich geben. 4 Sie machen den Men-
schen das Leben schwer mit irgendwelchen religiösen Regeln, die jeder
befolgen soll, aber sie selbst sind total lau unterwegs. 5 Dabei veranstal-
ten sie voll die Gebets-Show, als wären sie die frommsten Leute über-
haupt, und tragen von morgens bis abends nur ihre Kirchenklamotten,
damit jeder sehen kann, wie religiös sie sind. 6 Wenn irgendwo ’ne Party
steigt, wollen sie immer auf der Gästeliste stehen, und im Gottesdienst
stehen sie immer direkt vor der Bühne. 7 Sie finden es ganz toll, wenn
jeder auf der Straße sie erkennt, und geilen sich daran auf, wenn ei-
ner mal ein Autogramm will. 8 So sollt ihr nie werden! Nur Gott ist ein
echter Star, und ihr seid alle gleich viel wert. 9 Am besten nennt ihr
niemanden mehr Papa außer eurem Papa im Himmel. 10 Auch solltet
ihr euch nicht Lehrer nennen, denn ihr habt nur einen Lehrer, nämlich
Christus. 11 Wer für alle da ist und sich nie in den Vordergrund spielt, der
ist der Größte. 12 Wer sich aber für superschlau und wichtig hält, wird

---

* ‚Christus‘ war damals so ein Fachbegriff von den religiösen Juden. Auf diesen ‚Christus‘ warteten sie schon lange, weil die Prophetentypen ihn als den großen Bringer angekündigt hatten. Viele hofften, dass der irgendwie alles klarmachen und die Leute von Israel endlich mal von den römischen Besatzern befreien würde.

der letzte Loser sein. Und wer sich aber selbst zum Loser macht, der
wird durch Gott mal groß rauskommen. 13 Passt bloß auf, ihr religiösen
Oberprofis und Theologen! Ihr tut doch nur so als ob! Durch euer Gela-
ber packen es andere nicht, in das Land Gottes zu kommen. Nicht nur,
dass ihr selber nicht reingeht, sondern ihr steht denen, die reinwollen,
auch noch im Weg! 14 Passt bloß auf! Ihr seid so geil auf die Kohle der
alten Omas aus dem Altenheim, aber euer Showbeten in der Kirche ist
doch total unecht. Gott wird euch dafür einmal bestrafen. 15 Passt bloß
auf, ihr Pseudos! Ihr gebt volles Rohr, wenn es darum geht, jemanden
zu bekehren, und wenn er sich dann bekehrt, dann wird er durch eure
Lehren noch linker als ihr. 16 Passt bloß auf! Ihr habt selber Tomaten
auf den Augen und wollt anderen dabei den Weg zeigen? Zum Beispiel
sagt ihr: ‚Wenn ich was hoch und heilig verspreche und auf den Tempel
schwöre, weil da Gott drin wohnt, dann gilt das nix. Aber wenn ich auf
das Gold schwöre, das im Tempel rumliegt, dann muss ich dazu ste-
hen.‘ 17 Ihr Oberblindos! Warum ist denn das Gold im Tempel überhaupt
heilig? Doch gerade deshalb, weil es im Tempel liegt und nicht irgendwo
beim Juwelier. 18 Dann sagt ihr: ‚Wenn ich was verspreche und dabei
hoch und heilig auf den Altar schwöre, dann gilt das nix. Wenn ich aber
auf ein Tier schwöre, das auf dem Altar geopfert wird, dann muss ich
mein Versprechen halten.‘ 19 Ihr Nonchecker! Was ist denn wichtiger, der
Altar oder das Opfertier? Das Tier wird doch dadurch erst heilig, dass
es auf dem Altar liegt und nicht auf der Fleischtheke im Supermarkt.
20 Wenn jemand etwas verspricht, egal woran er dabei denkt, ist er dem
gegenüber auch verpflichtet. Wenn er an den Tempel denkt, schwört
er eben bei dem Tempel mit allem Drum und Dran. 21 Wenn er beim
Altar schwört, schwört er natürlich auf all das, was da draufliegt. 22 Und
wer beim Himmel schwört, der beruft sich damit sozusagen auf Gottes
Chefsessel. 23 Passt bloß auf, ihr Theologen, ihr Pharisäer und Pseudos!
Bei den unwichtigen Regeln seid ihr ganz pingelig. Ihr gebt sogar noch
zehn Prozent von jedem Brühwürfel für Gott! Aber die wirklich wich-
tigen Sachen, dass wir fair sein sollen mit anderen, andere lieben und
nett mit ihnen umgehen, dass wir Gott vertrauen sollen, dass ist euch
total egal! 24 Ihr lauft so blind durchs Leben! Ihr seid total genervt, wenn
mal 'ne Fliege in der Suppe schwimmt, aber ein ganzes Pferd im Essen
fällt euch nicht auf! Ihr wollt anderen sagen, wo es längsgeht, dabei habt
ihr doch selber keinen Schnall vom Weg. 25 Passt bloß auf, ihr Theologen
und Pharisäer! Ihr alten Pseudos! Nach außen markiert ihr den dicken
Macker, schick rausgeputzt, aber innen drin ist alles verfault und stinkt.
26 Ihr Blindos, macht doch erst bei euch drinnen sauber, dann kommt
das Äußere von selbst. 27 Passt bloß auf, ihr Theologen und Pharisäer!

Ihr seid wie toll geschmückte Gräber auf dem Friedhof. Von außen alle
voll gestylt, aber unten drunter stinkt es nach verwester Leiche. 28 Ihr
wollt nach außen hin als die coolen Supergläubigen dastehen, aber
in Wirklichkeit seid ihr nur link und falsch unterwegs! 29 Passt auf, ihr
Theologen und Pharisäer! Ihr Oberpseudos! Von den Propheten macht
ihr euch ein Starschnitt-Poster und hängt es euch an die Wand. 30 Dann
sagt ihr noch: ‚Wenn wir damals gelebt hätten, wir hätten den Pro-
pheten kein Haar gekrümmt, wie das unsere Väter ja gemacht haben!'
31 Immerhin gebt ihr damit ja zu, dass ihr aus einer Familie von Mördern
stammt. 32 Und so ist das auch mit euch, genau so seid ihr auch drauf.
33 Ihr seid so falsch, ihr vergiftet alles! Wie wollt ihr denn noch vor eurer
Strafe weglaufen? 34 Ich werde euch noch einige Propheten und geistli-
che Lehrer schicken. Ein paar von denen werdet ihr umbringen. Andere
werden von euch gefoltert, und man wird sie verfolgen. 35 Ihr seid alle
daran mitschuldig, dass das passiert. Angefangen von Abel bis Secharja,
der von euch vor dem Tempel ermordet wurde. 36 Eins sollt ihr wissen:
Die Strafe für diese Tat wird diese Generation zu spüren bekommen."

„Ihr wolltet es so haben!"

37 „Mann, Jerusalem, was ist bloß los mit dir? In dir wurden die Prophe-
ten ermordet. Die Leute, die 'ne wichtige Nachricht für die Menschen
haben, bringst du einfach um die Ecke! So oft habe ich versucht, deine
Leute zusammenzukriegen und sie zu beschützen, so wie ein Huhn
seine Küken unter die Flügel nimmt! Aber du wolltest einfach nicht! 38 Eh
du dich versiehst, wird dein Haus kaputt sein. 39 Ich werde erst dann
wiederkommen, wenn ihr kapiert habt, wer ich wirklich bin. Dann wer-
det ihr mir auch zurufen können: ‚Wie gut, da kommt der Held Gottes,
der uns aus dem Dreck rausgeholt hat!'"

24

Was mit der Welt passieren wird

1 Schließlich gingen sie alle aus dem Tempel raus. Seine Leute drehten
sich noch mal um und wollten ihm zeigen, wie fett die ganze Anlage
war. 2 Jesus sagte aber nur: „Ja, seht euch das Teil nur noch mal in
Ruhe an! Eins ist für mich total sicher: Irgendwann wird hier 'ne Bom-
be einschlagen und alles verwüsten." 3 Als sie später auf einer Wiese
am Ölberg rumhingen, wollten sie wissen: „Wann passiert das denn?
Und was wird abgehen, wenn du wiederkommst und der Countdown
der Erde anläuft?" 4 Jesus antwortete: „Lasst euch auf jeden Fall nicht
von irgendwelchen Spackos aufs Glatteis führen! 5 Da werden so man-
che Spinner ankommen und sagen: ‚Ich bin der Auserwählte!' Und

einige werden voll auf sie abfahren und sich dadurch verirren. 6 Wenn
in den Nachrichten plötzlich überall von Kriegen die Rede ist und
von Demonstrationen und Unruhen, dann passt auf, aber habt keine
Panik! Das ist schon alles okay so, das bedeutet noch nicht, dass die
Erde gleich in die Luft fliegt. 7 Die großen Industrienationen und die
Machtblöcke werden einen großen Krieg gegeneinander anzetteln. Nir-
gendwo wird es was zu fressen geben und die Umwelt wird verrückt
spielen. 8 Doch das wird erst das Vorspiel sein, der Anfang vom Ende.
So wie eine Frau krasse Schmerzen hat, bevor sie ein Kind bekommt.
9 In dieser Zeit wird es euch an den Kragen gehen, sie werden euch in
den Knast stecken, foltern und umbringen. Alle werden euch hassen
und euch total bescheuert finden, nur weil ihr zu mir gehört. 10 Viele
werden so tun, als würden sie nicht an mich glauben, andere werden
sich gegenseitig verraten und hassen. 11 Dann werden Pseudo-Prophe-
ten aufkreuzen und sehr viele werden auf sie reinfallen. 12 Und weil den
Leuten total egal ist, was Gott will, wird das Schlechte und Böse überall
aus seinen Löchern rauskommen. Und der Liebespegel wird bei vielen
auf null sinken. 13 Wer aber bis zum Ende durchzieht, der wird es auch
packen und gerettet werden. 14 Und überall auf der ganzen Erde wird
man die guten Nachrichten von Gott und seinem Land hören, überall
wird man es den Menschen predigen, damit jeder mal davon gehört
hat. Und dann wird es zu Ende gehen mit der Erde. 15 Wer diese Sa-
chen jetzt liest, sollte seine Lauscher auf Empfang stellen! Wenn euch
irgendwie so eine Fratze im Fernsehen begegnet, die über die heiligen
Orte Witze macht und über sie ablästert, 16 dann packt eure sieben
Sachen und verschwindet in die Berge. 17 Wenn jemand gerade auf der
Terrasse abhängt, sollte er nicht erst in die Wohnung zurückgehen,
um gemütlich seine Sachen zu packen. 18 Wer gerade bei der Arbeit
ist, sollte nicht erst nach Hause tapern, um seine Klamotten zu holen.
19 Voll übel wird das Ganze für die Frauen werden, die gerade schwan-
ger sind, und für Mütter mit Babys auch. 20 Ihr müsst jetzt schon be-
ten, dass das Ganze nicht im Winter passiert oder am Sabbat*! 21 Denn
dann wird es allen Menschen sehr dreckig gehen, es wird so schlimm
sein, wie es noch nie auf der Welt gewesen ist und nie wieder sein
wird. 22 Und wenn es da nicht den Nothalt geben würde, würde es kei-
ner schaffen, gerettet zu werden! Aber weil Gott seine Spezialleute so
wahnsinnig liebt, wird das Ganze verkürzt werden."

---

* Am Sabbat war es den strenggläubigen Juden nicht erlaubt, mehr als ca. 900 Meter zu gehen, das nannte man den Sabbatweg. 900 Meter sind keine besonders weite Flucht, deswegen wird das hier so gesagt.

Vorsicht vor der Fälschung!

23 „Und verpeilt es nicht, wenn irgendwer plötzlich sagt: ‚Hier ist der
Held, der uns da raushilft!' oder: ‚Christus war gerade da und da',
dann glaubt dem kein Wort! 24 Da werden so einige ankommen und
den großen Helden markieren, sie werden sich sogar als Superstars
und Retter der Erde anzeigen. Die werden sogar voll die derben
Wunder machen können, und sie werden auch versuchen, die Auser-
wählten von Gott auszutricksen und hinters Licht zu führen. 25 Also
vergesst bitte nicht: Ich habe euch hiermit 'ne klare Ansage gemacht!
26 Falls also irgend so ein Heini ankommt und sagt: ‚Da draußen auf
die Wiese, da kommt der Retter hin', dann bleibt, wo ihr seid. Wenn
sie sagen, er hält sich in der Kanalisation versteckt, dann glaubt auch
denen nicht. 27 Wenn ich wiederkomme, werden es alle mitkriegen, ich
werde ein absolut fettes Comeback feiern, das werden alle deutlich
sehen können. 28 Keiner wird im Sessel sitzen bleiben, das wird ganz
krass werden, glaubt mir."

Der Rechtsanwalt und Richter in einem

29 „Kurz nach dieser üblen Zeit werden ganz plötzlich die Sonne und
damit auch der Mond kein Licht mehr ausstrahlen. Der ganze Kosmos
wird außer Kontrolle geraten, der absolute Supergau für unser Sternen-
system steht dann bevor. 30 Plötzlich wird man das Zeichen vom Sohn
des Menschen und von Gott am Himmel sehen. Die Menschen werden
überall voll die Panik bekommen, und sie werden ständig weinen. Alle
werden sehen, wie der Menschensohn* voller Power und strahlend wie
der größte Halogenstrahler aus den Wolken rauskommen wird. 31 Aus
Gottes P. A. wird mit einem Eine-Million-Watt-Verstärker Musik von
der Band der Engel gespielt werden, damit alle von seinen Leuten von
überall her ankommen. 32 Ihr kennt das doch vom Apfelbaum: Wenn
die Blätter richtig groß sind und die Blüten verblüht sind, dann kommt
bald der Sommer. 33 Wenn das alles so passiert, wie ich euch jetzt er-
zählt hab, dann wisst ihr: Es ist bald so weit. 34 Eins sage ich euch: Die
Menschen werden nicht verschwinden können, bis das alles passiert
ist. 35 Der Himmel wird sich irgendwann verabschieden und die Erde
wird mal explodieren, aber was ich sage, wird immer seine Gültigkeit
behalten! 36 Niemand weiß genau, wann das alles passieren wird, keiner
kennt das Datum. Nicht mal die Engel haben 'nen Schnall davon. Nur
der Papa im Himmel weiß das. 37 Wenn der Sohn des Menschen dann
kommt, geht es hier ähnlich zu wie damals, als Noah noch lebte, als

---

* Siehe Erklärung S. 24.

die große Flut alles kaputtgemacht hat. 38 Damals waren die Menschen
genauso verpeilt. Sie dachten sich: ‚Ist doch eh alles egal, wir haben
was zu fressen und zu saufen, wir haben einen Partner, was soll also
das ganze Gelaber?‘ 39 Sogar als Noah sein Riesen-Rettungsboot fertig
hatte, nämlich die Arche, und seine Familie und die Tiere darauf ein-
zogen, glaubten sie ihm noch nicht. Bis das Wasser dann kam und alle
ersoffen sind. So wird es auch sein, wenn ich wiederkomme. 40 Wenn
zwei Männer am Fließband arbeiten, wird der eine dabei sein, der an-
dere aber nicht. 41 Wenn zwei Frauen im Büro arbeiten, wird die eine
dabei sein, die andere nicht. 42 Darum müsst ihr unbedingt zu jeder
Zeit total wach sein, denn ich werde garantiert genau dann kommen,
wenn ihr nicht damit rechnet. 43 Ist doch logisch: Wenn der Hausbesit-
zer genau wüsste, wann der Dieb bei ihm einbrechen will, hätte er sich
wohl davor geschützt. 44 Ihr müsst auf jeden Fall immer bereit sein,
denn wie gesagt, er kommt hundertpro genau dann, wenn ihr nicht
damit rechnet.“

Der zuverlässige Abteilungsleiter

45 „Wie ist das denn mit einem guten Abteilungsleiter?“, fragte Jesus
seine Leute. „Er hat von seinem Chef den Auftrag bekommen, seine
Mitarbeiter anständig zu beschäftigen und dafür zu sorgen, dass sie
alles haben, was sie so brauchen. 46 Er kann doch total froh sein, wenn
der Chef mal vorbeikommt und die Abteilung checkt und alles okay ist.
47 Eins ist ganz klar: Einem so zuverlässigen Abteilungsleiter würde er
auch den Rest der Firma anvertrauen. 48 Wenn der Typ aber Mist baut
und so bei sich denkt: ‚Ist doch eh egal, solange der Alte nicht da ist‘,
49 und dann auch noch anfängt seine Mitarbeiter zu mobben und jeden
Abend voll die Partys in der Firma abfeiert, 50 ja, wenn dann der Chef
plötzlich zurückkommt, dann ist Panik angesagt! 51 Der wird ihm nicht
nur kündigen, der wird ihm auch noch ’ne Anzeige an den Hals hängen
und ihn in hohem Bogen auf die Straße setzen. Da wird es dem Typen
dann total dreckig gehen, er wird voll abheulen und Depressionen krie-
gen, aber er hat es nicht anders verdient.“

25

Noch so ein Beispiel: Die Story von den zehn Frauen, die den Macker zu seiner Hochzeit abholen wollten

1 „In der neuen Zeit wird es so abgehen, wie es bei zehn Mädchen war,
die nach einem alten Brauch den Macker, der heiratet, von zu Hause ab-
holen sollten. 2-4 Sie fuhren mit ihren Vespas in sein Dorf, aber nur fünf
waren schlau genug, auch ausreichend Benzin mitzunehmen. 5 Als der

Typ aber nicht zu Hause war, mussten sie durch den ganzen Ort gurken,
um ihn zu finden. 6 Irgendwann fanden sie ihn und wollten zurückfah-
ren. 7/8 Die fünf ohne Ersatzkanister stellten fest, dass ihr Tank bald leer
war, und baten die anderen, ihnen doch was abzugeben. 9 Die Schlauen
rechneten aber vor: ‚Hey, wenn wir jetzt euch noch was abgeben, dann
packen wir den Rückweg auch nicht mehr. Geht doch in den nächsten
Ort, da gibt es 'ne Tanke!' 10 In der Zwischenzeit waren der Macker, der
heiraten sollte, und die Mädchen mit dem ausreichenden Benzin im
Tank wieder bei der Party gelandet. Dann wurde die Tür abgeschlossen.
11 Spät in der Nacht kamen dann auch die anderen fünf an. Sie klingel-
ten und sprachen in die Gegensprechanlage: ‚Aufmachen, wir sind da!'
12 Aber der Bräutigam sagte nur: ‚Wer seid ihr denn?' 13 Darum macht
keinen Blödsinn und seid immer bereit! Denn ihr habt keinen blassen
Schimmer, an welchem Datum und zu welcher Uhrzeit ich wiederkom-
men werde."

Macht das Beste aus eurem Leben

14 „Noch 'ne Story: Da war so ein Typ von einer Vermögensverwal-
tungsfirma, der sich mal 'ne Auszeit nehmen wollte. Er organisierte ein
Meeting mit allen Angestellten und gab jedem die Order, mit seinem
Geld das Bestmögliche anzufangen. 15 Dem besten der drei Mitarbeiter
gab er 500 000 Euro, der zweite bekam 200 000 und der dritte 100 000
Euro. Dann nahm er den nächsten Flieger und verschwand. 16 Der mit
den 500 000 Euro arbeitete viel mit dem Geld, machte eine Menge
Aktiengeschäfte und konnte den Betrag verdoppeln. 17 Auch der Zweite
war recht erfolgreich, er legte seine 200 000 Euro in Immobilien an und
konnte ebenfalls alles verdoppeln. 18 Der Dritte aber wollte auf Num-
mer sicher gehen. Er packte die Kohle noch nicht mal auf sein Spar-
buch, er stopfte es in eine Socke in der untersten Schublade vom Kla-
mottenschrank. 19 Nach ein paar Jahren kam der Chef zurück und traf
sich mit seinen Angestellten im Büro um abzurechnen. 20 Der Typ der
500 000 Euro bekommen hatte, brachte eine Million zurück. Er sagte:
‚Chef, Sie haben mir damals 500 000 Euro gegeben, ich hab noch mal
500 000 draufgelegt.' 21 Da war der Chef natürlich total begeistert und
lobte ihn sehr: ‚Sie haben es echt gebracht! Sie sind mit dem Packen
Geld sehr gut umgegangen, ich werde Sie befördern. Wenn Sie wollen,
kommen Sie heute Abend zu meiner Gartenparty, Sie sind herzlich ein-
geladen!' 22 Dann kam der mit den 200 000 Euro und legte seinen Be-
richt vor. Er hatte seine Kohle auch verdoppelt. 23 Da war der Typ echt
happy und meinte auch zu ihm: ‚Sie haben es voll gebracht! Sie sind
mit dem wenigen Geld gut umgegangen, ich werde Sie auch befördern.

Wenn Sie wollen, können Sie heute Abend zu meiner Gartenparty
kommen, Sie sind herzlich eingeladen!‘ 24 Dann kam der dritte mit den
100 000 Euro an die Reihe. ‚Sie sind doch immer so streng‘, meinte er,
‚und wenn ich mich auch noch so abrackere, Sie bekommen am Ende
ja eh den Gewinn. 25 Und ich hatte irgendwie Angst, dass ich das ganze
Geld an der Börse in den Sand setze. Darum hab ich es in meine Wan-
dersocken gesteckt, da war es ganz sicher. Hier haben Sie es zurück!‘
26/27 Da rastete der Chef voll aus: ‚Sie alter Vollidiot! Wenn Sie schon
denken, ich will eh nur so viel Geld wie möglich, dann hätten Sie es
doch wenigstens aufs Sparbuch legen können! Da hätte es immerhin
ein paar Zinsen gebracht. 28 Nehmt dem sofort das Geld ab und gebt
es dem, der eine Million Euro hat. 29 Die nämlich, die das Beste aus
ihrem Leben machen und aus den Sachen, die sie dafür zur Verfügung
bekommen haben, denen kann man auch noch mehr anvertrauen. Die
aber mit dem bisschen, was sie haben, auch noch schluderig umgehen,
die werden sogar das noch verlieren. 30 Und den Asi, der es zu nichts
gebracht hat, den könnt ihr sofort rausschmeißen! Er soll bleiben, wo
der Pfeffer wächst, und es wird ihm dort total dreckig gehen in der
Dunkelheit ohne Licht.“

Der letzte Tag der Erde

31 „Wenn der Menschensohn* wiederkommt, dann wird er eine krasse
Vollmacht von Gott haben, er wird wie Feuer leuchten, und alle Engel,
die es gibt, werden seine Bodyguards sein. Er wird dann auf Gottes
Chefsessel Platz nehmen. 32 Dann werden alle Menschen aus allen Na-
tionalitäten auflaufen, und er wird sie in zwei Abteilungen aufteilen, fast
so wie zwei Fußballmannschaften. 33 Rechts wird die eine Mannschaft
stehen und links die andere. 34 Dann wird der Oberchef (sozusagen der
Oberschiedsrichter) ankommen und zu den einen sagen: ‚Hey, ihr! Ihr
seid gut unterwegs gewesen, mein Vater fand euch immer super, ihr
sollt die Sieger sein und den ganzen Preis sollt ihr auch bekommen! Ihr
sollt das Land Gottes haben, Gott hat schon alles dafür vorbereitet!‘
35 ‚Warum?‘ , Ja, als ich Hunger hatte und nichts zu spachteln da war, da
habt ihr mich zum Mittagessen eingeladen. Und als ich großen Durst
hatte, da habt ihr mir ’ne Coke angeboten. Ich war ein Ausländer für
euch, aber trotzdem durfte ich bei euch wohnen. 36 Sogar als ich total
nackt war, habt ihr mir Klamotten vorbeigebracht. Und als ich krank war
und im Knast saß, habt ihr mich besucht.‘ 37 Die werden dann komisch
gucken und fragen: ‚Also, wann warst du denn bitteschön hungrig, dass

* Siehe Erklärung S. 24.

wir dir was zu essen geben konnten? Und wann hattest du so Bock was
zu trinken und wir haben dir 'ne Cola angeboten? 38 Und wann war das,
als du kein Dach über dem Kopf hattest, und du konntest bei uns pen-
nen? Auch das mit den Klamotten, daran können wir uns null erinnern!
39 Und wann warst du im Krankenhaus und wann im Knast, wo wir dich
angeblich besucht haben sollen?' 40 Dann wird der Oberschiedsrichter
antworten: ‚Immer, wenn ihr was für Leute getan habt, die ganz unten
waren, die Fertigen und Kaputten, dann habt ihr das im Grunde für
mich getan.' 41 Dann wird er zu denen auf der anderen Seite sagen:
‚Haut ab, ich will euch nie mehr sehen, ihr sollt alle verbrennen, ihr sollt
da landen, wo das Böse auch landen wird, in der Hölle! 42 Ich hab von
euch nichts zu essen bekommen, als ich tierischen Hunger hatte, und
als ich Durst hatte, gab's bei euch nichts zu trinken für mich. 43 Ich war
als ein Ausländer bei euch, aber meine Not war euch total egal. Als ich
Klamotten brauchte, bekam ich von euch nur ein Achselzucken, als es
mir beschissen ging, als ich im Krankenhaus und im Knast war, da habt
ihr mich nie besucht oder wenigstens mal 'ne Karte geschrieben.' 44 Und
dann werden die auch verwundert sein und fragen: ‚Hey, wann sind wir
dir denn schon mal im Leben begegnet, wo du was zu essen gebraucht
hast oder einen Pennplatz, oder wann hattest du mal keine Klamotten
oder warst im Knast, wo wir dich hätten besuchen können?' 45 Dann
wird der Oberschiedsrichter antworten: ‚Wenn ihr nicht bereit wart,
etwas für den Abschaum dieser Gesellschaft zu tun, wart ihr auch nicht
bereit, etwas für mich zu tun.' 46 Und sie werden für immer vom Platz
gestellt werden, sie werden dafür ewig bestraft werden. Aber die das
getan haben, worauf Gott Bock hatte, die werden richtig absahnen, sie
werden ewig leben."

26

Jetzt soll Jesus umgebracht werden

1 Schließlich war Jesus durch mit seiner Ansprache. Am Ende fragte er
seine Leute: 2 „Wisst ihr, dass übermorgen die Passaparty steigt? Dann
wird der Menschensohn* verraten und verkauft werden, sie werden ihn
an die Mächtigen ausliefern und er wird hingerichtet werden." 3 Genau
in dieser Minute hatten die religiösen Führer des Landes und einige
andere Staatsmänner ein Meeting in der Villa vom Chef der Priester
(der hieß Kaiphas). 4 Es ging darum, einen Plan auszutüfteln, wie man
Jesus heimlich töten und verschwinden lassen könnte. 5 Logischerweise
war das Ding zu gefährlich, um es während des Passafestes steigen zu

* Siehe Erklärung S. 24.

lassen, denn dann würden die Leute alles mitkriegen und einen Mega-
Aufstand veranstalten.

Viel Kohle auf den Kopf von Jesus

6 Jesus hing bei Simon, der in Betanien wohnte und den er von einer
ekligen Hautkrankheit, die Aussatz hieß, geheilt hatte. 7 Beim Essen
kam plötzlich 'ne Frau mit so einem superteuren Parfüm in der Hand
rein. Mit dem Zeug fing sie dann an, ganz vorsichtig Jesus die Haare zu
besprühen. 8 Seine Leute kriegten voll den Hals und schnauzten sie an:
„Das Zeug ist megaviel wert! Wenn wir das bei Ebay versteigert hätten,
da wäre eine Schweinekohle bei rübergekommen! 9 Die hätte man dann
wenigstens irgendeinem Sozialhilfeempfänger geben können, aber so
ist das doch voll die Verschwendung!" 10 Jesus bekam das mit und sagte
zu den Jungs: „Warum macht ihr jetzt diese Frau fertig? Sie meinte es
doch nur gut mit mir! 11 Sozialhilfeempfänger und Penner werdet ihr
immer haben, aber ich bin bald weg. 12 Mit diesem Parfüm hat sie mich
schon mal klargemacht für die Beerdigung. 13 Was sie jetzt für mich
getan hat, davon wird man noch Ewigkeiten sprechen, zumindest da, wo
man meine gute Message verbreitet."

Wie Jesus von Judas gelinkt wird

14 Abends ging einer von seinen zwölf Freunden, und zwar war das der
Judas, zu den religiösen Führern 15 und fragte: „Wie viel Kohle haut ihr
raus, wenn ich euch Jesus ans Messer liefere?" Sie handelten einen
Preis von dreißig Silberdollar aus, ungefähr einen Monatslohn. 16 Ab
jetzt war Judas nur noch auf der Lauer, die nächstbeste Gelegenheit zu
finden, um Jesus zu verraten.

Jesus macht noch mal 'ne Passaparty mit seinen Leuten

17 Am ersten Tag der Partyzeit, wo man so ein spezielles Brot essen
sollte, da kamen seine Leute noch mal zu ihm und wollten was wissen:
„Jesus, wo feiern wir denn unsere Passaparty?" 18 Jesus sagte: „Geht
mal in die Stadt und macht dem Dingsda 'ne Ansage, dass der Meister
jetzt kommt und dass wir bei ihm 'ne Party feiern wollen. Dann geht
das schon klar." Er nannte ihnen auch den Namen von dem Kerl, dem
der Partyraum gehörte. 19 Seine Leute gingen also schon mal vor und
machten alles fertig für die Feier. 20 Abends saßen sie dann noch mal
zusammen am Tisch und waren am Essen, 21 da ließ Jesus das Ding
vom Stapel: „Einer von euch wird mich verraten!" 22 Alle waren total
geschockt und jeder fragte sofort: „Du meinst doch nicht etwa mich,
oder?" 23 Jesus sagte dann: „Der mit mir das Brot in die Sauce tunkt,

der ist es. 24 Der Menschensohn* wird sterben, die Ansage hab ich euch
schon einmal gemacht, aber der Typ, der ihn verrät, der wird ganz übel
draufkommen. Es wäre besser für ihn, er wäre nie geboren worden."
25 Wie alle anderen auch fragte Judas sofort nach: „Man Jesus, du
meinst doch nicht etwa mich?" – „Doch Judas, genau dich meine ich",
antwortete Jesus. 26 Mitten beim Essen nahm Jesus plötzlich das Brot
vom Teller und dankte Gott dafür. Dann brach er sich etwas davon ab,
gab es weiter und sagte zu seinen Leuten: „Hier, esst das, es ist jetzt
wie mein Körper." 27 Danach nahm er ein großes Glas Wein, dankte
in einem Gebet Gott dafür und gab es an seine Leute weiter: „Daraus
sollt ihr alle trinken! 28 Das ist jetzt wie mein Blut. Damit hab ich einen
neuen Vertrag abgeschlossen, einen Vertrag zwischen den Menschen
und Gott. Denn mit diesem Blut wird jede eurer Rechnungen bezahlt,
die noch bei Gott offen stehen. 29 Ich mach mal 'ne Ansage, Leute:
Ab jetzt trink ich keinen Wein mehr, bis ich eines Tages im Land von
meinem Papa mit euch feiern werde." 30 Am Ende schmetterten sie
noch zusammen einen Song, dann ging es wieder los, zurück zum
Ölberg.

Jesus gibt für Petrus einen Warnschuss ab

31 Auf dem Weg meinte Jesus zu seinen Leuten: „Diese Nacht wird echt
schlimm für euch werden. Ihr werdet überhaupt nicht mehr kapieren,
was abgeht. Es steht ja auch schon im alten Buch, dass Gott ihnen den
Plan wegnehmen wird, und sie werden sich total verlaufen. 32 Aber wenn
mein Comeback kommt, dann geh ich gleich nach Galiläa. Dort treffen
wir uns." 33 Petrus war wieder etwas prall unterwegs und sagte zu Jesus:
„Hey Jesus, wenn auch alle keine Lust mehr auf dich haben, ich werde
immer zu dir stehen!" 34 Da sagte Jesus nur: „Nicht so voreilig, gerade
du wirst, noch bevor die Uhr fünf schlägt, so tun, als würdest du mich
nicht kennen." 35 „Never! Nur über meine Leiche!", schrie Petrus, und
alle anderen stimmten in den Chor mit ein.

Heftige Gebetszeit im Park

36 Jesus ging in einen Park, der Gethsemane hieß. „Setzt euch", sagte er,
„aber haut nicht ab, sondern wartet auf mich!" 37 Nur Petrus, Jakobus
und Johannes nahm er mit. Jesus kriegte plötzlich Angst. 38 Er sagte
zu ihnen: „Mann, das ist echt alles superderbe für mich, ich kann das
fast kaum aushalten! Bitte lasst mich jetzt nicht im Stich!" 39 Ein paar
Schritte weiter warf sich Jesus auf den Boden und schrie zu Gott: „Vater!

---

* Siehe Erklärung S. 24.

Wenn es irgendwie geht, dann sorg doch dafür, dass ich das alles nicht durchmachen muss! Aber nicht das, was ich will, sondern das, was du willst, soll am Ende passieren!“ 40 Als er fertig war, ging er wieder zu seinen drei Freunden und musste feststellen, dass alle eingepennt waren. Er klopfte Petrus auf die Schulter, um ihn aufzuwecken: „Hey, könnt ihr nicht eine einzige Stunde mit mir wach bleiben? 41 Haltet durch und pennt nicht, sonst werdet ihr die nächsten Tage auch nicht packen. Ihr seid ja so nicht schlecht drauf, aber nur mit eurer eigenen Kraft packt ihr das nie und nimmer!“ 42 Jesus ging wieder weg, weil er weiterbeten wollte: „Papi, wenn ich durch diese ganzen Schmerzen wirklich durchmuss, wenn du das wirklich willst, dann ist das okay für mich, dann werde ich es tun!“ 43 Kaum war er zurück, waren seine Leute schon wieder am Pennen. 44 Er ging noch mal zurück und fragte Gott zum dritten Mal dasselbe Ding. 45 Schließlich kam er zurück und weckte alle auf: „Genug geschlafen. Es ist Zeit. Jetzt wird der Sohn des Menschen an die Menschen ausgeliefert. 46 Aufstehen, lasst uns losgehen! Der Typ, der mich verraten wird, ist auch schon da!“

Die bezahlten Securityleute kommen und verhaften Jesus

47 Jesus hatte seinen Satz noch nicht mal zu Ende gesprochen, da war Judas auch schon mit einer ganzen Horde vom Oberpriester bezahlter Securityleute eingetroffen. Die waren fett hochgerüstet, hatten sogar ihre Knarren und Schlagstöcke dabei. 48 Judas hatte es mit ihnen so ausgemacht, dass er als Erkennungszeichen Jesus einen Kuss auf die Wange geben sollte: „Dem müsst ihr dann Handschellen anlegen und ihn abführen!“ 49 Judas ging auf Jesus zu und sagte: „Hey Jesus! Cool, dass du da bist!“ Dann küsste er ihn auf die Wange. 50 Jesus sah ihn an und meinte: „Mein Freund! Was geht?“ Sofort packten die Männer Jesus am Arm und legten ihm Handschellen an. 51 Einer von seinen Freunden hatte auch ’ne Knarre dabei. Die zog er sofort, zielte und schoss auf den Kopf eines der Männer. Dabei traf er aber nur ein Ohr, das sofort blutete und fast ganz abgefetzt war. 52 Jesus brüllte: „Hör auf mit dem Mist! Wer versucht, Sachen mit Gewalt zu regeln, wird durch Gewalt auch mal getötet werden. 53 Mann, hast du ’n Rad ab, schnallst du das nicht? Wenn mein Vater Bock drauf hätte, würde er eine ganze Armee von Engeln vorbeischicken, die würden hier Kleinholz aus allem machen! 54 Das ist alles okay so. So stand das doch schon in dem heiligen Buch drin, es muss so passieren, wie es da vorausgesagt wurde.“ 55 Dann drehte er sich zu dem Trupp und fragte die Typen: „Bin ich denn ein schlimmer Terrorist, dass ihr mit MPs und Schlagstöcken anrücken müsst? Ich war doch jeden Tag im Tempel und hab da gepredigt, aber da war keiner von

euch! 56 Aber das ist auch schon okay, denn die alten Propheten haben
auch das schon alles vorausgesagt." Seine Freunde aber hatten voll die
Panik und rannten einfach weg.

Jesus wird ausgefragt

57 Jesus wurde schließlich in ein Haus gebracht, wo sich der Oberpries-
ter Kaiphas und auch die anderen religiösen Führer versammelt hatten.
58 Petrus schlich der Menge aus sicherer Entfernung hinterher, bis sie
im Innenhof des Gebäudes angekommen waren, wo immer die schnel-
len Gerichtsverhandlungen abgingen. 59 Alles, was Rang und Namen
hatte, war anwesend. Schließlich suchten sie verzweifelt irgendwelche
Zeugen, die gegen Jesus aussagen würden. Ihr Ziel war von vornher-
ein klar: die Todesstrafe! 60 Sie fanden auch ein paar, die bereit waren,
in den Zeugenstand zu treten, aber die widersprachen sich ständig.
61 Irgendwann kamen dann zwei Männer an, die sagten: „Der Jesus hat
behauptet, er könnte unseren Tempel in drei Tagen abreißen und dann
wieder aufbauen, und zwar ganz ohne Bulldozer!" 62 Die Oberpriester
fragten Jesus: „Was haben Sie dazu zu sagen? Stimmt das?" 63 Doch
Jesus hielt den Mund und sagte nichts. Da fiel dem Oberpriester noch
was ein. Er fragte: „Sie stehen jetzt unter Eid, ist Ihnen das klar? Ich
frage Sie vor all den Leuten hier: Sind Sie der uns von Gott verspro-
chene Auserwählte, der Christus, der Sohn von Gott?" 64 „Ja", sagte
Jesus, „und ab jetzt werdet ihr den Menschensohn* gleich neben Gott
sitzen sehen, bis er eines Tages aus dem Himmel zurück auf die Erde
kommen wird." 65 „Boahhh", das war zu viel für den Oberpriester.
Der war so fertig, dass er theatralisch seine Klamotten zerriss und
rumbrüllte: „Er hat eben ganz übel über Gott gelästert! Wir brauchen
ihn nicht mehr weiter zu befragen, ihr habt ja alles mitgehört, das ist
strengstens verboten!" 66 „Was sollen wir mir ihm machen? Wie sol-
len wir ihn bestrafen?" Da riefen alle wie durchgedreht: „Todesstrafe,
Todesstrafe!" 67 Und sie rotzten Jesus ins Gesicht und prügelten auf
ihn ein. Dann fingen sie an, auch noch Witze über ihn zu machen:
68 „Na, du Held, du! Du bist doch ein Prophet, oder? Na, wer war das
eben, wer hat dich geschlagen?" 69 Petrus war immer noch im Innen-
hof. Plötzlich kam so ein kleines Mädchen zu ihm und meinte: „Du
bist doch auch in seiner Gruppe gewesen? Du gehörst doch zu ihm!"
70 Aber Petrus schüttelte nur den Kopf: „Verschwinde, was willst du von
mir?" 71 Dann ging er etwas weiter weg von der Halle, aber da kam ein
anderes Mädchen an, das laut sagte: „Der Typ hing doch auch immer

---

* Siehe Erklärung S. 24.

mit Jesus rum!“ 72 Aber Petrus tat wieder so, als wüsste er von nichts.
Er sagte laut: „Ich schwör, ich kenn diesen Jesus nicht!“ 73 Kurze Zeit
später kamen noch ein paar Männer vorbei, die sagten: „Ey, du gehörst
doch auch zu seinen Freunden, erzähl mir nichts! Du redest doch ge-
nauso wie der!“ 74 Da rastete Petrus total aus und schrie sie an: „Ich
kenne diesen Menschen nicht und will ihn auch nicht kennen lernen!“
In dieser Sekunde schlug die Uhr fünf Mal. 75 Da fiel Petrus wieder
das ein, was Jesus morgens zu ihm gesagt hatte: „Bevor die Uhr fünf
schlägt, wirst du so tun, als würdest du mich gar nicht kennen.“ Da war
Petrus total fertig und fing voll an zu weinen.

27

Jetzt sind die Römer dran

1 Frühmorgens beschlossen die Oberpriester und die Leute aus dem
Volk, die was zu sagen hatten, Jesus an die Besatzungsmacht der rö-
mischen Behörden auszuliefern. Ihr Ziel war es dabei, dass Jesus noch
am selben Tag im Eilverfahren die Todesstrafe bekommen sollte. 2 Da-
rum legten sie Jesus Handschellen an und zogen mit ihm zum Büroge-
bäude des Obersten Gerichtshofes der Römer.

Judas nimmt sich den Strick

3 Judas (der Typ, der Jesus verraten hatte) kriegte plötzlich große Ge-
wissensbisse, als er mitbekam, dass die Juden Jesus die Todesstrafe
an den Hals wünschten. Er ging zu den Oberpriestern und knallte
ihnen das ganze Geld auf den Tisch. 4 „Ich habe einen großen Fehler
gemacht, ich hab Ihnen einen Unschuldigen ans Messer geliefert!“,
sagte er. 5 „Das ist uns doch egal“, meinten die nur, „nimm dein Geld
und verschwinde. Wir haben nix mehr mit dir zu tun.“ Judas rannte wie
durchgeknallt zum Tempel, nahm das ganze Geld und schmiss es dort
auf den Boden. Und dann holte er sich einen Strick und erhängte sich
im Park. 6 Die Oberpriester sammelten das Geld auf, waren sich aber
unsicher, was sie damit nun machen sollten: „Wir können die Kohle
nicht im Tempel lassen, da klebt Blut dran!“ 7 Sie bequatschten das
Thema und beschlossen schließlich, eine Stiftung zu gründen. Zweck
der Stiftung war, einen Friedhof für Leute zu finanzieren, die anderswo
nicht begraben werden konnten. 8 Diesen Friedhof nennt man heute
noch „Friedhof, an dem Blut klebt“. 9 Und so wurde auch wieder eine
Vorhersage von dem Propheten Jeremia wahr. Der machte die Ansage:
„Sie nahmen dreißig Silberdollar, das war er den Leuten von Israel
wert, 10 und kauften damit ein Feld von den Handwerkern, so wie Gott
es wollte.“

Das Todesurteil

11 Schließlich brachten sie Jesus zu dem Befehlshaber der Besatzungs-
macht. Der hieß Pilatus und fragte Jesus sofort: „Sind Sie der König
von den Juden?“ – „Ja, das bin ich“, antwortete Jesus. 12 Jetzt traten
die religiösen Führer auf die Bildfläche und versuchten ihn irgendwie
anzuzeigen. Jesus sagte die ganze Zeit keinen Pieps. 13 „Hören Sie
das nicht, was die hier so alles gegen Sie vorbringen?“, fragte Pilatus.
14 Aber Jesus sagte weiter keinen Ton. Pilatus kriegte das voll nicht ge-
backen. 15 Die Befehlshaber hatten zu dieser Zeit das Recht, zum Pas-
safest einmal im Jahr einen Gefangenen einfach so freizulassen, den
sich die Leute selber aussuchen durften. 16 In diesem Jahr war noch
ein anderer Typ verhaftet worden, weil er einige Menschen ermordet
hatte. Der hieß Barabbas. 17 Als sich morgens sehr viele Menschen
vor dem Haus von Pilatus versammelt hatten, ging er nach draußen
und fragte in die Runde: „Wen soll ich dieses Jahr zur Feier des Tages
freilassen? Barabbas oder Jesus, den ihr auch den Christus nennt?“
18 Pilatus hatte nämlich schon längst kapiert, dass hinter der Verhaf-
tung von Jesus nur ein Komplott der religiösen Führung steckte, die
neidisch auf ihn waren. 19 Als Pilatus gerade mitten in der Verhandlung
war, kam plötzlich 'ne Nachricht von seiner Frau rein. Die schrieb:
„Du musst diesen Typen in Ruhe lassen! Er hat nichts getan! Hab
letzte Nacht einen Alptraum gehabt wegen ihm!“ 20 In der Zwischen-
zeit hatten die Oberpriester und die religiösen Leiter aber schon die
ganze Masse aufgestachelt: Wenn Pilatus wiederkommt, sollten alle
gleichzeitig rufen, dass Barabbas freikommen soll, aber nicht Jesus.
21 Als der Befehlshaber Pilatus wieder mit der Frage ankam: „Wen soll
ich jetzt freilassen?“, brüllte die Menge: „Barabbas, Barabbas!“ 22 „Und
was soll ich mit Jesus machen?“ Da schrien alle wie aus einem Mund:
„Todesstrafe, Todesstrafe, Todesstrafe durch das Kreuz!“ 23 „Weswegen
soll ich ihn denn verurteilen?“, rief Pilatus etwas verzweifelt. Doch
die Leute waren alle wie im Rausch. Sie brüllten: „Tod, Tod, Tod!!!“
24 Pilatus war klar, dass er so keine Chance hatte, gegen die Meute
anzukommen, die immer lauter wurde. Er ging zum Waschbecken, was
im Saal angebracht war, und wusch sich vor allen Leuten die Hände.
Dann sagte er: „Ich für meinen Teil hab mit der Hinrichtung von die-
sem Mann nichts zu tun. In meinen Augen hat er nichts verbrochen.
Die Verantwortung dafür müsst ihr tragen!“ 25 Da brüllten die Leute:
„Ja, wir und unsere Kinder, wir stehen dafür gerade, die Verantwortung
dafür tragen wir!“ 26 Dann befreite er Barabbas. Jesus wurde abgeführt.
Dann wurde er von den Soldaten getreten und geschlagen. Pilatus
unterschrieb den Vollstreckungsbefehl.

Jesus wird gefoltert und fertig gemacht
27 Die Soldaten nahmen Jesus erst mal in Einzelhaft. Im Zelleninnenhof
riefen sie alle Soldaten zusammen. 28 Sie zogen Jesus die Kleidung aus und
legten ihm einen roten Umhang um die Schultern. 29 Aus Stacheldraht bog
einer so eine Krone zusammen, und die drückten sie ihm auf den Kopf.
Dann legte ihm einer einen Holzstock in die rechte Hand, und dann fingen
sie an, sich auch noch über ihn lustig zu machen: „Oh, du bist ja so toll! Du
bist doch der Chef der Juden!“ 30 Nacheinander spuckten sie Jesus ins Ge-
sicht und schlugen ihm mit einem Eisenrohr auf den Kopf. 31 Als sie irgend-
wann den Spaß daran verloren hatten, zogen sie ihm wieder die alten Sa-
chen an und führten ihn ab zum Ort, wo die Hinrichtung stattfinden sollte.

Am Kreuz
32 Auf dem Weg dorthin stand gerade ein Mann am Straßenrand, der Si-
mon hieß und aus der Stadt Kyrene kam. Man befahl ihm, das Holzkreuz
zu tragen, an das Jesus genagelt werden sollte. 33 Sie brachten ihn an den
Platz vor der Stadt, an dem immer die Hinrichtungen stattfanden. Die
Stelle hieß „Schädelplatz“. 34 Die Soldaten wollten Jesus eine Schmerz-
tablette andrehen, damit die Hinrichtung nicht ganz so wehtat, aber
er wollte sie nicht. 35 Nachdem sie Jesus an das Kreuz genagelt hatten,
verlosten sie unter sich seine Kleidung. Das hatte einer der Propheten
auch schon vorhergesagt. Er hatte aufgeschrieben: „Meine Kleidung wird
verteilt, und man wird auslosen, wer sie bekommen wird.“ 36 Die Soldaten
setzten sich neben das Kreuz und beobachteten den Rest der Hinrich-
tung. 37 Über dem Kreuz hatten sie ein Schild aufgehängt. Da stand drauf:
„Das ist Jesus, der König der Juden!“ 38 Zur gleichen Zeit fanden noch
zwei andere Hinrichtungen statt, die Männer hingen rechts und links von
Jesus an ihren Kreuzen. 39 Die Menschen, die vorbeigingen, rissen Witze
über Jesus und machten sich über ihn lustig: 40 „Du wolltest doch sogar
den Tempel abreißen und ihn in drei Tagen wieder restaurieren! Und nun?
Kümmere dich doch erst mal um dich selbst! Komm vom Kreuz wieder
runter, wenn du wirklich der Sohn von Gott bist!“ 41 Natürlich waren die
religiösen Typen und die Leute, die was zu sagen hatten, auch gleich am
Start und machten ihre Witze: 42 „Jedem hat er geholfen, aber für sich
selber kriegt er es nicht hin! Wenn du wirklich der König der Juden sein
willst, dann mach dich doch los und komm runter von deinem Kreuz,
dann glauben wir auch an dich!“ 43 Andere riefen: „Er hat sich ja immer
auch auf seinen Gott verlassen, wollen wir doch mal sehen, ob Gott sich
immer noch zu ihm stellt und ihm hilft. Er hat doch immer behauptet:
‚Ich bin der Sohn von Gott‘!“ 44 Auch die beiden anderen Verbrecher, die
neben ihm hingerichtet wurden, machten ihre Witze.

Jesus stirbt

45 Gegen Mittag wurde es plötzlich ganz dunkel. Über drei Stunden war
es überall wie Nacht. 46 Plötzlich schrie Jesus in seiner Muttersprache:
„Eli, Eli, lama asabtani?", was so viel heißt wie: „Mein Gott, mein Gott,
wo bist du jetzt, warum bist du nicht mehr da?" 47 Die Schaulustigen
hatten ihn falsch verstanden, sie dachten, er würde einen der Propheten
rufen, der Elia hieß. 48 Einer wollte Jesus was zu trinken geben. Er steck-
te einen nassen Schwamm auf einen Stab und hielt ihn Jesus an den
Mund. 49 Die anderen machten dumme Sprüche: „Bleibt hier! Vielleicht
kommt ja Elia und hilft ihm." 50 Plötzlich schrie Jesus noch einmal laut
auf, dann starb er. 51 In derselben Sekunde zerriss der Vorhang von oben
bis unten, der im Tempel vor dem Bereich hing, in dem das Allerderbste
und Heiligste aufbewahrt wurde. Es gab ein Erdbeben der Stärke sie-
ben, und sogar einige Felsen explodierten im Land! 52 Auf dem Friedhof
öffneten sich Gräber und ein paar von den Leuten, die immer das getan
hatten, was Gott gut findet, wurden wieder lebendig. 53 Die gingen sogar
aus den Gräbern direkt in die Stadt, wo viele Leute sie gesehen haben.
54 Der Oberst der Armee und die Soldaten, die das Ganze bewacht hat-
ten, bekamen spätestens beim Erdbeben total den Schiss. Alle sagten:
„Dieser Mann war wirklich der Sohn von Gott!" 55 Viele von den Frauen
aus der Gegend Galiläa waren auch mit in Jerusalem. Sie hatten sich um
das Essen von Jesus gekümmert, jetzt beobachteten sie alles aus einer
gewissen Distanz. 56 Maria (die aus dem Ort Magdala war), eine andere
Maria (die Mutter von Jakobus) und die Mutter der zwei Söhne von
Zebedäus, Jakobus und Johannes, waren auch da.

Jesus wird beerdigt

57 Abends kam ein sehr reicher Mann aus Arimathäa vorbei, der hieß
Josef und war auch ein Freund von Jesus. 58 Er ging zu Pilatus und bean-
tragte die Überführung der Leiche von Jesus. Pilatus unterschrieb den
Wisch sofort. 59 Josef nahm die Leiche von Jesus, wickelte sie in ein Tuch
und übergab sie einem Leichenbestatter. 60 Dann wurde Jesus am selben
Tag noch auf einem Friedhof heimlich begraben, und zwar an der Stelle,
wo Josef eigentlich mal beigesetzt werden wollte. 61 Die beiden Marias
setzten sich abends alleine an das Grab.

Türsteher am Grab von Jesus

62 Am nächsten Morgen, es war ein Sonntag, kamen wieder die Ober-
priester und die religiösen Typen zusammen zu Pilatus. 63 „Dieser Mann
hat mal 'ne Ansage gemacht, er würde nach drei Tagen wieder lebendig
werden! 64 Es wäre wichtig, dass Sie bis dahin ein paar von ihren Secu-

rityleuten an das Grab stellen, nur um auf Nummer Sicher zu gehen.
Sonst klauen seine Jünger noch nachts die Leiche, und dann haben wir
ein Problem, weil sie das Gerücht verbreiten könnten, er wäre tatsäch-
lich nicht totzukriegen!“ 65 „Meinetwegen“, war seine Antwort, „zwei
Leute will ich dafür abstellen. Tut, was ihr nicht lassen könnt, und lasst
das Grab bewachen!“ 66 Sie gingen sofort dorthin, machten eine Absper-
rung um die gesamte Grabstelle und stellten zwei Männer als Wache ab.

28

Jesus’ fettes Comeback

1 Ganz früh am Sonntagmorgen, als es gerade hell wurde, gingen Maria
Magdalena und die andere Maria auf den Friedhof zum Grab. 2 Plötzlich
bebte der Boden unter ihren Füßen, einer von Gottes Engeln erschien
auf der Bildfläche und sprengte die Erde über dem Grab mit einem Blick
einfach weg. Dann setzte er sich neben die Kuhle auf einen Stein und
wartete dort. 3 Er leuchtete fast wie eine 5 000-Watt-Halogenlampe und
seine Klamotten waren weiß wie Schnee. 4 Die Männer, die das Grab
bewachen sollten, machten sich in die Hose vor Angst, sie schmissen
sich auf den Boden und blieben total geschockt einfach liegen. 5 Der
Engel blickte zu den zwei Frauen und sagte: „Ihr braucht keine Angst zu
haben! Ich weiß, ihr sucht Jesus, den sie hingerichtet haben. 6 Aber der
ist nicht mehr hier! Genau wie er es angesagt hat, ist er wieder lebendig
geworden. Ihr könnt euch die Stelle ruhig noch mal ansehen, wo er vor-
her gelegen hat. 7 Geht sofort zu seinen Freunden und erzählt denen,
dass Jesus nicht mehr tot ist, sondern lebt. Er wird nach Galiläa gehen,
er will dort noch mal mit euch zusammen sein. Das sollte ich euch aus-
richten.“ 8 Völlig fertig rannten die Frauen vom Friedhof weg, aber auf
der anderen Seite waren sie innerlich superglücklich. Möglichst schnell
wollten sie seine Freunde finden, um denen zu erzählen, was sie gerade
gehört hatten. 9 Als sie um die Ecke bogen, stand plötzlich Jesus vor ih-
nen. „Hallo, ihr zwei!“, sagte er. Die beiden legten sich nur platt vor ihm
auf den Boden und fassten seine Füße an. 10 Jesus redete ihnen gut zu:
„Entspannt euch! Jetzt geht erst mal zu meinen Jungs und richtet ihnen
aus, dass wir uns in Galiläa treffen! Da bin ich dann für alle am Start.“

Die Lüge der Securityleute

11 Als die Frauen wieder verschwunden waren, rannten die Securityleute
in die Stadt und erzählten den religiösen Führern, was sie erlebt hatten.
12 Sofort wurde ein Meeting mit den wichtigen Leuten der Stadt abge-
halten. Man bestach die beiden mit Geld und befahl ihnen: 13 „Ihr müsst
überall das Gerücht verbreiten: ‚Als wir eingepennt waren, kamen seine

Leute vorbei und haben die Leiche von Jesus geklaut.'" [14] Sie boten den beiden einen Deal an: „Wenn eurer Chef das erfährt, dann decken wir euch." [15] Die beiden nahmen das Geld und hielten sich an die Abmachung. So kam dieses Gerücht zustande, das sich bis heute gehalten hat.

Jesus trifft auf seine Leute

[16] Die elf Freunde von Jesus gingen dann nach Galiläa zu dem Treffpunkt, den sie mit Jesus ausgemacht hatten. [17] Dort angekommen, stand Jesus plötzlich vor ihnen. Mann, da waren aber alle total platt! Sie legten sich vor ihm auf den Boden und fingen an, zu ihm zu beten. Es gab aber auch ein paar, die es noch nicht so richtig glauben konnten, dass es wirklich Jesus war.

Der Auftrag von Jesus an seine Leute

[18] Jesus ging zu seinen Leuten, umarmte sie und sagte ihnen: „Hey ihr, ich hab von Gott uneingeschränkte Vollmachten überschrieben bekommen, und zwar über alles, was geht! Über alles Sichtbare und auch über alles Unsichtbare. [19] Ihr müsst jetzt losgehen, überallhin, an alle Ecken der Erde! Bringt alle Leute dazu, so zu leben, wie ich es euch beigebracht habe! Fangt damit an, mit ihnen das neue Ritual durchzuziehen, also die Taufe. Das ist ein Zeichen, dass sie jetzt zu Gott, unserem Vater, gehören, genauso wie zum Sohn und zu seiner besonderen Kraft, dem heiligen Geist. [20] Bringt ihnen bei, was ich euch beigebracht habe. Auf eins könnt ihr euch jetzt schon verlassen: Ich werde – egal zu welcher Zeit und egal wo ihr gerade seid – immer an eurer Seite sein und euch nie mehr verlassen!"

Gute Nachrichten durch Jesus Christus: ein Bericht von Markus

1

Johannes der Täufer meint: Ändert euch!
1 Hier geht es um eine sehr coole Sache, wirklich gute Nachrichten für alle,
über Jesus Christus, den Sohn von Gott! 2 Es fing alles genau so an, wie es
der Prophetentyp Jesaja schon im alten Buch vorhergesagt hatte: „Pass
auf! Ich werde für dich einen Ansager organisieren. Er wird im Voraus für
alles sorgen. 3 Der ist wie ein Megaphon, man hört ihn schon von weitem,
und er wird rufen: ‚Platz da! Der Meister kommt! Macht den Weg frei!'"
4 Dieser Ansager hieß Johannes. Er lebte mitten in der Wüste und forder-
te die Leute auf, so ein religiöses Waschritual zu machen, man nannte
das Taufe. Es sollte ein Zeichen dafür sein, dass man sein Leben ändern
wollte. 5 Von überall kamen die Leute angereist, aus Jerusalem und Judäa,
um sich seine Reden anzuhören. Sie erzählten ihm, wo sie Mist in ihrem
Leben gebaut hatten, und dann taufte er sie. 6 Johannes hatte Klamotten
aus Kamelhaaren und trug dazu einen Ledergürtel. Er aß Heuschrecken
und Honig zum Mittag, so derbe drauf war er. 7 Er machte allen Leuten die
Ansage: „Bald wird einer da sein, der ist so wichtig und groß, dem kann ich
noch nicht mal die Schuhe putzen. 8 Ich hab nur mit Wasser getauft. Der
wird aber mit der Power von Gott taufen, mit seinem Geist!" 9 Schließlich
kam Jesus, der aus der Stadt Nazareth stammte, mal vorbei. Er wollte
sich auch taufen lassen. 10 Als er nach der Taufe aus dem Wasser wieder
hochkam, öffnete sich der Himmel ganz plötzlich über ihm. Der Geist, der
von Gott kommt, schwebte auf ihn runter, und zwar in Form einer Taube.
11 Und dann hörte man plötzlich eine Stimme aus dem Off, die sagte laut:
„Du bist mein Sohn, den ich sehr liebe. Ich freue mich total über dich!"

Ab in die Wüste
12 Kurze Zeit später führte der Geist von Gott Jesus in die Wüste. 13 Vier-
zig Tage lang hatte er dort eine ätzende Zeit. Satan versuchte ihn dabei
vom richtigen Weg abzubringen. Er lebte mit den Tieren zusammen,
und ein paar Engel kamen vorbei, die für ihn sorgten.

Jesus sagt: Es geht jetzt los
14 Nachdem Johannes von Herodes Antipas, der damals das Sagen
hatte, in den Knast gesteckt worden war, zog Jesus nach Galiläa, um

von da aus loszulegen. Er erzählte folgende Message: [15] „Es geht los,
Leute! Es hat eine neue Zeit begonnen, eine Zeit, in der Gott das
Sagen hat. Hört auf, Dinge zu tun, die Gott nicht will, und setzt euer
Vertrauen auf diese neue gute Nachricht!" [16] Am See Genezareth traf
Jesus auf Simon und dessen Bruder Andreas. Die waren von Beruf
Fischer und gerade bei der Arbeit. [17] Jesus meinte zu den beiden:
„Hey ihr zwei! Kommt mit, ich will euch zeigen, wie man Menschen
an die Angel kriegt." [18] Die zwei ließen sofort alles stehen und liegen
und gingen mit ihm mit. [19] Gleich um die Ecke hingen die Söhne von
Zebedäus, Jakobus und Johannes, im Boot, um Netze zu flicken. [20] Zu
denen sagte Jesus auch nur: „Mitkommen!", und beide folgten ihm
sofort. Sie ließen ihren Vater bei den Zeitarbeitern, die auch mit im
Boot waren, zurück und gingen mit ihm. [21] Schließlich kamen sie in
die Stadt Kapernaum. An dem besonderen jüdischen Feiertag, dem
Sabbat, ging Jesus in die Synagoge*, um den Leuten dort was bei-
zubringen. [22] Alle waren total baff von seiner Art und von dem, was
er so rüberbrachte. Er hatte es voll drauf, im Gegensatz zu diesen
Schriftgelehrten, den religiösen Profis, die auch immer aus dem al-
ten besonderen Buch zitierten. Alle merkten sehr krass, dass durch
Jesus Gott zu ihnen redete. [23] In der Synagoge war ein Typ, der hatte
so einen fiesen Geist in seinem Körper, einen Dämon. [24] Der fing voll
an zu zappeln und schrie: „Was willst du, Jesus? Bist du da, um uns
fertig zu machen? Ich weiß genau, wer du bist. Du bist der von Gott
Auserwählte!" [25] „Halt's Maul!", schrie Jesus zurück. „Verlass diesen
Typen!" [26] Der Dämon zappelte hin und her, quiekte noch einmal, und
dann zog er Leine. [27] Die Zuschauer waren alle total durch! Sie steck-
ten die Köpfe zusammen und meinten: „Was ist das für eine derbe
Geschichte, die der da erzählt? Und woher hat er diese Power? Sogar
die Dämonen müssen tun, was er sagt!" [28] Die News verbreiteten
sich wie ein Lauffeuer in ganz Galiläa. [29] Als Jesus aus der Synagoge
draußen war, wollten sie noch Simon und Andreas besuchen gehen.
Jakobus und Johannes waren auch dabei. [30] Die Schwiegermutter von
Simon war sehr krank. Sie hatte Grippe und lag mit vierzig Fieber
im Bett. Als sie ihm das gesagt hatten, [31] machte er auch noch einen
Krankenbesuch klar. Er ging in das Zimmer und packte ihre Hand.
Dann zog er sie aus dem Bett hoch, und im selben Augenblick war
das Fieber weg! Die Frau ging erst mal in die Küche und machte ei-
nen Imbiss für alle.

---

* Synagogen nannte man die Häuser, in denen die Juden am Sabbat (Samstag) ihren Gottes-
dienst feierten.

Jesus hat Sprechstunde und heilt Menschen von Krankheiten

32 Abends nach Sonnenuntergang war Sprechstunde angesagt. Alle
Leute, die irgendwie krank waren oder auch Probleme mit Dämonen
hatten, wurden vorbeigebracht. 33 Die ganze Stadt war plötzlich an der
Tür und wollte was. 34 Sehr viele Leute wurden an dem Abend von Je-
sus wieder gesund gemacht. Er bekämpfte viele Dämonen erfolgreich.
Nachdem die Dämonen aus dem Menschen rausgeschmissen waren,
gab Jesus ihnen die Order, bloß nichts zu sagen. Denn die wussten
genau, wer ihnen da gegenüberstand. 35 Am nächsten Morgen ging
Jesus erst mal an einen Ort, wo er ganz alleine sein konnte, um zu
beten. 36 Später gingen ihm Simon und die anderen hinterher. 37 Als
sie ihn gefunden hatten, meinte einer: „Hey Jesus, alle wollen wissen,
wo du bist!" 38 „Wir haben noch eine lange Tour vor uns, ich will noch
in anderen Städten Predigten halten. Dazu bin ich da." 39 Also zog er
durch das ganze Gebiet von Galiläa, er predigte in den Synagogen, und
bei vielen Leuten vertrieb er auch die bösen Geister aus ihrem Körper.
40 Da kam ein Typ, der eine ganz schlimme Krankheit hatte, so was wie
Aids, zu Jesus. Er kniete sich vor ihm hin und bettelte: „Herr Jesus, ich
weiß, wenn Sie wollen, dann können Sie mich gesund machen!" 41 Der
Typ tat Jesus voll Leid. Er fasste ihn an und sagte: „Ist in Ordnung.
Du bist jetzt gesund!" 42 Sofort waren die Symptome weg, und er war
geheilt. 43 Jesus verpasste ihm aber erst mal einen Maulkorb: 44 „Geh
jetzt sofort zum Priester und lass dich von ihm durchchecken. Unter-
wegs mit keinem reden, klar? Nimm ein paar Sachen auf dem Weg mit,
die du dann in unserem Tempel nach den Vorschriften von Mose auf
dem Altar verbrennen musst. Damit soll allen bewiesen werden, dass
du wirklich gesund bist!" 45 Aber der Typ hielt sich nicht an die Abma-
chung. Völlig begeistert erzählte er jedem, den er vors Rohr kriegte,
von seiner Heilung. Dadurch wurde Jesus berühmt und konnte sich
nicht mehr überall blicken lassen. Schließlich hing er nur noch an Plät-
zen rum, die nicht so viele Leute kannten. Aber auch da waren schnell
viele Menschen von überall bei ihm.

2

Ein Körperbehinderter wird gesund

1 Ein paar Tage später war Jesus wieder in Kapernaum gelandet.
Dass er wieder da war, sprach sich schnell rum. 2 Es dauerte keinen
Tag, da war sein Haus schon wieder mit tausend Leuten belagert.
Die Sitzplätze waren schnell weg, nicht mal mehr vor den Fenstern
und der Tür war noch was frei. Und Jesus erzählte ihnen von Gott.
3 Plötzlich kamen vier Männer, die einen querschnittsgelähmten

Freund auf einer Trage trugen. [4] Weil es so voll war und sie einfach nicht durchkamen, kletterten die vier aufs Dach. Einer nahm die Ziegel runter, und dann ließen sie ihren Freund durch das Loch mit ein paar Seilen fahrstuhlmäßig langsam runter. [5] Als Jesus bemerkte, wie groß ihr Vertrauen auf ihn war, redete er mit dem Gelähmten: „Hey du, der ganze Mist, den du gebaut hast, ist jetzt vergeben und vorbei!" [6] Einige von den Jungs, die das alte besondere Buch der Juden ausgiebig studiert hatten, waren davon nicht so begeistert. [7] „Wie kann der bitte so 'ne Ansage machen? Der macht doch Gott lächerlich! Nur Gott alleine kann unsere Schuld vergeben, nur er kann diese Distanz zwischen ihm und uns wieder wegmachen!" [8] Jesus hatte schon längst bemerkt, was in denen vorging: „Warum machen Sie sich über so was nur solche Gedanken? [9] Was ist denn leichter? Zu dem Behinderten hinzugehen und zu sagen: ‚Dein Mist ist vergeben und vorbei', oder zu ihm zu sagen: ‚Steh auf, Mann, nimm dein Zeug untern Arm und lauf wieder'? [10] Ich werde Ihnen beweisen, dass der Menschensohn* die Vollmacht hat, den Mist zu vergeben und die Schulden zu erlassen, die man bei Gott hat." Dann beugte er sich zu dem Typen runter und meinte noch mal zu ihm: [11] „Los, steh auf, Mann! Nimm deine Sachen und geh nach Hause! Du bist jetzt wieder gesund." [12] Der Typ sprang sofort von seiner Trage runter, nahm seine Klamotten und drängelte sich durch die Menschenmasse nach draußen. Boa, da waren alle total geplättet und dankten Gott für dieses Wunder. „So was haben wir hier noch nie erlebt!" [13] Schließlich ging Jesus wieder ans Ufer vom See. Dort unterrichtete er viele Leute, die sich da getroffen hatten. [14] Auf dem Weg in eine andere Gegend traf er Levi, der aus der Familie vom Alphäus kam. Levi war Zollbeamter und saß gerade in seinem Zollhäuschen an der Straße. „Komm mit!", sagte Jesus zu ihm. Das ließ der sich nicht zweimal sagen. [15] Levi organisierte erst mal 'ne große Party. Er hatte neben Jesus und seinen Freunden auch viele Menschen eingeladen, die in der Gesellschaft als Dreck galten. Dazu gehörten auch ein paar Zoll- und Finanzbeamte, die sehr unbeliebt waren, weil sie die Menschen abzockten und den einen oder anderen Euro in die eigene Tasche wandern ließen. [16] Als die Theologen und die religiösen Oberprofis, diese Pharisäer, mitkriegten, mit was für Abschaum Jesus zusammen war, fragten sie seine Freunde: „Warum hängt der bloß mit so einem Pack ab?" [17] Jesus bekam das mit und meinte: „Die Leute, die gesund sind, brauchen auch nicht zum Arzt zu gehen. Aber die Fertigen, die Kranken, die brauchen einen Arzt. Und für genau die bin ich auch da, nicht für die, die sowieso schon mit Gott leben!"

Neue Sachen passen nicht in alte Formen

18 Die Gruppe um Johannes und auch diese Pharisäer waren mal wie-
der am Fasten. Das heißt, sie aßen aus religiösen Gründen tagsüber
nichts und verzichteten auch so auf Sachen. Irgendwann kamen ein
paar Typen zu Jesus und wollten von ihm wissen, warum die Lehrlinge
von Johannes und auch die von den Pharisäern fasten würden, aber
seine Leute nicht. 19 Jesus meinte dazu: „Wie ist das denn bei einer
Hochzeit? Sitzen denn die Gäste da auch frustriert rum, wo der Typ,
der heiratet, noch dabei ist? Null! Sie feiern, bis der Arzt kommt,
solange der Bräutigam noch da ist. 20 Aber irgendwann wird der ver-
schwinden, und dann gibt es noch genug Zeit zum Traurigsein und
zum Fasten. 21 Keiner würde eine alte zerrissene Hose mit einem na-
gelneuen Flicken reparieren. Die Hose würde eh wieder an der Stelle
aufreißen und das Loch wäre noch größer. 22 Genauso würde niemand,
der Wein macht, den Traubensaft in alte brüchige Flaschen einfüllen.
Wenn der dann gärt und sich ausdehnt, explodieren die Teile und alles
wäre kaputt. Genauso müssen die neuen Ideen über Gott auch auf
eine neue Grundlage gestellt werden. *21 Niemand würde ein neues Blech*
auf einen total verrotteten Kotflügel schweißen. Das Teil würde nicht
lange halten und das Loch würde nur noch größer werden. Der ganze
Kotflügel muss neu sein. 22 Genauso würde niemand ein neues Betriebs-
system auf einen alten Rechner draufladen. Dann würde die Festplatte
nur abrauchen. Genauso müssen die neuen Ideen über Gott auch auf eine
neue Grundlage gestellt werden.

Am Feiertag soll man es ruhig angehen lassen

23 An dem religiösen Feiertag, dem Sabbat, gingen Jesus und seine
Leute durch die Getreidefelder spazieren. Auf dem Weg pflückten sie
ein paar Getreidekörner, um darauf rumzukauen. 24 Einer der Pharisäer
machte deswegen voll den Aufstand: „Unglaublich, sehen Sie sich das
mal an! Nach unserem religiösen Gesetz ist es strengstens untersagt,
am Sabbat etwas abzupflücken.“ 25 Jesus blieb aber ganz cool und mein-
te nur: „Sagen Sie mal, haben Sie eigentlich schon mal in Ihrer Bibel
gelesen? Unser König David und seine Männer 26 haben sich, als ihnen
der Magen knurrte, auch im Haus von Gott, im Tempel, an den Sachen
bedient, die nur für die Priester reserviert waren. 27 Der Sabbat ist doch
als ein besonderer Tag für den Menschen geplant gewesen. Es sollte
kein Nervtag für ihn sein. 28 Darum hat der Menschensohn* das Recht
zu entscheiden, was am Sabbat okay ist und was nicht.“

---

* Siehe Erklärung S. 24.

3

Geht es um Regeln oder geht es um Liebe?

1 Einmal war Jesus normal unterwegs in Richtung Synagoge. Auf dem
Weg dahin sah er einen Typen, der eine verkrüppelte Hand hatte. 2 Die
Leute, die auf Jesus voll den Hals hatten, warteten nur auf die nächstbeste
Gelegenheit, um ihn irgendwie anzuzeigen. Es war gesetzlich verboten,
an diesem Tag kranken Menschen zu helfen, und sie wollten sehen, wie
er reagieren würde. 3 Jesus sagte zu dem Typen: „Hey, komm mal her zu
mir!“ 4 Dann fragte er in die Runde: „Sagt mal, was denkt ihr, steht Gott
darauf, dass wir an seinem special Tag, dem Sabbat, gut drauf sind oder
eher mies? Sollen einem an diesem Tag die Probleme von anderen egal
sein, oder soll man versuchen Leuten zu helfen, wo es geht?“ Diese Fra-
ge brachte sie natürlich ziemlich in Verlegenheit. 5 Stinksauer sah Jesus
einem nach dem andern in die Augen. Er konnte es einfach nicht fassen,
wie hart die Leute drauf waren. Dann meinte er zu dem Typen: „Mach dei-
ne Hand mal wieder grade!“ Der tat es, und im selben Augenblick war die
Hand wieder in Ordnung! 6 Völlig fertig verschwanden die Pharisäer aus
der Synagoge und organisierten ein Meeting mit ein paar Freunden und
Fans vom König Herodes. Sie steckten die Köpfe zusammen und heckten
einen Plan aus, wie man Jesus schnellstmöglich umbringen könnte.

Jesus hat ’ne Heilungssession am See bei Genezareth

7 Jesus ging dann mit seinen Freunden wieder an den Strand vom See
Genezareth. Aber tierisch viele Leute kamen ihm hinterher, die Fans
kamen aus Galiläa, Judäa, 8 Jerusalem, Idumäa, aus der Gegend, die öst-
lich vom Jordan liegt, und sogar aus den Städten Tyrus und Sidon waren
Leute da. Die Sache, dass bei ihm voll die derben Wunder passierten,
dass Leute geheilt werden und so, das war die News des Tages überall.
9 Jesus wurde das manchmal echt zu viel, darum bat er seine Freunde
ein Boot zu organisieren, damit die Leute ihn nicht überrennen würden.
10 Weil ständig jemand von Jesus gesund gemacht wurde, waren immer
sehr viele Menschen bei ihm. Einige wollten zumindest mal seine Klei-
dung anfassen, um so geheilt zu werden. 11 Alle, die irgendwelche fiesen
Dämonen in sich hatten, schmissen sich platt vor Jesus auf den Boden
und riefen: „Du bist der Sohn von Gott!“ 12 Jesus sagte den Dämonen
dann oft, sie sollten bloß das Maul halten und nichts verraten.

Zwölf Freunde gehen mit Jesus

13 Abends ging er dann auf einen Berg, der ganz in der Nähe lag. Vorher
fragte er noch bei ein paar ausgewählten Leuten an, ob sie nicht mit-

kommen würden. 14 Zwölf Freunde wurden von ihm ausgesucht, die mit
ihm zusammen sein und von ihm lernen sollten. Diesen zwölf Freunden
übertrug er dann 15 alle Vollmachten, die sie brauchten, um Dämonen
auszutreiben. 16 Hier die Namen von den zwölf Männern, die er aus-
gesucht hatte: Simon (den Jesus ab dann nur „den Fels“ oder Petrus
nannte), 17 Jakobus, der ein Sohn von Zebedäus war, und Johannes, ein
Bruder vom Jakobus, die beiden nannte er oft auch die „Donnersöhne“.
18 Dann Andreas, Philippus, Bartholomäus, Matthäus, Thomas, Jakobus
(der ein Sohn von Alphäus war), Thaddäus, Simon (der Ex-Terrorist)
19 und noch Judas Iskariot (der Jesus später dissen wird).

Es gibt Ärger um Jesus
20 Als Jesus wieder nach Hause kam, waren da schon wieder total viele
Menschen, er konnte noch nicht mal in Ruhe was essen, weil ihn alle
belagerten. 21 Als die Leute aus seiner leiblichen Familie den Andrang
mitkriegten, dachten die, er wäre jetzt irgendwie total durchgeknallt.
22 Die religiösen Profis aus Jerusalem vertraten die These: Er ist Sata-
nist und kann die Dämonen nur vertreiben, weil er einen noch höheren
Dämon in sich hat. 23 Jesus holte diese Pharisäer, wie man sie nannte,
mal zu sich und fragte: „Wie geht das denn bitte? Warum soll denn der
Satan den Satan rausschmeißen? 24 Wenn in einer Armee die Soldaten
gegeneinander kämpfen, werden sie keinen Krieg gewinnen können.
25 Wenn in einer Regierungspartei alle gegeneinander arbeiten, würden
sie keine Wahl gewinnen. 26 Warum sollte der Satan gegen sich selbst
arbeiten, der ist doch nicht blöd?! 27 Noch ein anderes Bild: Ist ja auch
schwer möglich, einen Bruch in einer Villa zu organisieren, wenn der
Hausbesitzer Kampfsportlehrer ist. Erst wenn es dir gelingt, den Typen
irgendwie zu fesseln, kann man das Haus ausräumen. 28 Ich mach euch
noch mal 'ne Ansage: Gott kann so ziemlich alles vergeben. Auch wenn
Leute über Gott ablästern. 29 Aber wenn jemand bewusst den heiligen
Geist beleidigt, dem kann das nicht mehr so mal eben verziehen wer-
den, das wird den ewig belasten.“ 30 Das war sein Kommentar zu der
„Er hat einen höheren Dämon“-Nummer.

Wer für Jesus zu seiner Familie gehört
31 Als Jesus gerade mal 'ne Rede hielt, kamen auch seine Mutter und
seine Brüder vorbei. Die wollten ihn auch mal wieder sehen und ließen
ihm das ausrichten. 32 Es waren aber tierisch viele Leute da. Jemand
meinte zu ihm: „Hey Jesus, deine Familie ist draußen und will was von
dir!“ 33 Zuerst fragte er zurück: „Wo ist meine Mutter, wo sind meine
Brüder?“ 34 Dann schaute Jesus in die Gesichter der Leute, die bei ihm

waren, und meinte nur: „Schau dich mal um. Das hier ist meine Familie.
35 Alle, die das tun, worauf Gott Bock hat, gehören zu meiner Fami-
lie. Das sind dann meine Brüder, meine Schwestern und auch meine
Mutter."

4

Der Vergleich mit einem Bauern (lies auch mal im Buch vom Matthäus
im 13. Kapitel ab Vers 1 nach)
1 Jesus war am See und wollte den Menschen wieder was beibringen.
Es kamen tierisch viele Leute, so viele, dass er von einem Boot aus zu
ihnen sprechen musste, damit ihn auch alle verstehen konnten. 2 Er
benutzte oft praktische Beispiele, um den Leuten klar zu machen, was
er eigentlich sagen wollte. Zum Beispiel erzählte er folgende Geschich-
te: 3 „Hört mal her! Ein Bauer ging auf sein Feld, um Samenkörner
auszusäen. 4 Ein paar von den Körnern fielen auf die Straße, wo die
Vögel sofort alles aufpicken konnten. 5 Ein paar andere fielen auf ei-
nen dünnen Sandboden, wo gleich drunter Steine waren. Der Samen
keimte zwar, 6 doch sobald die Sonne richtig loslegte, verkohlten die
Teile, weil die Wurzeln nicht tief genug wachsen konnten. 7 Einige fie-
len unter einen Brombeerbusch. Der Busch wuchs so heftig, dass die
kleinen Pflanzen keine Chance hatten und erstickt wurden, so konnten
sie nichts bringen. 8 Ein paar fielen aber auf guten Boden. Die gingen
dann auf, wuchsen wie blöd, und man konnte später eine fette Ernte
einfahren. 9 Passt gut auf, wenn ich euch was sage!" 10 Später hing Je-
sus noch mit seinen Freunden und ein paar anderen Leuten rum. Einer
wollte von ihm wissen: „Was war damit gemeint, als du heute diese
Geschichte erzählt hast?" 11 „Ihr habt von Gott die einmalige Chance
bekommen, diese Geheimnisse über das Leben mit Gott zu kapieren.
Viele werden aber nie verstehen, worum es da geht. 12 Damit wird die
Ansage aus dem alten Buch von Jesaja Wirklichkeit: ‚Sie kriegen alles
mit, was ich tue, aber sie peilen die Bedeutung davon nicht. Sie hö-
ren, was ich zu sagen habe, aber sie kapieren es einfach nicht. Darum
werden sie auch nicht aufhören Sachen zu tun, die Gott nicht will, und
ihnen wird auch nichts vergeben werden.' 13 Aber Leute, was geht denn
bei euch? Wenn ihr das schon nicht begreift, was ich damit meine, wie
wollt ihr denn die anderen Sachen begreifen, die ich noch zu erzählen
hab? 14 Der Bauer ist ein Bild für einen, der jemandem was von Gott
erzählt. 15 Die Samenkörner, die auf die Straße gefallen sind, waren ein
Bild für die harten Typen, die die Nachricht zwar bekommen, aber der
Satan kommt sofort vorbei und nimmt es wieder weg. 16 Die mit der
dünnen Erdschicht und Felsen drunter sind ein Bild für die Menschen,

bei denen zuerst glaubensmäßig voll der Punk abgeht, die am Anfang
voll begeistert sind von Gott. 17 Die Sache geht aber noch nicht so in
die Tiefe. Und sobald es Probleme gibt oder sie Ärger kriegen, weil sie
jetzt an Gott glauben, werfen sie schnell die Flinte ins Korn und geben
auf. 18 Dieses Ding mit den Dornen geht über Menschen, die zwar die
neue Nachricht über Gott hören, 19 doch wenn der normale Alltag los-
geht, es kohletechnisch plötzlich voll abgeht und sie Bock auf Luxus
kriegen, dann kann daraus am Ende auch nichts Anständiges wachsen.
20 Mit dem guten Boden sind dann aber die Leute gemeint, die die
Worte über Gott hören, sie für sich als richtig akzeptieren und dann
total abgehen. Bei denen werden gute Sachen daraus wachsen können
und ihre Früchte werden sich stark vermehren, dreißig-, sechzig- und
sogar hundertmal so viel, wie es am Anfang mal war."

Der Vergleich mit einer Lampe

21 Jesus hatte noch 'ne Frage: „Was denkt ihr, würde jemand eine Lampe
anmachen und dann einen Eimer drüberstellen oder sie weit unters Bett
schieben, damit man das Licht nicht sieht? Null, natürlich nicht! Eine
Lampe bringt man oben irgendwo an, damit es im ganzen Zimmer hell
wird. 22 Übrigens: Alles, was jetzt noch ein Geheimnis ist und was hin-
term Rücken geflüstert wird, das wird irgendwann mal für alle deutlich
und sichtbar werden. 23 Passt gut auf das auf, was ich euch jetzt gesagt
habe, und denkt darüber nach! 24 Wenn ihr über andere ablästert, dann
denkt daran, dass für die der gleiche Maßstab wie für euch gilt. Man
wird von euch sogar noch mehr erwarten. 25 Denn die Leute, die es ganz
fett haben, die werden sogar noch mehr bekommen. Die es verstanden
haben, worum es geht, die werden auch noch viel mehr verstehen. Wer
es aber jetzt nicht begriffen hat, der wird am Ende überhaupt nichts
mehr begreifen."

Der Vergleich, wo es um das Wachsen der Samen geht

26 Dann meinte Jesus: „Mit dem neuen Reich, wo Gott das Sagen hat*,
geht es so ab wie mit einem Typen, der Samen auf ein Feld streut.
27 Nachdem er alles ausgesät hat, geht er pennen, und am nächsten Tag
fängt alles schon an zu wachsen, einfach so, ohne dass er was gemacht
hat. 28 Die Erde auf dem Boden sorgt einfach dafür, dass die Dinge
wachsen und sich vermehren. Zuerst sieht es aus wie ein Grashalm,
dann wächst es zu einer Ähre und dann ist die Ähre plötzlich voller

* Siehe auch die Erklärung bei Matthäus. Ein Begriff, mit dem die Leute damals was Konkretes verbunden haben. „Gottes Reich" oder auch „Himmelreich" war ein Gebiet, in dem Gott das Sagen hat. Viele warteten schon lange darauf, dass es bald losgeht.

Weizenkörner. 29 Wenn alles gut gewachsen und Erntezeit angesagt ist,
kommt der Typ vorbei und holt die Ernte ab."

Der Vergleich mit einem kleinen Pflanzensamen

30 Irgendwann fragte Jesus in die Runde: „Wie kann ich euch mit einem
guten Vergleich nur noch mal klar machen, wie das mit dem Land funk-
tioniert, wo Gott das Sagen hat? 31 Ich versuch es mal mit einem Ver-
gleich zu dem kleinen Pflanzensamen von einer Eiche. So eine Eichel*
ist echt nicht sehr groß. 32 Wenn die aber irgendwo eingebuddelt wird,
dann wird sie plötzlich immer größer. Irgendwann ist der Baum größer
als die ganzen Büsche drum herum. Er bekommt starke Zweige, und
Vögel können da drin sogar ihre Nester bauen." 33 Jesus benutzte oft
irgendwelche Vergleiche, um den Menschen besser klar zu machen, was
er eigentlich sagen wollte. 34 In der Öffentlichkeit benutzte er fast nur
solche Vergleiche. Wenn er aber mit seinen Freunden zusammen war,
erklärte er ihnen genauer, was er damit sagen wollte.

Jesus hat sogar Einfluss auf den Wind und das Wasser

35 Abends meinte Jesus zu seinen Leuten: „Kommt, lasst uns mit dem
Boot auf die andere Seite vom See fahren!" 36 Seine Freunde schickten
die Menschen nach Hause, stiegen zu ihm ins Boot und düsten los. Ein
paar Boote folgten ihnen aber. 37 Plötzlich ging ein derber Sturm los. Die
Wellen waren sehr heftig, das Wasser schwappte über die Bootskante,
bis es schon fast voll gelaufen war. 38 Jesus schlief dabei die ganze Zeit
seelenruhig hinten im Boot auf einem großen Kissen. Die Freunde von
Jesus bekamen voll die Paras, sie weckten ihn schließlich und schrieen:
„Meister, ist dir das total egal, wenn wir hier jetzt alle ersaufen?" 39 Jesus
sprang auf, stellte sich an Deck gegen den Wind und redete mit ihm:
„Ich warne dich! Hör auf, so zu brüllen!" Sofort wurde der Wind ruhig
und alles war totenstill. 40 Zu den Jüngern meinte er nur: „Sagt mal,
warum habt ihr so einen Schiss? Habt ihr denn immer noch kein Ver-
trauen in Gott?" 41 Völlig verdattert flüsterten sie untereinander: „Boah,
was ist das nur für ein Typ! Sogar die Wellen und der Wind tun das, was
er ihnen sagt!"

5

Jesus macht jemanden gesund, der einen fiesen Geist in sich hat

1 Schließlich kamen sie an der anderen Seite des Sees mit ihrem Boot in
der Gegend um Gadara an. 2 Als Jesus aus dem Boot sprang, rannte ihm

* Im Original wird hier von einem Samen der Senfpflanze gesprochen. Der ist kleiner als eine Eichel, dafür ist die Eiche aber größer als die Senfpflanze ;+)

ein total durchgeknallter Typ entgegen. 3 Der Mann lebte auf dem Fried-
hof in irgendwelchen Grabhöhlen und wurde von einem fiesen Geist
total ferngesteuert. Er war so stark, dass er selbst mit Handschellen
nicht zu halten war. 4 Jedes Mal, wenn man ihn wieder anketten wollte,
riss er die Dinger ab und floh. Es gab keinen Mann, der stark genug war,
um ihn festzuhalten. 5 Er wohnte die ganze Zeit entweder in einer Grab-
höhle oder er streunte in den Bergen umher. Manchmal schrie er irre
laut und verletzte sich selber mit einem Stein. 6 Lange bevor Jesus über-
haupt da war, machte er schon voll den Alarm. Dann rannte er auf ihn
zu, schmiss sich auf den Boden 7 und fing wie blöd an zu schreien: „Was
willst du von mir, Jesus? Du bist der Sohn vom fettesten Gott über-
haupt! Bitte, bei Gott: Mach mich nicht fertig!“ 8 Jesus hatte dem Dä-
mon nämlich schon die Ansage gemacht, er sollte gleich aus dem Typen
verschwinden. 9 Dann fragte Jesus ihn: „Wie heißt du?“ – „Ich bin Legi-
on, wir sind nicht nur einer hier drin!“ 10 Der Dämon bettelte voll rum, er
wollte auf keinen Fall aus dem Typen rausgehen. „Bitte, sei so nett, wir
wollen so gerne hier drinbleiben!“, sagte er. 11 Um die Ecke war gerade
eine große Herde von Schweinen. 12 „Bitte, lass uns wenigstens in den
Schweinen wohnen!“, bettelten die Geister rum. 13 Jesus sagte: „Okay“,
und im selben Augenblick verdünnisierten sich die Dämonen aus dem
Typen und zogen in die Schweine ein. Die drehten total durch und be-
gingen umgehend kollektiven Selbstmord. Die ganzen 2000 Schweine
sprangen die Klippen runter ins Meer und ertranken! 14 Die Hirten waren
voll verpeilt und rannten erst mal sofort in die Stadt, um das jedem zu
erzählen. Viele Schaulustige kamen darauf dort an, um zu checken, was
da gerade passiert war. 15 Als sie dann den Typen sahen, der vorher noch
total durchgeknallt war und jetzt plötzlich mit ordentlichen Klamotten
dasaß und ganz ruhig mit Jesus laberte, kriegten viele das gar nicht auf
die Reihe. Es machte einigen sogar Angst. 16 Die Augenzeugen erzählten
den anderen dann erst mal ausführlich, was gerade mit den Schweinen
und so passiert war. 17 Irgendwie kippte da die Meinung der Leute. Jesus
war auf einmal geschäftsschädigend, fanden sie. Sie baten ihn höflich,
die Gegend zu verlassen, und erteilten ihm erst mal ein Platzverbot.
18 Der Ex-Besessene wollte gerne auch mit Jesus ins Boot steigen, als sie
dann abfahren wollten, 19 aber Jesus fand, das wäre keine so gute Idee.
„Geh nach Hause zu deiner Familie und erzähle allen von dem derben
Wunder, was du erlebt hast, und wie gut Gott mit dir umgegangen ist!“,
war sein Tipp. 20 Das ließ er sich nicht zweimal sagen. Sofort zog er
los und erzählte überall im „Zehn-Städte-Landkreis“ den Leuten seine
Geschichte und was Jesus mit ihm gemacht hatte. Alle, die das hörten,
wunderten sich sehr da drüber.

Krankheit und Tod sehen bei Jesus keine Stiche
21 Kaum war Jesus am anderen Ufer angekommen, waren am Strand
schon wieder tierisch viele Fans bei ihm. 22 Ein Typ, der eine Leitungs-
position in der jüdischen Gemeinde vor Ort hatte, kam flennend bei
Jesus an: 23 „Meine Tochter stirbt bald. Bitte legen Sie ihr die Hände auf,
damit sie wieder gesund wird!“ 24 Jesus sagte „Okay“ und ging mit ihm.
Der Typ hieß übrigens Jairus. Die Fangemeinde war ihm dabei dicht auf
den Fersen. 25 Eine Frau, die sich unter die Masse mischen konnte, hatte
seit zwölf Jahren ununterbrochen ihre Tage. 26 Sie war damit schon bei
zig Ärzten und Quacksalbern gewesen und hatte ihre sämtliche Kohle
dagelassen, war aber immer noch krank, keiner konnte ihr anscheinend
helfen. Ja, ganz im Gegenteil, es ging ihr sogar von Tag zu Tag immer
beschissener. 27 Als sie davon Wind bekommen hatte, dass Jesus in
der Gegend war, drängelte sie sich von hinten durch die Menge und
betatschte seine Klamotten. 28 Sie hatte sich das nämlich so ausge-
rechnet: „Wenn ich nur mal sein Hemd anfassen kann, dann würde ich
bestimmt gesund werden.“ 29 Und tatsächlich: In der Sekunde, als sie
ihn berührte, war sie kerngesund! Die Blutungen hörten auf, das merkte
sie sofort. 30 Jesus bemerkte aber auch gleich, dass da irgendwie Kraft
von ihm abgesaugt wurde. Er fragte sofort: „Wer hat gerade mein Hemd
angefasst?“ 31 Seine Freunde schüttelten nur den Kopf. „Mann, merkst
du noch was? Hier drängeln tausend Leute um dich rum und du fragst:
‚Wer hat mich berührt?‘“ 32 Jesus erkannte aber die Frau sofort, die ihn
berührt hatte. 33 Das war der total peinlich, sie lief rot an und zitterte
am ganzen Körper. Dann kniete sie sich vor Jesus hin und erzählte ihm
die Story. 34 Jesus lächelte sie an: „Weil du so fest da dran geglaubt hast,
darum bist du jetzt auch gesund geworden. Entspann dich, du bist jetzt
wirklich gesund!“ 35 In der Zeit, wo Jesus mit ihr redete, kamen ein paar
Leute aus dem Haus bei Jairus an. „Zu spät! Deine Tochter ist tot! Der
Wunderheiler kann sich den Weg sparen!“, war ihre Ansage. 36 Jesus,
der das gehört hatte, ging zu Jairus: „Hab keine Panik! Du kannst mir
hundert Prozent vertrauen!“ 37 Dann sagte er den Leuten, sie sollten ihn
mal für einen Moment in Ruhe lassen, und ging nur mit seinen engsten
Freunden Petrus, Jakobus und Johannes in das Haus vom Jairus rein.
38 Im Haus hatte schon die große Trauersession begonnen. Alle waren
total fertig und heulten rum. 39 „Mann, Leute, was geht?“, fragte Jesus.
„Warum heult ihr? Das Kind ist noch nicht tot, es pennt nur!“ 40 Fas-
sungslos schüttelten die Anwesenden nur ihren Kopf, ein paar rissen
sogar ein paar dumme Sprüche über ihn. Er schickte alle erst mal nach
Hause, nur die Eltern und ein paar Freunde blieben dabei. Dann gingen
sie zusammen zum Bett des Mädchens. 41 Er nahm die Hand von der

Tochter des Jairus und sagte leise zu ihr: „Steh auf, Mädchen!" 42 Und
Bang! Das 12-jährige Mädchen stand sofort auf seinen Füßen und lief in
seinem Zimmer rum! Die Eltern waren echt sprachlos vor Glück. 43 Jesus
bat sie sehr eindringlich, niemand davon zu erzählen. „Und nun los,
jetzt geht mal mit der Lütten was spachteln!", meinte er.

6

Der Mann, der Worte von Gott für die Menschen bekommt, hat in seiner Heimat kein Heimspiel

1 Als nächster Ort auf der Tour war seine Heimstadt Nazareth ange-
setzt. Seine Freunde waren mit ihm dabei. 2 Und an dem religiösen
Feiertag der Juden, dem Sabbat, hing er in der dortigen Synagoge und
gab ein paar Unterrichtsstunden in Sachen Glauben. Viele, die da zu-
hörten, kamen mit Jesus gar nicht klar. „Woher kann er so gut reden?
Von wem hat er das gelernt, was er da von sich gibt? Und wie kriegt
er diese derben Wunder überhaupt hin?", waren die gängigen Fragen.
3 „Ist das nicht dieser Zimmermann, einer der Söhne von Maria?" „Ja
genau, der Bruder von Jakobus und Joses, von Judas und Simon?!"
„Wohnen nicht seine Schwestern hier um die Ecke?" Einige reagierten
echt abgegessen auf Jesus. 4 „Ein Prophet hat in seiner Heimat immer
ein Auswärtsspiel", meinte Jesus, „auch wenn er woanders noch so
angesagt ist." 5 Er war da auch nicht in der Lage, irgendwelche Wunder
zu tun, ausgenommen an ein paar Leuten, die heilte er. 6 Er kriegte das
nicht auf die Reihe, dass die Menschen da so wenig Vertrauen hatten.
Darum ging er dann in andere Dörfer, die in der Gegend waren, und
erzählte dort von Gott.

Jesus schickt seine Leute auf Tour

7 Jesus organisierte ein Meeting mit seinen zwölf Freunden. Er teilte sie
in Zweier-Teams auf und gab ihnen genaue Order, was sie auf ihrer Tour
machen sollten. Und dann übertrug er auf sie auch die Vollmachten,
fiese Geister, Dämonen und so weiter auszutreiben. 8 Er sagte ihnen,
sie sollten sich keine dicken Sachen einpacken, nur einen Wanderstock,
sonst nichts. Keinen Proviant, keinen Rucksack und auch keine Kohle.
9 Auch auf eine zweite Garnitur Klamotten sollten sie verzichten. Nur
ein paar Wanderboots waren akzeptiert. 10 „Wenn ihr in irgendeinem
Ort seid, dann pennt nur in einer Hütte und wechselt nicht ständig den
Gastgeber", gab Jesus noch als Tipp auf den Weg. 11 „Und wenn die
Menschen in einem Dorf mal keinen Bock auf euch haben oder keinen
Bock auf das, was ihr zu sagen habt, dann habt ihr euren Teil getan, ab
jetzt ist es Gottes Sache. Winkt ihnen noch einmal und dann tschüss.

Ihr könnt sie dann ruhig ihrem Schicksal überlassen.“ 12 Ab dann zogen
seine Freunde los. Überall sagten sie den Leuten: „Ihr müsst eine total
neue Ausrichtung in euer Leben kriegen! Hört auf Mist zu bauen, lebt
mit Gott!“ 13 Sie befreiten viele Menschen von fiesen Geistern, die in
ihnen lebten, und heilten auch sehr viele Kranke, indem sie sie mit Öl
eincremten und dann für sie beteten.

Johannes, der die Leute getauft hat, wird umgebracht

14 Jesus war die News des Tages, und überall redete man von ihm und
von dem, was er so draufhatte. Der König Herodes bekam auch Wind
davon. „Johannes ist, nachdem er gestorben war, wieder lebendig ge-
worden!“, erzählte man ihm. „Er hat den Tod besiegt, darum kann er
auch so große Wunder tun.“ 15 Ein anderes Gerücht war, dass Jesus der
Prophet Elia wäre. Und andere glaubten, Jesus wäre einfach ein derber
Prophet, so von der Kategorie der alten Prophetentypen. 16 Herodes
bekam Panik, denn er hatte Johannes tatsächlich den Kopf abschlagen
lassen. „Der ist vom Tod zurückgekommen und lebt wieder!“, meinte er.
17 Herodes hatte Johannes nämlich verhaften lassen, um sich bei He-
rodias einzuschleimen. Sie war eigentlich mal die Ehefrau von seinem
Bruder gewesen, aber Herodes hatte sie trotzdem zur Frau genommen,
obwohl das gesetzlich verboten war. 18 Johannes hatte Herodes immer
wieder belabert: „Was du tust, ist ungesetzlich! Du darfst nicht die Frau
deines Bruders heiraten, das ist verboten!“ 19 Herodias schob voll den
Hassfilm gegen Johannes. Sie hätte ihn am liebsten sofort töten lassen,
aber so mal eben ohne Erlaubnis vom König ging das nicht. 20 Herodes
hatte dagegen Respekt vor Johannes. Er war der Meinung, Johannes war
gut drauf, und glaubte, dass der immer genau das tat, was Gott wollte.
Darum passte er sehr auf ihn auf. Auch wenn Johannes ihn und seinen
Lebensstil oft in Frage stellte, hörte er ihm gerne zu. 21 Aber dann bot
sich für Herodias eine gute Gelegenheit, Johannes aus dem Weg zu
räumen. Und zwar hatte Herodes irgendwann seine große Geburts-
tagsparty am Start. Alles, was Rang und Namen hatte, war eingeladen.
22 Seine Tochter (die auch Herodias hieß) machte auf der Party eine
kleine Vorführung. Sie tanzte einen voll erotischen Tanz, und alle waren
total begeistert. Der König sagte überschwänglich zu ihr: „Das war so
geil, du kannst von mir heute haben, was du willst, 23 egal worum du
mich bittest! Und wenn du die Hälfte von meinem Vermögen haben
willst, ich würde es dir glatt geben!“ 24 Herodias ging gleich zu Mutter:
„Was soll ich denn jetzt sagen?“, fragte sie. „Sag ihm, er soll dir den
Kopf von Johannes bringen!“, antwortete die Mutter. 25 Das Mädchen
ging zurück und sagte zu ihm: „Ich will den Kopf vom Johannes auf

einem Silbertablett von dir serviert haben!“ 26 Na ja, da war der König
erst mal traurig, aber er wollte vor seinen Gästen auch nicht peinlich
rüberkommen. 27 Dann musste der Vollstreckungsbeamte in das Ge-
fängnis gehen, und auf Befehl des Königs wurde dem Johannes der Kopf
abgeschlagen. 28 Den Kopf brachte er dann wieder in den Saal rein, auf
einem Silbertablett, wie gewünscht. Er gab ihn dem Mädchen, und sie
gab ihn an ihre Mutter weiter. 29 Die News kam auch zu den Schülern
von Johannes. Sie holten den toten Körper dann gleich ab und beerdi-
gten ihn.

Fünftausend Menschen bekommen fett zu essen

30 Die von Jesus ausgesandten Freunde kamen dann irgendwann aufge-
regt wieder zurück, um von ihrer Tour Bericht zu erstatten. 31 Jesus orga-
nisierte erst mal eine kleine Freizeit für seine Jungs. „Lasst uns irgend-
wo hingehen, wo ihr euch entspannen könnt“, meinte er. Die ganze Zeit
waren nämlich irgendwelche Leute um sie rum, die irgendetwas wollten.
Oft war noch nicht mal Zeit zum Essen übrig. 32 Sie nahmen ein Boot
und fuhren damit an einen Platz, wo sie ihre Ruhe hatten. 33 Die Leute
kriegten das aber spitz, und als sie mit dem Boot woanders anlegen
wollten, wartete da schon wieder eine ganze Meute auf sie. 34 Als Jesus
aus dem Boot steigen wollte, waren schon sehr viele Menschen da. Die-
se Leute taten Jesus voll Leid, sie kamen ihm vor wie Kinder ohne Eltern.
Er nahm sich sehr viel Zeit für sie und brachte ihnen eine Menge Sachen
bei. 35 Am späten Nachmittag meinten ein paar seiner Freunde: „Hier ist
echt tote Hose, und es wird langsam auch spät. 36 Schick die Leute doch
nach Hause, damit sie da was essen können oder sich irgendwo was zu
essen kaufen. 37 Jesus hatte aber eine andere Idee: „Ihr könnt sie doch
auch zum Essen einladen!“ – „Wie jetzt, wie soll das denn gehen? Kei-
ner von uns hat so viel Kohle, um hier alle satt zu kriegen!“ 38 „Checkt
mal ab, wie viele Brote wir zusammenbekommen!“, sagte Jesus. Nach
einer Zeit kamen sie zurück: „Fünf Brote und zwei Frikadellen, das ist
alles.“ 39 Jesus teilte die Menge in Gruppen auf und sagte ihnen, sie
sollten sich mal auf das Gras setzen. 40 Die Gruppenstärke war entwe-
der fünfzig oder hundert Männer plus Frauen. 41 Dann nahm er die fünf
Brote und die zwei Frikadellen. Er sah Richtung Himmel und betete für
das Essen. Danach zerteilte er das Brot in kleinere Stücke und übergab
es seinen Freunden. Die verteilten dann die Frikadellen und das Brot
unter die Leute. 42 Alle hatten fett zu essen. 43 Anschließend wurden die
Reste eingesammelt, und es kamen tatsächlich über zwölf Eimer mit
Essen zurück! 44 Insgesamt fünftausend Männer plus die Frauen waren
am Ende pappsatt! 45 Danach sagte Jesus seinen Freunden, sie sollten

schon mal vorfahren, er wollte noch etwas bei den Leuten bleiben und
sich in Ruhe verabschieden.

„Super-Jesus" muss seinen Freunden helfen

46 Endlich war Jesus dann mal alleine. Er ging auf einen Berg, um mit
Gott zu labern. 47 Schließlich wurde es dunkel, als seine Freunde noch
mit ihrem Boot draußen auf dem Meer waren. 48 Jesus konnte vom
Strand aus sehen, wie plötzlich ein schlimmer Sturm aufkam und sie
voll gegen die Wellen kämpfen mussten, um nicht zu ersaufen. Es war
wohl gegen vier Uhr morgens, als er plötzlich auf dem Wasser an ih-
rem Boot vorbeischlenderte! 49 Als sie das sahen, kriegten die aber voll
die Paras und schrien wie blöd rum. 50 Sie dachten, sie wären wohl auf
einem Horrortrip! Aber Jesus rief ihnen sofort zu: „Keine Panik, Jungs!
Ich bin es doch nur!" 51 Er kam in das Boot, und der Sturm war plötzlich
auch weg. Die Männer kriegten das alle nicht auf die Reihe, was sie da
gerade mal wieder live miterlebt hatten. 52 Obwohl sie das große Wun-
der mit dem vielen Essen auf der Wiese mitbekommen hatten, hatten
sie noch nicht wirklich kapiert, dass man Jesus total vertrauen kann.
53 Als sie auf der anderen Seite des Sees mit dem Boot anlegten 54 und
ausgestiegen waren, hatte sich die Ankunft von Jesus sofort rumgespro-
chen. 55 Aus jedem Kaff kamen die Leute angeströmt, Menschen mit
schwerer Körperbehinderung, viele Leute, die echt krank waren. 56 Egal
wo Jesus war, ob in der Stadt oder auf dem Land, überall brachten sie
immer viele kranke Menschen zu ihm. Teilweise fragten sie ihn nur, ob
man mal seine Klamotten anfassen dürfte. Und wirklich jeder, der ihn
berührte, wurde geheilt!

7

Was ist okay für Gott und was nicht mehr?

1 Irgendwann kamen ein paar von den religiösen Profis, diesen Pharisä-
ern, und von den Theologen aus Jerusalem vorbei, extra um mit Jesus
zu reden. 2 Währenddessen konnten sie beobachten, wie die Freunde
von Jesus frühstückten, ohne sich vorher die Hände zu waschen, wie es
nach den religiösen Regeln der Juden üblich war. 3 Die Juden und ganz
speziell die Pharisäer waren damit nämlich immer ganz pingelig. Ganz
nach alter Vorschrift musste man sich vor dem Essen immer gründlich
die Hände waschen. 4 Auch Sachen vom Markt wurden nur gegessen,
wenn man sie vorher wenigstens kurz unters Wasser gehalten hatte.
Das war nur eine von vielen Vorschriften, die ihnen wichtig waren. Auch
die Reinigung von Bechern, Krügen und Töpfen war immer superwich-
tig. 5 Die Pharisäer und die Theologen fragten Jesus: „Warum leben Ihre

Freunde nicht nach unseren alten Vorschriften? Sie essen einfach, ohne sich vorher nach dem vorgeschriebenen Ritual die Hände zu waschen.“ [6] „Ihr miesen Pseudos!“, meinte Jesus nur. „Jesaja hat schon über euch gesagt, dass es euch nur um viel Palaver geht, aber euer Herz ist meilenweit von Gott entfernt: [7] ‚Wenn sie beten, ist es umsonst, denn sie vertauschen einfach die alten Gesetze von Gott mit ihren eigenen Lehren.‘ [8] Euch sind die Regeln von Gott, seine Gesetze, eigentlich total egal, eure eigenen Regeln sind euch aber superwichtig.“ [9] Dann sagte er noch: „Ihr trickst dabei ganz toll rum, ihr brecht die Gesetze Gottes, damit ihr eure eigenen Regeln halten könnt. [10] Mose hat zum Beispiel die Ansage gemacht: ‚Es ist wichtig Respekt zu haben, was deine Eltern angeht!‘ Er meinte sogar: ‚Wer seinen Vater oder seine Mutter dumm findet, hat die Todesstrafe verdient.‘ [11] Ihr erzählt aber, es ist total okay, wenn jemand zu seinen Eltern sagt: ‚Sorry, ihr beiden, ich kann euch auch nicht versorgen. Alles, was ich habe, gehört Gott, das hab ich ihm versprochen, ich hab nix mehr für euch übrig.‘ [12] Durch euren Einfluss lassen nun alle ihre Eltern links liegen, egal, wie dreckig es denen geht. [13] So sorgt ihr dafür, dass nur euer eigener Vorteil zählt. Ihr haltet euch nur an eure Regeln, die Regeln Gottes sind euch total egal. Und das ist nur eins von vielen Beispielen!“ [14] Dann sah Jesus die anderen Leute an und rief ihnen zu: „Passt mal gut auf! Versucht zu packen, was ich gerade gesagt habe! [15/16] Menschen werden nicht dadurch dreckig, dass sie falsche Sachen essen, die irgendein Gesetz verboten hat. Dreckig wird man durch die Dinge, die in deinem Inneren ablaufen, was man denkt und was man sagt; und wie du deswegen handelst, das macht dich echt dreckig, das entfernt dich von Gott.“ [17] Anschließend hing Jesus erst mal in einem Haus mit seinen Freunden ab. Einer fragte ihn: „Jesus, was hast du eigentlich genau damit gemeint?“ [18] „Habt ihr das auch nicht kapiert?“, fragte er zurück. „Man kann alles essen, was man will, das kann dich für Gott nicht dreckig machen. [19] Was hat denn Gott mit eurem Essen zu kriegen? Alles, was ihr so spachtelt, kommt in euren Magen, und irgendwann scheißt ihr es wieder aus, das war’s.“ Jesus wollte einfach klar machen, dass es im Grunde kein Essen gibt, was für Gott nicht okay wäre. [20] Und dann sagte er noch: „Was an Gedanken von einem Menschen rauskommt, aus seinem Inneren, seine Worte und was er dann damit macht, das ist oft ätzend für Gott. [21] Aus dem Innersten kommen alle miesen Gedanken raus: Versuchungen mit ätzenden Sexsachen, zu klauen und Leute zu ermorden, [22] seinen Partner mit jemand anderem zu betrügen, Geldgeilheit, Neid, link drauf zu sein, Party zu machen ohne Grenzen einzuhalten, zu lügen, auf andere runterzusehen und abzulästern, überheblich und leichtsinnig zu sein, Dinge zu tun ohne vorher mal das Hirn einzuschalten. [23] Diese ganzen Sachen haben ihren Ursprung im Herzen von Menschen, und das ist auch das, was sie dreckig macht."

Eine Nichtjüdin ist cool drauf

[24] Jesus zog mit seinen Freunden in die Nähe von Tyrus, einer Stadt mit einem großen Hafen. Er wollte eigentlich unerkannt bleiben, aber es sprach sich wieder sehr schnell rum, dass er da war. [25] Die News war auch an das Ohr von einer Frau gedrungen, deren Tochter von einem fiesen Geist, einem Dämon, befallen war. [26] Sie fragte Jesus, ob er das Ding nicht aus ihrer Tochter rausholen könnte. Diese Frau war allerdings keine Jüdin. [27] Jesus meinte zu ihr: „Hey, zuerst sind meine Leute dran, die Kinder vom Volk aus Israel. Es ist nicht okay, wenn man Kindern das Brot wegnimmt und es den Hunden zu fressen gibt." [28] Die konterte aber sofort: „Da haben Sie Recht, aber kleine Hündchen bekommen doch auch die Reste ab, die vom Essen noch übrig bleiben, oder?"
[29] „Das stimmt. Ist okay, ich werde Ihrer Tochter helfen. Sie können nach Hause gehen, das Ding ist schon gelaufen, der fiese Geist ist aus ihrem Kind schon verschwunden!" [30] Und tatsächlich: Als die Frau zu Hause ankam, lag ihre Tochter peacig im Bett. Der Dämon hatte sie verlassen und sie war frei.

Ein Taubstummer kann wieder sprechen und hören

[31] Die nächste Station von der Tour von Jesus war dann Sidon. Und danach ging er wieder an den See von Galiläa und in den „Zehn-Städte-Landkreis". [32] Ein Typ, der taub war und so gut wie gar nicht sprechen konnte, wurde zu ihm in die Sprechstunde gebracht. Jesus sollte mal für den beten und ihn heilen. [33] Er ging mit ihm um die Ecke an eine Stelle, wo es ein bisschen ruhiger war und nicht so viel Rummel abging. Dann steckte er seinen Finger in die Ohren von dem Typen. Danach tat er etwas Spucke auf seine Fingerspitzen und berührte damit seine Zunge.
[34] Und dann sah er in Richtung Himmel, seufzte kurz und sagte dann zu den Ohren: „Ihr müsst jetzt funktionieren!" [35] Und in der Sekunde konnte der Mann ganz normal reden und hören! [36] Jesus wollte aber nicht, dass jeder das sofort erfährt. Er befahl allen, die das mitgekriegt hatten, bloß ihren Mund zu halten. Aber es passierte natürlich genau das Gegenteil, und es dauerte nicht lange, da wusste jeder davon ... [37] Alle kriegten das irgendwie überhaupt nicht auf die Reihe, was Jesus so alles brachte. „Ist das nicht voll krass, was der so alles bringt?! Wahnsinn, sogar die Leute, die taub sind, und die Stummen kann er wieder gesund machen!"

8

Viertausend bekommen fett zu essen

[1] An einem anderen Tag waren mal wieder irre viele Leute bei Jesus.
Leider hatten die nicht genug Sachen zum Essen dabei. Darum rief Je-
sus seine Freunde zu einem kurzen Meeting zusammen. [2] „Die Leute,
die hier sind, tun mir voll Leid. Die sind jetzt schon drei Tage da, und
wir haben nichts zum Essen am Start. [3] Wenn ich die so nach Hause
schicke, krepieren die mir noch auf dem Heimweg. Einige haben noch
einen ganz schönen Weg vor sich.“ [4] „Wie sollen wir denn hier in dieser
Gegend, wo total tote Hose ist, noch was zu essen herkriegen?“, fragten
seine Freunde. [5] „Was habt ihr denn an Essen dabei?“ – „Also, sieben
Brote kriegen wir zusammen.“ [6] Jesus sagte den Leuten, sie sollten sich
mal auf den Boden pflanzen. Dann nahm er die sieben Brote, ließ ein
kurzes Dankgebet Richtung Himmel vom Stapel und gab sie an seine
Freunde weiter. Sie sollten die Essensverteilung vornehmen. [7] Und
dann waren da auch noch ein paar geräucherte Fische. Jesus betete da
drüber und gab die auch weiter. [8] Alle hatten am Ende fett zu essen.
Es war mehr als genug für alle da, und als sie die Reste eingesammelt
hatten, kamen satte sieben Körbe voller Essen zurück. [9] Ungefähr
viertausend Leute waren dabei. Nach dem Essen sollten sie dann aber
verschwinden.

Prophetentest und Hefeteig

[10] Anschließend fuhr Jesus mit seinen Freunden auf einem Boot Rich-
tung Dalmanuta. [11] Als die Pharisäer das spitzkriegten, kamen sie
sofort angerannt. Sie wollten den ultimativen Prophetentest mit Jesus
abziehen. „Wir wollen ein Wunder sehen!“, war ihre Forderung. [12] Jesus
stöhnte so laut, dass es alle hören konnten: „Oh Mann, warum wollt
ihr immer nur irgendwelche Wunder sehen? Ihr werdet an eurer Wun-
dergeilheit noch ersticken! Diese Art von Beweis könnt ihr vergessen!“
[13] Jesus ging wieder zum Boot und schipperte über den See zum an-
deren Ufer. [14] Die Freunde von Jesus hatten total vergessen, was zum
Essen mitzunehmen. Sie hatten nur noch ein Brot dabei, das war alles.
[15] Während der Fahrt auf dem See meinte Jesus so nebenbei: „Hey, ihr
müsst echt aufpassen wegen dem Hefeteig, den euch die Pharisäer und
auch der König anbieten.“ [16] Seine Freunde dachten sofort, er würde das
Thema anschneiden, weil nichts mehr zu essen da war. [17] Jesus konnte
aber Gedanken lesen und war echt traurig über ihre Sorgen: „Mann,
warum habt ihr schon wieder Panik, ihr müsstet verhungern? Kapiert ihr
das denn echt nicht? Warum seid ihr so hart unterwegs? Wann begreift

ihr das endlich? [18] Ihr habt Augen und seid doch voll die Blindis, ihr habt
Ohren und peilt doch gar nichts. [19] Habt ihr gepennt, als ich fünftau-
send Männer mit fünf Broten satt gemacht habe? Was war da am Ende
noch übrig? Hallo?" – „Zwölf Körbe", war die Antwort. [20] „Und wie war
das, als ich viertausend hungrige Leute mit sieben Broten satt gekriegt
habe? Was war da am Ende noch übrig?" – „Sieben Körbe", sagten sie.
[21] „Kapiert ihr das jetzt endlich?!"

Ein Typ der blind war, kann wieder sehen

[22] Als Jesus dann in Betsaida aufschlug, brachten sie einen Typen zu
ihm, der nicht sehen konnte. [23] Jesus nahm die Hand von dem Blinden
und ging mit ihm aus dem Ort raus. Dann spuckte er ihm auf seine Au-
gen, legte anschließend seine Hände drüber und betete. Danach fragte
er ihn: „Na, wie isses, kannst du was sehen?" [24] „Ja, schon ein bisschen.
Ich kann auf jeden Fall irgendetwas sehen, was sich bewegt, Menschen
oder so. Könnten aber auch Bäume sein." [25] Jesus ließ nicht locker und
legte noch mal seine Hände auf die Augen von dem Typen. Und da-
nach konnte er alles genau erkennen und war komplett geheilt! [26] Jesus
schickte ihn dann erst mal nach Hause: „Geh jetzt! Aber versack nicht
im Ort, geh direkt nach Hause, ja?!"

Petrus hat verstanden, wer Jesus ist

[27] Irgendwann verließen Jesus und seine Freunde Galiläa. Sie zogen
auf die Dörfer, die um Cäsarea Philippi lagen. Unterwegs fragte Je-
sus mal: „Was reden die Leute eigentlich über mich?" [28] „Also einige
sagen, du wärst Johannes, der die Leute getauft hat, andere glauben,
du wärst Elia, der alte Prophetentyp." [29] „Und ihr? Was glaubt ihr, wer
ich bin?" Petrus sagte sofort: „Du bist der Auserwählte, du bist der
Christus!" [30] Jesus antwortete voll ernst: „Gut, aber bitte keinem wei-
tersagen, okay?" [31] Dann weihte Jesus seine Freunde zum ersten Mal
in die Dinge ein, die bald passieren würden. Dass er bald ganz derbe
Sachen durchmachen muss, dass die Regierung und die Typen, die
was zu sagen haben im Land, die obersten Priester und die Theolo-
gen, ihn verhaften lassen werden. Und dass sie ihn dann verurteilen
und töten. Aber nach drei Tagen wird es ein fettes Comeback geben.
[32] Jesus war total ehrlich mit ihnen, aber Petrus hatte auf das, was
Jesus ankündigte, überhaupt keinen Bock. Er versuchte ihm das in
einem Gespräch von Mann zu Mann auszureden. [33] Jesus fand das
nicht so toll, er brüllte los: „Verschwinde, Satan! Das sind nicht Got-
tes Gedanken, diese Idee kommt aus deinem menschlichen Hirn!
Gott ist anders drauf!"

Alles geben, um alles zu gewinnen

34 Jesus rief seine Freunde und die Leute, die das hörten, zu sich.
„Wenn jemand so leben will wie ich, wenn er so draufkommen will,
wie ich es bin, dann ist komplette Selbstaufgabe angesagt. Nur wenn
du bereit bist, alles aufzugeben, was du hast, dann kannst du mir
nachfolgen. 35 Wenn jemand versucht, mit aller Kraft um sein Leben zu
kämpfen und versucht es festzuhalten, der wird er es gerade dann ver-
lieren. Wenn jemand aber sein Leben an mich verliert und sich radikal
für meine Sache einsetzt, der hat es gerade erst gewonnen. 36 Was
bringt es, wenn jemand Applaus und die Erfolge bekommt, die man
auf dieser Welt kriegen kann, aber dafür seine Seele verliert? 37 Gibt es
überhaupt etwas Wertvolleres als die Seele? 38 Wenn es jemand mal
peinlich sein sollte, dass er an mich glaubt, und sich nicht zu den Sa-
chen die ich gesagt habe, stellen kann, dann wird es mir auch peinlich
sein, wenn er irgendwann mal mit den Engeln vor meinem heiligen
Papa stehen wird."

9

Der abgespacete Jesus

1 Jesus hielt mal wieder eine Rede. Er sagte: „Eins verspreche ich euch:
Ein paar von euch werden erleben, wie diese neue Zeit losgeht, in der
Gott das Sagen hat!" 2 Nach sechs Tagen nahm Jesus Petrus, Jakobus
und Johannes mit und machte mit ihnen eine Bergtour. Als sie oben
angekommen waren, verwandelte sich plötzlich das Aussehen von Je-
sus total heftig. 3 Seine Klamotten strahlten wie weißer Phosphor, so
ein Weiß, wie man es auf der Erde nicht kennt. 4 Und dann kamen Elia
und Mose vorbei und quatschten 'ne Runde mit Jesus. 5 Petrus war
völlig high. Er meinte nur: „Oh Jesus, es ist voll schön, hier zu sein!
Lass uns gleich ein Denkmal bauen, drei Häuser, ja? Eins für dich, eins
für Mose und eins für Elia!" 6 Er war aber nicht ganz klar in der Birne
und hatte wohl einen Adrenalinkick, weil er so eine Angst hatte, genau-
so wie die anderen auch. 7 Und dann kam plötzlich eine Riesenwolke
über sie, und eine Stimme sprach aus dem Off: „Dieser Typ ist mein
Sohn. Ich hab ihn sehr lieb. Tut, was er sagt!" 8 Im nächsten Augenblick
waren Elia und Mose weg. Nur Jesus war noch da. 9 Auf dem Rückweg
schärfte Jesus ihnen ein, niemandem davon zu erzählen, bis er von
den Toten zurück wäre. 10 Sie hielten das Versprechen, redeten aber
untereinander noch oft über das ganze Thema „Auferstehung von den
Toten" und was das überhaupt wäre. 11 Irgendwann kam da die Frage
auf: „Warum erzählen die Theologen, dass Elia wiederkommen muss,
bevor der Auserwählte, der Messias, am Start ist?" 12 „Das mit Elia

stimmt schon", meinte Jesus, „der war sozusagen die Preview vom
Hauptfilm. Warum steht denn im alten Buch, dass der eine Typ, der
Menschensohn*, schlimme Sachen durchmachen muss, dass man ihn
überall verarschen wird und so? 13 Ist doch klar, Elia war schon lange
da, und sie haben mit ihm genau das gemacht, was in dem alten Buch
schon vorhergesagt wurde."

Wer darf 'ne Order von Gott bekommen?

14 Als sie zurück waren, kamen sie mitten in eine derbe Diskussion
zwischen seinen Freunden und den Theologen, die von vielen Zu-
schauern verfolgt wurde. 15 Die Menschen waren alle total aufgeregt,
als Jesus dazukam. Sie rannten ihm entgegen und sagten: „Hallo Je-
sus, da bist du ja!" 16 „Worüber diskutiert ihr gerade?", fragte er. 17 Ein
Typ aus der Menge sagte: „Mein Herr, ich habe gerade meinen Sohn
hierher gebracht. Ich wollte Sie bitten, ihn gesund zu machen. Er kann
nicht sprechen, weil ein fieser Geist in ihm ist und ihn kontrolliert.
18 Wenn der Geist richtig loslegt, dann haut er ihn einfach um, seine
Spucke wird weiß, er knirscht mit den Zähnen und verkrampft total.
Ich hatte ihn schon Ihren Freunden vorgestellt, aber die konnten auch
nicht wirklich weiterhelfen." 19 Jesus war etwas genervt: „Oh Mann,
warum habt ihr so wenig Vertrauen in Gott? Wie lange muss ich es
noch bei euch aushalten, bis ihr endlich kapiert, wie so was funktio-
niert? Bringt den Jungen mal her!" 20 Als der Junge gebracht wurde,
legte der fiese Geist gleich richtig los, als er Jesus sah. Der Junge
krampfte hoch zehn, wälzte sich auf dem Boden hin und her und hat-
te gleich wieder weißen Schaum vor dem Mund. 21 „Seit wann treten
diese Symptome auf?", wollte Jesus wissen. Der Vater sagte: „Schon
seitdem er klein ist. 22 Der fiese Geist hat ihn schon oft umgehauen,
ihn sogar in eine Feuerstelle und auch ins Wasser geworfen. Ich glau-
be, er will ihn töten. Bitte, helfen Sie uns! Tun Sie etwas, wenn Sie
dazu in der Lage sind!" 23 „Was ist das denn für 'ne Ansage? ‚Wenn
ich dazu in der Lage bin'? Alles ist möglich für jemanden, der hundert
Prozent vertraut!" 24 Der Vater sagte dann: „Ich habe ein großes Ver-
trauen in Sie! Aber helfen Sie mir dabei, Ihnen wirklich auf die Art zu
glauben, wie es nötig ist!" 25 Jesus kriegte mit, dass immer mehr Zu-
schauer da waren. Er bedrohte den fiesen Geist und sagte zu ihm: „Du
Geist, der Menschen stumm und taub macht, ich befehle dir jetzt:
Hau ab aus diesem Kind! Du darfst da auch nie wieder reinkommen!
Verschwinde!" 26 Der Geist brüllte los, packte den Jungen noch einmal,
warf ihn hin und her, und dann verschwand er. Der Junge saß erst mal
still da, ohne sich zu bewegen. Alle dachten, er wäre tot. 27 Aber Jesus

nahm seine Hand und zog ihn hoch, bis er stehen konnte. 28 Nach-
dem Jesus sich dann mit seinen Freunden in ein Haus zurückgezogen
hatte, wollten die natürlich wissen, warum es bei ihnen nicht geklappt
hatte mit der Dämonenaustreibung und so. 29 „Es gibt so eine Art von
fiesen Geistern oder Dämonen, die kann man nur rausschmeißen,
wenn man voll eng an Gott lebt."

Jesus macht mal wieder 'ne Ansage, was seinen Tod angeht

30 Dann hauten sie irgendwann mal aus der Gegend ab und machten 'ne
Tour durch Galiläa. Er wollte seinen Freunden noch viel beibringen und
hielt es für 'ne gute Idee, mit ihnen dazu alleine zu sein. 31 „Der Men-
schensohn* wird von jemand verraten werden. Er wird umgebracht, aber
nach drei Tagen feiert er sein Comeback unter den Lebenden." 32 Sie
kapierten null, was er damit sagen wollte, hatten aber Angst noch mal
nachzufragen.

Wer bei Gott groß rauskommt und wer nicht

33 In Kapernaum wohnten sie zusammen in einem Haus. „Worüber
habt ihr gerade auf dem Weg hierher gequatscht?", fragte Jesus. 34 Sie
sagten nichts, weil es ihnen voll peinlich war. Sie hatten nämlich gerade
dadrüber diskutiert, wer von ihnen wohl der Wichtigste von allen sei,
auf wen man am wenigsten verzichten könnte. 35 Jesus pflanzte sich mit
den zwölf Freunden in die Sitzecke. „Wer von euch ganz weit vorne sein
will, der sollte sich ganz hinten anstellen und den anderen dienen." 36 Er
holte ein kleines Kind in den Raum, stellte es in die Mitte und umarmte
es. 37 „Jeder, der sich um so ein Kind kümmert, weil er mit mir lebt, der
kümmert sich gleichzeitig auch um mich und meine Sache. Und wer
sich um mich kümmert, der hat sich damit auch der Sache meines Va-
ters angenommen."

Wenn jemand nicht gegen uns arbeitet, dann ist er für uns

38 Johannes meinte mal zu Jesus: „Meister, wir haben im Ort so einen
Typen getroffen, der fiese Geister, so Dämonen, aus Leuten rausholt.
Und der tut das unter Verwendung von deinem Namen. Wir haben ihm
das strengstens untersagt, er gehört ja schließlich nicht zu unserer
Gruppe." 39 „Das war nicht okay", meinte Jesus. „Wenn jemand unter
Verwendung meines Namens gute Sachen macht, wird er auf der an-
deren Seite meinen Namen nicht in den Dreck ziehen. 40 Wenn jemand
nicht gegen uns arbeitet, arbeitet er für uns. 41 Wenn mal einer auch

---

* Siehe Erklärung S. 24.

nur ein Glas Wasser rausrückt, weil er zu mir gehört, dann wird er dafür
richtig belohnt werden. Das garantiere ich euch!“

Keine halben Sachen machen! Radikal für Gott leben!

42 „Hey, eins will ich euch sagen: Wenn irgendjemand das tiefe Ver-
trauen zerstört, das ein Mensch in mich hat, für den wäre es besser, er
würde mit einem Betonklotz an den Füßen ins Meer geworfen werden!
43/44 Und wenn dich deine Hand zu Sachen verführt, die Gott nicht
gut findet, dann säg sie lieber ab. Lieber einarmig im Himmel, als mit
beiden Händen in der Hölle. 45/46 Und wenn dein Fuß dich dazu bringt,
Sachen zu tun, die Gott nicht gut findet, dann säg ihn lieber ab. Besser
einbeinig im Himmel, als zweibeinig in der Hölle. 47 Und wenn dein
Auge dich dazu verführt, Sachen zu machen, die dich von Gott trennen
würden, dann reiß es lieber raus. Besser einäugig im Himmel, als mit
beiden Augen in der Hölle. 48 In der Hölle ist es total ätzend, du wirst
dort ohne Ende Schmerzen haben. 49 Keiner wird um den Check seines
Lebens rumkommen können, alle müssen einmal durch dieses Feuer.
Das ist die Vorbereitung und so bekommst du auch Auswirkung auf
deine Umwelt. 50 Es ist generell gut, Auswirkung auf seine Umgebung
zu haben. Aber was geht dann, wenn ihr nicht mehr auf andere abfärbt?
Geht gut miteinander um, das ist wichtig!“

10

Jesus sagt was über die Ehe

1 Irgendwann zog Jesus weiter in die Richtung östlich vom Jordan.
Wie immer waren gleich tierisch viele Menschen um ihn herum, und
er brachte denen dann Sachen bei. 2 Einige von den Pharisäertypen
kamen vorbei und versuchten ihn wieder aufs Glatteis zu führen: „Wie
ist das, dürfen sich Ihrer Meinung nach Ehepaare scheiden lassen?“
3 „Gegenfrage: Was meinte Mose denn zu dem Thema?“ 4 „Für Mose
war das okay! Er sagt dazu, man sollte seiner Frau nur ein Papier
ausstellen, und dann kann man sie rausschmeißen.“ 5 „Oh Mann, ihr
seid so hart unterwegs, Leute! Nur darum hat Mose euch das erlaubt.
6 Gott hatte aber ursprünglich eine andere Idee, als er Männer und
Frauen gemacht hat. Ich zitiere: 7 ‚Deshalb wird ein Mann sich von sei-
nen Eltern verabschieden und sich verbindlich auf eine Frau einlassen.
8 Beide werden dann total ineinander verschmelzen.‘ 9 Keiner darf sie
dann mehr auseinander reißen, Gott hat sie ja zusammengeschweißt.“
10 Später, als alle weg waren und seine Freunde mit ihm alleine waren,
fragten sie noch mal nach. 11 Seine Antwort war dann: „Also, wenn sich
einer von seiner Ehefrau trennt und sich eine neue Frau sucht und die

heiratet, dann zerstört er ihre Ehe. 12 Und wenn eine Ehefrau sich von
ihrem Ehemann trennt und wieder jemand anderen heiratet, dann zer-
stört sie auch die Ehe."

Jesus liebt die Kids

13 Irgendwann brachten einmal ein paar Mütter ihre Kinder zu Jesus.
Sie wollten gerne, dass er für sie betet und sie segnet. Die Freunde von
Jesus hatten da aber keinen Bock drauf und stießen sie weg. 14 Als Je-
sus das mitbekam, war er supersauer. Er brüllte sie an: „Lasst die Kin-
der durch! Sie haben bei mir immer Vorzug. Menschen, die so sind wie
die, denen gehört das neue Land, wo Gott das Sagen hat. 15 Eins kann
ich euch versprechen: Wer glaubensmäßig nicht so draufkommt wie so
ein Kind, hat keinen Platz in Gottes neuem Reich." 16 Er nahm noch ein
paar Kinder ganz fest in die Arme, knuddelte sie und betete noch 'ne
Runde. 17 Gerade als sie wieder loswollten, rannte ein Typ auf ihn zu,
kniete sich vor ihm hin und fragte: „Lieber guter Herr Lehrer! Ich habe
eine für mich wichtige Frage an Sie. Was muss ich alles tun, um in den
Himmel zu kommen, wenn ich tot bin?" 18 „Hey, ich will, dass Gott
der Vater groß rauskommt, er alleine ist wirklich gut! Bitte nennen Sie
mich nicht so. 19 Und was diese Gesetze angeht, die kennen Sie doch
auswendig, oder? Es ist nicht okay, Leute zu töten, die Ehe kaputtzu-
machen, zu klauen, rumzulügen, irgendjemanden abzuziehen. Und
man soll seinen Vater und seine Mutter respektieren." 20 „Herr Lehrer,
was diese Sachen angeht, danach lebe ich schon, solange ich denken
kann!" 21 Jesus sah den Typen total liebevoll an und meinte: „Eine
Sache fehlt aber noch. Ziehen Sie mal los und verkaufen den ganzen
Krempel, alles, was Sie haben, und spenden die Kohle an Leute, die es
wirklich brauchen. Dann werden Sie im Himmel ein fettes Bankkonto
haben. Und dann lassen Sie alles stehen und liegen und gehen mit
mir." 22 Nach dieser Ansage war er voll entmutigt und lief traurig wieder
weg. Er hatte nämlich sehr viel Kohle. 23 Jesus meinte darauf zu seinen
Freunden: „Leute, die sehr reich sind, haben es total schwer, ein Ticket
für den Himmel zu kriegen." 24 Die waren total fertig, als er das gesagt
hatte. Jesus wiederholte das darum noch mal: „Also für Menschen, die
sehr reich sind, wird es monsterschwer in den Himmel zu kommen.
25 Es ist leichter, dass ein Pferd durch ein Schlüsselloch durchpasst,
als dass einer, der viel Kohle hat, in den Himmel kommt!" 26 Seine
Freunde waren immer noch total fertig. „Wer kann es denn überhaupt
schaffen? Wer kriegt das denn noch hin?" 27 „Keiner kann es schaffen,
sich zu Gott hochzuarbeiten, das geht gar nicht. Aber für Gott ist alles
möglich", war seine Antwort. 28 „Und wie steht es dann um uns, Jesus?

Wir haben alles stehen und liegen lassen und sind radikal mit dir ge-
gangen", fragte Petrus. 29 „Eins ist sicher: Alle, die ihr Vermögen, ihre
Familie, ihre Wohnung, ihre Kinder aufgegeben haben, weil sie mit mir
gegangen sind, und das tun, was ich gesagt habe, 30 die werden schon
jetzt fett dafür absahnen. Auch wenn sie dafür Ärger kriegen, weil sie
an mich glauben. In der neuen Welt, die dann mal sein wird, da werden
sie ein ewig geiles Leben haben. 31 Viele Leute, die jetzt so richtig wich-
tig sind, werden dann 'ne kleine Nummer sein. Und die Unscheinbaren
werden dann ganz groß rauskommen."

Jesus macht zum dritten Mal die Ansage, dass man ihm bald ans Leder gehen wird

32 Auf dem Weg nach Jerusalem ging Jesus voraus. Seine Freunde beka-
men Schiss und auch die anderen, die mitgezogen waren. Jesus nahm
seine Freunde noch mal beiseite und machte folgende Ansage über
das, was ihn in Jerusalem erwarten würde: 33 „Wenn wir da in Jerusalem
ankommen, werde ich an die obersten religiösen Leiter und an die The-
ologen ausgeliefert werden. Man wird mich zum Tod verurteilen und an
die römische Besatzung ausliefern. 34 Dann werden sie mich verarschen,
anspucken, foltern und schließlich umbringen. Aber nach drei Tagen
hab ich mein Comeback."

Wer bei Gott gut dasteht und wer nicht

35 Jakobus und Johannes (die Söhne von Zebedäus) hatten mal 'ne Fra-
ge an Jesus: „Jesus, wir haben eine Anfrage an dich." 36 „Um was geht
es denn?" 37 „Könntest du das organisieren, dass wir 'ne Reservierung
für die Plätze auf der Ehrentribüne bekommen, gleich neben dir, wenn
wir im Himmel sind?" 38 „Oh Mann, ihr habt ja keine Ahnung, was ihr
da gerade beantragt habt! Glaubt ihr denn, ihr packt das? Könnt ihr die
gleichen schlimmen Sachen durchmachen, wie ich sie durchmachen
werde? Könnt ihr den gleichen Tod sterben, wie ich ihn sterben werde?
39 „Klar das können wir" war ihre Antwort. „Okay", meinte Jesus, „ihr
werdet tatsächlich aus dem gleichen Becher trinken wie ich. Und ihr
werdet tatsächlich mit der selben Taufe getauft werden, wie ich getauft
werde. 40 Aber ich kann darüber trotzdem nicht bestimmen, wer neben
mir sitzen wird und wer nicht. Gott hat das schon lange verplant." 41 Die
anderen Freunde hatten das spitzbekommen, wie sich Jakobus und
Johannes einschleimen wollten, und waren echt sauer. 42 Jesus setzte
sofort ein Meeting an: „Ihr habt mitgekriegt, wie das hier auf der Erde
so läuft. Regierungen behandeln ihre Bürger oft wie Dreck, und die Leu-
te, die was zu sagen haben, beuten ihre Untergebenen nur aus. 43 Das

ist bei euch aber anders, klar?! Wer bei euch der Boss sein will, der
muss bereit sein, sich ganz hinten anzustellen. 44 Wer bei euch der Chef
sein will, soll die anderen wie ein kleiner Angestellter bedienen. 45 Der
Menschensohn* kam auch nicht zu euch, um den Lauten zu machen.
Er kam, um jedem zu dienen. Er ist gekommen, um mit seinem Leben
viele Menschen freizukaufen."

Ein Typ der blind war, wird von Jesus gesund gemacht

46 Irgendwann kamen sie in Jericho an. Als sie die Stadt dann wieder ver-
ließen, war voll die große Menschenmenge hinter ihnen her. Bartimäus
war ein blinder Bettler, der auf dem Weg am Straßenrand saß und Kohle
schnorrte. Er war ein Sohn von Timäus. 47 Als der mitbekam, dass dieser
Jesus aus Nazareth in der Nähe war, fing er wie blöd an zu brüllen: „Je-
sus, aus der Familie vom David, bitte hilf mir!" 48 „Maul halten!", bluff-
ten ihn die anderen an. Aber er schrie nur noch lauter: „Sohn vom König
David, Jesus, bitte hilf mir!" 49 Als Jesus das mitbekam, blieb er erst mal
stehen. „Sagt ihm, er soll herkommen!" – „Trau dich!", ermunterten die
Leute den Blinden. „Er hat dich gerade gerufen!" 50 Bartimäus schmiss
seinen Mantel weg und sprang hoch, um zu Jesus zu kommen. 51 „Hey
Mann, was kann ich für dich tun?", fragte ihn Jesus. „Großer Meister,
ich möchte so gerne sehen können!" 52 „Dann mal los, das Vertrauen
was du in mich gesetzt hast, hat schon dafür gesorgt, dass du jetzt
sehen kannst!" Und in derselben Sekunde konnte der Typ sehen! Sofort
ging er mit Jesus mit.

11

Große Sause, als Jesus in Jerusalem ankommt

1 Kurz bevor Jesus in Jerusalem ankam, durchkreuzten sie noch die
Gegend von Betfage und Betanien (das liegt beim Ölberg). Jesus sagte
zu zwei von seinen Freunden, sie sollten schon mal vorgehen. 2 „Geht
schon mal in das Dorf dahinten. Gleich hinterm Ortseingang wird so
ein kleiner Esel stehen, auf dem hat noch nie ein Mensch geritten. Den
bringt mal mit. 3 Falls jemand Fragen stellt, sagt einfach: ‚Der Meister
braucht das. Wird aber nach Benutzung wieder zurückgegeben!'" 4 Die
beiden machten sich auf den Weg. Sie fanden den Esel am Straßenrand,
er war an einem Haus festgebunden. 5 Als sie ihn gerade losbinden
wollten, fragten ein paar Leute, die das mitbekamen: „Was soll das? Was
macht ihr mit dem Esel?" 6 Sie ließen den Spruch ab, den Jesus ihnen
aufgesagt hatte, und dann war es anscheinend für die Leute okay. 7 Sie

* Siehe Erklärung S. 24.

brachten das Teil zu Jesus, legten ihre Mäntel über den Rücken vom Esel, und Jesus pflanzte sich drauf. 8 Auf dem Weg war voll der Auflauf am Start. Die Menschen legten ihre Jacken vor den Esel auf den Weg, als Jesus ankam. Andere nahmen Zweige von den Palmen und pflasterten damit die Straße. 9 Vor Jesus und hinter Jesus waren irre viele Menschen. Die Fans brüllten: „Gott hilft uns endlich! Super, da kommt der Mann, der uns von Gott geschickt wurde! 10 Wir freuen uns auf die Zeit, wo Gott endlich wieder das Sagen hat! Danke Gott, du bist gut!“ 11 Auf diese Art und Weise zog Jesus in Jerusalem ein. Als Erstes ging er dann in den Tempel. Als er abgecheckt hatte, was da so geht, ging er mit den zwölf Freunden in den Vorort Betanien, um da zu übernachten. Es war nämlich schon echt spät geworden.

Das Ding mit dem Apfelbaum

12 Am nächsten Morgen hatte Jesus wahnsinnigen Hunger. Auf dem Weg nach Jerusalem 13 sah er einen Apfelbaum. Der Baum hatte nur noch ein paar Blätter dran, es war ja noch nicht die Jahreszeit, wo Apfelernte angesagt war. 14 Jesus war trotzdem sauer. Er sagte: „Von dir soll nie wieder jemand was essen können!“ Seine Freunde bekamen das mit.

Terror im Tempel

15 Als sie in das Haus von Gott, den Tempel, kamen, rastete Jesus plötzlich total aus! Er schrie die ganzen Händler an, die da ihre Souvenirs und Opfersachen verhökerten. Dann schmiss er die Leute einfach raus, pogte rum und zertrat die Tische der Wechselstuben und die Verkaufsstände der Taubenverkäufer. 16 Er untersagte lautstark jede Form von Handel, die da im Tempel abging. 17 Er brüllte sie an: „In der Bibel steht drin: ‚Mein Haus sollte dafür da sein, dass Leute da drin beten.‘ Ihr habt daraus einen Konsumtempel gemacht!“ 18 Die News kam auch den Theologen und den Priestern zu Ohren. Ab da fingen sie an Pläne zu schmieden, wie man am besten einen Anschlag auf Jesus verüben könnte. Sie hatten irre Panik vor Jesus, denn was er sagte, hatte Hand und Fuß und beeinflusste die Leute stark. 19 Abends hauten die Freunde um Jesus mit ihm aus der Stadt ab.

Gott total vertrauen, mit Leuten Frieden haben, dann ist alles möglich

20 Am nächsten Morgen kamen sie wieder an dem Baum vorbei, den Jesus verflucht hatte. Er war total ausgetrocknet und tot. 21 Petrus hatte nicht vergessen, was Jesus zu dem Baum gesagt hatte. Er rief ihn und meinte: „Sieh dir das an, Meister! Echt derbe! Der Baum ist total vertrocknet!“ 22 Jesus fragte zurück: „Sagt mal, Jungs, vertraut ihr Gott

eigentlich? 23 Eins kann ich euch versprechen: Wenn ihr zu diesem Berg
sagen würdet: ‚Ab mit dir ins nächste Meer', dann würde das auch pas-
sieren. Mörderwichtig dabei ist, dass ihr das auch glaubt und da dran
kein bisschen zweifelt. 24 Passt gut auf, was ich euch jetzt sage! Egal
worum ihr betet, wenn ihr echt vertraut und daran glaubt, dann werdet
ihr das auch bekommen! 25/26 Wenn ihr betet, ist es aber angesagt, vor-
her allen Leuten zu vergeben, gegen die ihr irgendwie die Hasskappe
schiebt. Und zwar ist das so, damit der Papa aus dem Himmel euch
auch euren Mist vergeben kann."

Wer gibt Jesus eigentlich die Power?

27 Mittlerweile waren sie wieder in Jerusalem angekommen. Als er im
Tempel war, kamen die Theologen, ein paar von den Leuten, die was zu
sagen hatten, und die Oberpriester wieder vorbei. 28 Sie hatten mal 'ne
Frage an Jesus: „Wer gibt Ihnen überhaupt das Recht, die Händler aus
dem Tempel zu schmeißen? Was nehmen Sie sich da eigentlich raus?
Wer hat Ihnen die Vollmacht dazu ausgestellt?" 29 „Das kann ich euch
gerne sagen, aber vorher hab ich noch 'ne Gegenfrage", meinte Jesus.
30 „Diese Taufe, die Johannes durchgezogen hat, hat er das getan, weil
Gott ihm den Auftrag dazu gegeben hat, oder war das seine eigene
Idee? Ich will 'ne Antwort!" 31 Sie steckten kurz die Köpfe zusammen.
„Also wenn wir antworten, das war, weil Gott ihm den Auftrag gegeben
hat, dann fragt er bestimmt als Nächstes, warum wir nicht getan haben,
was Johannes gesagt hat. 32 Wenn wir aber sagen, das war alles nur
menschlich, dann haben wir auch ein Problem." Sie hatten Schiss vor
den Menschen in der Stadt. Johannes hatte nämlich einen sehr guten
Ruf und war beliebt, alle glaubten, er wäre ein Prophet. 33 Also war ihre
Antwort: „Keine Ahnung!" „Dann brauch ich Ihnen auch nicht zu sagen,
mit welchem Recht und mit wessen Vollmacht ich das jetzt getan habe."

12

Die Story von dem Weinbauern

1 Jesus fing wieder an, ihnen mit Vergleichen aus dem Leben Dinge klar
zu machen: „Ein Typ wollte mal Geschäfte mit dem Weinanbau machen.
Er organisierte sich einen Weinberg, baute eine Mauer darum, dann
buddelte er eine Grube, um den Wein da drin auszupressen, und baute
noch einen Wachturm auf das Gebiet. Er fand schließlich ein paar Päch-
ter für den Weinberg und dann zog er irgendwann ins Ausland. 2 Als
Erntezeit angesagt war, schickte er einen seiner Angestellten los, um
die Kohle für seinen Anteil der Ernte einzustreichen. 3 Die Pächter waren
aber voll aggromäßig unterwegs, sie verprügelte den Angestellten so

schlimm, dass er fast gestorben wäre. Ohne einen Cent wurde er zu-
rückgeschickt. 4 Darauf schickte der Besitzer einen anderen von seinen
Angestellten los, aber der wurde genauso verprügelt wie der erste, sie
hauten ihm in die Fresse und verarschten ihn sogar. 5 Der dritte Ange-
stellte wurde dann sogar ermordet! Alle, die im Auftrag vom Eigentümer
ankamen, wurden entweder halb totgeschlagen oder umgebracht. 6 Am
Ende war nur noch der Sohn vom Weinbauern übrig, den liebte er über
alles! Irgendwie dachte er, wenn er den schicken würde, den würden sie
bestimmt nicht ermorden. 7 Aber denkste. Die Weinbauern überlegten:
‚Da kommt ja der Typ, der mal alles von dem Eigentümer erben wird.
Wenn wir den um die Ecke bringen, haben wir endlich unsere Ruhe und
können das Land behalten!' 8 Sie machten einen Überfall auf den Sohn,
ermordeten ihn und warfen seine Leiche hinter den Weinberg auf den
Müll. 9 Was meint ihr, wie wird der Besitzer jetzt reagieren?", fragte
Jesus und beantwortete die Frage gleich selber. „Bestimmt wird er kom-
men, alle umbringen und den Weinberg an jemand anders verpachten.
10 Kommt euch das irgendwie bekannt vor? Ich zitiere: ‚Der Maßstab,
auf den die Bauarbeiter keinen Bock hatten, ist zur ultimativen Mess-
latte für alles geworden. Auf ihn baut sich alles auf, an ihm muss sich
alles ausrichten.' 11 Das hat Gott gemacht. Ist doch gut, oder?" 12 Jetzt
hatten die Oberpriester und die Leitungsebene der Bevölkerung voll den
Hals auf Jesus. Es war nämlich allen klar, dass mit den Angestellten sie
gemeint waren. Weil sie aber Panik hatten, die Menschen würden Terror
machen, wenn sie ihn jetzt festnehmen würden, ließen sie die Finger
davon. So konnte er wieder ungehindert abziehen.

Was Jesus zum Thema „Steuern" zu sagen hat

13 Irgendwann kamen dann wieder diese Pharisäer vorbei und ein paar
Herodes-Fans dazu. Sie wollten Jesus in eine Diskussion verwickeln,
um ihn dazu zu bringen, etwas Verbotenes zu sagen. Dann hätten sie
zumindest einen Anklagepunkt, um ihn festzunehmen. 14 „Meister, wir
wissen, dass Sie immer total ehrlich sind und straight edge sagen, was
Sie denken. Sie haben Ihre eigene Meinung und vertreten Sie auch",
schleimten sie erst mal rum. „Was denken Sie zum Thema ‚Steuern
bezahlen'? Ist es okay, dem ungläubigen Kaiser Steuern zu zahlen, oder
nicht?" 15 Jesus schnallte aber sofort, was sie vorhatten. „Was soll diese
linke Frage? Geben Sie mir mal eine Münze, dann wird die Antwort klar
sein." 16 Sie gaben ihm eine, und er fragte: „Na, und wessen Bild ist auf
dieser Münze drauf?" „Das Bild vom Kaiser!" 17 „Okay, dann geben Sie
dem Kaiser mal, was ihm gehört, aber geben Sie Gott auch das, was
ihm gehört." Mit so einer Antwort hatten sie nicht gerechnet.

Was mit uns passiert, wenn wir sterben

18 Dann kamen ein paar Jungs von der Sadduzäerpartei bei Jesus an.
Die vertraten die Theologie, dass man, nachdem man stirbt, nicht wie-
der in einer andern Form lebendig werden kann. Man nannte das auch
Auferstehung. Sie hatten folgende Frage an ihn: 19 „Meister, Mose hat
uns die Gesetze gegeben, die unser Leben regeln. Dort heißt es: Wenn
jemand stirbt und da noch ’ne kinderlose Ehefrau übrig bleibt, dann
soll sein Bruder die Frau heiraten, damit sie noch ’ne Chance auf Nach-
wuchs hat. 20 Angenommen, da waren mal sieben Brüder, und der erste
heiratet eine Frau und stirbt dann, und zwar ohne Kinder in die Welt zu
setzen. 21 Und so geht es weiter mit dem zweiten. Der heiratet sie auch,
aber als der stirbt, gibt es immer noch kein Baby. 22 So geht es bis zum
siebten Bruder. Am Ende stirbt dann auch noch die Frau. 23 Mit wem ist
sie denn dann im Himmel verheiratet, wenn sie dort wieder zum Leben
kommt? Sie war ja mit jedem der sieben zusammen!“ 24 „Ihr kapiert
überhaupt nichts, weil ihr keine Peilung von dem alten Buch von Gott
habt und auch keine Peilung, wie Gott eigentlich drauf ist! 25 In der Zeit,
nachdem man gestorben ist, da gibt es so was wie Heiraten gar nicht
mehr. Man ist dann eher so engelmäßig unterwegs. 26 Aber noch mal
zu der Frage, was passiert, wenn wir tot sind: Habt ihr nie gelesen, was
Mose passiert ist, als er ein Treffen mit Gott hatte und der aus diesem
Feuer über der Dornenhecke zu ihm gesprochen hat? Lange nachdem
Abraham, Isaak und Jakob das Gras von unten sahen, hat Gott dort zu
Mose gesagt: ‚Ich bin der Gott von Abraham, Isaak und Jakob.‘ 27 Gott
ist für die Menschen da, die lebendig sind, nicht für die Toten! Ihr habt
es echt überhaupt nicht gepeilt!“

Welche Regel vom jüdischen Gesetz ist die wichtigste?

28 Einer der Theologen hatte das Gespräch genau verfolgt. Er merkte,
dass Jesus sich gut auskannte mit der Religion, und fragte darum: „Wel-
che Regel von Gott, welches Gesetz ist Ihrer Meinung nach das wich-
tigste?“ 29 Jesus sagte dazu Folgendes: „Das allerwichtigste Gesetz ist:
‚Pass auf, Israel! Der Chef, Gott, er ist der einzige Gott weit und breit.
30 Den sollst du radikal lieben, mit deinen Gedanken, mit deinen Gefüh-
len, mit allem, was du tust, du sollst dich total für Gott entscheiden.‘
31 Das zweite Gesetz ist genauso wichtig: ‚Liebe den Menschen, der
in deiner Nähe lebt, genauso, wie du dich selber liebst.‘ Das sind mit
Abstand die wichtigsten Gesetze.“ 32 Der Theologe meinte dazu: „Gut
gesprochen, mein Herr. Dass es keinen andern Gott gibt, sehen wir ge-
nauso. 33 Mir ist auch klar, dass es wichtig ist, Gott radikal zu lieben, mit
meinen Gedanken und meinen Gefühlen, und auch eine Entscheidung

für ihn zu treffen. Und dass es genauso wichtig ist, den Menschen zu
lieben, der in meiner Nähe ist, halte ich auch für richtig. Das ist wesent-
lich wichtiger als diese ganzen Opferrituale, die das Gesetz vorschreibt."
34 Jesus hatte das Gefühl, der Typ hatte kapiert, worum es wirklich geht.
„Du bist gar nicht so weit davon entfernt, bei Gott dabei zu sein." Nach
diesem Gespräch traute sich keiner mehr, Jesus in eine Diskussion zu
verwickeln.

Was geht mit dem „Christus", dem „Auserwählten"?

35 Im Tempel hielt Jesus dann mal wieder eine Rede. „Was haben die
Theologen noch mal gesagt, dass der Auserwählte, der Christus, aus
der Familie vom König David kommen soll? 36 David hat gesagt, als er
mal von der Kraft Gottes angefunkt wurde: ‚Gott hat zu meinem Chef
gesagt: Setz dich auf die Ehrentribüne, gleich neben mich. Ich werde
die Leute, die schlecht zu dir waren, schon kleinkriegen.' 37 Wenn sogar
David ihn als Chef bezeichnet hat, wie kann er dann gleichzeitig von ihm
abstammen?" Die Zuhörer hingen förmlich an seinen Lippen, als er das
erzählte.

Passt auf vor den Theologen!

38 Dann sagte Jesus noch: „Passt auf, was euch diese Theologen auf die
Festplatte spielen wollen! Sie stehen total da drauf, wichtig zu sein, sie
machen voll die Show mit ihren tollen Klamotten und finden sich ganz
toll, wenn die Leute sie ehrfürchtig begrüßen! 39 Sie wollen immer einen
besonderen Sitzplatz auf der Ehrentribüne in den Synagogen haben und
auf irgendwelchen wichtigen Partys unbedingt auf der Gästeliste stehen.
40 Hintenrum zocken sie die Häuser der Witwen gerne mal eiskalt ab.
In der Öffentlichkeit veranstalten sie dabei gerne auch mal 'ne Runde
Showbeten, um so zu tun, als wären sie sonst wie fromm. Sie werden
mal ein hartes Urteil von Gott dafür bekommen."

Eine Witwe ohne Kohle gibt viel

41 Im Tempel setzte sich Jesus dann mal in Sichtweite vom Spenden-
kasten und beobachtete, wie viel Geld die Leute da reinschmissen. Ei-
nige von den wohlhabenden Leuten schmissen eine Menge Kohle rein.
42 Irgendwann kam dann eine total arme Witwe an, die zwei Euros in
den Kasten warf. 43 Jesus holte seine Freunde zu sich. Er sagte zu ihnen:
„Eins garantier ich euch: Diese arme Frau hat mehr gegeben als alle
anderen! 44 Die anderen haben nämlich nur ein paar Scheine da reinge-
worfen, obwohl sie ein Riesenvermögen besitzen. Diese Frau, die von
der Stütze lebt, hat aber alles gegeben, was sie hatte."

13

Was abgeht, wenn die Welt am Ende ist
1 Als sie wieder aus dem Tempel draußen waren, drehte sich einer von
seinen Freunden um und meinte zu ihm: „Hey Meister, schau dir mal
das Riesenteil an, die Architektur und so, ist doch irre, oder?“ 2 „Alles,
was du hier siehst, wird mal plattgemacht werden! Hier wird nicht ein
Stein auf dem anderen bleiben!“, antwortete Jesus. 3 Später pflanzten
sie sich auf eine Wiese beim Ölberg mit Blick auf den Tempel. Petrus,
Johannes und Andreas waren mit Jesus endlich mal alleine. Die drei
wollten dann wissen: 4 „Sag mal, Jesus, wann wird das abgehen, wovon
du geredet hast, und wie wird das angekündigt werden?“ 5 „Passt auf,
dass ihr da nicht gelinkt werdet!“, meinte Jesus dazu. 6 „Es werden viele
auftreten und behaupten, sie wären ich. Sehr viele werden sich verirren
und verführt werden. 7 Wenn in den Nachrichten aber viel von Kriegen
die Rede ist, dann lasst bloß keine Panik aufkommen. Das muss alles
so passieren, ist aber noch nicht das Ende. 8 Völker und Regierungen
werden wilde Kriegserklärungen abgeben. In vielen Teilen der Erde wird
es zu Erdbeben kommen, und es wird derbe Hungersnöte geben. Das
ist aber nur der Anfang von den schlimmen Sachen, die dann passieren
werden. 9 Pennt nicht, wenn das alles abgeht! Dann werden viele von
euch angeklagt und verurteilt werden, in den Synagogen wird man euch
sogar foltern. Weil ihr an mich glaubt, werdet ihr von der Regierung
angezeigt werden und müsst euch dafür verantworten. Das ist dann
auch immer eine gute Chance, um von mir zu erzählen. 10 Die coole
Nachricht von dem neuen Leben mit Gott muss aber davor noch allen
Völkern in der Welt erzählt werden. 11 Wenn ihr aber mal in den Knast
kommt und die euch vor den Kadi zerren, habt keine Panik wegen eurer
Verteidigung. Redet einfach frei von der Leber weg, Gott wird euch die
richtigen Antworten in den Mund legen. Ihr redet dann nicht, sondern
Gott wird durch euch reden! 12 In dieser Zeit werden aber noch ande-
re Sachen in den Familien abgehen. Brüder werden sich gegenseitig
anzeigen und auf Todesstrafe plädieren. Väter werden ihre Kinder an
die Bullen verraten und Kinder werden gegen ihre Eltern arbeiten, sie
werden sie sogar umbringen lassen. 13 Alle werden euch hassen, weil
ihr mit mir lebt. Die bis zum Ende durchhalten, werden aber gerettet.
14 Wer das jetzt liest: Pass gut auf! Was dann abgehen wird, ist von der
übelsten Sorte. Eine fiese Fratze wird als Gott auftreten und den heili-
gen Ort total versiffen. Sie wird an einer Stelle stehen, wo sie eigentlich
nicht stehen darf. Wenn das abgeht, müsst ihr fliehen, geht raus aus
Judäa und zieht in die Berge! 15 Wenn jemand nicht zu Hause ist, sollte

er nicht mehr dahin zurückgehen, um noch Sachen zu holen. [16] Wenn jemand dann bei der Arbeit ist, sollte er auch vorher nicht mehr nach Hause gehen, auch wenn er seine Jacke vergessen hat. [17] Schlimm wird es in der Zeit für schwangere Frauen sein und Mütter, die ihr Baby noch stillen. [18] Betet, dass das Ganze nicht im Winter passiert! [19] Das werden ganz fiese Tage werden, die schrecklichste Zeit, die die Welt je erlebt hat. So schlimm wird es danach auch nie wieder werden. [20] Und wenn Gott diese Zeit nicht verkürzen würde, keiner würde sie überleben. Doch wegen der Leute, die Gott ausgesucht hat, wird er es tun. [21] Wenn irgendeiner ankommt und behauptet: ‚Seht mal, da kommt der Auserwählte, der Christus!' oder einer die Ansage macht: ‚Da ist er ja!', dann soll euch das egal sein. [22] Es werden viele Fake-Christusse kommen, und auch falsche Propheten werden ihren Auftritt haben. Sie werden sogar übernatürliche Kräfte haben und Wunder tun können. Man wird auf sie hören, und sie werden viele verwirren. [23] Passt auf, Leute! Ich hab euch gewarnt! [24] Wenn diese üble Zeit vorbei ist, dann wird die Sonne plötzlich dunkel werden, und der Mond wird nicht mehr zu sehen sein. [25] Es werden Meteoriten aus dem Weltall auf die Erde fallen, und das Gleichgewicht der Natur wird aus den Fugen geraten. [26] Der Menschensohn* wird dann sein Comeback feiern. Er wird aus dem Himmel auf die Erde kommen, für alle sichtbar. [27] Der wird dann seinen Engeln die Order geben, seine Leute von überall, aus allen Ecken der Erde, zusammenzuholen."

Passt auf und pennt nicht!

[28] „Von dem Apfelbaum kann man was lernen. Wenn seine Blätter grün werden und die Knospen anfangen zu wachsen, dann kommt bald der Sommer. [29] Genauso solltet ihr auch die Sachen beobachten, die um euch abgehen, damit ihr vorbereitet seid. [30] Auf sicher: Diese Generation wird nicht untergehen, bis das alles passieren wird. [31] Der Himmel wird mal zerstört sein und diese Welt wird nicht mehr existieren, aber meine Worte gelten für immer. [32] Keiner weiß, wann das zeitlich passieren wird, noch nicht mal die Engel im Himmel wissen das genaue Datum. Nur der Vater weiß das. [33] Weil ihr keinen Plan davon habt, müsst ihr halt immer darauf gefasst sein. [34] Der Sohn von Gott und von den Menschen wird wiederkommen. – Man kann das gut vergleichen mit einem Typen, der sein Haus verließ, um in Urlaub zu fahren. Er gab noch ein paar Anweisungen an seine Angestellten raus und sagte dem Pförtner, er soll aufpassen, wann er wiederkommen würde. [35] So sollt ihr auch

* Siehe Erklärung S. 24.

aufpassen. Denn keiner weiß, wann er genau wiederkommt, ob abends
oder morgens, mitten in der Nacht oder wenn die Sonne aufgeht. 36 Ihr
müsst nur dafür sorgen, dass ihr nicht pennt, wenn er wieder da ist. Er
kommt nämlich ohne Vorwarnung. 37 Was ich bis jetzt nur euch beibrin-
gen wollte, das sage ich allen ganz öffentlich: Passt auf, bleibt wach!

14

Die Oberpriester planen ein Attentat auf Jesus

1 In zwei Tagen sollte das große Passafest steigen. In der gleichen Wo-
che war auch das Fest, wo die Juden nur Brot essen, was ohne Hefe und
so gemacht wurde. Die Oberpriester und die Theologen hatten immer
noch den Plan, auf Jesus heimlich ein Attentat zu verüben. 2 „Auf kei-
nen Fall beim Passafest, sonst gibt es großen Ärger", hatten sie dabei
beschlossen.

Für Jesus ist nichts zu wertvoll

3 Jesus war inzwischen in Betanien, dort hatte ihn Simon zum Essen ein-
geladen. Simon war durch Jesus von so was wie Krebs geheilt worden.
Beim Essen kam eine Frau in den Raum mit einer irre schönen Flasche
in der Hand. In der Flasche war ein megateures Hautpflegemittel, so ein
Öl drin. Sie öffnete die Flasche und schüttete das Öl über Jesus' Kopf.
4 Ein paar von den Leuten, die mit am Tisch saßen, kriegten voll den
Hals. „Warum wird dieses teure Zeugs einfach so verdaddelt? 5 Sie hätte
das doch auch für viel Geld bei Ebay versteigern lassen können, und von
der Kohle wären bestimmt ein paar arme Schlucker satt geworden!" Sie
machten die Frau wirklich voll an. 6 Jesus war aber anderer Meinung.
„Das ist in Ordnung, lass sie ruhig machen! Warum zählt ihr sie deswe-
gen gleich an? Sie hat es nur gut gemeint. 7 Die armen Schlucker wird
es immer geben, kümmert euch um sie, wenn ich nicht mehr da bin,
okay? Ich werde aber nicht mehr lange bei euch sein. 8 Sie hat, ohne es
zu wissen, mich dadurch schon im Voraus auf mein Begräbnis vorberei-
tet. 9 Eins garantier ich euch: Was sie hier gemacht hat, davon wird man
noch lange reden, mindestens genauso lange, wie man von der guten
Nachricht reden wird, die ich verbreitet habe."

Judas verrät Jesus

10 Judas Iskariot, der zu den zwölf engen Freunden von Jesus gehörte,
kam irgendwann auf den Trichter, Jesus an die Oberpriester zu verraten.
11 Die waren natürlich happy und versprachen ihm eine fette Belohnung,
falls es klappen sollte. Ab dem Zeitpunkt suchte Judas nur noch die
nächstbeste Gelegenheit, um Jesus abzulinken.

Die Passaparty
12 Am ersten Tag von der Passaparty werden immer in einem reli-
giösen Ritual Lämmer geschlachtet. Die Freunde von Jesus wollten
von ihm wissen, wo sie denn das Fest feiern sollten. 13 „Geht mal
in die City, auf dem Weg werdet ihr einen Typ sehen, der eine Kiste
Bier auf den Schultern trägt. Dem müsst ihr hinterhergehen", mein-
te Jesus zu ihnen. 14 „Er wird irgendwann in ein Haus einbiegen,
und dem Besitzer könnt ihr dann Folgendes ausrichten: ‚Unser Chef
lässt anfragen, wo er 'ne kleine Passaparty mit seinen Freunden
feiern kann.' 15 Der wird euch dann einen großen Raum im ersten
Stock zeigen, da könnt ihr dann schon mal alles vorbereiten." 16 Die
beiden machten sich auf den Weg, und tatsächlich lief alles genau
so ab, wie Jesus es gesagt hatte. Dort bereiteten sie alles vor für die
Party. 17 Abends schlug Jesus dann mit den zwölf Jüngern da auf.
18 Mitten beim Essen, als sie alle so am Tisch saßen, sagte Jesus
ganz plötzlich: „Einer von euch wird mich ablinken, einer, der mit
mir hier sitzt und isst!" 19 Alle waren total fertig, als sie das hörten.
„Ich doch nicht, oder, Jesus?" 20 „Der Typ, der mit mir zusammen
gleich sein Brot in die Tunke dippt, der macht es. 21 Der Menschen-
sohn* muss sterben. Das ist ganz sicher, das steht auch schon lange
im alten Buch drin. Aber dem Typ, der ihn verraten hat, dem wird es
sehr dreckig gehen. Für ihn wäre es besser gewesen, gar nicht erst
geboren zu werden!"

Der Startschuss für ein besonderes Ritual
22 Ein paar Augenblicke später nahm Jesus ein Stück vom Brot. Dann
betete er da drüber und zerteilte es in ein paar Stücke, die er an sei-
ne Freunde weitergab. „Hier, das ist jetzt so wie mein Körper", mein-
te er dabei. 23 Danach nahm er noch ein Glas mit Wein drin. Er bete-
te da drüber und reichte das Teil dann auch an seine Freunde weiter.
Einer nach dem anderen trank dann daraus. 24 Und Jesus sagte dazu
dann: „Das ist jetzt wie mein Blut. Damit besiegeln wir einen neuen
Vertrag zwischen den Menschen und Gott. Dieses Blut muss fließen,
damit der ganze Mist vergeben wird, den alle Menschen machen.
25 Eins ist sicher: Das ist das letzte Mal, dass ich Wein trinke, bis ich
an einem anderen Tag neu im Reich von Gott am Start sein werde."
26 Dann schmetterten sie noch ein Lied zusammen, das wie ein Ge-
bet zu Gott war. Schließlich machten sie sich alle auf den Weg Rich-
tung Ölberg.

---
* Siehe Erklärung S. 24.

'ne Ansage, dass Petrus so tun wird, als würde er Jesus nicht kennen

27 Jesus sagte plötzlich: „Hey, ihr werdet alle irgendwann mal null ge-
backen kriegen, was bei mir gerade passiert. Das haben die Propheten-
typen auch schon vorhergesagt. Die meinten mal: ‚Ich werde der Schaf-
herde den Hirten wegnehmen, und dann werden sie alle total verpeilt
rumlaufen.‘ 28 Aber nachdem ich wieder lebendig geworden bin, werde
ich schon mal vorausgehen und in Galiläa auf euch warten.“ 29 Petrus
war da total anderer Meinung: „Jesus, selbst wenn alle anderen sich
verdrücken oder dir den Rücken zudrehen, ich werde immer zu dir hal-
ten!“ 30 „Also, Petrus“, antwortete Jesus, „gerade du wirst noch in dieser
Nacht, bevor ein Hahn zweimal kräht, dreimal so tun, als würdest du
mich nicht kennen!“ 31 „Never!“, meinte Petrus dazu. „Und wenn ich mit
dir sterben müsste, ich würde immer zu dir halten!“ Die anderen Jünger
stießen in dasselbe Horn, keiner würde sich nicht zu Jesus stellen, wenn
es drauf ankommt.

Der Park Gethsemane

32 Schließlich kamen sie an den Gethsemane-Park. Jesus sagte zu sei-
nen Freunden: „Wartet hier auf mich. Ich geh jetzt beten.“ 33 Als Beglei-
tung nahm er sich noch Petrus, Jakobus und Johannes mit. Plötzlich
hatte Jesus ganz derbe Panik und Angst. 34 „Leute, ich kann bald nicht
mehr. Ich sterbe fast innerlich. Bitte lasst mich jetzt nicht alleine!“
35 Dann ging er ein Stück weiter weg und schmiss sich auf den Boden.
Dort fragte er Gott, ob es irgendeine Möglichkeit geben würde, dass
er diesen Tod nicht sterben müsste. 36 „Papa, du kannst doch alles
machen, was du willst! Bitte sorg doch dafür, dass ich das alles nicht
durchmachen muss. Trotzdem soll das laufen, was du geplant hast,
nicht das, was ich möchte.“ 37 Als er etwas später nach seinen Freun-
den sehen wollte, waren die glatt eingepennt. „Hey Simon! Was geht?
Pennst du schon wieder? Kannst du nicht mal eine Stunde mit mir
aushalten? 38 Bleibt wach und betet, ihr drei! So werdet ihr nie durch-
ziehen können. Denn auch wenn man 'ne gute Entscheidung getroffen
hat, will der Körper doch oft das Gegenteil.“ 39 Dann ging Jesus wieder
zurück und betete weiter um dieselbe Sache. 40 Als er dann wieder 'ne
Pause machen wollte und zu seinen Freunden ging, waren die schon
wieder eingepennt. Sie packten es irgendwann einfach nicht mehr, ihre
Augen offen zu halten. Sie hatten auch keine Entschuldigung mehr
parat. 41 Beim dritten Mal sagte Jesus: „Jetzt ist genug mit Schlafen,
das könnt ihr später noch genug. Gleich werde ich an die Leute ausge-
liefert, die sich gegen Gott stellen. 42 Lasst uns losgehen, der Verräter
ist auch schon da!“

Jesus wird gefangen genommen

43 Mitten im Gespräch kommt plötzlich Judas angelaufen, gefolgt von
einer bezahlten Schutztruppe, die im Auftrag der Oberpriester, der
Theologen und der Leiter der Gemeinde unterwegs war. 44 Judas hatte
mit den Leuten eine Vereinbarung getroffen. „Den Typen, dem ich zur
Begrüßung einen Kuss auf die Wange gebe, den könnt ihr dann festneh-
men und abführen.“ 45 Als sie bei Jesus waren, ging Judas auf ihn zu und
sagte: „Hallo, mein Lehrer!“, und dann küsste er ihn zur Begrüßung auf
die Wange. 46 Sofort packten die Männer Jesus am Arm und führten ihn
ab. 47 Einer von den Freunden von Jesus hatte ein langes Messer dabei.
Er fuchtelte damit rum und schnitt dabei ein Ohr von einem der bezahl-
ten Wachleute der Oberpriester ab. 48 Jesus blieb ganz ruhig und fragte
nur: „Bin ich jetzt auch noch ein Schwerverbrecher, dass ihr hier schwer
bewaffnet anrücken müsst, um mich zu verhaften? 49 Ihr hättet mich ja
schon vor Monaten im Tempel hopsgehen lassen können. Da war ich
doch jeden Tag und hab unterrichtet. Nun ja, es muss wohl alles so
abgehen, wie es schon im alten Buch über mich vorhergesagt wurde.“
50 Alle seine Freunde kriegten aber voll die Panik und rannten davon.
51 Nur ein junger Mann, der bloß mit einem Tuch bekleidet war, hielt die
Stellung. Die Truppe wollte ihn dann auch noch festnehmen. 52 Als sie
versuchten ihn zu packen, wehrte er sich, verlor seinen Umhang und
rannte nackt davon.

Jesus vor Gericht

53 Jesus wurde abgeführt und vor die Oberpriester gebracht. Alle religi-
ösen Führer, die Theologen und die Leiter der Gemeinde waren auch
dabei. 54 Petrus schlich immer im sicheren Abstand hinterher, bis in den
Hof des Oberpriesters. Dort hatten sie eine Feuertonne aufgestellt, wo
er sich wärmte. 55 Die Oberpriester und die ganze Führungsebene der
Israelis versuchten nun genug Zeugen zusammenzukriegen, um eine
Anklage mit Todesstrafe hinzukriegen. Aber vergeblich. 56 Denn viele
von den Zeugen, die ins Gericht gerufen wurden, widersprachen sich
in ihren Aussagen total. 57 Ein paar der Zeugen logen einfach das Blaue
vom Himmel. Zum Beispiel sagten sie: 58 „Wir haben mitbekommen,
dass er behauptete, er würde unseren Tempel plattmachen, und dann
könnte er ihn in drei Tagen wieder ganz neu aufbauen.“ 59 Aber ihre
Aussagen passten immer nicht so richtig zusammen. 60 Dann griff der
oberste Priester in die Verhandlung ein. Er stand auf und ging zu Jesus:
„Haben Sie nichts zu Ihrer Verteidigung zu sagen?“ 61 Jesus sagte aber
nichts. Der oberste Priester fragte dann: „Sind Sie der Auserwählte, der
Christus, der Sohn vom einzigartigen Gott?“ 62 Jesus antwortete: „Ja,

genau der bin ich! Ihr werdet es alle erleben, wie der Menschensohn*
neben Gott im Himmel sitzen wird, dem Gott, dem nichts unmöglich
ist, wenn er sein großes Comeback feiern wird!“ 63 Supersauer zerfetzte
der Oberpriester theatralisch seinen Mantel und schrie: „Es reicht! Wir
brauchen keine Zeugen mehr zu befragen! 64 Das ist eindeutig Gottes-
lästerung! Das habt ihr alle mitbekommen! Wie wird euer Urteil ausfal-
len?“ Einstimmig wurde beschlossen: „Todesstrafe!“ 65 Einige spuckten
Jesus ins Gesicht, dann warf jemand ein Tuch über seinen Kopf und
schlug ihn mit der Faust in die Fresse. „Na, du Prophet du? Wer war
das denn jetzt, wer hat dich gerade geschlagen?“, verarschten sie ihn.
Selbst die Wachleute prügelten auf Jesus los, als sie ihn abführten.
66 Petrus war in der Zeit unten im Hof. Eine Frau, die vom Oberpriester
angestellt war, 67 erkannte ihn aber, als er da an der Feuertonne stand
und sich wärmte. Sie beobachtete ihn und meinte: „Hey Sie! Sie waren
doch auch einer von den Freunden von diesem Jesus!“ 68 Petrus spielte
den Nonchecker. „Nö, was erzählen Sie da für ’nen Blödsinn?“, sagte
er und verdünnisierte sich aus dem Innenhof. Und dann krähte auch
schon der Hahn. 69 Draußen traf er die Frau wieder, die sofort loslegte:
„Der Typ hing auch immer mit diesem Jesus ab!“ 70 Petrus schüttelte
wild mit dem Kopf und sagte: „Nein, hab ich nicht!“ Ein paar Minuten
später sagte einer der Leute, die da rumstanden, zu Petrus: „Sie müssen
doch auch zu ihm gehören! Sie kommen doch auch aus Galiläa!“ 71 Und
wieder meinte Petrus: „Hey Mann, ich schwör, ich weiß gar nicht, wo-
von Sie reden, ich kenn’ den Typen überhaupt nicht!“ 72 Dann krähte in
dieser Sekunde der Hahn zum zweiten Mal. Und dann fiel Petrus wieder
ein, was Jesus zu ihm gesagt hatte: „Bevor der Hahn zweimal kräht,
hast du schon dreimal so getan, als würdest du mich nicht kennen.“ Pet-
rus war völlig fertig und fing voll an zu weinen.

15

Die Gerichtsverhandlung unter Pilatus

1 Am nächsten Morgen gab es ein großes Meeting. Ein Gremium aus
den obersten Priestern, den Theologen und den Männern aus dem Ho-
hen Rat kam zusammen, um über das weitere Vorgehen in der „Jesus-
Sache“ zu beraten. Dann legten sie Jesus Handschellen an und führten
ihn zum Pilatus, der von der römischen Besatzungsmacht als Chef für
das Gebiet eingesetzt worden war. 2 Pilatus fragte Jesus: „Sind Sie der
König von den Juden?“ „Ja, Sie sagen es!“ 3 Jetzt legten die Priester los
und ließen erst mal ihre Anklageschrift vom Stapel. 4 Pilatus fragte zwi-

* Siehe Erklärung S. 24.

schendrin Jesus: „Sagen Sie mal, haben Sie nichts zu Ihrer Verteidigung zu sagen? Merken Sie nicht, was die hier gegen Sie vortragen?“ 5 Jesus sagte aber keinen Ton, was Pilatus echt nicht raffen konnte.

Die Juden wollen das Todesurteil

6 Nun war das so, dass Pilatus vor einiger Zeit auf den Dreh gekommen war, jedes Jahr am Tag von der Passaparty jemanden aus dem Knast freizulassen. Die Leute konnten sich den sogar aussuchen! 7 Unter den verhafteten Verbrechern, die heute ihre Verhandlung haben sollten, war ein Typ, der Barabbas hieß. Er war ein überführter Mörder, der im Untergrund gegen die Besatzer gekämpft hatte. 8 Irre viele Leute standen um Pilatus und bedrängten ihn, doch den versprochenen Gefangenen freizulassen. 9 „Soll ich euch ‚den König der Juden‘ geben?“, fragte Pilatus. 10 Er hatte nämlich schon lange kapiert, dass die religiöse Führungsebene der Juden Jesus nur verhaften ließ, weil sie neidisch auf ihn war. 11 Die Oberpriester machten aber Stimmung unter den Leuten, dass Barabbas freigelassen werden sollte. 12 Pilatus war leicht irritiert. „Was soll ich denn mit dem Typen anstellen, den ihr ‚König der Juden‘ nennt?“ 13 „Todesstrafe, Todesstrafe!“, brüllten alle. 14 „Warum denn, was hat er denn Schlimmes getan?“, fragte Pilatus. Aber die Crowd flippte bereits total aus: „Todesstrafe, Todesstrafe!“ 15 Weil sich Pilatus bei der Bevölkerung einschleimen wollte, wurde Barabbas tatsächlich freigelassen. Jesus wurde auf seinen Befehl ausgepeitscht. Dann übergab er ihn den Behörden zur Hinrichtung an einem Holzkreuz.

Jesus wird gefoltert und verarscht

16 Die römischen Soldaten überführten Jesus in den inneren Bereich vom Regierungspalast. Die ganze Truppe wurde dann zusammengerufen. 17 Einer zog Jesus einen roten Mantel über, ein anderer bastelte eine Krone aus einem Brombeerzweig, der viele Dornen dranhatte, damit er wie ein König aussehen würde. 18 Dann verarschten sie ihn in einer Tour. Sie verneigten sich theatralisch vor ihm und sagten: „Herzlich willkommen, werter Herr König der Juden!“ 19 Schließlich schlugen sie Jesus mit einem Eisenrohr auf den Kopf, spuckten ihm ins Gesicht und lachten ihn aus. 20 Als das Spielchen keinen Spaß mehr machte, gaben sie ihm seine Klamotten wieder und führten ihn ab, zum Ort, wo die Hinrichtung stattfinden sollte.

Die Hinrichtung

21 Auf dem Weg mussten sie einen Mann zwangsverpflichten, das Kreuz zu tragen. Zufällig kam der Simon gerade auf dem Rückweg von der

Arbeit dort vorbei (Simon stammte aus Kyrene und war der Vater von
Alexander und Rufus). Die Soldaten zwangen ihn dann, das Kreuz zu
schleppen. [22] Jesus wurde zu einem Platz gebracht, den man damals
Golgatha nannte. Das heißt übersetzt: „der Ort, wo viele Schädel lie-
gen“. [23] Um seine Schmerzen etwas weniger zu machen, wollten sie
Jesus ein Betäubungsmittel geben, Wein mit Myrrhe vermischt, aber er
lehnte das ab. [24] Dann nagelten sie Jesus an das Kreuz. Seine Klamotten
wurden in einem Würfelspiel versteigert. [25] Es war neun Uhr morgens,
als das passierte. [26] Über seinem Kopf hatten sie ein Schild aufgehängt.
Dort stand immer drauf, warum jemand verurteilt wurde. Bei Jesus
stand drauf: „Der König von den Juden!“ [27/28] Neben Jesus wurden noch
zwei andere Verbrecher hingerichtet. [29] Die Leute, die am Kreuz vorbei-
gingen, verarschten Jesus auch noch. „Du wolltest doch den Tempel
in drei Tagen abreißen und wieder aufbauen?! Da hast du den Mund
wohl zu voll genommen, hä?! [30] Jetzt komm doch da runter und rette
dich!“ [31] Auch die Oberpriester und die Theologen verarschten Jesus
in einer Tour. „Anderen Menschen hast du doch auch geholfen, jetzt
hilf dir erst mal selbst!“ [32] „Da hängt er also, unser toller Retter, unser
Christus. Na, jetzt soll er mal zeigen, was er draufhat, und vom Kreuz
runterkommen!“

Jesus stirbt

[33] Gegen zwölf Uhr mittags gab es plötzlich eine Sonnenfinsternis.
Die ging über drei Stunden. [34] Um drei Uhr nachmittags schrie Jesus
mit aller Kraft: „Mein Gott, mein Gott, wo bist du jetzt, warum bist du
nicht mehr da?“ In seiner Sprache hieß das: „Eli, Eli, lamá asabtáni?“
[35] Ein paar von den Schaulustigen hatten das falsch verstanden und
behaupteten später, er hätte den Propheten Elia gerufen. [36] Ein Typ lief
plötzlich los, nahm einen Schwamm, tränkte den mit Essig, steckte ihn
auf eine Stange und hielt ihn Jesus als Erfrischung hin. „Mal sehen, ob
Elia vorbeikommt, vielleicht holt der ihn ja runter“, lästerte er. [37] Jesus
schrie noch einmal voll laut, und dann starb er. [38] Im selben Augenblick
zerriss der Vorhang, der im Tempel vor einem superheiligen besonderen
Ort hing, von oben nach unten in zwei Teile. [39] Der Hauptmann, der den
Befehl über die Hinrichtung hatte, verfolgte die ganze Szene. Als er sah,
auf welche Art Jesus gestorben war, meinte er nur: „Auf sicher, dieser
Typ war der Sohn von Gott!“ [40] Einige Frauen hatten die ganze Sache
aus der Distanz miterlebt. Eine von ihnen war Maria, die aus Magdala
stammte, dann noch eine Maria, die Mutter vom „kleinen Jakobus“
und von Josef, und Salome. [41] Alle drei Frauen waren schon lange mit
Jesus unterwegs. Seit der Zeit in Galiläa hatten sie für Jesus gesorgt.

Sie waren mit vielen anderen Frauen zusammen mit nach Jerusalem gekommen.

Die Beerdigung

42 Abends (es war übrigens Freitag, der Tag vor dem Sabbat) 43 nahm
ein Typ, der Josef hieß (der kam aus Arimathäa), seinen ganzen Mut
zusammen und ging zu Pilatus. Er fragte an, ob die Leiche von Jesus
zur Überführung freigegeben werden könnte. 44 Pilatus konnte zuerst
nicht glauben, dass Jesus echt schon gestorben wäre. Er fragte bei dem
zuständigen Hauptmann an, 45 der seinen Tod offiziell bestätigte. Dann
erst gab er die Leiche frei. 46 Josef organisierte ein langes Stück Stoff-
tuch und holte die Leiche vom Kreuz runter. Dann wickelte er sie in das
Tuch und legte sie in eine Grabhöhle, die in einen Felsen gehauen war.
Abschließend rollte er eine große Steinplatte vor die Höhle.

16

Wo ist die Leiche?

1 Am nächsten Abend, als der Sabbat zu Ende war, kauften Maria von
Magdala, Salome und Maria (die Mutter von Jakobus) superschöne
Cremes ein, um damit die Leiche einzuölen, wie es damals üblich war.
2 Kurz nach Sonnenaufgang machten sich die drei auf den Weg zum
Grab. 3 Dabei rätselten sie noch, wie sie wohl den Stein vom Eingang
wegbekommen könnten. 4 Als sie dann da waren, trauten sie ihren Au-
gen kaum. Der irre große Stein war zur Seite geschoben worden! 5 Als
sie in die Grabhöhle reingegangen waren, sahen sie plötzlich einen
jungen Mann da sitzen. Der hatte ein ganz langes leuchtendes Kleid an.
Die drei hatten erst mal tierisch Schiss. 6 Der Typ war ein Engel, und er
sagte ihnen: „Ihr braucht keine Angst zu haben! Ihr seid auf der Suche
nach Jesus, der hingerichtet wurde, oder? Der ist nicht mehr hier! Er
ist vom Tod wieder neu lebendig geworden, er lebt! Hier, ihr könnt das
auch abchecken, er lag vorher genau da! 7 Jetzt geht erst mal zu seinen
Freunden und sagt denen Bescheid, was passiert ist! Sagt auch Petrus
Bescheid! Jesus ist nach Galiläa vorgegangen, dort wird er euch noch
mal treffen! Hat er doch auch gesagt, bevor er gestorben ist.“ 8 Die
Frauen rannten panisch davon. Sie waren total durch und voller Angst
nach diesem Treffen. Sie konnten erst mal mit niemandem drüber
reden.

Jesus ist wieder da!

9 Ganz früh am Sonntag wurde Jesus wieder lebendig. Als Erstes traf er
Maria Magdalena, die Frau, bei der er diese Dämonen rausgeschmis-

sen hatte. 10 Die rannte dann sofort zu seinen Freunden, die zu dem
Zeitpunkt noch voll traurig waren und weinten. 11 Sie erzählte den
Männern, dass sie Jesus getroffen hätte und dass er leben würde! Aber
sie glaubten das null. 12 Dann traf Jesus in einer anderen Gestalt zwei
seiner Freunde, als die gerade zusammen aus Jerusalem verschwinden
wollten. 13 Die gingen sofort wieder in die Stadt und erzählten es den
anderen, aber keiner konnte sich das so richtig vorstellen. 14 Irgendwann
kam Jesus dann aber noch mal bei seinen restlichen elf Freunden vor-
bei, als die gerade am Essen waren. Er war etwas sauer, dass sie alle den
Berichten nicht geglaubt hatten, von den Leuten, die er schon vorher
getroffen hatte. 15 Er machte noch mal eine Ansage zu ihnen: „Ihr müsst
jetzt losgehen, überallhin, in die ganze Welt, und allen Menschen diese
neuen guten Nachrichten weitererzählen. 16 Alle, die ihr Vertrauen auf
Gott setzen und sich taufen lassen, werden gerettet! Wer das nicht tut,
wird das Ziel verpassen und verloren sein. 17 Es gibt noch ein paar Merk-
male, an denen man meine Leute erkennen kann: Dadurch, dass sie
mit meiner Vollmacht abgehen, werden fiese Geister, Dämonen und so,
gehorchen müssen. Sie müssen die Leute verlassen, in denen sie woh-
nen. Und sie werden durch die Kraft von Gott, durch seinen Geist, neue
Sprachen sprechen können. 18 Dann werden sie in der Lage sein, mit
Giftschlangen zu spielen, sie werden sogar Gift trinken können, ohne
dabei zu sterben. Und wenn sie für kranke Menschen beten, dann wer-
den sie geheilt.“ 19 Nach dieser letzten Rede wurde Jesus in den Himmel
gebeamt, dort sitzt er jetzt neben Gott. 20 Seine Freunde aber zogen
los und erzählten überall die neue Nachricht. Jesus war aber immer voll
dabei und bestätigte alles, was sie sagten, mit vielen Wundern.

Die Geschichte von Jesus, so wie sie Lukas in Erinnerung hatte

1

Vorwort

1 Lieber Theophilus! Viele Leute haben schon den Versuch gestartet,
alles mal aufzuschreiben, was so bei uns in den letzten Jahren abge-
gangen ist. 2 Als Grundlage dafür gab es ja die Berichte von den Au-
genzeugen, die das mitgekriegt haben, wie Gott alle seine Versprechen
eingehalten hat. 3 Ich habe diese Berichte alle genau durchgelesen und
dann kam ich auf die Idee, dir diese ausführliche Zusammenfassung der
wichtigsten Ereignisse mal aufzuschreiben. 4 Du wirst bemerken: Alles,
was man dir erzählt hat, hat sich tatsächlich auch so abgespielt! Es ist
alles total wahr.

Johannes macht den Ansager für Jesus

5 Und zwar war das so: In der Zeit, wo Herodes noch in Judäa das Sa-
gen hatte, lebte ein jüdischer Priester in der Gegend, der Zacharias
hieß. Zacharias gehörte zu der Gruppe der Abija-Priester, seine Ehefrau
Elisabeth kam aber aus der Priesterfamilie vom Aaron. 6 Beide waren
hardcoremäßig mit Gott unterwegs, sie taten alles genau so, wie Gott
es wollte, und lebten streng nach den religiösen Gesetzen und Vor-
schriften. 7 Sie hatten keine Kinder bekommen können, weil Elisabeth
unfruchtbar war. Außerdem waren sie mittlerweile auch zu alt dafür.
8 Eines Tages passierte dem Zacharias ein krasses Ding. Er war im
Tempel gerade bei der Arbeit, seine Gruppe hatte Schicht. 9 Wie üblich
wurde wieder ausgelost, wer in dem Tempel den Weihrauch anzünden
sollte. Das Los fiel diesmal auf Zacharias. 10 Draußen standen in der
Zeit sehr viele Leute, um mit Gott zu reden. 11 Als Zacharias in dem
Raum gerade rechts von der Stelle stand, wo man dieses Rauchopfer
startet, kam plötzlich eine Nachricht von Gott rein – in Form eines
Engels. Dieser Engel stellte sich rechts neben den Altar, wo immer das
Opferzeugs verbrannt wurde. 12 Zacharias gefror das Blut in den Adern.
Er bekam tierische Angst. 13 Der Engel meinte aber gleich zu ihm: „Hallo
Zacharias! Bleib locker, Gott hat auf dich und deine Gebete gehört. Dei-
ne Frau, die Elisabeth, die wird für dich noch einen Sohn kriegen, und
der soll dann Johannes heißen. 14 Dieser Sohn wird dich total glücklich
machen, und nicht nur dich, auch viele andere Menschen! 15 Gott hat

was mit ihm vor. Er wird radikal mit Gott leben, keine Drogen oder Alk
zu sich nehmen. Dafür wird er schon vor seiner Geburt abgefüllt sein
mit einer ganz besonderen Kraft von Gott, nämlich mit seinem Geist.
16 Und er wird dafür sorgen, dass viele Israelis sich wieder auf ihren
Gott einlassen. 17 Er wird so drauf sein wie der Prophet Elia und er wird
alles klarmachen für Gott. Er wird dafür sorgen, dass die Väter wieder
mit ihren Kindern klarkommen und sich ihnen zuwenden. Die Leute,
die weg waren von Gott, werden ihn wieder finden. Er soll dem Meister
für seine Arbeit gut vorbereitete Menschen überlassen." 18 „Wie soll das
denn gehen?", fragte Zacharias etwas überrascht. „Ich bin Rentner und
meine Frau ist auch nicht mehr die Jüngste!" 19 „Ich stell mich am bes-
ten erst mal vor: Ich heiße Gabriel und bin einer der Engel, die Gott am
nächsten kommen dürfen. Er schickt mich, um dir diese gute Nachricht
zu übermitteln, das ist mein Job! 20 Aber weil du mir das nicht glaubst,
wirst du erst mal nicht mehr reden können, und zwar so lange, bis das
Baby geboren ist. Du wirst sehen, ich hab dir die Wahrheit gesagt, es
wird alles so abgehen, wenn es an der Zeit ist." 21 Inzwischen waren
draußen schon zig Leute und warteten auf Zacharias. „Wo bleibt der
nur?" 22 Als er dann endlich wieder rauskam, konnte er nicht reden.
Damit war eine Sache klar, irgendetwas war ihm da drin begegnet. Mit
Zeichensprache erklärte er ihnen, dass er gerade eine Vision im Tempel
gehabt hatte, er konnte ab da nichts mehr sagen. 23 Er blieb dann noch
die sieben Tage da, bis er Feierabend von seinem Priesterdienst hatte.
Erst dann ging er wieder nach Hause. 24 Nur kurze Zeit später war Elisa-
beth tatsächlich schwanger. Fünf Monate blieb sie alleine auf ihrer Bude
und zeigte sich niemandem. 25 „Ich bin Gott so dankbar", sagte sie,
„dass ich noch ein Kind kriege, das ist so schön! Niemand kann jetzt
mehr auf mich runtergucken, weil ich keine Kinder bekommen konnte."

Ein Bote von Gott macht Maria die Ansage: Dein Baby wird mal ein König sein!

26 Elisabeth war gerade im sechsten Monat schwanger, da schickte
Gott wieder den Engel Gabriel los. Diesmal sollte er nach Nazareth ge-
hen, eine Stadt, die in Galiläa liegt. 27 Da lebte ein Mädchen, das noch
Jungfrau war, die hieß Maria. Maria war mit Josef verlobt, der aus der
Familie vom David stammte. 28 Gabriel klopfte bei ihr an und sagte:
„Hallo Maria! Gott will dir ein Riesengeschenk machen! Er hat dich un-
ter Millionen von Frauen extra ausgesucht!" 29 Maria stand etwas unter
Schock. Sie überlegte schnell, was er mit dieser seltsamen Begrüßung
meinen könnte. 30 „Keine Panik!", redete der Engel weiter. „Gott hat dich
wahnsinnig lieb, er liebt dich einfach so und er hat etwas ganz Beson-

deres mit dir vor. [31] Du wirst bald schwanger werden, und dann wirst du
einen Sohn bekommen, der soll dann Jesus heißen! [32] Er wird ganz groß
rauskommen, man wird von ihm sagen, dass er der Sohn von Gott ist.
Er wird von Gott auf den höchsten Posten gesetzt werden, er wird ein
König sein, genauso, wie David einer war. [33] Er wird das Sagen haben
über ganz Israel, und seine Macht wird nie zu Ende gehen." [34] Maria war
etwas verwundert: „Aber wie soll das denn bitte gehen? Ich hab noch
nie mit irgendeinem Mann Sex gehabt!" [35] „Also, das ist so: Der Geist
von Gott wird dir ganz nahe kommen. Gottes Kraft wird dafür sorgen,
und darum wird das Kind auch etwas ganz Besonderes sein, es wird
‚der Sohn von Gott' genannt werden. [36] Pass auf, selbst Elisabeth, mit
der du ja verwandt bist, ist jetzt im sechsten Monat schwanger, und die
ist schon im Rentenalter. Alle Ärzte haben gesagt, dass sie unfruchtbar
wäre, und jetzt das ... [37] Für Gott ist nichts unmöglich, Maria!" [38] „Ich
will für Gott alles geben, ich gehöre ihm, alles, was du gesagt hast, soll
auch so passieren."

Maria und Elisabeth treffen sich

[39] Maria hatte dann später einmal die Idee, mal schnell auf Besuch bei
Elisabeth vorbeizuschauen. Die wohnte in den Bergen von Judäa. [40] Als
sie in das Haus vom Zacharias kam, umarmte sie Elisabeth. [41] In dem
Augenblick, als Maria „Hallo Elisabeth" gesagt hatte, hüpfte das Baby
in Elisabeths Bauch. Auf Elisabeth kam plötzlich die Kraft Gottes run-
ter und sie sagte laut zu Maria: [42] „Du bist von Gott ganz besonders
gesegnet worden, mehr als alle anderen Frauen! Und das, was da in dir
wächst, dein Baby, das ist erst recht voll gesegnet! [43] Womit hab ich das
überhaupt verdient, dass die Mutter von meinem Herrn mich besuchen
kommt? [44] Verstehst du, als du mich vorhin begrüßt hast, ist das Baby in
meinem Bauch vor Freude total abgegangen! [45] Du kannst so froh sein,
dass du Gott geglaubt hast! Alles, was Gott dir versprochen hat, wird
auch passieren!"

Maria freut sich

[46] Maria war sehr froh, als sie das hörte: „Danke Gott, ich bin dir so
dankbar! [47] Alles in mir freut sich über dich, du bist mein Gott, du hast
mich gerettet! [48] Gott hat mich gesehen, obwohl ich nur eine stinknor-
male Frau bin. Alle Menschen, die in Zukunft leben werden, werden
mich einmal toll finden und mich ehren. [49] Gott hat was ganz Großes
mit mir gemacht, ihm ist nichts unmöglich, er ist ganz besonders, er ist
echt heilig. [50] Er liebt uns total und diese Liebe gilt allen Menschen, die
ihn respektieren. [51] Er hat große Muskeln, er kann Wunder tun! Men-

schen, die sich sonst was einbilden, wird er alt aussehen lassen. 52 Er
hat Regierungen gestürzt und Sklaven befreit. 53 Menschen, die Hunger
hatten, kriegten bei ihm was zu essen, aber Menschen, die satt und
reich waren, sind bei ihm leer ausgegangen. 54 Er hat uns versprochen
zu helfen, und er hat dieses Versprechen nicht vergessen. Er liebt uns.
55 Er hat das schon vor Ewigkeiten versprochen, Abraham und seiner
Familie." 56 Maria blieb noch drei Monate bei Elisabeth zu Besuch, erst
dann ging sie wieder zurück nach Hause.

Er soll Johannes heißen

57 Nach neun Monaten war es für Elisabeth an der Zeit, und sie brachte
einen Jungen zur Welt. 58 Das machte schnell die Runde im Ort, und alle
Freunde und Bekannten freuten sich mit ihr, dass Gott so gut zu ihr war.
59 Acht Tage nach der Geburt gab es eine kleine Feier, wo Verwandte
und Freunde eingeladen wurden. Dort wurde so ein religiöses Ritual mit
dem Baby gemacht, bei dem man ihm die Vorhaut vom Penis abschnitt.
Das war bei den Juden so üblich. Die Verwandten waren der Meinung,
der Sohn sollte nach seinem Vater genannt werden: Zacharias der Zwei-
te. 60 Aber Elisabeth war da anderer Meinung: „Nein, er heißt Johannes!"
61 „Was? Wo hast du den seltsamen Namen denn her? Keiner in deiner
Familie heißt so!" 62 In der Hoffnung, der Vater würde ein Machtwort
sprechen, fragten sie ihn, wie er seinen Sohn nennen wollte. 63 Er ließ
sich ein Stück Papier und einen Stift bringen und schrieb darauf: „Sein
Name ist: Johannes!" 64 Im selben Augenblick konnte Zacharias wieder
sprechen und als Erstes lobte er Gott. 65 Diese Story machte überall die
Runde und alle waren total baff, als sie das hörten. 66 „Was wird wohl
aus diesem Jungen mal werden? Ist doch eindeutig, dass Gott etwas
ganz Besonderes mit ihm vorhat!"

Zacharias hat 'ne Vision, was mit Johannes passieren wird

67 Sein Vater Zacharias wurde plötzlich mit der Kraft von Gott abgefüllt.
Er sagte dann prophetisch: 68 „Gott von Israel, er ist der Größte! Er ist
bei uns vorbeigekommen und hat uns einen Ausweg geschaffen! 69 Er
hat aus der Königsfamilie vom David jemanden ausgesucht, der uns
alle retten wird. 70 Schon die alten Propheten haben das gewusst, denen
hatte er es versprochen. 71 Er wird uns retten, wenn unsere Feinde hinter
uns her sind. Er rettet uns vor den Leuten, die uns hassen. 72 Schon zu
unseren Vorfahren war er gut, er hat immer zu dem ganz besonderen
Vertrag gestanden, den wir mit ihm geschlossen hatten. 73 Dieses Ver-
sprechen, das er unserem Urvater Abraham gegeben hat, löst er jetzt
ein. 74 Er holt uns aus der Zwickmühle raus, er befreit uns von unseren

Feinden, damit wir alles für ihn geben können, ohne Angst im Nacken.
75 Wir wollen ihm radikal dienen und tun, was er sagt, für immer! 76 Und
von dir, kleiner Junge, wird man noch einiges zu sagen haben. Man
wird dich als Prophet vom obersten Gott bezeichnen. Du wirst alles
vorbereiten, damit Gott dann richtig loslegen kann. 77 Du wirst seinen
Leuten sagen, wo es längsgeht, du wirst ihnen erklären, wie sie frei von
ihren Schulden werden können, die sie bei Gott haben. 78 Gott verzeiht
uns, weil er uns so sehr liebt! Sein Licht wird uns die Richtung zeigen.
79 Dieses Licht wird für alle Leute da sein, die im Dunklen leben, die
Angst vor dem Tod haben, die vom Tod bedroht werden. Dieses Licht
wird uns den Weg zeigen, wie wir Frieden finden können." – 80 Je älter
Johannes wurde, desto besser lernte er Gott kennen. Schon als Jugendli-
cher ging er oft in die Wüste. Irgendwann fing er dann an, in der Öffent-
lichkeit in Israel aufzutreten.

2

Jesus wird geboren

1 In dieser Zeit verordnete der römische Kaiser, dass sich alle Leute,
die in den römisch besetzten Gebieten lebten, mal bei 'ner staatlichen
Behörde melden sollten. 2 Eine solche Volkszählung hatte es zu dem
Zeitpunkt noch nie gegeben. Quirinius war gerade der Statthalter von
dieser Gegend, die Syrien hieß. 3 Darum mussten alle Menschen in den
Ort zurückgehen, in dem sie geboren waren, um sich dort in Listen
einzutragen. 4 Weil Josef aus der Familie vom David kam, musste er
nach Bethlehem reisen, denn da kam seine Familie ursprünglich her. Er
machte sich also von Nazareth (das liegt in Galiläa) nach dorthin auf
den Weg. 5 Maria, seine Verlobte, nahm er einfach mit. Maria hatte da
schon einen ziemlich dicken Bauch. 6 In Bethlehem war es dann so weit
und sie bekam ihr erstes Kind. 7 Weil sie keinen anständigen Schlafplatz
mehr gefunden hatten (die Hotels waren alle voll), musste die Geburt in
einem Stall stattfinden.

Die Hirten und ein Engel

8 In dieser Nacht hatten ein paar Hirten kurz vor dem Dorf ihr Lager
aufgeschlagen, um dort auf die Schafe aufzupassen. 9 Plötzlich war da
ein riesengroßer Engel, der auf sie zukam. Ein helles weißes Licht war
um ihn rum, so ein Licht, das nur von Gott kommen konnte, so krass
war es. Die Hirten bekamen voll die Panik, 10 aber der Engel beruhigte
sie. „Ihr braucht keine Angst zu haben! Ich habe gute Nachrichten für
euch und auch für alle anderen Menschen! 11 Heute Nacht ist der Mann
geboren worden, der euch alle aus eurem Dreck rausholen wird. Das

ist in der gleichen Stadt passiert, wo auch David herkommt. 12 Ich sag
euch mal, wo ihr ihn finden könnt: Er liegt in einem Futtertrog in einem
Stall, gut eingewickelt in Windeln!“ 13 Plötzlich tauchten neben dem
einen Engel noch Tausende anderer Engel auf. Die fingen dort gleich an
zu beten und Gott zu sagen, wie gut er ist: 14 „Der Gott, der aus dem
Himmel kommt, er soll geehrt werden! Er hat den Menschen ein Frie-
densangebot gemacht, für alle, die bereit sind, dieses Angebot anzuneh-
men!“ 15 Nachdem die Engel wieder verschwunden waren, beschlossen
die Hirten, der Sache auf den Grund zu gehen: „Lasst uns mal nach
Bethlehem gehen. Mal sehen, was dort jetzt von den Sachen passiert
ist, die uns dieser Engel gerade erzählt hat.“ 16 Sie beeilten sich sehr und
als sie im Dorf ankamen, fanden sie Maria, Josef und das Baby, das in
einem Futtertrog lag. 17 Nachdem die Hirten das Kind angesehen hat-
ten, erzählten sie von ihrer Begegnung mit dem Engel. 18 Alle, die davon
Wind bekamen, staunten nicht schlecht. 19 Maria merkte sich aber alle
Einzelheiten genau und dachte ständig darüber nach. 20 Anschließend
gingen die Hirten wieder zu ihren Schafen zurück. Sie freuten sich total
über Gott und über das, was sie in dieser Nacht erlebt hatten! Alles war
genauso abgegangen, wie es ihnen erzählt worden war.

Es wird klar: Jesus ist der Retter

21 Acht Tage später kam der Zeitpunkt, wo man dieses Beschneidungs-
ritual mit Jesus machen wollte. Dabei wurde ihm der Name Jesus gege-
ben. Das hatte der Engel Maria ja schon gesagt, bevor sie schwanger
war. 22 Nach den jüdischen Gesetzen (die der Mose aufgeschrieben
hatte) sollte eine Frau nach der Geburt eine Zeit der „Reinigung“ haben.
Als die vorbei war, brachten Josef und Maria das Baby nach Jerusalem.
Sie wollten es dort radikal an Gott übergeben. 23 Josef befolgte damit
die göttlichen Gesetze, in denen steht ja: „Wenn das erste Kind einer
Frau ein Junge ist, dann muss es Gott ganz übergeben und ihm zur
Verfügung gestellt werden.“ 24 Genau nach den Vorschriften zogen sie
das Opferritual durch, das bei solchen Anlässen normal war: „Zwei Tau-
ben einer besonderen Rasse oder zwei junge Tauben.“ – 25 In Jerusalem
lebte ein Mann, der Simeon hieß. Er lebte ein straightes Leben mit Gott,
hielt sich genau an die religiösen Gesetze der Juden und wartete schon
lange auf den Mann, der Israel retten würde. Die Kraft Gottes war voll
auf ihm. 26 Gottes Geist hatte ihm mitgeteilt, dass er vor seinem Tod
auf jeden Fall noch den Auserwählten, den Retter, sehen würde, den
Gott schicken will. 27 An diesem Tag lenkte der Geist von Gott ihn in den
Tempel. Als er Maria und Josef dort traf und das Kind sah, was sie Gott
übergeben wollten, 28 freute er sich plötzlich total! Er nahm das Kind

in den Arm und dankte Gott: 29 „Mein Gott, jetzt kann ich entspannt
sterben! 30 Ich hab ihn gesehen, den Retter, 31 den du für alle Menschen
hergeschickt hast. 32 Er ist wie eine große Lampe, die allen Menschen,
die Gott nicht kennen, eine Richtung vorgibt, und er wird dein Volk
Israel groß rausbringen!" 33 Maria und Josef schnallten nicht so richtig,
was er da gerade losgelassen hatte. 34 Simeon betete für die beiden.
Dann sagte er zu Maria: „Dieser Junge wird von vielen Israelis gehasst
werden. An ihm werden sich die Geister scheiden. Manche werden über
ihn stolpern und hinfallen. Andere werden sich aber auch sehr über
ihn freuen und sich an ihm hochziehen. 35 Aber auch für dich wird es
sehr hart werden, es wird dich fast zerreißen. Was viele jetzt heimlich
denken, wird dann für alle öffentlich sein." 36 Mitten im Tempel war eine
Frau, die Hanna hieß. Hanna war eine Prophetin, sie hatte einen engen
Draht zu Gott und hörte manchmal, was er zu den Menschen sagt. Sie
kam aus der Familie vom Phanuël, der aus dem Stamm Asser kam. Sie
war schon sehr alt. Hannas Mann war schon lange tot, sie waren insge-
samt nur sieben Jahre verheiratet gewesen. 37 Nun war sie Witwe und
mittlerweile schon vierundachtzig Jahre alt. Hanna ging nur noch selten
aus dem Tempel. Weil sie Gott sehr liebte, betete sie oft den ganzen
Tag und die ganze Nacht und aß dabei keinen Bissen. 38 Als Simeon mit
Josef und Maria redete, kam sie vorbei und fing plötzlich an Gott zu
loben. Sie erzählte allen Leuten von Jesus, die schon lange auf die Einlö-
sung der Versprechen gewartet hatten, die Gott dem Volk Israel schon
vor langer Zeit gemacht hatte. 39 Nachdem Josef und Maria alles das
getan hatten, was nach den Vorschriften aus den göttlichen Gesetzen
üblich war, gingen sie wieder zurück nach Nazareth in Galiläa. 40 Jesus
erlebte dort seine Jugend. Er wurde immer größer und stärker. Vor allem
war er aber total weise und schlau, er wusste auf alle Fragen eine gute
Antwort. Gott war besonders stark mit ihm, das merkten alle.

Jesus als Teeny

41 Immer wenn das Passafest war, gingen seine Eltern nach Jerusalem.
42 Als Jesus zwölf Jahre alt war, nahmen sie ihn dort mit hin. 43 Nach
der Feier wollten sie sich wieder auf den Rückweg Richtung Nazareth
machen, da war Jesus plötzlich verschwunden. Zuerst bekamen die
beiden das gar nicht mit, 44 weil sie dachten, er wäre mit einer andern
Gruppe im Treck unterwegs. Als er abends aber immer noch nicht bei
ihnen war, machten sie sich ernsthaft Sorgen. Überall fragten sie nach
Jesus, 45 konnten ihn aber nirgends finden. Schließlich gingen sie noch
mal zurück nach Jerusalem, um dort weiterzusuchen. 46 Endlich, nach
drei Tagen, entdeckten sie Jesus im Tempel! Er saß dort in einer Runde

von Lehrern und diskutierte mit ihnen über theologische Sachen. [47] Und
die Leute, die dabei waren, kriegten es nicht gebacken, was für einen
Schnall er von den Dingen hatte und wie schlau er antworten konnte.
[48] Seine Eltern waren davon aber nicht so begeistert. „Junge, wie konn-
test du deiner Mutter so was antun? Wir haben dich überall gesucht!",
meinte Maria. [49] „Warum habt ihr mich überhaupt gesucht?", fragte
Jesus zurück. „Ihr hättet euch doch denken können, dass ich in dem
Haus bin, wo mein Vater wohnt!" [50] Sie kapierten aber nicht, was er da-
mit meinte. [51] Er ging dann erst mal wieder mit nach Nazareth und war
weiter ein netter Junge, der tut, was die Eltern ihm sagen. Seine Mutter
dachte aber noch oft über dieses Erlebnis nach. [52] Jesus kam in die Pu-
bertät und wurde langsam zu einem Mann. Er lernte immer mehr dazu,
wurde immer schlauer und hatte auch immer mehr Peilung vom Leben.
Gott war eindeutig auf seiner Seite, er liebte ihn. Jesus war zu der Zeit
bei allen Leuten sehr beliebt.

3

Johannes macht den Ansager

[1] Wir schreiben das fünfzehnte Regierungsjahr vom römischen Kaiser
Tiberius. Pilatus hatte in dieser Zeit als Vertreter der Besatzungsmacht
das Sagen in Judäa. Herodes Antipas war der Chef über ganz Galiläa,
sein Bruder Philippus regierte in Ituräa und Trachonitis, und Lysanias
war der Chef in Abilene. [2] Hannas und Kaiphas hatten in dieser Zeit den
Job des Oberpriesters der Juden. Johannes (aus der Familie vom Za-
charias) hing damals in der Wüste und lebte da. Irgendwann bekam er
direkt von Gott einen Auftrag. [3] Johannes ging umgehend in die Gegend
vom Fluss Jordan. Er zog da von Ort zu Ort und erzählte den Leuten, sie
sollten so ein religiöses Waschritual mit sich machen lassen, das nannte
man Taufe. Es sollte ein Zeichen dafür sein, dass sie aufhören, Sachen
zu tun, auf die Gott keinen Bock hat, dass sie diesen Dreck abwaschen
könnten. Sie sollten ab sofort eine neue Richtung in ihrem Leben
einschlagen, eine Richtung zu Gott hin. [4] Darüber hatte auch schon
der Prophet Jesaja was gesagt. Der meinte mal: „Da ist jemand in der
Wüste, der ruft: ‚Aus dem Weg! Platz da! Der Meister kommt! Räumt
alles aus dem Weg, damit er ungehindert loslegen kann! [5] Asphaltiert
die Straßen, haut die Berge weg, die Steilkurve wird zur flachen Straße
gemacht.' [6] Und dann werden wir alle sehen, wie Gott es hinkriegt, alles
wieder gutzumachen!" [7] Tierisch viele Leute kamen zu Johannes, um
sich taufen zu lassen. Und das, obwohl er nicht gerade nette Sachen zu
ihnen sagte. Er meinte zum Beispiel: „ Ihr linken Vögel! Wie kommt ihr
bloß auf die Idee, ihr könntet euch bei Gott mal eben so durchmogeln?

8 Ändert euer Leben, hört auf, ständig Mist zu bauen. Zeigt erst mal,
dass ihr es ernst meint! Ich sage euch eins: Mit eurem ‚Abraham-ist-un-
ser-Vater‘-Gequatsche könnt ihr Gott nicht beeindrucken. Das bringt es
überhaupt nicht, denn wenn Gott will, kann er sich aus diesen Steinen
Kinder machen! 9 Die Motorsäge ist schon warmgelaufen, sie ist bereit
alles umzuhauen, was es nicht bringt. Das Holz kommt dann in den Ka-
min und wird verbrannt!“ 10 Die Zuhörer meinten: „Und was sollen wir
Ihrer Meinung nach jetzt unternehmen?“ 11 „Helft anderen Menschen,
denen es dreckiger geht als euch! Wenn ihr einen Obdachlosen trefft,
der keinen Mantel hat, gebt ihm einen von euren zweien ab.“ 12 Auch
ein paar von den Steuerbeamten kamen bei ihm vorbei, um sich taufen
zu lassen. Die hatten die gleiche Frage: „Meister, was sollen wir Ihrer
Meinung nach anders machen?“ 13 „Nehmt nur so viel Kohle von den
Leuten, wie es gesetzlich vorgeschrieben ist!“ 14 „Und wir, was sollen wir
anders machen?“, wollten ein paar Berufssoldaten wissen. Johannes'
Antwort war: „Plündert nicht die Besiegten aus, foltert keine Menschen
und seid mit dem Sold zufrieden, den man euch bezahlt!“ 15 Zu dieser
Zeit redeten alle über den „Auserwählten“, den Christus. Man hoffte,
dass er bald kommen und alle aus dem Dreck rausholen und auch po-
litisch befreien würde. Nun war natürlich die Frage, ob Johannes dieser
Auserwählte sein könnte. 16 Johannes' Antwort war aber ganz klar: „Für
meine Taufe nehme ich Wasser, aber der Typ, der nach mir kommt, der
ist viel derber und heftiger als ich! Ich bin es noch nicht einmal wert,
ihm die Schuhe zu putzen! Er wird euch die Power von Gott geben,
seinen heiligen Geist, der wird wie Feuer in euch brennen. 17 Er wird die
Menschen auf ein Sieb werfen, und alles, was unten durchfällt, kommt
auf den Müll, der Rest wird aufbewahrt werden und durchkommen.“
18 Johannes' Ding war es, die Leute zu warnen und ihnen gleichzeitig
Hoffnung zu geben. 19 Er protestierte auch ganz offen gegen die herr-
schende Regierungsmacht. Er griff den König Herodes öffentlich an,
weil der mit der Frau seines Bruders verheiratet war. Aber es ging auch
um andere fiese Sachen, die Herodes getan hatte. 20 Herodes toppte das
alles aber, indem er irgendwann Johannes verhaften ließ und ihn in den
Knast steckte.

Jesus lässt sich taufen

21 Als Johannes mal wieder eine große Taufsession hatte, kam auch
Jesus vorbei, um sich taufen zu lassen. Als Jesus gerade am Beten war,
schoben sich ganz plötzlich die Wolken auseinander, 22 und die Kraft
von Gott, sein heiliger Geist, kam plötzlich für alle sichtbar in Form ei-
ner Taube aus dem Himmel auf Jesus runter. Und dann hörte man eine

Stimme aus dem Off, die sagte: „Du bist mein heiß geliebter Sohn! Ich
freu mich sehr über dich!“

Die Familie von Jesus – eine Geschichte

23 Als Jesus loslegte, war er ungefähr dreißig Jahre alt. Seine Vorfahren-
geschichte sieht so aus: Er war ein Sohn vom Josef, der Vater von Josef
war Eli, und dessen Vorfahrenreihe war folgendermaßen: 24 Mattat, Levi,
Melchi, Jannai, Josef, 25 Mattitja, Amos, Nahum, Hesli, Naggai, 26 Mahat,
Mattitja, Schimi, Josech, Joda, 27 Johanan, Resa, Serubabel, Schealtiël,
Neri, 28 Melchi, Addi, Kosam, Elmadam, Er, 29 Joschua, Eliëser, Jorim,
Mattat, Levi, 30 Simeon, Juda, Josef, Jonam, Eljakim, 31 Melea, Menna,
Mattata, Nathan, David, 32 Isai, Obed, Boas, Salmon, Nachschon, 33 Am-
minadab, Admin, Arni, Hezron, Perez, Juda, 34 Jakob, Isaak, Abraham,
Terach, Nahor, 35 Serug, Regu, Peleg, Eber, Schelach, 36 Kenan, Arpach-
schad, Sem, Noah, Lamech, 37 Metuschelach, Henoch, Jered, Mahalalel,
Kenan, 38 Enosch, Set. Set war ein Sohn Adams, und Adam wurde direkt
von Gott geschaffen.

4

Satan versucht Jesus von seinem Weg wegzubringen

1 Abgefüllt mit dem heiligen Geist ging Jesus von der Taufesession weg.
Gottes Geist nahm ihn erst mal direkt in die Wüste, um ihn da vierzig
Tage für seinen Dienst zu trainieren. 2 In der Wüste kam das Dunkle in
Person, der Feind höchstpersönlich, bei ihm vorbei, um ihn runterzuzie-
hen. Jesus hatte tagelang nichts gegessen und bekam tierischen Hun-
ger. 3 Der Teufel (so nannte man diesen dunklen Geist) kam bei Jesus
an und stellte ihn auf die Probe: „Hey du, wenn du ein Sohn von Gott
bist, dann zauber dir doch aus diesen Steinen ein leckeres Sandwich!“
4 Jesus sagte zu ihm: „In den heiligen Büchern steht: ‚Menschen brau-
chen mehr als nur Nahrung, um zu überleben!‘“ 5 Der Teufel ließ nicht
locker und brachte Jesus auf einen hohen Berg. Von da konnte man
auf alle Staaten der Welt auf einmal runtersehen. 6 Er flüsterte ihm zu:
„Wenn du willst, kannst du heute der höchste Präsident von allen Län-
dern werden, ich überschreibe dir alle Konten, alle Goldreserven, was du
nur willst, denn das gehört alles mir! 7 Du kannst echt alles haben, ich
möchte nur eine kleine Sache als Gegenleistung: Mach mich zu deinem
Gott, bete zu mir!“ 8 Jesus holte zum Gegenschlag aus: „Niemals! In der
Bibel steht: ‚Es gibt nur einen, zu dem du beten sollst, und das ist Gott,
für ihn soll man alles geben!‘“ 9 Plötzlich war ein Ortswechsel angesagt.
Jesus war mit dem Teufel in Jerusalem, und zwar auf der höchsten Stelle
vom Tempel. Da flüsterte er ihm zu: „Hey du! Du bist doch der Sohn

von Gott, oder? Dann spring doch mal runter! 10 In der Bibel steht ja
auch: ‚Er sagt seinen Engeln, dass sie auf dich aufpassen sollen, dir wird
nichts passieren. 11 Sie werden ein Sicherheitsnetz aufspannen, du wirst
dich nicht verletzen!'" 12 Jesus ließ sich auf keine Diskussion ein. „In der
Bibel steht auch: ‚Du sollst Gott nicht auf die Probe stellen!'" 13 Als der
Teufel endlich damit fertig war, verschwand er für eine Weile.

In Nazareth vertrauen Jesus viele gar nicht

14 Abgefüllt mit der Kraft von Gott kam Jesus wieder in Galiläa an. Bald
wurde er überall in der Gegend zu dem Gesprächsthema schlechthin.
15 Er hielt Unterrichtsstunden in den Häusern, wo die Leuten sich zum
Beten trafen, den so genannten Synagogen, und alle waren schwer be-
eindruckt von ihm. 16 Irgendwann ging Jesus mal wieder nach Nazareth,
wo er aufgewachsen war. Wie gewohnt verbrachte er den Sabbat in der
dortigen Synagoge. 17 Dann gab man ihm das Buch aus der Bibel, das
Jesaja geschrieben hatte. Als er das Buch aufblätterte, kam gleich die
Stelle, wo Jesaja schreibt: 18 „Die Kraft Gottes ist in mir, er hat mich
dafür ausgesucht, um den Leuten, die arm sind und nichts haben, eine
gute Nachricht zu bringen. Er will von mir, dass ich Gefangene und
Süchtige befreie und Blinden die Ansage mache, dass sie wieder sehen
können. Ich soll den Unterdrückten den Weg in die Freiheit zeigen und
19 folgende Nachricht an alle ausgeben: Ab jetzt fängt eine gute Zeit an,
eine besondere Zeit, eine göttliche Zeit." 20 Jesus klappte das Buch wie-
der zusammen, gab es zurück und setzte sich. Alle sahen gebannt auf
ihn. 21 Dann fing er an zu reden und begann mit dem Satz: „Heute geht
das los, was die Propheten damals vorausgesagt haben." 22 Die ganzen
Zuhörer waren anschließend schwer beeindruckt von dem, was Jesus
gesagt hatte und wie liebevoll es rüberkam. „Was geht? Wie kann das
angehen? Wo hat der das her?", fragten sie sich. „Ist das nicht der Sohn
von diesem Josef?" 23 Jesus redete einfach weiter: „Ihr kommt jetzt be-
stimmt mit dem Spruch ‚Arzt, hilf dir mal selber' und wollt die fetten
Wunder sehen, die ich auch in Kapernaum gemacht habe. So nach dem
Motto: ‚Zeig uns mal, was du draufhast!' 24 Dabei ist doch jetzt schon
klar: Zu Hause haben Propheten nichts zu melden. 25 Nehmt mal den
Propheten Elia als Beispiel! Zu seiner Zeit ging es vielen Leuten sehr
schlecht. Viele Frauen waren alleine, weil ihr Mann gestorben war. Und
dann hat es auch noch dreieinhalb Jahre nicht geregnet und überall hat-
ten die Leute nichts zu essen und hungerten. 26 Trotzdem wurde der Elia
nicht zu einer Witwe aus unserm Volk geschickt, sondern zu einer Aus-
länderin, die in Sarepta bei Sidon wohnte. 27 Oder noch ein anderes Bei-
spiel? Elisa, auch so ein Prophet, der machte einmal nur den Ausländer

gesund, der aus Syrien kam, erinnert ihr euch? Die vielen Aidskranken aus unserem Volk ließ er dabei links liegen.“ 28 Das war zu viel! Die Leute, die zugehört hatten, rasteten plötzlich total aus! 29 Sie packten Jesus, schubsten ihn hin und her und trieben ihn so auf einen Abhang zu, der außerhalb der Stadt lag. Ihre Absicht war, ihn dort runterzuschmeißen und ihn so zu töten. 30 Jesus drehte sich aber um und ging einfach durch die Menschenmenge hindurch. Die Leute wichen ihm aus, keiner traute sich mehr ihn anzufassen.

Jesus zeigt allen, was er draufhat

31 Jesus ging von da nach Kapernaum, einer Stadt, die in Galiläa liegt. Da hielt er dann am Feiertag, dem Sabbat, ein paar Unterrichtsstunden über Gott in den Synagogen. 32 Auch hier waren die Leute schwer beeindruckt von dem, was er erzählte, und der Art, wie er es rüberbrachte. Jeder merkte, dass eine unbeschreibliche Power dahinter steckte. 33 An einem Tag war mal so ein Typ in der Synagoge, in dem wohnte ein dunkler Geist, so ein Dämon. Der fing plötzlich wie blöd an zu schreien: 34 „Hau ab! Was willst du von uns, Jesus aus Nazareth?! Willst du uns kaputtmachen? Ich weiß genau, wer du bist! Du bist der Sohn Gottes!“ 35 „Maul halten!“, machte Jesus ihn an, „verlass diesen Mann, sofort!“ Der Dämon warf den Typen einfach um und dann zog er Leine. Der Mann blieb dabei unverletzt. 36 Alle Leute, die das mitbekamen, waren total fertig: „Was bringt dieser Mann alles für derbe Sachen? Woher hat er die Vollmacht und diese Power, dass ihm sogar die dunklen Geister gehorchen müssen?“ 37 Diese Story ging rum wie ein Lauffeuer, alle in der Gegend redeten darüber.

Die Mutter von Petrus’ Frau wird geheilt

38 Nachdem Jesus aus der Synagoge abgehauen war, ging er noch mal in das Haus, in dem Petrus wohnte. Die Schwiegermutter vom Petrus hatte tierisch hohes Fieber. Jesus wurde um Hilfe gebeten, und er kam sofort. 39 Er stellte sich an ihr Bett und sagte zu dem Fieber, dass es sofort verschwinden müsste. Das passierte auch sofort. Die Mutter stand auf und machte erst mal einen Imbiss für alle klar. 40 Diese Heilung sprach sich schnell rum. Nach Sonnenuntergang hatte Jesus Sprechstunde. Jeder im Dorf, der irgendwie krank war, kam vorbei. Und egal, was sie auch hatten, er legte den Leuten die Hände auf und alle wurden wieder gesund! 41 Es gab auch ein paar dämonisch belastete Menschen, die da ankamen. Wenn er einen Dämon rausgeschmissen hatte, brüllte der vorher immer: „Du bist Gottes Sohn!“ Er fand das aber nicht so toll und bedrohte sie, bloß ihr Maul zu halten. Die hatten sofort geblickt,

dass er der Auserwählte war, dieser Christus. 42 Am nächsten Morgen
stand Jesus ganz früh auf und verließ das Haus. Er wollte ein wenig al-
leine sein und suchte einen Ort, an dem das möglich sein könnte. Aber
die Leute waren hinter ihm her und suchten ihn überall. Und als sie ihn
gefunden hatten, versuchten sie ihn aufzuhalten, sie wollten unbedingt,
dass er nicht wieder weggehen sollte. 43 Er musste ihnen aber eine Ab-
fuhr erteilen: „Leute, ich hab noch einiges vor! Ich muss die Nachricht,
dass eine neue Zeit begonnen hat, noch überall weitererzählen. Das ist
mein Auftrag, darum bin ich hier!" 44 Jesus zog dann weiter. Er wanderte
durch ganz Judäa und predigte in den Synagogen im Land.

5

Jesus organisiert seine Ausbildungstruppe

1 Irgendwann hielt Jesus mal eine Predigt vor tierisch vielen Menschen
am See Genezareth. Alle wollten Worte von Gott hören. 2 Bevor er los-
legte, sah er zwei Boote, die am Ufer festgemacht hatten. Die dazuge-
hörigen Fischer waren gerade dabei, sich um die Netze zu kümmern,
und waren deswegen an Land gegangen. 3 Jesus stieg in eins der Boote
und fragte den Besitzer (der hieß Simon), ob er ihn mit dem Boot in
eine günstige Position bringen könnte, damit alle ihn vom See aus
besser hören könnten. Von dort redete er dann zu den Menschen. 4 An-
schließend meinte er zu Petrus: „Jetzt fahr mal auf den See raus, und
fisch noch mal 'ne Runde! Da geht heute noch was!" 5 „Meister", ant-
wortete Petrus, „wir haben uns letzte Nacht schon die Finger wundge-
fischt, und da ging gar nichts. Aber okay, weil du es sagst, probieren wir
es noch mal!" 6 Sie fuhren wieder raus, warfen die Netze aus und fingen
so viele Fische, dass die Netze fast gerissen wären! 7 Schnell riefen sie
die andern Fischer zu Hilfe, die auch mit ihrem Boot ankamen. Beide
waren am Ende so voll mit Fischen, dass sie fast abgesoffen wären. 8 Als
Petrus kapierte, was da gerade passiert war, kniete er sich vor Jesus hin
und sagte zu ihm: „Meister, bitte verschwinde! Ich bin ein zu großer
Dreckskerl, ich bin es nicht wert, dass du in meiner Nähe bist." 9 Er war
einfach total geplättet von dieser riesenfetten Beute, die sie da gerade
gemacht hatten, 10 und den anderen wie Jakobus und den Söhnen vom
Zebedäus ging es genauso. Jesus sagte zum Petrus: „Keine Angst! Ab
jetzt wirst du Menschen an die Angel kriegen!" 11 Sie legten dann mit
den Booten wieder an Land an und folgten Jesus.

Ein Mann, der unheilbar krank ist, wird gesund

12 Einmal traf Jesus in einer Stadt einen Mann, dessen Körper von einer
unheilbaren Krankheit fast zerfressen war. Man nannte diese Krankheit

Aussatz. Als er sah, wie Jesus vorbeikam, lief er zu ihm hin, warf sich vor
ihm auf den Boden und bettelte ihn an: „Mein Herr, bitte helfen Sie mir!
Wenn Sie wollen, können Sie mich gesund machen!" 13 Jesus beugte
sich zu ihm hin und berührte ihn mit seiner Hand. „Ich will das gerne
tun. Ab jetzt bist du gesund!" Und tatsächlich, der Aussatz ging plötz-
lich weg! 14 Jesus sagte dem Typen, dass er das jetzt nicht an die große
Glocke hängen sollte. „Geh mal zum Priester und lass dich von ihm
durchchecken. Danach mach ein Opferritual, wie es die Gesetze vom
Mose für so einen Fall vorschreiben, damit alle mitkriegen, dass Gott
dich wirklich geheilt hat." 15 Das half aber nur wenig weiter, was das Ge-
rede über Jesus anging. Er war die News des Tages und die Leute kamen
von überall her, um ihn predigen zu hören oder um geheilt zu werden.
16 Jesus suchte zwischendurch aber immer wieder die Einsamkeit, um
bei Gott aufzutanken.

Ein Körperbehinderter wird komplett gesund

17 Als Jesus gerade wieder dabei war, Dinge über Gott zu erklären,
hörten auch ein paar von den Theologen und den Pharisäern zu. Sie
kamen von überall her, aus jedem Dorf aus Galiläa und Judäa, sogar
aus Jerusalem waren welche dabei. Gottes Kraft war so derbe mit Je-
sus, dass er sehr viele Leute heilen konnte. 18 Schließlich schoben ein
paar Männer einen Körperbehinderten in seinem Rollstuhl durch die
Menge zu Jesus. 19 Sie kamen aber durch die Menschenmasse nicht
durch, darum überlegten sie sich einen Trick. Sie kletterten auf das
Dach des Hauses, in dem Jesus war, und nahmen Stück für Stück
die Ziegel weg. Dann ließen sie ihren kranken Freund mit einem Seil
durch das Loch mitten in den Raum runter, genau vor die Füße von
Jesus. 20 Jesus war sichtlich beeindruckt von dem Vertrauen, das sie
in ihn hatten. Darum sagte er zu dem Typen: „Was zwischen dir und
Gott stand, ist jetzt weg, deine Sünden sind dir vergeben!" 21 Die
Theologen und die Pharisäer flüsterten sich zu: „Was für eine unver-
schämte Arroganz! Was bildet er sich bloß ein? Nur Gott kann Sünden
vergeben!" 22 Jesus konnte aber auch Gedanken lesen, darum fragte er
gleich nach: „Welchen Schwachsinn habt ihr da gerade in der Birne?
23 Was ist denn jetzt leichter zu sagen: ‚Deine Sünden sind dir verge-
ben!' oder: ‚Steh jetzt auf, du kannst gehen'? 24 Ich werde den Beweis
antreten, dass ich die Vollmacht habe, die Sünden zu vergeben!" Dann
beugte er sich zu dem Behinderten und sagte: „Steh jetzt auf, pack
deine Sachen und geh nach Hause!" 25 Und der Mann stand sofort
auf, nahm den Rollstuhl, auf dem er gesessen hatte, und ging nach
Hause. Auf dem Weg sang er fröhlich Lieder und lobte Gott für seine

Heilung! 26 Die Menschen, die das mitkriegten, waren voll geplättet.
„Respekt!", meinten viele. „Heute haben wir ein echt derbes Wunder
gesehen!"

Wem es gut geht, der braucht Gott wohl nicht

27 Als Jesus später aus der Stadt rauswollte, traf er einen Typen, der
beim Zoll arbeitete. Levi, so hieß der Mann, saß gemütlich in seinem
Zollhäuschen, als Jesus ihn von der Seite anquatschte: „Komm mit!"
28 Das ließ er sich nicht zweimal sagen und ging sofort mit Jesus. 29 Kur-
ze Zeit später organisierte Levi eine Riesenparty bei sich zu Hause, und
Jesus war als Ehrengast auch eingeladen. Viele andere Zollbeamte, die
zu der Zeit bei der Bevölkerung total unbeliebt waren, waren mit am
Start, und auch viele Freunde vom Levi. 30 Das passte den oberfrommen
Pharisäern und den Theologen überhaupt nicht. „Wie können Sie es nur
mit diesem Pack auf einer Feier aushalten?", fragten sie Jesus. 31 Er ant-
wortete: „Die Menschen, denen es gut geht, brauchen keine Hilfe, aber
die Menschen, denen es dreckig geht, die brauchen einen, der ihnen da
raushilft. 32 Ich bin für die Kaputten da, ich will sie mit Gott zusammen-
bringen. Die Gesunden brauchen mich nicht."

Eine neue Idee vom Leben sprengt alte Strukturen

33 Die religiöse Führungsriege hatte mal wieder was zu meckern: „Ent-
schuldigen Sie, aber selbst die Schüler vom Johannes fasten regelmäßig
und beten auch viel, genauso machen es die Schüler von den Pharisä-
ern. Warum halten sich Ihre Schüler nicht daran, die essen und trinken
ja, wie sie lustig sind, und scheren sich einen Dreck um die Fastentage!"
34 Jesus antwortete mit einer Gegenfrage: „Leute, wie ist es denn, wenn
jemand heiratet? Verzichten die Gäste auch auf das Essen, solange der
Bräutigam noch da ist? 35 Wisst ihr, es wird der Tag kommen, da ist der
Bräutigam nicht mehr da, und dann gibt es noch genug Zeit, um aufs
Essen zu verzichten und zu weinen." 36 Dann erklärte er das noch mal
mit einem Beispiel: „Keiner würde ein neues T-Shirt zerschneiden, um
damit ein Loch von einem alten Shirt zu flicken. Das neue T-Shirt könnte
man anschließend wegschmeißen, und der Flicken würde zum alten ja
noch nicht mal richtig passen. 37 Und keiner würde Traubensaft in alte
dünne Holzfässer zur Gärung abfüllen, damit daraus dann mal Wein
wird. Der Saft dehnt sich bei der Gärung aus, die schlechten Fässer
würden platzen und alles wäre früher oder später kaputt. 38 Neuer Wein
gehört in neue Fässer! 39 Leute, die auf alten Wein stehen, wollen gar
keinen neuen Wein haben. Die sagen dann: ‚Der alte Wein ist doch im-
mer noch der Beste.'"

6

Was ist wichtiger, die Gesetze oder die Liebe?

1 An dem religiösen Feiertag der Juden, dem Sabbat, streunte Jesus mit
seinen Schülern mal wieder durch die Kornfelder. Die Schüler pflückten
dabei ein paar Kornähren ab, zerrieben die zwischen den Händen und
aßen sie. 2 Einige von den Pharisäern sahen das und kamen sofort mit
dem Spruch an: „Das dürfen Sie nicht! Das ist verboten! Die Gesetze
schreiben vor, dass man am Sabbat nichts ernten und nicht arbeiten
darf!" 3 Jesus konterte: „Darf ich euch mal an die Geschichte vom
David erinnern? Als er und seine Begleiter Hunger hatten, was haben
sie da gemacht? 4 Sie gingen in das Haus von Gott und nahmen sich
was von dem Brot, das extra nur für die Priester bestimmt war! Er gab
sogar seinen Freunden davon zu essen! Damit haben sie auch die Ge-
setze gebrochen, oder? 5 Ich darf als Menschensohn* auch bestimmen,
was am Sabbat geht und was nicht!" 6 Ein paar Wochen später war da
so ein Mann, der hatte eine Behinderung an der Hand. Er hing in der
Synagoge rum, als Jesus dort seine Lehrstunde abhielt. 7 Die Theologen
und Pharisäer hatten alles genau im Blick. Sie warteten nur auf die
nächstbeste Gelegenheit, wo sie ihn auf frischer Tat ertappen könnten.
Wenn er jetzt jemanden heilen würde, wäre das ein guter Grund, An-
zeige gegen ihn zu erstatten. Das war am Sabbat nämlich verboten.
8 Jesus konnte aber ihre Gedanken lesen. Also bat er den Mann, sich
mal in die Mitte zu stellen, damit ihn alle sehen konnten. 9 Und dann
sagte er zu den Kritikern: „Ich hab mal 'ne Frage an euch: Wofür sind
die Gesetze da, wollen die, dass man am Sabbat gute Sachen tut, oder
ist dieser Tag dafür da, böse zu sein? Ist er dafür da, gut zu jemand
zu sein, oder dafür da, Leute fertig zu machen?" 10 Jesus blickte einem
nach dem andern in die Augen. Dann meinte er zu dem kranken Mann:
„Mach deine Hand mal wieder gerade!" Der Typ tat es, und tatsächlich,
sie war sofort gesund! 11 Die Feinde von Jesus waren davon total an-
gefressen. Ab diesem Zeitpunkt begannen die Ersten, ein Attentat auf
Jesus zu planen.

Jesus sucht sich zwölf feste Schüler aus

12 Kurze Zeit später zog sich Jesus auf einen Berg zurück, um 'ne Runde
zu beten. Er redete die ganze Nacht mit Gott. 13 Als die Sonne aufging,
holte er alle Schüler zusammen und wählte zwölf von ihnen in den en-
geren Kreis. Diese zwölf Freunde nannte er ab dann Apostel (das heißt

---

* Siehe Erklärung S. 24.

so viel wie „die Gesandten"). Hier sind jetzt mal ihre Namen: [14] Simon (den er auch Petrus oder den Fels nannte), Andreas (der Bruder von Simon), Jakobus, Johannes, Philippus, Bartholomäus, [15] Matthäus, Thomas, Jakobus (ein Sohn von Alphäus), Simon (der früher mal ein Freiheitskämpfer war), [16] Judas (ein Sohn von Jakobus) und Judas Iskariot (der Jesus später verraten wird).

Heilungssession mit Jesus

[17] Als Jesus mit seinen Schülern wieder vom Berg runterkam, waren sie auf einer großen Wiese. Mittlerweile waren hier sehr viele Menschen versammelt. Die Leute kamen nicht nur aus der nahen Umgebung, sogar aus Judäa und Jerusalem bis hin zum nördlichen Küstengebiet von Tyrus und Sidon waren welche dabei. [18] Alle wollten die Predigten von Jesus hören und viele wollten auch geheilt werden. Jesus verscheuchte dabei einige von den fiesen Geistern. [19] Zum Teil wollten die Leute ihn einfach nur mal anfassen, weil eine starke Energie von ihm ausging, und alle wurden dabei geheilt.

Wer nach Jesus' Ansicht glücklich ist und wer nicht

[20] Irgendwann redete Jesus mit seinen Schülern und meinte zu denen: „Glücklich seid ihr, die ihr nichts besitzt, weil ihr einen Anteil an Gottes Land bekommen werdet. [21] Glücklich seid ihr, die ihr jetzt Hunger habt, weil Gott euch fett zu essen geben wird! Glücklich seid ihr, die ihr jetzt traurig seid, denn ihr werdet bald abgehen vor Freude! [22] Glücklich seid ihr, die ihr gedisst und gehasst werdet, wenn man euch auslacht und aus eurem Namen ein Schimpfwort macht, weil ihr zu mir gehört. [23] Wenn das passiert, könnt ihr euch total freuen! Denn im Himmel wartet eine fette Belohnung auf euch! Und vergesst dabei nicht: Den Propheten ging es kein Stück besser. [24] Übel für die, die jetzt viel Kohle besitzen. Die haben ihre Belohnung ja jetzt schon bekommen. [25] Übel auch für die Menschen, die einen prallen Bauch haben und satt sind. Ihr werdet ständig hungern müssen. Übel für die Menschen, die jetzt lachen. Aus eurem Lachen wird ein Weinen werden. [26] Wie übel steht es um die Stars und die Berühmtheiten, die jetzt von allen Seiten umschleimt werden! Falsche Propheten waren ja damals auch schon überall beliebt."

Leute, die ätzend zu dir sind, sollst du lieben

[27] „Ich sag euch jetzt mal was: Die Menschen, die ätzend zu euch sind, eure Feinde, die sollt ihr lieben! Die euch nicht abkönnen und sogar hassen, genau denen sollt ihr helfen. [28] Betet für die Leute, die euch die

Krätze an den Hals wünschen. Betet für die, die euch verletzt haben.
29 Wenn dir einer in die Fresse haut, sag ihm, er soll dir auch noch in
den Magen treten. Wenn einer deine Jacke haben will, dann gib ihm dein
T-Shirt noch dazu. 30 Wenn jemand dich um etwas bittet, dann gib es
ihm und fordere es nicht zurück. 31 Behandle die Leute so, wie du von
ihnen auch behandelt werden willst. 32 Oder willst du auch noch eine
Bezahlung dafür, wenn du nett zu den Menschen bist, die nett zu dir
sind? 33 Was ist schon daran toll, denen etwas Gutes zu tun, die euch
auch gut behandeln? Das kann ja jeder, auch die Menschen, die keinen
Bock auf Gott haben. 34 Was ist schon so heldenhaft da dran, jemandem
Geld zu leihen, von dem man sowieso ganz sicher weiß, dass man es
zurückbekommt? 35 Euer Ziel soll sein, auch die Feinde zu lieben und
gut zu den Menschen zu sein, die euch blöd finden. Helft denen, und
zwar ohne große Erwartung. Von Gott könnt ihr dagegen alles erwarten,
er wird euch fett dafür belohnen, schon allein weil ihr euch so verhaltet,
wie es sich für seine Kinder gehört. Gott ist liebevoll – sogar zu miesen
Typen und Leuten, die es null verdient hätten.“

Wie du mir, so ich dir?

36 Jesus redete weiter: „Ihr müsst so liebevoll drauf sein wie Gott, euer
Vater. 37 Hört auf, über andere abzulästern und über sie zu urteilen,
damit Gott euch auch nicht verurteilt. Macht euch nicht vorschnell eine
Meinung über jemand, das tut Gott auch nicht mit euch! Wenn ihr an-
deren verzeiht, wird man euch ebenfalls verzeihen. 38 Seid locker, wenn
es darum geht, Sachen zu verschenken, dann wird Gott euch auch fett
beschenken können, so viel, dass ihr mehr als genug habt.“ 39 Jesus
erzählte dann noch mal so ein Beispiel, was er ja oft tat: „Was bringt es
einem Blinden, wenn er von einem Blinden geführt wird? Früher oder
später werden beide auf die Fresse fallen! 40 Ein Schüler kann nur so viel
lernen, wie sein Lehrer auch weiß. Selbst wenn er alles von ihm gelernt
hat, ist er nur genauso schlau wie sein Lehrer. 41 Warum regst du dich so
über ein Problem von deinem Bruder auf und übersiehst dabei, welche
Mega-Probleme du selber hast? 42 Du sagst dann: ‚Freundchen, komm
mal her! Ich will dir mal sagen, wo du überall falsch liegst!‘ Und dabei
hast du überhaupt nicht kapiert, dass du selber total daneben bist. 43 Ein
gesunder Baum kann keine schlechten Früchte haben, oder? Und so
kann ein kranker Baum auch keine gesunden haben! 44 Man kann daran
erkennen, ob ein Baum gesund ist oder nicht, wenn man sich seine
Früchte mal ansieht. Äpfel wachsen nicht in Dornenhecken und Wein-
trauben nicht an Brombeerbüschen. 45 Wenn einer gut drauf ist und ein
gutes Herz hat, bringt er gute Sachen. Wenn einer link drauf ist, bringt

der auch nur linke Aktionen, weil seine Gedanken und seine Motive
schlecht sind."

Auf Jesus kann man bauen

46 „Warum sagt ihr ständig Meister zu mir, tut dann aber doch nicht das,
was ich euch sage? 47 Ich gebe noch mal ein Beispiel, wie das abgeht bei
Leuten, die das tun, was ich sage. 48 Und zwar ist das so wie ein Mensch,
der ein Haus auf einem stabilen Betonfundament baut. Wenn es dann
mal eine Überschwemmung gibt, dann können die Wellen das Haus nicht
zerstören, weil es eine feste Grundlage hat und solide gebaut wurde.
49 Wer mir aber zuhört und dann so weitermacht wie bisher, der ist zu ver-
gleichen mit einem Haus, das nur auf Sand ohne ein Fundament gebaut
wurde. Wenn mal eine Flut kommt, dann unterspült sie das Haus und
alles bricht zusammen. Am Ende bleibt nur ein Haufen Schrott übrig."

7

Fernheilung à la Jesus

1 Nach dieser langen Rede machte sich Jesus wieder auf den Weg in
Richtung Kapernaum. 2 Dort lebte ein Berufssoldat, der den Dienstgrad
eines Hauptmanns hatte. Der Typ hatte einen Angestellten, den er
sehr mochte. Aber dieser Angestellte war todkrank und lag im Sterben.
3 Als der Hauptmann von jemandem hörte, dass Jesus gerade in der
Stadt angekommen war, schickte er gleich ein paar angesagte jüdische
Männer mit der Anfrage zu ihm, ob Jesus seinen Angestellten nicht
vielleicht wieder gesund machen könnte. 4 Als diese Männer bei Jesus
ankamen, bettelten sie voll rum, dass Jesus bitte helfen sollte: „Der Typ
ist total okay, wenn jemand Ihre Hilfe verdient hat, dann er! 5 Er liebt
die jüdische Bevölkerung sehr und hat uns auch den Bau der Synagoge
gesponsert." 6 Jesus ging also mit ihnen. Bevor sie aber beim Haus des
Hauptmanns angekommen waren, kamen ihnen ein paar von den An-
gestellten des Hauptmanns entgegen. Sie brachten eine Nachricht mit:
„Verehrter Herr, bitte machen Sie sich nicht die Mühe, Sie brauchen
nicht bis in mein Haus zu kommen. Das bin ich echt nicht wert! 7 Ich
fühl mich noch nicht einmal gut genug, um selber bei Ihnen persön-
lich vorzusprechen. Mein Vorschlag ist: Bleiben Sie, wo Sie sind, und
sagen Sie nur, was auch immer Sie sagen müssen, dann wird mein An-
gestellter schon gesund werden. 8 Das ist bei mir ja auch so. Ich habe
Vorgesetzte, und wenn die mir sagen, was ich tun soll, dann gehorche
ich denen. Und wenn ich zu meiner Truppe sage: ‚Abteilung Marsch!',
dann ziehen die los. Und wenn ich zu einem Soldaten sage: ‚Bringen Sie
mir mal einen Becher!', tut er das sofort." 9 Jesus war echt platt, als er

das hörte. Er meinte zu den Leuten, die mitgekommen waren: „Eins ist
sicher: So ein Vertrauen ist mir in Israel noch nicht untergekommen!"
10 Und als die Männer wieder zurück bei ihrem Hauptmann waren, war
der Angestellte tatsächlich kerngesund.

Ein totes Kind lebt wieder

11 Kurze Zeit später ging Jesus mit seinen Freunden in die Stadt Nain.
Sehr viele Leute waren mittlerweile mit ihm dabei. 12 Als sie kurz vor
dem Ortseingang waren, kam ihnen eine Menschengruppe entgegen,
die einen Sarg mit einem Jungen zum Friedhof brachte. Der tote Junge
war der einzige Sohn von einer Frau gewesen, deren Mann auch schon
tot war. Viele trauerten mit der Witwe. 13 Als Jesus die ganze Szene be-
obachtet hatte, tat ihm die Frau auch sehr Leid. „Du musst jetzt nicht
mehr weinen!", sagte er ganz liebevoll zu der Frau. 14 Dann ging Jesus
zum Wagen, auf dem der offene Sarg draufstand. Der Wagen blieb ste-
hen. Und dann redete Jesus mit dem Jungen, er sagte zu ihm: „Hey du,
steh auf!" 15 Und das Abgefahrenste passierte: Der Junge setzte sich
auf und begrüßte alle! Jesus gab der Mutter ihren Sohn zurück. 16 Alle,
die das miterlebten, waren total beeindruckt von der ganzen Sache, fast
schon geschockt. Und sie sagten zueinander: „Gott hat uns einen ganz
derben Propheten vorbeigeschickt!" und: „Gott hat sein Volk persönlich
besucht!" 17 Diese irre Story verbreitete sich sehr schnell in ganz Judäa,
und sogar im Ausland redete man darüber.

Die Anfrage von Johannes:
Bist du der Auserwählte, bist du der Messias?

18 Johannes (der die Leute getauft hat) hörte auch von den derben
Wundern, die bei Jesus an der Tagesordnung waren. 19 Er schickte zwei
von seinen eigenen Schülern mit einer Anfrage zu Jesus: „Sind Sie der
Mann, auf den wir schon so lange warten? Sind Sie der Auserwählte, der
Messias, oder kommt der noch? Das will Johannes wissen!" 20 Die bei-
den kamen gerade mit dieser Anfrage, 21 als Jesus eine große Heilungs-
session hatte. Viele Leute wurden wieder gesund, fiese Geister verließen
Menschen, Blinde konnten wieder sehen und so. 22 Jesus' Antwort war
dementsprechend: „Leute, geht zurück zum Johannes und erzählt ihm,
was hier bei mir abgeht: Blinde können wieder sehen, Körperbehinderte
werden geheilt, Gehörlose können wieder hören, Aidskranke werden
geheilt, sogar Tote werden wieder lebendig, und den Leuten, die nichts
besitzen, wird eine gute Botschaft rübergebracht. 23 Und dann könnt ihr
ihm noch sagen, dass sich alle wirklich freuen können, die sich nicht
über mich ärgern."

Jesus sagt was über Johannes

24 Als die Schüler vom Johannes abgehauen waren, sagte Jesus noch was
zu den Leuten, die gerade da standen: „Warum seid ihr eigentlich im-
mer zum Johannes in die Wüste gelaufen? Wolltet ihr ein Weichei sehen,
das keine eigene Meinung hat? 25 Oder dachtet ihr, da ist so ein feiner
Pinkel mit teurem Anzug? Dann hättet ihr am besten in die Villengegend
und nach Monaco fahren müssen! 26 Oder wolltet ihr einen Propheten
in Johannes finden? Bingo, ein Prophet ist er auf jeden Fall, sogar noch
mehr als das! 27 Johannes ist der Typ, von dem in den alten Schriften
schon erzählt wird: ‚Ich werde dir einen Ansager organisieren. Er wird
für dich alles vorbereiten.' 28 Eins ist auf sicher: Von allen Menschen, die
mal irgendwann gelebt haben, ist er der größte Prophet! Und trotzdem
will ich hier noch mal sagen, dass bei Gott egal ist, wer die dicken Sa-
chen für ihn gerissen hat. In seinem Land ist der Unwichtigste wichtiger
als Johannes. 29 Alle, die auf Johannes hörten, haben erkannt, dass Gott
ihnen eine Chance gibt, und sie ließen sich von ihm taufen. Übrigens
waren da auch Zöllner dabei, die Steuern für die Römer eintrieben.
30 Nur die religiösen Profis nicht, die Pharisäer und die Theologen, die
hatten keine Lust auf dieses Angebot, sie ließen sich nicht von ihm tau-
fen. 31 Was soll man noch über die Menschen von heute sagen? Womit
kann man sie passend vergleichen? 32 Sie sind wie Kinder, die auf der
Straße spielen und sich bei ihren Freunden beschweren: ‚Wir haben ein
cooles Lied in die Anlage geschmissen, aber ihr habt nicht mitgetanzt.
Dann haben wir Deprimucke reingetan, und ihr habt nicht mitgeweint!'
33 Johannes hat oft gefastet und auf Sachen verzichtet, er hat auch kei-
nen Alkohol getrunken. Da meintet ihr dann: ‚Der ist doch total durch-
geknallt!' 34 Jetzt ist der Menschensohn* bei euch und isst und trinkt
normal wie alle andern auch, und ihr seid schon wieder nicht zufrieden.
Dann kommen so Kommentare wie: ‚Der ist ja fresssüchtig und Alkoho-
liker! Junkies und Penner sind seine Freunde!' 35 Aber an solchen äußer-
lichen Sachen kann man nicht erkennen, wie schlau Gott eigentlich ist.
Das merkt man erst, wenn man tut, was er sagt."

Eine Hure bereitet Jesus auf seine Beerdigung vor

36 Irgendwann wurde Jesus mal von einem Pharisäer, der Simon hieß,
zum Essen eingeladen. Jesus nahm die Einladung an und setzte sich zu
dem ins Wohnzimmer. 37 Plötzlich betrat eine stadtbekannte Nutte das
Haus und stürzte in das Zimmer, wo Jesus mit den anderen saß. Sie
hatte über ein paar Ecken gehört, dass Jesus bei Simon eingeladen war,

* Siehe Erklärung S. 24.

und brachte eine Flasche mit wahnsinnig teurem Öl mit. 38 Die Frau ging
zu Jesus und kniete sich vor ihm hin. Dabei weinte sie so sehr, dass seine
Füße von den Tränen ganz nass wurden. Total durcheinander versuchte
sie erst die Füße mit ihren langen Haaren zu trocknen, dann küsste sie
die Füße und dann schüttete sie auch noch das Öl darüber. 39 Der Pha-
risäer, der Jesus eingeladen hatte, beobachtete die Szene aus großem
Abstand. „Wenn dieser Mann wirklich prophetisch begabt wäre, dann
müsste er doch eigentlich wissen, was das für eine Frau ist ...!“ 40 Jesus
konnte aber seine Gedanken lesen und sagte zu ihm: „Simon, ich will
dir mal was erzählen, darf ich?“ „Ja klar, Meister, ich höre zu!“, war seine
Antwort. 41 „Also, da war mal so ein sehr reicher Mann, der hatte zwei
Leuten Geld geliehen. Einer hatte von ihm fünfhundert Euro bekommen,
der andere aber fünftausend. 42 Beide waren aber zum Zeitpunkt der ge-
planten Geldrückgabe pleite. Weil das so war, schenkte er ihnen das Geld
einfach. Welcher von den beiden wird ihm jetzt am meisten dankbar
sein?“ 43 „Na, derjenige, der mehr Schulden hatte!“, meinte Simon. „Bin-
go!“, sagte Jesus. 44 Und dann zeigte Jesus auf die Frau und sagte: „Sieh
dir mal diese Frau genau an. Als ich in dein Haus gekommen bin, hast du
mir da erst mal ein Fußbad angeboten? Meine Mauken waren ganz schön
dreckig, weißt du! Aber sie hat meine Füße sogar mit ihren Tränen ge-
waschen und nur mit ihren Haaren abgetrocknet! 45 Und hast du mir zur
Begrüßung vielleicht einen Kuss auf die Wange gegeben, oder High Five
gemacht oder so was? Sie hat mir ohne Ende die Füße geküsst, und zwar
seitdem ich hier bin! 46 Du hast mir auch nicht, wie es ja bei besonderen
Gästen üblich ist, etwas Öl auf meine Stirn gegossen. Sie hat sogar das
total kostbare Myrrhenöl genommen und damit meine Füße begossen.
47 Ich will dir mal was sagen, mein Lieber: Weil sie das für mich getan hat,
habe ich ihr ihre gesamten Schulden bei Gott erlassen, darum hat sie
das für mich getan. Wem viel verziehen wurde, der kann auch viel lieben.
Wem wenig verziehen wurde, der liebt auch wenig.“ 48 Und dann sagte
Jesus noch mal zu der Frau: „Deine Sünden sind dir vergeben!“ 49 Alle,
die mit am Tisch saßen, flüsterten untereinander: „Wie ist der denn
drauf? Woher nimmt er sich das Recht, Sünden zu vergeben?“ 50 Aber
Jesus sagte zu der Frau: „Hey du, weil du mir vertraust und glaubst, bist
du gerettet! Geh jetzt und hab Frieden!“

8

Jesus und die Frauen

1 Kurze Zeit später machte Jesus eine Tour durch die Städte und Dörfer
in der Gegend. Mit dabei waren seine zwölf festen Schüler 2 und ein
paar Frauen, die von Jesus geheilt worden waren. Einige von ihnen hatte

er von einem fiesen Geist befreit. Zum Beispiel war auch Maria Magda-
lena dabei, bei ihr hatte er gleich sieben Dämonen rausgeschmissen.
3 Johanna (die mit Chuzas verheiratet war, der einen Job in der Verwal-
tung beim König Herodes hatte), Susanna und noch ein paar andere
Frauen unterstützten Jesus und seine Schüler nach ihren Möglichkeiten.

Der Vergleich mit einem Bauern, der Weizen aussät

4 Irgendwann kamen voll viele Menschen von überall her, und alle wollten
Jesus hören. Jesus erzählte wieder so einen Vergleich: 5 „Also, da war so
ein Landwirt, der auf seine Felder Weizenkörner ausstreute. Einige fielen
dabei auf einen Weg, wo dann Leute drüberlatschten und Tauben die Kör-
ner aufpicken konnten. 6 Einige Körner fielen auf einen Boden, wo gleich
drunter eine Felsschicht lag. Die Körner keimten zwar schnell, der Boden
war aber zu trocken und darum gingen die Pflänzchen auch schnell wie-
der ein. 7 Dann gab es Körner, die fielen auf Boden, wo nebenan Disteln
und Brennnesseln wuchsen. Die wachsen ja viel schneller und breiter, sie
nahmen dem Weizen die Sonne, bis die jungen Pflänzchen erstickten.
8 Andere fielen aber auf guten Humusboden. Die Körner keimten schnell
und wuchsen wie blöd. Am Ende konnte der Landwirt hundertmal so viel
ernten, wie er gesät hatte. Passt auf und sperrt die Lauscher auf, wenn
ich euch was erzähle!“ 9 Abends wollten seine Schüler dann genauer
wissen, was er mit der Geschichte sagen wollte. 10 „Also, bei euch ist
das okay, wenn ich meine Vergleiche erkläre, ihr sollt diese Geheimnisse
aus dem Leben mit Gott und wie es bei ihm abgeht auch kapieren. Den
anderen sollen sie aber durch das Bild, das ich benutze, erst mal ein
Rätsel bleiben. In den alten Schriften steht ja auch: ‚Sie sehen, was ich
tue, aber können es nicht einordnen, sie hören, was ich sage, aber ka-
pieren nichts.‘ 11 Der Vergleich sollte Folgendes klar machen: Die Körner
sind Worte, die Gott zu den Menschen redet. 12 Die Körner, die auf dem
Weg landen, stehen für Menschen, die Worte von Gott hören, aber dann
kommt der Satan und nimmt sie wieder weg. Er verhindert, dass sie ihr
Vertrauen auf Gott setzen und durchkommen. 13 Die Körner, die auf dem
Boden landen, wo gleich drunter der Felsen ist, sind ein Vergleich für die
Menschen, die Worte von Gott gerne hören und alles auch sofort begeis-
tert umsetzen. Aber dabei ist nur oberflächlich was passiert, die Wurzeln
sind nicht tief gewachsen. Sobald es Probleme gibt, geben sie auf. 14 Die
Körner, die neben den Disteln und Brennnesseln gelandet sind, damit
meine ich Leute, die eine Zeit lang auf Gott gehört haben. Dann gab es
aber irgendwelche Sorgen, oder sie konnten sich plötzlich mit Geld alle
Wünsche erfüllen und waren so satt durch die netten Sachen im Leben,
das hat ihrem Glauben die Luft genommen. 15 Die Körner, die aber auf

guten Boden gefallen sind, das sind Leute, die total offen für Gott waren.
Die haben auf das gehört, was er sagt, und es auch umgesetzt. Bei de-
nen werden viele geile Sachen wachsen können."

Der Vergleich mit einer Lampe

16 „Keiner wäre so blöd und würde über seine Nachttischlampe einen
Eimer stellen oder sie unters Bett schieben! Lampen gehören da hin, wo
sie viel Licht spenden können und wo man sie sieht. 17 Alle Sachen, die
heute noch geheim sind und von denen keiner was weiß, die werden ir-
gendwann mal ans Licht gebracht werden. 18 Passt gut auf, Leute, damit
ihr versteht, was ich euch erzähle! Die Leute, die sich mit meiner Lehre
beschäftigen und offen sind, die werden noch mehr kapieren können.
Wer aber nicht zuhören will, der wird sogar die Sachen hinterfragen, von
denen er bisher geglaubt hat, er hätte sie bereits verstanden."

Wer gehört zur Jesus-Familie

19 Irgendwann kamen die Geschwister von Jesus und seine Mutter bei
ihm vorbei. Aber es waren so viele Leute da, dass es unmöglich war,
zu ihm durchzukommen. 20 Ein Typ meinte zu Jesus: „He, Meister, Ihre
Mutter und Ihre Geschwister stehen draußen und wollen mit Ihnen
reden!" 21 Jesus antwortete: „Sieh dich mal um! Alle, die hier sind und
hören wollen, was ich über Gott zu sagen habe, gehören zu meiner
Familie!"

Das Meer gehorcht Jesus

22 An einem Tag sagte Jesus zu seinen Schülern: „Lasst uns mal auf die
andere Seite vom See fahren!" Sie mieteten sich ein Boot und fuhren
los. 23 Jesus legte sich hinten im Boot erst mal pennen. Mitten auf dem
See kam auf einmal ein heftiger Sturm auf. Die Wellen schlugen so
hoch, dass das Boot mit Wasser voll lief und sie kurz davor waren zu
kentern. 24 Panisch weckten sie Jesus: „Meister", schrien sie, „wir ersau-
fen!" Jesus stand ruhig auf. Dann redete er ein paar ernste Worte mit
dem Wind und den Wellen. Sofort beruhigte sich die See und alles wur-
de still! 25 „Was ist jetzt mit eurem Vertrauen?", meinte Jesus. Die waren
aber echt fertig und sagten zueinander: „Was ist das nur für ein derber
Typ! Sogar der Wind und die Wellen müssen das tun, was er sagt!"

Ein durchgeknallter Mann, der mit Dämonen zu tun hat, wird gesund

26 Später kamen sie in die Gegend von Gerasa, das lag auf der anderen
Seite vom See Genezareth. 27 Als Jesus aus dem Boot gestiegen war,
rannte ihm so ein Typ entgegen, der sich auf Dämonen eingelassen

hatte, die jetzt in ihm wohnten. Er war obdachlos und seine Klamotten
waren ihm größtenteils auch schon abhanden gekommen. Er lebte seit
einiger Zeit nicht mehr in einem Haus, stattdessen wohnte er in den
Grabhöhlen. 28 Als er Jesus ankommen sah, fing er tierisch an zu krei-
schen und warf sich vor Jesus auf den Boden. „Was willst du von mir, lass
mich in Ruhe, Jesus! Du bist der Sohn vom derbsten Gott schlechthin!
Bitte, bitte, mach mich nicht fertig!“, bettelte er rum. 29 Jesus hatte dem
Dämon nämlich schon gesagt, wo der Hammer hängt und dass er den
Typen gleich verlassen sollte. Dieser Dämon kontrollierte den Mann
schon sehr lange. Auch wenn man ihn mit Handschellen gefesselt hatte,
riss er sich immer wieder los und wurde von ihm in den Wald getrieben.
30 Jesus fragte den Dämon: „Wie heißt du?“ – „Legion ist mein Name“,
und das bedeutet, es war mehr als nur ein Dämon in ihm drin ... 31 Der
Dämon bettelte Jesus voll an, er wollte nicht in die Hölle zurückgehen
müssen. 32 In der Nähe kurz vor einem Bergabhang waren gerade ein
paar Schweine auf einer Wiese. Da wollten die Dämonen dann gerne
rein, und für Jesus war das okay. 33 Also zogen alle Dämonen aus dem
Mann in die Schweine um. Die Schweineherde beging daraufhin kollek-
tiven Selbstmord, alle Viecher stürzten sich den Abhang runter in den
See und ertranken! 34 Die Männer, die auf die Herde aufpassen sollten,
rannten vor Angst in die Stadt und erzählten überall, was da gerade abge-
gangen war. 35 Aus allen Ecken kamen Leute angelaufen, um mit eigenen
Augen zu sehen, was passiert war. Alle konnten den Typen sehen, den
Jesus von seinen Dämonen befreit hatte, wie er voll ruhig und anständig
angezogen bei Jesus saß und ihm zuhörte. Viele waren deswegen echt
fertig. 36 Die Augenzeugen erzählten jedem, wie der dämonisierte Mann
frei geworden war. 37 Alle Bewohner aus der Gegend bettelten jetzt,
dass Jesus möglichst schnell verschwinden sollte. Sie waren eben sehr
geschockt. Jesus stieg also in das Boot und zog ab. 38 Der Typ, der von
den Dämonen befreit worden war, wollte gerne bei Jesus bleiben. Aber
Jesus gab ihm einen anderen Auftrag: 39 „Geh nach Hause und erzähl da,
was Gott bei dir gemacht hat.“ Das tat der Mann. Er ging durch die ganze
Stadt und erzählte überall, was Jesus für ihn getan hatte.

Ein Mädchen, das tot war, wird wieder lebendig
40 Als Jesus zum andern Ufer übergesetzt hatte, warteten da schon irre
viele Leute auf ihn. 41 Nachdem das Boot angelegt hatte, drängelte sich
ein Mann nach vorne durch. Er hieß Jairus und leitete die jüdische Ge-
meinde im Ort. Er warf sich vor Jesus auf den Boden und bettelte ihn
an, mit zu ihm nach Hause zu kommen. 42 Seine einzige Tochter, ein
zwölfjähriges Mädchen, war todkrank und lag im Sterben. Jesus ging also

mit. 43 Sehr viele Leute folgten ihm. In der Masse war auch eine Frau, die
seit zwölf Jahren ununterbrochen ihre Tage hatte. Sie hatte ihre gesamte
Kohle schon bei zig Ärzten gelassen, aber keiner hatte ihr wirklich helfen
können. 44 Sie schlich sich vorsichtig von hinten an Jesus ran und ver-
suchte seine Jacke zu berühren. Und in dem Augenblick, wo sie den Stoff
berührte, stoppten die Blutungen! 45 „Wer hat mich eben berührt?“, woll-
te Jesus wissen und blieb stehen. Alle schüttelten den Kopf und Petrus
meinte: „Mann, Jesus, stell dich nicht an, bei dieser Masse von Menschen
kommt es halt mal vor, dass dich jemand anfasst!“ 46 Aber Jesus blieb
dabei: „Irgendjemand hat mich absichtlich berührt. Ich hab ganz deutlich
gespürt, wie jemand von mir Kraft abgezogen hat.“ 47 Als die Frau merkte,
dass sie erwischt worden war, fing sie voll an zu zittern, ging auf die Knie
und erzählte ihre Story. Dass sie krank gewesen war und ihn berührt hät-
te und dass sie jetzt gesund war. 48 „Du bist wie eine Tochter für mich“,
sagte ihr Jesus, „und weil du mir so vertraut hast, bist du auch gesund
geworden! Jetzt geh, entspann dich und hab Frieden!“ 49 Mitten in diesem
Gespräch kam ein Hausangestellter vom Jairus angerannt: „Ihre Tochter
ist bereits gestorben. Sie brauchen Jesus nicht mehr zu bemühen.“ 50 Je-
sus war da anderer Meinung: „Keine Angst, Jairus, vertrau mir! Es wird
alles mit ihr gut werden.“ 51 Als sie in das Haus vom Jairus kamen, war da
schon die Trauerfeier im vollen Gange. Jesus fragte nur Petrus, Jakobus,
Johannes, den Vater und die Mutter, ob sie auch mit in das Totenzimmer
kommen wollten. 52 Im Haus heulten die Leute überall, aber Jesus sagte
zu ihnen: „Hört auf zu flennen! Das Mädchen ist nicht tot, sie pennt nur!“
53 Jetzt machten einige sogar Witze über ihn, weil alle es wussten: Sie war
mausetot. 54 Jesus nahm die Hand von dem Mädchen und sagte laut zu
ihr: „Steh auf, Kleine!“ 55 Und das Abgefahrene passierte: Sie stand auf!
Dann bestellte Jesus ihr was zu essen. 56 Die Eltern waren total glücklich
und kriegten sich gar nicht wieder ein. Sie mussten Jesus aber verspre-
chen, nicht allen Leuten davon zu erzählen.

9

Jesus’ zwölf Schüler gehen auf Tour

1 Irgendwann organisierte Jesus mit seinen zwölf Schülern ein Meeting.
Dort stellte er ihnen alle geistlichen Vollmachten aus, die es so gibt. Sie
sollten in der Lage sein, Dämonen auszutreiben und Kranke zu heilen.
2 Und dann gab er ihnen die Order, überall hinzugehen und darüber zu
predigen, dass jetzt eine neue Zeit angefangen habe, eine Zeit, in der
Gott wieder das Sagen hat. Außerdem sollten sie kranke Menschen
wieder gesundbeten. 3 „Nehmt nichts mit, was euch irgendwie belasten
könnte!“, meinte Jesus. „ Nehmt kein Messer mit und keinen Rucksack,

keinen Proviant und auch kein Geld. Noch nicht mal eine zweite Garnitur Kleidung sollt ihr mitnehmen. [4] Besucht die Leute in ihren Häusern und bleibt so lange, bis ihr weitermüsst. [5] Wenn die Leute in einer Stadt keinen Bock auf euch haben, dann macht deutlich, dass ihr euren Job hier erledigt habt, und geht weiter. Ihr könnt einfach den Dreck von euren Schuhen abschütteln und weitergehen. Gott wird sich in seinem Gericht um sie kümmern." [6] Die zwölf Schüler von Jesus zogen los und machten eine große Tour durch Israel. In jedem Ort predigten sie über die gute neue Nachricht, die es von Gott zu berichten gab. Und dann machten sie dabei auch kranke Menschen wieder gesund.

Herodes peilt es nicht: Wer ist dieser Jesus?

[7] Herodes, den man auch den Fürsten von Galiläa nannte, bekam es mit der Angst, als er die Storys über Jesus hörte. Der Grund dafür war, dass einige behaupteten, Jesus wäre der Geist von Johannes. Er wäre jetzt zurückgekommen, um sich an Herodes zu rächen. [8] Eine anderes Gerücht war, dass er der alte Elia wäre oder irgendein anderer großer Prophet, der wieder lebendig geworden war.

Jesus macht mit wenig Essen über 5000 Leute satt

[10] Als die Schüler (die man ab jetzt auch Apostel nannte) von ihrer Tour wieder zurück waren, erstatteten sie bei Jesus Bericht. Sie erzählten, was sie alles erlebt hatten und was in der Zeit so passiert war. Jesus nahm sie mit in die Stadt Betsaida. Er wollte mit ihnen etwas alleine sein. [11] Die Leute kriegten das aber schnell spitz und folgten ihnen. Also machte Jesus wieder ein Spontantreffen da draus und predigte über die neue Zeit, die jetzt begonnen hatte, und heilte alle Leute, die krank waren. [12] Gegen 18.00 Uhr gingen seine Schüler in einer Pause nach vorne, um sich mit ihm zu besprechen. „Schick die Leute nach Hause, Jesus", sagten sie, „die müssen alle auch mal was essen und sich noch einen Pennplatz für die Nacht organisieren. Hier auf dem Dorf hat jetzt schon alles zu." [13] Jesus' Antwort war: „Hey Jungs, gebt ihr ihnen doch was zu essen!" – „Was? Wir haben gerade mal fünf Toastbrote und zwei Frikadellen am Start!" [14] Es waren ungefähr 5 000 Männer (plus Frauen und Kinder) da. „Sie sollen sich mal gruppenweise zusammentun, zu jeweils 50 Leuten", gab Jesus die Anweisung. [15] Gesagt, getan. [16] Dann nahm er die fünf Toastbrote und die Frikadellen, die ihm die Schüler in die Hand gedrückt hatten. Er blickte kurz Richtung Himmel, dankte seinem Vater für das Essen, und dann gab er die Teile Stück für Stück an die Leute weiter. [17] Nach dem Essen war jeder pappsatt! Und es blieben sogar noch zwölf Einkaufswagen mit Nahrung übrig!

Petrus hat es gerafft: Du kommst von Gott und rettest uns alle!

18 Irgendwann hing Jesus mal mit seinen Schülern allein rum und da
fragte er sie: „Was reden die Leute eigentlich über mich? Was glauben
sie, wer ich bin?“ 19 „Also, Jesus, da gibt es einige, die glauben, du bist
Johannes, der die Leute getauft hat. Andere halten dich für die Neuauf-
lage vom Elia. Und dann gibt es Leute, die halten dich für irgendeinen
anderen von den alten Propheten, der wieder lebendig geworden ist.“
20 „Aha, und für wen haltet ihr mich?“ Petrus sprang sofort auf und
meinte: „Du bist der Auserwählte, du bist der Christus, den Gott zu
uns geschickt hat!“ 21 Jesus wollte, dass sie das noch nicht weitersagen,
das war ihm wichtig. 22 „Der Menschensohn* muss noch üble Sachen
durchmachen. Die Führungsebene von Israel, die Oberpriester und die
Theologen werden sich gegen ihn stellen und ihn töten. Aber nach drei
Tagen kommt sein Comeback. Er wird den Tod besiegen und wieder
auferstehen!“

Was für Konsequenzen es hat, mit Jesus zu leben

23 Jesus hielt wieder eine Rede und sagte zu den Leuten: „Wenn jemand
zu mir gehören will, sollte er sich selbst nicht mehr so wichtig nehmen.
Er muss bereit sein, für Gott zu leben. Sein eigenes Ich steht nicht mehr
im Mittelpunkt. 24 Die Leute, die verkrampft um ihr Leben kämpfen,
werden es verlieren. Wenn jemand aber sein Leben mir radikal zur Ver-
fügung stellt, der wird es für immer gewinnen. 25 Was bringt es denn,
wenn einer der totale Superstar ist und alles erreicht, was er sich vor-
nimmt, aber der Preis, den er dafür zahlt, das ewige Leben ist? 26 Wenn
es jemand vor anderen voll peinlich ist, mit mir zu leben, dann wird es
mir auch peinlich sein, dass er zu mir gehört. Ich werde mich für ihn
schämen, wenn ich dann mit einer grenzenlosen Kraft wiederkommen
werde, flankiert von den großen Engeln vom Vater. 27 Ich mach euch
noch mal eine Ansage: Einige von denen, die hier stehen, werden das
noch erleben, bevor sie sterben. Sie werden noch sehen, wie das neue
Land entstehen wird, das Land, wo Gott das Sagen hat.“

Jesus leuchtet

28 Ungefähr acht Tage später ging Jesus mit Petrus, Johannes und Jako-
bus auf einen Berg, um ’ne Runde zu beten. 29 Plötzlich veränderte sich
sein Gesicht total und seine Klamotten fingen an zu strahlen, so wie
weiße Sachen unter UV-Licht. 30 Und dann kamen zwei Typen an, das
waren Mose und Elia, die redeten mit Jesus. 31 Die beiden waren auch

---

* Siehe Erklärung S. 24.

von diesem derben Licht umgeben. Sie unterhielten sich darüber, wie
es mit Jesus zu Ende gehen und was ihn in Jerusalem erwarten würde.
[32] Petrus und die anderen Schüler waren eingepennt. Aber dann wur-
den sie wach und sahen Jesus mit den beiden anderen Männern, die
neben ihm standen. [33] Als sich Mose und Elia verabschieden wollten,
rief Petrus (leicht angebreitet von der ganzen Atmosphäre): „Meister,
das ist alles so supergeil hier! Ich habe 'ne coole Idee: Wir bauen euch
hier drei Häuser! Eins für dich, eins für Mose und eins für Elia, ja?"
[34] Kaum hatte er zu Ende geredet, da kam plötzlich eine Nebelwolke
über sie und sie bekamen Riesenpanik. [35] Aus der Wolke sprach eine
Stimme zu ihnen, und die meinte: „Das ist mein Sohn, ich habe ihn zu
euch geschickt. Hört auf ihn!" [36] Und dann waren die Stimme und die
Wolke genauso schnell wieder weg, wie sie gekommen waren. Jesus
war wieder alleine. Schwer beeindruckt von dem ganzen Film sprachen
seine Schüler untereinander nicht da drüber und erzählten es auch
keinem von außerhalb.

Die Schüler bringen es nicht, aber Jesus bringt es voll

[37] Als sie dann am nächsten Morgen wieder runter ins Tal gingen, kamen
ihnen unheimlich viele Menschen entgegen. [38] Da war auch ein Typ,
der Jesus gleich anbettelte: „Mein Herr, ich bitte Sie inständig, helfen
Sie meinem Sohn! Er ist mein einziges Kind! [39] Oft kommt plötzlich ein
fieser Dämon in seinen Körper, dann schreit er laut los, wälzt sich auf
dem Boden hin und her, bis weißer Schaum aus seinem Mund kommt.
Dieser Geist lässt ihn einfach nicht in Ruhe! [40] Ich war schon bei deinen
Schülern mit ihm, aber sie konnten den Geist nicht austreiben." [41] „Oh
Mann, ihr seid so ungläubig und verdreht, ihr Menschen! Wie lange
muss ich mir das noch geben und so was aushalten? Bring den Jungen
mal her!" [42] Schon auf dem Weg zu Jesus legte der Dämon voll los. Er
packte ihn, warf ihn zu Boden, der Junge verkrampfte sich dabei total,
echt übel. Jesus nahm sich den Geist sofort zur Brust. Er befahl dem
Dämon, den Jungen in Ruhe zu lassen, und heilte ihn. Dann gab er ihn
seinem Vater zurück. [43] Die Leute, die das mitbekamen, waren alle total
fertig und gleichzeitig voll beeindruckt, weil sie Gottes unvorstellbare
Power live und zum Anfassen erlebt hatten. Während die Zuschauer
noch am Diskutieren waren, machte Jesus zu seinen Schülern eine wich-
tige Bemerkung:

Jesus kündigt an, dass er sterben wird

[44] „Nehmt euch das bitte zu Herzen, was ich euch jetzt sage, ja?! Der
Menschensohn wird angezeigt, verraten und an die Behörden ausgelie-

fert werden.“ [45] Seine Jungs kapierten das nicht ganz, wollten aber nicht blöd dastehen, darum fragte keiner noch mal nach.

Wer bei Gott groß rauskommt und wer nicht
[46] Irgendwann fingen sich seine Freunde an, da drüber Gedanken zu machen, wer von ihnen am meisten Einfluss haben würde, wer von allen die Nummer eins wäre. [47] Jesus konnte auch Gedanken lesen und bekam alles mit. Darum griff er sich ein kleines Kind und stellte es neben sich. [48] Er sagte in die Runde: „Jeder, der sich um so ein Kind kümmert, weil er zu mir gehört und mich liebt, der kümmert sich in Wirklichkeit um mich. Und wer sich um mich sorgt, der sorgt sich auch um meinen Vater. Wer am wenigsten bei euch zu melden hat, wer der größte Loser bei euch ist, der ist für mich der Wichtigste von allen!“ [49] Dazu meinte Johannes: „Meister, wir haben mitgekriegt, wie einer versucht hat, einen Dämon bei jemandem rauszuschmeißen, und er hat dabei deinen Namen benutzt. Wir haben ihm das dann verboten, er gehört ja schließlich nicht zu unserer Truppe.“ [50] Jesus war davon nicht so begeistert. „Lasst das! Soll er doch ruhig auf die Art Dämonen rausschmeißen. Wenn jemand nicht gegen euch ist, dann ist er erst mal für euch.“

Jesus zieht ab Richtung Jerusalem
[51] Langsam kam der Zeitpunkt immer näher, wo Jesus wieder zurück zu Gott sollte. Darum schlug Jesus jetzt fest entschlossen die Route in Richtung Jerusalem ein. [52] Auf dem Weg schickte er jemanden vor, der schon mal einen Pennplatz auf der Strecke in dem Dorf der Samariter klarmachen sollte. [53] Weil Jesus nur auf der Durchreise in Richtung Jerusalem war, hatten die Vermieter aber überall keinen Bock auf sie. [54] Als Jakobus und Johannes das mitkriegten, kamen beide voll aggromäßig drauf. „Jesus, sollten wir nicht für ein paar Mollis vom Himmel beten und hier alles abfackeln?“ [55] Jesus schimpfte sie für diesen Spruch sehr aus: „Hallo? Schon wieder vergessen, wie ihr in solchen Sachen drauf sein sollt? Ich bin nicht hier, um Leute kaputtzumachen, sondern um sie zu heilen!“ [56] Schließlich zogen sie weiter in ein anderes Dorf.

Wie man radikal mit Gott lebt
[57] Auf dem Weg quatschte einer Jesus von der Seite an und meinte zu ihm: „Ich will radikal mit dir leben, ich will dahin gehen, wo du auch bist!“ [58] Jesus warnte ihn: „Hunde haben ihr Körbchen und Vögel ihre Nester, wohin sie sich zurückziehen können. Der Menschensohn* hat

---

* Siehe Erklärung S. 24.

aber keinen Ort, wo er sich mal entspannen kann." 59 Bei einer anderen Gelegenheit sagte Jesus zu einem jungen Mann: „Komm mit mir!" Der antwortete: „Okay, mein Herr, ich muss aber zuerst noch mal nach Hause und meinen Vater beerdigen, danach geht das los." 60 „Ich sag nur: Lass die Leute, die eh' schon wie tot sind, ihre Toten begraben. Du hast jetzt einen neuen Job: Predige überall von der neuen Zeit, die angebrochen ist!" 61 Ein anderer Typ sagte mal zu Jesus: „Ja, mein Herr, ich will ja mit Ihnen gehen, ich muss mich aber zuerst noch von meiner Familie anständig verabschieden." 62 Dazu sagte Jesus: „Wer beim Fahren nach hinten guckt, landet am Baum, und wer sich beim Arbeiten ablenken lässt, der taugt nicht für Gottes neue Zeit."

10

Siebzig Schüler auf Tour

1 Danach suchte sich Jesus siebzig Schüler unter den anderen Menschen aus, die bei ihm waren. Die schickte er dann auf Tour, jeweils zu zweit, um in die umliegenden Städte und Dörfer zu gehen. 2 Vorher gab er ihnen noch folgende Order mit auf den Weg: „Es gibt sehr viel zu tun, die Äpfel sind echt reif, aber es gibt zu wenig Leute, die bereit sind, die Ernte einzufahren! Bittet Gott darum, mehr Arbeiter an den Start zu kriegen! 3 Jetzt zieht los! Ist echt so, als würde ich euch wie Mäuse zu Katzen schicken. 4 Ich möchte, dass ihr keine Kohle mitnehmt und auch keinen Rucksack, noch nicht mal ein zweites Paar Schuhe. Geht radikal euren Weg und lasst euch nicht ablenken! 5 Wenn ihr bei jemandem zu Gast seid, dann betet für die Leute und sagt ihnen: ‚Ich wünsche euch Frieden!' 6 Wenn da Leute wohnen, die friedlich drauf sind, dann wird dieser Frieden von Gott auch bei ihnen wirken. Falls die aber keinen Bock auf euch haben, dann wird dieser Frieden von Gott wieder bei euch sein. 7 Ihr sollt in einer Stadt nicht von Haus zu Haus ziehen, sondern bleibt bei einem Menschen wohnen und lasst euch da bedienen. Braucht euch echt nicht peinlich zu sein, da zu wohnen, denn wer arbeitet, soll auch anständig dafür bezahlt werden. 8 Wenn ihr in einer Stadt gut aufgenommen wurdet, dann esst dort auch alles, was man euch anbietet. 9 Die Menschen, die krank sind, müsst ihr gesund machen, und erzählt ihnen dabei, dass eine neue Zeit begonnen hat, eine Zeit, in der Gott wieder das Sagen hat. 10 Falls aber mal eine Stadt keinen Bock auf euch hat und euch ablehnt, dann verschwindet wieder. Am Ortseingang könnt ihr dann noch einen Spruch ablassen, so in der Richtung: 11 ‚Ihr könnt euren Dreck behalten! Ihr seid selber Schuld! Ihr sollt wissen, dass Gott euch noch nie so nahe war wie in diesem Augenblick!' 12 Eins kann ich euch versprechen: Selbst eine Stadt wie Sodom wird am letzten Tag dieser Welt besser abschnei-

den als solche Städte. [13] Mann, Chorazin und Betsaida, euch wird es voll übel gehen! Wenn die Wunder, die ich bei euch getan habe, in Tyrus und Sidon abgegangen wären, dann hätte sich die gesamte Bevölkerung dort für Gott entschieden, sie hätten ihre Schuld eingesehen und das auch nach außen deutlich gemacht. [14] Tyrus und Sidon werden bei der letzten Gerichtsverhandlung immer noch besser dastehen als ihr. [15] Und wie sieht es mit dir aus, Kapernaum? Wirst du es packen und im Himmel ankommen? Nein, du wirst in der Hölle landen, dort, wo die Toten sind."
[16] Zu seinen Schülern meinte Jesus noch: „Alle, die auf das hören, was ihr sagt, die hören dabei auch auf mich. Und jeder, der euch ablehnt, der lehnt mich auch ab. Wer mich ablehnt, zeigt damit auch, dass er keinen Bock auf Gott hat, denn der hat mich zu euch geschickt."

Die siebzig Schüler kommen von ihrer Tour zurück

[17] Als seine siebzig Schüler von ihrer Tour wieder zurück waren, erzählten sie total begeistert: „Mann, Jesus, es war echt irre! Sogar die Dämonen haben uns gehorcht, wenn wir deinen Namen erwähnt haben!"
[18] „Ich weiß", sagte Jesus. „Als ich für euch gebetet habe, konnte ich den Satan sehen, wie er wie ein nasser Sack zu Boden gegangen ist. [19] Ich habe euch alle Vollmachten ausgestellt, um den Feind zu besiegen. Ihr seid jetzt in der Lage mit lebensgefährlichen Dingen umzugehen, euch kann nichts mehr passieren. Ich habe euch die Macht über das ganze Heer vom Satan gegeben. Er kann euch nicht mehr ans Bein pinkeln, er kann euch nicht mehr schaden. [20] Trotzdem ist es nicht so wichtig, dass ihr jetzt bösen Geistern befehlen könnt und sie tun, was ihr ihnen sagt. Freut euch lieber über die Tatsache, dass eure Namen auf der Gästeliste für einen Platz im Paradies eingetragen sind!"

Jesus sagt vor allen Leuten seinem Vater danke

[21] Plötzlich ging Jesus voll ab. Abgefüllt mit dem heiligen Geist sagte er: „Papa, du hast das Sagen über die Erde und über den Himmel! Danke, dass du den eingebildeten Menschen, die glauben, die Weisheit mit Löffeln gefressen zu haben, die Wahrheit nicht gezeigt hast. Aber den normalen Leuten, den einfachen Menschen, denen hast du es gezeigt. Ja, Papa, so bist du! – [22] Mein Vater hat mir alles übergeben, alles, was geht! Es gibt niemanden, der den Vater so gut kennt wie der Sohn, und genauso gibt es auch niemanden, der den Sohn so gut kennt wie der Vater. Es sei denn, der Sohn hat Leuten von dem Vater erzählt und ihn vorgestellt." [23] Als er mit seinen Schülern wieder alleine war, meinte er: „Ihr könnt euch echt glücklich schätzen, dass ihr Augenzeugen dieser ganzen Geschichte seid. [24] Da waren Propheten und Könige, die hätten

alles dafür gegeben, in dieser Zeit zu leben und das zu hören und zu
sehen, was ihr hören und sehen könnt. Konnten sie aber nicht."

Ein Typ aus Samarien hat ein gutes Herz

25 Irgendwann kam mal einer von den Theologen vorbei, um Jesus aus-
zutesten. Er stellte folgende Frage: „Herr Lehrer, was muss ich denn
Ihrer Meinung nach tun, um ein Leben von Gott zu bekommen, das
nie aufhört?" 26 Jesus antwortete: „Was steht denn in den Gesetzen,
die Gott uns zu dem Thema gegeben hat? Was kann man dazu lesen?"
27 „Du sollst deinen Gott radikal lieben", sagte der Mann auswendig,
was in den Büchern vom Mose stand. „Mit deinen Gefühlen, mit deinen
Gedanken, mit allem, was du hast. Und die Menschen um dich rum,
deine Nachbarn, die sollst du auch lieben, genauso wie du dich selber
liebst." 28 „Richtig", sagte Jesus, „das ist es! Wer das befolgt, bekommt
das Leben von Gott, das nie aufhören wird." 29 Der Mann kam nicht so
richtig darauf klar. Er fragte noch mal nach: „Wer ist denn das konkret,
der Mensch um mich rum, mein Nachbar?" 30 Jesus antwortete mit
einer Geschichte: „Es war einmal ein Mann, der war gerade auf dem
Weg von Jerusalem nach Jericho. Plötzlich kamen ein paar asoziale
Schläger aus dem Gebüsch und verprügelten ihn mit Baseballschlägern.
Anschließend klauten sie noch seine Kleidung und seine Kohle, dann
stießen sie ihn in einen Graben und verschwanden wieder. 31 Zufällig
kam ein jüdischer Priester vorbei, doch als der den Mann da liegen sah,
wechselte er schnell die Straßenseite und verpieselte sich. 32 Dann kam
ein Angestellter von der Kirche vorbei und sah ihn auch da liegen. Aber
er wechselte auch die Straßenseite und ging schnell dran vorbei. 33 Und
dann kam da noch ein Typ aus Samarien. Als er den Mann da liegen
sah, hatte er voll Mitleid. 34 Er beugte sich zu ihm runter, machte eine
Erste-Hilfe-Notversorgung, verband seine Wunden und so weiter. Dann
brachte er ihn noch in ein Hotel in der Nähe und versorgte ihn da. 35 Am
nächsten Morgen gab er dem Hotelbesitzer 300 Euro und bat ihn, sich
um den Mann zu kümmern. ‚Sollte das Geld nicht ausreichen, bezahle
ich den Rest, wenn ich das nächste Mal hier bin!' 36 Preisfrage: Wer von
den drei Männern war jetzt so drauf, wie es sich für einen Nachbarn ge-
hört? Wer ist mit dem Überfallenen so umgegangen, wie Gott es will?"
37 „Natürlich der Mann, der nett zu ihm war und ihm wirklich geholfen
hat!" – „Genau", meinte Jesus, „also geh los und mach es genauso!"

Maria und Marta

38 Auf dem Weg nach Jerusalem kamen Jesus und seine Schüler in einen
Ort, wo sie von einer Frau namens Marta zum Essen eingeladen wur-

den. 39 Die Schwester von Marta hieß Maria. Die war immer ganz nahe
bei Jesus und hing an seinen Lippen. 40 Marta war die ganze Zeit in der
Küche und bewirtete die Gäste. Irgendwann war sie echt genervt und
meinte zu Jesus: „Mein Herr, siehst du nicht, wie ich hier rumschufte,
und meine Schwester sitzt die ganze Zeit nur rum und hilft mir nicht!
Kannst du ihr nicht sagen, sie soll mal in die Küche gehen?“ 41 Jesus
sagte zu ihr: „Meine liebe Marta, mach dir keinen Kopf um so unwich-
tige Sachen. 42 Jetzt gibt es gerade nur eine Sache, die wirklich wichtig
ist. Die Maria hat sich für das Richtige entschieden, und darum werde
ich ihr das auch nicht verbieten!“

11

Wie man am besten mit Gott redet

1 Irgendwann hatte Jesus mal einen Stopp eingelegt, um ’ne Runde zu
beten. Als er fertig war, kam einer seiner Schüler vorbei und fragte ihn:
„Jesus, bitte bring uns bei, wie man betet! Das hat Johannes mit seinen
Schülern auch so gemacht.“ 2 „Also, wenn ihr beten wollt, dann tut das
am besten nach diesem Vorbild: ‚Gott, du bist unser Vater, du sollst
groß rauskommen in dieser Welt, deine Zeit soll jetzt losgehen. 3 Bitte
versorge uns mit den Sachen, die wir jeden Tag zum Leben brauchen.
4 Verzeih uns den Mist, den wir ständig bauen. Wir wollen auch den
Leuten verzeihen, die uns verletzt haben. Bring uns nicht in Situationen,
wo wir schwach und dir untreu werden könnten.‘“ 5 Und dann erklärte
er mit folgendem Beispiel noch mehr zum Thema Beten: „Mal ange-
nommen, ihr geht gegen 0:00 Uhr nachts zu einem Freund, weil ihr ihn
um drei Pakete Nudeln anschnorren wollt. Ihr erklärt ihm: 6 ‚Sorry, dass
ich noch so spät anklingel. Ich hab überraschend Besuch von einem
alten Kollegen bekommen, aber ich hab nichts zu essen im Haus.‘ 7 Der
Freund würde ihm dann vielleicht antworten: ‚Sag mal, spinnst du? Es
ist jetzt Mitternacht durch, ich lieg schon im Bett und die Kinder schla-
fen auch. Ich kann dir jetzt nicht weiterhelfen.‘ 8 Ich garantiere euch:
Wenn er ihm schon nicht der Freundschaft wegen am Ende aushelfen
wird, dann wird er es trotzdem tun, damit der andere endlich aufhört
rumzunerven. 9 Ich mach euch mal ’ne Ansage: Wenn ihr Gott um etwas
bittet, dann werdet ihr das bekommen! Wenn ihr bei ihm nach Ant-
worten sucht, dann wird er sie euch geben! Und wenn für euch etwas
verschlossen ist, dann klopft bei ihm an, und er wird die Tür für euch
öffnen. 10 Wenn jemand um etwas bittet, dann wird er es bekommen,
wenn einer was sucht, wird er es auch finden, und jeder, der an die Tür
klopft, wird auch reingelassen werden. 11 Wie ist das denn mit einem
guten Vater? Würde der seinem Sohn einen Regenwurm anbieten, wenn

der einen Lolli möchte? 12 Oder wenn das Kind ein Überraschungsei möchte, würde er ihm dann eine Mottenkugel andrehen? Niemals! 13 Wenn selbst die schlechten Menschen so gut sind zu ihren Kindern, wie viel mehr wird dann der Himmelspapa die Leute mit seiner Kraft, mit seinem heiligen Geist beschenken, die ihn darum bitten!"

Wer nicht in meiner Mannschaft spielt, ist mein Gegner

14 Irgendwann musste Jesus mal so einen bösen Geist aus jemandem rausschmeißen, der dafür gesorgt hatte, dass der Mann nicht reden konnte. Als der Geist draußen war, quatschte der Typ gleich los. Die Zuschauer waren alle total baff. 15 Es gab aber auch ein paar Kritiker, die der Meinung waren: „Jesus kann das alles nur, weil er die Macht von Satan hat, dem obersten Dämon von allen!" 16 Andere wollten Jesus mal wieder austesten: „Mach doch mal irgendein Naturwunder am Himmel, damit wir glauben, dass du wirklich von Gott kommst!" 17 Jesus wusste genau, was die Leute wollten. Darum sagte er zu ihnen: „Jede Regierung ist dann am Ende, wenn sie untereinander zerstritten ist. Wenn es interne Grabenkämpfe und Streitereien gibt, kann sie gleich einpacken. 18 Was geht da also mit dem Satan? Wenn ein Dämon gegen den anderen kämpfen würde, dann würde seine Macht kaum lange anhalten, oder? 19 Angenommen, ich würde mit der Kraft von Satan arbeiten, mit welcher Kraft tun es dann bitte schön eure Leute? Wenn sie so was behaupten, sprechen sie sich doch damit selbst das Urteil. 20 Wenn ich Dämonen aus Menschen rausschmeiße, dann tue ich das mit der Kraft, die Gott gibt. Das bedeutet, dass die neue Zeit schon begonnen hat, Gott macht klar, dass er das Sagen hat. 21 Ist doch logisch: Solange ein Karateweltmeister, der dazu noch einen Waffenschein hat, sein Haus bewacht, kann keiner bei ihm einbrechen. 22 Wenn jetzt aber jemand kommt, der stärker ist als er und der haut ihn um und entwaffnet ihn dazu, ja, dann kann der Stärkere ihm die Waffen abnehmen und seine Sachen an Leute verschenken. 23 Wer nicht in meiner Mannschaft spielt, ist mein Gegner, und wer nicht mit mir arbeitet, arbeitet gegen mich."

Warum Dämonen zurückkommen können

24 „Immer wenn ein fieser Geist, so ein Dämon, einen Körper verlassen hat, dann ist er ja obdachlos. Er zieht so lange rum, bis er irgendwo ein neues Opfer gefunden hat. Wenn er keins findet, denkt er sich: ‚Ich kann's ja noch mal bei dem probieren, aus dem ich rausgeflogen bin.' 25 Wenn er dann zurückkommt, ist die alte Bude supersauber, aufgeräumt und leer. 26 Also zieht er los, nimmt noch sieben andere Kollegen

mit, die noch ätzender drauf sind als er selber, und zieht wieder in den Menschen ein. Dem geht es dann viel schlechter als vorher."

Wer kann sich freuen?
27 Während seiner Rede sprang plötzlich eine Frau auf und rief: „Die Frau, die dich geboren und großgezogen hat, die kann sich freuen!"
28 Aber Jesus sagte: „Wirklich freuen können sich alle Leute, die Worte von Gott hören und sie in ihrem Leben umsetzen!"

Jesus und Jona
29 Als mal wieder tierisch viele Leute bei Jesus waren, fing er an zu erzählen: „Die Menschen, die heute leben, sind echt mies, sie sind böse. Sie wollen ein Wunder nach dem anderen sehen, weil sie einen Beweis haben wollen, aber Beweise werden sie nicht bekommen. Wie
war das denn früher mit dem Jona?!
30 Er war ja auch ein Beweis für die Bewohner von Ninive. So ähnlich wird das, was mit dem Menschensohn* passieren wird, auch zu einem Beweis für die Menschen werden.
31 Wenn der letzte Tag dieser Welt kommt, wird es eine riesengroße Gerichtsverhandlung geben. Dort wird auch die Königin aus dem Süden als Zeugin gegen dieses Volk antreten. Sie werden alle verurteilt. Die Königin kam von weit her, weil sie von Salomos Wissen und von seiner Weisheit etwas abhaben wollte. Aber der Typ, der jetzt vor euch steht, hat mehr drauf als Salomo. Trotzdem wollt ihr nichts von ihm
wissen.
32 Auch die Leute aus Ninive werden mal auf der Zeugenbank Platz nehmen und ein Wörtchen zu euer Verurteilung mitreden. Denn die haben auf Jona gehört, sie haben ihr Leben geändert. Aber der Mann, der jetzt vor euch steht, hat mehr drauf als Jona. Trotzdem wollt ihr euch nicht ändern."

Alles, was die Sicht nimmt, muss weg
33 „Könnt ihr euch vorstellen, das jemand seine Nachttischlampe anmacht und sie dann unters Bett stellt oder in den Schrank? Nein, er wird sie oben hinstellen, damit er genug Licht im Raum hat, wenn jemand
auf Besuch vorbeikommt.
34 Dein Auge ist wie ein Fenster von deinem Innersten. Wenn dein Auge okay ist, kann das Licht bis in deine Seele leuchten. Wenn es aber versifft ist, kannst du nicht gut sehen, und wenn
es dunkel wird, stolperst du leicht über Sachen.
35 Darum pass auf deine Augen gut auf! Sie dürfen nicht verdreckt oder sogar blind werden,
sonst wird es dunkel in dir drin.
36 Wenn du voll im Licht stehst und

* Siehe Erklärung S. 24.

nichts mehr an dir dunkel ist, dann ist dein Leben so hell, als würde dich
das Licht der Lampe direkt anleuchten."

Außen oder innen sauber?

37 Jesus war mit seiner Ansprache noch nicht ganz durch, da kam eine
Anfrage von einem Pharisäer rein, zu einem gemeinsamen Mittagessen.
Jesus ging mit und sie setzten sich bei ihm an den Esstisch. 38 Sein Gast-
geber wunderte sich etwas, dass Jesus sich nicht vor dem Essen nach
einem religiösen Ritual die Hände gewaschen hatte. So war es nämlich
üblich. 39 Jesus sagte dazu: „Mann, ihr Pharisäer achtet immer peinlich
genau drauf, dass man den Becher und die Teller äußerlich ordentlich
abwäscht. Was aber in euch drin passiert, ist alles andere als sauber,
da seid ihr total dreckig. 40 Ihr Spacken! Wohl noch nicht kapiert, dass
Gott sowohl für innen als auch für außen zuständig ist? Er hat beides
gemacht! 41 Ihr habt doch mehr als genug, gebt von dem doch mal was
an die Obdachlosen ab, die auf der Straße leben! Das findet Gott gut,
so könnt ihr euch innerlich sauber machen. 42 Ihr seid so übel drauf, ihr
Pharisäer! Von jedem Furz gebt ihr zehn Prozent an die Gemeinde ab,
in dem Punkt seid ihr superpingelig in der Befolgung der Gesetze. Aber
in Sachen Gerechtigkeit oder in der Liebe zu Gott, da nehmt ihr es ganz
locker. Ist ja okay, die zehn Prozent Gott zu geben, aber das, worum es
Gott eigentlich geht, das dürft ihr doch nicht untern Tisch fallen lassen!
43 Ich warne euch, ihr Pharisäer! Im Gottesdienst sitzt ihr auf den Ehren-
plätzen und ihr fahrt total da drauf ab, wenn man euch auf der Straße mit
einer Verbeugung begrüßt. 44 Ich warne euch, ihr Pharisäer! Die Leute
gehen bei euch ein und aus, und keiner ahnt, dass in eurem Keller stin-
kende Leichen liegen." 45 Einer von den Theologen sagte zu ihm: „Meis-
ter, Sie beleidigen damit auch uns!" 46 „Klar, ich meine euch ja auch da-
mit! Gerade ihr, die ihr die Gesetze so gut kennt, packt irre Lasten auf die
Schultern der Leute. Aber ihr selbst seid nicht bereit sie zu tragen. 47 Ich
warne euch, ihr Pharisäer! Ihr steckt viel Kohle in die Denkmäler von den
alten Propheten, dabei haben eure Vorfahren sie auf dem Gewissen, sie
haben sie umgebracht. 48 Ihr wolltet damit was Gutes tun für die Prophe-
ten, tatsächlich ist das aber nur indirekt ein Applaus für die üblen Sa-
chen, die eure Väter gebracht haben. Ihr hättet es vermutlich genauso ge-
macht wie sie. 49 Über so was wie euch hat Gott schon früher gesagt: ‚Ich
werde Propheten schicken und Apostel, aber sie werden sie entweder
umbringen oder verfolgen.' 50 Man wird euch zur Rechenschaft ziehen
für den Mord an allen Propheten, die es bisher gegeben hat. 51 Von Abel
bis zum Zacharias, der ja in unserem Tempel zwischen dem Altar und
dem Heiligtum umgebracht worden ist. Ihr werdet euch für jeden dieser

Morde verantworten müssen. 52 Wie übel wird es für euch sein, weil ihr
die Gesetze kennt! Ihr wisst eigentlich, wo es längsgeht, aber ihr sagt es
den Leuten nicht. Ihr kommt nicht in das neue Land rein, in dieses Reich,
wo Gott das Sagen hat. Und das Schlimmste ist, dass ihr auch noch
andere daran hindert reinzukommen!" 53 Danach ging Jesus wieder aus
dem Haus. Ab jetzt waren viele von den Pharisäern total abgefressen auf
Jesus. 54 Sie versuchten ihn mit allen Tricks dazu zu bringen, irgendetwas
zu sagen, was sie gerichtlich gegen ihn verwenden könnten.

12

Sich für Gott gerade machen

1 Inzwischen waren tierisch viele Leute da, um die tausend Menschen
standen sich gegenseitig auf den Füßen. Jesus flüsterte noch mal zu sei-
nen Schülern: „Leute, passt auf, dass die Pharisäer nicht eure Gedanken
mit ihren Theorien verseuchen. 2 Alles, was jetzt noch ein Geheimnis ist,
wird einmal ganz offen verhandelt werden. 3 Darum wird alles, was ihr je-
mandem als Geheimnis erzählt habt, auf der Titelseite zu lesen sein, und
was ihr euch heimlich zugeflüstert habt, können alle im Radio mithören.
4 Freunde, ihr braucht keine Angst vor den Leuten zu haben, die euch
umbringen wollen. Was können die denn schon töten? Doch sowieso nur
euren Körper! 5 Vor wem ihr wirklich Respekt haben müsst, das ist Gott! Er
hat die Macht, jeden Menschen zu töten und ihn anschließend in die Hölle
abzuschieben! Davor solltet ihr Angst haben! 6 Was blättert man für so
einen Kanarienvogel hin? Ein paar Euro? Trotzdem kennt Gott jeden einzel-
nen von ihnen. 7 Gott weiß genau, wie viele Haare ihr auf dem Kopf habt.
Ihr braucht echt keine Angst zu haben, weil ihr für Gott unendlich mehr
wert seid als eine ganze Halle voll mit Kanarienvögeln. 8 Ich schwör euch:
Jeder, der sich hier auf der Erde für mich gerade macht, für den werde ich
mich auch bei der letzten Gerichtsverhandlung vor Gott gerade machen!
9 Wenn es jemandem aber vor anderen peinlich ist, zu mir zu gehören, für
den wird es mir dann auch vor den Engeln peinlich sein, dass er mal zu mir
gehört hat. 10 Trotzdem kann Gott demjenigen verzeihen, der über mich
ablästert. Bloß wenn einer über den heiligen Geist ablästert, das wird er
nicht verzeihen. 11 Wenn ihr irgendwann vor Gericht gezerrt werdet, wenn
man euch angezeigt hat und verhört, weil ihr mit mir lebt, dann lasst keine
Panik aufkommen. 12 Wenn ihr mit eurer Verteidigung dran seid, wird euch
der heilige Geist die richtigen Sachen eingeben, die ihr sagen müsst."

Ein Typ mit viel Kohle ist eigentlich arm

13 Ein Mann rief jetzt dazwischen: „Meister, können Sie nicht meinem
Bruder sagen, er soll das, was wir von unserm Vater geerbt haben, ge-

recht unter uns beiden aufteilen?“ 14 „Sag mal, soll ich jetzt hier den
Richter spielen, um solche Sachen zu entscheiden?“ 15 Zu den anderen
Zuhörern sagte er: „Leute, passt auf, dass ihr nicht geil auf Kohle seid!
Geld macht nicht glücklich, Leben kann man sich nicht kaufen.“ 16 Er
machte das noch an einem Vergleich deutlich: „Einem Millionär ge-
hörte eine große Obstplantage, die jedes Jahr fette Ernte einbrachte.
17 Irgendwann meinte er zu sich selbst: ‚Ich brauch mehr Platz für die
eingefahrene Ernte. Was mach ich jetzt nur? 18 Guter Plan, ich mach
jetzt alle Lagerhallen platt und bau mir doppelt so große. Ich investiere
noch mal richtig viel Geld. 19 Und dann werde ich mich zur Ruhe setzen.
Ich werde zu mir selber sagen: Mein Freund, du hast jetzt für Jahre im
Voraus reichlich geschuftet. Jetzt entspann dich und genieße das Leben!
Fahr auf 'ne Insel, mach Party und freu dich deines Lebens!‘ 20 Aber Gott
sagte zu dem Mann: ‚Du Vollidiot! Du wirst noch in dieser Nacht den
Löffel abgeben und sterben! Was hast du dann noch von der ganzen
Kohle?‘ 21 Das wird mit jedem passieren, der sein Leben dafür einsetzt,
ein fettes Konto bei seiner eigenen Bank zu haben, aber bei Gott mit
leeren Händen dasteht.“

Gott sagt: Entspann dich!

22 Für seine Schüler wiederholte Jesus es noch mal: „Ihr braucht euch
echt keine Sorgen zu machen, dass ihr eure Miete nicht bezahlen könnt
oder die Lebensmittel oder Kleidung, noch nicht mal um eure Gesund-
heit müsst ihr euch Sorgen machen. 23 Leben besteht aus mehr als nur
Nahrung und Kleidung. 24 Seht euch mal die Tauben an! Die arbeiten
auch nicht, sie legen sich auch keinen Vorrat an, und doch haben sie
immer genug zu essen. Und ihr seid Gott tausendmal wichtiger als
irgendwelche Vögel! 25 Könnt ihr euer Leben durch die vielen Sorgen
auch nur um eine Sekunde verlängern? Never! 26 Wenn das mit der Le-
bensverlängerung durch Sorgen nicht funktioniert, warum macht ihr
euch dann überhaupt noch welche? 27 Seht euch doch mal so 'ne Rose
genauer an. Die kann auch nicht arbeiten, sie kann noch nicht mal ihr
Äußeres selber bestimmen. Und trotzdem ist sie so schön, dass kein
Top-Model der Welt mithalten könnte. 28 Wenn Gott sich schon um
solche Blumen perfekt kümmert, obwohl die zwar heute noch blühen,
aber morgen schon wieder vergammelt sind, dann wird er ja erst recht
in der Lage sein, für euch zu sorgen! Warum vertraut ihr ihm nicht?
29 Hört auf mit diesem ‚Was werden wir nur morgen essen? Haben wir
genug zu trinken?‘-Gelaber! Keine Panik! 30 Habt ihr Bock so zu leben
wie Menschen, die nicht wissen, dass Gott ein guter Vater ist? Er weiß
genau, was wir brauchen! 31 Kümmert euch in erster Linie um Gottes

Sache. Um den Rest wird er sich kümmern! 32 Kinder, ihr braucht echt
keine Angst mehr zu haben! Es macht Gott großen Spaß, euch zu be-
schenken. Euch gehört ein Stück von dem Land, in dem Gott das Sagen
hat. 33 Verkauft am besten alles, was ihr habt, und spendet die Kohle
an Leute, die es brauchen. Wenn ihr das tut, bekommt ihr eine Art von
Geld, das seinen Wert nicht verliert. Ihr werdet einen Schatz im Himmel
liegen haben, den euch keiner mehr klauen kann und der seinen Wert
auch nie verliert. 34 Denn die Sachen, die euch wirklich wichtig sind,
bestimmen euer Leben."

Der Vergleich von dem guten und dem fiesen Angestellten

35 „Seid immer klar im Kopf und jederzeit bereit! 36 Ihr müsst so drauf
sein wie ein Hausangestellter, der nachts auf die Rückkehr des Haus-
eigentümers warten muss. Wenn der dann klingelt, kann er ihn sofort
reinlassen. 37 Gut drauf werden die Leute kommen, die vorbereitet sind
und seine Rückkehr erwarten. Ich schwör euch, er wird sie ins Esszim-
mer bitten, sich 'ne Schürze umbinden und erst mal fett was zu essen
machen. 38 Vielleicht kommt er mitten in der Nacht, vielleicht frühmor-
gens, wenn die Sonne aufgeht. Egal wann er kommt, glücklich können
die Leute sein, die dann bereit sind! 39 Ich will euch noch mal eine Ansa-
ge machen: Da ist ein Typ, der eine Villa hat. Wenn er wüsste, wann die
Einbrecher kommen, dann würde er zu Hause bleiben und verhindern,
dass sie sein Haus durchwühlen. 40 Ihr habt aber keine Ahnung, wann
der Meister zurückkommen wird, er kommt, wenn keiner damit rech-
net." 41 Petrus fragte noch mal nach: „Meister, meinst du jetzt nur uns
damit oder redest du hier über alle Menschen?" 42 „Petrus, ich meine
damit jeden treuen Mitarbeiter, dem Gott eine Aufgabe gegeben hat.
Er trägt damit Verantwortung für sein Haus und dafür, seine Leute zu
versorgen. 43 Wenn der Meister zurückkommt und alles ist tipptopp in
Ordnung, dann wird der Mitarbeiter dafür eine Belohnung einsacken.
44 Ich verspreche euch: Der Meister wird ihm den Leitungsposten über
seinen ganzen Betrieb anvertrauen. 45 Wenn der Mitarbeiter aber denkt:
‚Das dauert noch, bis der zurückkommt!', und erst mal anfängt, Party
zu machen, die Mitarbeiter mies behandelt und sich jeden Abend die
Kante gibt, 46 na ja, dann wird der Meister ganz plötzlich und total un-
erwartet vor der Tür stehen. Und dann wird er dem Angestellten sofort
die Kündigung in die Hand drücken und ihn hochkantig rausschmeißen.
47 Anschließend kriegt er noch 'ne Klage an den Hals, denn er hat seinen
Arbeitsvertrag gebrochen, und das, obwohl er genau wusste, was der
Meister von ihm wollte. 48 Menschen, die keine Ahnung davon haben,
was Gott eigentlich will, werden mit einer leichten Strafe davonkom-

men. Jeder, der viel von Gott bekommen hat, muss auch viel bringen.
Wem viel gegeben wurde, von dem wird auch viel verlangt werden."

Leute werden sich streiten, weil einer an Jesus glaubt

49 „Ich bin zu euch gekommen, damit der Punk abgeht hier auf der Erde,
es soll brennen! Ich würde mich so sehr freuen, wenn das schon pas-
siert wäre und ich meinen Job schon erledigt hätte. 50 Auf mich wartet
aber noch etwas ganz Übles. Ich muss einen furchtbaren Tod sterben,
das macht mir echt Angst, bis ich das hinter mich gebracht habe. 51 Falls
ihr gedacht habt, ich würde den Weltfrieden organisieren, dann habt
ihr euch gewaltig getäuscht! Nein, wo ich bin, werden sich Menschen
streiten, 52 ganze Familien werden wegen mir auseinander brechen,
weil drei Mitglieder auf meiner Seite stehen und zwei keinen Bock auf
mich haben oder umgekehrt. 53 Es wird Zoff geben zwischen dem Vater
und dem Sohn, zwischen der Mutter und der Tochter." 54 Jetzt richtete
Jesus noch mal ein paar Worte an die Menschen, die drumrum standen:
„Wenn ihr zum Himmel seht und ein paar dunkle Wolken kommen aus
einer Richtung, dann sagt ihr doch bestimmt: ‚Gleich regnet es!' Das ist
richtig. 55 Wenn aber die Sonne morgens schon runterknallt, sagt ihr:
‚Heute wird es warm!' Und das stimmt auch. 56 Ihr Pseudos! Wie das
Wetter wird, könnt ihr euch leicht ausrechnen, aber wenn ihr seht, was
in der Welt gerade abgeht, dann kapiert ihr gar nichts! 57 Warum peilt ihr
nicht, was jetzt zu tun ist? 58 Wenn du heute einen Gerichtstermin hast
und du triffst auf dem Weg zum Gericht den Typen, der dich angezeigt
hat, dann versuche, das Ding vorher zu regeln, bevor ihr vor dem Rich-
ter landet. Sonst wirst du verurteilt und landest im Knast. 59 Und dann
hängst du da so lange, bist du den letzten Cent bezahlt hast."

13

Mit Gott wieder klarkommen oder sterben

1 In dieser Zeit erzählten ein paar Leute Jesus, dass Pilatus einige Män-
ner hatte abschlachten lassen, während sie gerade dabei waren, ein
Opferritual im Tempel zu machen. So hatte sich ihr Blut mit dem Blut
der Tiere vermischt, die dort geopfert wurden. 2 „Sagt mal, Leute, glaubt
ihr jetzt, dass diese Männer ganz schlimme Sünder waren, schlimmer
als andere Leute? Denkt ihr, das war der Grund für ihren schlimmen
Tod? 3 Nein, Leute, das stimmt schon mal gar nicht! Genau das Gleiche
kann euch auch passieren, wenn ihr nicht mit dem Mist aufhört, den
ihr täglich baut, und nicht anfangt, mit Gott ganze Sache zu machen!
4 Könnt ihr euch an die achtzehn Männer erinnern, die gestorben sind,
als das Hochhaus in Siloah plötzlich eingestürzt ist? Waren die etwa die

schlimmsten Sünder in Jerusalem? 5 Nein, Leute! Ich sag's noch einmal:
Wenn ihr nicht aufhört mit dem Mist und anfangt mit Gott ganze Sache
zu machen, werdet ihr genauso krepieren wie die."

Die zweite Chance

6 Jesus erzählte dann noch mal eine Geschichte: „Ein Typ pflanzte
mitten in seinen Weinberg einen Apfelbaum. Jedes Jahr checkte er, ob
der langsam wachsen würde, und wann man auch mal einen Apfel ern-
ten könnte. Aber es passierte nichts. 7 Schließlich sagte er zu seinem
Gärtner: ‚Drei Jahre hab ich jetzt gewartet, und immer noch wächst da
nichts dran! Hau das Teil einfach um. Der Boden ist zu schade für einen
Baum, der nichts bringt.' 8 Der Gärtner meinte aber: ‚Komm, gib ihm
noch ein Jahr! Ich will mich extrem um ihn kümmern, ihn gut düngen
und die trockenen Äste rausschneiden. 9 Wenn er im nächsten Jahr wie-
der nichts bringt, dann haue ich ihn um.'"

Was ist wichtiger: der Mensch oder die Gesetze?

10 Am religiösen Feiertag, dem Sabbat, gab Jesus in der Synagoge wieder
Unterricht in Sachen Glauben. 11 In der Menge entdeckte er dabei eine
Frau, die durch einen fiesen Geist körperbehindert war. Und zwar hatte
sie einen Buckel auf dem Rücken und konnte nicht grade gehen. 12 Jesus
sah diese Frau, rief sie zu sich und meinte zu ihr: „Hey du! Du bist jetzt
frei von dieser Krankheit!" 13 Er legte seine Hände auf ihren Körper und
sofort verschwand der Buckel. Die Frau war oberglücklich und dankte
Gott für diese Heilung mit allem, was sie hatte! 14 Der Leiter der Syna-
goge fand das aber ziemlich ungeil, dass Jesus ausgerechnet am Sabbat
Leute heilte. Er sagte zu den Leuten, die da waren: „Die Woche hat doch
insgesamt sechs Tage, an denen man arbeiten kann, oder? Also kommt
in der Zeit her, um euch heilen zu lassen, ja? Muss doch nicht ausge-
rechnet am Sabbat sein!" 15 Jesus war sauer: „Ihr alten Pseudos! Was
macht ihr denn, wenn ihr am Sabbat eurem Hund Futter und Wasser
hinstellt? 16 War es nicht viel wichtiger, dass ich diese Frau wieder ge-
sund gemacht habe und von dieser ätzenden Krankheit erlösen konnte,
auch wenn wir gerade Sabbat haben?" 17 Dazu konnten sie echt nichts
mehr sagen, es war jetzt schon zu peinlich für sie. Alle anderen freuten
sich total über die guten Sachen, die Jesus so brachte.

Große Dinge fangen bei Gott immer klein an

18 „Wie kann ich euch klar machen, wie das mit dem neuen Land geht,
in dem Gott das Sagen hat? 19 Das ist wie mit einem kleinen Kirschkern.
Ein Typ spuckte den Kern in seinen Garten und buddelte etwas Erde

da drüber. Dort keimte er dann, schlug Wurzeln und wuchs zu einem riesengroßen Baum, in dem Vögel Nester bauen können." [20] Dann brachte er einen weiteren Vergleich: „Was für ein Beispiel fällt mir noch zu dem Thema ein? [21] Dieses neue Land ist wie ein Stück Hefe, das man braucht, um 'ne Pizza zu machen. Eine Frau nimmt ein Kilo Mehl, vermischt die Hefe mit dem Mehl, tut etwas Wasser dazu und knetet das ganze Teil durch. Und dann ist der ganze Teig plötzlich voller Hefe und geht auf."

Warum es einige packen, zu Gott zu kommen, und andere nicht

[22] Jesus war auf Tour in Richtung Jerusalem. Überall machte er Zwischenstopps in den Dörfern und hielt Unterrichtsstunden in Glaubensfragen. [23] Ein Mann wollte etwas von ihm wissen: „Entschuldigen Sie, ich hab da mal 'ne Frage: Können es nur ganz wenige mit Gott schaffen? Werden nur ein paar gerettet?" [24] Jesus' Antwort war: „Kämpft da drum, in den Himmel zu kommen, es ist alles andere als easy! Viele werden es versuchen und es nicht packen. [25] Wenn der Hauseigentümer abends die Tür abgeschlossen hat, dann ist sie zu und man kommt nicht mehr rein. Egal, wie viele dann draußen stehen und rumbetteln: ‚Bitte machen Sie auf!' Er wird dann nur antworten können: ‚Wer sind Sie? Ich kenne Sie nicht!' [26] Dann antwortet ihr: ‚Aber wir haben doch zusammen gefeiert, gegessen und getrunken, wir waren sogar bei dir im Gottesdienst und haben dir zugehört!' [27] Aber seine Antwort wird sein: ‚Verschwindet! Ich hab keine Ahnung, wer ihr seid! Mit solchen Typen wie euch will ich nichts zu tun haben!' [28] Wenn ihr dann von draußen so Leute wie Isaak, Jakob und die ganzen Propheten in Gottes Land seht, werdet ihr voll gefrustet sein, ihr werdet wütend sein und heulen. [29] Und dann werden Menschen aus allen Ecken der Erde kommen und mit Gott Party machen. [30] Macht euch das klar: Die jetzt die Letzten sind, die Unwichtigen, die werden dann groß rauskommen! Und die Leute, die jetzt den dicken Macker markieren, werden ganz hinten anstehen."

Jerusalem wird es übel ergehen

[31] Ein paar Minuten später kamen ein paar von den Pharisäern vorbei und warnten ihn. „Verschwinden Sie besser von hier! Herodes plant ein Attentat und will Sie töten!" [32] „Ihr könnt dem Schlaumeier Folgendes ausrichten", sagte Jesus, „sowohl heute als auch morgen werde ich weiter das tun, was ich die ganze Zeit gemacht habe: Dämonen aus Menschen rausschmeißen und Leute heilen, aber wartet noch, nach drei Tagen wird mein Ding hier zu Ende sein. [33] Ich muss mich jetzt für die nächsten drei Tage weiter auf den Weg machen. Es nicht angesagt, dass

ein Prophet von Gott irgendwo anders getötet wird als in Jerusalem!
34 Oh Mann, Jerusalem, was ist bloß mit dir los? Bei dir werden Pro-
pheten ermordet, und Menschen, die eine Nachricht von Gott haben,
werden einfach hingerichtet! Schon so oft wollte ich euch alle zu mir zie-
hen, ich wollte euch so nahe sein, wie eine Henne ihren Küken nahe ist,
wenn sie unter ihren Flügeln Schutz suchen, aber ihr hattet da keinen
Bock drauf. 35 Passt auf, euer toller Tempel wird bald Schrott sein und
ihr werdet mich nicht mehr sehen, bis ihr es selber kapiert habt und alle
bei euch sagen: ‚Hurra, der da gerade kommt, der wird uns von Gott
geschickt, er soll der Held sein!‘“

14

Und wieder: Heilen am Sabbat, ja oder nein?

1 An einem Sabbat wurde Jesus von einem sehr angesagten Pharisäer
zum Essen eingeladen. Die andern Gäste nahmen Jesus dabei voll un-
ter die Lupe. 2 Plötzlich stand da ein Typ, dessen Arme und Beine total
dick waren. Er hatte eine Stoffwechselerkrankung, die man Wassersucht
nannte. 3 Jetzt hatte Jesus mal ’ne Frage an die Theologen und an die
Pharisäer: „Wie sieht’s aus, meine Herren, ist es gesetzlich verboten,
Menschen am Sabbat zu heilen oder eher nicht?“ 4 Nachdem keiner
eine Antwort gab, berührte Jesus den kranken Mann. Der wurde sofort
gesund! Danach schickte ihn Jesus nach Hause. 5 Jesus sagte zu den
Leuten: „Wer von euch würde am Sabbat denn nicht arbeiten, wenn Not
am Mann ist? Wenn euer Sohn oder nur euer Pferd in eine Baugrube
fällt, dann würdet ihr ihn doch da rausholen, egal ob heute Sabbat ist
oder nicht?!“ 6 Wieder wusste keiner, was er dazu sagen sollte.

Wer bekommt die besten Plätze auf der Ehrentribüne im Himmel?

7 Irgendwann beobachtete Jesus, wie die anderen Gäste beim Kampf
ums kalte Büfett sich gegenseitig um die besten Plätze stritten. 8 Er
nutzte die Situation als Beispiel und sagte: „Wenn du auf eine Hoch-
zeit eingeladen bist, dann setz dich nicht gleich auf den besten Platz.
Könnte ja passieren, dass du zum Beispiel auf dem Platz vom Braut-
vater landest. 9 Und dann würde der Gastgeber ankommen und zu dir
sagen: ‚Sorry, der Platz war für den Vater der Braut reserviert!‘ Wie pein-
lich, dann musst du vor allen Gästen aufstehen und dich auf den aller-
letzten Platz setzen, gleich neben den Herrenklos! 10 Mein Tipp: Wenn
du eingeladen bist, such dir einen Platz in der letzten Ecke. Wenn der
Gastgeber dann ankommt und dich da sitzen sieht, wird er sagen: ‚Hal-
lo, mein Freund! Komm doch weiter nach vorne, wir haben bestimmt
noch einen besseren Platz für dich!‘ So stehst du gut vor den anderen

da. 11 Jeder, der darum kämpft, besser zu sein als der andere, der wird
runtergemacht werden. Wer still ist und sich kleiner macht, als er wirk-
lich ist, den wird Gott groß rausbringen." 12 Schließlich sagte Jesus zu
seinem Gastgeber: „Wenn du dir was zu essen machst oder eine Party
veranstaltest, egal wann, dann lade nicht unbedingt deine Freunde ein
oder deine Geschwister, irgendwelche Verwandte oder die Millionäre
von nebenan. Was du da bestenfalls als Belohnung erwarten kannst, ist
eine Rückeinladung, weiter nichts. 13 Besser ist es, die Penner von der
Straße, die Kranken und die Behinderten einzuladen, nämlich Leute,
die es nötiger haben als die, denen es sowieso gut geht. 14 Dann hast
du Menschen geholfen, die dir das nicht wirklich zurückgeben können.
Stattdessen wird Gott dir das zurückgeben, er wird dich fett dafür beloh-
nen, wenn du in der anderen Welt nach dem Tod angekommen bist."

Die letzte große Party bei Gott

15 Einer von den Gästen hörte Jesus die ganze Zeit zu und rief dann laut:
„Wie geil muss das sein, bei dieser Party von Gott auf der Gästeliste zu
stehen!" 16 Jesus antwortete mit einer Geschichte: „Ein Typ organisierte
eine Riesenparty, echt viele Leute waren eingeladen. 17 Als die Vorberei-
tungen so gut wie abgeschlossen waren, ließ er alle geladenen Gäste
von einem Hausangestellten anrufen: ‚Ihr könnt jetzt kommen! Alles ist
fertig!' 18 Einer nach dem anderen sagte aber plötzlich ab. Einer sagte:
‚Ich hab mir gerade einen neuen Computer gekauft, den muss ich noch
einrichten! Tut mir Leid!' 19 Der Nächste sagte: ‚Ich hab mir gerade ein
neues Auto gekauft, das muss ich heute noch einfahren.' 20 Der Dritte
sagte: ‚Ich hab diesen Abend schon lange meiner Freundin versprochen,
sorry, geht echt nicht!' 21 Der Angestellte erzählte seinem Chef von den
Gesprächen und den Entschuldigungen. Der wurde voll sauer und sagte
zu ihm: ‚Dann geh los auf die Straßen, zum Hauptbahnhof und unter
die Brücken. Lade alle Penner, Junkies, alle Kranken und Behinderten zu
mir ein und bring sie hierher!' 22 Gesagt, getan, und als er wieder da war,
meinte er zum Gastgeber: ‚Ist erledigt. Es sind aber immer noch Plätze
frei!' 23 ‚Dann geh los und lade jeden ein, der kommen will, geh auf die
Straßen und in die Clubs, geh in jede Kneipe und lade alle ein, damit die
Bude voll wird! 24 Ich kann euch sagen, Leute: Keiner der Menschen, die
von Anfang an eingeladen waren, wird von den fetten Sachen, die ich
vorbereitet hatte, auch nur einen Nachtisch abkriegen.'"

Radikal mit Gott leben, das bringt es!

25 Sehr viele Leute waren mit Jesus unterwegs. Irgendwann drehte er
sich mal zu ihnen um und sagte: 26 „Wer mit mir leben will, muss einen

radikalen Schnitt mit seiner Vergangenheit machen. Er muss mich mehr
lieben als seinen Vater und seine Mutter, seine Frau und seine Kinder,
mehr als seine Brüder und seine Schwestern. Er muss mich sogar mehr
lieben als sich selbst. Nur so kann er wirklich zu mir gehören und mein
Schüler sein. 27 Wer nicht bereit ist, die Schwierigkeiten auszuhalten,
die er bekommen wird, und mit mir radikal lebt, der gehört nicht zu
mir. 28 Wenn sich jemand ein Haus bauen will, dann rechnet er doch
auch erst mal zusammen, wie viel Kohle er dafür braucht und ob er die
überhaupt zusammenkriegt. 29 Sonst steht zwar das Fundament, aber
er kann nicht zu Ende bauen, weil das Konto leer ist. Die Leute würden
ihn auslachen: 30 ‚Ein ganzes Haus wollte er bauen? Jetzt ist gerade mal
ein Fundament draus geworden.' 31 Oder welche Regierung würde einem
anderen Staat den Krieg erklären, wenn die Minister nicht wenigstens
vorher beraten hätten, ob ihre Armee überhaupt dazu in der Lage ist,
diesen Krieg zu gewinnen? Ob sie es mit einem Flugzeugträger schaf-
fen würden, einen Krieg gegen ein Land mit zwei Flugzeugträgern zu
gewinnen? 32 Wenn die Rechnung nicht aufgeht, dann wird er dem Feind
einen Unterhändler vorbeischicken, um die Friedensbedingungen aus-
zuhandeln. 33 Darum sag ich euch noch mal: Überlegt euch das gut, ob
ihr wirklich bereit seid, alles für mich aufzugeben und radikal mit mir
zu leben. 34 Anderes Beispiel: Salz ist wichtig zum Würzen von Essen,
aber wenn es nicht mehr salzig ist, kannst du es in die Tonne hauen, es
bringt's nicht mehr. 35 Salz ohne Wirkung ist für nichts zu gebrauchen.
Noch nicht mal als Dünger taugt es. Es gibt nur einen Ort, wo es hinge-
hört: Auf den Müll! Jeder, der mir gut zuhört, soll auch kapieren, was ich
sage!"

15

Die Geschichte von der Katze, die verschwunden war

1 Oft kamen irgendwelche Geldeintreiber und andere Leute, die überall
total unbeliebt waren, zu Jesus, um ihm zuzuhören. 2 Die Pharisäer und
die Theologen fanden es total uncool, dass er sich mit so einem Pack
überhaupt abgab. 3 Deshalb brachte Jesus mal wieder einen Vergleich:
4 „Mal angenommen, jemand hat zwanzig Katzen, und eine davon wür-
de aus dem Fenster springen und weglaufen, dann würde er sofort die
neunzehn alleine zu Hause lassen, um das eine Kätzchen zu suchen!
5 Wenn er es schließlich auf einem Baum gefunden hat, wird er sich tie-
risch freuen, es auf den Arm nehmen, lange streicheln und es dann wie-
der nach Hause bringen. 6 Zu Hause wird er erst mal ein paar Freunde
anrufen und die Nachbarn einladen, um jedem diese gute Nachricht zu
erzählen: ‚Ich hab mein Kätzchen wiedergefunden!' 7 Genauso steigt

eine große Party im Himmel wegen jedem verlorenen Menschen, der
zu Gott zurückfindet – im Gegensatz zu den neunzehn anderen, die es
nicht nötig hatten umzudrehen. 8 Noch ein anderes Beispiel: Eine Frau
hat tausend Euro gespart und in einem Umschlag irgendwo versteckt.
Plötzlich ist das Ding weg. Wird sie da nicht alle Lampen anmachen und
die Schränke durchwühlen, bis sie die tausend Euro wiedergefunden
hat? 9 Und wenn sie die dann wiederfindet, wird sie nicht vor Freude
total abgehen, ihre Freundin anrufen, damit die sich mitfreuen kann,
weil das Geld wieder da ist? 10 Ganz genauso freut man sich im Himmel,
wenn auch nur ein Mensch, der nicht an Gott geglaubt hat, damit an-
fängt, sein Vertrauen auf ihn zu setzen."

Die Geschichte von den zwei Söhnen

11 Jesus erzählte mal wieder eine Geschichte: „Es gab mal einen Mann,
der hatte zwei Söhne. 12 Irgendwann sagte der jüngere Sohn zum Vater:
‚Papa, ich möchte die fünfzig Prozent von deinem Vermögen, die ich
sowieso mal erben werde, jetzt schon ausbezahlt bekommen!' Der Vater
war einverstanden und zahlte ihm das Geld aus. 13 Ein paar Tage später
packte der Sohn seine Sachen zusammen und ging auf Weltreise. Er
lebte in Hotels und in Spielcasinos, verzockte sein ganzes Vermögen in
Clubs und auf Partys, bis er pleite war. 14 In der Zeit gab es plötzlich eine
große Wirtschaftskrise im Land, die Lebensmittel wurden unbezahlbar
und viele Menschen hatten nichts zu essen. Auch der Sohn hatte Hun-
ger. 15 Immerhin bekam er einen Job als Toilettenmann bei McDonalds.
16 Der junge Mann war so hungrig, dass er am liebsten die Abfälle
gegessen hätte, die die Restaurantbesucher in den Müll warfen, aber
noch nicht mal das durfte er. 17 Schließlich überlegte er hin und her: ‚Zu
Hause bei meinem Vater bekommt jeder Arbeiter ein Mittagessen und
ich sterbe hier fast vor Hunger! 18 Die beste Idee ist es wahrscheinlich,
wieder nach Hause zu gehen. Dann sag ich zu ihm: Papa, ich habe gro-
ßen Mist gebaut, ich hab mich von dir und von Gott abgewandt! 19 Ich
hab es auch nicht mehr verdient, zu deiner Familie zu gehören. Aber gib
mir bitte irgendeinen Job in deiner Firma.' 20 Also ging er wieder zurück
zu seinem Vater. Schon von weitem sah der Vater seinen Sohn ankom-
men. Mit Tränen in den Augen lief er ihm sofort entgegen, umarmte
und küsste ihn. 21 Der Sohn sagte sofort: ‚Papa, ich hab großen Mist
gebaut! Ich hab mich falsch verhalten dir und Gott gegenüber, ich hab
es echt nicht mehr verdient, dein Sohn genannt zu werden.' 22 Sein Vater
hörte ihm aber gar nicht richtig zu, er rief nur schnell ein paar Angestell-
te zu sich und beauftragte die: ‚Los jetzt, bringt den besten Anzug her,
den ich im Schrank hängen habe. Holt ein paar gute Schuhe und den

Familienring. 23 Fahrt das beste Essen auf, die Sachen, die wir extra für
einen besonderen Anlass aufbewahrt haben! 24 Es gibt einen Grund zum
Feiern! Mein Sohn war schon so gut wie tot, aber jetzt ist er wieder hier
und lebt, ich hatte ihn schon aufgegeben, aber er ist zurückgekommen!‘
25 In der Zeit war der ältere Sohn noch bei der Arbeit. Als er nach Hause
kam, hörte er schon von weitem, dass da ’ne Party am Start war. 26 Er
fragte einen der Hausangestellten, was da los sei. 27 ‚Ihr Bruder ist wie-
der da! Ihr Vater hat eine große Party organisiert und hat das ganz be-
sonders große kalte Büfett kommen lassen, das für besondere Anlässe.‘
28 Aber der ältere Bruder war total angefressen und blieb sauer draußen
stehen. Schließlich kam der Vater raus und fragte ihn: ‚Warum kommst
du nicht rein, mein Junge?‘ 29 ‚Man, Vater! Wie viele Jahre arbeite ich
jetzt schon für dich? Ich hab immer alles getan, was du wolltest, hab
malocht wie ein Blödmann, als würde ich dafür bezahlt werden. Aber
ich durfte die ganze Zeit nicht einen Grillabend mit meinen Freunden
machen, weil du mir noch nicht mal ein paar Würstchen dafür zur Verfü-
gung gestellt hast. 30 Jetzt kommt dein anderer Sohn, der immerhin dein
ganzes Geld mit Nutten und Partyleben verzockt hat, und du fährst hier
die Sachen auf, die eigentlich nur für ganz besondere Anlässe gekauft
wurden.‘ 31 Sein Vater sah ihn an und meinte nur: ‚Mein Lieber, du bist
mir immer sehr nahe gewesen! Alles, was mir gehört, gehört auch dir!‘
32 Aber lass uns heute eine große Party feiern! Dein Bruder war für uns
schon so gut wie tot, aber jetzt lebt er wieder, wir hatten ihn schon auf-
gegeben, aber er hat den Weg zurückgefunden.‘“

16

Ungewöhnliche Arten, mit Geld umzugehen

1 Jesus erzählte danach seinen Schülern noch ’ne Geschichte: ‚Ein
Millionär hatte einen Mann angestellt, der sich nur um die Verwaltung
seines Vermögens kümmern sollte. Irgendwann entdeckte er Belege
von privaten Autokäufen und anderen Sachen. Es war eindeutig: Der
Mann war ein Betrüger! 2 Er orderte ihn ins Büro und stellte ihn zur
Rede: ‚Sie betrügen mich! Ich möchte sofort alle Abrechnungen seh-
en! Außerdem sind Sie gefeuert!‘ 3 Der Mann überlegte sich, was er
am geschicktesten tun sollte. ‚Ich bin rausgeflogen, aber zu einem Job
auf’m Bau bin ich körperlich nicht in der Lage, und um mich auf die
Straße zu stellen und zu betteln, bin ich zu stolz. 4 Ich hab ’ne Idee,
wie ich klarkommen könnte, wenn ich arbeitslos bin. Dann lassen mich
die Leute, die meinem Chef Geld schulden, bei sich wohnen.‘ 5 Dann
telefonierte er rum und sprach mit den Leuten, die dem Millionär noch
Geld schuldeten. Zu dem Ersten sagte er: ‚Wie viel Geld schulden Sie

ihm?‘ 6 ‚10 000 Euro!‘ – ‚Okay, dann füllen Sie bitte dieses Formular aus,
es sind nur noch 5 000!‘ 7 Dann redete er mit dem Nächsten und fragte
den auch: ‚Wie viel Geld schulden Sie meinem Chef?‘ – ‚1 000 Euro!‘,
war die Antwort. – ‚Okay, machen wir mal 800 draus!‘, sagte der Mann.“
8 Jesus fand die Idee echt gut, sich durch wirkliche Hilfe Freunde zu
machen. Er meinte, dass die ungläubigen Leute oft klüger im Umgang
mit ihren Mitmenschen sind als die gläubigen Menschen, die zu Gott
gehören. 9 Er sagte: „Nutzt eure Kohle für Gott, setzt sie schlau ein.
Helft damit anderen Menschen, das wird sich irgendwann im Himmel
auszahlen. 10 Wer mit wenigen Sachen gut umgehen kann, wird auch
mit viel gut klarkommen. Wenn ihr aber bei eher unwichtigen Sachen
schon unkorrekt arbeitet, dann wird man euch auch nie etwas Großes
anvertrauen können. 11 Wenn ihr mit Geld und den Sachen anderer
Leute schon nicht korrekt umgeht, wer wird euch dann die richtig fetten
Sachen aus dem Himmel anvertrauen? 12 Und wenn ihr mit den Sachen
von fremden Leuten nicht richtig umgeht, wer von euch wird euch da
noch sein eigenes Geld zur Verfügung stellen? 13 Niemand kann gleich-
zeitig in zwei unterschiedlichen Teams gegeneinander spielen. Er wird
immer das eine hassen und das andere lieben. Ihr könnt nicht das tun,
was Gott will, und zugleich auch das, was das Geld von euch verlangt.“
14 Die Pharisäer, denen Geld superwichtig war, verarschten Jesus, als sie
das hörten. 15 Darum sagte er zu ihnen: „Wenn alle zugucken, wollt ihr
gut aussehen, aber Gott weiß genau, was in euch vorgeht. Was für Men-
schen eine große Sache ist, findet Gott superätzend. 16 Bis Johannes
angefangen hat zu reden, habt ihr nur auf die Gesetze vom Mose gehört
und auf das, was die Propheten gesagt haben. Jetzt wird von Gottes
neuer Zeit geredet, und alle wollen unbedingt dabei sein. 17 Ihr dürft
aber eins nicht vergessen: Selbst wenn diese Welt mal explodiert und
das Universum verschwindet, die Gesetze von Gott behalten bis ins
kleinste Detail immer ihre Gültigkeit. 18 Wenn jetzt jemand seine Frau
rausschmeißt und eine andere heiratet, der hat Ehebruch begangen.
Und das gilt auch für denjenigen, der eine geschiedene Frau heiratet.“

Die Geschichte mit dem reichen Mann und dem armen Lazarus

19 „Es gab mal einen schwerreichen Mann, der trug immer nur die teu-
ersten Klamotten von Armani und lebte im totalen Luxus. 20 Direkt vor
seinem Haus wohnte ein Penner, der Lazarus hieß. Lazarus war schwer-
krank, hatte überall offene Geschwüre und so. 21 Lazarus ernährte sich
vom Müll, den er aus der Tonne vom reichen Mann fischte. Um ihn herum
lebten Hunde, die oft ankamen und seine offenen Wunden ableckten,
wenn er schlief. 22 Schließlich starb der Lazarus und wurde von ein paar

Engeln abgeholt, die ihn zu Abraham brachten; an einen Ort, wo alles gut
wird. Auch der reiche Mann starb und wurde beerdigt. 23 Als er dann im
Totenreich ankam und es ihm dort total ätzend ging, sah er ganz weit weg
Lazarus, wie der sich in Abrahams Arme kuschelte. 24 Da brüllte er los:
‚Lieber Vater Abraham, bitte hilf mir! Sag doch dem Lazarus, er soll mir
nur mal einen Spritzer Wasser vorbeibringen, damit ich wenigstens meine
Lippen etwas nass machen kann! Ich leide hier Höllenqualen!‘ 25 Abra-
ham sagte: ‚Mein Sohn, hast du schon vergessen, wie gut es dir im Leben
ging? Du hattest wirklich alles, was du wolltest, Lazarus hatte aber nichts.
Jetzt ist es umgekehrt, ihm geht es gut und dir schlecht. 26 Außerdem ist
da ein Riesen-Graben zwischen uns. Keiner kann da so mal eben rüber,
selbst wenn er es wollte. Umgekehrt ist es genauso.‘ 27 ‚Okay, Abraham,
aber dann bitte ich dich inständig, Lazarus zum Haus meiner Eltern zu
schicken. 28 Ich hab fünf Brüder, und ich möchte nicht, dass sie auch hier
landen, an diesem üblen Ort, und sich quälen müssen, wenn sie sterben!‘
29 Abraham schüttelte den Kopf: ‚Die sind schon mehr als genug von
Mose und den Propheten gewarnt worden. Wenn sie sich richtig infor-
miert hätten, wüssten sie Bescheid.‘ 30 Der Reiche fing an zu diskutieren:
‚Aber Abraham, wenn sie jetzt einem Toten begegnen würden, der ihnen
sagt, was Sache ist, dann würden sie bestimmt ihr Leben ändern!‘ 31 ‚Also,
wenn sie auf Mose und die Propheten nicht gehört haben, dann wird sie
ein Toter auch nicht überzeugen können.‘“

17

Vergeben ohne Ende

1 An einem Tag sagte Jesus mal zu seinen Schülern: „Es wird immer
Situationen geben, wo ihr dazu verführt werdet, Sachen zu machen,
die Gott nicht will. Übel wird es nur für die Menschen werden, die aktiv
dafür sorgen, dass ihr verführt werdet. 2 Aber echt jetzt, für solche Leute
wäre es besser, man würde sie mit einem Betonklotz an den Füßen ins
Meer schmeißen, als dass sie Leute verführen, die wie ein Kind an mich
glauben. 3 Leute, passt auf! Wenn dein Bruder etwas gegen dich getan
und dich verletzt hat, dann sag ihm das. Und wenn es ihm Leid tut,
dann vergib ihm das auch. 4 Und wenn er täglich siebenmal link zu dir
ist, es ihm aber jedes Mal am Ende Leid tut, dann musst du ihm auch
vergeben.“

Wenig Vertrauen reicht aus

5 Die Schüler von Jesus hatten mal eine Bitte: „Jesus, kannst du unser
Vertrauen in Gott nicht größer machen?“ 6 „Wenn euer Vertrauen nur so
groß wäre wie ein kleiner Same von einer Senfpflanze, dann könntet ihr

jetzt zu diesem Baum da sagen: ‚Du sollst dich jetzt selber rausreißen und auf den Müllhaufen schmeißen', und genau das würde passieren!"

Was normal sein sollte

7 „Wie ist das denn bei euch?", wollte Jesus wissen. „Wenn ihr eine Putz-
hilfe angestellt habt und die ist mit ihrer Arbeit fertig, ladet ihr sie dann
direkt ein, mit am Abendbrottisch Platz zu nehmen und mit euch zu
essen? 8 Oder sagt ihr: ‚Geh duschen, zieh dich erst mal um und hilf in
der Küche. Wenn ich fertig bin, dann kannst du auch was essen und trin-
ken'? 9 Kann der Angestellte erwarten, dass man ihm besonders dankbar
ist? Er tut ja schließlich nur seinen Job. 10 Das gilt auch für euch. Wenn
ihr macht, was ich euch sage, sollte euch dabei bewusst sein, dass ihr
euch deswegen keinen Orden verdient habt. Ihr habt nur das getan, was
man von euch erwartet."

Zehn Leute, die eine unheilbare Krankheit haben, werden geheilt

11 Auf dem Weg nach Jerusalem kam Jesus durch das Grenzgebiet zwi-
schen Samaria und Galiläa. 12 Als er dort in ein Dorf kam, standen zehn
Menschen rum, die eine sehr ansteckende und unheilbare Krankheit
hatten: Lepra. 13 Sie brüllten gleich los, als sie Jesus sahen: „Jesus, gro-
ßer Meister, bitte helfen Sie uns!" 14 Er sah sie an und sagte zu ihnen:
„Geht mal zum Priester und lasst euch von dem untersuchen!" Und
auf dem Weg dahin wurden sie alle plötzlich gesund! 15 Aber nur einer
von den zehn kam zurück zu Jesus, um sich bei ihm und bei Gott zu
bedanken. Auf dem Weg rief er immer wieder: „Danke, Gott! Ich bin
gesund!" 16 Er kniete sich vor Jesus hin und bedankte sich bei ihm.
Dieser Mann kam aus Samarien. 17 Jesus fragte ihn dann: „Sag mal, wo
sind die anderen neun Leute, die ich auch geheilt habe, ihr wart doch
mal zehn? 18 Bist du als Ausländer der Einzige, der zurückgekommen
ist? 19 Jetzt geh! Weil du so ein Vertrauen gehabt hast, bist du gesund
geworden."

Wann startet das Land, in dem Gott das Sagen hat?

20 Die Pharisäer wollten von Jesus irgendwann mal wissen: „Wann geht
das eigentlich los mit diesem neuen Land, in dem Gott das Sagen hat?"
– „Diese neue Zeit wird nicht so anfangen, dass man jetzt irgendwie wis-
senschaftlich belegen könnte, es wäre so weit", antwortete Jesus. 21 „Kei-
ner wird ankommen und sagen können: ‚Da drüben ist es gerade losge-
gangen.' Ihr sollt ruhig wissen, dass sie im Grunde schon angefangen
hat. Dieses Land ist bereits da." 22 Später ergänzte Jesus das noch mal,
als er zu seinen Schülern redete: „Leute, es wird mal eine Zeit geben, da

würden meine Freunde alles dafür tun, um nur noch einmal einen Tag zu
erleben, wo der Menschensohn* leibhaftig bei ihnen wäre, aber das geht
dann nicht mehr. 23 Es wird in den Nachrichten gemeldet werden, dass
er jetzt wieder da wäre oder dass er an einem bestimmten Ort wohnen
würde. Wenn so was gesagt wird, glaubt es nicht. Ihr braucht dann auch
nicht nach ihm zu suchen. 24 Denn wenn er wiederkommt, wird das mit
einem Riesenknall passieren, alle werden es mitkriegen. 25 Vorher muss
er aber noch etwas ganz Schlimmes durchmachen, er muss ertragen,
dass wirklich alle plötzlich keinen Bock mehr auf ihn haben. 26 Wenn das
passieren wird, herrschen Zustände in der Welt wie damals bei Noah.
27 In der Zeit waren auch alle Menschen nur damit beschäftigt, Partys zu
feiern und den Partner fürs Leben zu finden. Bis Noah sein Schiff fertig
hatte, einstieg und die Flut kam – und die ganze Welt ist ersoffen. 28 Man
könnte diese Zeit auch mit der von Lot vergleichen. Damals hatte jeder
normal zu essen und zu trinken, jeder konnte Handel betreiben, auch die
Bauern hatten genug zu tun. 29 Bis zu dem Tag, an dem Lot die Stadt So-
dom verlassen hatte. Da ging es dann plötzlich ab, Schwefelwolken und
Lavaströme kamen vom Himmel, die ganze Stadt wurde dem Erdboden
gleichgemacht. 30 Genauso wird das abgehen, wenn der Menschensohn*
wiederkommt. 31 Wer zu dem Zeitpunkt gerade unterwegs ist, sollte nicht
kurz nach Hause gehen, um seine Sachen zu packen. Und wer gerade auf
der Arbeit ist, sollte auch nicht erst nach Hause fahren. 32 Bitte vergesst
nicht, was damals mit der Frau von Lot passiert ist, als sie noch mal zu-
rücksehen wollte! 33 Wer mit aller Kraft um sein Leben kämpft, der wird es
verlieren. Aber wer sein Leben für Gott verliert, genau der wird ein neues
Leben bekommen, ein Leben, das nie aufhört. 34 Eine Sache sollt ihr wis-
sen: Wenn in dieser Nacht zwei Leute in einem Bett übernachten, kann
es sein, dass der eine bei Gott landet und der andere alleine zurückbleibt.
35/36 Wenn zwei Frauen zusammen am Fließband stehen, ist die eine
plötzlich weg und die andere bleibt da." 37 „Meister, wo wird das passie-
ren?", wollten seine Schüler wissen. „Wenn schwarze Wolken aufziehen,
weiß man, dass es regnen wird. Und wenn ich wiederkomme, werdet ihr
wissen, dass ich es bin."

18

Bei Gott auch mal rumnerven

1 Jesus benutzte irgendwann mal wieder einen Vergleich, um klar zu
machen, dass man beim Beten auch mal rumnerven sollte und so
lange durchbeten, bis Gott handelt. 2 „In einer Stadt lebte ein Typ, der

---

* Siehe Erklärung S. 24.

am Gerichtshof den Job eines Richters hatte. Er war bekannt als harter Hund, dem total egal war, was Gott und die Menschen über ihn dachten. [3] Eine alleinstehende Frau, deren Mann vor einiger Zeit gestorben war, erhob Anklage gegen jemanden, der sie betrogen hatte. Dafür kam sie immer wieder persönlich in das Büro des Richters, um ihm zu sagen: ‚Bitte helfen Sie mir, zu meinem Recht zu kommen!' [4] Der Richter schob den Fall immer wieder beiseite. Weil die Frau aber jeden Tag auf der Matte stand und rumnervte, sagte er sich schließlich: ‚Also Gott und die Menschen sind mir eigentlich total egal, [5] aber diese Alte raubt mir echt den letzten Nerv! Ich werde ihren Fall vorziehen und schnell über die Bühne bringen, damit sie mich endlich in Ruhe lässt!'
[6] Kapiert ihr, was ich damit sagen will?", fragte Jesus. [7] „Wenn selbst so ein ätzender Richter bereit ist, so jemandem Recht zu verschaffen, dann wird Gott doch erst recht sofort zur Stelle sein, wenn seine auserwählten Leute ihn Tag und Nacht um etwas bitten. [8] Ich garantiere euch, er wird sofort ankommen und für Recht sorgen! Die Frage ist für mich also nicht so sehr, ob Gott handelt, sondern vielmehr, wie viele Leute noch da sein werden, die dem Menschensohn* auf diese Art und Weise vertrauen, wenn er dann irgendwann auf die Erde zurückkommen wird.

Noch ein Vergleich zum Thema Beten

[9] Jesus erzählte mal wieder eine Geschichte. Er wollte diesmal einen Text in Richtung der Menschen ablassen, die sich für die Coolsten überhaupt hielten und auf alle anderen runtersahen. [10] „Also, da waren mal zwei Leute, die im Tempel 'ne Runde beten wollten. Der eine gehörte zu den Pharisäern, der andere war ein Geldeintreiber, der für die Besatzungsmacht die Steuern einzog. [11] Der Pharisäer fing an zu beten und sagte zu Gott: ‚Oh, danke, mein Gott, dass ich nicht so bin wie die anderen hier! Ich habe niemanden bestohlen, ich bin sehr gläubig, ich habe meine Ehefrau nie betrogen, wie gut, dass ich nicht so bin wie dieser Geldeintreiber! [12] Ich faste ja auch zweimal die Woche und gebe immer die vorgeschriebenen zehn Prozent meines Einkommens!' [13] Der Geldeintreiber blieb total schüchtern am Eingang stehen. Er traute sich noch nicht mal, nach oben zu sehen, als er anfing zu beten. ‚Gott, tut mir total Leid, dass ich so viel Mist gebaut habe! Bitte verzeih mir.' [14] Ich schwör euch, dieser Mann wird sauber und ohne irgendwelche Schulden bei Gott zu haben wieder nach Hause gehen können. Der Pharisäer aber nicht. Denn solche arroganten Menschen, die sich selber in den Himmel lo-

---

* Siehe Erklärung S. 24.

ben, werden ganz unten sein; die aber nichts von sich halten, werden
am Ende groß rauskommen.

Jesus liebt Kinder

15 Einmal brachten ein paar Eltern ihre Kinder zu Jesus. Sie wollten, dass
er für die Kleinen betet. Die Schüler von Jesus fanden das aber nicht so
toll, weil sie meinten, Jesus hätte mal Feierabend verdient, und schick-
ten sie einfach wieder weg. 16 Jesus wollte die Kinder aber bei sich haben
und sagte zu ihnen: „Jungs, lasst die Kinder doch mal durch! Schickt sie
nicht weg! Denn so wie sie muss man drauf sein, um in Gottes neuem
Land dabei zu sein. 17 Habt ihr das immer noch nicht kapiert? Wenn je-
mand nicht so draufkommt wie ein Kind und Gott auf diese Art vertraut,
der wird nie in Gottes Land ankommen können."

Zu viel Geld kann Gott im Weg stehen

18 Einmal fragte ein sehr angesagter und reicher Mann Jesus: „Guter
Lehrer, können Sie mir sagen, was ich noch tun muss, um in den
Himmel zu kommen und ewig zu leben?" 19 „Wie kommst du dar-
auf, dass ich gut bin? Es gibt nur einen, der gut ist, und das ist Gott.
20 Aber zu deiner Frage: Du kennst doch die Gesetze von Gott, oder?
‚Du darfst nicht die Ehe brechen, du darfst niemanden töten, du sollst
nicht jemandem was klauen, nicht über andere ablästern, du darfst
nicht rumlügen.'" 21 „Hmm, das hab ich alles befolgt, seit ich ein Kind
bin." 22 „Da gibt es noch eine Sache, die du tun kannst", sagte Jesus
zu ihm. „Verkaufe deine ganzen Sachen, gib die Kohle den Leuten, die
sie dringend brauchen, dann wirst du ein fettes Konto im Himmel da-
für bekommen. Und dann geh mit mir und mach, was ich auch tue."
23 Der Typ wurde voll traurig über die Antwort, weil er sehr viel Geld
hatte. 24 Als er wieder wegging, sah ihm Jesus hinterher und meinte zu
den anderen: „Mann, Leute mit viel Geld haben es echt schwer, in das
neue Land Gottes zu kommen! 25 Wahrscheinlich ist es einfacher, einen
Strick durch ein Türschloss zu kriegen, als dass jemand in den Himmel
kommt, der an seinem Geld total hängt." 26 „Aber wenn es so schwer
ist, dort hinzukommen, wer kann es dann überhaupt packen?", fragten
die Leute, die das gehört hatten. 27 „Was aus dem Blickwinkel eines
Menschen unmöglich ist, ist für Gott ein Kinderspiel!" 28 Petrus wollte
von Jesus wissen: „Wir sind doch aber radikal, oder? Wir haben alles
hinter uns gelassen und sind mit dir gegangen!" 29 „Ja, Petrus, und ich
mach jetzt noch mal 'ne Ansage: Wer sein Zuhause verlassen hat, wer
sogar den Ehepartner, die Geschwister oder die Eltern aufgegeben hat,
weil Gottes Sache wichtiger war, 30 der wird schon jetzt im Leben hier

auf der Erde viel mehr zurückbekommen. Und nach dem Leben wird er
in der Welt, die dann kommt, auch noch mal richtig absahnen, er wird
ewig leben dürfen."

Jesus erzählt seinen Schülern von den Schmerzen, die er ertragen muss

31 Jesus traf sich mit seinen zwölf Schülern und erklärte ihnen etwas:
„Wie ihr wisst, werden wir bald nach Jerusalem gehen. Dort wird das
passieren, was die Propheten über den Menschensohn* schon vor
langer Zeit gesagt hatten. 32 Er wird an die römische Besatzungsmacht
ausgeliefert werden. Man wird ihn nicht ernst nehmen, fertig machen,
schlagen, anspucken und so. 33 Sie werden ihn foltern und töten. Aber
nach drei Tagen kommt sein großes Comeback." 34 Seine Schüler ver-
standen aber kein Wort von dem, was er sagte. Sie kapierten einfach
nicht, was er ihnen damit sagen wollte.

Ein blinder Mann kann wieder sehen

35 Auf dem Weg nach Jericho trafen Jesus und seine Schüler einen
blinden Mann auf der Straße. 36 Der Typ hörte, dass sehr viele Leute
bei ihm vorbeizogen, darum fragte er mal nach, was da gerade abging.
37 Die Leute sagten: „Jesus, aus Nazareth kommt hier vorbei!" 38 Da
fing er sofort wie blöd an zu schreien: „Jesus, aus der Familie vom
David, bitte hilf mir!" 39 Die Leute, die um ihn rumstanden, machten
ihn an: „Halt's Maul!" Er brüllte aber immer lauter: „Jesus, aus der
Familie vom David, bitte hilf mir!" 40 Jesus blieb stehen und fragte
jemanden, ob der ihm den Mann mal herbringen könnte. 41 „Was willst
du denn von mir?", fragte Jesus lächelnd. „Mein Herr, ich möchte so
gerne sehen können!" 42 „Ist in Ordnung, ab jetzt kannst du wieder
sehen. Dein Vertrauen in mich hat dafür gesorgt, dass das passieren
konnte!" 43 Und sofort konnte der Typ wieder sehen! Er zog dann mit
Jesus und dankte die ganze Zeit Gott für seine Heilung. Alle, die dabei
waren und das mitgekriegt hatten, sangen auch Lieder zu Gott und
bedankten sich bei ihm.

19

Die Geschichte vom Zachäus

1 Jesus kam auf seiner Reise auch durch die Stadt Jericho. 2 Da wohnte
ein Typ, der Zachäus hieß. Er war einer von den obersten Steuerein-
treibern und hatte durch seinen Job sehr viel Kohle verdient. 3 Zachäus
war ziemlich klein. Er wollte Jesus unbedingt auch mal sehen, aber es
standen immer irgendwelche Leute davor, die ihm die Sicht versperrten.
4 Darum suchte er sich einen Baum, auf den er raufklettern könnte, um

von da eine bessere Sicht zu haben. Der sollte natürlich auf dem Weg liegen, wo Jesus noch vorbeigehen würde. [5] Als Jesus an dem Baum vorbeikam, sah er ihn da oben sitzen. Er rief ihm zu: „Hey Zachäus, jetzt komm mal runter da! Ich würde mich heute gern bei dir zum Essen einladen!" [6] Zachäus kletterte, was das Zeug hielt, eilig von dem Baum runter und ging total aufgeregt mit Jesus zu sich nach Hause. [7] Die Leute, die das mitbekommen hatten, waren schon wieder am Lästern. „Er will bei so einem Dreckskerl zu Gast sein, obwohl der offensichtlich nicht so lebt, wie Gott das will!", blökten sie rum. [8] Zachäus stellte sich vor Jesus hin und meinte zu ihm: „Jesus, ich werde sofort die Hälfte von meinem Barvermögen an Obdachlose und Sozialhilfeempfänger verteilen. Und wenn ich jemanden in Steuerangelegenheiten betrogen hab, dann geb ich es ihm in der vierfachen Höhe wieder!" [9] Jesus lächelte ihn an: „Heute ist der wichtigste Tag für dich und für deine Familie! Weißt du, warum? Weil Gott dich heute mit in seine Familie aufgenommen hat! Du bist einer von den Söhnen vom Abraham, die verloren waren. [10] Das genau ist meine Aufgabe. Der Menschensohn* ist gekommen, um die Menschen wieder zurück zu Gott zu holen, die aufgegeben wurden oder die sich verirrt haben."

Begabungen und wie man sie einsetzt

[11] Jesus hatte mitbekommen, dass jetzt viele mit irgendwelchen deutlichen Wundern und Zeichen rechneten, bevor sie in Jerusalem waren. Die sollten ja anzeigen, dass Gottes neue Zeit sofort anfangen würde. Deswegen hängte er gleich noch einen Vergleich hintendran. [12] „Also, ein echt reicher Manager von einem gut laufenden Betrieb sollte einmal aus beruflichen Gründen in ein anderes Land reisen. Dort sollte er der Chef über einen ganzen Konzern werden. Später wollte er dann aber wieder zurückkommen. [13] Bevor er abhaute, organisierte er noch schnell ein Meeting mit zehn von seinen Angestellten. Er gab jedem fünftausend Euro und sagte: ‚Nehmt das Geld und macht was draus in der Zeit, wo ich weg bin! Ich komme auf jeden Fall wieder!' [14] Viele Angestellte des neuen Konzerns waren aber total unzufrieden mit ihm. Sie organisierten eine Anti-Demo, um ihn loszuwerden. „Wir wollen diesen Mann hier nicht haben!" [15] Trotzdem übernahm er den Konzern. Als er dann irgendwann wieder zurückkam, organisierte er ein Meeting in seiner alten Firma. Er fragte seine Leute, was sie denn mit der Kohle angestellt hätten. [16] Der Erste, den er zu sich bestellte, erzählte: ‚Chef, ich hab jetzt 50000 Euro auf der Tasche!' [17] ‚Super!', meinte der Typ.

* Siehe Erklärung S. 24.

,Man kann Ihnen anscheinend was anvertrauen. Sie haben aus wenig
viel gemacht, ich werde Sie dafür reichlich belohnen. Sie können jetzt
den obersten Posten über zehn Abteilungen haben!' [18] Der zweite Typ
kam dann an und sagte: ,Chef, ich habe 25 000 Euro draus gemacht!'
[19] ,Supergut!', meinte der Meister. ,Sie können ab sofort die Geschäfte
von zehn Firmen übernehmen, die ich noch im Ausland habe!' [20] Dann
kam zum Schluss noch ein dritter Mann an. Der gab ihm genau den Be-
trag zurück, den er auch bekommen hatte: ,Ich hab das Geld in meinem
Sparstrumpf versteckt, da war es sicher. [21] Weil Sie so streng sind, hatte
ich einfach Angst, ich könnte was verlieren. Sie nehmen sich ja sowieso
alles und kassieren, wo Sie nicht einmal investiert haben.' [22] ,Was für
ein unqualifizierter Angestellter sind Sie denn!', brüllte der Meister los.
,Wenn Sie mich wirklich kennen würden, dann wüssten Sie, dass ich
wirklich streng bin. [23] Sie hätten das Geld ja wenigstens aufs Sparbuch
einzahlen können. Dann wären immerhin noch ein paar Zinsen dazu-
gekommen.' [24] Der Chef sagte zu seinen Leuten: ,Nehmt ihm das Geld
sofort ab! Die 5 000 Euro gebt dem Mann, der 50 000 daraus gemacht
hat.' [25] ,Aber warum denn ausgerechnet an den? Der hat doch schon
mehr als genug?', wollten die anderen wissen. [26] ,Das ist richtig, aber die
Leute, die ihre Sachen optimal einsetzen, die bekommen noch mehr als
das. Die aber ihre Sachen nicht gut nutzen, denen wird das wenige, was
sie haben, auch noch weggenommen. [27] Jetzt kommen wir noch zu den
Leuten, die gegen mich den Aufstand geprobt haben, die nicht wollten,
dass ich der Chef werde: Bringt sie her, sie sollen alle hochkant gefeuert
werden.'"

Großer Bahnhof in Jerusalem

[28] Gleich nachdem Jesus diese Geschichte erzählt hatte, ging er vor sei-
nen Schülern los in Richtung Jerusalem. [29] In der Nähe der Dörfer Bet-
fage und Betanien gleich beim Ölberg um die Ecke schickte er zwei von
seinen Leuten schon mal vor. [30] „Gleich hinterm Ortseingang werdet ihr
einen recht jungen Esel sehen, auf dem ist bisher noch niemand gerit-
ten. Den bringt mal her. [31] Falls jemand nachfragt, dann sagt einfach:
,Ist für den Meister, der braucht den!'" [32] Die Schüler fanden alles genau
so, wie Jesus gesagt hatte. [33] Als sie ihn losgebunden hatten, kam der
Besitzer vorbei und sagte: „Hey, was macht ihr da mit meinem Esel?"
[34] „Der ist für den Meister, der braucht den!", sagten sie. [35] Dann brach-
ten sie den Esel zu Jesus. Einige legten ihm ein paar Decken über den
Rücken, damit Jesus besser draufsitzen konnte. [36] Die Zuschauer am
Weg feierten Jesus wie einen Star, sie legten sogar ihre Kleidung vor ihm
auf den Weg. [37] Als der Zug in der Höhe vom Ölberg angekommen war

und Jerusalem vor ihm lag, feierten die Leute Jesus wie einen Helden.
Sie sangen fröhliche Lieder und freuten sich über die krassen Wunder,
die sie mit Jesus erlebt hatten. 38 Sie riefen durcheinander: „Da kommt
der Superstar! Unser König! Gott hat ihn vorbeigeschickt! Gott will Frie-
den! Gott ist der Größte!“ 39 Ein paar der Pharisäer fanden das gar nicht
so toll. „Sag den Leuten, sie sollen sofort damit aufhören!“, meinten sie
zu ihm. 40 Aber Jesus antwortete: „Wenn es die Leute nicht rufen wür-
den, dann würden es die Steine tun.“

Jesus weint wegen Jerusalem

41 Als Jesus den Panoramablick von Jerusalem vor sich sah, fing er plötz-
lich an zu weinen. 42 „Mann, Jerusalem, das Glück war dir so nahe, der
Frieden lag um die Ecke, aber jetzt ist es zu spät, du wirst nie Frieden
finden. 43 Es wird eine Zeit geben, da wirst du von Feinden umzingelt
werden, sie werden dich einmauern und von allen Seiten belagern. 44 Sie
werden dich und alle deine Einwohner plattmachen, nichts wird mehr
übrig bleiben, nur weil du deine Chance nicht erkannt hast.“

Jesus räumt im Tempel auf

45 Als Jesus dann später den Tempel in Jerusalem betrat, ging der Punk
ab. Er pogte überall rum, warf die Verkaufsstände um und schmiss die
Verkäufer im hohen Bogen raus. 46 Er brüllte sie an: „In meinem Haus
sollte gebetet werden, aber ihr habt daraus einen Konsumtempel ge-
macht!“ 47 Jeden Tag hielt er dort Unterrichtsstunden. Den Theologen,
den obersten Priestern und der Leitungsebene des Volkes passte das
überhaupt nicht in den Kram. Sie versuchten die nächstbeste Gelegen-
heit zu finden, um ihn töten zu lassen. 48 Aber da gab es noch keine
Chance. Die Menschen hingen an seinen Lippen und hörten auf das,
was er sagte.

20

Wer hat Jesus so eine große Vollmacht ausgestellt?

1 Jesus war mal wieder im Tempel, um da von den guten Sachen über
Gott zu erzählen. Die Oberpriester, die Theologen und die Leitungs-
ebene der Israelis kamen an, um mal wieder eine Frage loszuwerden:
2 „Wer hat Ihnen eigentlich diese Vollmacht dafür ausgestellt, dass Sie
die Verkäufer so mal eben aus dem Tempel rausschmeißen dürfen, wer
hat Ihnen das erlaubt?“ 3 „Ich stell mal eine Gegenfrage, ja?“, sagte Jesus
stattdessen. 4 „Wie war das mit der Taufe, die Johannes gemacht hat?
Hat er das getan, weil er da gerade Lust drauf hatte, oder war das Gottes
Ding?“ 5 Jetzt wurde erst mal beraten, was sie antworten sollten. „Wenn

wir sagen, es war Gottes Ding, dann wird er uns fragen, warum wir nicht
auf Johannes gehört haben. 6 Wenn wir aber sagen, er hat das getan,
weil er da gerade Lust zu hatte, dass es nur eine menschliche Idee war,
dann kriegen wir richtig Ärger mit der Bevölkerung. Die werden uns dann
bestimmt lynchen, denn alle glauben, dass Johannes ein Prophet war."
7 „Also, keine Ahnung, das wissen wir nicht", war dann ihre Antwort.
8 „Okay, dann brauch ich ja auf die Frage auch keine Antwort zu geben."

Der Vergleich mit einem Typ, dem ein Weinberg gehört

9 Jesus erzählte den Leuten wieder eine Geschichte: „Ein Mann bepflanz-
te einen Berg mit Weinstöcken. Dann verpachtete er das Teil an ein paar
Weinbauern und ging für längere Zeit ins Ausland. 10 Als Erntezeit ange-
sagt war, schickte der Typ einen seiner Angestellten zu den Weinbauern,
um den abgesprochenen Erlös abzukassieren. Als der Angestellte ankam,
prügelten die Bauern ihn aber grün und blau und schickten ihn ohne
Geld nach Hause. 11 Der Typ schickte noch mal jemanden los, aber der
wurde genauso behandelt wie der erste. Sie verprügelten ihn und lachten
ihn aus, dann wurde er wieder weggeschickt. 12 Zum dritten Mal schickte
er einen Angestellten von ihm los, aber es passierte wieder das Gleiche,
er wurde verprügelt und rausgeschmissen. 13 ‚Was nun?', fragte sich der
Besitzer. Schließlich kam er auf die Idee: ‚Ich werde meinen einzigen
Sohn, den ich über alles liebe, damit beauftragen. Wenn sie den sehen,
werden sie bestimmt vor ihm Respekt haben!' 14 Als die Weinbauern
mitkriegten, dass der Sohn gleich kommen würde, heckten sie einen
Plan aus: ‚Da kommt der Junge, der mal alles erben wird. Wenn wir den
töten, gehört der Weinberg uns!' 15 Und als der da war, jagten sie ihn
vom Weinberg und töteten ihn. Was meint ihr, wie wird der Besitzer jetzt
reagieren? 16 Ich schwör euch, er wird hier alles plattmachen und den
Weinberg an jemand anders verpachten!" – „Oh nein", riefen die Leute
panisch, „das darf auf keinen Fall passieren!" 17 „Was meint ihr denn, was
mit dieser Bemerkung in den alten Schriften gemeint ist, wo steht: ‚Der
Stein, mit dem die Bauarbeiter nichts anfangen konnten und den sie auf
den Müll geschmissen haben, der ist als Grundstein und Maßstab für ein
neues Haus genutzt worden'?" 18 Und dann sagte Jesus abschließend:
„Wer über diesen Stein stolpert, wird in den Tod stürzen, und wer von
ihm getroffen wird, der wird plattgemacht und muss sterben!"

Gott geben, was ihm gehört

19 Nachdem Jesus diesen Vergleich erzählt hatte, waren die Oberpriester
und die Theologen total abgefressen auf Jesus, am liebsten hätten sie
ihn sofort verhaften lassen. Ihnen war klar, dass mit den Bauern in der

Geschichte sie gemeint waren. Sie hatten aber Angst vor der Reaktion der Bevölkerung auf eine Festnahme. [20] Sie suchten die nächstbeste Gelegenheit, um Jesus in eine Falle zu locken. Unter anderem organisierten sie ein paar Leute, die sich einfach dazustellten, wenn Jesus am Reden war. Es ging darum, Informationen zu sammeln, die gebraucht wurden, um eine Anklage gegen ihn bei der Besatzungsmacht zu rechtfertigen. [21] Diese Leute kamen dann bei Jesus an und fragten ihn: „Meister, wir wissen, dass die Sachen, die Sie erzählen, gut durchdacht und richtig sind. Ihnen ist egal, was die Leute hören wollen, Sie erzählen geradeheraus die Dinge über das Leben mit Gott. Alles, was Sie sagen, stimmt. [22] Jetzt haben wir noch eine Frage bezüglich der Steuer: Will Gott, dass wir an diesen gottlosen römischen Staat Steuern bezahlen, oder will er das nicht?" [23] Jesus merkte sofort, dass er aufs Glatteis geführt werden sollte. [24] „Zeigen Sie mir doch mal eine Münze! Was für ein Typ ist da drauf abgebildet und wessen Name steht darunter?" – „Na, der vom römischen Kaiser", war die Antwort. [25] „Also, dann gebt dem Kaiser, was ihm gehört. Und vergesst auch nicht, Gott das zu geben, was ihm gehört!" [26] Damit war alles gesagt. Sie schafften es nicht, Jesus vor allen auszutricksen. Die waren echt baff und sagten erst mal nichts mehr.

Zum Thema, was nach dem Tod passiert

[27] Jetzt kamen ein paar Jungs von der Sadduzäer-Partei an, die nicht daran glauben, dass man nach dem Tod bei Gott lebt. [28] Die hatten auch eine Frage an ihn: „Meister, Mose hatte uns mal diese Ansage gemacht: Wenn ein Ehemann stirbt und eine Frau ohne Kinder hinterlässt, dann soll sein Bruder die Frau heiraten. Auf diese Art hat er dann indirekt auch Kinder, denen er etwas vererben kann. [29] Nehmen wir mal an, da ist einer, der noch jüngere sechs Brüder hat. Und der stirbt, ohne ein Kind in die Welt gesetzt zu haben. [30] Sein Bruder heiratet nun die Frau, aber er stirbt auch plötzlich. [31] Das Gleiche passiert jetzt genauso mit den anderen Brüdern, bis alle sieben die Frau geheiratet haben und gestorben sind, ohne ihr ein Kind zu machen. [32] Am Ende stirbt dann auch die Frau. [33] Jetzt kommt unsere Frage: Mit wem wird sie dann in der Welt nach dem Tod verheiratet sein, wenn wir alle wieder lebendig werden? Sie war ja immerhin mit sieben Männern verheiratet?" [34] „Hier auf der Erde heiraten Leute und werden verheiratet, das ist normal", antwortete Jesus. [35] „Aber in der Welt, die in der Zukunft mal an den Start kommt, wird das ganz anders sein. Die Leute, die es packen und die für Gott okay sind, die werden in dieser Welt leben. Und dort wird nicht mehr geheiratet, [36] weil man auch nicht mehr sterben kann. Man

wird dort so einen Engelsstatus haben, man wird zu Gottes Familie
gehören, die in ein neues Leben durchstarten kann. 37 Die Frage, ob es
generell möglich ist, vom Tod wieder lebendig zu werden, hat Mose ja
schon beantwortet, als er diese Erscheinung in der brennenden Dornen-
hecke gehabt hat. Da hat er ja Gott als den Meister von Abraham, Isaak
und Jakob bezeichnet. 38 Weil Gott nur für lebendige Menschen da ist
und nicht für Tote, müssen seine Vorfahren für ihn zu diesem Zeitpunkt
lebendig gewesen sein." 39 „Gut gesprochen!", meinten die Theologen
zu ihm. 40 Jetzt hatte erst mal keiner mehr irgendeine Frage an ihn ...

Wer ist der Auserwählte, wer ist der Christus?

41 Jesus stellte seinen Zuhörern eine Frage: „Wie kommt ihr eigentlich
darauf, dass der Auserwählte aus der Familie vom David kommen soll?
42 David hat doch selbst in den Psalmen geschrieben: ‚Der Meister
sagte zu meinem Meister: Setz dich auf die Ehrentribüne, direkt neben
mich. 43 Ich werde deine Feinde demütigen, bis sie dir die Füße küssen.'
44 Wenn David aber Meister zu ihm sagt, wie kann er dann gleichzeitig
sein Sohn sein?" 45 Dann sagte er zu seinen Schülern, sodass alle mit-
hören konnten: 46 „Checkt genau ab, was die Theologen euch erzählen
wollen! Sie finden sich ganz toll, wie sie in ihren schicken Dienstklamot-
ten umherlaufen, und lassen sich gerne von den Leuten auf der Straße
grüßen. Sie wollen im Gottesdienst immer in der ersten Reihe sitzen
und bei Feiern immer den Platz gleich neben dem Gastgeber haben.
47 Hintenrum linken sie die Frauen, deren Männer gestorben sind, und
zocken deren Häuser für sich ab. Nach außen veranstalten sie dabei vor
allen Leuten ein großes Showbeten. Sie werden dafür einmal hart von
Gott bestraft werden."

21

Eine arme Witwe gibt viel Geld

1 Jesus saß mit seinen Schülern im Tempel. Er beobachtete die Besu-
cher, die Geld in den Opferkasten reinlegten. 2 Schließlich kam eine
sehr arme Frau, deren Mann gestorben war, und warf zwei Euro in den
Opferkasten rein. 3 Jesus kommentierte das: „Ich sag jetzt mal, diese
Witwe hat mehr gegeben als alle anderen. 4 Die anderen haben im Ver-
hältnis nur ein wenig von dem gegeben, was sie tatsächlich an Geld
haben. Sie hat aber alles gegeben, was sie hatte."

Was passieren wird, wenn es mit der Welt zu Ende ist

5 Einige von seinen Schülern schwärmten von der Architektur des Tem-
pels, den schönen Steinen und den teuren Gemälden, mit denen er

ausgestattet war. Jesus meinte dazu nur: [6] „Seht euch das noch mal gut an. Denn es wird mal eine Zeit kommen, da wird hier alles plattgemacht werden, nichts bleibt, wie es ist.“ [7] „Wann geht das los? Gibt es irgendeine Ankündigung davor?“, fragten die Jungs. [8] „Passt nur auf, dass ihr nicht ausgetrickst werdet! Es werden viele Pseudoerlöser ankommen, die so tun, als wären sie ich! Die werden rumgehen und erzählen: ‚Jetzt geht es los!‘ Hört nicht auf sie! [9] Wenn plötzlich in den Nachrichten überall von Kriegen und Aufständen geredet wird, dann bekommt keine Panik. Das muss alles so sein und wird auch noch nicht das Ende bedeuten. [10] Auf der ganzen Welt werden sich die Länder gegenseitig den Krieg erklären, eine Regierung wird der anderen drohen. [11] Dann wird es überall schlimme Erdbeben geben, Hungerepidemien und Seuchen werden in der Welt ausbrechen. Im Weltall werden unerklärliche Dinge abgehen, und alle werden Angst davor haben. [12] Bevor das alles passiert, wird eine üble Zeit kommen, in der alle, die an mich glauben, große Probleme bekommen werden. Weil ihr zu mir gehört, wird man euch vor die religiösen und politischen Machthaber zerren und euch den Prozess machen. [13] Das wird eine gute Gelegenheit sein, euch auf meine Seite zu stellen und allen Menschen von mir zu erzählen. [14] Entscheidet euch jetzt schon dafür, nicht großartig an eurer Verteidigung vor Gericht zu basteln. [15] Ich werde ganz nah bei euch sein und euch dabei helfen, die richtigen Sachen zum richtigen Zeitpunkt zu sagen. Keiner eurer Gegner wird euch widersprechen können. [16] Ihr werdet dann sogar von euren Eltern verraten werden. Auch vor euren Geschwistern oder anderen Verwandten, ja noch nicht mal vor euren Freunden seid ihr sicher. Sie werden euch verfolgen und töten. [17] Alle werden überhaupt keinen Bock mehr auf euch haben, und das alles nur, weil ihr zu mir gehört. [18] Aber Gott passt auf euch auf. Kein Haar wird man euch ausreißen, wenn er es nicht zulässt. [19] Werdet nicht weich, zieht euer Ding durch, dann werdet ihr es packen und für immer leben!

Jerusalem wird plattgemacht

[20] Wenn Jerusalem komplett von seinen Feinden umzingelt ist, dann wisst ihr Bescheid. Dann geht es zu Ende mit der Stadt! [21] Die Leute aus Judäa sollten in die Berge fliehen, und wer auf dem Weg in die Stadt ist, sollte sofort umdrehen. [22] Denn in dieser Zeit wird Gottes Gericht abgehen, es passiert alles, was in den alten Schriften schon angesagt wurde. [23] Die Frauen, die entweder schwanger sind oder ihre Babys noch stillen, werden eine harte Zeit haben. Es wird eine große Krise losgehen, den Menschen wird es sehr dreckig gehen. [24] Viele werden im Krieg niedergemetzelt werden, die Gefangenen werden überallhin verschleppt. Jeru-

salem wird besetzt und dann zerstört werden. Aber irgendwann wird die
Zeit zu Ende gehen, in der die Menschen das Sagen haben, die nicht mit
Gott leben."

Alles wird durcheinander gewirbelt

25 „Die Planeten im Weltall werden durcheinander geraten und alle wer-
den das sehen und sich sehr erschrecken. Große Naturkatastrophen
werden passieren, überall auf der Welt wird es Überschwemmungen
und Tsunamis geben. 26 Viele Menschen werden vor lauter Angst wie ge-
lähmt sein, wenn sie diese Naturkatastrophen erleben, auch das Gleich-
gewicht der Natur wird ausgehebelt werden. 27 Und dann wird das große
Comeback vom Menschensohn* sein, er wird mit einem großen Knall
vom Himmel zurück auf die Erde kommen, und alle werden ihn sehen!
28 Wenn das alles passiert, dann könnt ihr euch schon mal freuen, ihr
könnt nach oben sehen, denn eure Befreiung ist gekommen!

Passt auf und pennt nicht

29 Jesus nahm wieder so einen Vergleich, damit die Leute besser ka-
pierten, was er meinte: „Seht euch mal diesen Baum an. 30 Wenn die
Blätter grün sind und wachsen, dann wisst ihr, dass Frühling ist und
der Sommer bald kommt. 31 Genauso könnt ihr auch die Welt beobach-
ten, dann wisst ihr, wie weit es damit steht. 32 Ich kann euch noch mal
'ne Ansage machen: Diese Generation wird nicht vernichtet werden, bis
die ganzen Sachen abgegangen sind, die ich beschrieben hab. 33 Der
Himmel wird mal kaputtgehen und unsere Erde wird es irgendwann
auch nicht mehr geben, aber was ich gesagt habe, das wird alles
überleben."

Nicht schnarchen, besser beten!

34 „Leute, ihr müsst irre aufpassen! Passt auf, dass ihr nicht geil auf
Luxus werdet und auf Party ohne Ende. Genauso könnte euch aber
auch das ständige Sorgen um die alltäglichen Dinge ablenken. Lebt am
besten so, als könnte dieser ‚letzte Tag' jederzeit passieren, dann seid
ihr optimal vorbereitet. 35 Denn eine Sache ist sicher: Es kommt für
alle total überraschend. 36 Darum sperrt die Augen auf und stellt eure
Ohren auf Empfang. Betet ohne Ende, damit ihr durch diese Zeit heil
durchkommt. Dann könnt ihr eines Tages alle ohne Angst vor dem Men-
schensohn* stehen." 37 Zu der Zeit hing Jesus jeden Tag im Tempel, um
dort zu unterrichten. Nachts ging er immer auf den Ölberg, um dort die

---

* Siehe Erklärung S. 24.

Nacht über zu sein. 38 Jeden Morgen standen die Leute schon Schlange,
um ihn im Tempel reden zu hören.

22

Die Verschwörung

1 In ein paar Tagen sollte das große Passafest starten (an dem Tag gab
es nur ganz spezielles Brot, das nicht mit Hefe gemacht wurde). 2 Die
obersten Priester und die Theologen planten ein Attentat auf Jesus.
Allerdings hatten sie auch Angst vor den Reaktionen der Menschen.
3 Plötzlich übernahm Satan die Kontrolle über Judas, das war ein Schü-
ler von Jesus. 4 Der ging zu den obersten Priestern und dem Chef der
Tempelpolizei und heckte mit denen einen Plan aus, wie man Jesus
am unauffälligsten festnehmen könnte. 5 Die waren ganz begeistert
von Judas und beschlossen, ihm als Belohnung fett Geld dafür zu
geben. 6 Sie hatten also einen Deal, und Judas' Aufgabe war es, die
nächstbeste Gelegenheit zu finden, wo man Jesus ohne großen Wirbel
festnehmen konnte.

Ein letztes Essen mit Jesus und seinen Schülern

7 Jetzt kam also das Fest, an dem nach alter Sitte das so genannte Pas-
salamm geschlachtet werden sollte und man dieses Spezialbrot dazu
aß. 8 Jesus wollte mit seinen Schülern auch feiern, darum schickte er
Petrus und Johannes voraus: „Geht schon mal los und bereitet alles vor,
damit wir zusammen essen können." 9 Die beiden fragten: „Wo wollen
wir denn feiern, Jesus?" 10 „Also, wenn ihr in Jerusalem seid, wird ein
Typ auf euch zukommen, der einen Kasten Wasser trägt. Folgt ihm bis
zu dem Haus, das er betritt. 11 Dann geht ihr zu dem Besitzer und sagt
ihm: ‚Der Meister möchte wissen, wo der Raum ist, der für seine Passa-
feier mit seinen Schülern gebucht worden ist.' 12 Er wird euch im ersten
Stock in einen großen Raum mit Ledersesseln führen, der ist schon so
weit klargemacht worden. Fangt da schon mal mit der Vorbereitung
für das Essen an." 13 Die Schüler zogen los, und es war alles exakt so,
wie Jesus es beschrieben hatte. Dort trafen sie die Vorbereitung für das
Passaessen.

Das besondere Abendessen:
Gott macht mit den Menschen einen neuen Vertrag

14 Als es so weit war, setzten sich Jesus und seine Jünger an den großen
Tisch. 15 Jesus hielt erst mal eine kleine Rede: „Liebe Leute, ich hatte
schon so lange Lust da drauf, mit euch dieses Essen zu feiern, bevor die
ätzenden Sachen für mich losgehen werden! 16 Nur dass ihr Bescheid

wisst: Das wird das letzte Mal sein, dass ich mit euch hier auf der Erde
dieses Fest feiern kann. Beim nächsten Mal wird es dann in einer an-
deren Dimension passieren. Dann wird das, was wir bei dieser Feier
symbolisch durchführen, für alle Realität sein." 17 Dann nahm Jesus ein
Weinglas, bedankte sich kurz bei Gott dafür und sagte: „Da soll jetzt
jeder einmal draus trinken! 18 Ich für meinen Teil werde ab jetzt keinen
Wein mehr trinken, bis das neue Land, in dem Gott das Sagen hat,
wirklich da ist." 19 Anschließend nahm Jesus etwas von dem Brot, redete
wieder kurz mit Gott und dankte ihm auch dafür, zerteilte es in kleine
Stücke und gab es an seine Schüler weiter: „Das ist jetzt wie mein Kör-
per. Der wird für euch weggegeben. Feiert dieses Essen ab jetzt immer
wieder und denkt dabei an mich und an das, was ich für euch getan
habe." 20 Als alle mit dem Essen fertig waren, nahm er noch mal ein Glas
Wein und gab es auch an seine Schüler weiter. Dazu sagte er: „Dieser
Wein steht für mein Blut, mit dem der neue Vertrag unterschrieben
wird. Dieses Blut wird für euch fließen."

Der Verräter ist da

21 „Leute, hier am Tisch sitzt ein Mann, der mich verraten wird. 22 Aber
Gott will das so, der Menschensohn* muss sterben! Trotzdem wird der
Typ, der ihn verrät, eine üble Rechnung bekommen." 23 Jetzt ging natür-
lich sofort das wilde Spekulieren rum, wer so was denn eigentlich tun
könnte.

Wer bei Jesus weit vorne ist

24 Und dann kamen sie plötzlich auch noch auf das Thema, wer von
ihnen der Beste und Größte wäre. 25 Jesus sagte dazu: „In dieser Welt
werden die Menschen von Herrschaftssystemen unterdrückt. Und
selbst ein Diktator kriegt für sein soziales Engagement einen Preis.
26 Bei euch soll das anders laufen. Wer bei euch der Größte ist, soll wie
der Kleinste sein und wer ganz vorne sein will, soll sich erst mal ganz
hinten anstellen. 27 Normalerweise sitzt der Chef am oberen Tischende
und seine Lehrlinge und Angestellten bedienen ihn. Hier soll es aber
umgekehrt laufen! Ich bin bei euch und bediene euch auch. 28 Ihr seid
mir treu gewesen in der Zeit, als ich verfolgt wurde und in Gefahr war.
Da wart ihr bei mir. 29 Darum vererbe ich euch das Recht, in diesem
neuen Land bestimmen zu können. 30 Ihr könnt mit mir am selben Tisch
essen und die gleichen Sachen trinken. Ihr werdet sogar mit mir Urteile
fällen über die zwölf Volksstämme der Israelis."

---

* Siehe Erklärung S. 24.

Simon Petrus bekommt einen Auftrag

31 „Simon! Ja, genau du! Der Satan war hinter euch her, er wollte euch
testen, um das Gute vom Schlechten zu trennen. 32 Aber ich hab schon
für dich gebetet, dass dein Vertrauen nicht aufhört. Wenn du später wie-
der zu mir zurückkommst, dann baue die anderen Jungs, deine Brüder,
auf, ja?" 33 Petrus sagte sofort: „Mann, Jesus, ich bin bereit, für dich in
den Knast zu wandern, ich würde sogar für dich sterben!" 34 Aber Jesus
meinte nur: „Petrus, ich versprech dir, noch vor zwei Uhr morgens wirst
du dreimal so tun, als hättest du keine Ahnung, wer ich bin." 35 Und
dann sagte er zu allen: „Erinnert ihr euch, als ich euch losgeschickt
habe, um die gute Nachricht allen Leuten weiterzuerzählen? Da solltet
ihr euch ja nichts mitnehmen, keinen Rucksack oder Kleidung und so.
Habt ihr in der Zeit irgendetwas vermisst?" Die Jungs antworteten:
„Nein, haben wir nicht!" 36 „Okay, aber wenn ihr jetzt losgeht, vergesst
nicht, Geld einzustecken und nehmt einen Rucksack mit. Wer keine
Waffe hat, sollte ein paar seiner Klamotten verkaufen und sich von dem
Geld eine besorgen. 37 Denn jetzt geht es los, was in den alten Schriften
steht, das passiert jetzt: ‚Er wurde zu einem Terroristen erklärt.' Al-
les, was die Propheten über mich gesagt haben, wird jetzt passieren."
38 „Meister, wir haben nur zwei lange Messer dabei!" – „Jetzt reicht es
aber", sagte Jesus.

Im Park Gethsemane

39 Da verließen Jesus und seine Schüler den Raum. Wie so oft, gingen
sie auch heute zum Ölberg. 40 Als sie da waren, sagte Jesus zu ihnen:
„Ihr müsst jetzt beten, dass ihr es schafft durchzuhalten, damit ihr nicht
verführt werdet." 41 Gleich um die Ecke kniete sich Jesus hin und betete:
42 „Lieber Papa, wenn es für dich okay ist, dann mach, dass ich das nicht
durchmachen muss, was mich erwartet. Aber ich will das tun, was du
möchtest, nicht das, was ich tun will." 43 Plötzlich kam ein Engel vorbei
und stärkte ihn. 44 Jesus hatte sehr viel Angst. Er betete so intensiv, dass
sein Schweiß wie Blut aus einer Wunde floss und auf die Erde tropfte.
45 Jesus sah nach seinen Schülern und musste feststellen, dass sie vor
lauter Sorgen eingepennt waren. 46 „Warum schlaft ihr jetzt?", machte
er sie an, „kommt hoch und betet mit mir, damit ihr stärker seid als die
Versuchung!"

Jesus wird verhaftet

47 Er war noch nicht am Ende, da hörte man eine Truppe von Männern
näher kommen. Vorneweg ging Judas, einer von den zwölf Schülern
von Jesus. Er ging auf Jesus zu und begrüßte ihn mit einem Kuss auf

die Wange. 48 Jesus sagte zu ihm: „Was, Judas, du verrätst den Men-
schensohn* mit einem Kuss?“ 49 Jetzt hatten die andern Schüler auch
begriffen, was hier gerade abging. „Sollen wir kämpfen?“, riefen sie ihm
zu. 50 Einer von den Schülern zog sein langes Messer und griff damit
einen der bezahlten Wachleute der Oberpriester an. Im Kampf haute
er ihm gleich das rechte Ohr ab. 51 Aber Jesus hielt ihn zurück. „Genug
Widerstand geleistet!“, sagte er. Dann ging er zu dem verletzten Wach-
mann hin, berührte sein Ohr, und es war sofort geheilt! 52 Danach sagte
Jesus zu dem obersten Priester, dem Befehlshaber der Wachleute und
dem Gruppenanführer: „Bin ich ein Top-Terrorist? Warum müsst ihr hier
gleich schwer bewaffnet anrücken, um mich festzunehmen? 53 Warum
habt ihr nicht die Chance genutzt, als ich noch jeden Tag im Tempel
war? Nun ja, jetzt ist wohl gerade eure Zeit, heute hat die Dunkelheit die
Macht.“

Petrus tut so, als würde er Jesus nicht kennen

54 Sie verhafteten Jesus und brachten ihn in das Haus vom Oberpries-
ter. Petrus folgte der Menschengruppe in sicherem Abstand. 55 Als die
Wachleute eine Feuertonne im Hof klarmachten, stellte sich Petrus zu
ihnen. 56 Eine Hausangestellte erkannte im Feuerschein sein Gesicht:
„Du gehörst doch auch zu diesem Jesus!“, sagte sie. 57 Petrus stritt
das sofort ab: „Mann, Alte, ich kenne diesen Typen überhaupt nicht!“
58 Kurze Zeit später sah ihn ein anderer Mann an und sagte: „Sie gehö-
ren doch auch zu dem da, oder?“ – „Nein, verdammt, Sie verwechseln
mich!“ 59 Ungefähr eine Stunde später war sich ein Typ ganz sicher:
„Hundertpro! Der gehörte doch zu seinen Schülern, der kommt auch
aus Galiläa, so, wie der redet!“ 60 Petrus tat aber ganz entrüstet: „Wo-
von reden Sie eigentlich?“ Und in dieser Sekunde schlug die Uhr zwei
Mal. 61 Jesus sah sich nach Petrus um. Und da erinnerte der sich, dass
Jesus ihm die Ansage gemacht hatte: „Bevor es zwei Uhr wird, hast du
mich dreimal verraten.“ 62 Und Petrus ging raus und fing tierisch an zu
heulen.

Die Soldaten schlagen Jesus

63 Die Soldaten, die Jesus bewachen sollten, verarschten ihn und
prügelten auf ihn ein. 64 Sie verbanden ihm die Augen, schlugen ihn
mit einem Stock und wollten dann wissen: „Na, wer war das jetzt?“
65 Auf diese Art folterten sie ihn eine ganze Zeit. 66 Gegen sechs Uhr
morgens kamen die Führungsriege des Volkes und die Oberpriester
sowie die Theologen zu einer außerordentlichen Gerichtsverhandlung
zusammen. 67 Jesus wurde befragt: „Sagen Sie uns, sind Sie der Auser-

wählte, dieser Christus?" Aber Jesus konterte nur: „Selbst wenn ich es
euch sagen würde, glauben würdet ihr mir eh nicht. 68 Und wenn ich
euch was fragen würde, bekäme ich auch keine Antwort. 69 Aber bald
wird der Menschensohn* gleich neben Gott sitzen." 70 Da rasteten alle
total aus: „Sie behaupten also, der Sohn von Gott zu sein?" Jesus ant-
wortete: „Genau! Ihr habt es ja selber gerade gesagt!" 71 „Warum noch
eine Zeugenbefragung? Jetzt hat er es ja selber gesagt!", brüllten sie
durcheinander.

23

Die Gerichtsverhandlung vor Pilatus und Herodes

1 Die gesamten Mitglieder des Gerichtshofes führten Jesus ab, um
ihn vor den römischen Gouverneur Pilatus zu bringen. 2 Bei ihm wur-
de die Anzeige erstattet: „Dieser Mann versucht gerade, eine Revo-
lution anzuzetteln. Er erzählt den Menschen, dass sie dem Kaiser
keine Steuern zahlen sollen. Und außerdem sagt er, er wäre der neue
König, der Christus, den Gott eingesetzt hätte." 3 „Entsprechen diese
Aussagen der Wahrheit?", fragte Pilatus den Angeklagten. „Sind Sie
wirklich der König der Juden?" – „Ja, stimmt, das bin ich!" 4 Pilatus
sagte zu den Oberpriestern und zu den Zuschauern: „Also, ich kann
an ihm nichts finden, in meinen Augen ist dieser Mann unschuldig!"
5 Die waren damit gar nicht einverstanden: „Überall, wo der ist, gibt
es Ärger, in ganz Judäa. In Galiläa hat er damit angefangen, und er
ist sogar bis nach Jerusalem gekommen, um die Leute aufzuhetzen!"
6 „Dieser Mann kommt also aus Galiläa?", wollte Pilatus wissen. 7 Als
das bestätigt wurde, orderte Pilatus sofort eine Verlegung der Ver-
handlung zum König Herodes Antipas. Galiläa unterstand nämlich
seiner Rechtsprechung, und wie es so war, hielt der sich gerade an
dem Tag in Jerusalem auf. 8 Herodes freute sich voll, Jesus endlich
mal persönlich kennen zu lernen. Er hatte schon viel über ihn gehört
und wollte immer schon mal ein paar Wunder von ihm sehen. 9 Er
befragte Jesus einige Zeit, aber der gab einfach keinen Mucks von
sich. 10 Schließlich standen die Oberpriester und die Theologen auf
und beschuldigten ihn volles Rohr. 11 Jetzt fingen auch Herodes und
seine Soldaten damit an, sich über Jesus lustig zu machen. Dann
zogen sie Jesus weiße Klamotten über und schickten ihn wieder zu
Pilatus rein. 12 Herodes und Pilatus konnten sich bis zu dem Tag auf
den Tod nicht leiden, aber ab dann waren sie plötzlich die besten
Freunde.

---

* Siehe Erklärung S. 24.

Ein getürktes Urteil: Todesstrafe!
13 Pilatus rief alle in den Raum rein und hielt eine kleine Ansprache vor
den Oberpriestern, den Theologen und der Bevölkerung, die dort war:
14 „Ihr habt diesen Mann zu mir gebracht und beschuldigt ihn, eine
Revolution anzuzetteln. Nach meiner gründlichen Befragung, die ja alle
Anwesenden auch bezeugen können, kann ich keinen berechtigten An-
klagepunkt finden. 15 Herodes, der zum gleichen Ergebnis gekommen
ist wie ich, hat ihn zu uns zurückbringen lassen. Im Sinne der Anklage
ist er freizusprechen, er hat nichts getan, was nach dem Gesetz die
Todesstrafe rechtfertigen würde. 16 Ich habe darum beschlossen, ihn in
die Freiheit zu entlassen, nachdem er einmal ordentlich ausgepeitscht
wurde." 17 Nun war es so vorgeschrieben, an jedem Passa-Feiertag einen
Gefangenen zu entlassen. 18 Aber die Menge tobte, als das Thema ange-
schnitten wurde, sie schrien alle wie blöd: „Tod für Jesus, Barabbas frei!
Tod für Jesus, Barabbas frei!" 19 Barabbas war ein Terrorist, der bei einer
Revolte in Jerusalem maßgeblich beteiligt gewesen sein sollte. Außer-
dem saß er auch wegen einer Mordanklage im Knast. 20 Pilatus wollte
eigentlich lieber Jesus freilassen und versuchte vergeblich, sie umzu-
stimmen. 21 Die Menschenmasse war aber nicht davon abzubringen, sie
brüllten: „Todesstrafe, Todesstrafe, ans Kreuz mit ihm, ans Kreuz!" 22 Pi-
latus unternahm einen dritten Versuch: „Warum denn? Was hat er denn
Schlimmes verbrochen? Ich habe keinen wirklichen Anklagepunkt gegen
ihn, der ein Todesurteil rechtfertigen würde!" 23 Aber die Leute waren
jetzt in Stimmung, sie verlangten noch lauter, dass Jesus hingerichtet
werden sollte. Sie schrien so laut, dass Pilatus sein eigenes Wort nicht
mehr verstehen konnte. 24 Also gab er klein bei und verurteilte Jesus:
„Tod durch Kreuzigung". 25 Der Typ, der wegen Mordes angeklagt war,
wurde aber auf ihren Wunsch freigelassen. Herodes übergab Jesus den
Scharfrichtern.

Auf dem Weg zur Hinrichtung
26 Als Jesus abgeführt wurde, war er zu schwach, um das Kreuz zu
tragen. Darum griffen sich die Soldaten einen gewissen Simon aus
Kyrene, der gerade von der Arbeit nach Hause kam, damit er das Teil
transportieren könnte. 27 Tierisch viele Leute folgten ihm, darunter
auch viele Frauen, die laut weinten. 28 Jesus sah sich zu ihnen um und
rief: „Ihr müsst nicht um mich weinen! Ja, ich meine euch Frauen aus
Jerusalem! Weint lieber um euch selbst und um eure Kinder! 29 Es
wird mal eine Zeit geben, da wird man der Meinung sein, dass die
Frauen, die keine Kinder haben, gut dran sind. 30 Den Menschen wird
es so dreckig gehen, dass sie sich darüber freuen würden, bei einer

Naturkatastrophe umzukommen, dass sie sich sogar danach sehnen,
irgendwie zu sterben. 31 Denn wenn schon die Menschen, die nichts
verbrochen haben, so leiden müssen, was haben dann erst die Schul-
digen zu erwarten?“

Die Hinrichtung

32 Gleichzeitig mit Jesus wurden zwei Verbrecher hingerichtet. 33 Der
Hinrichtungsort nannte sich „Totenschädelplatz“. Dort nagelte man
Jesus an ein Holzkreuz. Die andern Verbrecher wurden links und rechts
von ihm gekreuzigt. 34 Jesus fing dabei an zu beten. Er sagte: „Papa,
vergib das diesen Menschen, sie haben keine Ahnung, was sie da tun.“
Unter dem Kreuz würfelten die Soldaten um die Kleidung von ihm. 35 Es
waren viele Schaulustige da, und die Leitungsebene der Israelis machte
die ganze Zeit Witze über Jesus: „Er hat so vielen Menschen geholfen,
wenn er wirklich dieser Christus ist, dieser Auserwählte, dann kann er
sich jetzt mal selber helfen!“ 36 Die Soldaten machten da voll mit. Erst
gaben sie ihm einen nassen Schwamm zu trinken, der mit einem es-
sighaltigen Mischgetränk voll gesogen war. 37 Dann riefen sie ihm zu:
„Wenn du ein König bist, du König der Juden, dann kannst du dir ja auch
selber helfen, oder?!“ 38 Über seinem Kreuz hatte man ein Schild aufge-
hängt: „Dies ist der König der Juden.“ 39 Einer der anderen Verbrecher,
die neben Jesus hingerichtet wurden, fing auch an, Jesus zu verspotten:
„Hey, du bist der Auserwählte? Dann mach mal ein paar deiner Zauber-
tricks und hol uns hier runter!“ 40 Der auf der anderen Seite stauchte ihn
aber zusammen: „Wie bist du denn drauf? Du hast noch nicht einmal
Respekt vor Gott, wo du kurz davor bist zu sterben! 41 Wir beide haben
diese Strafe verdient, dieser Mann hier hat aber nichts verbrochen und
ist unschuldig!“ 42 Dann sah er Jesus an und fragte ihn: „Jesus, kannst
du bitte an mich denken, wenn du in deinem Land angekommen bist?“
43 Jesus antwortete ihm: „Eins kann ich dir heute sicher versprechen: Du
wirst mit mir im Paradies landen!“

Jesus stirbt

44 Inzwischen war es zwölf Uhr mittags. Plötzlich wurde es in der
ganzen Welt dunkel, und zwar drei Stunden lang! 45 Während dieser
Sonnenfinsternis zerriss plötzlich der Vorhang im Tempel in zwei Teile,
hinter dem die heiligsten Dinge aufbewahrt wurden. 46 Jesus schrie
noch einmal laut auf: „Papa, ich lege mein Leben in deine Hände!“
Dann starb er. 47 Der Hauptmann von den römischen Soldaten, der den
Befehl über diese Hinrichtung bekommen hatte, sagte: „Also, dieser
Mann war wirklich unschuldig!“ 48 Und die Leute, die das alles miter-

lebten, schämten sich plötzlich und gingen betroffen nach Hause. [49] Die
Freunde von Jesus, inklusive der Frauen, die aus Galiläa mitgekommen
waren, hatten alles aus einer gewissen Distanz verfolgt.

Jesus wird begraben

[50] Zu dieser Zeit lebte in der Gegend ein Typ, der Josef hieß. Josef war
voll in Ordnung, er war Mitglied des hohen Rates, [51] hatte aber dagegen
gestimmt, als es um die Verurteilung von Jesus gegangen war. Er kam
aus der Stadt Arimathäa in Judäa und er lebte auch in der Erwartung,
dass bald eine neue Zeit beginnen würde. [52] Dieser Josef ging zu Pila-
tus und stellte einen schriftlichen Antrag auf „Überführung der Leiche
zwecks Bestattung". [53] Er löste die Leiche vom Kreuz, wickelte sie in ein
langes Stück Leinenstoff und legte Jesus in ein neues Grab, das man aus
einem Felsen ausgehauen hatte. [54] Das passierte alles am Freitagabend,
kurz vor Beginn des Sabbats, des religiösen Feiertags der Juden. [55] Da
waren auch noch ein paar von den Frauen, die mit aus Galiläa gekom-
men waren. Sie waren die ganze Zeit dabei, als die Leiche von Jesus dort
hineingelegt wurde. [56] Danach gingen sie wieder nach Hause. Der Plan
war, Jesus noch nach alter Sitte mit Öl und Kräutern einzubalsamieren.
Aber als sie die Sachen fertig vorbereitet hatten, war der Sabbat schon
gestartet und damit jegliche Arbeit verboten, und auch, dass man einen
Toten anfasste. So wollte es das Gesetz.

24

Das Grab ist leer

[1] Am Sonntag, als der Sabbat vorbei war, gingen die Frauen ganz früh
mit dem ganzen Zeug für die Einbalsamierung wieder zum Grab. [2] Als
Erstes sahen sie, dass der Stein, der vor dem Grab lag, weggerollt war.
[3] Vorsichtig gingen sie in die Grabkammer und bemerkten sofort: Sie
war leer! [4] Verwirrt redeten sie darüber, was man jetzt tun sollte, als
plötzlich zwei Männer in richtig strahlend weißen Kleidern vor ihnen
standen. [5] Panisch sahen sie auf den Boden, weil sie sich nicht trauten,
diesen besonderen Männern in die Augen zu sehen. Einer von denen
fragte sie: „Was macht ihr hier? Warum sucht ihr jemanden der lebt, an
einem Ort wo nur Tote liegen? [6] Jesus ist nicht hier! Er ist wieder leben-
dig geworden! Schon vergessen, was er euch in Galiläa gesagt hat? [7] Er
meinte doch: ‚Der Menschensohn* muss an Leute ausgeliefert werden,
die ohne Gott leben und das tun, was er nicht will. Sie werden ihn hin-
richten, aber nach drei Tagen feiert er sein Comeback, er wird von den

* Siehe Erklärung S. 24.

Toten auferstehen.'" 8 Jetzt erinnerten sich die Frauen wieder da dran.
9 Sie rannten, so schnell es ging, wieder in die Stadt, um den elf Schü-
lern von Jesus und den anderen Freunden zu erzählen, was sie gerade
erlebt hatten. 10 Zu den Frauen, die dabei waren, gehörten Maria Magda-
lena, Johanna und Maria, die Mutter von Jakobus. 11 Den Schülern kam
die ganze Geschichte aber echt strange vor. Sie konnten ihnen das ein-
fach nicht glauben. 12 Nur Petrus ging aus dem Haus, um das Grab zu
untersuchen. Er beugte sich rein und konnte auch nichts weiter als die
leeren Tücher liegen sehen, in denen die Leiche eingewickelt gewesen
war.

Jesus trifft seine Schüler

13 Zwei von seinen Schülern waren an dem Tag auf dem Weg nach
Emmaus, das etwa zehn Kilometer von Jerusalem entfernt liegt. 14 Auf
dem Weg sprachen sie die ganze Zeit über das, was in den letzten Ta-
gen abgegangen war. 15 Mitten im Gespräch war Jesus plötzlich auch
bei ihnen und ging neben ihnen her. 16 Sie waren aber so verpeilt, dass
sie nicht kapierten, wer das war. 17 „Worum geht es gerade?“, fragte sie
Jesus. Die beiden blieben voll traurig stehen. 18 Der eine von ihnen (der
Kleopas hieß) meinte zu ihm: „Mann, Sie sind wohl der einzige Mensch
in Jerusalem, der die neusten Nachrichten noch nicht gehört hat?!“
19 „Was für Nachrichten meint ihr denn?“ – „Das, was mit Jesus passiert
ist, dem Typen aus Nazareth! Er war voll der Prophet, er kam direkt von
Gott, er hat irre Wunder getan und heftige Worte zu uns gesprochen.
20 Aber die Chefetage, die obersten Priester und die anderen Leiter ha-
ben ihn an die Römer ausgeliefert. Er wurde verurteilt und man hat ihn
an einem Kreuz hingerichtet. 21 Dabei hatten wir so sehr gehofft, dass
er der Auserwählte wäre, der Christus, der Israel aus seiner Gefangen-
schaft befreit. Das alles ist vor drei Tagen passiert. 22 Heute Morgen wa-
ren zwei Frauen von unserer Gruppe bei seinem Grab. Schon vor dem
Sonnenaufgang waren sie da, aber sie konnten ihn nicht mehr finden.
23 Stattdessen trafen sie dort zwei seltsame Männer, vielleicht Engel,
und die erzählten, dass Jesus leben würde! 24 Ein paar von uns haben
das gleich abgecheckt. Sie sind da hingelaufen, konnten aber auch keine
Leiche mehr sehen. Es war genauso, wie die Frauen es erzählt hatten.“
25 Jesus war etwas fassungslos: „Mann, warum kriegt ihr das nicht ge-
backen? Warum ist das so schwer vorstellbar, was die Propheten in den
alten Schriften vorhergesagt haben? 26 Haben sie nicht die Ansage an
alle gemacht, dass der Auserwählte durch diesen ganzen Dreck durch-
muss, damit Gott ihn auch zum Meister über alles, was es gibt, machen
kann?“ 27 Und dann erklärte Jesus den beiden die ganze Geschichte, was

in den heiligen Schriften über ihn gesagt wurde, von den Büchern vom
Mose bis zu den Prophetenbüchern. 28 Als sie kurz vor Emmaus waren,
tat Jesus so, als wollte er sich von den beiden verabschieden. 29 Die
beiden fragten ihn aber: „Wollen Sie nicht noch hier übernachten? Es
wird ja schon dunkel draußen!“ Also blieb er noch eine Weile bei ihnen.
30 Als sie sich dann zum Essen hinsetzten, nahm Jesus etwas von dem
Brot, betete darüber, zerteilte es und gab die Stücke an die anderen
weiter. 31 Und ganz plötzlich erkannten sie, dass es Jesus war. Aber in
der Sekunde löste er sich in Luft auf und verschwand! 32 Plötzlich war
alles ganz klar. „In uns drin haben wir doch total gespürt, dass es Jesus
war, der da mit uns geredet hat, oder? Als er uns aus den alten Schriften
zitiert hat, da wurde mir ganz warm!“ 33 Sofort machten sich die beiden
auf den Weg nach Jerusalem, obwohl es schon richtig dunkel geworden
war. Als sie bei den elf Schülern ankamen, die sich gerade alle versam-
melten, 34 kam schon gleich die Nachricht: „Jesus ist wirklich zurück-
gekommen! Petrus hat ihn getroffen!“ 35 Jetzt erzählten die beiden ihre
Story, dass sie Jesus auf dem Weg nach Emmaus gesehen hatten, und
dass sie das erst gepeilt hatten, als er das Brot weitergab.

Jesus kommt und erklärt alles

36 Mitten im Gespräch stand Jesus plötzlich bei ihnen: „Hallo Leute,
lasst es euch gut gehen!“ 37 Alle hatten erst mal totale Paranoia, denn
sie dachten, es wäre ein Geist, der da mit ihnen redete. 38 Aber Jesus
sagte: „Keine Angst, Leute! Ich bin es nur! Fällt euch das so schwer zu
glauben? 39 Hier, seht euch mal meine Hände an! Oder untersucht mei-
ne Füße, wenn ihr wollt! Ich bin es wirklich! Einen Geist kann man nicht
anfassen, der hat keinen echten Körper!“ 40 Dann hielt er ihnen seine
Hände und Füße als Beweis hin. 41 Die konnten es aber immer noch
nicht fassen, es war so eine Mischung aus Angst und Freude. Schließ-
lich fragte er sie: „Habt ihr mal was zu essen da?“ 42 Sie gaben ihm
ein Stück gegrillten Fisch, 43 in den er dann vor ihren Augen erst mal
reinbiss. 44 Danach sagte er: „Ich hab euch doch erklärt, was Mose und
die Propheten über mich geschrieben haben und was in den Psalmen
über mich steht, oder? Dass alles, was da steht, auch passieren muss!“
45 Ausführlich erklärte er ihnen, wie die Sachen aus den alten Schriften
gemeint waren. 46 „Da steht doch: Der Auserwählte muss schlimme
Sachen durchmachen, er wird leiden und sterben, aber nach drei Tagen
kommt er zurück! 47 Alle Menschen sollen das jetzt hören: Es ist mög-
lich, seine Schulden bei Gott loszuwerden! Es ist möglich, wieder zu
Gott zu kommen! 48 Ihr könnt das bezeugen, denn ihr habt es miterlebt!
49 Passt auf, ich werde euch die Kraft von Gott schicken, seinen Geist,

genau so, wie mein Papa es versprochen hat. Bleibt erst mal hier in der Stadt und wartet darauf. Ihr werdet mit der Kraft von Gott abgefüllt werden!"

Jesus geht wieder zu seinem Papa zurück
50 Dann führte Jesus seine Schüler und Freunde an einen Ort in der
Nähe vom Dorf Betanien. Da angekommen, hob er die Hände hoch und
betete für sie. 51 Und während er das tat, wurde Jesus langsam vor ihren
Augen in den Himmel gehoben. 52 Sie warfen sich vor ihm hin, beteten
zu ihm und dankten ihm für alles, was er für sie getan hatte. Danach
gingen sie wieder nach Jerusalem und waren total glücklich. 53 Immer
wieder gingen sie in den Tempel, freuten sich über Gott und dankten
ihm für die vielen guten Sachen, die er tat.

Die Geschichte über Jesus, so wie Johannes sie aufgeschrieben hat

1

Gott redet durch Jesus Christus mit den Menschen

1 Als Erstes war das Wort da. Es war mit Gott ganz eng verbunden, ja,
es war sogar selbst Gott. 2 Von Anfang an war es bei Gott. 3 Es hat alles
gemacht, was es so gibt. Nichts ist ohne es gemacht worden. 4 Es ist
das Leben in Person. Es hat die Menschen aus der Dunkelheit raus-
gerissen und ihnen die Richtung für ihr Leben gezeigt. 5 Dieses Licht,
das von ihm ausgeht, macht alles Schwarze hell. Die Dunkelheit hatte
keine Chance gegen sein Licht. 6 Gott schickte einen Mann bei uns
vorbei, der hieß Johannes. 7 Er sollte als Zeuge auftreten, er sollte klar
machen, dass Jesus das Licht ist, damit alle ihr Vertrauen auf ihn setzen
und ihm glauben. 8 Johannes war selber nicht das Licht, er sollte das
richtige Licht nur ansagen. 9 Jesus Christus ist aber dieses besondere
Licht, es soll für alle Menschen leuchten. 10 Obwohl er die ganze Welt
gemacht hatte, hat die Welt ihn nicht erkannt, sie haben nicht kapiert,
wer er wirklich war. 11 Er kam in seine Welt, aber seine Leute wollten ihn
nicht akzeptieren. 12 Aber die Menschen, die sich auf ihn eingelassen
haben, bekamen dadurch einen Vertrag, der ihnen die Aufnahme in
Gottes Familie garantierte. 13 Den bekamen sie einfach so, ohne dass
sie Mitglied irgendeiner besonders heiligen Familie waren oder weil sie
ein superheiliges Leben geführt hatten, dieses Angebot kam einfach so
von Gott. 14 Das Wort wurde zu einem Menschen. Der einzige Sohn von
Gott ist als ein normaler Mensch zu uns gekommen. Wir waren Augen-
zeugen, dass uns Gott jetzt so nahe gekommen war, dass wir ihn an-
fassen konnten. In Jesus Christus konnten wir erst begreifen, wie derbe
Gott eigentlich ist, wie sehr der Vater uns liebt und dass man sich auf
ihn hundertpro verlassen kann, dass er nie lügt. 15 Johannes machte den
Ansager, er sagte allen: „Das ist der Mann, von dem ich euch immer
erzählt habe! Ich meinte doch: ‚Ich bin nur die Preview für den Haupt-
film; der nach mir da ist, hat mehr zu sagen als ich! Und obwohl er nach
mir kommt, war er in Wirklichkeit schon lange vor mir da!'“ 16 Er hat uns
immer wieder fett beschenkt, und zwar mit allem, was geht, mit seiner
grenzenlosen Liebe. 17 Die alten Gesetze kamen vom Mose. Dass Gott
uns ohne Ende liebt und immer die Wahrheit sagt, kann man aber daran
erkennen, dass Jesus Christus zu uns gekommen ist. 18 Kein Mensch hat

je einen Blick auf Gott werfen können. Aber Jesus, sein einziger Sohn, hat sogar schon mal auf seinem Schoß gesessen, er hat uns gezeigt, wie Gott wirklich drauf ist.

Was Johannes über sich zu sagen hat

19 Ein paar Männer aus Jerusalem, die bei den Juden was zu sagen hat-
ten, orderten einmal ein paar Leute, die zu Johannes mit der Anfrage
gehen sollten: „Was sind Sie eigentlich für einer?" 20 Johannes hatte
nichts zu verheimlichen: „Ich bin nicht ‚der Auserwählte', ich bin nicht
‚der Christus', auf den wir alle warten!" 21 „Und wer sind Sie dann?",
war sofort die nächste Frage. „Sind Sie etwa der Elia, der alte Prophet,
der jetzt von den Toten zurückgekommen ist?" „Nein!" „Sind Sie denn
vielleicht dieser Prophet, den Mose damals schon angekündigt hat?"
„Nein", antwortete Johannes. 22 „Ja, wer sind Sie dann? Machen Sie mal
'ne Ansage, damit wir dem Gremium Bericht erstatten können, was
uns geschickt hat!" 23 Johannes antwortete mit einem Zitat von dem
Propheten Jesaja: „Ich bin der Typ, der aus der Wüste die Durchsage
macht: ‚Platz da! Jetzt kommt der Boss!'" 24 Die Angestellten, die von
den Pharisäern* geschickt wurden, wollten es genau wissen: 25 „Also,
Sie sind nicht der Auserwählte, der Christus, Sie sind auch nicht der Elia
oder dieser andere besondere Prophet. Wer hat Ihnen denn überhaupt
die Erlaubnis erteilt, Leute zu taufen?" 26 Johannes antwortete: „Ich tau-
fe nur mit Wasser. Da gibt es aber jemanden, der lebt schon inkognito
bei euch, 27 der wird nach mir kommen. Und gegen den bin ich 'ne Null,
dem kann ich noch nicht mal die Schuhe zubinden!" 28 Dieses Ge-
spräch wurde in Betanien geführt, in einem Dorf, das auf der anderen
Seite vom Jordan liegt. Dort hatte Johannes diese Taufe mit Menschen
durchgezogen.

Johannes sagt: Jesus ist alles

29 Am nächsten Tag kam Jesus am Jordan vorbei. Als Johannes Jesus
sah, sagte er laut: „Passt auf, Leute! Da ist das Lamm, was Gott für uns
opfern wird, er wird den Dreck wegnehmen, der zwischen Gott und den
Menschen steht! 30 Er ist der Typ, den ich meinte mit dem Hauptfilm,
er ist viel größer als ich. Er war auch schon lange da, weit bevor ich
hier war. 31 Ich kannte ihn nicht persönlich, aber ich sollte die Israeliten
auf ihn vorbereiten. Darum hab' ich mit Wasser getauft." 32 Und dann
meinte Johannes noch: „Ich hab gesehen, wie die Power von Gott, sein
Geist, wie eine Taube auf ihn runtergesegelt kam. Und die blieb auch bei

---

* Die Pharisäer waren eine ganz strenggläubige Truppe, die es mit den religiösen Gesetzen sehr genau nahm. Siehe auch Erklärung in Matthäus.

ihm! 33 Ich kannte ihn vorher echt überhaupt nicht, aber Gott, von dem
ich den Auftrag habe, mit Wasser zu taufen, meinte zu mir: ‚Der Typ, auf
den die Power kommt und auf dem sie auch bleibt, der ist der Typ, den
du suchst! Er wird ab jetzt mit genau dieser Kraft Leute taufen.‘ 34 Und
Leute, weil ich genau das gesehen habe, kann ich euch nur das eine
sagen: Dieser Mann ist der Sohn von Gott!“

Die ersten Freunde von Jesus sammeln sich

35 Am nächsten Morgen war Johannes wieder mit zwei von seinen Leu-
ten an genau dieser Stelle. Irgendwann kam Jesus dort vorbei, 36 und da
meinte Johannes: „Passt auf, da ist das Lamm*, was von Gott kommt!“
37 Als die beiden das hörten, gingen sie sofort mit Jesus weiter. 38 Jesus
drehte sich um und fragte sie: „Was wollt ihr von mir?“ „Großer Meister,
wir wollen wissen, wo Sie wohnen.“ 39 „Kommt mal mit, dann werdet ihr
es ja sehen!“ Das war gegen vier Uhr nachmittags, als sie dieses Treffen
mit Jesus hatten. Und dann hingen sie den ganzen Abend zusammen.
40 Einer von den beiden hieß Andreas. Er war der Bruder von Simon
Petrus und war jetzt bei Jesus, weil Johannes ihm das empfohlen hatte.
41 Er rannte sofort zu seinem Bruder Simon und erzählte ihm die ganze
Geschichte. „Wir haben den Auserwählten, den Christus, gefunden!“
42 Andreas nahm Simon mit zu Jesus. Als Jesus ihn kommen sah, meinte
er: „Du bist Simon, einer der Söhne vom Johannes. Ab jetzt sollen dich
alle bei uns Kephas oder auch Petrus nennen. Beides heißt übersetzt
‚der Felsen‘.“ 43 Am nächsten Tag traf Jesus auf dem Weg nach Galiläa
Philippus. Auch den quatschte er an und meinte zu ihm: „Komm mal
mit!“ 44 Philippus kam genauso wie Andreas und Petrus aus der Gegend
Betsaida. 45 Philippus meinte dann mal zum Nathanael: „Hey Nathana-
el, stell dir vor, wir haben den Typen gefunden, über den schon Mose
und die Propheten in den alten Büchern eine Ansage gemacht haben!
Er heißt Jesus und kommt aus der Familie vom Josef aus Nazareth!“
46 „Was, aus Nazareth? Da kommt doch eh nur Schrott her!“, meinte Na-
thanael. „Nun komm schon“, rief Philippus, „du musst ihn einfach mal
kennen lernen!“ 47 Als sie dann bei Jesus ankamen, meinte der sofort zu
ihm: „Ach, da kommt ja ein echter Israeli aus der alten Schule, auf des-
sen Wort man sich hundertpro verlassen kann!“ 48 „Woher kennen Sie
mich?“, wollte Nathanael wissen. „Ich hab gesehen, wie du unter einem
Apfelbaum gesessen hast! Kurz bevor Philippus dich gerufen hat“, ant-
wortete Jesus. 49 Nathanael war ganz platt. „Meister, Sie sind wirklich
der Sohn von Gott! Sie sind der Chef von ganz Israel!“ 50 Jesus meinte

---

* Lamm Gottes. Lämmer wurden damals in einem Ritual Gott übergeben und geschlachtet, sozusagen als Bezahlung und Wiedergutmachung für den Mist, den man getan hatte.

dazu nur: „Wie jetzt? Sagst du das nur, weil ich das mit dem Apfelbaum
gesagt habe? Du wirst noch sehr viel heftigere Sachen erleben als
das!“ 51 Und dann sagte er: „Leute, eins kann ich euch versprechen: Ihr
werdet sehen, wie sich der Himmel öffnen wird, und ihr werdet Engel
dabei beobachten, die wie im Fahrstuhl zwischen mir und Gott hin- und
herfahren!“

2

Auf einer Hochzeitsparty

1 Am übernächsten Tag war eine fette Hochzeitsparty in dem Dorf Kana
in Galiläa angesetzt. Unter den Gästen war auch Maria, die Mutter von
Jesus, 2 aber auch Jesus war mit seinen Freunden gekommen. 3 Mitten
in der Party stellte sich heraus, dass zu wenig Wein bestellt worden war.
Maria ging dann zu Jesus und sagte: „Ach Jesus, übrigens, der Wein ist
gleich alle!“ 4 Jesus war sichtlich genervt. „Was soll das? Die Zeit, wo ich
solche Sachen bringen soll, ist noch nicht da!“ 5 Sie blieb aber dabei und
sagte sogar zu den Servicekräften: „Egal, was er euch sagt, tut es ein-
fach!“ 6 Im Haus waren sechs riesige Fässer, die man für irgendwelche
religiösen Waschrituale brauchte. In jedes Teil passten ungefähr hundert
Liter rein. 7 Jesus sagte zu den Servicekräften: „Füllt die Teile mal rand-
voll mit Wasser!“ Nachdem sie das getan hatten, sagte er: „Und jetzt
lasst dem Küchenchef mal ’ne Kostprobe rüberwachsen!“ 9 Der Küchen-
chef trank einen Schluck von dem Wasser, das jetzt Wein geworden war.
Er hatte aber keine Ahnung, woher der Wein kam, nur die Servicekräfte
wussten das. Er traf sich sofort leicht genervt mit dem Bräutigam und
sagte zu ihm: 10 „Also Entschuldigung, aber jeder normale Gastgeber
bietet doch seinen Gästen zuerst den guten Tropfen an! Und erst später,
wenn alle schon total breit sind, dann kommt der billige Fusel. Aber Sie
haben ja den besten Wein bis zum Schluss aufgehoben!“ 11 Diese irre
Geschichte passierte in Kana in Galiläa. Das war das erste Mal, dass
Jesus durch so ein Wunder zeigte, dass er wirklich von Gott geschickt
worden war. Und seine Freunde glaubten ihm das. 12 Nach der Hochzeit
ging er dann runter nach Kapernaum. Mit dabei waren seine Mutter,
seine Brüder und seine Freunde. Aber dort hielt er sich nicht lange auf.

Jesus macht Stunk im Tempel der Juden

13 Kurz bevor das große Passafest in Jerusalem abging, reiste Jesus auch
dorthin. 14 Im Innenbereich vom Tempel beobachtete er die Stände,
wo irgendwelche Händler Rinder und Schafe sowie Tauben verkauften.
Auch Geldwechsler trieben sich da rum. 15 Jesus rastete plötzlich total
aus. Er bastelte sich aus Stricken eine Peitsche und ging damit auf die

Leute los. Alle wurden von ihm aus dem Tempel rausgeschmissen, inklusive der Rinder und Schafe. Er pogte gegen die Tische der Geldwechsler und feuerte die Kohle auf den Fußboden. 16 Anschließend ging er zu den Typen, die mit Tauben handelten, und sagte total scharf zu ihnen: „Raus mit dem ganzen Dreck, sofort! Dieses Haus gehört meinem Vater, hier hat euer Gedeale nichts verloren, macht diesen Ort nicht zu einem Einkaufszentrum!“ 17 Seine Freunde mussten daran denken, was schon in den alten Schriften stand: „Die Leidenschaft für deine Hütte brennt in mir!“

Wer hat Jesus diese Vollmacht ausgestellt?

18 „Wie können Sie sich dieses Recht rausnehmen, so was hier zu bringen?“, fragten ihn die Juden. „Wenn Sie dafür eine Vollmacht von Gott ausgestellt bekommen haben, dann wollen wir die auch sehen! Ein Beweis dafür wäre für uns, wenn Sie zum Beispiel jetzt mal ein Wunder tun würden!“ 19 „Okay“, meinte Jesus nur. „Sprengt diesen Tempel, und ich werde ihn in drei Tagen wieder aufgebaut haben!“ 20 „Was? Es hat sechsundvierzig Jahre gedauert, das Teil überhaupt aufzubauen! Wie wollen Sie das denn bitte in drei Tagen hinkriegen?“ 21 Jesus meinte mit dem Tempel aber seinen Körper. 22 Viel später, als er tot war und dann wieder lebendig geworden ist, erinnerten sich seine Freunde daran. Noch ein Grund, warum sie auf Jesus gesetzt haben und dem, was er gesagt hatte, glaubten. Es bestätigte auch das, was schon in den alten Schriften gestanden hat. 23 Durch die derben Wunder, die Jesus bei dem Passafest in Jerusalem getan hatte, fingen viele Leute an, ihr Vertrauen auf ihn zu setzen. 24 Jesus erzählte ihnen aber nicht alles, weil er die Menschen sehr gut kannte. 25 Niemand brauchte ihm was über die Menschen beibringen. Er wusste immer Bescheid, wie ein Mensch innerlich so drauf war.

3

Wie kriegt man ein Ticket für das Land, wo Gott das Sagen hat?

1 Einmal kam einer von der religiösen Truppe, ein Pharisäer, im Dunkeln zu Jesus. 2 Nikodemus, so hieß er, gehörte zu den Juden, die in Israel was zu sagen hatten. „Meister, ich hab eine Frage an Sie. Wir haben das alles so weit kapiert, dass Sie direkt von Gott kommen, um uns Dinge beizubringen. Die Wunder, die Sie tun, sind eindeutig ein Beweis, dass Gott auf Ihrer Seite steht!“ 3 „Ich sag Ihnen jetzt mal was“, meinte Jesus, „wenn jemand nicht noch mal ganz neu geboren wird, bekommt er kein Ticket für das neue Reich, in dem Gott das Sagen hat.“ 4 „Hä? Wie geht das denn? Ein Erwachsener kann doch

nicht ein zweites Mal in den Bauch seiner Mutter zurückgehen, das
ist doch wohl logisch!", fragte Nikodemus leicht verwirrt nach. 5 „Ich
sag es noch mal anders: Niemand hat eine Chance auf ein Ticket
für das Land, wo Gott das Sagen hat, es sei denn, er hat sein altes
Leben komplett hinter sich gelassen und durch den Geist von Gott
einen echten Neustart hingelegt. 6 Wenn Menschen ein neues Leben
machen, dann wird daraus ein menschliches Baby. Wenn Gott durch
seine Power ein neues Leben macht, dann ist das eine völlig andere
Art von Leben, es ist ein Leben aus seiner Kraft. 7 Sie brauchen sich
also nicht wundern über meinen Spruch, dass alle noch mal neu
geboren werden müssen. 8 Ein guter Vergleich dafür ist der Wind.
Man kann ihn hören, aber wo er genau herkommt oder wo er gleich
hinweht, kann man nicht sagen. Genauso kann auch keiner sagen,
wie das abgeht mit dieser neuen geistlichen Geburt. Aber man kann
sie trotzdem am eigenen Leben erfahren." 9 „Aber wie soll das genau
funktionieren?", wollte Nikodemus wissen. 10 „Mann, Sie sind ein
angesagter Theologe mit guter Reputation in Israel, Sie müssten das
echt wissen! 11 Eins ist garantiert: Ich erzähle euch Sachen, die ich
hundertprozentig sicher weiß, ich bezeuge euch Dinge, die ich wirklich
gesehen habe, und trotzdem glaubt ihr mir nicht. 12 Wenn ihr schon
die Sachen nicht schnallt, die hier auf der Erde abgehen, wie wird das
dann erst, wenn ich euch von übernatürlichen Sachen erzählen soll?
13 In den übernatürlichen Dingen, die in Gottes Dimensionen abgehen,
kennt sich nur einer wirklich aus, und das ist der Menschensohn*. Der
kommt nämlich von da her. 14 Sie wissen doch bestimmt, dass Mose
in der Wüste einen Stab mit einer Schlangenfigur hochgehalten hat?
Jeder, der seine Augen darauf gerichtet hat, überlebte! Genauso wer-
den die Leute auch zum Menschensohn* hochblicken. 15 Jeder, der dort
auf ihn sieht und sein Vertrauen ganz auf ihn setzt, wird für immer
leben können. 16 Gott liebte die Menschen ohne Ende, er war sogar be-
reit, seinen einzigen Sohn für sie wegzugeben, damit sie nicht vor die
Hunde gehen. Jeder, der ihm vertraut, hat es geschafft, er wird ewig
leben können! 17 Gott hat seinen Sohn nicht in die Welt beordert, um
alle erst mal fertig zu machen und zu verurteilen. Nein, er will sie alle
durch ihn aus ihrem Dreck rausretten! 18 Wer sein Vertrauen auf ihn
setzt, muss keinen Schiss mehr vor einem Urteil bei der letzten Ge-
richtsverhandlung haben. Wer ihm, dem einzigartigen Sohn von Gott,
aber nicht glaubt, der ist dadurch schon jetzt zur Höchststrafe verur-
teilt worden. 19 Und zwar wird das mit diesem Gericht so abgehen: Ein

* Siehe Erklärung S. 24.

Licht ist auf diese Welt gekommen. Die Leute in der Welt hatten aber Lust auf das Dunkle, sie wollten kein Licht in ihrem Leben. Sie wollten nicht, dass jemand den ganzen Mist, den sie täglich bauen, auch noch sehen könnte. [20] Jeder, der ein schlechtes Gewissen hat, hasst das Licht, da würde er nie freiwillig hingehen. Er will ja nicht, dass jeder seinen Dreck, den er tut, auch noch sehen kann! [21] Wer aber das tut, was Gott will, hat keine Panik vor dem Licht, er muss sich ja nicht schämen. Alles, was er getan hat, war für Gott okay."

Johannes' Zeit ist abgelaufen

[22] Danach hing Jesus mit seinen Freunden noch in der Provinz Judäa. Er wollte dort noch ein paar Leute taufen. [23] Johannes war in der Zeit in Änon, das liegt in der Nähe von Salim. Da war der Fluss nämlich tief genug zum Taufen. Sehr viele Leute kamen zu Johannes, um sich von ihm taufen zu lassen. [24] Johannes war zu diesem Zeitpunkt nämlich noch nicht im Knast. [25] Irgendwann kam mal voll die Diskussion auf zwischen den Freunden von Johannes und einigen Juden. Es ging dabei um die religiösen Reinigungsvorschriften. [26] Schließlich kamen sie alle mal bei Johannes an und erzählten ihm: „Chef, der Mann, der damals am Jordan-Fluss bei dir angekommen ist, dieser Mensch, den du als den Hauptfilm bezeichnet hast, der tauft jetzt auch. Die laufen jetzt alle bei ihm auf, wir sind anscheinend out!" [27] „Keiner kann so etwas so mal eben weitergeben, es sei denn, er hat den Auftrag direkt aus dem Himmel dafür bekommen. [28] Ich hab euch schon immer gesagt: ‚Ich bin nicht der Auserwählte, der Christus.' Ich hab nur die Order von Gott, sein Vorprogramm zu sein, nicht mehr und nicht weniger. [29] Da, wo die Braut sich hingezogen fühlt, da ist auch der Bräutigam. Und der Freund vom Bräutigam steht daneben, hört ihm zu und freut sich! Es ist ihm egal, wenn er dann da nur 'ne Nebenrolle spielt. Ich raste total aus, weil ich mich so sehr da drüber freue! [30] Sein Einfluss soll immer größer werden, ich muss mich langsam zurückziehen. [31] Er ist aus Gottes Welt gekommen und hat dadurch voll den Überblick. Ich bin nur von der Erde und kann auch nur über irdische Sachen reden. [32] Was er von dort beobachtet und gehört hat, davon redet er auch. Trotzdem glaubt ihm keiner. [33] Wer ihm glaubt, unterschreibt damit, dass Gott in allen Punkten Recht hatte. [34] Jesus Christus ist der Typ, der uns von Gott geschickt wurde. Die Sachen, die er sagt, sind Worte von Gott, er gibt ihm seine Power, und zwar ohne Ende. [35] Gott, der Vater, liebt seinen Sohn, er hat ihm den Joystick für die Welt in die Hand gedrückt. [36] Alle, die ihr Vertrauen auf Jesus setzen und ihm glauben, die werden ewig leben. Aber alle, die keine Lust auf das haben, was er sagt, wer-

den nie ein wirkliches gutes Leben haben können. Gott wird immer
gegen sie sein."

4

Gespräch mit einer Frau beim Wasserholen

1 Irgendwann erzählte jemand Jesus, die Pharisäer hätten Wind da-
von bekommen, dass er mittlerweile mehr Leute taufte als Johannes.
2 Wobei Jesus die Taufe nicht selber durchzog, das ließ er immer seine
Freunde machen. 3 Darum beschloss er, sich aus Judäa zu verabschie-
den, und wanderte wieder zurück nach Galiläa. 4 Auf dem Weg kam er
auch durch die Gegend von Samarien. 5 Dort kam er in der Stadt Sychar
vorbei, und zwar in der Nähe von einem Feld, das Jakob vor urlanger
Zeit auf seinen Sohn Josef übertragen hatte. 6 Auf diesem Feld war ein
Wasserbrunnen installiert. Völlig durch von der langen Wanderung
platzte sich Jesus da erst mal hin. Es war gerade die pralle Mittagssonne
am Himmel. 7 Irgendwann kam auch eine Frau aus der Gegend an der
Stelle vorbei, die etwas Wasser holen wollte. Jesus fragte sie: „Hallo
du, gib mir doch bitte auch was zu trinken, ja?" 8 Seine Freunde waren
gerade in die Stadt unterwegs, um Lebensmittel einzukaufen. 9 Die Frau
war etwas platt darüber, dass Jesus sie so mal eben anquatschte. Es
war nämlich für die Juden damals total out, sich mit Samaritern abzu-
geben – und mit Frauen erst recht. Darum sagte sie: „Entschuldigung,
aber Sie sind doch ein Jude und ich bin eine Samariterin. Wie kommt
es, dass Sie mich jetzt plötzlich um einen Schluck Wasser bitten?"
10 „Wenn du Schnall davon hättest, was für eine Chance Gott dir gerade
geben will, und wer hier mit dir redet und dich um Wasser bittet, dann
würdest du mich um frisches Wasser bitten, das nicht abgestanden ist
und wirklich Leben schenkt!" 11 „Also, entschuldigen Sie bitte, aber wie
soll das denn gehen? Sie haben weder einen Eimer noch ein Seil dabei
und dieser Brunnen ist sehr tief! Wie wollen Sie denn das frische Wasser
hochbekommen?", antwortete sie. 12 „Oder kommen Sie etwa aus einer
höheren Liga als unser Stammvater Jakob? Der hat diesen Brunnen
nämlich mal gebaut, und seine Kinder und seine Kühe haben früher
mal da draus getrunken." 13 Jesus meinte darauf zu ihr: „Normal wird
jeder, der von diesem Wasser trinkt, irgendwann wieder Durst haben.
14 Wer aber von dem Wasser trinkt, was ich den Leuten gebe, für den
wird Durst ein Fremdwort werden. Das Wasser, was ich den Menschen
spendiere, wird sich nämlich in dir drin zu einer eigenen Quelle verwan-
deln, einer Quelle, die ohne Ende sprudeln wird, über dein Leben auf
dieser Welt raus!" 15 „Oh bitte, ich möchte von diesem Wasser gerne
etwas haben! Dann brauch ich nicht mehr jeden Tag her und muss Was-

ser schleppen!“ 16 „Okay, dann hol mal deinen Mann und kommt beide
wieder her!“, sagte Jesus zu ihr. 17 „Ich bin nicht verheiratet!“, war ihre
Antwort. „Stimmt“, meinte Jesus, „zurzeit bist du ein Single, 18 du warst
aber schon mit fünf Typen vorher verheiratet, und der Mann, mit dem
du jetzt dein Bett teilst, dem hast du gar nicht dein Jawort gegeben!“
19 „Ich merk schon, das stimmt alles, Sie sind wohl ein Prophet, oder?!
20 Dann können Sie mir gleich ’ne Frage beantworten: Ihr Juden besteht
ja darauf, dass euer Jerusalem der einzige heilige Ort schlechthin ist,
um zu Gott zu beten. Wir Samariter beten aber immer auf diesem Berg
da, weil das unsere Vorfahren auch so gemacht haben! Wie sehen Sie
das?“ 21 Dazu sagte Jesus ihr: „Eins kann ich versprechen, es wird eine
Zeit geben, wo es egal sein wird, ob ihr auf irgendeinem Berg zu Gott
redet, ob ihr dazu nach Jerusalem geht oder ob ihr das irgendwo anders
macht. 22 Ihr habt ja gar keine Vorstellung, zu wem ihr da überhaupt
redet, wenn ihr betet! Wir wissen genau, zu wem wir beten. Die Rettung
für diese Welt kommt aus dem jüdischen Volk! 23 Es wird aber mal so
sein, also im Grunde hat das schon angefangen, dass Menschen, egal,
wo sie gerade sind, mit Gott reden können. Ist nur wichtig, dass man
dabei von seiner Power, seinem Geist, kontrolliert wird. Gott sucht
nach solchen Leuten, die so mit ihm reden! 24 Gott ist nämlich wie eine
unsichtbare Kraft, wie ein Geist. Und wer mit Gott reden will, muss von
diesem Geist abgefüllt werden, diesem Geist der Wahrheit.“ 25 Darauf
meinte die Frau: „Ich hab verstanden, dass irgendwann der Auserwähl-
te, der Messias, da sein wird, den man auch den Christus nennt. Wenn
der da ist, dann wird er uns das alles erklären!“ 26 „Das bin ich, du rede-
st gerade mit dem Auserwählten!“, antwortete ihr Jesus. 27 Plötzlich bo-
gen seine Freunde um die Ecke. Sie waren etwas überrascht, dass Jesus
sich mit einer Frau unterhielt. Aber keiner traute sich, mal nachzufragen.
28 Die Frau ließ alles stehen und liegen und rannte ins Dorf, um jedem
zu erzählen, was sie gerade erlebt hatte. 29 „Kommt mal alle mit, da ist
ein Typ, den müsst ihr kennen lernen! Der hat mir ins Gesicht gesagt,
was ich alles getan habe! Besteht vielleicht die Möglichkeit, dass er der
Auserwählte, dieser Christus, ist?“ 30 Total neugierig kamen die Leute
von überall sofort bei Jesus angelaufen. 31 Seine Freunde machten sich
etwas um seinen Magen Sorgen und boten ihm was zu essen an. 32 Sei-
ne Antwort war aber nur: „Nein danke, Jungs, ich hab eine andere Nah-
rung als ihr.“ 33 Seine Freunde fragten sich sofort: „Hä? Wer war denn
in der Zwischenzeit hier und hat ihm was zu essen gebracht?“ 34 Jesus
erklärte das dann so: „Ich lebe davon, das zu tun, was Gott möchte. Ich
will seinen Auftrag erfüllen und bis zu Ende durchziehen. 35 Habt ihr
nicht noch vor kurzem gesagt: ‚In vier Monaten beginnt die Erntezeit‘?

Leute, macht mal eure Augen auf! Sehr ihr nicht, was gerade abgeht?
Die Felder können abgeerntet werden! 36 Die Leute, die mithelfen die
Ernte einzufahren, werden fett bezahlt. Und die Sachen, die sie ernten
werden, das sind die Menschen, denen man den Weg in ein Leben zeigt,
was ewig anhält. Was wird da für 'ne Party abgehen für die einen, die
etwas gesät haben, und für die anderen, die die Ernte reinholen! 37 Ihr
kennt doch diesen Spruch: ‚Einer streut Samen aus, ein anderer holt die
Ernte rein.' 38 Ich hab euch losgeschickt, um eine Ernte einzufahren, mit
der ihr vorher gar nichts zu tun hattet. Da haben andere vor euch für ge-
schuftet. Ihr dürft jetzt das Ergebnis ernten." 39 Sehr viele Leute, die da
lebten, setzten von da an ihr Vertrauen auf Jesus. Und zwar vor allem,
weil die Frau überall rumerzählt hatte, dass Jesus alles über sie wusste.
40 Als sie dann bei Jesus aufliefen, fragten sie ihn gleich, ob er nicht
noch länger dableiben wollte. Das tat er dann auch, und zwar für zwei
Tage. 41 So konnten noch mehr Leute seinen Reden zuhören und fingen
dadurch an zu glauben. 42 Zu der Frau sagten einige: „Zuerst waren wir
ja nur da, weil du so von ihm geschwärmt hast. Aber jetzt konnten wir
ihm selber zuhören und wissen: Er ist wirklich der Retter dieser Welt."

Der Sohn eines hohen Beamten wird durch Jesus gesund

43 Zwei Tage später zog Jesus weiter Richtung Galiläa. 44 Er hatte früher
selber mal gesagt: „Ein Prophetentyp ist überall der Held, nur nicht dort,
wo er herkommt." 45 Aber diesmal nahmen ihn die Leute gut auf. Viele
waren nämlich bei der Passafeier in Jerusalem dabei gewesen und hatten
mitbekommen, was für coole Sachen er da gemacht hatte. 46 Auf seiner
Tour durch Galiläa kam er auch wieder bei Kana vorbei, wo er aus dem
Wasser Wein gemacht hatte. Nicht weit von da, in der Stadt Kapernaum,
wohnte ein Mann, der einen fetten Beamtenjob bei der Regierung hatte.
Sein Sohn war sehr krank. 47 Als ihm jemand erzählte, dass dieser Jesus
aus Judäa gerade in der Gegend war, brach er sofort Richtung Kana auf.
Dort besuchte er Jesus und fragte ihn, ob er nicht mit nach Kapernaum
kommen könnte, um seinen Sohn zu behandeln. Der war nämlich tod-
krank. 48 Jesus war etwas genervt: „Ihr wollt immer nur irgendwelche
Wunder sehen, sonst kommt euer Glaube nicht in die Puschen!" 49 Aber
der Beamte bettelte voll los: „Bitte, bitte seien Sie so gut! Mein Kind muss
sonst sterben!" 50 „Geh nach Hause! Dein Kind ist schon gesund!", sagte
ihm Jesus. 51 Auf dem Rückweg kamen ihm schon ein paar seiner Haus-
angestellten entgegengelaufen. „Ihr Kind ist gesund!", riefen sie. 52 Auf
die Frage, seit wann es dem Kind denn besser ging, meinten sie: „Gestern
Mittag so gegen ein Uhr war das Fieber plötzlich weg!" 53 Als der Vater die
Zeit zurückrechnete, war klar: Es war genau der Zeitpunkt, als Jesus ihm

gesagt hatte: „Dein Sohn lebt!“ Und der Beamte und seine ganze Familie
fingen an, ihr Vertrauen auf Jesus zu setzen. 54 Das war das zweite Wun-
der, was Jesus getan hatte, nachdem er von Judäa zurückgekommen war.

5

Ein schwer kranker Mann und ein Teich

1 An einem der jüdischen Feiertage ging Jesus mal nach Jerusalem in die
City. 2 In der Nähe vom so genannten Schaftor lag ein ganz besonderer
Teich, der auf Hebräisch Betesda genannt wurde. Um ihn herum waren
fünf große Hallen mit Säulen drin. 3 Sehr viele kranke Leute hingen da
ständig rum, Menschen, die irgendeine Behinderung hatten, Blinde,
Hautkranke und so. 4 Es gab nämlich das Gerücht, dass immer mal
wieder ein Engel da vorbeikam, und wenn der das Wasser berührte und
man als Erster dort reinsprang, würde man geheilt werden. 5 Einer von
diesen Leuten, der ständig da war, konnte schon seit achtunddreißig
Jahren nicht gehen. 6 Jesus sah den Typen dort sitzen, und einer von den
Menschen, die da waren, erzählte ihm seine Geschichte. Darum fragte
Jesus ihn dann: „Hey, willst du eigentlich gesund werden?“ 7 „Mein
Herr, leider bin ich alleine hier, und immer, wenn sich das Wasser mal
bewegt, gibt es niemanden, der mich da reinschmeißen könnte. Ich
versuch das zwar, aber dann ist immer einer schneller als ich.“ 8 „Okay,
dann pack deine Sachen und lauf mal ’ne Runde!“, war die Antwort von
Jesus. 9 Und in derselben Sekunde war der Mann kerngesund! Er rollte
seine Decke zusammen und rannte los! Das passierte aber an dem
religiösen Feiertag der Juden, dem Sabbat. 10 Einer der Juden, die das
sahen, meckerte sofort rum: „Hey Sie, heute ist Sabbat, da ist Decken
rumtragen verboten!“ 11 „Aber der Mann, der mich gesund gemacht hat,
meinte zu mir, ich sollte meine Decke nehmen und ’ne Runde umher-
laufen!“ 12 „Und wer war das? Wer hat das zu Ihnen gesagt?“ 13 Der Typ,
der geheilt wurde, hatte keine Ahnung, wer Jesus eigentlich war. Jesus
hatte sich mittlerweile schon wieder unter die Leute gemischt. 14 Später
traf er den Mann noch mal im Tempel und sagte ihm: „Einen Rat hab
ich noch: Lass nichts mehr zwischen dich und Gott kommen, ja? Nicht,
dass dir noch was Schlimmeres passiert als diese Krankheit!“ 15 Danach
ging der Typ zu den Juden und erzählte, dass Jesus ihn gesund gemacht
hatte. 16 Ab diesem Zeitpunkt waren die Juden hinter Jesus her, nur weil
er diese Heilung am Sabbat gemacht hatte.

Jesus sagt, warum er Leute heilt

17 Jesus’ Antwort auf diese Kritik war so: „Mein Vater hat nie aufge-
hört, gute Sachen für die Menschen zu tun.“ 18 Jetzt hatten die Juden

erst recht voll den Hals auf Jesus, weil ihm anscheinend nicht nur
der Sabbat egal war, er bezeichnete auch noch Gott als seinen eige-
nen Vater! Damit tat er ja so, als hätte er dieselbe Stellung wie Gott.
19 Dazu meinte Jesus dann: „Eins kann ich euch garantieren: Der Sohn
alleine bringt es nicht, er kann nur das tun, was ihm der Vater vorge-
macht hat. 20 Der Vater liebt den Sohn, er zeigt ihm alles, was er noch
vorhat. Und er will euch auch noch viel derbere Sachen zeigen, Dinge,
über die ihr euch wirklich wundern werdet! 21 Genauso wie der Vater
Tote lebendig machen kann, kann das auch sein Sohn. 22 Und der Va-
ter wird auch bei der letzten Gerichtsverhandlung nicht den Vorsitz
führen, das hat er dem Sohn übergeben. 23 Alle sollen nämlich den
Sohn gut finden, genauso wie den Vater. Wenn jemand keine Lust auf
den Sohn hat, dann hat er auch keine Lust auf den Vater, denn der hat
ihn ja geschickt. 24 Passt auf, was ich euch zu sagen habe: Wenn mir
jemand gut zuhört und sein Vertrauen auf Gott setzt, meinen Auftrag-
geber, dann wird er in der Lage sein, ewig zu leben! Er wird für seine
Schulden bei Gott nicht mehr bezahlen müssen, er hat den Sprung
vom Tod in ein echtes Leben schon geschafft. 25 Ich mach noch mal
'ne Ansage: Es wird mal eine Zeit kommen – sie hat sogar schon an-
gefangen –, wo sogar die toten Leute die Stimme vom Sohn von Gott
hören werden. Und wer darauf eingeht, wird leben. 26 Gott besteht aus
purem Leben, und Gott wollte, dass sein Sohn das gleiche Leben in
sich trägt. 27 Er hat ihm den Joystick der Welt in die Hand gegeben, er
soll mal der Richter sein, er ist der Auserwählte. 28 Keine Panik, Leute!
Es wird mal eine Zeit geben, da werden die Menschen, die gestorben
sind, vom Sohn Gottes gerufen werden. 29 Dann werden alle wieder
lebendig werden. Die ihr Leben gut geführt haben, werden durchkom-
men und leben. Die aber Mist gebaut haben, werden in einer Gerichts-
verhandlung verurteilt."

Dass Jesus Gottes Sohn ist, dafür gibt es Zeugen

30 „Ich unternehme nichts, ohne vorher den Vater zu fragen, ich richte
mich nach seinem Rat. Die Urteile, die ich fälle, sind total gerecht, sie
kommen nicht alleine von mir, sondern sie entsprechen dem, was der
Vater will. Er hat mich zu euch geschickt, ich fälle kein Urteil alleine.
31 Wenn ich in den Zeugenstand treten würde, um für mich selber aus-
zusagen, dann würde das nicht viel bringen, ich wäre total unglaubwür-
dig. 32 Jemand anders muss für mich als Zeuge aussagen. Und eins ist
auf sicher: Alles, was der dann sagt, ist die Wahrheit. 33 Ihr habt ein paar
von euren Leuten zu Johannes, der die Leute tauft, geschickt, damit sie
mal auschecken, was er über mich sagt. Und er hat die Wahrheit gesagt.

34 Und dabei hab ich eigentlich einen Zeugen gar nicht nötig. Nur wegen
euch hab ich Johannes als Zeugen aufgeführt, damit ihr mir vertraut
und aus euerm Dreck gerettet werdet! 35 Johannes hat eine Zeit lang wie
die Sonne gestrahlt, und ihr wolltet es euch in diesem Licht ein wenig
gut gehen lassen. 36 Aber ich kann noch fettere Zeugen aufbringen, und
das sind die Dinge, die ich tue! Alles, was ich tue, hab ich vom Vater
gesagt bekommen. Ich soll alles so machen, wie er es sagt, damit alle
begreifen: Ich komme von ihm. 37 So tritt Gott selber für mich als Zeuge
auf. Aber ihr sitzt auf euren Ohren und habt ihn noch nie gesehen. 38 Ihr
habt die Sachen, die er sagt, weder begriffen noch befolgt. Sonst würdet
ihr mir glauben, weil ich von ihm ausgesandt worden bin. 39 Ihr studiert
die alten Bücher, die heiligen Schriften und so, weil ihr meint, so könn-
tet ihr wirkliches Leben bekommen. Und dabei verweisen die Schriften
auf mich! 40 Und trotzdem habt ihr keinen Bock auf mich, ihr wollt nicht
zu mir kommen, dabei würde ich euch ein Leben ohne Ende geben!
41 Ist mir auch echt egal, ob ihr mich jetzt toll findet oder nicht. 42 Ich
kenne euch nämlich nur zu gut, ich weiß, dass ihr keine Ahnung von
Gottes Liebe habt. 43 Ich komm ja im Auftrag von meinem Vater, aber
ihr wollt mich nicht akzeptieren. Stattdessen fahrt ihr auf jeden anderen
Popel ab, auch wenn der sich den Auftrag auch nur selbst erteilt hat.
44 Kein Wunder, dass es euch so schwer fällt zu vertrauen. Ihr zögert
nicht, wenn es darum geht, euch gegenseitig zu puschen. Dabei gibt es
nur einen, der euch wirklichen Wert geben kann, und das ist Gott. Das
scheint euch aber total egal zu sein. 45 Großer Irrtum, wenn ihr glaubt,
dass ich beim Vater gegen euch Anzeige erstatten werde. Das wird euer
Mose schon erledigen, gerade der, auf den ihr euch beruft. 46 Wenn ihr
nur den Worten von Mose wirklich geglaubt hättet, dann würdet ihr
jetzt auch mir glauben. Denn Mose hat ja auch schon von mir geschrie-
ben. 47 Und wenn ihr Mose schon nicht glaubt, dann werdet ihr mir erst
recht nicht glauben!“

6

Über fünftausend Leute werden satt

1 Kurze Zeit später ging Jesus auf die andere Seite vom galiläischen
Meer, das man auch den See von Tiberias nannte. 2 Sehr viele Fans
waren da sofort bei ihm, alle fuhren total auf die Wunder ab, die er
tat, viele Kranke wurden durch ihn wieder gesund. 3 Jesus wollte sich
ein bisschen mit seinen Freunden zurückziehen, darum verschwanden
sie auf einen kleinen Berg. 4 Das war kurz vor dem Passafest, das je-
des Jahr bei den Juden gefeiert wird. 5 Jesus wollte mal den Ausblick
genießen und dabei sah er, wie wahnsinnig viele Leute auf der Suche

nach ihm waren. Die kamen alle schon den Berg hoch. „Hey Philippus,
hast du 'ne Idee, wo wir genug Brot herkriegen, damit wir allen was
zu essen anbieten können?“, fragte Jesus. 6 Das war ein kleiner Test
für Philippus, denn er hatte schon vorher genau geplant, was gleich
abgehen würde. 7 Philippus meinte zu Jesus: „Also, das würde irre viel
Geld kosten, um die alle satt zu kriegen!“ 8 Andreas, der ein Bruder
von Simon Petrus war, schleppte einen kleinen Jungen an 9 und sagte:
„Dieser Knirps hat fünf Vollkornbrote und zwei geräucherte Forel-
len dabei. Das ist aber echt nur ein Tropfen auf den heißen Stein!“
10 „Okay, sagt mal den Leuten, sie sollen sich irgendwo auf die große
Wiese hinpflanzen!“ Gesagt, getan, und die etwa fünftausend Männer
plus Frauen und Kinder setzten sich dort auf das Gras. 11 Jesus nahm
die Brote, sagte Gott danke dafür und verteilte sie an die Leute. Ge-
nauso machte er es dann auch mit den geräucherten Fischen. 12 Und
tatsächlich: Alle, die da waren und was gegessen hatten, wurden papp-
satt! „Jetzt sammelt mal die Reste wieder ein, wir wollen ja keinen
Müll hinterlassen und es soll ja auch nichts vergammeln!“, bat Jesus
seine Freunde nach dem Essen. 13 Und volle zwölf Körbe mit Essens-
resten kamen wieder zusammen! Und das war alleine vom Brot übrig
geblieben! 14 Als die Leute begriffen, was da gerade für ein Wunder
abgegangen war, riefen einige: „Es stimmt, dieser Typ ist wirklich der
Prophet, auf den wir schon so lange warten!“ 15 Jesus merkte schnell,
dass ihn die Leute jetzt schnell zum Superstar und am besten gleich
zum Regierungsoberhaupt machen wollten, darum flüchtete er erst
mal ganz allein in die Berge.

Jesus kann sogar auf dem Wasser gehen

16 Abends stiegen seine Freunde dann in ihr Boot, weil sie noch eine
Tour über den See nach Kapernaum geplant hatten. 17 Es war schon total
dunkel draußen, und Jesus war immer noch nicht zurück. Schließlich
legten sie einfach ab und fuhren los. 18 Plötzlich kam ein heftiger Orkan
auf! 19 Die Freunde waren schon etwa fünf Kilometer vom Ufer weg, zu-
rückrudern ging nicht mehr. Plötzlich sahen sie, wie ihnen Jesus höchst-
persönlich auf dem Wasser entgegenkam! Seine Freunde kriegten voll
die Paras, 20 aber Jesus rief ihnen nur zu: „Keine Panik, Jungs, ich bin es
nur!“ 21 Sie halfen ihm ins Boot zu steigen, und in derselben Sekunde
waren sie plötzlich genau an dem Zielort angelangt!

Brot, das den Hunger nach Leben stillt

22 Am nächsten Morgen trafen sich die Menschen wieder auf der
anderen Seite vom See und warteten da auf Jesus. Sie hatten mitge-

kriegt, dass er mit seinen Freunden zusammen gekommen war, die
dann aber alleine, ohne ihn, mit dem Boot wieder abgehauen waren.
23 Inzwischen hatten mehrere Schiffe aus Tiberias bei der Stelle an-
gelegt, wo Jesus, nachdem er gebetet hatte, so viele mit dem Brot
satt machen konnte. 24 Da nun weder Jesus noch seine Freunde dort
wieder aufgetaucht waren, stieg alles in die nächste Fähre Richtung
Kapernaum. Sie wollten ihn dort suchen. 25 Und tatsächlich fanden
sie ihn da mit seinen Freunden. Einer meinte zu ihm: „Großer Lehrer,
wann sind Sie denn hierher gekommen?“ 26 „Ich weiß genau, warum
ihr hier seid!“, antwortete Jesus. „Ihr habt mich gesucht, weil ich euch
was zu essen organisiert habe und ihr satt geworden seid, stimmt's?
Ihr seid nicht hier, weil es euch um mich geht! 27 Macht euch bloß
nicht so den Kopf da drüber, ob ihr genug zu essen kriegt! Denkt lie-
ber darüber nach, wie ihr es hinkriegt, ein Leben zu bekommen, was
nie aufhört. Das kann der Menschensohn* euch schenken, wenn ihr
wollt! Gott hat ihm die Vollmacht dazu erteilt.“ 28 „Was sollen wir denn
machen, damit Gott mit uns zufrieden ist?“, fragten sie ihn. 29 „Es gibt
nur eine Sache, die Gott von euch erwartet: Ihr sollt euer Vertrauen
auf den setzen, den er zu euch geschickt hat!“ 30 „Okay, wenn Sie wol-
len, dass wir Ihnen vertrauen und an Sie glauben, dann machen Sie
mal jetzt als Beweis irgendein Wunder, ja?! Also, was zeigen Sie uns
jetzt? 31 Immerhin haben unsere Vorfahren, als sie durch die Wüste
gezogen sind, diesen Brotersatz, das Manna, als Beweis von Gott
bekommen. Steht ja auch im alten Buch drin: ‚Er gab ihnen Brot aus
dem Himmel zu essen.‘“ 32 Jesus' Antwort war so: „Ich schwör, Mose
hatte mit diesem Brot nichts zu tun, Leute. Das Brot kam von meinem
Papa, er kann euch sogar echtes Himmelsbrot geben! 33 Und dieses
Brot bin ich persönlich. Ich will der ganzen Welt echtes, richtiges Le-
ben schenken.“ 34 „Chef, geben Sie uns auch was von diesem Brot, am
besten täglich!“, meinten die Leute da zu ihm. 35 „Ich selbst bin das
lebendige Brot. Wer zu mir kommt, wird nie wieder Hunger haben.
Wer mir vertraut, wird keinen Durst mehr bekommen, für immer!
36 Aber ihr wollt mir nicht glauben, obwohl ihr mich sogar live gesehen
habt. 37 Alle Leute, die mir der Vater schickt, werden zu mir kommen.
Ich werde keinen draußen stehen lassen. 38 Ich bin aus Gottes Welt
zu euch gekommen, damit ich die Sachen durchziehe, die Gott von
mir will. Es geht mir nicht um mich. 39 Und Gott will von mir, dass ich
keinen von den Leuten, die er mir gegeben hat, aufgebe, nicht einen
einzigen. Am letzten Tag dieser Welt sollen sie alle zum ewigen Leben
durchstarten. 40 Denn mein Vater will, dass alle, die blicken, dass ich
sein Sohn bin, und mir vertrauen, für immer leben können. Die werde

ich aus dem Tode rausholen, wenn es mit dieser Welt zu Ende ist."
41 Ein paar von den Juden passte das gar nicht, dass Jesus behauptete,
er wäre ein lebendiges Brot, das direkt aus dem Himmel gekommen
wäre. 42 „Was will der denn? Ist das nicht dieser Jesus, der Sohn vom
Josef? Wir kennen doch sogar seine Eltern ganz gut! Wie kommt der
zu der Behauptung, er wäre aus dem Himmel gekommen?!" 43 „Wa-
rum passt euch das nicht?", meinte Jesus. 44 „Keiner kann mit mir
was anfangen, wenn ihm der Vater nicht gezeigt hat, wo es längsgeht.
Alle Menschen, die er zu mir schickt, werde ich am letzten Tag dieser
Erde lebendig machen. 45 Die Propheten hatten auch schon geschrie-
ben: ‚Alle werden bei Gott wieder die Schulbank drücken müssen!'
Wenn also jemand auf Gott hört und von ihm lernt, der kommt zu
mir. 46 Damit will ich nicht sagen, dass schon mal irgendwann jemand
Gott wirklich gesehen hat. Nur einer kennt ihn wirklich, und zwar
der, der von ihm geschickt wurde. 47 Eine Sache ist ganz sicher: Wer
sein Vertrauen auf mich setzt und mir glaubt, der hat jetzt schon
das Leben, was nie aufhören wird, in der Tasche. 48 Ich bin das Brot,
das euch dieses Leben geben kann. 49 Eure Vorfahren haben dieses
Manna in der Wüste gegessen, aber irgendwann sind sie doch alle
gestorben. 50 Dieses Brot, das ihr hier vor euch seht, kommt direkt aus
dem Himmel. Alle, die davon essen, werden nie mehr sterben! 51 Ich
bin das Brot, das Leben gibt, und das kommt aus dem Himmel. Alle,
die von diesem Brot essen, werden ewig leben. Dieses Brot ist mein
Körper, der wird für euch wie ein Schuldschein eingelöst. Das tue ich,
damit diese Welt leben kann." 52 Diese Ansprache löste voll die Dis-
kussionen bei den Juden aus. „Will der etwa, dass wir Kannibalismus
betreiben und sein Fleisch essen, oder was?" 53 Darum sagte Jesus
noch mal: „Eine Sache ist sicher: Wenn ihr nicht von dem Fleisch vom
Menschensohn* essen und auch nicht sein Blut trinken wollt, könnt ihr
das ewige Leben echt vergessen! 54 Die Leute aber, die mein Fleisch
essen und mein Blut trinken, werden ewig leben, und am letzten Tag
von dieser Erde werde ich sie alle aus ihrem Tod rausholen. 55 Mein
Körper ist die einzige echte Nahrung, die man braucht, und mein Blut
das wichtigste Getränk. 56 Alle, die mein Fleisch essen und mein Blut
trinken, sind mit mir ganz eng verbunden. 57 Ich kann nur existieren,
weil die Kraft vom lebendigen Gott in mir ist. Ich bin in seinem Auf-
trag unterwegs. Genauso werden alle, die mit mir verbunden sind, aus
meiner Kraft leben. 58 So ist das mit dem lebendigen Brot, das aus
dem Himmel kommt. Wer davon isst, wird nicht mehr sterben, er wird

* Siehe Erklärung S. 24.

ewig leben. Anders als eure Vorfahren, die von dem Manna gegessen
haben." 59 Diese Rede hielt Jesus in einer Synagoge in Kapernaum, wo
sich die Juden zum Gebet versammelten.

Viele Freunde verlassen Jesus

60 Viele von seinen Freunden kamen darauf nicht klar. Sie sagten:
„Harte Worte, steile Thesen, wer hat da noch Bock drauf?" 61 Jesus
bekam das natürlich mit, darum sagte er zu ihnen: „Schiebt ihr nur
deswegen schon voll den Hals? 62 Was geht dann erst bei euch ab,
wenn ihr seht, wie der Menschensohn* dahin zurückgeht, wo er her-
gekommen ist? 63 Nur der Geist von Gott macht Dinge lebendig! Das
kriegt ihr selber nie hin! Die Worte, die ich zu euch gesprochen habe,
bestehen aus diesem Geist. Darum sind sie in der Lage, Menschen
lebendig zu machen. 64 Ein paar von euch glauben mir aber immer
noch nicht." Jesus wusste nämlich von Anfang an, wer ihm nicht ver-
traute, und er wusste auch, wer ihn später verraten würde. 65 Er sagte
darum noch: „Das war der Grund, warum ich die Ansage gemacht
habe: Keiner schafft es mich zu finden, wenn Gott der Vater ihm
nicht den Weg zeigt und ihn zu mir bringt!" 66 Nach dieser Rede ver-
abschiedeten sich sehr viele von seinen Freunden und gingen nicht
länger mit ihm. 67 Jesus fragte seine zwölf engsten Freunde: „Und
was ist mit euch? Wollt ihr euch auch verabschieden und mich alleine
lassen?" 68 Da sagte Simon Petrus sofort: „Chef, zu wem sollten wir
denn überhaupt hingehen? Du hast Worte, die uns die Richtung zei-
gen zu einem Leben, was ewig hält! 69 Wir vertrauen dir, wir haben ka-
piert, dass du der Auserwählte bist, der Christus, der Sohn von Gott."
70 Jesus antwortete: „Ich hab euch zwölf extra ausgesucht, trotzdem
ist einer von euch mein Feind." 71 Damit meinte er Judas, den Sohn
vom Simon Iskariot. Er war einer der zwölf engsten Freunde, und er
linkte Jesus am Ende total ab.

7

„Zeig uns, was du draufhast!"

1 Anschließend zog Jesus weiter in Galiläa herum. In Judäa wollte er
nicht rumziehen, weil die Leitungsebene der Juden schon beschlos-
sen hatte, ihn bei der nächsten Gelegenheit zu töten. 2 Kurz vor dem
jüdischen Laubhüttenfest 3 drängelten seine leiblichen Brüder rum, er
sollte doch die Feiertage unbedingt woanders verbringen. „Geh doch
nach Judäa, Jesus, da kannst du noch eine kleine Wundershow für dei-

* Siehe Erklärung S. 24.

ne Jünger abziehen!", meinten sie. 4 „Wenn du dich immer versteckst,
wirst du nie berühmt werden! Wenn du wirklich so derbe Wunder tun
kannst, dann musst du sie auch allen zeigen!" 5 Seine Brüder glaubten
nämlich nicht an ihn. 6 „Also, ich denke, dass es noch nicht an der Zeit
für mich ist, da hinzugehen. Was nicht heißen muss, dass ihr auch nicht
gehen solltet. Macht es, wie ihr wollt! 7 Ihr werdet von den Menschen
nie gehasst werden, warum auch. Aber mich hassen sie, weil ich ihnen
offen ins Gesicht sage, dass sie in einer Tour nur Sachen machen, die
Gott nicht will. 8 Ihr könnt ruhig auf die Party gehen, die da stattfindet,
aber ich komme nicht mit. Es ist noch nicht die Zeit, wo ich richtig
loslegen soll." 9 Jesus blieb dann erst mal in Galiläa. 10 Als seine Brüder
abgezogen waren, ging Jesus dann doch noch hinterher. Aber inkognito,
damit ihn keiner erkannte. 11 Die Führungsriege der Juden fragte über-
all nach ihm. 12 In der ganzen Stadt wurde über Jesus getuschelt. Die
einen waren der Meinung: „Er ist ein guter Mensch!" Andere meinten
wiederum: „Er verführt die Bevölkerung nur!" 13 Aber keiner hatte den
Mut, öffentlich über ihn zu reden, weil sie alle Schiss vor der religiösen
Führung hatten. 14 Als das Fest gerade Halbzeit hatte, ging Jesus noch
in den Tempel, um dort Unterricht in Glaubensfragen zu geben. 15 Die
Juden, die ihm dabei zuhörten, kriegten es dabei nicht auf die Reihe,
wie gut er da drin war. „Wie kann jemand so kompetent die heiligen
Bücher erklären, obwohl er gar nicht studiert hat?", fragten sie sich.
16 Jesus beantwortete die Frage: „Was ich euch hier erzähle, hab ich mir
nicht selbst ausgedacht. Es kommt alles von Gott, in dessen Auftrag
ich unterwegs bin. 17 Jeder, der das Ziel hat, nur die Sachen zu tun, die
Gott gut findet, versteht schnell, ob das, was ich sage, von Gott kommt
oder nur von mir selbst. 18 Wenn jemand seine eigenen Ideen verbreitet,
will er am Ende auch immer groß rauskommen. Wenn einer aber im
Auftrag von jemand anders arbeitet und nur will, dass der Auftraggeber
groß rauskommt, dann kann man ihm vertrauen, er ist gut unterwegs.
19 Mose hat euch die Gesetze gegeben, aber keiner von euch tut, was da
drinsteht. Warum wollt ihr mich überhaupt umbringen?" 20 Einer aus der
Menge rief zu ihm: „Du bist ja total durchgeknallt! Wer will dich denn
bitte töten?" 21 Jesus fuhr fort: „Warum regt ihr euch überhaupt so auf?
Ich hab doch nur einen Menschen am Sabbat geheilt, weiter nichts!
22 Ihr sagt, das ist nach den Gesetzen verboten, und dabei arbeitet ihr
auch am Sabbat, wenn ihr mit einem Menschen zum Beispiel dieses
Beschneidungsritual durchzieht. Mose hat dieses Gesetz ja vorgegeben,
obwohl der Brauch sogar sehr viel älter ist als das Gesetz vom Mose.
Das kommt ja noch von den alten Stammvätern. 23 Wenn diese Be-
schneidung am Sabbat völlig legal ist, warum wollt ihr mich dann fertig

machen, wenn ich einen Menschen am Sabbat heile? 24 Denkt mal nach, Leute, seid nicht so oberflächlich!“

Diskussionen über Jesus

25 Ein paar von den Leuten aus Jerusalem fragten sich: „Ist das nicht der Typ, den sie ermorden wollen? 26 Jetzt hält der hier in aller Öffentlichkeit große Reden, und sie unternehmen nichts dagegen. Denken die jetzt vielleicht auch, er wäre ‚der Auserwählte‘, dieser Messias? 27 Das geht ja gar nicht! Wir wissen ja schließlich genau, wo er herkommt! Wenn dieser Auserwählte kommt, dann kommt er ganz plötzlich, dann weiß man noch nicht mal, wo er früher überhaupt gewohnt hat.“ 28 Jesus bekam das irgendwie mit und rief laut: „Klar, ihr denkt jetzt, dass ihr mich kennt, weil ihr wisst, wo ich aufgewachsen bin. Aber ich komme nicht, um mich selbst zu vertreten, ich vertrete jemand anders, von dem habt ihr aber keine Ahnung. 29 Ich kenne ihn sehr gut, ich hab mal bei ihm gewohnt. In seinem Auftrag bin ich hier.“ 30 Als sie das hörten, hätten sie ihn am liebsten gleich weghaften lassen. Ging aber nicht, weil seine Zeit noch nicht abgelaufen war. 31 Viele der Leute, die im Tempel saßen und seiner Rede zugehört hatten, fingen an ihm zu vertrauen. Ihre Begründung war schlicht und einfach: „Kann man von dem Auserwählten noch mehr Wunder erwarten, als dieser Mann bereits jetzt schon getan hat?“ 32 Als die Pharisäer hörten, was für eine hohe Meinung die Leute über Jesus hatten, organisierten sie mit dem Segen vom obersten Priester ein paar Wachmänner vom Tempel, um Jesus verhaften zu lassen. 33 Jesus sagte zu den Leuten: „Ich werde nur noch kurz bei euch bleiben, dann werde ich zurückgehen, wo ich hergekommen bin. 34 Ihr werdet nach mir suchen, aber ihr könnt mich nicht finden, und wo ich dann bin, da kommt ihr überhaupt nicht hin.“ 35 Diese Ansage kapierten die Juden nicht wirklich. „Wo will er hin? Will er vielleicht fliehen und das Land verlassen? Vielleicht will er auch ’ne Tour ins Ausland machen? 36 Was meint er jetzt mir diesem Spruch: ‚Ihr werdet nach mir suchen und mich nicht finden können‘, und damit: ‚Wo ich bin, da könnt ihr nicht sein‘? Hä?“

Wer Durst nach Leben hat, kann zu Jesus kommen

37 Am letzten Tag, es war immer der Höhepunkt des Festes, stellte sich Jesus vor die Leute hin und rief ihnen zu: „Hat hier jemand Durst? Der soll bei mir vorbeikommen und sich was zu trinken abholen! 38 Jeder, der sein Vertrauen auf mich setzt, aus dem wird von innen heraus lebendiges frisches Wasser sprudeln. Da drüber kann man schon was in den alten Schriften nachlesen.“ 39 Damit meinte er die

Kraft, die von Gott kommt, den heiligen Geist. Alle sollten den bekom-
men, alle, die an Jesus glauben. (Diesen Geist bekamen sie dann erst
später, und zwar nachdem Jesus aus dem Tod wieder zurück ins Le-
ben gekommen war und von Gott die Macht über diese Welt bekom-
men hatte.) 40 Einige von denen, die zugehört hatten, waren jetzt der
Ansicht: „Bestimmt ist dieser Mann ein Prophet.“ 41 Andere glaubten
wiederum: „Er ist der Auserwählte, der Christus.“ Die Nächsten waren
da anderer Meinung: „Das geht ja gar nicht. Wie kann der Auserwähl-
te denn ausgerechnet aus Galiläa kommen? 42 In den alten Schriften
steht doch, dass dieser Messias aus der Königsfamilie stammt, der
vom David. Und dass er in Bethlehem geboren werden sollte, in dem-
selben Dorf, wo David auch geboren worden ist!“ 43 Es war also voll
die Diskussion im Gange. 44 Ein paar waren dafür, ihn verhaften zu
lassen, aber das traute sich irgendwie keiner. 45 Die Wachleute vom
Tempel kamen mit leeren Händen zu den Oberpriestern und den Pha-
risäertypen zurück. „Was ist los, warum haben Sie ihn nicht verhaf-
tet?“, wollten die wissen. 46 „Entschuldigung, aber das ging irgendwie
nicht. Wir haben einfach noch nie einen Menschen so reden hören wie
ihn!“ 47 „Hat er euch etwa auch verführt?“, meinten die Pharisäer zu
den Wachleuten. 48 „Glaubt auch nur einer aus der religiösen Führung
an ihn? 49 Nur diese verfluchten Leute, die sowieso nichts taugen, lau-
fen ihm hinterher! Alles Leute, die keinen blassen Schimmer von den
alten Büchern haben.“ 50 Da meinte Nikodemus, der selbst ein Phari-
säer war und sich mit Jesus schon mal getroffen hatte: 51 „Ist es jetzt
seit neustem etwa gesetzlich vorgesehen, Leute zu verurteilen, bevor
sie eine ordentliche Verhandlung bekommen haben?“ 52 „Kommst du
etwa auch aus Galiläa?“, wollten die Pharisäer gleich wissen. „Über-
prüf doch erst mal in den heiligen Schriften, was dazu steht. Kein
Prophet kommt aus Galiläa!“ 53 Man kam bei diesem Treffen zu keiner
Einigung. Irgendwann gingen sie alle nach Hause.

8

Jesus vergibt der Frau, die sonst von allen verurteilt wird

1 Jesus ging dann aus der Stadt zum Ölberg. 2 Aber gleich am nächsten
Morgen war er wieder im Tempel. Und ziemlich schnell waren wieder
sehr viele Leute bei ihm, denen er dann Sachen über Gott beibringen
konnte. 3 Plötzlich brachten die Theologen und die Pharisäer eine Frau
an, die auf frischer Tat ertappt worden war. Sie hatte mit einem Mann
Sex gehabt, obwohl sie bereits mit einem andern verheiratet war. Sie
stießen die Frau in die Mitte, damit alle sie sehen konnten. 4 Dann
sagten sie zu Jesus: „Herr Lehrer, diese Frau ist gerade beim Ehebruch

erwischt worden. 5 Nach den alten Gesetzen vom Mose müsste sie jetzt
von mehreren so lange mit Steinen beworfen werden, bis sie tot ist! Was
sagen Sie zu diesem eindeutigen Fall?“ 6 Das war natürlich nur ein Trick.
Sie hofften, sie könnten Jesus damit in eine Zwickmühle bringen, sodass
er irgendwas Verpeiltes sagen würde, was sie dann später gegen ihn
verwenden könnten. Jesus blieb aber total cool, er setzte sich auf den
Boden und schrieb irgendwas mit seinen Fingern in den Sand. 7 Als die
Typen aber weiter rumnervten, sah er nach oben und sagte: „Okay, dann
soll mal der den ersten Stein werfen, der noch nie in seinem Leben
Mist gebaut hat!“ 8 Dann bückte er sich wieder und malte irgendwelche
Sachen in den Sand. 9 Als Erstes verschwanden die Leute, die Anklage
erhoben hatten. Und dann folgte ihnen einer nach dem anderen, bis
Jesus zum Schluss mit der Frau alleine war. 10 Jesus stand auf und fragte
sie: „Na, wo sind denn jetzt die Leute, die ’ne Anzeige erstatten wollten?
Hat etwa keiner von denen das Urteil auch vollstreckt?“ 11 „Nein, keiner,
mein Herr“, antwortete sie. „Dann werde ich das auch nicht tun. Geh
jetzt mal nach Hause und pass auf, dass du nicht noch einmal so einen
Fehler machst!“

Ein Licht, das die Richtung vorgibt

12 An einem anderen Tag hielt Jesus wieder eine Rede. Diesmal sagte er:
„Ich bin wie eine Halogenlampe für diese Welt. Wer mit mir lebt, wird
sich nicht mehr verlaufen, er muss nur dem Licht hinterhergehen. Es
führt ihn in die richtige Richtung, nämlich zum Leben.“ 13 Die Pharisäer
wollten gleich wieder ’ne Diskussion anzetteln. „Also, wissen Sie nicht,
wenn jemand keinen anderen Zeugen auffahren kann als sich selbst,
dann ist er sowieso unglaubwürdig?!“ 14 „Alles, was ich über mich sage,
entspricht der vollen Wahrheit, auch wenn ich mein eigener Zeuge bin.
Ich weiß, woher ich komme, und ich weiß auch, wohin ich mal gehen
werde! Aber davon habt ihr keinen blassen Schimmer. 15 Ihr verurteilt
mich nach euren eigenen menschlichen Pseudo-Gesetzen. Ich verur-
teile hier niemanden. 16 Wenn ich aber mal Menschen verurteilen wer-
de, dann tue ich das fair und gerecht. Ich werde das dann nicht alleine
machen, mein Vater ist dabei. Der hat mich ja auch hergeschickt. 17 Für
eure Gesetze ist eine Aussage vor Gericht ja erst dann akzeptabel, wenn
es dafür mindestens zwei Zeugen gibt. 18 Also, wenn ich der eine Zeuge
bin, dann ist der Vater mein zweiter Zeuge.“ 19 „Ja, wo ist denn Ihr Vater,
bitte?“, wollten sie wissen. Jesus antwortete: „Sie haben noch nicht mal
kapiert, wer ich bin, wie sollen Sie dann begreifen, wer mein Vater ist?
Wenn Sie mich wirklich kennen würden, dann würden Sie auch meinen
Vater kennen.“ 20 Diese Sachen erzählte Jesus in einem besonderen

Raum in dem Tempel der Juden, der so genannten Schatzkammer. Sie
konnten ihn aber noch nicht verhaften, weil die Zeit noch nicht reif dafür
war.

Jesus wohnte mal im Himmel

21 Später machte Jesus noch mal eine Ansage: „Ich werde irgendwann
von hier verschwinden. Dann werdet ihr mich wie blöd suchen und an
eurem Dreck ersticken. Aber da, wo ich dann bin, könnt ihr nicht hin-
kommen.“ 22 Die Juden kapierten null, was er damit meinte: „Will er viel-
leicht Selbstmord begehen? Was meint er damit: ‚Da, wo ich bin, könnt
ihr nicht hinkommen‘? Hä??“ 23 Dazu sagte Jesus nur: „Eure Heimat
ist hier auf der Erde. Meine Heimat ist aber nicht hier. 24 Das war auch
der Grund, warum ich gesagt habe, ihr werdet an eurem Dreck noch
ersticken. Weil ihr euer Vertrauen nicht auf mich setzt und nicht glaubt,
dass ich der Auserwählte bin, werdet ihr an eurem Dreck ersticken!“
25 „Wer sind Sie denn überhaupt?“, wollten die jetzt wissen. Jesus mein-
te nur: „Rede ich mir hier jetzt den Mund fusselig? Hab ich doch schon
gesagt! 26 Es gibt noch einiges, was ich jetzt über euch sagen könnte,
noch viele Sachen, die bei euch echt ätzend laufen. Ich werde aber nur
das weitergeben, was er mir gegeben hat, und das ist auf jeden Fall
die reine Wahrheit.“ 27 Sie hatten immer noch nicht kapiert, dass Jesus
die ganze Zeit von Gott, seinem Vater, gesprochen hatte. 28 „Wenn ihr
den Menschensohn* oben an ein Kreuz genagelt habt, dann werdet ihr
kapieren, wer ich wirklich bin, und dann werdet ihr auch kapieren, dass
ich nicht meine eigenen Ideen verfolgt habe. Das sind alles Gedanken,
die mir Gott der Vater gegeben hat. 29 Er ist immer bei mir, auf ihn kann
ich mich hundertprozentig verlassen, weil ich nur das tue, was er will.“
30 Nachdem er diese Rede beendet hatte, fingen viele an, ihr Vertrauen
auf Jesus zu setzen.

Wann ist man wirklich frei?

31 Jesus sagte einmal zu den Menschen: „Alle, die das, was ich sage, für
sich als richtig akzeptieren und ihr Leben danach ausrichten, gehören
wirklich zu meinen Leuten. 32 Erst dann werdet ihr kapieren, was wirklich
wahr ist und was nicht. Und das wird euch die Möglichkeit geben, wirk-
lich frei zu sein.“ 33 „Aber wir sind doch aus der Familie vom Abraham“,
prollten die Juden rum. „Und wir haben unser Leben auch nicht mit
irgendwelchen Knebelverträgen an jemanden übertragen! Wie kommen
Sie darauf, dass wir ‚befreit‘ werden müssten?“ 34 „Also, eins sag ich

---

* Siehe Erklärung S. 24.

auf sicher", meinte Jesus, „jeder, der Dinge tut, die Gott nicht will, wird
dadurch unfrei. Er wird dadurch wie ein Angestellter, der nicht kündigen
kann. 35 Ein Angestellter ist kein Familienmitglied, er gehört zur Firma.
Ein Sohn gehört aber immer zur Familie. 36 Erst wenn der Sohn von Gott
kommt und euch da rausholt, dann seid ihr wirklich frei!"

Wer wirklich zur Familie vom Abraham gehört

37 „Ich weiß natürlich, dass ihr aus der Familie vom Abraham kommt.
Trotzdem wollt ihr mich töten, weil ihr keine Lust auf das habt, was ich
sage. 38 Ich erzähle euch nur das, was ich von meinem Vater gehört
habe. Und ihr tut nur das, was euch euer Vater gesagt hat." 39 „Abraham
ist unser Vater!", sagten sie sofort. Jesus erwiderte: „Nein, das denk ich
nicht. Denn wenn ihr seine Kinder wärt, dann wäre er auch euer Vorbild.
40 Ich hab euch die Wahrheit gesagt. Alles, was ich sage, kommt direkt
von Gott. Trotzdem wollt ihr mich umbringen. Abraham wäre nie auf
so eine Idee gekommen. 41 Ihr dagegen seid genauso drauf wie euer
Vater und tut auch genau das, was er euch sagt." „Unsere Mutter ist
keine Nutte, ja? Wir haben nur einen Vater, und zwar Gott!", meinten
sie. 42 „Wenn Gott wirklich euer Vater wäre, dann würdet ihr mich lieben.
Ich komme nämlich von ihm, er hat mir die Order gegeben zu euch
zu kommen. Das war nicht meine Idee. 43 Wisst ihr, warum ihr nicht
kapiert, was ich sage? Weil ihr überhaupt nicht hören könnt, was ich
euch sage! 44 Euer Vater ist nämlich der Satan höchstpersönlich, und
ihr seid so drauf wie er. Der Teufel war schon immer ein Mörder, und er
hasst die Wahrheit. Lügen gehört zu seinem Charakter, er hat die Lüge
erfunden. 45 Wenn ich euch die Wahrheit erzähle, ist es total logisch,
dass ihr mir nicht glaubt. 46 Wer von euch kann mir denn beweisen, dass
ich irgendwo Mist gebaut habe? Wenn ich euch die Wahrheit erzähle,
warum glaubt ihr mir nicht? 47 Wer Gott als Vater hat, der hört auch, was
er sagt. Dass ihr das nicht tut, ist ein Beweis, dass ihr nicht seine Kinder
seid." 48 Die Leute waren total sauer, als er das sagte: „Du Missgeburt!
Wir haben schon immer gesagt, dass du total durchgeknallt bist!"
49 „Ich bin total normal, ich will bloß dafür sorgen, dass mein Vater am
Ende groß rauskommt, aber ihr macht mich nur an! 50 Es geht mir nicht
da drum, am Ende der Held zu sein. Gott will, dass ihr versteht, wer
ich bin. Er wird sowieso am Ende der Richter sein. 51 Eins kann ich euch
garantieren: Wer sich an das hält, was ich sage, der wird niemals ster-
ben!" 52 Die Leute sagten dazu: „Spätestens mit diesem Spruch hast du
bewiesen, dass du total durchgeknallt bist! Selbst Abraham und auch
die Propheten sind irgendwann gestorben. Wie kommst du da drauf zu
sagen, wer sich an das hält, was du sagst, wird nie sterben? 53 Meinst

du, du hättest mehr Macht als unser Urvater Abraham? Selbst der ist
gestorben! Oder glaubst du, du wärst besser als die Propheten? Die sind
auch gestorben! Was bildest du dir eigentlich ein?“ 54 „Also Leute, wenn
ich hier selbst ’ne dicke Lippe riskieren würde, dann wäre alles sowieso
egal. Aber weil mein Vater hinter mir steht, ist das anders. Ihr sagt zwar,
dass er euer Gott ist, 55 dabei habt ihr überhaupt keine Ahnung, wie der
wirklich drauf ist. Ich kenne ihn aber sehr gut. Wenn ich jetzt sagen
würde, ich hätte keine Ahnung, wer Gott ist, dann wäre ich genauso ein
Lügner wie ihr. Aber ich kenne ihn und tue genau das, was er von mir
will. 56 Euer Vater Abraham freut sich schon auf mich! Er hatte schon
vorausgesehen, dass ich kommen werde!“ 57 „Hä, wie geht das denn?
Du bist doch keine fünfzig, wie willst du denn den Abraham kennen?“
58 „Ich schwöre euch, ich war schon da, bevor Abraham überhaupt ge-
boren wurde!“ 59 Als er das gesagt hatte, waren die Juden total sauer
und wollten ihn sofort töten. Aber Jesus konnte gerade noch rechtzeitig
fliehen.

9

Jesus heilt einen Typen, der blind ist

1 Unterwegs traf Jesus einen Typen, der von Geburt an blind war.
2 „Chef, sag mal, gibt es einen Grund, warum der Mann blind geboren
wurde? Liegt das an seinen eigenen Sünden oder daran, dass seine
Eltern so viel Mist gebaut haben?“, wollten seine Jünger wissen. 3 „Das
hatte nichts mit seinen Taten zu tun und auch nicht mit denen seiner
Eltern“, meinte Jesus. „Er wurde als Blinder geboren, damit Gottes Mög-
lichkeiten bei ihm sichtbar werden können. 4 Ich muss den Auftrag, den
Gott mir ausgestellt hat, erfüllen, und zwar so schnell es geht. Es dauert
nicht mehr lange, dann wird es dunkel werden, und dann kann keiner
mehr was ausrichten. 5 Solange ich hier bei euch bin, werde ich der Welt
Orientierung geben.“ 6 Dann spuckte Jesus auf die Erde und machte
aus dem Zeug einen Brei. Den strich er auf die Augen von dem Blin-
den. 7 „Geh jetzt mal zum Siloah-Teich und wasch dich da!“ Der Blinde
machte das auch, er wusch sich das Zeug von den Augen ab, und als er
zurückkam, konnte er sehen! 8 Seine Nachbarn und die Leute, die ihn
kannten, kriegten das null auf die Reihe. „Ist das nicht der Mann, der
immer an der Straße sitzt und bettelt?“ 9 Einige glaubten es nicht: „Das
geht ja gar nicht! Der sieht dem Typen nur verdammt ähnlich.“ „Doch,
ich bin das wirklich!“, sagte der Mann. 10 „Wie kommt das denn, dass du
plötzlich sehen kannst?“ 11 „Also, das war so“, berichtete er, „ein Mann,
der Jesus heißt, hat mir einen Brei auf meine Augen gestrichen. Dann
hat er gesagt, ich soll mal zum Teich Siloah gehen und das wieder ab-

waschen. Hab ich alles getan, und jetzt kann ich sehen!" 12 „Und wo ist
dieser Jesus jetzt?" „Keine Ahnung!", war seine Antwort.

Die Jungs von der Pharisäerpartei wollen es genau wissen

13 Irgendwann brachten sie den „Ex-Blinden" zu den Pharisäern. 14 Jetzt
war es so, dass Jesus den Typen am Feiertag, dem Sabbat, geheilt hatte,
und da war arbeiten eigentlich verboten ... 15 Die Pharisäer wollten erst
mal einen detaillierten Bericht von ihm. So erzählte er ihnen die ganze
Story: „... und dann er hat mir einen Brei auf die Augen gestrichen, und
als ich den abgewaschen hab, konnte ich sehen! ..." 16 Ein paar von den
Pharisäern meinten dann gleich: „Dieser Jesus kann gar nicht von Gott
sein, denn er hat gegen unsere religiösen Gesetze verstoßen und am
Sabbat gearbeitet." Eine andere Meinung war: „Aber wie kann das ange-
hen, dass so ein ganz normaler Typ solche großen Wunder tun kann?"
17 Von dem Ex-Blinden wollten sie jetzt noch wissen: „Wie schätzen Sie
denn diesen Menschen ein, was ist das für einer?" „Der ist auf jeden
Fall mindestens ein Prophet!", war seine Antwort. 18 Die führenden Ju-
den wollten aber nicht glauben, dass er wirklich mal blind gewesen war.
Darum wurden die Eltern von ihm auch vorgeladen. 19 Die Befragung
ergab Folgendes: „Ist das Ihr Sohn? Behaupten Sie, er wäre von Geburt
an blind gewesen? Wenn diese Aussage stimmt, wie kommt es, dass er
jetzt sehen kann?" 20 Die Eltern antworteten: „Wir können garantieren,
dass es sich hier um unseren Sohn handelt und dass er blind geboren
wurde. 21 Warum er jetzt wieder sehen kann und wie das passiert ist?
Keine Ahnung! Er ist alt genug, um für sich selbst zu sprechen. Fragen
Sie ihn doch!" 22 Diese Aussage kam aber unter Druck zustande. Die
Eltern hatten Schiss davor, ein Ausschlussverfahren an den Hals zu krie-
gen und aus der Synagogengemeinschaft rauszufliegen. 23 So kam es zu
dem Spruch: „Fragt ihn doch selbst!" 24 Also wurde der Typ zum zweiten
Mal vorgeladen. Sie versuchten ihn unter Druck zu setzen: „Schwören
Sie bei Gott! Sagen Sie die Wahrheit und nichts als die Wahrheit! Wir
wissen, dass dieser Jesus nicht mit Gott lebt und Dreck am Stecken hat."
25 „Ich hab keine Ahnung, ob dieser Jesus jetzt nun mit Gott lebt oder
nicht, aber eins weiß ich ganz sicher: Ich war mal blind und jetzt kann
ich sehen!" 26 „Aber was hat er denn mit Ihnen gemacht, wie hat er das
genau angestellt?" 27 Genervt meinte der Typ: „Das hab ich Ihnen doch
schon hundert Mal erzählt! Haben Sie was in den Ohren, oder wie? Oder
wollen Sie sich etwa auch seiner Truppe anschließen?" 28 Jetzt rasteten
die Pharisäer wiederum aus und brüllten: „Sie gehören doch zu ihm! Wir
gehören nur zu Mose! 29 Von Mose wissen wir, dass Gott mit ihm geredet
hat. Aber von diesem Typen wissen wir noch nicht mal, wo er geboren

wurde!“ 30 „Schon echt seltwürdig!!“, meinte der Mann. „Er kann immer-
hin meine Augen so mal eben heilen, aber Sie haben keine Ahnung, wo
der überhaupt herkommt! 31 Wir wissen doch alle, dass Gott nicht auf das
Gebet von Leuten hört, die Dreck am Stecken haben. Nur Menschen, die
so leben, wie er das will, auf die hört er. 32 Solange sich diese Erde dreht,
hat noch nie jemand eine Heilung von einem Blindgeborenen gebracht,
oder? 33 Wenn dieser Typ nicht von Gott kommt, dann ginge das doch gar
nicht!“ 34 Völlig sauer brüllten sie ihn an: „Was? Jetzt spielen Sie hier auch
noch unseren Lehrer?“, und dann schmissen sie ihn einfach raus.

Menschen, die sehen können, sind oft total blind

35 Jesus hörte später, dass sie den Typen aus der jüdischen Gemein-
schaft exkommuniziert hatten. Er besuchte ihn daraufhin und fragte
ihn: „Würdest du dein Vertrauen auf den Menschensohn* setzen?“
36 „Ja klar! Sag mir, wer das ist, ich würde gerne an ihn glauben!“ 37 „Er
steht vor dir und du redest gerade mit ihm.“ 38 „Ja, Meister! Ich ver-
traue dir hundert Prozent!“ Dann kniete er sich vor Jesus hin. 39 „Ich
bin hier auf die Welt gekommen, um ein Urteil über sie zu sprechen.
Bei mir werden sich Gut und Schlecht voneinander trennen. Die jetzt
glauben, den Durchblick zu haben, werden dann nichts mehr ver-
stehen, und die jetzt noch gar nichts blicken, werden alles plötzlich
verstehen können.“ 40 Die Pharisäer, die das hörten, fragten gleich:
„Haben Sie gerade uns als blind bezeichnet?“ 41 „Wenn ihr wenigstens
blind wärt, dann könnte man euch nichts vorwerfen“, sagte Jesus.
„Aber ihr glaubt ja, den Durchblick zu haben, darum könnt ihr euch
auch nicht mehr rausreden!“

10

Jesus ist ein guter Hirte

1 „Passt mal auf, was ich euch jetzt sagen will: Wenn jemand versucht,
sich hintenrum einzuschleimen, anstatt vorne geradewegs zu sagen,
was Sache ist, der hat garantiert keine guten Absichten, er will euch nur
kaputtmachen und beklauen! 2 Ein Schafhirte kommt auch immer vorne
durch das Haupttor, 3 der Türsteher öffnet ihm und die Schafe erkennen
ihn an seiner Stimme. Er kennt den Namen von jedem einzelnen Schaf
und er führt sie sicher nach draußen. 4 Wenn alle zusammen sind, geht
er voraus, und die Schafe gehen ihm hinterher, weil sie seine Stimme
kennen. 5 Wenn irgendein Fremder sie ruft, folgen sie ihm nicht, sie
laufen sogar weg. Sie kennen seine Stimme ja auch nicht.“ 6 Die Leute,

---

* Siehe Erklärung S. 24.

zu denen er das sagte, kapierten nicht so ganz, was er damit sagen woll-
te. 7 Darum erklärte er das dann noch mal. „Das ist wirklich so, Leute:
Ich bin das Haupttor, wo die Schafe durchmüssen. 8 Alle, die vor mir da
waren und euch die Hirtennummer vorgespielt haben, wollten euch nur
austricksen. Aber die Schafe haben nicht auf sie gehört. 9 Ich bin die ein-
zige Tür nach drinnen, und wer durch mich durchgeht und so zur Herde
kommt, den werde ich retten. Er wird rein- und rausgehen können und
er wird immer die Weide finden. 10 Der Dieb will nur seinen eigenen
Vorteil, er beklaut dich und will alles kaputtmachen. Ich will dagegen
ein echtes, total erfülltes Leben ermöglichen. 11 Ich bin der gute Hirte.
Gute Hirten sind deshalb gut, weil sie bereit sind, für die Schafe alles zu
geben, sogar ihr Leben. 12 Ein Hirte, der nur gegen Kohle arbeitet, macht
sich aus dem Staub, wenn es gefährlich wird, er haut ab, wenn der Wolf
kommt. Er wird alle im Stich lassen, sie gehören ihm ja auch nicht. Er
handelt nach dem Motto: ‚Nach mir die Sintflut.' Darum wird der Wolf
leichtes Spiel mit den Schafen haben. 13 Der bezahlte Hirte flieht, wenn
Gefahr im Verzug ist, weil ihm die Schafe ja an sich total egal sind.
14 Ich bin aber ein guter Hirte. Ich weiß, wer meine Schafe sind, und sie
wissen, wer ich bin. 15 Genauso ist das auch mit meinem Vater und mir.
Wir kennen uns auch gegenseitig total gut. Ich bin bereit, für die Schafe
zu sterben. 16 Es gibt auch noch mehr Schafe, die sind jetzt noch nicht
da. Die müssen auch noch vorbeigebracht werden, die werden auch auf
meine Stimme hören. Wir werden dann eine Herde mit einem Hirten
sein. 17 Gott liebt mich, weil ich mein Leben verlieren werde, aber ich
werde es zurückbekommen. 18 Mich kann keiner wirklich töten. Aber ich
tue das freiwillig. Ich habe die Möglichkeit, mein Leben wegzugeben,
und ich habe die Möglichkeit, es mir wiederzuholen. Diese Order hat
mir mein Vater gegeben." 19 Die Juden bekamen das wieder quer in den
Hals und diskutierten über diese Ansprache wie wild. 20 Viele waren aber
der Meinung, Jesus hätte einen fiesen Geist in sich, einen Dämon, und
er wäre total durchgeknallt. 21 Wieder andere waren der Meinung: „So
kann doch keiner reden, der einen Dämon in sich hat! Und kann denn
so ein Dämon überhaupt einen Blinden mal eben heilen?"

Jesus diskutiert mit den Leuten

22 Inzwischen war es Winter geworden. In Jerusalem war das Fest der
Tempelweihe im Gange. 23 Jesus war gerade im Tempel, in der Halle
vom Salomo. 24 Plötzlich umzingelten ihn die Juden und wollten von
ihm wissen: „Wie lange spannen Sie uns jetzt noch auf die Folter? Wenn
Sie der Auserwählte, der Christus, sind, dann machen sie jetzt mal 'ne
Ansage!" 25 „Wie oft soll ich es denn noch sagen, aber Sie glauben mir ja

eh nicht. Alles, was ich im Auftrag von meinem Vater getan habe, sollte
Ihnen locker reichen. [26] Aber Sie glauben mir sowieso nicht, weil Sie
auch gar nicht zu meinen Schafen gehören. [27] Meine Schafe erkennen
meine Stimme sofort, und sie hören auf das, was ich ihnen sage. [28] Ich
gebe ihnen ein Leben, was nie mehr aufhören wird. Ihnen kann nichts
mehr passieren. Niemand kann sie mir wieder nehmen. [29] Mein Vater
hat sie mir anvertraut, und der ist stärker als alles, was es so gibt. Da-
rum kann sie keiner mehr von meinem Vater wegnehmen. [30] Ich und der
Vater, wir sind ganz eng zusammen, wir sind wie eins."

Attentat auf Jesus

[31] Wütend hoben die Juden ein paar Steine auf und wollten ihn damit
sofort umbringen. [32] Jesus sagte dann: „Ich habe viele gute Sachen bei
euch gemacht, weil mein Vater mir die Kraft dafür gegeben hat. Für wel-
che gute Tat wollen Sie mich jetzt hinrichten?" [33] „Nicht, weil Sie so gute
Sachen gemacht haben, sondern weil Sie die ganze Zeit über Gott ab-
lästern. Sie sind auch nur ein Mensch und behaupten trotzdem, Gott zu
sein!" [34] „Ja, aber gibt es da nicht auch eine Stelle in euren Gesetzen, wo
steht: ‚Ich hab zu euch gesagt: Ihr seid wie Götter'? [35] Gott nennt sogar
die Leute ‚Götter', mit denen er da redet. Und Sie wollen doch nicht etwa
sagen, die alten Schriften wären total egal? [36] Wie sind Sie überhaupt
drauf, wenn Sie ausgerechnet den Typen beschuldigen, der Ihnen von
Gott geschickt wurde? Was geht bei Ihnen ab, wenn Sie ihn beschuldi-
gen, er würde über Gott ablästern, nur weil er behauptet, der Sohn von
Gott zu sein? [37] Wenn ich nicht die Sachen mache, die Gott will, dann
brauchen Sie mir nicht zu glauben. [38] Falls ich aber das tue, was Gott will,
dann glauben Sie doch wenigstens diesen Zeichen, die ich tue. Dann
könnten Sie auch kapieren, dass mein Vater mit mir ist und ich ganz nah
bei ihm dran bin." [39] Jetzt wollten sie ihn gleich wieder verhaften, aber er
schaffte es irgendwie noch einmal, ihnen durch die Finger zu flutschen.
[40] Er wanderte rüber zum Fluss Jordan, in die Nähe von der Stelle, wo
Johannes getauft hatte. Da blieb er dann erst mal. [41] Sehr viele Menschen
kamen dort zu ihm. Alle waren der Meinung: „Johannes war zwar nicht
so wundermäßig unterwegs, aber seine Voraussagen über diesen Typen
stimmten total." [42] Viele Menschen setzten ihr Vertrauen dort auf Jesus.

11

Die Geschichte mit Lazarus

[1] Lazarus, ein junger Mann, der in Betanien lebte, war sehr krank ge-
worden. In demselben Dorf wohnten auch seine Schwestern Maria und
auch Marta. [2] (Maria war die Frau, die Jesus bald danach mit diesem

teuren Öl die Füße einreiben und sie mit ihren Haaren abtrocknen wür-
de, fast so wie bei einer Beerdigung.) Weil ihr Bruder so sehr krank war,
3 schickten sie Jesus einen Brief, in dem stand: „Lieber Jesus, dein guter
Freund Lazarus ist sehr schwer erkrankt!“ 4 Jesus bekam die Nachricht,
war aber nicht sonderlich geschockt: „Er wird an der Krankheit nicht
sterben. Gott wird dadurch aber zeigen können, was er draufhat. Und
sein Sohn wird dadurch groß rauskommen.“ 5 Jesus liebte Marta, Maria
und Lazarus sehr. 6 Trotzdem ließ er sich voll Zeit und blieb noch zwei
Tage da. 7 Erst dann sagte er zu seinen Freunden: „Lasst uns mal wieder
nach Judäa gehen.“ 8 Die waren von der Idee nicht so begeistert. „Meis-
ter, ist noch gar nicht lange her, da wollten die Juden dich da hinrichten
lassen. Und jetzt willst du wieder da vorbei?“ 9 „Ich weiß genau, wann
ich was zu tun habe. Zwölf Stunden am Tag ist es hell. Solange man
noch was sehen kann, weil es eben hell ist, ist man auch in Sicherheit.
10 Nur wenn es dunkel ist, in der Nacht, dann kann man stolpern und
auf die Fresse fallen. Denn da ist kein Licht, was den Weg ausleuchtet.“
11 Danach sagte er noch zu seinen Freunden: „Unser Freund Lazarus
pennt jetzt, ich will ihn nur mal eben aufwecken!“ 12 „Also, Schlafen ist
gesund, dann ist er bald wieder okay“, meinten sie dazu. 13 Die dachten
nämlich, er hätte von einem normalen Schlaf gesprochen. Jesus meinte
aber damit, dass Lazarus schon tot war. 14 Darum sagte Jesus: „Also,
Lazarus ist schon gestorben, 15 aber wegen euch finde ich das ganz gut,
dass ich hier bei euch und nicht bei ihm war. Jetzt könnt ihr mal sehen,
was für Auswirkungen das haben kann, wenn man Gott wirklich glaubt.
Lasst uns jetzt mal da hingehen!“ 16 Thomas, der auch „Zwilling“ ge-
nannt wurde, meinte voll traurig zu den anderen: „Ja, lasst uns mit Jesus
gehen und mit ihm sterben.“ 17 Als sie in Betanien ankamen, lag Lazarus
schon vier Tage im Grab. 18 Man muss wissen, dass Betanien nur ein
paar Kilometer von Jerusalem entfernt liegt. 19 Darum waren viele von
den Juden schnell gekommen, um Maria und Marta zu trösten. 20 Als
Marta mitbekam, dass Jesus auf dem Weg zu ihnen war, rannte sie ihm
schon mal entgegen. 21 Voll traurig meinte sie zu ihm: „Herr, wenn du
bloß da gewesen wärst, dann würde mein Bruder noch leben. 22 Trotz-
dem bin ich mir total sicher, Gott kann dir keine Bitte ausschlagen!“
23 „Pass auf, dein Bruder wird wieder leben!“ 24 „Ich weiß“, antwortete
sie, „an diesem letzten Tag, wo alle toten Menschen wieder lebendig
werden, stimmt´s?“ 25 „Bei mir hat der Tod keine Chance mehr, ich
sorge für echtes Leben. Alle, die ihr Vertrauen auf mich setzen und mir
glauben, die werden immer weiterleben, auch wenn sie mal sterben!
26 Jeder, der mir vertraut, der wird nie mehr sterben! Glaubst du das,
Marta?“ 27 „Ja klar, mein Herr, ich glaube, dass du der Auserwählte, der

Christus, bist, das hab ich immer schon gesagt. Du bist der Sohn von
Gott, der zu uns in die Welt gekommen ist.“ 28 Anschließend ging sie
zu Maria zurück. Sie nahm sie auf die Seite und sagte zu ihr: „Jesus ist
da, der Meister persönlich, er will mit dir reden!“ 29 Maria stand sofort
auf und rannte ihm entgegen. 30 Jesus war nicht in das Dorf reingegan-
gen, er wartete an dem Platz, wo er Marta getroffen hatte. 31 Die Leute,
die bei der Trauerwoche dabei waren, um Maria zu trösten, kriegten
mit, wie sie es plötzlich ganz eilig hatte und von der Feier wegging. Sie
gingen ihr hinterher. Die Vermutung lag nahe, dass sie am Grab noch
etwas heulen wollte. 32 Dann traf sie endlich Jesus. Sie kniete sich vor
ihm hin und sagte zu ihm: „Oh mein Herr, wenn du doch bloß hättest
früher kommen können, dann wäre mein Bruder noch am Leben.“
33 Jesus sah die ganzen Trauernden und war sichtlich abgenervt und
traurig. 34 „Wo habt ihr den Lazarus überhaupt hingelegt?“, wollte er
wissen. „Komm mit, das zeigen wir dir gerne.“ 35 Jesus fing voll an zu
weinen. 36 „Da könnt ihr mal sehen, wie sehr er Lazarus geliebt hat“, war
der Kommentar von einigen Gästen. 37 Andere tuschelten rum: „Schon
seltsam, jeden x-beliebigen Blinden kann er heilen; da hätte er doch
auch was machen können, dass der Lazarus nicht sterben muss, oder?“
38 Jetzt wurde Jesus erst richtig sauer. Er ging zu dem Raum, in dem die
Leiche aufbewahrt wurde. An der Tür war ein fettes Schloss angebracht.
39 „Macht das sofort auf!“ Aber Marta, die Schwester von dem toten
Lazarus, hatte Einwände: „Meister, er wird bestimmt schon schlimm
stinken! Er liegt da schon vier Tage drin!“ 40 „Hab ich nicht gesagt, du
wirst die irrsten Sachen von Gott erleben können, wenn du nur wirklich
Vertrauen in ihn hast?“ 41 Also machten sie das Schloss auf. Jesus sah
noch mal zum Himmel und redete mit Gott: „Hey Vater, danke, dass
du getan hast, was ich von dir wollte. 42 Ich bin mir ganz sicher, dass
du meine Bitten immer erhörst. Ich sag das jetzt nur wegen der Leute,
die hier sind, damit sie begreifen, dass ich von dir hergeschickt worden
bin.“ 43 Und dann brüllte er: „Lazarus, komm jetzt raus!“ 44 Und Lazarus
kam raus!!! Total eingewickelt mit Leichentüchern, sogar sein Kopf war
noch da drunter. „Nehmt ihm mal diese Tücher ab und lasst ihn rumlau-
fen!“, befahl Jesus.

Einer für alle

45 Sehr viele von den Juden, die dabei waren und das miterlebt hatten,
setzten ihr Vertrauen ab dann auf Jesus. 46 Ein paar andere petzten aber
die ganze Geschichte an die Pharisäer weiter. 47 Gleich darauf organisier-
ten die Oberpriester und Pharisäer, die zum Hohen Rat gehörten, ein
Meeting, um die Lage zu erörtern. „Was machen wir jetzt? Dieser Typ

tut ein Wunder nach dem nächsten. 48 Wenn der so weitermacht und wir
nichts unternehmen, dann werden ihn alle als Star anhimmeln. Sie wer-
den eine Revolution anzetteln, und dann wird die römische Besatzungs-
armee ankommen und uns fertig machen.“ 49 Schließlich ergriff Kaiphas
das Wort. Er war in diesem Jahr der oberste Priester. Er sagte: 50 „Was
gibt es da noch groß zu überlegen? Ist doch besser, wenn einer stirbt, als
wenn alle dran glauben müssen!“ 51 Diese Ansage hatte ihm allerdings
Gott aufgespielt. Dass Jesus für alle Juden sterben würde, konnte er ja
gar nicht wissen. 52 So war nämlich der Plan, den Gott sich ausgedacht
hatte. Jesus sollte sogar nicht nur für die Juden, sondern auch für alle an-
deren Menschen, die zu Gottes Familie gehörten, sterben und sie so alle
zusammenbringen. 53 Ab diesem Tag war für die Leute, die bei den Juden
was zu sagen hatten, klar, dass Jesus sterben muss. 54 Darum machte
sich Jesus in der Öffentlichkeit etwas rar. Er ging aus Jerusalem zu einer
Stelle, die in der Nähe der Wüste lag. Der Ort hieß Ephraim. Da hing er
noch ein bisschen mit seinen Freunden rum. 55 Mittlerweile waren es nur
noch ein paar Tage, bis das große Passafest am Start war. Sehr viele Leu-
te aus dem ganzen Land waren deswegen in Jerusalem. Sie wollten die
gesetzlich vorgeschriebenen Säuberungsvorschriften erfüllen, bevor das
Fest losging. 56 Alle wollten diesen Jesus mal erleben, sogar im Tempel
war er das Gesprächsthema Nummer eins: „Was meint ihr, wird er wohl
kommen?“ 57 Die Oberpriester und die Pharisäer hatten mittlerweile öf-
fentlich die Ansage gemacht, dass jeder, der Jesus gesehen hatte, sofort
bei ihnen Anzeige erstatten sollte. Sie wollten ihn dann sofort verhaften.

12

Zu teures Öl? Für Jesus ist nichts zu teuer!

1 Sechs Tage bevor die Passaparty steigen sollte, kam Jesus bei seinen
Freunden in Betanien vorbei. Das war die Stadt, wo Lazarus herkam (der
Lazarus, den Jesus wieder gesund gemacht hatte, obwohl er schon tot
gewesen war). 2 Um Jesus was Gutes zu tun, organisierten sie ein fettes
Essen mit allem Drum und Dran. Marta bediente die Gäste, Lazarus war
der Tischnachbar von Jesus. 3 Plötzlich nahm Maria so eine Flasche mit
irre teurem Öl und massierte damit die Füße von Jesus. Danach trockne-
te sie die Füße noch mit ihren Haaren. Das Öl roch voll gut, man konnte
das im ganzen Haus riechen. 4 Judas, einer von seinen Freunden (der
Jesus später verraten sollte), fand das nicht so toll: 5 „Mann, dieses Öl
ist doch irre teuer gewesen. Um mir das zu leisten, müsste ich ein Jahr
durcharbeiten, voll die Verschwendung! Man hätte es ja auch sehr gut
verkaufen können und das Geld dann an Leute weitergeben, die es drin-
gender brauchen!“ 6 Dabei waren ihm diese Leute eigentlich scheißegal.

Er selber war nämlich total falsch und bediente sich immer mal wieder aus der Gemeinschaftskasse, die er verwaltete. 7 „Ist doch okay!", sagte Jesus. „Maria hat meiner Beerdigung vorgegriffen und mich dafür schon klargemacht. 8 Leute, die arm sind, wird es immer geben, ich werde aber bald nicht mehr bei euch sein." 9 Als die Leute mitbekamen, dass Jesus da war, kamen sehr viele vorbei, nicht nur um mal diesen Jesus zu sehen, sondern um vor allem Lazarus zu begutachten, der von Jesus wieder lebendig gemacht worden war. 10 Jetzt beschlossen die Oberpriester, den Lazarus auch noch zu töten, 11 vor allem, weil wegen ihm sehr viele Leute anfingen, an Jesus zu glauben.

Großer Empfang in Jerusalem

12 Bereits am nächsten Morgen verbreitete sich die Nachricht wie ein Lauffeuer durch die ganze Stadt, dass Jesus auf dem Weg nach Jerusalem war. 13 Irre viele Leute sammelten sich auf der Straße, sie organisierten sich Zweige von den Palmen, wedelten damit rum und riefen dabei: „Hurra! Danke Gott, du bist der Beste! Da kommt der Größte! Willkommen König, König von Israel!" 14 Jesus nahm sich einen kleinen Esel und setzte sich da drauf. So wurde etwas Wirklichkeit, was schon bei den Propheten in dem alten Buch vorhergesagt wurde: 15 „Du brauchst keine Angst zu haben! Ihr Leute aus Israel, da kommt dein König auf einem kleinen Esel!" 16 Seine Freunde kapierten das erst viel später, dass sich damit eine Prophezeiung erfüllt hatte. Erst ganz am Ende, als Jesus sein Comeback gehabt hatte, erinnerten sie sich da dran. 17 Die Leute, die mitbekommen hatten, wie Jesus seinen Freund Lazarus aus dem Grab geholt und wieder lebendig gemacht hatte, hatten das überall rumerzählt. 18 Das war der Hauptgrund, warum so viele Fans da waren. Sie hatten alle von diesem Typen gehört, der so derbe Wunder getan hat, und wollten ihn auch mal sehen. 19 Die Pharisäer waren natürlich nicht so begeistert: „Mist, hat alles nichts gebracht! Alle Leute rennen ihm jetzt nach!"

Ansage, wie Jesus sterben wird

20 Auf dem Passafest waren auch ein paar Griechen. 21 Die kamen mit einer Anfrage bei Philippus (dem aus Betsaida, Galiläa) vorbei: „Mein Herr, wäre es möglich, dass Sie ein Treffen mit diesem Jesus organisieren könnten?" 22 Philippus besprach sich mit Andreas, dann gingen beide zu Jesus, um ihn direkt zu fragen. 23 Jesus' Antwort war: „Es ist sowieso Zeit, dass der Menschensohn* bald groß rauskommen wird.

* Siehe Erklärung S. 24.

[24] Passt auf, was ich jetzt sage: Wenn man ein Korn von einer Weizen-
pflanze nicht in die Erde eingräbt und es damit tötet, dann kann daraus
nichts Neues wachsen. In der Erde aber keimt es, und dann wächst da
draus eine neue Pflanze, mit vielen neuen Körnern dran. [25] Jeder, der an
seinem Leben auf dieser Erde total hängt und da drum kämpft, wird es
irgendwann verlieren. Aber wem sein Leben auf dieser Welt total egal
ist, der wird ein Leben bekommen, was ewig anhält. [26] Wer mit mir sein
will und tun möchte, was ich sage, muss mir folgen. Da, wo ich bin, da
sollte er auch sein. Und wer das tut, was ich sage, der wird von meinem
Vater einen Orden kriegen."

Jesus redet davon, dass er bald sterben wird

[27] „Im Moment bin ich total traurig. Ich frag mich manchmal, ob ich
jetzt beten sollte: ‚Vater, hol mich hier raus, rette mich!' Und doch bin
ich genau deswegen ja hier. [28] Vater, sorg dafür, dass alle merken, was
du draufhast!" Plötzlich hörten alle eine laute Stimme aus dem Off:
„Ich habe immer zu dir gestanden und werde es auch weiter tun!"
[29] Die Leute, die dabei waren, hörten nur einen Donner oder so. Einige
behaupteten auch, ein Engel hätte mit Jesus geredet. [30] Jesus klärte das
sofort auf: „Diese Ansage war für euch, nicht für mich! [31] Jetzt wird die
letzte große Gerichtsverhandlung abgehen, diese Welt wird verurteilt
werden. Und der Satan, der in dieser Welt das Sagen hat, wird abge-
straft werden. [32] Und wenn ich dann von oben auf die Welt sehe, von
einem Kreuz, dann werde ich alle zu mir ziehen!" [33] Das sagte er auch,
um anzudeuten, wie er sterben würde. [34] Die Leute, die da rumstanden,
hatten noch ein paar Fragen: „In den alten Schriften steht, dass der
Auserwählte, der Christus, nie sterben wird. Wie kommst du da drauf,
dass der Menschensohn* an einem Kreuz sterben muss? Und wer ist
das überhaupt?" [35] Jesus antwortete in einem Bild: „Zurzeit ist das
Licht noch bei euch. Nutzt diese Zeit, so gut es geht. Ihr wollt doch
das Ziel auch erreichen, bevor es dunkel wird, oder? Im Dunkeln hat
keiner mehr die Peilung, wo es längsgeht, und dann verläuft man sich.
[36] Setzt euer Vertrauen auf dieses Licht, solange es noch da ist. Dann
werdet ihr zur Familie dazugehören." Danach ging Jesus wieder weg
und versteckte sich irgendwo.

Nur wenige schaffen es, Jesus zu vertrauen

[37] Obwohl Jesus so viele Wunder getan hatte, vertrauten die wenigsten
ihm wirklich. [38] Genau das hatte der Prophetentyp Jesaja auch schon

---

* Siehe Erklärung S. 24.

gesagt: „Gott, wer hat uns schon geglaubt, wer hat verstanden, worum es uns ging?“ 39 Die Menschen blickten es einfach nicht. Jesaja sagte dazu auch: 40 „Gott hat ihnen die Augen verbunden und ihren Verstand benebelt, sodass sie einfach nichts kapieren. So können sie auch nicht zu mir kommen, damit ich sie gesund machen kann.“ 41 Jesaja hatte diese Prophezeiung über Jesus gesagt, er hatte gesehen, wie derbe heilig er ist. 42 Sehr viele von den Leitern der Israelis begannen Jesus zu glauben. Es war ihnen aber auch peinlich, das öffentlich zuzugeben. Sie hatten Angst, die Pharisäer würden sie deswegen aus der religiösen Gemeinschaft rausschmeißen. 43 Es war ihnen wichtiger, dass Menschen sie gut finden, als dass Gott sie gut findet.

Jesus sagt, was passiert, wenn man ihm nicht vertraut

44 Jesus rief den Leuten zu: „Hey ihr, wenn ihr mir vertraut, dann vertraut ihr nicht nur mir, sondern auch Gott, der hinter mir steht. 45 Wenn ihr mich anseht, dann könnt ihr durch mich den sehen, der mich zu euch geschickt hat. 46 Ich bin so wie ein riesengroßer Halogenstrahler, ich soll in diese Welt reinleuchten, damit alle, die mir vertrauen, endlich was sehen können. 47 Also, wenn jemand die Sachen hört, die ich erzähle, dem das aber total egal ist, den werde ich nicht verurteilen. Das ist nämlich nicht mein Job, solange ich hier bin. Ich bin nicht dazu da, Leuten zu sagen, wie schlecht sie sind, sondern ich will sie aus ihrem Dreck rausholen! 48 Jeder, der aber keinen Bock auf die Sachen hat, die ich sage, wird am letzten Tag vor Gericht abgestraft werden. Als Grundlage dienen dabei meine Worte. 49 Ich habe hier nicht meine eigenen Ideen zum Besten gegeben, das waren alles Sachen, die mir Gott, der Vater, aufgetragen hat. 50 Ich bin mir hundertpro sicher: Alles, was er sagt, bringt es! Er zeigt uns den Weg zu einem ewig geilen Leben! Darum sag ich immer genau das, was mir der Vater gerade zuflüstert.“

13

Jesus wäscht seinen Freunden die Füße

1 Am Abend vor der Passafeier war Jesus schließlich ganz klar, dass seine Zeit auf der Erde abgelaufen war. Er sollte zu Gott, seinem Vater, zurückgehen. Er wollte am Ende einfach noch mal ein Statement abgeben, wie sehr er seine Freunde liebt. 2 Seine Freunde und er saßen alle beim Abendbrot, während der Teufel den Judas (den Sohn vom Simon Iskariot) schon überredet hatte, seinen Plan in die Tat umzusetzen und Jesus zu verraten. 3 Jesus war sich total im Klaren darüber, dass Gott ihm uneingeschränkte Vollmacht über alles gegeben hatte. Dass er von Gott auf die Erde gekommen war und bald zu ihm zurückgehen würde.

4 Plötzlich stand er auf, zog sein Hemd aus und band sich ein Hand-
tuch um die Hüften. 5 Dann goss er etwas Wasser in einen Eimer und
fing an, einem nach dem anderen seiner Freunde die Füße zu waschen.
Anschließend trocknete er sie wieder mit dem Handtuch ab. 6 Simon
Petrus hatte da aber nicht so Bock drauf. Als er an der Reihe war, meinte
er: „Chef, warum solltest ausgerechnet du mir meine Drecksmauken
waschen?“ 7 „Hey Petrus, du kapierst das jetzt noch nicht, aber irgend-
wann wirst du das verstehen.“ 8 „Never“, meinte Petrus, „du sollst mir
nicht die Füße waschen!“ Jesus blieb aber hart: „Wenn ich dir nicht die
Füße wasche, dann gehörst du auch nicht mehr dazu!“ 9 „Oh Jesus,
dann kannst du lieber gleich ’ne Ganzkörperreinigung vornehmen!“, rief
Petrus sofort. 10 Jesus lächelte: „Also, wer heute Morgen geduscht hat,
braucht sich auch jetzt nicht mehr ganz zu waschen, ausgenommen die
Füße. Der ist okay, so, wie er ist. Ihr seid auch alle sauber, mit einer Aus-
nahme ...“ 11 Jesus wusste schon, wer ihn verraten würde, darum meinte
er: „Mit einer Ausnahme.“ 12 Nach dieser Waschaktion zog sich Jesus
erst mal wieder an. Dann setzte er sich und fragte in die Runde: „Habt
ihr begriffen, was ich euch damit klar machen wollte? 13 Ihr nennt mich
‚Chef‘ und ‚Meister‘ und das ist auch okay, das bin ich ja auch. 14 Wenn
ich das wirklich bin und euch trotzdem die Füße gewaschen habe, dann
könnt ihr euch doch auch gegenseitig die Füße waschen, oder? 15 Ich
wollte euch damit etwas vormachen, damit ihr es dann nachmachen
könnt. Macht es genauso wie ich! 16 Und vergesst nie: Ein Angestellter
steht nie über seinem Chef. Ein Botschafter untersteht immer dem, von
dem er geschickt wurde. 17 Das habt ihr doch alle verstanden, jetzt lebt
auch danach, dann kommt ihr immer gut klar!“

Jetzt kommt es raus, wer Jesus verraten wird

18 „Was ich euch jetzt sage, betrifft nicht jeden. Ich kenne jeden von
euch sehr gut, ich hab euch ja extra ausgesucht. In den alten Schriften
wird ja die Ansage gemacht: ‚Der Typ, der mit mir ein Stück Brot isst,
der wird mich verraten.‘ 19 Das wird bald passieren. Ich sag euch das
jetzt schon, damit ihr alle wirklich kapiert, dass ich der Auserwählte,
der Christus, bin. 20 Vergesst nicht: Wenn jemand sich um einen küm-
mert, der von mir geschickt wurde, der kümmert sich in Wirklichkeit
um mich. Und wer sich um mich kümmert, der sorgt sich um die
Belange meines Vaters, von dem ich geschickt wurde.“ 21 Nachdem
er diese Ansprache gehalten hatte, wurde Jesus total traurig. „Leider
stimmt das, einer von euch wird mich verraten!“ 22 Seine Freunde sa-
hen sich gegenseitig verstört an: Wer war damit wohl gemeint? 23 Ne-
ben Jesus saß der Freund, den Jesus besonders lieb hatte. 24 Petrus

flüsterte dem zu: „Los, frag ihn, wen er damit meint!" [25] Also lehnte der sich zu Jesus rüber und fragte ihn: „Jesus, wer macht denn so was?" [26] „Der Typ, dem ich das Stück Brot geben werde, nachdem ich es in den Dip getunkt habe, der wird es sein." Dann tauchte er das Brot ein und gab es Judas, der ein Sohn von Simon Iskariot ist. [27] Ab dieser Sekunde hatte Satan voll Kontrolle über Judas. „Los, zieh ab, beeil dich, Judas. Tu, was du nicht lassen kannst!", sagte Jesus zu ihm. [28] Keiner von den andern Jungs kapierte, was Jesus damit meinte. [29] Einige glaubten, er hätte Judas losgeschickt, um noch Sachen für die Party einzukaufen oder vielleicht ein paar Leuten, die keine Kohle hatten, etwas Geld zu geben. [30] Judas nahm sich noch ein Stück Brot, stand sofort auf und verschwand. Draußen war es schon dunkel geworden.

Liebt euch gegenseitig!

[31] Nachdem Judas abgehauen war, sagte Jesus zu seinen Freunden: „Gott wird den Menschen jetzt klarmachen, wer der Menschensohn* wirklich ist. Dadurch werden auch alle andern Leute sehen, wie groß Gott ist und dass er zu seinem Sohn steht. Gott ist ja auch durch ihn groß rausgekommen! [32] Wenn Gott durch ihn groß rausgekommen ist, dann wird Gott auch bei ihm beweisen, was er wirklich draufhat. Das wird sehr bald abgehen. [33] Ihr lieben Kinder, es dauert jetzt nicht mehr lange, dann muss ich verschwinden. Ihr werdet versuchen, mich zu finden, aber ich hab es ja schon zu den Juden gesagt: Keine Chance! Da, wo ich bin, könnt ihr nicht nachkommen. [34] Ich will euch heute eine neue wichtige Lebensregel von Gott mitgeben: Liebt euch gegenseitig! So wie ich euch geliebt habe, so sollt ihr euch auch gegenseitig lieben! [35] In dem Maße, wie man das bei euch sehen kann, dass ihr euch liebt, werden die Leute, die nicht an Gott glauben, merken, dass ihr zu mir gehört."

Jesus macht Petrus die Ansage: Du wirst so tun, als würdest du mich nicht kennen

[36] Petrus fragte Jesus: „Sag mal, wohin wirst du überhaupt gehen?" „Also, Petrus, tut mir Leid, aber da kannst du jetzt nicht mitkommen. Allerdings später mal, dann wird das gehen." [37] „Aber warum denn, Jesus? Ich würde echt alles für dich geben!", meinte Petrus. [38] Aber Jesus' Antwort war nur: „Du würdest alles für mich geben? Hey Petrus, noch vor Mitternacht wirst du dreimal so tun, als würdest du mich noch nicht mal kennen!"

---

* Siehe Erklärung S. 24.

14

Ohne Jesus hat keiner eine Chance bei Gott

1 Jesus redete weiter zu seinen Freunden: „Keine Panik, Leute! Wenn ihr
Gott vertraut, dann vertraut jetzt auch mir! 2 Denn da, wo mein Vater
wohnt, gibt es viele Buden, wo man einziehen kann. Ich geh vor und
mach für euch schon mal alles klar! Das hab ich euch doch schon mal
gesagt! 3 Wenn dann alles okay ist, komme ich wieder zurück, um euch
abzuholen! Dann können wir da alle zusammen sein, ihr bei mir und
ich bei euch. 4 Den Weg, wie ihr da hinkommt, habt ihr doch kapiert,
oder?" 5 „Nein, Jesus, keine Ahnung, wir haben noch nicht mal gerallt,
wo du überhaupt hingehen wirst! Wie sollen wir denn den Weg dahin
finden?", sagte Thomas. 6 „Ich bin der Weg dahin, über mich wirst du
ihn finden. Ich bin die Wahrheit in Person, zuverlässig hoch zehn. Ich
bin das Leben, wirkliches, gutes Leben. Keiner hat eine Chance bei Gott,
wenn er nicht über mich zu ihm kommt. 7 Wenn ihr mich kennen gelernt
habt, dann habt ihr auch Gott, den Vater, kennen gelernt. Ihr kennt ihn
also jetzt, ihr habt mich ja erlebt!" 8 Philippus wollte aber noch mehr:
„Meister, zeig uns doch mal den Vater, dann sind wir alle happy!"
9 „Mann, Philippus, hast du es immer noch nicht kapiert, wer ich bin,
obwohl wir uns schon so lange kennen? Wenn du mich ansiehst, dann
siehst du Gott den Vater an! Warum willst du denn noch mehr sehen?
10 Glaubst du nicht, dass ich so bin wie der Vater und der Vater so ist wie
ich? Alles, was ich euch erzählt habe, das kam ja nicht von mir, da hat
der Vater, der in mir lebt, zu euch geredet. 11 Bitte vertraut mir, ich bin
wirklich total eins mit dem Vater und der Vater auch mit mir. Wenn ihr
damit so Probleme habt, dann glaubt es wenigstens, weil ihr die krassen
Wunder gesehen habt, die ich getan habe. 12 Eins ist auf sicher: Alle, die
mir vertrauen und sich auf mich einlassen, werden die gleichen Sachen
machen können, wie ich sie getan habe. Ja, sie werden sogar noch fett-
ere Sachen machen, weil ich dann ja verschwinde und beim Vater bin!
13 Hey, und alles, worum ihr ihn dann bitten werdet, das bekommt ihr
von mir, wenn ihr euch dabei auf mich beruft! Denn dadurch wird allen
klar, wie gut Gott ist, und er kommt am Ende durch mich groß raus.
14 Ich sage es noch mal: Wenn ihr irgendwas braucht und darum betet
und euch dabei auf mich beruft, dann werde ich mich da drum küm-
mern, ich werde es tun!"

Jesus sagt was über die Power, seinen Geist, der helfen soll

15 „Wenn ihr mich wirklich liebt, dann tut ihr auch die Sachen, die ich
euch gesagt habe. 16 Ich werde bei meinem Vater eine Anfrage starten,

damit er euch etwas schickt, etwas, was euch helfen und euch nie ver-
lassen wird. 17 Ich rede jetzt von seiner besonderen Power, seinem heili-
gen Geist, der immer die Wahrheit sagt und der weiß, wo es längsgeht.
Die Leute, die nicht mit Gott leben, kriegen diesen Geist nicht, die wür-
den ihn auch gar nicht richtig begreifen, und darum wollen sie den auch
nicht wirklich. Ihr kennt ihn aber, denn er wird bei euch bleiben und
später sogar mal in euch sein. 18 Nein, ich lasse euch nicht muttersee-
lenallein zurück, ich komme in einer anderen Form wieder zu euch! 19 Es
dauert nicht mehr lange, dann werde ich aus dieser Welt verschwinden.
Aber ich werde durchkommen und leben! Und deshalb werdet ihr auch
leben. 20 Dann werdet ihr kapieren, dass der Vater und ich total eins sind
und dass ich in euch lebe und ihr in mir lebt. 21 Die Menschen, die wis-
sen, was ich gut finde, und das in ihrem Leben auch umsetzen, das sind
die Leute, die mich lieben. Und weil sie mich lieben, wird mein Vater sie
auch lieben, und ich werde sie natürlich auch lieben und ihnen weiter
zeigen, wie ich wirklich bin." 22 Judas (nein, jetzt nicht der Judas Iskariot,
ein anderer Judas, der denselben Namen hatte) fragte ihn: „Jesus, wa-
rum zeigst du nur uns, wer du wirklich bist, warum nicht auch dem Rest
der Welt?" 23 Dazu sagte Jesus: „Alle, die mich wirklich lieben, werden
sich an das halten, was ich gesagt habe. Und mein Vater wird sie dann
auch lieben, und wir werden dann gemeinsam bei ihnen einziehen und
bei ihnen bleiben. 24 Die Leute, die mich nicht lieben, denen wird egal
sein, was ich gesagt habe. Und nicht vergessen: Wer mir zuhört, hört
den Vater reden! Der hat mich ja geschickt. 25 Das sage ich euch jetzt
alles noch, solange ich bei euch bin. 26 Wenn aber die Unterstützung
kommt, der heilige Geist, diese ganz besondere Kraft von Gott, der wird
euch dann alles beibringen, was ihr noch wissen müsst, und er wird
euch an die Sachen erinnern, die ich euch gesagt habe. 27 Ich lass euch
auf keinen Fall alleine, ihr bekommt als Geschenk ein Friedensangebot.
Dieser Frieden, den ich euch gebe, hat nichts mit dem Frieden zu tun,
den ihr in der dieser Welt ohne Gott findet. Darum braucht ihr echt
keine Angst mehr zu haben und auch keine Sorgen. 28 Nie vergessen:
Ich habe gesagt, dass ich abhaue, aber ich werde zurückkommen, klar?
Wenn ihr mich echt liebt, dann freut euch mit mir, dass ich jetzt zu
Gott, meinem Vater, gehen kann. Der ist viel fetter und größer als ich.
29 Ich hab euch das jetzt alles erzählt, damit ihr mir glaubt, wenn das
dann passiert. 30 Ich kann jetzt nicht mehr lange mit euch reden, weil
der Typ, der die Macht hat in dieser Welt, der Satan, schon unterwegs
ist. Er hat mir zwar nichts zu sagen, 31 aber alle sollen sehen, dass ich
Gott, meinen Vater, total liebe und dass ich immer das tue, was er von
mir will. Okay, dann lasst uns losgehen!"

15

Der Weinstock

1 „Ich bin der echte Weinstock, und mein Vater ist der Gärtner, der sich
da drum kümmert. 2 Er schneidet die Zweige ab, wo keine Früchte dran
wachsen, und die Zweige, an denen welche wachsen, kürzt er an einigen
Stellen, damit sie dann noch mehr Früchte tragen können. 3 Weil ihr
mir gut zugehört habt, seid ihr schon hier und da gekürzt worden. 4 Ihr
müsst immer ganz eng an mir dran sein, dann kann ich auch in euch
wirken. Das ist genauso wie mit dem Zweig und den Früchten: Wenn
ihr immer an mir dran seid, dann werden bei euch viel gute Früchte
wachsen. 5 Ich bin der Weinstock und ihr seid die Zweige, die da dran
sind. Wenn ihr eng bei mir bleibt und ich auch bei euch bleibe, dann
werden viele gute Sachen da draus wachsen, gute Früchte. Wenn ihr
aber von mir getrennt seid, dann geht gar nichts mehr. 6 Wer ohne mich
leben will, wird wie ein Zweig, der es nicht bringt, einfach abgesägt
werden. Die abgesägten Zweige werden auf einen Haufen geschmissen
und verbrannt. 7 Wenn ihr aber immer ganz eng mit mir verbunden
bleibt und ihr die Sachen, die ich euch gesagt habe, nicht vergesst und
danach lebt, dann könnt ihr Gott um alles Mögliche bitten, er wird es
tun! 8 Mein Vater kommt so groß raus, wenn bei euch viele gute Früchte
wachsen. Und alle können daran auch sehen, dass ihr wirklich zu mir
gehört."

Die Liebe ist superwichtig

9 „Genauso wie mich Gott der Vater liebt, so liebe ich euch auch. Bleibt
immer bei mir, entfernt euch nicht von meiner Liebe. 10 Wenn ihr die
Sachen tut, die ich euch gesagt habe, dann werdet ihr nahe bei meiner
Liebe bleiben. Ich habe auch immer das getan, was Gott von mir wollte,
und seine Liebe umgibt mich. 11 Diese Ansage mach ich euch, damit ihr
die gleiche Freude kennen lernt, die ich auch habe. Ich möchte, dass
ihr mit dieser Freude total abgefüllt werdet! 12 Eine ganz wichtige Regel
habe ich für euch: Liebt euch gegenseitig genauso, wie ich euch geliebt
habe! 13 Man kann seine Liebe nicht besser beweisen, als wenn man für
seine Freunde stirbt. 14 Und ihr seid meine Freunde, wenn ihr die Sa-
chen tut, die ich euch gesagt habe. 15 Ihr seid nicht meine Angestellten.
Seinen Angestellten würde der Chef ja nicht erzählen, was er vorhat. Ihr
seid wie Freunde für mich, ich hab euch echt alles erzählt, was mir Gott,
der Vater, gesagt hat. 16 Ihr könnt übrigens gar nichts dazu – ich habe
euch ausgesucht und nicht ihr mich. Ich wollte, dass sich in eurem Le-
ben etwas verändert und Früchte bei euch entstehen können, Früchte,

die nicht vergammeln. Ich wollte, dass der Vater euch keine Bitte, die ich
unterschrieben habe, mehr ausschlagen kann. [17] Leute, ich sag es noch
mal: Liebt euch gegenseitig!

Was in Zukunft an Problemen für Christen auftauchen wird

[18] Wenn die Menschen die nicht auf Gott setzen, euch hassen, dann
denkt daran: Mich haben sie auch gehasst! [19] Die würden euch lieben,
wenn ihr zu denen gehören würdet. Tut ihr aber nicht. Ich wollte von
euch, dass ihr was Besonderes seid, darum hassen sie euch. [20] Vergesst
nicht, was ich euch dazu mal gesagt habe: ‚Einem Angestellten geht
es nie besser als seinem Chef.' Wenn sie auf mich keinen Bock hatten,
werden sie auf euch auch keinen Bock haben. Die Leute, die das um-
gesetzt haben, was ich ihnen erzählt habe, werden aber auch auf euch
hören. [21] Die Menschen, die nicht an Gott glauben, werden euch dissen,
weil ihr zu mir gehört. Sie kennen diesen Gott ja auch nicht, der mich
hergeschickt hat. [22] Wenn ich jetzt nicht zu ihnen gegangen wäre und
ihnen nicht alles über Gott erzählt hätte, dann wären sie unschuldig.
War aber nicht so, jetzt können sie sich auch nicht mehr rausreden.
[23] Wenn jemand mich hasst, dann hasst er auch meinen Vater! [24] Wenn
ich jetzt nicht da gewesen wäre und sie hätten die Sachen nicht erlebt,
die ich getan hab, dann wäre ja alles okay, sie wären unschuldig. Aber
jetzt haben sie doch alles mitgekriegt und trotzdem mich und den Vater
gehasst. [25] Steht ja auch schon im alten Buch was drüber: ‚Sie haben
mich einfach so gehasst!'* [26] Ich lass euch aber nicht alleine, ich schicke
jemanden, der euch helfen wird. Er ist die Kraft von Gott, sein Geist, der
die Wahrheit in Person ist. Er wird vom Vater kommen und für mich als
ein Zeuge auftreten. [27] Ihr sollt ja auch als Zeugen für mich auftreten, ihr
wart ja von Anfang an dabei!"

16

[1] „Ich hab euch das jetzt alles gesagt, damit ihr nicht irgendwann im
Glauben mal total durchdreht. [2] Sie werden euch nämlich Hausverbote
in den Synagogen erteilen. Das wird sogar so weit kommen, dass man
glaubt, man tut für Gott etwas Gutes, wenn man Christen tötet. [3] Die tun
das, nur weil sie gar nicht kapiert haben, wie ich und der Vater so drauf
sind, sie kennen uns einfach nicht. [4] Ihr solltet einfach vorbereitet sein,
wenn das so abgehen wird. Bisher war es noch nicht angesagt, davon zu
reden, ich war ja noch bei euch. [5] Jetzt geh ich aber. Ich geh zu dem, der
mich hergeschickt hat. Keiner von euch hat mich mal danach gefragt."

---

* Steht in den Psalmen, genau im 35., Vers 19 und auch im 69., der 5. Vers.

Gott wird seine besondere Kraft schicken, seinen Geist, und der bringt es

6 „Ihr seid voll traurig über das, was ich euch erzählt habe, stimmt's?
7 Aber glaubt mir, es ist so viel besser für euch. Denn wenn ich nicht
abhauen würde, dann käme auch die große Hilfe von Gott nicht zu
euch, sein besonderer Geist. Er kann nur kommen, weil ich jetzt gehe,
ich sag ihm dann Bescheid. 8 Wenn der dann da ist, dann wird er den
Menschen, die nicht auf Gott setzen, klar machen, dass sie alle irgend-
wie dreckig sind vor Gott. Er wird ihnen erklären, was Gerechtigkeit für
Gott bedeutet, und er wird ihnen klar machen, dass irgendwann eine
Gerichtsverhandlung auf jeden Menschen zukommen wird. 9 Die Schuld
der Menschen besteht darin, dass sie ihr Vertrauen nicht auf mich set-
zen und mir nicht glauben. 10 Dass Gott gerecht ist und die Menschen
freisprechen will, die ihm vertrauen, kann man daran sehen, dass ich
zu ihm gehen werde, um die Sache für euch klar zu machen. 11 Die Ge-
richtsverhandlung hat schon angefangen, Leute, denn der Satan, der
in dieser Welt das Sagen hat, hat sein Urteil schon in der Tasche. 12 Ich
könnte euch noch viel mehr erzählen, aber das wäre jetzt ein bisschen
zu heftig für euch, ihr würdet das noch nicht packen. 13 Wenn aber die
Kraft von Gott kommt, sein Geist, der immer die Wahrheit sagt, dann
wird er euch wirklich alles erklären, und ihr werdet es auch begreifen
können. Der wird nicht seine eigene Meinung sagen, er wird das rüber-
bringen, was er von mir gehört hat. Auch was in der Zukunft abgehen
wird, kann er euch sagen. 14 Dadurch wird er dafür sorgen, dass am
Ende ich groß rauskomme, indem er nur das weitergibt, was er von mir
hat. 15 Alles, was der Vater hat, gehört mir auch. Darum kann ich das
überhaupt sagen: ‚Alles, was er euch sagt, kommt von mir.'"

Ihr werdet mal total abgehen, weil ihr euch so freut

16 „Es dauert nicht mehr lange, dann bin ich weg. Aber kurz danach
werde ich wieder bei euch sein!" 17 Seine Freunde kapierten das nicht so
richtig: „Was meint er damit: ‚Ich bin weg und dann wieder bei euch'?
Und was war das jetzt mit dem: ‚Ich geh zum Vater'? 18 Und was meinte
er überhaupt mit: ‚Es dauert nicht mehr lange'? Verstehen wir nicht!"
19 Jesus merkte, dass sie das gerne gefragt hätten, sich aber nicht
trauten. „Ihr fragt euch jetzt bestimmt, was ich damit überhaupt ge-
meint habe, stimmt's? Ich habe gesagt, dass ich bald wegmuss und eine
Zeit lang nicht bei euch bin. Aber kurze Zeit später bin ich dann wieder
da! 20 Garantiert, Leute: Ihr werdet sehr traurig sein und weinen über
die schlimmen Sachen, die dann passieren werden. Die Menschen, die
nicht mit Gott leben, werden dabei jubeln! Ihr werdet voll traurig sein,
aber dann wird sich das umdrehen und ihr werdet plötzlich ausrasten

vor Freude! 21 Das wird so abgehen wie bei einer Geburt. Wenn eine
Frau ein Kind geboren hat, dann ist die Freude über das neue Baby auch
viel größer als die Schmerzen bei der Geburt. 22 Jetzt seid ihr erst mal
voll traurig, aber ich werde euch wieder sehen. Dann werdet ihr abgehen
vor Freude, und diese Freude kann euch dann keiner mehr nehmen!
23 Und wenn es so weit ist, dann braucht ihr mich nichts mehr fragen.
Auf sicher, Leute, dann könnt ihr selbst zu Gott, dem Vater, gehen
und ihn um Sachen bitten, und er wird sie euch geben, wenn ihr das
in meinem Namen getan habt. 24 Bis jetzt habt ihr Gott auch noch um
nichts gebeten, was ich mit meinem Namen unterschrieben hatte. Tut
das jetzt mal, und ihr werdet die Sachen auch bekommen! Und dann
werdet ihr euch total freuen!"

Die Welt ohne Gott hat keine Chance

25 „Alles, was ich euch beibringen wollte, hab ich mit diesen Vergleichen
klar gemacht. Es wird aber bald die Zeit kommen, wo das nicht mehr
nötig sein wird. Dann werde ich euch direkt, ohne Bilder und Vergleiche,
sagen können, wie Gott drauf ist. 26 Ab dann werdet ihr selber mit mei-
ner Vollmacht Gott um Sachen bitten. Dann muss ich den Vater auch
nicht mehr bitten, eure Gebete zu erhören. 27 Gott, der Vater, liebt euch,
weil ihr mich liebt und weil ihr glaubt, dass er mich zu euch geschickt
hat. 28 Ich bin vom Vater weggegangen und zu euch gekommen. Jetzt
verlasse ich euch wieder und geh zurück zum Vater." 29 Seine Freunde
meinten dazu: „Endlich sagst du uns direkt, was du meinst, ohne diese
Vergleiche, die wir nie kapiert haben. 30 Jetzt verstehen wir, dass du ein-
fach alles weißt. Du hast sogar gewusst, welche Frage wir dir grade stel-
len wollten. Darum glauben wir, dass du von Gott kommst." 31 „Seid ihr
euch da so sicher?", fragte Jesus nach. 32 „Passt auf, es wird ein Moment
kommen, im Grunde ist der schon da, wo ihr auseinander getrieben
werdet. Jeder wird seinen eigenen Kram machen, und ihr werdet nicht
mehr bei mir sein. Zum Glück bin ich aber nicht allein, Gott der Vater ist
bei mir. 33 Ich hab euch das erzählt, damit ihr wirklichen Frieden durch
mich findet. Ihr werdet viele ätzende Sachen durchmachen müssen in
dieser Welt, aber ihr braucht keine Angst zu haben, denn ich bin stärker
als diese Welt, ich habe sie besiegt!"

17

Jesus redet mit Gott über seine Freunde

1 Nachdem Jesus mit seiner Rede am Ende war, sah er in Richtung Him-
mel und fing an mit Gott zu sprechen: „Papa, jetzt ist es so weit. Zeig
allen, dass dein Sohn der Stärkste ist, damit dein Sohn dich am Ende

groß rausbringen kann. 2 Du hast ihm jede Vollmacht über alles, was
geht, ausgestellt. Du wolltest, dass alle, die zu ihm gehören, ein Leben
bekommen, das nie aufhört. 3 Und der Weg zu einem guten Leben, zu
einem Leben, das kein Ende hat, fängt so an: mit dir, dem einzigen ech-
ten Gott zu leben und sein Vertrauen auf Jesus Christus zu setzen, der
in deinem Auftrag unterwegs ist. 4 Ich hab hier in meiner Zeit auf der
Erde allen klar gemacht, dass du der Größte bist. Ich hab alles getan,
was du mir gesagt hast. 5 Aber jetzt, Papa, stell dich voll zu mir! Zeig
an mir, was du wirklich kannst! Bring mich wieder in die Position, die
ich hatte, bevor die Welt überhaupt gemacht wurde! 6 Ich hab den Men-
schen deutlich gesagt, was bei dir alles geht, allen Leuten, die du mir
vor die Füße gestellt hast. Diese Menschen gehörten dir schon immer,
und darum hast du sie auch mit mir bekannt gemacht. Die haben sich
auf deine Worte eingelassen und leben danach. 7 Jetzt haben sie kapiert,
dass alles, was ich von dir habe, wirklich von dir kommt. 8 Ich hab ihnen
nämlich alles weitergesagt, was du mir zugeflüstert hast. Und sie haben
alles, was ich gesagt habe, geglaubt und verstanden, dass ich wirklich
von dir gekommen bin. Sie glauben auch, dass ich in deinem Auftrag
hier bin. 9 Um die geht es mir jetzt, um die Menschen, die du mir gege-
ben hast, die auch ganz zu dir gehören. 10 Alles, was ich habe, gehört
dir und alles, was du hast, gehört auch mir. Durch meine Leute hat sich
gezeigt, wie groß ich bin! 11 Ich werde jetzt aus dieser Welt verschwin-
den. Ich muss sie zurücklassen, weil ich ja zu dir gehen werde. Vater,
darum bitte ich dich: Pass du jetzt auf sie auf! Pass auf, dass sie immer
nahe an dir dranbleiben und auch untereinander zusammenhalten. So
wie wir beide auch ganz dick zusammenhalten, wir zwei sind ja wie
eins. 12 In der Zeit, wo ich noch hier war, konnte ich ja auf sie aufpassen.
Keiner von ihnen hat dabei 'ne Klatsche abgekriegt, keiner ist uns durch
die Lappen gegangen, ausgenommen der eine, der mich verraten hat,
das wurde ja schon in den alten Schriften vorausgesagt. 13 Ich komm
jetzt bald zu dir, Vater! Ich hab meinen Freunden das erzählt, damit
sie sich mit mir darüber total freuen können. 14 Ich hab deine Worte an
sie weitergegeben. Die Menschen, die in dieser Welt ohne dich leben,
haben sie gehasst. Das liegt da dran, weil meine Freunde ja auch nicht
mehr wirklich zu ihnen gehören. Und ich gehöre ja auch nicht zu dieser
Welt. 15 Trotzdem bitte ich dich nicht, sie jetzt von hier wegzuholen.
Aber pass bitte auf sie auf und beschütze sie vor der Macht, die das
Böse hat. 16 Die gehören im Grunde genauso wenig wie ich in diese Welt
ohne dich. 17 Hilf ihnen, dass sie dir immer ähnlicher werden. Was du
sagst, ist die Wahrheit und hilft ihnen auf diesem Weg. 18 Genauso wie
du mir die Order für die Welt gegeben hast, so gebe ich ihnen jetzt auch

die Order loszuziehen. [19] Ich gebe alles für sie, ich gebe mein Leben,
damit sie dir auch radikal gehören. [20] Und ich bete jetzt nicht nur für sie,
sondern auch für alle anderen, die durch das, was sie sagen, anfangen
an mich zu glauben. [21] Sie sollen alle total zusammenrücken, so stark,
als wären sie nur einer, genauso wie wir beiden, du und ich, eins sind.
So wie wir zusammen sind, du in mir und ich in dir, so sollen sie auch
zusammenhalten und verbunden sein. Dann werden sie die Menschen
auch davon überzeugen können, dass ich in deinem Auftrag hier war.
[22] Ich habe ihnen das Gleiche gegeben, was ich auch von dir habe. Ich
wollte, dass sie total eins sind. [23] Sie bleiben in mir und ich bleibe in
dir. So sind wir total miteinander verbunden. Die Welt wird so kapieren,
dass du derjenige bist, der mich hergeschickt hat. Und sie werden auch
begreifen, dass du sie liebst, genauso, wie du mich liebst. [24] Papa, ich
möchte, dass die Leute, die du mir anvertraut hast, immer ganz nah bei
mir sind. Sie sollen meine Größe mitkriegen, sie sollen sehen, wie fett
das ist, was du mir gegeben hast! Du hast mich ja immer schon geliebt,
schon bevor du die Welt gemacht hast. [25] Vater, du hast den Überblick,
du bist fair und gerecht. Die Welt hat keine Ahnung, wie du bist, aber ich
weiß das, weil ich dich kenne. Und meine Freunde hier, die wissen auch,
dass du mich geschickt hast. [26] Ich hab ihnen von dir erzählt, hab ihnen
gesagt, wie du heißt und wie du bist, und das werde ich auch weiter tun.
Ich tue das vor allem, weil ich möchte, dass deine Liebe, die du zu mir
hast, sich auf sie überträgt, dass ich ihnen ganz nahe bin."

18

Jesus wird weggehaftet

[1] Nachdem Jesus so lange gebetet hatte, ging er mit seinen Freunden in
einen Park, wo viele Olivenbäume waren. Der lag auf der anderen Seite
vom Bach Kidron. [2] Judas, der Jesus verraten wollte, kannte die Stelle
genau, weil Jesus da oft mit seinen Freunden abgehangen hatte. [3] Die
Oberpriester und religiösen Profis hatten Judas eine Security-Einheit
vom Tempel und ein paar Soldaten mitgegeben, um die Verhaftung
durchziehen zu können. Mit Stablampen und in kompletter Kampfaus-
rüstung marschierten die in den Park. [4] Jesus wusste schon, was gleich
abgehen würde. Er kam ihnen entgegen und fragte trotzdem: „Wen
suchen Sie?" [5] „Jesus, der aus der Stadt Nazareth stammt", war die
Antwort. „Das bin ich!", sagte Jesus. Judas stand dabei ganz in der
Nähe, als er die Hand hob. [6] Und als Jesus sagte: „Das bin ich!", kam da
so eine Kraft rüber, dass sich die Security-Leute und die Soldaten fast in
die Hose machten und dabei zu Boden gingen. [7] Er fragte sie dann noch
mal: „Wen suchen Sie jetzt?", und wieder war die Antwort: „Jesus, der

aus Nazareth stammt.“ 8 „Mann, ich hab doch eben schon mal gesagt,
dass ich das bin! Wenn Sie mich suchen, lassen Sie die andern aber
gehen!“ 9 Damit wurde seine Vorhersage auch wahr, dass keiner von
seinen Leuten dabei ’ne Klatsche abkriegen würde. 10 Simon Petrus wur-
de plötzlich total wütend. Er zog seine Waffe und fuchtelte damit wie
blöd rum. Dabei löste sich ein Schuss und traf Malchus, einen Diener
vom Oberpriester, am rechten Ohr. 11 Jesus reagierte sofort: „Petrus,
steck sofort die Waffe weg! Es gibt keine Abkürzung für mich, ich muss
da durch. Gott will das von mir!“ 12 Die Soldaten und die Security-Leute
legten Jesus Handschellen an und verhafteten ihn. 13 Dann brachten sie
ihn zum Hannas, dem Schwiegervater vom Kaiphas. Der war nach dem
Rotationssystem in diesem Jahr mit dem Job des obersten Priesters an
der Reihe. 14 Kaiphas war auch der Typ, der zu den Juden gesagt hatte:
„Besser, wenn einer für alle stirbt.“

Für Petrus ist es peinlich, zu Jesus zu gehören

15 Petrus und ein anderer Typ gingen mit der Truppe, die Jesus verhaf-
tet hatte. Dieser Typ hatte eine Connection zu den Oberpriestern und
konnte deswegen durch die bewachte Tür bis in den Innenhof vom Pa-
last kommen. 16 Petrus blieb aber draußen vor dem Eingang. Schließlich
kam der Typ zurück und bequatschte die Türsteherin so lange, bis sie
Petrus auch reinließen. 17 Die Türsteherin fragte Petrus: „Gehören Sie
nicht auch zu dem engeren Freundeskreis von dem dort?“ „Nein, auf
keinen Fall!“, antwortete Petrus hektisch. 18 Die Security und die Sol-
daten hatten eine Feuertonne angemacht, weil es langsam kalt wurde.
Sie standen drum herum und wärmten sich. Petrus stellte sich dazu,
weil ihm auch ziemlich kalt war. 19 Inzwischen hatte das öffentliche Ver-
hör von Jesus begonnen. Der Oberpriester stellte Fragen zum Umfeld
und zur Theologie von Jesus. 20 Jesus sagte: „Was ich erzähle, wissen
alle Leute hier. Ich habe regelmäßig Vorlesungen in den Synagogen
und auch in unserm Tempel gehalten. Öffentlich, nicht geheim hinter
verschlossenen Türen! 21 Warum fragen Sie mich, fragen Sie doch die
Leute, die mich gehört haben! Die können Ihnen genaue Auskunft da
drüber geben!“ 22 Nachdem Jesus das gerade ausgesprochen hatte,
schlug ihm einer von den Security-Leuten vom Tempel voll in die Fresse
und brüllte: „Ist das die Art, wie man mit dem Oberpriester redet, he?!“
23 Jesus antwortete: „Wenn ich Blödsinn erzählt habe, dann tritt erst mal
den Beweis dafür an, bevor du mich schlägst! Und wenn ich die Wahr-
heit sage, warum schlägst du mich dann?“ 24 Hannas ließ Jesus erst mal
wieder die Handschellen anlegen, und dann wurde er zu Kaiphas, dem
Oberpriester, abgeführt. 25 Petrus stand die ganze Zeit an der Feuerton-

ne, um sich zu wärmen. Wieder fragte ihn jemand: „Entschuldigung,
gehören Sie nicht auch zu den Freunden von diesem Jesus?" „Nein, da
muss eine Verwechslung vorliegen!", log Petrus rum. 26 Aber einer der
Angestellten vom Oberpriester (der mit dem Typen verwandt war, dem
Petrus ein Ohr abgeschossen hatte) fragte ihn: „Hab ich Sie nicht auch
in diesem Park mit diesem Jesus zusammen gesehen?" 27 Das verneinte
Petrus wieder, und im selben Augenblick krähte ein Hahn.

Das Verhör durch Pilatus

28 Das erste Verhör durch Kaiphas dauerte die ganze Nacht und endete
erst früh am Morgen. Anschließend wurde Jesus zum Amtssitz des
römischen Gouverneurs gebracht. Die Juden, die Anzeige erstattet hat-
ten, blieben draußen, weil sie sich nach ihren religiösen Richtlinien nur
durch das Betreten schon dreckig gemacht hätten. Sie hätten dann nicht
an der Passaparty teilnehmen dürfen, die zu der Zeit überall abging.
29 Aus Rücksicht kam Pilatus deswegen vor die Tür und fragte sie: „Also,
wie lautet jetzt die Anzeige gegen diesen Mann?" 30 „Wir hätten ihn nie
und nimmer verhaften lassen, wenn es sich nicht um einen Schwer-
verbrecher handeln würde!", war die Antwort. 31 „Okay, warum führt
ihr ihn dann nicht selber ab und verurteilt ihn nach euren Gesetzen?"
„Weil unsere Gesetze es nicht gestatten, jemandem die Todesstrafe zu
verpassen!" 32 Genau das hatte Jesus ja schon vorausgesagt, er hatte
ja angedeutet, wie er sterben würde. 33 Pilatus kehrte erst mal in den
Gerichtssaal zurück. Dann ließ er Jesus wieder vorführen und fragte ihn:
„Sind Sie der König von den Juden?" 34 „Sind Sie von alleine auf die Idee
gekommen, das zu fragen, oder hat Ihnen das irgendjemand gesteckt?",
fragte ihn Jesus. 35 „Entschuldigung, bin ich etwa ein Jude? Ihre eigenen
Leute, Ihre obersten religiösen Führer haben Sie an mich ausgeliefert!
Was ist da los? Was haben Sie Schlimmes verbrochen?" 36 Jesus antwor-
tete: „Das Land, in dem ich das Sagen habe, ist auf dieser Erde nicht
zu finden. Wenn es hier wäre, dann hätten mich meine Leute bis aufs
Blut verteidigt, damit ich an die Juden nicht ausgeliefert werden könnte.
Aber das Land, in dem ich das Sagen habe, können Sie auf dieser Erde
nicht finden, es ist anders." 37 Pilatus fragte noch mal nach: „Also sind
Sie doch ein König?" „Richtig, ich bin ein König. Ich bin geboren wor-
den, um in dieser Welt für die Wahrheit einzutreten. Wer bereit dazu ist,
auf die Wahrheit zu hören, der wird auch begreifen, was ich sage, und
sein Leben da drauf ausrichten." 38 „Was ist das überhaupt, die Wahr-
heit?", meinte Pilatus. Er ging dann aber erst mal zurück zu den Juden,
die draußen warteten. „Also, wenn Sie mich fragen, ist der Mann da
unschuldig! 39 Bei euch gibt es doch so eine Tradition, dass ich jährlich

zum Passafest einen Gefangenen freilassen kann. Wie wäre es denn
diesmal mit diesem ‚König der Juden'?" 40 Alle im Raum rasteten plötz-
lich total aus und brüllten: „Nein, bloß nicht Jesus freilassen, gib uns
den Barabbas!!" Barabbas war ein Typ, der wegen ‚Raub in Tateinheit
mit schwerer Körperverletzung' im Knast saß.

19

Das Urteil: Tod durch Kreuzigung

1 Pilatus unterschrieb dann erst mal den Befehl, Jesus abzuführen und
auszupeitschen. 2 Die Soldaten machten aus Stacheldraht eine Krone
und drückten die Jesus auf den Kopf. Dann legten sie ihm einen roten
Samtumhang um die Schultern 3 und machten sich über ihn lustig: „Oh,
euer Majestät, der König der Juden!" Dabei schlugen sie ihm immer wie-
der mit der Faust ins Gesicht. 4 Pilatus ging nach einer Zeit wieder vor
die Tür zu den Leuten. „Ich will ihn noch einmal vorführen lassen, ich
will, dass eins klar ist: Für mich ist er unschuldig!" 5 Jesus kam dann wie-
der raus, mit der Krone aus Stacheldraht auf und dem Samtumhang auf
den Schultern. Pilatus rief zu den Leuten: „Da ist er, seht euch diesen
Menschen an!" 6 Als die Oberpriester und die bezahlten Security-Leute
Jesus sahen, fingen die sofort an zu brüllen: „Todesstrafe, Todesstrafe!"
„Okay, das müsst ihr dann schon verantworten", sagte Pilatus, „für
mich ist dieser Mann unschuldig!" 7 „Nach unseren Gesetzen hat er die
Todesstrafe verdient. Er hat sich selbst als Gottes Sohn bezeichnet!",
riefen die Juden als Antwort zurück. 8 Als Pilatus das hörte, bekam er
noch mehr Angst, als er eh schon hatte. 9 Er ging wieder zurück in das
Gerichtsgebäude und befragte dort noch mal Jesus: „Sagen Sie mal,
wer sind Sie eigentlich?" Aber Jesus gab keine Antwort. 10 „Reden Sie
jetzt nicht mehr mit mir, oder was? Haben Sie nicht kapiert, dass ich
genug Einfluss habe, Sie zu befreien oder aber Sie hinrichten zu las-
sen?" 11 Dazu sagte Jesus dann: „Sie hätten überhaupt keine Macht über
mich, wenn Sie die nicht von oben zugeteilt bekommen hätten. Darum
trifft den auch mehr Schuld, der mich an Sie ausgeliefert hat." 12 Pilatus
unternahm dann noch einen Versuch, Jesus freizulassen, aber die Juden
brüllten nur zurück: „Wenn Sie den laufen lassen, dann haben Sie ein
Problem mit dem Kaiser. Jeder, der sich selbst zum König ausruft, ist
ein Staatsfeind!" 13 Als Pilatus das hörte, befahl er, Jesus vor die Men-
schen zu bringen. Er setzte sich auf den Stuhl, von dem die Gerichtsur-
teile immer gefällt wurden. Die Stelle, wo der stand, nannte man auch
„Steinpflaster" oder auf Hebräisch „Gabbata". 14 Das Ganze war gegen
Mittag kurz vor dem Passafest. Um die Zeit war die Vorbereitung dafür
in vollem Gange. Pilatus meinte zu der Menge: „Hier, das ist euer Kö-

nig!“ [15] „Hau ihn weg!“, brüllten die Leute. „Hau ihn weg, Todesstrafe, Todesstrafe!“ Pilatus fragte noch mal nach: „Soll ich wirklich euren König hinrichten lassen?“ „Wir haben keinen König, nur der Kaiser ist unser König“, schleimten die Oberpriester los. [16] Also gab Pilatus nach. Er unterschrieb den Vollstreckungsbefehl: Tod durch Kreuzigung. Die Soldaten packten Jesus und führten ihn ab.

Jesus wird hingerichtet

[17] Jesus musste sein Kreuz selbst zum Hinrichtungsort tragen. Der hieß Golgatha, was zu Deutsch „Ort, wo die Totenschädel liegen“ bedeutet. [18] Da nagelten sie Jesus an ein Holzkreuz und stellten es auf. Neben Jesus wurden noch zwei andere hingerichtet, jeweils rechts und links von ihm. [19] Pilatus hatte ein Schild anfertigen lassen, das wurde über das Kreuz gehängt. Auf diesem Schild stand: „Jesus aus Nazareth, König von den Juden“. [20] Der Ort der Hinrichtung war ganz in der Nähe der Stadt. Viele Juden kamen vorbei und konnten das Schild lesen. Man hatte es extra in allen drei gängigen Sprachen draufgeschrieben, in Hebräisch, Lateinisch und in Griechisch. [21] Die Oberpriester der Juden waren deswegen etwas angenervt. Sie verlangten von Pilatus: „Das Schild sollte geändert werden. Dass dort steht: ‚Der König der Juden‘, ist nicht korrekt. Es müsste heißen: ‚Er hat behauptet, der König der Juden zu sein.‘“ [22] Pilatus wollte da aber nichts dran ändern. „Es bleibt da jetzt so stehen, wie ich es geschrieben hab. Basta!“ [23] Die Soldaten, die Jesus an das Kreuz genagelt hatten, zockten sich die Klamotten von Jesus und teilten sich die untereinander. Sie teilten alles durch vier, jeder bekam ein Kleidungsstück. Nur das T-Shirt war übrig, und wenn man das zerschneiden würde, wäre es nutzlos. [24] So wurde beschlossen, mit Würfeln darum zu spielen. Dass so was passieren würde, wurde schon in den alten Schriften vorhergesagt. Da steht nämlich: „Sie teilten meine Klamotten unter sich auf und würfelten um mein T-Shirt.“ Genau das passierte dort. [25] Unter dem Kreuz, an das sie Jesus genagelt hatten, waren seine Mutter und ihre Schwester sowie Maria, die Frau von Klopas, und Maria Magdalena. [26] Als Jesus seine Mutter dort sah und auch den einen Freund, den er besonders lieb hatte, sagte er zu ihr: „Er soll jetzt dein Sohn sein!“ [27] Und zu seinem Freund sagte er: „Sie ist jetzt deine Mutter, okay?“ Von diesem Zeitpunkt an wohnte Maria mit in dem Haus von diesem Freund.

Jesus stirbt

[28] Jesus war sich jetzt im Klaren darüber, dass er seinen Job getan hatte. Um das zu tun, was in den alten Schriften schon vorhergesagt wurde, sagte er: „Ich habe Durst!“ [29] In der Nähe stand ein großer Becher mit

Eistee*, da tauchte einer einen Schwamm rein, steckte ihn auf einen
langen Stab und hielt ihn an den Mund von Jesus. 30 Nachdem Jesus
kurz davon getrunken hatte, schrie er plötzlich: „Es ist alles getan!“
Dann sackte er in sich zusammen und starb. 31 Das alles war ja einen
Tag vor dem Passafest passiert. Damit die Toten nicht ausgerechnet
auch noch an diesem Tag am Kreuz hängen bleiben würden, beantragte
die Führungsriege der Juden bei Pilatus, den Menschen, die am Kreuz
hingerichtet wurden, die Beine zu brechen. So würden sie nämlich
wesentlich schneller sterben. Erst dann konnte man sie ja auch vom
Kreuz runternehmen. 32 Pilatus willigte ein und beorderte Soldaten, den
Männern die Beine mit einer Keule zu brechen. 33 Als sie aber bei Jesus
ankamen, sahen sie, dass der schon tot war. Darum wurden seine Beine
nicht zerbrochen. 34 Aber einer von den Soldaten stach mit einem lan-
gen Speer noch einmal in den Bauch von Jesus. Sofort flossen Wasser
und Blut daraus, ein sicheres Zeichen, dass der Gekreuzigte bereits tot
war. 35 Ich war übrigens selbst dabei und habe alles mit eigenen Augen
gesehen. Alles, was ich hier erzähle, stimmt hundertprozentig. 36 Das ist
alles passiert, damit die Ansage aus den alten Schriften erfüllt worden
ist. „Nicht ein Knochen wird ihm gebrochen.“ 37 Genauso steht da auch:
„Sie werden auf einen sehen, der durchstochen worden ist.“

Jesus wird vom Kreuz losgemacht und beerdigt

38 Als alles vorbei war, stellte Josef, der aus Arimathäa stammte, einen
schriftlichen Antrag zur „Herausgabe und Überführung der Leiche“. Josef
war ein heimlicher Freund von Jesus, er hatte aber Angst vor den führen-
den Juden. Pilatus genehmigte den Antrag, und so ging Josef dorthin und
verfrachtete die Leiche. 39 Nikodemus, der Jesus mal einen Nachtbesuch
abgestattet hatte, kam auch vorbei und brachte ungefähr dreißig Kilo Myr-
rhe und Aloe Vera mit. 40 Die zwei wickelten die Leiche in ein Tuch, das
mit diesen Sachen eingerieben war. Das war bei einem echten jüdischen
Begräbnis so üblich. 41 Um die Ecke von dem Ort, wo die Hinrichtung
stattgefunden hatte, lag ein Garten. In diesem Garten war ein leeres Grab
in einem Hügel, das noch frei war. 42 In dieses Grab legten sie Jesus. Sie
beeilten sich dabei, weil der Feiertag kurz bevorstand.

20

Jesus hat gegen den Tod gewonnen!

1 Sonntag, ganz früh morgens noch vor dem Sonnenaufgang, kam Ma-
ria Magdalena zum Grab von Jesus. Plötzlich sah sie, dass der Stein, der
vor dem Eingang gelegen hatte, weg war. 2 Voll panisch lief sie zu Simon

* Im Original steht dort so etwas wie *ein Essiggetränk*. Das diente damals zur Erfrischung.

Petrus und dem anderen Freund, den Jesus besonders lieb hatte. Sie
erzählte ihnen: „Stellt euch vor, sie haben die Leiche vom Meister aus
dem Grab geklaut. Ich hab keine Ahnung, wo sie ihn jetzt hingebracht
haben!" 3 Sofort rannten Petrus und der andere Freund zum Grab. 4 Der
Freund legte voll den Sprint hin und war als Erster da. 5 Er sah kurz rein,
und da lagen tatsächlich nur die Tücher rum, er ging aber nicht rein.
6 Als Petrus dann nachkam, ging er in das Grab, sah da aber auch nur
ein paar von den Tüchern, sonst nichts. 7 Das Tuch, mit dem der Kopf
von Jesus eingewickelt worden war, lag ordentlich zusammengefaltet
auf der Seite. 8 Jetzt traute sich auch der andere Freund von ihm in die
Grabkammer, und als er das leere Teil gesehen hatte, fing er auch an
zu glauben, dass Jesus nicht mehr tot war, sondern lebte. 9 Sie hatten
es bis zu dem Zeitpunkt nämlich noch nicht begriffen, was in den alten
Schriften dazu gestanden hatte, dass Jesus zwar sterben würde, aber
dann den Tod besiegen und in einer völlig neuen Form lebendig werden
würde. 10 Dann gingen die Freunde wieder zurück nach Jerusalem.

Jesus trifft Maria Magdalena

11 Maria war auch noch mal zum Grab gegangen, weil sie um Jesus
trauern wollte. Als sie da ankam, musste sie erstmal voll losheulen.
Dabei bückte sie sich in das Grab 12 und entdeckte plötzlich zwei Engel,
komplett in Weiß gestylt, die genau an der Stelle, wo die Leiche gelegen
hatte, saßen. Einer am Kopf- und der andere am Fußende. 13 „Was ist
los, warum heulst du?", fragten die Engel. „Na, weil sie die Leiche von
meinem Jesus verschleppt haben, und ich hab keine Ahnung, wohin!"
14 Als sie sich umdrehte, stand da plötzlich Jesus, aber sie erkannte ihn
nicht sofort. 15 „Was geht, warum weinst du?", fragte er sie. „Warum bist
du überhaupt hier, wen suchst du?" Sie dachte zuerst: „Oh, der Gärtner
ist auch da!" „Mein Herr, wenn Sie die Leiche weggebracht haben, dann
sagen Sie mir bitte, wo sie jetzt liegt. Dann geh ich dahin, um sie zu
holen." 16 „Maria!", sagte Jesus. Da drehte sie sich um und rief erschro-
cken: „Mein Meister!" 17 „Fass mich nicht an!", warnte sie Jesus. „Ich bin
noch nicht zu Gott, meinem Vater, zurückgegangen. Bitte richte aber
meinen Freunden und Geschwistern aus, dass ich jetzt zu meinem, also
zu unserem Vater gehen werde! Ich geh zu meinem und unserem Gott!"
18 Maria Magdalena rannte sofort zu seinen Freunden und erzählte de-
nen brühwarm, was sie gerade erlebt hatte: „Leute, ich hab gerade Jesus
getroffen!" Dann sagte sie ihnen, was er ihr aufgetragen hatte.

Jesus, total verändert, trifft seine Freunde das erste Mal

19 An diesem Sonntag hatten die Freunde von Jesus ein Treffen organi-
siert. Weil sie große Angst hatten, von den Juden verfolgt zu werden,

traf man sich heimlich hinter verschlossenen Türen. Plötzlich stand
da Jesus mitten im Raum und sagte: „Peace, hallo Jungs! Alles klar bei
euch?" 20 Nach dieser Begrüßung zeigte er ihnen erst mal die Wunden
an seiner Hand und in der Rippengegend. Die Freunde rasteten total
aus, sie freuten sich so sehr, dass er wieder da war und lebte! 21 Jesus
sagte noch einmal: „Frieden, Leute! Also, so wie Gott der Vater mich
losgeschickt hat, so schicke ich euch jetzt auch los!" 22 Dann pustete
er sie an und meinte dabei: „Hier, nehmt das. Das ist die Kraft, die von
Gott kommt, sein heiliger Geist! 23 Ab jetzt gilt: Wenn ihr jemandem sei-
ne Schuld verzeiht, dann ist sie auch für Gott vergessen. Und wenn ihr
sie ihm nicht verzeiht, dann klebt sie weiter an ihm." 24 Thomas, einer
von den zwölf engen Freunden (er wurde auch der Zwilling genannt),
war gerade nicht da, als sie dieses Treffen mit Jesus hatten. 25 Später
erzählten sie ihm: „Hey, Jesus war da!" Er konnte das aber echt nicht
glauben. „Also, erst wenn ich seine Wunden mit eigenen Augen gese-
hen habe und sie auch anfassen konnte und wenn ich dann noch die
Wunde an seinem Brustkorb checken kann, dann würde ich das glau-
ben." 26 Acht Tage später hingen die Freunde wieder zusammen, und
diesmal war Thomas auch mit am Start. Plötzlich steht Jesus mitten im
Raum, und das, obwohl die Tür verschlossen war! Er begrüßte sie: „Hey,
Freunde! Ich wünsch euch Frieden!" 27 Dann ging er zu Thomas und
meinte: „Na, dann fass mal auf diese Stelle hier und check auch noch
meine Hände. Und dann kannst du von mir aus auch noch mal meinen
Brustkorb testen. Zweifel nicht mehr, fang an zu glauben!" 28 Thomas
war total platt und sagte nur: „Mann, Meister, du bist es ja, du bist mein
Gott!" 29 Jesus' Reaktion war nur: „Tja, du glaubst das jetzt, weil du das
mit deinen eigenen Augen sehen konntest. Gut drauf kommen die, die
das nicht können, es aber trotzdem glauben!" 30 Die Freunde von Jesus
kriegten noch einige andere Wunder mit, die ich jetzt nicht in diesem
Buch alle aufschreiben konnte. 31 Aber alle Sachen, die ich hier geschrie-
ben habe, sind dafür da, dass ihr das glaubt: Jesus Christus ist wirklich
der Sohn von Gott, und nur durch den Glauben an ihn wird es möglich,
ewig zu leben!

21

Jesus trifft noch einmal seine Freunde am See Tiberias

1 Später traf Jesus seine Freunde noch einmal am See von Tiberias. 2 Si-
mon Petrus, Thomas (den sie auch „den Zwilling" nannten), Nathanael
(der aus Kana in Galiläa stammte), die Söhne vom Zebedäus und noch
zwei andere Freunde hingen da zusammen rum. 3 Simon Petrus meinte
dann: „Also, ich geh jetzt 'ne Runde fischen!" „Wir sind dabei", sagten

die anderen. Alle stiegen in das Boot und fuhren raus. Sie konnten aber
die ganze Nacht nicht einen Fisch an Deck ziehen. 4 Frühmorgens, es
wurde gerade hell, stand Jesus da plötzlich am Ufer. Die Freunde ka-
pierten aber nicht, dass es Jesus war. 5 Jesus rief ihnen zu: „Na, habt
ihr ein paar Fische für mich?“ „Leider nicht, wir haben keinen einzigen
gefangen!“, war die Antwort. 6 „Probiert es noch mal, aber diesmal auf
der anderen Seite vom Boot, dann werdet ihr auch was fangen!“, war
sein Tipp. 7 Der Typ, den Jesus immer besonders lieb hatte, sagte zu
Petrus: „Hey Mann, das ist doch Jesus!“ Als Petrus das hörte, zog er
sich schnell was über (er trug bei der Arbeit nämlich nur seine Unter-
hose), sprang ins Wasser und schwamm an das Ufer. 8 Die anderen
Freunde blieben beim Boot, das noch etwa hundert Meter vom Strand
entfernt lag. Sie schipperten hinter Petrus her und zogen dabei ein prall
gefülltes Netz im Schlepptau hinter sich her!!! 9 Als sie an Land waren,
war da schon ein kleiner Grill aufgebaut, mit ein paar leckeren Fischen
drauf. Auch für frisches Brot war gesorgt. 10 „Bringt mal ein paar von
den Teilen her, die ihr gerade gefangen habt!“, meinte Jesus. 11 Simon
Petrus ging zurück zum Boot und zog das Netz an Land. Da waren satte
hundertdreiundfünfzig große Fische drin! Und obwohl es so sehr viele
waren, hielt das Netz das aus und zerriss nicht! 12 „Kommt endlich! Und
guten Appetit!“ Keiner von den Freunden traute sich zu fragen: „Wer
bist du eigentlich?“, aber unausgesprochen war jedem klar: Es war ihr
Jesus! 13 Jesus begrüßte sie und nahm dann das Brot und den Fisch und
verteilte es an alle. 14 Das war jetzt das dritte Mal, dass Jesus sich seinen
Jüngern zeigte, nachdem er den Tod besiegt hatte.

Eine wichtige Frage an Petrus

15 Nach diesem Frühstück sagte Jesus zu Petrus: „Simon, ja genau du!
Ich hab mal ’ne Frage an dich: Liebst du mich mehr als die anderen
hier?“ „Ja klar, du weißt genau, wie lieb ich dich habe!“ „Dann pass auf
meine Schafe auf!“ 16 Kurze Zeit später fragte Jesus das Gleiche noch
mal: „Simon, sag mal, liebst du mich?“ „Ja klar, du weißt doch genau,
wie sehr ich dich liebe!“, antwortete Petrus noch mal. „Dann pass auf
meine Schafe auf!“ 17 Und dann fragte Jesus noch mal: „Simon? Ja, ich
meine dich! Liebst du mich?“ Petrus hatte das Gefühl, Jesus würde ihm
nicht glauben, darum wurde er sehr traurig. „Mann, Jesus, du weißt
doch sowieso alles! Und du weißt auch, dass ich dich sehr, sehr liebe!“
Jesus sagte wieder: „Dann pass auf meine Schafe auf! 18 Ich sag dir jetzt
mal was: Als du noch jung warst, da konntest du tun, was du wolltest,
und hingehen, wohin du wolltest. Aber wenn du alt bist, dann wird dich
jemand anderes an der Hand führen müssen. Und zwar an einen Ort,

wo du nicht wirklich sein willst." 19 Jesus machte damit 'ne Andeutung, wie Petrus später mal sterben würde. Selbst dabei würde Gott groß rauskommen. Und nachdem er das gesagt hatte, meinte er zu ihm: „Tu das, was ich auch getan habe. Folge mir." 20 Petrus drehte sich um und sah hinter sich diesen Freund sitzen, den Jesus sehr lieb hatte. Das war der Typ, der beim letzten Abendessen neben Jesus gesessen und ihm die Frage gestellt hatte: „Wer wird dich denn verraten?" 21 Petrus wollte von Jesus wissen: „Und was ist mit dem da?" 22 „Das soll dir doch egal sein, Petrus! Wenn ich das wollte, dass er so lange lebt, bis ich wieder da bin, na und! Hauptsache, du lebst mit mir und tust das, was ich von dir möchte." 23 Das war der Grund, warum sich unter den ersten Christen das Gerücht verbreitete, dass dieser Freund von Jesus nicht sterben würde. Aber das hatte Jesus gar nicht gesagt, er meinte nur: „Wenn ich das wollte, dass er noch lebt, bis ich wiederkomme, soll dir doch egal sein!" 24 Es geht hierbei nämlich um den, der dieses Buch geschrieben hat. Er war Zeuge der ganzen Geschichte, und alles, was er geschrieben hat, ist hundertprozentig wahr.

The End

25 Da gibt es noch viele andere große Sachen, die Jesus getan hat. Ich denke, das wäre zu viel, um das alles hier aufzuschreiben. Dafür würde bestimmt das Papier der ganzen Welt nicht ausreichen!

Die Geschichte von den Aposteln

1

Was bei den Aposteln* so los war

1 Lieber Theophilus! Also, in meinem ersten Bericht hab ich dir ja schon
erzählt, was mit Jesus so alles abging und was er so erzählt hat. 2 Und
zwar vom ersten Event an, bis er dann schließlich nach oben versetzt
wurde zu Gott. Bevor er dann Richtung Himmel abgezogen ist, hat er
sich von Gott noch zeigen lassen, wer von seinen Leuten das Sagen
haben sollte. Diesen Männern, die wir jetzt Apostel nennen, hat er dann
erzählt, was für Aufgaben sie ab jetzt haben würden. 3 Genau bei den
Leuten ist er auch mehrmals aufgetaucht, nachdem er fertig gemacht
wurde und gestorben ist. Damit ist eindeutig bewiesen: Er ist wirklich
nicht mehr tot, er lebt! Ganze vierzig Tage hing er noch mit seinen
Freunden ab und redete mit ihnen über das neue Reich, wo Gott das Sa-
gen hat**. 4 Als sie da zusammen waren, sagte Jesus voll ernst: „Ihr dürft
auf keinen Fall aus Jerusalem abhauen! Ihr müsst hier so lange aushal-
ten, bis das Ding passiert, was Papa schon vor Ewigkeiten versprochen
hat – ich habe euch schon davon erzählt und sag es euch jetzt noch
mal: 5 Johannes hat mit euch diese Taufe nur mit Wasser durchziehen
können. Aber wartet ab, bald werdet ihr mit dem heiligen Geist, mit der
Power, die von Gott kommt, getauft werden!“

Jesus geht zu Gott dem Vater

6 Als sie da so mit ihm zusammen waren, fragten seine Leute: „Meister,
wirst du denn jetzt eine Revolution anzetteln, Israel befreien und es
ganz nach vorne bringen?“ 7 „Das soll euch erst mal egal sein. Gott wird
schon das richtige Timing dafür haben. 8 Aber ihr werdet von der Kraft
Gottes, dem heiligen Geist, noch richtig angezappt und abgefüllt wer-
den. Durch die Kraft, die er euch gibt, werdet ihr in der Lage sein, euch
für mich vor allen Leuten in Jerusalem grade zu machen, und auch in
Judäa, in Samarien und überall auf der ganzen Erde!“ 9 Nachdem er das
gesagt hatte, zog er zu Gott. Eine Wolke kam auf ihn runter, und direkt
vor ihren Augen verschwand er plötzlich. 10 Als sie da total verdattert

---

* Apostel: So wurden die 12 Freunde von Jesus genannt, als er weg war. Sie hatten eine besondere Begabung und Power von Gott. Das Wort heißt auch Gesandter und könnte auch mit Bote, Botschafter, Konsul oder so ähnlich übersetzt werden.

** Der Begriff bedeutet etwas ganz Konkretes, nämlich ein Gebiet, wo alles auf Gott ausgerichtet ist. Hinter dem Begriff stand auch die Hoffnung, dass Gott eine neue Zeit anbrechen lässt, in der er das Sagen hat und alles gut wird.

rumstanden, tauchten plötzlich zwei Typen auf, die mit weißen Anzügen
gestylt waren. 11 „Hey, ihr Leute aus Galiläa, was steht ihr hier so rum
und glotzt zum Himmel? Gott hat Jesus jetzt wieder zu sich nach Hause
geholt. Aber keine Sorge, es wird der Tag kommen, da taucht er genau
so wieder auf, wie er gerade verschwunden ist."

Es wird ein neuer Apostel gewählt

12 Schließlich gingen sie vom Ölberg in Richtung Jerusalem, das war
ungefähr einen Kilometer weiter weg. 13 Sie zogen sich zurück in das
Haus, wo sie auch sonst immer zusammen abhingen, um gemeinsam
zu beten. Mit dabei waren: Petrus, Johannes, Jakobus, Andreas, Philip-
pus, Thomas, Bartholomäus, Matthäus, Jakobus, der Sohn von Alphä-
us, Simon (der Ex-Terrorist) und Judas, der Sohn von Jakobus. 14 Dann
waren da auch noch ein paar Frauen dabei, Maria zum Beispiel, die
Mutter von Jesus, und auch seine Brüder. 15 An einem Tag waren unge-
fähr hundertzwanzig Leute da, als Petrus plötzlich aufstand, um eine
Rede zu halten: 16 „Hallo, ihr lieben Geschwister! Alles, was in dem alten
Buch steht, ist wirklich wahr geworden! Zum Beispiel das, was über
Judas da drin steht, der Jesus angezeigt und an seine Feinde verraten
hat! Das hatte Gott schon vor Ewigkeiten gewusst und durch David mal
eine Ansage da drüber gemacht. 17 Judas gehörte zu unserer Clique und
hatte dieselben Aufgaben, wie wir sie auch bekommen hatten. 18 Von
der Kohle, die er dafür bekommen hatte, Jesus zu verraten, hat er sich
ein Feld gekauft. Judas ist aber neulich schlimm verunglückt. Er ist mit
dem Kopf zuerst auf diesem Feld hingefallen, und dabei ist sein ganzer
Körper förmlich explodiert, sein Magen und seine ganzen Innereien sind
vorne rausgekommen! 19 Das hat sich mittlerweile in ganz Jerusalem
rumgesprochen, und alle nennen dieses Feld jetzt ‚das Feld, an dem
Blut klebt'. 20 Das war ja schon in dem Buch aus den alten Schriften
vorhergesagt worden. In den Psalmen steht zum Beispiel: ‚Was ihm ge-
hört, wird vergammeln, niemand wird da wohnen wollen!' Und an einer
anderen Stelle steht auch: ‚Die Sachen, die er vorher gemacht hat, soll
ein anderer übernehmen.' 21 Darum müssen wir für Judas einen Nach-
folger finden. Es wäre cool, wenn das jemand wäre, der von Anfang an
mit Jesus dabei war, 22 von der ersten Zeit, wo Jesus bei Johannes auf-
getaucht und getauft worden ist, bis zu dem Tag, wo er zu Gott ging. Er
sollte genauso wie wir ein Augenzeuge gewesen sein, dass Jesus wieder
lebendig wurde und den Tod besiegt hat." 23 Sie organisierten eine Wahl,
wo sich zwei Leute aufstellen durften. Das war einmal Josef Justus, dem
man auch den Spitznamen Barsabbas gegeben hatte, und Matthias.
24 Anschließend sagten sie alle zu Gott: „Herr, du hast die totale Ah-

nung, was Menschen angeht. Du musst uns jetzt zeigen, wen du von
den beiden dabeihaben willst. Wer soll die Sachen machen, die Judas
vorher erledigt hat? 25 Denn Judas hat es ja nicht gebracht, er hat sein
Ding nicht bis zu Ende durchgezogen. Er ist jetzt da, wo er hingehört."
26 Schließlich holte einer eine Münze raus, Kopf oder Zahl, und am Ende
war Matthias derjenige, der ab da zu den zwölf Aposteln gehörte.

2

Pfingsten: Jetzt geht's ab!
Die Kraft von Gott, der heilige Geist, mischt alles auf

1 Als das große Pfingstfest gerade losging, waren alle Freunde von Jesus
zusammen in einem Raum. 2 Plötzlich kam von oben runter ein Wind
auf, alle hörten ein ganz seltsames Rauschen, fast so, als wenn ein Or-
kan mitten in dem Haus wäre, in dem sie sich befanden. 3 Dann sahen
sie, wie sich plötzlich bei allen so eine Art Feuer auf die Köpfe setzte.
4 Und dann wurden alle total abgefüllt mit dem heiligen Geist! Einige
fingen dabei an, in irgendeiner fremden Sprache zu reden, einer Spra-
che, die ihnen der Geist einfach aufspielte. 5 Zu dem Fest waren tierisch
viele gläubige Juden aus der ganzen Welt nach Jerusalem gekommen.
6 Sehr viele Leute aus der Stadt kriegten das irgendwie mit, von überall
kamen sie angerannt. Was keiner von den Ausländern auf die Reihe
kriegen konnte, war, wie die Apostel in ihrer eigenen Sprache reden
konnten! 7 „Das geht ja gar nicht!", riefen die total fertig. „Das sind doch
alles Leute aus Galiläa, 8 das kann doch gar nicht angehen, dass die
unsere Muttersprache auf einmal draufhaben? Egal ob wir aus Persien
stammen, Meder sind oder Elamiter. 9 Ein paar von unseren Männern
kommen aus Mesopotamien, Judäa, Kappadozien, Pontus und aus der
Gegend von Asien. 10 Aus Phrygien, Pamphylien und aus Ägypten, und
aus der Gegend von Kyrene in Libyen, ja sogar aus Rom kommen ein
paar. Wir sind Juden oder zumindest zählen wir uns zu den Leuten, die
jüdisch glauben, 11 und dann sind da noch ein paar Kreter und Araber.
Und trotzdem hören wir jeder in unserer Sprache, wie diese Typen da
von den großen Sachen erzählen, die Gott macht!" 12 Völlig verdattert
konnten sie überhaupt nicht kapieren, was da gerade los war: „Was hat
das zu bedeuten?" 13 Ein paar Leute verarschten sie aber auch und mein-
ten: „Die sind doch alle völlig bekifft!"

Petrus sagt allen was Sache ist, und erzählt von Jesus

14 Schließlich standen alle Apostel auf, und Petrus schrie der versam-
melten Masse zu: „Hey, ihr Leute aus Judäa, hört mir alle mal zu! Auch
die Leute, die hier in Jerusalem wohnen, ich will euch erzählen, was hier

gerade abgeht! 15 Diese Leute hier sind nicht total breit, auch wenn das
einige von euch glauben wollen. Mann, ist doch gerade mal erst neun
Uhr morgens! 16 Was hier gerade passiert, hat der Prophet Joel schon
vor langer Zeit vorausgesagt. Er machte nämlich die Ansage: 17 ‚Wenn es
zu Ende geht mit der Welt, sagt Gott, dann werde ich alle Menschen mit
meinem Geist ausstatten. Eure Kinder werden meine Stimme hören und
das weitergeben, was ich ihnen gesagt habe. Eure Jungs und auch die
Alten werden in ihren Gedanken Botschaften und Bilder von mir aufge-
spielt bekommen, durch die ich zu euch reden werde. Und auch nachts
werde ich euch durch Träume Dinge klar machen. 18 Alle Männer und
Frauen, Jungs und Mädchen, alle, die mir dienen, werden mit meinem
Geist ausgerüstet werden, und sie werden für mich sprechen. 19 Am
Himmel werdet ihr seltsame Zeichen sehen und auch auf der Erde, und
zwar Blut und Feuer und sehr viel Qualm. 20 Es wird eine totale Sonnen-
finsternis geben und der Mond wird anders aussehen, so rot wie Blut.
Und dann kommt der große Tag, das große Comeback von Gott. 21 Und
es soll so laufen, dass alle, die zu Jesus gehören und zu ihm um Hilfe
rufen, durchkommen werden!‘ 22 Passt gut auf, ihr Leute aus Israel! Ihr
habt alle mitbekommen, dass Jesus, der aus Nazareth kam, heftige Sa-
chen und echte Wunder bei euch getan hat. Klar, dass Gott da seine Fin-
ger mit im Spiel hatte! 23 Jesus wurde aber auf mieseste Art verraten. Ihr
habt ihn sogar mit Hilfe der Römer, die überhaupt nichts von unserem
Gott wissen wollen, hinrichten lassen, indem ihr ihn an ein Kreuz gena-
gelt habt. Doch Gott wusste schon lange vorher, dass das so passieren
wird. 24 Jesus ist aber stärker als der Tod! Gott konnte durch ihn den Tod
besiegen! Er ist wieder lebendig geworden! 25 Schon der König David hat
von Jesus gesprochen, als er schrieb: ‚Ich habe die ganze Zeit meinen
Gott vor der Linse, er passt auf mich auf, damit ich nicht abstürze. 26 Ich
raste total aus vor Freude, ich muss das rausschreien, selbst wenn ich
sterbe, wird es mir gut gehen. 27 Denn du wirst dafür sorgen, dass ich
nicht einfach vergammeln werde, wenn ich tot bin, ich gehöre ja zu dir!
28 Du hast mir gesagt, wo es längsgeht im Leben, du hast mir fett Freu-
de geschenkt, schon alleine, weil du da bist.‘ 29 Also liebe Leute, ich will
euch hier keine Märchen erzählen! Unser Vater David ist auf jeden Fall
gestorben, und wer will, kann auch gleich heute noch sein Grab besich-
tigen. 30 Gott hat ihm aber auf sicher versprochen, dass einer aus seiner
Familie, der nach ihm lebt, mal als König auf seinem Thron sitzen wird.
31 Dieses Verspechen hat er mit Jesus Christus eingelöst, der den Tod
besiegt hat und wieder lebendig geworden ist. Er meinte nämlich ihn,
als er damals aufgeschrieben hat: ‚Er wird nicht tot bleiben, und sein
Körper wird nicht vergammeln.‘ 32 Gott hat Jesus aus dem Tod rausge-

holt! Wir haben das alle mitbekommen und stehen dafür grade. [33] Jetzt hat Gott Jesus auf den Stuhl des Kapitäns des ganzen Universums gesetzt. Er bekam von Gott alle Vollmachten ausgestellt. Von dort hat er auf uns die Power Gottes, seinen heiligen Geist übertragen, wie es ja schon vorher angekündigt wurde. Das ist genau das, was ihr hier jetzt gerade abgehen seht. [34] David selbst ist ja nicht zum Himmel hochgezogen worden, aber er sagte ja: ‚Gott sagte zu meinem Chef: Setz dich auf die Ehrentribüne im Himmel direkt neben mich, [35] bis alle, die gegen dich sind, geschlagen wurden und dir die Füße küssen.' [36] Niemand kann jetzt in Israel noch etwas dagegen sagen: Der Jesus, den ihr hingerichtet habt, den hat Gott zum obersten Chef erklärt, zu dem Typen, der uns alle aus dem Dreck rausholen wird, zu dem Christus*." [37] Als die Leute das hörten, waren sie alle total fertig und wollten unbedingt wissen, was sie denn jetzt tun sollten. [38] „Lebt nicht länger so, wie ihr jetzt lebt! Macht es anders und lebt in Gottes Richtung!", meinte Petrus nur. „Ihr müsst dieses neue Ritual machen, diese Taufe. Und zwar sollt ihr auf den Namen von Jesus Christus getauft werden. Dann gehört ihr ihm, und Gott wird euch die Sachen vergeben, wo ihr total neben Gottes Willen gelebt habt. Und außerdem bekommt ihr dann die Power von Gott, den heiligen Geist, aufgespielt. [39] Das ist euch und denen, die nach euch noch leben werden, und allen Menschen in der ganzen Welt versprochen worden, allen, die Gott dazurufen wird." [40] Das war nur ein Auszug aus einer von vielen Reden vom Petrus. Immer wieder warnte er die Leute: „Diese Gesellschaft ist auf einem total verkehrten Weg! Lasst euch aus da rausretten!" [41] Sehr viele von den Leuten, die Petrus zuhörten, ließen sich anschließend sofort taufen. Ungefähr dreitausend kamen an diesem Tag zu der Jesus-Familie dazu!

Die erste große Christen-Familie

[42] Diese allerersten Christen hingen jeden Tag zusammen, hörten den Predigten von den Aposteln zu und lebten in einer großen WG. Sie aßen zusammen, so wie sie es mit Jesus, kurz bevor er starb, auch getan hatten (das nannte man ab jetzt das Abendmahl), und beteten auch viel miteinander. [43] Alle hatten großen Respekt vor Gott. Der wiederum bestätigte die Apostel durch heftige Wunder, damit alle sehen konnten, dass sie die Wahrheit erzählten. [44] Die Jesus-Leute hielten ganz fest zusammen, jeder teilte alles, was er hatte, mit den anderen. [45] Wenn jemand der Besitzer von einem Stück Land war, dann verkaufte er das Teil

* Der „Christus" war ein Schlagwort für alle Juden damals. Es war so ein Typ, auf den viele Generationen schon lange warteten und von dem gesagt wurde, dass er die Leute aus der Scheiße rausholt. Die Prophetentypen hatten von dem schon lange vorher gesprochen.

und gab die Kohle den Jesus-Leuten, denen es dreckig ging. 46 Jeden Tag
hingen sie im Tempel ab und feierten auf ihren Buden zusammen das
Abendmahl. Oft trafen sie sich, um zusammen zu essen, was immer
superfröhlich und mit einer guten Einstellung abging. 47 Alle waren be-
geistert von Gott, was wohl auch ein Grund dafür war, dass man in der
ganzen Stadt gut über sie redete. Die Gemeinde, so wie man die Jesus-
Familie jetzt nannte, wurde immer größer, vor allem weil Gott jeden Tag
viele Menschen dazurettete.

3

Gott tut ein Wunder an einem Behinderten

1 An einem Tag, so um drei Uhr rum, beschlossen Petrus und Johannes
zum Tempel zu gehen und 'ne Runde zu beten, wie sie es sonst auch
immer getan hatten. 2 Gleichzeitig schleppte man so einen Typen an
eine der Türen vom Tempel, der seit seiner Geburt an den Beinen ge-
lähmt war. Sie setzten ihn an einer Tür ab, die man auch „das schöne
Tor" nannte, wo er jeden Tag Geld schnorren konnte. 3 Als Petrus und
Johannes den Tempel betreten wollten, fragte er sie auch: „Habt ihr mal
'nen Euro?" 4 Die beiden blieben stehen, sahen ihn fest an, und Petrus
meinte: „Schau uns in die Augen!" 5 Der Typ dachte gleich, die beiden
würden ihm jetzt Geld geben. 6 Petrus sagte aber zu ihm: „Ich hab keine
Kohle für dich, mein Freund, aber was ich habe, will ich dir gerne geben.
Im Auftrag von Jesus Christus, der aus Nazareth stammt: Steh auf, Al-
ter! Geh mal 'ne Runde um den Block!" 7 Dabei griff er nach der rechten
Hand von dem Mann und zog ihn nach oben. Und in derselben Sekun-
de konnte er tatsächlich seine Füße und Beine bewegen! 8 Er sprang
hoch, ging ein paar Schritte und folgte dann Petrus und Johannes in
den Tempel. Dort rastete er vor Freude total aus, pogte überall rum und
schrie: „Danke, Gott! Danke!" 9 Alle, die gerade im Tempel waren, sa-
hen, wie er rumtanzte und sich bei Gott bedankte. 10 Jeder kapierte so-
fort, dass das der Typ von der „schönen Tür" war. Und sie kriegten das
nicht gebacken, wieso der plötzlich gehen konnte! 11 Sehr viele kamen
aus dem ganzen Tempel in die Halle gelaufen, wo das Wunder passiert
war. Das war die so genannte „Halle Salomos". Total aufgeregt umzin-
gelten sie Petrus, Johannes und den Ex-Behinderten, der die beiden
nicht mehr weglassen wollte.

Petrus hält 'ne Rede im Tempel

12 Petrus sah die gute Gelegenheit, gleich mal 'ne Runde zu predigen,
und legte los: „Hallo, ihr Leute aus Israel! Warum kriegt ihr das anschei-
nend nicht auf die Reihe, was hier gerade passiert ist? Und warum seht

ihr dabei die ganze Zeit uns so schräge an? Ihr glaubt doch nicht im
Ernst, wir hätten diesen Behinderten geheilt, weil wir so geil drauf sind
oder so besonders religiös leben? 13 Der Gott, zu dem schon Abraham
und Isaak und Jakob, unsere Vorfahren und Urväter, gebetet haben, ge-
nau der hat das getan! Er wollte durch dieses Wunder klar machen, dass
sein Sohn Jesus der Held ist, nur der hat so was drauf! Genau der Jesus,
den ihr verraten und verkauft habt, und das, obwohl der Richter Pilatus
sogar auf Freispruch plädiert hatte. 14 Den Mann, der nichts ausgefres-
sen hatte und der total gottmäßig drauf war, den habt ihr fertig gemacht
und ermordet, während der wirkliche Mörder freigelassen wurde. 15 Ihr
habt dabei ausgerechnet den ermordet, der das ganze Leben mal ge-
macht hat! Gott war aber stärker als der Tod, und er ist wieder lebendig
geworden, das können wir hier alle unterschreiben, wir haben es selber
erlebt! 16 Weil wir zu diesem Jesus beten und ihm vertrauen, darum ist
dieser Mann gerade gesund geworden. Ihr kennt den Typen alle sehr
gut, ihr wisst, dass er eine starke Behinderung hatte und nicht gehen
konnte. Aber jetzt kann er wieder gehen, weil das felsenfeste Vertrauen,
was wir in Jesus haben, gewirkt hat. 17 Mir ist schon klar, dass ihr damals
keine Peilung hattet, was ihr und eure Chefs da gerade anstellen. 18 Gott
hatte aber dafür gesorgt, dass das passiert, was schon die Propheten
vor langer Zeit vorausgesagt haben, nämlich dass der Retter ganz üble
Sachen durchmachen muss. 19 Heute habt ihr die Chance, euer Leben
total umzukrempeln. Hört auf, Mist zu bauen, damit Gott euch die
ganzen Schulden, die ihr bei ihm habt, heute erlassen kann! 20 Dann
wird endlich eine geile Zeit für euch anbrechen, eine Zeit, in der Gott
euch zeigen kann, wer wirklich der Retter ist, auf den ihr schon so lange
wartet: Jesus! 21 Er sitzt jetzt erst mal im Himmel, aber irgendwann wird
er wiederkommen, und dann wird alles neu gemacht. Davon hat Gott
schon vor langer Zeit durch die Propheten zu uns geredet. 22 Schon
Mose hat gesagt: ‚Irgendwann wird Gott jemanden, der so drauf ist
wie ich, zu euch schicken, und dann wird alles gut. Auf den müsst ihr
hören. 23 Wer das aber nicht tut, der fliegt raus.‘ 24 Auch Samuel und die
anderen Propheten, die danach da waren, haben diese Ansage gemacht.
25 Was diese Männer gesagt haben, das ist auch für euch wichtig. Denn
auch für euch gilt derselbe Vertrag, den Gott mit euren Vorfahren ge-
macht hat. Denn Gott meinte zu Abraham: ‚Von deinen Kindern werden
alle Menschen auf der Erde mal fett profitieren.‘ 26 Gott hat den Mann,
der genau das getan hat, was er wollte, nämlich Jesus, bei euch vorbei-
geschickt. Durch ihn bietet er uns eine neue Chance an, indem wir auf-
hören, Mist zu bauen, und unserem Leben eine neue Richtung geben,
eine Richtung zu Gott hin.“

4

Petrus und Johannes werden im Knast verhört

1 Als Petrus und die anderen Apostel noch am Reden waren, kamen
plötzlich ein paar von den religiösen Führern, von den Priestern und
den Sadduzäern sowie der Chef von der Tempel-Polizei durch die
Menschenmasse durch. 2 Sie motzten rum, weil Petrus und Johannes
am Beispiel von Jesus allen Leuten klar machten, dass irgendwann alle
Menschen vom Tod wieder zurück ins Leben kommen werden. 3 Darum
verhafteten sie Petrus und Johannes und steckten die beiden erst mal
in den Knast, weil es inzwischen dunkel geworden war. 4 Trotzdem wa-
ren viele von dem, was die Apostel erzählt hatten, total angerührt und
begannen an Jesus zu glauben. Ungefähr 5000 Leute zählten ab dann
zu den Christen, und die Frauen waren da noch gar nicht mitgerechnet!
5 Am nächsten Morgen wurde ein Meeting am Gericht der Juden in
Jerusalem abgehalten. 6 Hannas, der Chef der religiösen Führung, war
da, dazu Kaiphas, Johannes, Alexander und ein paar andere Jungs aus
der Familie vom Hannas. 7 Schließlich wurden Petrus und Johannes
vorgeführt. Als Erstes fragten sie die beiden: „Wer hat Ihnen eigentlich
die Order gegeben und dazu auch die Vollmacht, diese Wundersachen
zu tun?“ 8 Abgefüllt mit der Kraft Gottes, dem heiligen Geist, sagte Pet-
rus: „Also, ihr Leiter und Älteste von unserer Gesellschaft, 9 wir stehen
hier im Gerichtssaal und wurden angezeigt, weil wir nichts weiter getan
haben als einen Kranken zu heilen. 10 Wenn Sie wissen wollen, wie dieser
Typ hier wieder gesund geworden ist, dann kann ich nur eine Ansage
dazu machen, und das will ich vor Ihnen und allen Leuten in Israel ger-
ne tun. Dass dieser Behinderte gesund geworden ist, kommt nur durch
die Kraft von Jesus Christus, der aus Nazareth stammt. Er ist der Mann,
den ihr hingerichtet habt. Aber er ist nicht mehr tot, er ist wieder leben-
dig geworden! 11 Jesus ist das Beton-Fundament, von dem schon in dem
alten Buch geredet wurde. ‚Was von den Bauarbeitern als total wertlos
betrachtet wurde, darauf ist nun alles gebaut worden.‘ 12 Nur Jesus kann
die Menschen aus ihrem Dreck rausholen und retten. Niemand anders
ist dazu in der Lage, nur er!“ 13 Die anwesenden Leute vom Gericht wa-
ren total platt darüber, wie mutig und frei sie ihre Sache rüberbrachten.
Denn sie wussten, dass die beiden keine gute Bildung genossen und
auch nie Theologie studiert hatten. Aber es war allen schon klar, dass
beide mit Jesus unterwegs gewesen waren. 14 Dass der Typ wirklich ge-
heilt worden war, daran bestand auch kein Zweifel. Der war ja anwesend
und stand aufrecht vor ihnen. 15 Sie wollten sich erst mal alleine beraten
und ließen die zwei wieder abführen. 16 „Was machen wir jetzt bloß

mit diesen Jesus Freaks?“, fragten sie sich. „Sie haben echt ein Wunder getan, dagegen können wir nichts mehr sagen. Wir sind ja sogar Augenzeugen davon. 17 Vielleicht sollten wir den beiden einfach unter Strafe verbieten, dass sie weiter in der Stadt von Jesus reden, damit sie nicht noch mehr Schaden anrichten können.“ 18 Dann riefen sie die Apostel wieder in den Saal und verboten ihnen unter Strafe, noch einmal irgendwo was über Jesus zu erzählen. 19 Petrus und Johannes meinten dazu nur: „Sie glauben doch nicht im Ernst, dass wir Ihnen mehr gehorchen als unserm Gott? 20 Das geht gar nicht, dass wir nichts darüber erzählen, was Gott für gute Sachen gemacht hat! Wir haben es ja selber erlebt!“ 21 Schließlich kamen sie mit einer Verwarnung davon. Sie hatten einfach keinen richtigen Anklagepunkt und der Richter hatte auch Panik, es würde sonst eine Riesendemo geben. Denn alle Leute in Jerusalem waren total begeistert von Gott, der durch Petrus und Johannes so ein geiles Wunder getan hatte. 22 Der Behinderte, der geheilt wurde, war immerhin schon vierzig Jahre alt und seit seiner Geburt gelähmt gewesen.

Die Jesus-Familie betet zusammen

23 Nachdem Petrus und Johannes entlassen worden waren, rannten sie sofort zu den anderen Christen und erzählten, was mit den Oberpriestern und den Ältesten der Stadt abgegangen war. 24 Sie fingen sofort an zu beten und riefen gemeinsam zu Gott: „Meister, du hast den ganzen Himmel und die Erde und das Meer gemacht, und dazu alles, was sonst noch lebt. 25 Du hast schon vor langer Zeit durch unseren Urvater David, der dir gedient hat, unter Mithilfe vom heiligen Geist, zu uns gesagt: ‚Warum machen die Leute, die nichts von Gott wissen wollen, so einen Aufstand? 26 Die Mächtigen dieser Welt rüsten auf und alle tun sich zusammen, um gegen Gott zu kämpfen und gegen seinen Christus*.‘ 27 Und genau das passiert hier gerade, in dieser Stadt! Herodes, Pilatus und die ganze Bande haben sich zusammengetan, um deinem besonderen Sohn Jesus, den du auserwählt hast, den Kampf anzusagen! 28 Und was sie jetzt tun, hast du auch schon lange vorher gewusst und beschlossen. 29 Jetzt Gott, achte auf das, was sie uns androhen, und gib jedem von uns die Freiheit, die wir brauchen, um den Leuten das zu sagen, was du von uns willst! 30 Zeig jetzt, was du drauf hast! Sorg dafür, dass Leute gesund werden und dass derbe Wunder passieren durch den Namen von deinem Sohn Jesus.“ 31 Als sie das gebetet hatten, gab es plötzlich ein Erdbeben unter dem Haus, in dem sie sich getroffen hatten! Alle wurden augenblicklich total abgefüllt mit der Kraft Gottes,

* Christus: Siehe Kommentar im 2. Kapitel, Vers 36

dem heiligen Geist! Sie zogen los und erzählten, ohne Angst zu haben, überall von Gott.

Die Jesus-Familie geht ab

32 Alle Leute, die zur Jesus- Familie gehörten, waren total eng befreun-
det. Es gab keinen, der das, was ihm gehörte, als seinen privaten Besitz
betrachtete, irgendwie gehörte alles allen. 33 Total begeistert predigten
die Apostel überall darüber, dass Jesus nicht mehr tot ist, sondern lebt.
Alle erlebten hautnah, wie sehr Gott die Menschen liebt. 34 Keiner kam
in der Gemeinschaft zu kurz. Die Leute, die ein Haus oder ein Grund-
stück besaßen, verkauften es. 35 Die Kohle, die sie dafür bekamen, ga-
ben die Apostel dann an die Leute weiter, die es nötiger hatten. 36 Einer
der Leute, die viel Geld gaben, war Josef. Der kam ursprünglich aus
Zypern und war aus dem israelischen Stamm der Leviten. Die Apostel
hatten ihm auch den Spitznamen Barnabas gegeben, was so viel heißt
wie „einer, der die Leute tröstet“. Dieser Josef hatte seinen Grundbesitz
verkauft und das ganze Geld den Aposteln gegeben.

5

Hananias und Saphira versuchen Gott zu bescheißen

1 Ein Typ, den sie Hananias nannten, verkaufte mit seiner Frau Saphira
ein Grundstück. 2 Das Geld, was er dafür bekam, gab er dann nur zum
Teil bei den Aposteln ab, seine Frau wusste aber davon und war einver-
standen. 3 Petrus hatte aber den Durchblick und sprach ihn darauf an:
„Hananias, warum bist du nur auf den Satan reingefallen? Warum hast
du versucht, den heiligen Geist abzulinken? Warum hast du nur einen
Teil von der Kohle zurückgebracht und so getan, als wäre es alles, um
den Rest selber einzusacken? 4 Keiner hat dich gezwungen, das Land zu
verscherbeln! Du hättest mit der Kohle machen können, was du willst.
Wie bist du bloß so draufgekommen? Du hast nicht nur versucht Men-
schen zu belügen, du betrügst Gott damit!“ 5 Petrus hatte gerade das
letzte Wort ausgesprochen, da sackte Hananias in sich zusammen und
starb. Alle, bei denen das die Runde machte, waren echt fertig, als sie
das hörten. 6 Einige der jungen Leute trugen die Leiche raus, nachdem
sie ein Tuch drübergelegt hatten, um ihn unter die Erde zu bringen.
7 Drei Stunden später kam seine Frau Saphira vorbei. Sie hatte keinen
blassen Schimmer von dem, was da gerade passiert war. 8 Petrus fragte
sie: „Ist das hier alles gewesen, was ihr für euer Grundstück bekommen
habt?“ – „Ja“, war ihre Antwort, „das war alles.“ 9 „Wie konntet ihr nur so
draufkommen, dass ihr dachtet, man kann mit dem heiligen Geist sol-
che Spielchen spielen?“, sagte Petrus. „Die Männer, die gerade deinen

Ehemann beerdigt haben, werden dich auch gleich abholen.“ 10 Sofort
brach auch sie tot zusammen. Als die Jungs sie dort liegen sahen, nah-
men sie Saphira auch mit und beerdigten sie neben ihrem Mann. 11 Die
ganze Gemeinde und auch alle anderen waren echt platt, als sie davon
hörten.

Gott bestätigt fett seine Apostel

12 Durch die Apostel passierten heftige Wunder bei den Menschen, die
dort lebten. Die ganze Gemeinde hing oft im Tempel in der Halle von
Salomo rum, sie hielten ganz fest zusammen durch ihren gemeinsamen
Glauben an Jesus. 13 Einige hatten Schiss, sich ihnen anzuschließen,
aber alle hatten großen Respekt vor den Jesus-Leuten. 14 Immer mehr
Leute fingen an mit Jesus zu leben, Männer wie auch Frauen. 15 Da gab
es so Szenen, da schleppte man die Betten und Isomatten mit Men-
schen auf die Straße, damit wenigstens der Schatten von Petrus über
die Kranken streifen würde. 16 Selbst aus den Dörfern um Jerusalem
herum kamen die Leute angelaufen. Sie brachten die kranken Menschen
vorbei und die Leute, die fiese Geister in sich hatten, und wirklich alle
wurden gesund!

Die Apostel müssen wieder in den Knast

17 Der Oberpriester und seine Parteifreunde von den Sadduzäern waren
total eifersüchtig auf den Erfolg der Jesus-Leute. Darum beschlossen
sie etwas dagegen zu unternehmen. 18 Sie ließen ihre Beziehungen spie-
len und sorgten so dafür, dass die Apostel wieder verhaftet und in den
Knast gesteckt wurden. 19 Nachts kam aber ein Engel von Gott vorbei,
der heimlich die Gefängnistür aufmachte und sie da wieder rausholte.
20 Der Engel sagte zu ihnen: „Ihr müsst wieder in den Tempel gehen und
dort allen die Nachricht erzählen, dass man mit Jesus ein neues Leben
anfangen kann.“ 21 Frühmorgens machten sich die Apostel sofort auf
die Socken und predigten im Tempel ganz öffentlich. Zeitgleich saßen
die Oberpriester mit ihren Leuten zusammen im jüdischen Gerichtshof.
Dort hatten sie mit den Leitern des Volkes ein Meeting. Schließlich woll-
ten sie die Apostel zum Verhör reinholen. 22 Die Apostel waren ja aber
schon lange nicht mehr da. Die Angestellten von den Oberpriestern,
die geschickt worden waren, kamen also wieder zurück und machten
Meldung: 23 „Die Gefangenen sind ausgebrochen. Die Stahltür war zwar
vollkommen zu und auch nicht kaputt, und auch die Wachen waren
alle an ihrem Platz. Aber als wir nachgesehen haben, war keiner mehr
da.“ 24 Die Tempelpolizei und die Oberpriester waren alle total fertig,
als sie das hörten. „Was geht da ab? Wie soll das enden?“ 25 Plötzlich

stürmte jemand in den Raum rein und meldete: „Die Typen, die Sie in den Knast gebracht haben, die sind schon wieder im Tempel und erzählen von Jesus!" [26] Sofort zog der Obermacker der Tempelpolizei mit seiner Abteilung zum Tempel und holte die Apostel wieder ab. Diesmal taten sie das aber, ohne Gewalt anzuwenden, weil sie Angst hatten, die Menschenmenge würde sie sonst verprügeln und mit Steinen nach ihnen schmeißen. [27] Die Apostel wurden in den Gerichtssaal gebracht, wo sie der Oberpriester wieder verhören wollte. [28] „Ich habe Ihnen doch mit allen Mitteln untersagt, jemals wieder von diesem Jesus in der Öffentlichkeit zu reden! Mittlerweile redet die ganze Stadt Jerusalem nur noch von ihm! Und wegen Ihnen sind sie alle sauer auf uns und wollen uns sogar lynchen, weil sie uns für den Tod von Jesus verantwortlich machen wollen." [29] Petrus und die anderen Apostel sagten dazu nur eins: „Wir denken, es ist besser, das zu tun, was Gott von einem will, als das zu tun, was Menschen von einem wollen. [30] Der Gott, zu dem die Generationen vor uns schon gebetet haben, hat Jesus, den ihr am Kreuz hingerichtet und ermordet habt, wieder lebendig werden lassen. [31] Gott hat ihn durch die uneingeschränkte Vollmacht, über die er verfügt, zum obersten Chef gemacht, zu dem, der alles wieder gutmachen wird. Er hat dafür gesorgt, dass sich alle Menschen aus Israel total ändern können und dass der Mist, den sie gemacht haben, vergeben werden kann. [32] Wir haben das alles erlebt, bezeugen es und stehen dafür grade. Und seine Power, sein heiliger Geist, bestätigt das ja auch. Gott hat ihn jedem zur Verfügung gestellt, der das tut, was Gott will." [33] Diese Predigt sorgte dafür, dass die Mitglieder vom Gerichtshof total angefressen auf die Apostel waren. Sie beschlossen, die so bald wie möglich umzubringen.

Gamaliel hat eine gute Idee

[34] Schließlich stand Gamaliel in dem Meeting auf. Er war ein Pharisäer und kannte sich in der Bibel tierisch gut aus. Die Leute hielten große Stücke auf ihn. Er befahl, die Apostel mal eben vor die Tür zu verfrachten, [35] und dann redete er zu der gesamten Versammlung: „Ihr Leute aus Israel, passt bloß auf und strengt euer Hirn an, was auch immer ihr gegen diese Männer unternehmen wollt. [36] Vor einiger Zeit gab es schon andere Typen, die glaubten irgendwie special zu sein. Erinnert ihr euch an Theudas? Vierhundert Fans hatte er in kurzer Zeit zusammen. Aber er wurde irgendwann umgebracht und seine Anhänger sind in alle Winde zerstreut, kein Schwein redet heute mehr über ihn. [37] Zu der Zeit, als wir Volkszählung hatten, da war so ein Typ, der hieß Judas, der kam aus Galiläa, glaub ich, und versuchte auch eine kleine Revolution anzuzet-

teln. Viele Leute fanden ihn total gut und sind ihm nachgelaufen. Aber er ist auch umgebracht worden, und heute redet keiner mehr von ihm. 38 Darum mein Tipp: Lasst diese Leute in Ruhe! Wenn sie ihren eigenen Ideen hinterherlaufen und sich dafür einsetzen, werden sie irgendwann scheitern. 39 Wenn aber das Ganze wirklich Gottes Ding ist, dann könnt ihr sowieso nichts dagegen machen. Oder habt ihr Lust, gegen Gott zu kämpfen?“ 40 Das traf den Nagel auf den Kopf. Die Apostel wurden wieder reingeführt, und nachdem man sie noch mal mit einer Peitsche mehrfach geschlagen hatte, verbot man ihnen einfach, weiter über Jesus in der Öffentlichkeit zu reden. Dann wurden sie freigelassen. 41 Super drauf verließen die Apostel den Gerichtssaal! Sie fühlten sich von Gott ernst genommen, weil sie dafür, dass sie zu Jesus gehörten, Verachtung und Schmerzen ertragen mussten. 42 Und ab jetzt gingen sie erst recht jeden Tag in den Tempel, und auch in privaten Häusern in der Stadt erzählten sie überall, dass Jesus der Retter der Menschen ist, auf den sie schon so lange gewartet hatten.

6

Sieben Sozialarbeiter werden gewählt

1 Die Gemeinschaft wuchs in dieser Zeit wahnsinnig schnell. Irgendwann gab es mal Probleme zwischen den Gemeindemitgliedern, die Aramäisch sprachen, und denen, die aus Griechenland kamen. Die griechischen Juden beschwerten sich darüber, dass die alleinstehenden Frauen bei der Essensausgabe, die jeden Tag organisiert wurde, zu kurz kamen. 2 Darum machten die Apostel erstmal ein Meeting und sagten: „Es ist nicht okay, wenn wir das ganze Essenszeug auch noch verteilen sollen, anstatt zu predigen und von Gott zu erzählen, was ja unsere eigentliche Aufgabe ist. 3 Wir haben da eine Idee: Lasst uns aus der Gemeinde sieben Leute aussuchen, die sich nur für diese Aufgabe zur Verfügung stellen, Männer, denen ihr vertraut und die ihren Lebensjoystick voll in die Hände des heiligen Geistes gegeben haben. Die sollen das dann regeln. 4 Wir wollen uns voll weiter auf das Gebet stürzen und predigen.“ 5 Alle fanden diese Idee sehr geil. Zuerst wählten sie den Stephanus, einen Mann, der einen Glauben wie eine Eiche hatte und total abgefüllt war mit dem heiligen Geist. Dann kamen noch Philippus, Prochorus, Nikanor, Timon, Parmenas und Nikolaus aus Antiochien dazu (der war erst zum jüdischen Glauben gewechselt und danach Christ geworden). 6 Diese sieben wurden dann ganz offiziell den Aposteln vorgestellt. Die beteten für die Truppe, legten ihnen die Hände auf und segneten sie. 7 Die neue Nachricht von Gott breitete sich überall aus. Vor allem in Jerusalem wuchs die Menge der Jesus-Leute immer mehr.

Auch viele von den jüdischen Priestern wurden Christen und fingen an,
das zu tun, worauf Gott Bock hat.

Stephanus wird vor den Kadi gezerrt

8 Stephanus war superheftig unterwegs, er tat durch Gottes Kraft irre
Wunder bei den Menschen, weil Gott sehr stark an seiner Seite war.
9 An einem Tag verstrickten ihn ein paar Mitglieder von einer jüdischen
Gemeinde in eine derbe Diskussion. Mit dabei waren Leute von den
so genannten „Freigelassenen“, neben Leuten aus Kyrene, Alexandria,
Zilizien und aus der Provinz Asien. 10 Keiner von den Männern konnte
aber mit den powervollen Argumenten mithalten, die Stephanus direkt
vom heiligen Geist aufgespielt bekommen hatte. 11 Schließlich mischten
die religiösen Führer ein paar Leute unter die Menge, die das Gerücht
verbreiten sollten, Stephanus hätte totalen Blödsinn über Mose und
auch über Gott geredet. „Wir haben das gehört“, behaupteten sie. 12 Sie
verbreiteten dieses Gerücht überall, sodass die Leute und auch die Lei-
ter der Gemeinde und die Lehrer, die sich mit dem jüdischen Gesetz
auskannten, supersauer auf Stephanus waren. Sie ließen ihn verhaften
und schleppten ihn vor den Gerichtshof. 13 Für die Verhandlung organi-
sierten sie falsche Zeugen, die für Kohle gegen Stephanus aussagten:
„Dieser Typ erzählt die ganze Zeit totalen Blödsinn über Gott, und er
macht Witze über den heiligen Tempel und auch über die Gesetze von
Gott. 14 Wir haben ihn dabei belauscht, wie er sogar sagte: ‚Jesus aus
Nazareth wird den Tempel abreißen, und er wird gegen die Gesetze
kämpfen und sie ändern, die wir mal von Mose bekommen haben.‘“
15 Alle im Gerichtssaal starrten voll gespannt auf Stephanus. Dessen
Gesicht leuchtete in diesem Augenblick wie ein Scheinwerfer, er war so
hell, wie ein Engel leuchten würde.

7

Stephanus’ Rede vor den Priestern

1 Die Obersten der Priestersippe interviewten Stephanus: „Entspricht
das der Wahrheit, was hier von Ihnen gesagt wird?“ 2 Und dann legte
Stephanus los: „Hört mal gut zu, liebe Geschwister und liebe Väter!
Gott, der große Held, der allen Applaus abbekommen soll, der ist ja
schon bei unserm Urvater Abraham in Mesopotamien aufgekreuzt. Das
war, bevor Abraham nach Haran abgezogen ist. 3 Gott machte die Ansa-
ge: ‚Geh mal mit deiner Familie aus deinem Vaterland raus, ich zeig dir,
wo du hingehen sollst!‘ 4 Abraham zog dann los und wohnte erst mal in
Haran, bis sein Papa gestorben war. Dann hat Gott ihn hierher gebracht,
dahin, wo ihr jetzt wohnt. 5 Aber Gott gab ihm keinen Zentimeter von

dem Land, obwohl er ihm mal versprochen hatte, dass seine Kinder
oder die Kinder seiner Kinder alles mal besitzen sollten. Zu diesem Zeit-
punkt hatte Abraham noch gar keine Kids! 6 Gott meinte zu ihm: ‚Deine
Kinder und die Kinder deiner Kinder werden Ausländer in einem frem-
den Land sein. Vierhundert Jahre wird man sie bluten lassen, sie werden
viele Probleme kriegen.‘ 7 Aber Gott machte Abraham auch die Ansage:
‚Die Leute, die eurem Volk so derbe mitspielen, werden von mir volle
Breitseite kriegen. Dann werden deine Kinder aus Ägypten abhauen,
und sie werden hier für mich da sein.‘ 8 In der Zeit machte Gott einen
Deal mit Abraham, und als Zeichen für diesen Vertrag kürzen wir bis
heute die Vorhaut der Jungs mit einem Messer. Isaak war als Erster
dran. Als er geboren wurde, schnitt sein Vater ihm die Vorhaut ab und
zog diesen Deal damit durch. Auch Isaak und auch sein Sohn Jakob
taten das, genauso wie die zwölf Söhne von Jakob, die ja unsere Ur-
Stammväter sind. 9 Weil die Söhne von Jakob oberneidisch auf ihren
kleinen Bruder Josef waren, haben sie ihn dann als Sklaven nach Ägyp-
ten verhökert. Gott stand aber auf Josef, er hielt zu ihm. 10 Immer wenn
es ihm richtig dreckig ging, war Gott am Start. Josef konnte sich sogar
beim ägyptischen Obermacker einschleimen, dem Pharao. Weil Josef in
allen Dingen den Überblick hatte, machte er Karriere in seinem Betrieb
und stieg irgendwann sogar zum obersten Verwalterposten über das
ganze Land Ägypten auf. 11 Dann kam eine Zeit, wo es nichts zu fressen
gab und alle tierischen Hunger hatten. Die Situation war so krass, dass
selbst unsere Leute nichts zu essen hatten. 12 Als Jakob davon Wind
bekam, dass es in Ägypten noch viel Getreide gab, sagte er seinen Söh-
nen, sie sollten sich mal dort hinbegeben. 13 Später machten sie dann
noch einen zweiten Besuch, und dann kapierten sie auch so allmählich,
dass Josef ihr Bruder war. Und auch der Obermacker, dieser Pharao,
kapierte nun langsam, aus welchem Land Josef eigentlich kam. 14 Josef
holte seine ganze Familie, seinen Vater und alle Verwandten nach Ägyp-
ten, das waren insgesamt fünfundsiebzig Leute. 15 Das war der Grund,
warum Jakob und seine Leute in Ägypten gelebt haben, und dort sind
sie auch gestorben. 16 Später wurden die Leichen nach Sichem überführt
und dort unter die Erde gebracht, und zwar in genau das Grab, was
Abraham von der Familie von Hamor gekauft hatte. 17 Irgendwann war
es dann so weit, dass Gott seinen Teil des Deals, den er mit Abraham
gemacht hatte, erfüllen wollte. Die Familie von Josef war mittlerweile in
Ägypten sehr groß geworden. 18 Schließlich war irgendwann ein neuer
Pharao am Start, der Josef nicht mehr kannte. 19 Er unterdrückte und
folterte unsere Leute, für den war nichts zu schlimm. Er befahl sogar,
dass die Kinder ausgesetzt werden mussten. So sind viele von denen

gestorben. [20] Genau in dieser Zeit wurde dann Mose geboren. Mit ihm
hatte Gott einen ganz besonderen Plan. Seine Eltern versteckten das
Baby drei Monate in ihrem Haus. [21] Als sie ihn dann doch weggeben
mussten, wurde er aber zum Glück von der Tochter des Pharaos gefun-
den. Sie behandelte ihn wie ihren eigenen Sohn und zog ihn auf. [22] Mose
bekam voll die gute Ausbildung, er studierte an der Uni und wurde von
den besten Wissenschaftlern unterrichtet. Alles, was Mose tat, kam
total gut an. Und er hatte Einfluss durch die Dinge, die er tat. [23] Mit sei-
nem vierzigsten Lebensjahr begann Mose sich mehr und mehr um sei-
ne Leute, das Volk der Israeliten, zu kümmern. [24] An einem Tag wurde er
Augenzeuge, wie ein Ägypter einen Israeliten verprügelte. Superwütend
packte er sich den Typen und polierte dem so die Fresse, bis der tot war.
[25] Mose dachte irgendwie, seine Leute müssten langsam peilen, dass
Gott ihn ausgesucht hatte, um das Volk Israel zu befreien. Aber sie ka-
pierten das irgendwie nicht. [26] Am nächsten Morgen bekam Mose mit,
wie sich zwei Israelis tierisch in der Wolle hatten. Er ging hin, um den
Streit zu schlichten. Er sagte zu den zweien: ‚Hey, was macht ihr? Ihr
spielt doch im selben Team? Warum habt ihr Stress miteinander?‘ [27] Der
aber den Streit angefangen hatte, stieß ihn zurück und rief: ‚Warum
machst du hier überhaupt den Lauten? [28] Willst du mich etwa auch tö-
ten, wie du es mit dem Ägypter gestern gemacht hast?‘ [29] Mose war
total fertig, als er das hörte. Er verschwand erst mal sofort aus Ägypten
und ging nach Midian, wo er Asyl beantragte. Da bekam seine Frau zwei
Söhne. [30] Vierzig Jahre später passierte dann am Berg Sinai etwas total
Heftiges. Er hatte dort ein Treffen mit einem Engel von Gott. Der sprach
durch ein Feuer mit ihm, was in einer Hecke mit Dornen brannte.
[31] Mose kriegte das erst nicht gebacken, als er diese brennende Hecke
sah. Dann sah er sich das Ganze mal aus der Nähe an, und als er das
tat, hörte er, wie Gott plötzlich zu ihm redete. [32] ‚Ich bin der Gott von
deinem Vater und dem Vater deines Vaters, der Gott von Abraham,
Isaak und Jakob.‘ Mose war erst mal voll fertig und hatte große Angst,
genauer hinzusehen. [33] Aber Gott redete weiter mit ihm: ‚Zieh deine
Schuhe aus, das Land, auf dem du gerade stehst, ist was ganz Besonde-
res, es ist heilig. [34] Ich hab alles mitbekommen, was da mit euch abgeht
und wie schlecht man euch behandelt. Ich habe auch zugehört, als sie
zu mir gebetet haben. Darum bin ich jetzt hier, um sie da rauszuholen.
Geh wieder zurück nach Ägypten!‘ [35] Gott suchte sich also sogar einen
Typen zum Helden aus, mit dem seine Leute vorher nichts zu tun haben
wollten. Sie hatten ja zu ihm gesagt: ‚Warum machst denn gerade du
hier den Lauten?‘ Gerade den hatte Gott dafür ausgesucht, seine Leute
aus dem Dreck zu holen. Das tat er, als er mit ihm durch den Engel

geredet hat. 36 Und Mose zog dann los mit seinen Leuten, raus aus
Ägypten. Wo er war, passierten die heftigen Wunder. In Ägypten, am
Roten Meer und auch in den vierzig Jahren in der Wüste. 37 Mose war
auch der Typ, der zu dem Volk ging und die Ansage machte: ‚Irgend-
wann wird euch Gott einen Propheten vorbeischicken, einen, der auch
aus eurem Volk stammt.‘ 38 Mose wurde so was wie der Klassenspre-
cher, der zwischen unsern Leuten und dem Engel vermitteln musste –
diesem Engel, der ihm auf dem Berg Sinai die großen Regeln Gottes,
seine Gesetze, übergab. Mose hatte die Aufgabe, unseren Leuten zu
sagen, worauf Gott Bock hat und worauf nicht. Denn nur dadurch wer-
den wir gut leben. 39 Aber unsere Väter hatten oft keinen Plan und ge-
horchten den Gesetzen nicht. Sie fingen sogar an, sich wieder nach
Ägypten zu sehnen, und einmal wollten sie sogar eine Revolution gegen
Mose anzetteln, als der gerade mal wieder auf dem Berg Sinai war.
40 Und von seinem Bruder Aaron wollten sie sogar, dass er ihnen so ein
paar unechte „Plastikgötter“ basteln sollte, damit sie zu denen beten
könnten. ‚Die können wir dann vor uns hertragen, wenn wir irgendwo
hingehen, sie werden uns führen. Mose hat uns bequatscht, Ägypten zu
verlassen, aber jetzt weiß ja niemand, wo der überhaupt geblieben ist ...‘
41 Sie sammelten ihr ganzes Gold zusammen und bauten sich daraus
eine kleine Kuh. Das sollte jetzt ihr neuer Gott sein. Als sie damit fertig
waren, machten sie vor Freude erst mal ’ne kleine Opferparty. 42 Gott
war total traurig und drehte sich erst mal um. Sollten sie ihren Scheiß
doch alleine machen. Das Volk fing sogar an, zur Sonne, dem Mond und
zu den Sternen zu beten. Genau so hatte es ja schon der Prophetentyp
Amos gesagt. Gott sagte durch ihn: ‚Haben die Leute aus Israel in den
vierzig Jahren, wo sie durch die Wüste gewandert sind, etwa einmal ’ne
Party für mich gefeiert? 43 Nein, aber ihr habt mit den selbst gebastelten
falschen Göttern Moloch und Räfan gefeiert und zu denen gebetet.
Darum werdet ihr alle unfrei sein, und zwar werdet ihr in dem Gebiet
jenseits von Babylon festsitzen.‘ 44 Die ganze Zeit, als unsere Väter
durch die Wüste marschiert sind, trugen sie ein Zelt mit sich rum, das
für sie wie ein Tempel war. Gott hatte ihnen gesagt, sie sollten sich so
ein Zelt bauen, und zwar genau nach dem Schnittmuster, wie Gott es
Mose gezeigt hatte. 45 Die nächste Generation erbte dann dieses Zelt,
und als Josua später das ganze Land einnahm und die Leute, die dort
gewohnt hatten, da rausgeschmissen hatte, war das Zelt die ganze Zeit
dabei. Und es ist auch noch da gewesen, als der König David am Start
war. 46 König David war irgendwie ein Liebling von Gott. David war auch
der Typ, der bei Gott anfragte, ob er nicht dieses fette Haus für Gott,
diesen Tempel, bauen dürfte. 47 Aber erst Salomo zog das dann durch.

[48] Der fetteste und größte Gott wohnte aber nicht in vier Wänden, die
ihm irgendwelche Menschen gebaut hatten. Schon der Prophet Jesaja
meinte einmal: [49] ‚Der Himmel ist mein Chefsessel, und die Erde ist
mein Kuschelkissen, auf das ich meine Füße legen kann. Was für ein
Haus wollt ihr mir da eigentlich noch bauen? [50] Ich habe schließlich das
ganze Universum gemacht!‘ [51] Ihr Spießer und Nonchecker, immer wie-
der tut ihr das, worauf Gottes Geist überhaupt keinen Bock hat! Ihr seid
genauso drauf wie eure Vorfahren. [52] Nennt mir nur einen einzigen Pro-
pheten, den eure Väter nicht fertig gemacht haben! Sie haben sie alle
ermordet, alle, die die Ansage gemacht haben, dass einer vorbeikom-
men wird, der uns aus dem ganzen Dreck rausholt. Ihr habt diesen
Mann, der alleine richtig und total gut war, umgebracht! [53] Gott hat euch
durch seinen Engel klare Anweisung gegeben, aber euch war das
scheißegal.“

Stephanus wird gesteinigt

[54] Diese Rede, die Stephanus gehalten hatte, war zu krass für die Zuhö-
rer. Alle waren sehr sauer auf ihn. [55] Stephanus, der abgefüllt war mit
dem heiligen Geist, sah nach oben und konnte dort plötzlich Gott se-
hen, wie der voll von Licht und Wärme strahlte. Neben Gott aber stand
Jesus! [56] „Ich kann in den Himmel sehen!“, rief Stephanus, „und da sehe
ich Jesus, als den Chef der Menschen, wie er auf der Ehrentribüne sitzt,
auf dem Chefsessel gleich neben Gott!“ [57] Jetzt flippten sie alle total aus,
sie hielten sich die Ohren zu, um seine Worte nicht mehr hören zu müs-
sen. Schließlich packten sie ihn bei seinen Klamotten [53] und schleiften
ihn vor die Ortsgrenze. Dort schnappten sie sich ein paar große Steine
und bewarfen ihn damit so lange, bis er tot war. [59] Stephanus betete
dabei laut: „Jesus, hier hast du meine Seele!“ [60] Dann kniete er sich hin
und schrie: „Gott, verzeih den Leuten, dass sie das jetzt tun!“ Das wa-
ren seine letzten Worte, bevor er starb.

8

Die Christen aus Jerusalem werden gejagt und fertig gemacht

[1] Saulus verfolgte diesen Mord an Stephanus und war mit allem ein-
verstanden. Am gleichen Tag begann die große Jagd in Jerusalem auf
alle, die sich zu den Christen zählten. Die ganze Gemeinde floh in das
Umland in die Dörfer in der Gegend von Judäa und Samarien. Nur die
Apostel blieben in der Stadt. [2] Stephanus wurde von ein paar der ganz
gläubigen Männer beerdigt. Alle waren total traurig über seinen Tod.
[3] Saulus war weiter sehr aggromäßig unterwegs, er wollte um jeden
Preis die Christen vernichten. Er überfiel ganze Familien, ließ die Frau-

en und Männer verhaften und in den Knast werfen. 4 Die Christen, die
aus Jerusalem abgehauen waren, erzählten aber überall von der guten
neuen Nachricht, die es über Jesus zu erzählen gab. 5 Einer von denen
war ein Typ, der Philippus hieß. Der hing in der Stadt Samaria rum und
erzählte dort allen von Jesus. 6 Die Leute, die da wohnten, waren total
offen für das, was er zu sagen hatte. Sie hörten ihm zu und konnten
sehen, was für fette Wunder er tat. 7 Viele, die Probleme mit dreckigen
Dämonen hatten, wurden davon befreit. Die Dämonen verschwanden
mit einem Schrei aus den Leuten, wenn er für sie betete. Auf dieselbe
Art wurden auch viele Behinderte total gesund. 8 In der Stadt freuten
sich alle da drüber.

Gottes Power ist nicht käuflich

9 In Samaria lebte so ein Ober-Esoteriker, der Simon genannt wurde,
der konnte fette Wunder tun. Viele waren deshalb sehr beeindruckt von
ihm. Dieser Typ hielt sich auf alle Fälle für was Besseres. 10 Jeder, der ihn
in Aktion erlebte, sagte: „Der ist voll von einer übernatürlichen großen
Kraft, die von Gott kommen muss!" 11 Tierisch viele waren echt abhän-
gig von ihm, da er ihnen schon seit so langer Zeit was vorgezaubert
hatte. 12 Weil sie jetzt aber an Jesus glaubten, so wie es Philippus ihnen
beigebracht hatte, wollten alle getauft werden, Männer und Frauen.
13 Sogar dieser Simon wurde Christ und ließ sich taufen. Danach hing
er noch mit Philippus ab und konnte es gar nicht auf die Reihe kriegen,
was für heftige Wunder der tat. 14 Die Apostel hörten irgendwann von
den Geschichten, die in Samaria passierten. Darum schickten sie Petrus
und Johannes los. 15 Als sie da waren, beteten die zwei erst mal dafür,
dass alle vom heiligen Geist angezappt werden. 16 Diese Erfahrung hatte
nämlich noch keiner von ihnen gemacht, obwohl sie auf den Namen
von Jesus getauft worden waren. 17 Die Apostel legten anschließend
ihre Hände auf sie, und – zwosch! – wurden die auch gleich mit der
Kraft von Gott abgefüllt. 18 Simon fuhr da drauf total ab. Immer wenn
die Apostel den Leuten ihre Hände auf den Körper legten, wurden die
vom heiligen Geist abgefüllt. Deshalb knallte er den Aposteln ziemlich
viel Kohle auf den Tisch und schlug ihnen einen Deal vor: 19 „Machen
Sie doch bitte, dass wenn ich den Leuten die Hände auf den Körper
lege, der heilige Geist auch in sie reinkommt, ja?" 20 Petrus war davon
total angefressen und meinte nur: „Ihre Kohle soll mit Ihnen zur Hölle
fahren. Gott ist nicht käuflich. 21 Diese Kraft gehört Ihnen nicht und wird
Ihnen auch nie gehören, weil Sie Ihre Denke nicht ändern wollen. 22 Hö-
ren Sie auf, so einen Blödsinn zu glauben, und bitten Sie Gott, dass er
Ihnen diese ätzenden Gedanken vergibt. 23 Ich kann in Ihrem Herz so

viel Gift erkennen und dass Sie eigentlich noch total link drauf sind."
24 Simon war echt fertig. „Bitte beten Sie für mich. Ich will nicht, dass
das passiert, was Sie gerade gesagt haben!" 25 Als sie ihren Predigtjob
erledigt hatten, verdünnisierten sich Petrus und Johannes wieder Rich-
tung Jerusalem. Auf dem Weg ließen sie keine Gelegenheit aus, in je-
dem Dorf die gute Nachricht zu verbreiten, dass nämlich Jesus der Sohn
von Gott ist und jeder durch ihn frei werden kann.

Philippus trifft auf den Finanzminister von Äthiopien

26 Irgendwann redete mal ein Engel von Gott mit Philippus: „Geh mal
bitte die Straße von Jerusalem nach Gaza Richtung Süden." 27 Philippus
tat es sofort. Auf dem Weg wurde er beim Trampen von so einem Typen
aus Äthiopien mitgenommen, der war dort Finanzminister von der äthi-
opischen Königin Kandake. In seinem Land hatte er ganz schön was zu
sagen. 28 Weil er einen eigenen Fahrer hatte, saß er gemütlich hinten im
Wagen und las gerade in dem alten Teil von Gottes Buch ein Kapitel aus
Jesaja. 29 Der Geist von Gott flüsterte zu Philippus: „Geh mal zu diesem
Wagen und pflanz dich mal da hin." 30 Gesagt, getan – Philippus lief hin
und bekam dabei mit, wie der Typ laut aus Jesaja vorlas. Darum fragte
er ihn: „Kapieren Sie überhaupt, was Sie da lesen?" 31 „Keine Chance,
es sei denn, ich finde jemanden, der mehr Peilung hat als ich!" Dann
fragte er Philippus, ob er nicht Lust hätte, ihm Gesellschaft zu leisten.
32 Es ging gerade um die Sätze: „Wie ein Schaf, das geschlachtet werden
soll, genau so hat man ihn abgeführt. Und wie ein Lamm, das sich ein-
fach nicht wehrt, wenn man es schert, so hat er alles mit sich machen
lassen. 33 Er wurde fertig gemacht, er bekam ein ungerechtes Urteil.
Wer wird von seinen Kindern was erzählen können? Keiner. Denn man
hat sein Leben auf diesem Planeten vernichtet." 34 Der Finanzminister
fragte Philippus: „Von wem redet der da? Von sich selbst oder von je-
mand anderem?" 35 Philippus legte sofort los und erklärte ihm die ganze
Sache mit Jesus. Er nahm diese Stelle aus dem Buch als Hilfe dafür.
36/37 Irgendwann kamen sie an einer Wasserstelle vorbei. „Da ist Wasser!
Warum können Sie mich nicht gleich auch taufen?" 38 Dann sagte er
zum Chauffeur, er sollte mal 'ne Pause machen. Beide stiegen aus und
gingen ins Wasser. Und dann taufte Philippus den Typen. 39 Nachdem
sie aus dem Wasser raus waren, wurde Philippus plötzlich durch Gottes
Geist weggebeamt. Der Äthiopier konnte ihn nicht mehr sehen, aber er
war jetzt total happy und reiste vergnügt weiter. 40 Philippus wurde in
Aschdod gesichtet. Er machte von da aus 'ne Tour, besuchte jede Stadt
bis hin nach Cäsarea und erzählte überall von der guten neuen Sache
mit Jesus.

9

Saulus ändert sein Leben und wird Christ

1 Saulus hasste die Christen immer noch wie blöd. 2 Er ließ sich von
den zuständigen Behörden jede Vollmacht ausstellen, die ihm erlaubte,
die Jesus-Leute, Männer und Frauen, sofort zu verhaften und nach Je-
rusalem abführen zu lassen. 3 Als er nach Damaskus zu Fuß unterwegs
war, passierte etwas voll Heftiges: Wie ein 1 000-Watt-Halogenstrahler
leuchtete es plötzlich mitten aus dem Himmel auf ihn runter. 4 Er warf
sich sofort platt auf den Boden, als er plötzlich eine Stimme aus dem
Off hörte, die zu ihm sagte: „Hey Saul, warum bist du hinter mir her?“
5 „Wer redet da mit mir?“, fragte er mit zitternder Stimme zurück. „Ich
bin es, Jesus. Der Jesus, den du verfolgst! 6 Steh auf und geh in die
Stadt. Da wird man dir sagen, was jetzt passieren soll.“ 7 Die Leute,
die mit Saulus unterwegs waren, kriegten auch voll den Schock. Sie
hatten die Stimme zwar auch gehört, aber niemanden gesehen. 8 Sau-
lus stand dann wieder auf, konnte aber ab dem Zeitpunkt nichts mehr
sehen. Seine Kollegen mussten ihn wie einen Blinden nach Damaskus
führen. 9 Drei Tage lang war das so. Er wollte in dieser Zeit auch nichts
essen oder trinken, so fertig war er. 10 In Damaskus lebte ein Christ,
der Hananias hieß. Bei dem kam Gott auch vorbei und gab ihm eine
Vision. Er hörte, wie Gott seinen Namen sagte: „Hananias?“ – „Ja, ich
bin da“, antwortete er. 11 „Geh in die Gerade Straße in das Haus von
Judas. Da musst du nach Saulus fragen, der aus Tarsus kommt. Der ist
da gerade beim Beten. 12 Er hat eine Vision gehabt von einem Typen,
der Hananias heißt und der zu ihm kommt. Dann hat er in der Vision
gesehen, wie der ihm die Hände auflegt und er wieder sehen kann.“
13 „Ja, aber von diesem Saulus hab ich schon ganz miese Geschichten
gehört. Der hat deine Leute in Jerusalem fertig gemacht. 14 Und wir
haben auch gehört, dass er von höchster Ebene die Vollmacht hat, je-
den in den Knast zu stecken, der dir vertraut.“ 15 Aber Gott antwortete
nur: „Nun mach mal alles so, wie ich es dir gesagt habe, okay? Ich hab
einen besonderen Plan mit diesem Typen, er soll allen Menschen auf
der Erde, sogar den Oberchefs, und auch den Leuten aus Israel meine
Sache klar machen. 16 Ich werde ihm auch sagen, wie viel er für mich
noch durchmachen muss.“ 17 Hananias gehorchte Gott. Er ging in das
Haus, legte Saulus die Hände auf und sagte zu ihm: „Lieber Bruder
Saulus, ich komm von Jesus, der mit dir schon unterwegs geredet hat.
Du sollst wieder sehen können und abgefüllt werden mit dem heiligen
Geist.“ Und dann legte er ihm noch die Hände auf den Kopf. 18 Im sel-
ben Augenblick war es so, als würde jemand die Rollläden bei Saulus

hochziehen, und er konnte wieder sehen. Sofort stand er auf und ließ sich gleich taufen. [19] Nachdem er erst mal was gefuttert hatte, ging es ihm gleich besser. Er blieb dann noch ein paar Tage bei den Leuten von Jesus in Damaskus.

Aus dem (Christen-)Jäger wird der Gejagte

[20] Sofort nachdem er getauft worden war, begann er in den Synagogen loszulegen. Er hielt überall große Reden und erzählte den Leuten, dass Jesus der Sohn von Gott ist. [21] Die Zuhörer konnten es einfach nicht begreifen. Sie fragten sich gegenseitig: „Ist das nicht der Typ, der noch vor kurzem die Christen gnadenlos fertig gemacht und in den Knast geworfen hat? Ist er nicht genau deswegen sogar hierher gekommen, um die zu verhaften und an die Oberpriester auszuliefern?" [22] Saulus konnte in seinen Reden aber voll gut argumentieren und den Beweis erbringen, dass Jesus der lang erwartete Retter ist, den sie den „Messias" nannten. Er tat das so gut, dass keiner was dagegen sagen konnte. [23] Darum verabredeten sich ein paar Leute, um Saulus umzubringen. [24] Als der das spitzbekam, beschlossen er und die andern Christen, es wäre besser für ihn zu verschwinden. Weil überall Wachen aufgestellt waren, [25] wurde er heimlich in einem Korb an der Stadtmauer runtergelassen.

Saulus hängt bei den Christen in Jerusalem ab

[26] Saulus ging erst mal nach Jerusalem und plante sich da den Jesus-Leuten anzuschließen. Die hatten aber alle tierisch Angst vor ihm. Keiner wollte ihm das wirklich abkaufen, dass er jetzt Christ geworden war. [27] Barnabas gab ihm schließlich 'ne Chance und kümmerte sich um ihn. Er organisierte ein Meeting mit den anderen Aposteln und erzählte denen, was auf der Reise von Saulus in Damaskus mit ihm abgegangen war. Dass er dort Jesus auf dem Weg getroffen hatte und seitdem radikal allen Leuten erzählte, dass Jesus ab sofort das Sagen hat. [28] Erst dann wurde Saulus von den Christen in Jerusalem akzeptiert. Ab da zog er in Jerusalem um die Häuser und erzählte überall die coolen Sachen über Jesus. [29] Mit den Juden, die Griechisch sprachen, führte er dabei große Diskussionen. Die schmiedeten irgendwann Pläne, wie sie ihn am besten umbringen könnten. [30] Als das durchsickerte, brachten ihn seine Jesus-Geschwister nach Cäserea, weil er da erst mal sicher war. Von dort aus zog er dann los in seine Heimatstadt Tarsus. [31] Den Jesus-Leuten in Judäa, Galiläa und Samarien ging es sehr gut. Sie wurden total stark und wuchsen in ihrem Vertrauen zu Gott, sie lebten radikal für Jesus. Und durch die Wirkung vom heiligen Geist wurden sehr viele neue Leute auch Christen.

Petrus ist in der Stadt Lydda

32 Petrus war ab jetzt ständig und überall auf Tour. Irgendwann kam
er auch mal bei den Jesus-Leuten in Lydda vorbei. 33 Er lernte da einen
Typen kennen, der Äneas hieß. Äneas war seit acht Jahren querschnitts-
gelähmt und lag den ganzen Tag im Bett. 34 Petrus quatschte ihn an
und meinte: „Hey Äneas, Jesus Christus hat Bock drauf, dich wieder
gesund zu machen! Du kannst jetzt aufstehen und dein Bett machen!"
Und das Unglaubliche passierte, der stand sofort auf und konnte wie-
der gehen! 35 Die Leute aus Lydda und auch aus den anderen Dörfern
drum herum kapierten so langsam, was da abgegangen war. Alle, die
das mitkriegten, wurden Christen und setzten ihr Vertrauen auf Jesus.
36 In Joppe war zu der Zeit eine Christin, die Tabita hieß. Der Name
heißt so viel wie „Reh". Tabita war super drauf und half vielen Leuten,
besonders denen, die keine Kohle hatten. 37 In der Zeit, in der Petrus
in Lydda war, wurde sie plötzlich sehr krank und starb. Die Leiche
wurde auf dem Dachboden verstaut, um dann in Ruhe das Begräbnis
vorzubereiten. 38 Joppe war gleich um die Ecke von Lydda. Die Christen
aus Joppe schickten zwei Leute zu Petrus mit der Anfrage: „Du musst
sofort nach Joppe kommen!" 39 Petrus machte sich gleich auf den Weg.
Als er da war, ging er in das Zimmer, wo die Leiche lag. In dem Raum
hingen total viele Frauen ab, deren Mann schon gestorben war und
denen Tabita total viel geholfen hatte. Sie flennten vor Petrus rum,
zeigten ihm die Klamotten, die Tabita für sie gemacht hatte und so.
40 Petrus war etwas genervt und schickte sie alle erst mal raus. Dann
kniete er sich hin und redete mit Jesus über die Sache. Schließlich
quatschte er die Tote einfach an: „Tabita! Aufstehen!" Sofort öffnete sie
ihre Augen, sah Petrus an und versuchte aufzustehen. 41 Petrus gab ihr
die Hand und half ihr dabei. Na, und dann rief er die Christen und die
Witwen rein. 42 Das war die News des Tages! Alle redeten darüber in
Joppe, und viele begannen deswegen ihr Vertrauen auf den lebendigen
Jesus zu setzen. 43 Danach blieb er noch 'ne ganze Weile in Joppe bei
einem Schuster, der Simon hieß.

10

Ein Offizier von der römischen Armee wird Christ

1 In dem Ort Cäserea war so ein Typ, der in der römischen Armee ein
hohes Tier war. Der hieß Kornelius und war der Chef von der so genann-
ten „Italienischen Truppe". 2 Er war total gläubig, seine ganze Familie
war das. Er half oft kaputten Leuten finanziell weiter. Und er redete auch
viel mit Gott. 3 Dieser Typ hatte in einer Nacht plötzlich ein Treffen mit
einem Engel. Der redete mit ihm und sagte: „Hey Kornelius!" 4 Voll

panisch sah Kornelius den Engel an und fragte zurück: „Was willst du?“
Na, und der antwortete ihm: „Gott hat ein Ohr für dein Anliegen. Er hat
mitbekommen, dass du gut drauf bist und Leuten hilfst, das ist nicht an
ihm vorbeigegangen! [5] Darum befiehl ein paar von deinen Leuten, mal
nach Joppe zu wandern. Wenn sie da sind, sollen sie mal die Lauscher
aufmachen und rauskriegen, wo Simon Petrus wohnt. [6] Der hat ein Zim-
mer in einem Haus am Strand gemietet. Der Typ, dem das gehört, heißt
übrigens Simon, der ist von Beruf Schuster. Dieser Petrus soll mal bei
dir vorbeikommen!“ [7] Sofort nachdem der Engel abgedampft war, holte
er sich zwei von seinen Angestellten und einen Soldaten, der auch offen
für Gott war und zu seinen Leibwächtern gehörte. [8] Er erzählte ihnen,
was für ’ne derbe Sache ihm gerade passiert war, und dann schickte er
sie los nach Joppe.

Petrus hat einen Traum von Gott

[9] Als die drei am nächsten Tag schon kurz vor der Stadtgrenze waren,
hatte Petrus in der Zeit plötzlich Bock auf Beten. Er suchte sich einen
ruhigen Platz dafür auf dem Flachdach vom Haus. [10] Die Uhr ging ge-
rade auf zwölf, da bekam Petrus tierischen Kohldampf. Als die im Haus
schon am Kochen waren, hatte er plötzlich einen Traum von Gott. [11] Pet-
rus sah da drin, wie irgendwas aus dem Himmel runtergelassen wurde.
Und zwar lag das auf einem großen weißen Tuch, das an jeder Ecke an
eine Schnur geknotet war. [12] In dem Tuch waren viele Sachen, die für die
Juden total eklig waren, zum Beispiel Schweine, aber auch Schlangen
und so – alles Sachen, die man als Jude nicht essen darf. [13] Und dann
hörte er eine Stimme aus dem Off, die zu ihm sagte: „Guten Appetit,
Petrus, bedien dich!“ [14] „Never! Vergiss es, Gott!“, sagte Petrus, „ich
hab noch nie was gegessen, was für dich dreckig und nicht in Ordnung
ist, da mach ich heute auch keine Ausnahme!“ [15] Aber die Stimme ließ
nicht locker: „Was soll das? Was für Gott okay ist, sollte für dich auch
okay sein.“ [16] Von dem Film gab es drei Wiederholungen. Am Ende wur-
de das Tuch wieder in den Himmel gezogen. [17] Petrus schnallte null,
was Gott ihm damit sagen wollte. Plötzlich klingelte es an der Tür. Die
Jungs von Kornelius waren da! [18] „Hier soll so ein Typ wohnen, der Si-
mon Petrus heißt, stimmt das?“ [19] Petrus war immer noch am Grübeln
darüber, was dieser seltsame Traum nun bedeuten sollte, als schließlich
der Geist von Gott zu ihm redete. Er sagte: „Hey Petrus, da stehen gera-
de drei Typen vor deiner Haustür. [20] Düse mit denen nach Cäsarea. Du
brauchst keine Angst zu haben, denn die Jungs kommen direkt von mir.“
[21] Petrus ging runter zur Tür und begrüßte sie: „Ihr wollt zu mir? Was
geht?“ [22] „Der Hauptmann Kornelius hat gesagt, wir sollen uns bei dir

melden. Der Kornelius ist wirklich gut drauf, er glaubt ganz fest an Gott, das sagen sogar alle Juden die da wohnen. Vor einiger Zeit hatte er ein Treffen mit einem Engel. Der hat gesagt, er soll dich mal einladen und genau das machen, was du ihm sagen wirst." [23] Petrus holte die Männer erst mal rein und gab ihnen ein Zimmer zum Wohnen. Am nächsten Morgen machte er sich aber sofort auf den Weg. Einige Christen aus Joppe kamen mit ihm. [24] Kornelius hatte schon ein Meeting angesetzt, seine Verwandten und Freunde waren alle da und warteten gespannt. [25] Bevor Petrus überhaupt zur Tür reinkam, hatte sich Kornelius bereits demütig auf die Knie begeben. [26] Petrus hatte da nicht so Bock drauf: „Stehen Sie auf, ich bin nicht besser als Sie!", sagte er und streckte ihm die Hand hin. [27] Schließlich gingen sie ins Haus rein. Da hingen sehr viele Leute rum, die auf ihn gewartet hatten. [28] Also legte Petrus gleich los: „Ihr wisst hoffentlich, dass ich total Ärger kriegen würde, wenn das rauskommt, weil es für einen Juden streng verboten ist, sich mit Nichtjuden abzugeben geschweige denn bei ihnen zu wohnen. Aber Gott hat mir klar gemacht, dass ich niemanden diskriminieren darf. [29] Darum bin ich auch sofort losgezogen und zu euch gekommen, als ihr die Anfrage gestartet hattet. Aber was genau wollt ihr denn nun von mir?" [30] Kornelius erzählte dann erst mal seine Geschichte: „Vor vier Tagen hatte ich eine Gebetszeit in meiner Hütte. Ungefähr gegen drei, also genau wie heute um dieselbe Zeit, stand plötzlich ein Typ in meinem Zimmer, der hatte Klamotten an, die leuchteten wie Phosphor. [31] Und dann redete er mit mir und sagte: ‚Kornelius, Gott will das tun, worum du ihn gebeten hast. Er weiß, dass du gut drauf bist. [32] Darum will er von dir, dass du ein paar deiner Jungs nach Joppe schickst, die sollen diesen Petrus suchen und zu dir bringen. Er wohnt in einem Haus am Strand, das dem Schuster Simon gehört. Seinem Befehl sollst du gehorchen.' [33] Darum hab ich ein paar von meinen Untergebenen sofort losgeschickt. Ich freu mich sehr, dass Sie jetzt da sind! Wir sind jetzt alle da, Gott ist da, und alle warten nur darauf, dass Sie loslegen. Wir wollen hören, was Gott uns zu sagen hat." [34] Petrus legte los: „Ich hab jetzt erst richtig begriffen, dass Gott Bock auf jeden Menschen hat, egal aus welcher Familie er kommt, aus welcher Schicht, Religion oder sonst woher. [35] Er liebt einfach jeden, der sein Leben und sein Vertrauen auf ihn setzt und das tun will, was er möchte. [36] Ihr habt von dem Friedensangebot gehört, das Gott allen Leuten durch Jesus gemacht hat, erst mal den Israelis und jetzt allen Leuten. Und Jesus ist ja der Chef von allem! [37] Ihr habt auch davon gehört, was in Judäa abgegangen ist, als Johannes, der die Leute getauft hat, allen gesagt hat, sie sollten ihr Leben ändern. [38] Jesus, der aus der Stadt Nazareth kommt, war auf Tour. Er ist überall rumge-

zogen und hat viele geile Sachen gemacht. Er hat viele Dämonen aus
Leuten rausgeschmissen und dadurch Leute befreit. Seine Power kam
dabei direkt von Gott. Sie war sehr stark in ihm. 39 Wir, die Apostel, sind
Augenzeugen davon, wir haben das alles mitbekommen und gesehen,
was er in Jerusalem bei den Juden alles gerissen hat. Die haben dann
aber Jesus getötet, indem sie ihn an ein Kreuz genagelt haben. 40 Drei
Tage später kam dann aber sein fettes Comeback! 41 Er ist wieder leben-
dig geworden und hing noch eine Weile mit seinen Leuten zusammen.
Wir sind Zeugen davon, wir haben sogar mit ihm noch was gegessen
und getrunken. 42 Er gab uns dann die Order, dass wir allen Menschen
erzählen sollen, dass Gott ihn zum Oberchef erklärt hat und dass jeder,
egal ob tot oder lebend, sich eines Tages vor ihm für sein Leben verant-
worten muss. Er wird wie ein Richter dann ein Urteil fällen. 43 Schon die
alten Propheten haben das gewusst und die Vorhersage gemacht, dass
alle, die ihr Vertrauen auf Jesus setzen, heil davonkommen werden. Der
ganze Mist, den sie gemacht haben, wird ihnen verziehen, wenn sie an
ihn glauben."

Zum allerersten Mal werden Nichtjuden mit in die Familie von Gott aufgenommen

44 Petrus war noch nicht mal mit seiner Rede ganz fertig, da kam die
Kraft von Gott plötzlich auf das ganze Meeting runter. Alle wurden
abgefüllt mit dem heiligen Geist! 45 Die Juden aus der Gemeinde, die
mit Petrus da waren, kriegten das überhaupt nicht auf die Reihe. Dass
Nichtjuden den Geist von Gott bekamen, das war echt abgefahren!
46 Sie hörten, wie die Leute Gott sagten, wie cool er ist und wie sehr sie
ihn liebten, und zwar auf die gleiche Art und Weise, wie das mit ihnen
Pfingsten auch passiert war. Petrus sagte sofort: 47 „Hey, wer soll jetzt
noch was dagegen haben, wenn ihr auch getauft werdet? Ihr habt genau
wie wir dieselbe Kraft von Gott, seinen heiligen Geist, bekommen!"
48 Und sofort organisierte er eine riesen Taufsession. Alle, die sich dort
in dem Haus von Kornelius getroffen hatten, wurden auf den Namen
von Jesus Christus getauft. Anschließend fragten sie Petrus, ob er noch
ein paar Tage bei ihnen bleiben könnte.

11

Petrus sagt, warum es okay ist, auch Nichtjuden zu taufen

1 Schließlich bekamen die anderen Christen und auch die Apostel spitz,
dass jetzt auch Menschen, die nicht aus dem jüdischen Volk kamen,
das tun wollten, worauf Gott Bock hat. 2 Als Petrus wieder in Jerusalem
ankam, machten die jüdischen Christen voll den Aufstand: 3 „Du hast

dich mit Heiden zusammengetan, du hast sogar mit ihnen gegessen?!"
4 Petrus erklärte ihnen also erst mal der Reihe nach, was in Joppe pas-
siert war: 5 „Als ich da angekommen bin, hatte ich beim Beten plötzlich
eine Vision. Ich konnte ein riesiges Tuch vor meinem inneren Auge
sehen, das wurde von vier Ecken aus dem Himmel runtergelassen. 6 Da
drinnen lagen voll eklige Tiere drin, Schlangen, Regenwürmer, wilde
Tiere, alles so ein Zeugs, was wir nach unseren Gesetzen nicht essen
dürfen. 7 Ich hörte dann eine Stimme aus dem Off, die befahl mir: ‚Gu-
ten Appetit, Petrus, bedien dich!' 8 ‚Never', hab ich dann zu Gott gesagt,
‚in meinen Mund sind noch nie Sachen gekommen, auf die du keinen
Bock hast, und das wird auch so bleiben.' 9 Trotzdem sagte die Stimme
noch mal: ‚Wenn Gott sagt, es ist okay, wer bist du, dass du sagst, es
wäre nicht okay?' 10 Der Film lief dreimal hintereinander. Am Ende wurde
das Tuch samt Inhalt wieder zum Himmel gezogen. 11 Im selben Augen-
blick kamen drei Typen bei meinem Haus an. Die waren aus Cäsarea
von jemandem geschickt worden. 12 Der heilige Geist sagte zu mir, ich
sollte keine Angst haben und mit den Männern losziehen. Ich nahm mir
noch diese sechs Freunde mit, zur Sicherheit. Schließlich kamen wir
bei der Hütte von dem Typen an, der die Männer geschickt hatte. 13 Der
erzählte uns dann eine ganz irre Geschichte: Er hätte ein Treffen mit
einem Engel gehabt. Der hätte ihm befohlen, er sollte ein paar seiner
Jungs losschicken, um mich zu holen. 14 Die Ansage war: ‚Dieser Petrus
wird dir sagen können, wie du zu Gott kommen kannst – und das gilt
auch für alle Leute aus deinem Haus.' 15 Als ich gerade dabei war, ihnen
was zu erzählen, da kam ganz plötzlich die Kraft Gottes, sein Geist, auf
sie runter, und zwar genauso, wie er es damals Pfingsten bei uns auch
gebracht hat! 16 In dieser Sekunde wurde mir plötzlich klar, was Jesus
damit gemeint hat, als er mal sagte: ‚Johannes hat mit Wasser getauft,
ihr sollt dafür mit dem heiligen Geist, der Kraft Gottes, getauft werden.'
17 Weil diese Typen, die keine Juden waren, auch an Jesus Christus glau-
ben, hat Gott wohl beschlossen, ihnen das gleiche Geschenk zu machen
wie uns. Was nehme ich mir da raus, wenn ich glauben würde, Gott
Vorschriften machen zu müssen?!" 18 Diese Rede von Petrus hatte ge-
sessen. Alle waren total aufgeregt und begeistert von Gott. Sie sagten:
„Gott hat beschlossen, allen Menschen die Möglichkeit zu geben, ihr
Leben in eine neue Richtung zu leben. Auf dem einzigen Weg, der zum
Leben führt: Jesus!"

In der Stadt Antiochia startet eine Jesus-Gemeinde

19 Die Jesus-Leute bekamen überall Ärger und wurden verfolgt. Nach-
dem Stephanus gesteinigt worden war, wurde es immer gefährlicher,

und sie mussten von dort fliehen. Darum zogen sie über Phönizien,
Zypern und über Antiochia umher, und überall, wo sie waren, erzählten
sie die gute Nachricht, was mit Jesus so abgeht. Das taten sie aber nur
den Juden gegenüber. 20 Nur ein paar Leuten aus Zypern und Kyrene,
die mit ihnen mitgekommen waren, erzählten den Nichtjuden, die in
Antiochia lebten, auch die obergeile Neuigkeit, was Jesus für alle getan
hatte. 21 Gott war aber bei ihnen voll dabei, und tierisch viele Leute fin-
gen an, Jesus zum Chef ihres Lebens zu machen. 22 Als die Gemeinde
in Jerusalem das mitkriegte, was in Antiochia abging, schickten sie Bar-
nabas vorbei. 23 Und als der in der Stadt war und alles mitbekam, was
Gott da getan hatte, rastete er vor Freude echt aus! Barnabas feuerte die
Leute an, sie sollten weiter mit Gott durchziehen und ganz fest bei Jesus
bleiben. 24 Barnabas war ein echtes Vorbild für viele, er wurde ganz stark
vom heiligen Geist gebraucht, und sein Glaube war enorm. Auf diese
Art und Weise begannen damals viele Menschen mit Jesus Christus zu
leben. 25 Von Antiochia machte sich Barnabas auf, um nach Tarsus zu
reisen, weil dort Saulus war. 26 Zusammen trampten sie dann zurück
nach Antiochia. In dieser Stadt hingen sie noch ein volles Jahr mit den
Leuten ab und zeigten ihnen, was wichtig ist, wenn man mit Jesus lebt.
In Antiochia war es auch das erste Mal, dass man sie „die, die zu Chris-
tus gehören“ oder eben „Christen“ nannte. 27 Zur selben Zeit kamen
auch ein paar Prophetentypen aus Jerusalem vorbei. 28 Als sie zusam-
men ein Treffen hatten, wo es vor allem darum ging, Zeit mit Gott zu
verbringen, hatte Agabus ein Wort von Gott im Ohr. Er sagte, es würde
bald eine schlimme Zeit kommen, wo viele großen Hunger hätten.
Diese Zeit würde überall in der Welt abgehen. Das hatte ihm der heilige
Geist geflüstert. Das passierte dann auch tatsächlich später, nämlich als
der Kaiser Claudius das Sagen hatte. 29 Darum war es sofort mehrheits-
fähig, dass man den Christen in Judäa helfen sollte. Alle legten ordent-
lich Kohle zusammen, 30 und der gesamte Betrag wurde von Barnabas
und Saulus an die Leiter der Gemeinde in Jerusalem überwiesen.

12

Petrus kommt in den Knast, aber wird dort von Gott wieder rausgeholt

1 Zur selben Zeit war der König von Jerusalem voller Hass gegen die
Christen. Er steckte viele von ihnen in den Knast und ließ sie dort fol-
tern. 2 Jakobus, dem Bruder von Johannes, ließ er sogar den Kopf ab-
schlagen. 3 Weil Herodes mitkriegte, dass er dadurch bei den jüdischen
Leitern voll angesagt war, ließ er während eines religiösen Festes, dem
Passa, Petrus auch noch festnehmen. 4 Sie warfen den Apostel in den
Knast und stellten ein paar Spezial-Wachen auf, die rund um die Uhr auf

ihn aufpassen sollten. Mit Schichtwechsel alle sechs Stunden. Herodes
wollte Petrus medienwirksam nach der Passafeier in einer öffentlichen
Verhandlung fertig machen. 5 Die Jesus-Leute in Jerusalem hingen
aber Gott damit permanent in den Ohren, dass er von ihm beschützt
werden sollte und so. 6 Eine Nacht vor der Verhandlung schlief Petrus
seelenruhig in seiner Knastzelle. Zwei Soldaten, an die er mit Ketten
gefesselt war, lagen neben ihm, ein dritter hielt vor der Tür Wache.
7 Plötzlich kam ein Engel mitten in die Zelle! Es war so derbe viel Licht
da, als hätte jemand einen 1 000-Watt-Halogenstrahler angemacht. Der
Engel weckte Petrus auf und sagte ihm: „Hey Petrus, schnell, steh auf!"
In derselben Sekunde wurden die Handschellen aufgesprengt. 8 „Zieh
deine Klamotten an, nimm deine Jacke, und dann mir nach", sagte der
Engel zu ihm. 9 Petrus ging hinter ihm langsam aus der Zelle raus, aber
es kam ihm die ganze Zeit so vor, als würde er träumen. 10 Sie gingen,
ohne dass jemand was mitbekam, einfach durch die Wachleute durch,
einer nach dem anderen, bis sie schließlich an ein schweres Eisentor
kamen. Das öffnete sich von alleine, sie gingen durch und waren auf
einer engen Straße. Und zack, war der Engel auch schon wieder ver-
schwunden. 11 Jetzt schnallte Petrus erst, was da gerade abgegangen
war. „Ich habe nicht geträumt! Gott hat tatsächlich einen Engel vorbei-
geschickt, um mich hier rauszuholen! Die Juden können lange warten,
bis ich hingerichtet werde." 12 Petrus machte erst mal einen Plan, was er
jetzt als Nächstes tun sollte. Dann ging er zu dem Haus, in dem Maria
wohnte, die Mutter von dem Johannes Markus. Dort waren viele Chris-
ten aus der Gemeinde und beteten zusammen. 13 Petrus schellte, und
ein Mädchen, das Rhode hieß, kam an, um zu sehen, wer da war. 14 Sie
erkannte Petrus sofort an seiner Stimme und freute sich wie verrückt!
Dabei vergaß sie glatt die Tür aufzuschließen, sie rannte zurück und rief
laut: „Es ist Petrus! Juchu, Petrus steht vor der Tür!" 15 „Schwachsinn!",
blökten die anderen nur rum. „Das geht gar nicht, du spinnst!" Sie blieb
aber dabei. Jetzt ging das große Spekulieren los. Die einen sagten: „Ist
bestimmt ein Engel." 16 Petrus klingelte weiter ständig an der Tür. End-
lich machte Rhode ihm auf. Als sie ihn dann erkannten, rasteten alle
erst mal total aus, weil sie sich so sehr freuten. 17 Petrus machte nur
eine Geste mit der Hand, und dann hörten ihm alle ruhig zu. Er erzählte
dann allen die Geschichte von seiner Befreiung aus dem Knast. „Ihr
müsst diese Sache auch unbedingt Jakobus und auch den anderen wei-
tererzählen!" Danach verschwand Petrus erst mal, er ging aus Jerusalem
raus, um sich irgendwo zu verstecken. 18 Am nächsten Morgen waren
die Soldaten na klar total fertig, als sie sahen, dass Petrus abgehauen
war. Es war einfach nicht zu erklären. 19 Herodes war echt angefressen

deswegen, und nachdem der Gefangene nicht aufzufinden war, machte er kurzen Prozess mit den Wachen, nachdem er sie längere Zeit polizeilich verhört hatte. Danach verschwand Herodes aus Judäa und ging für einige Zeit nach Cäsarea.

Herodes' Zeit ist abgelaufen

20 Herodes schob voll den Hass auf die Städte Tyrus und Sidon, jeder
wusste das. Bevor er gegen sie Krieg führen konnte, schickten die ein
paar Botschafter zu ihm. Diesen Leuten gelang es, den Finanzverwalter
vom König, der Blastus hieß, auf ihre Seite zu bringen. Sie wollten un-
bedingt eine Lösung der Krise, denn die Lebensmittel die sie brauchten
kamen von Herodes. 21 Nachdem die Verträge klar waren, zog Herodes
seinen spitzen Anzug an und hielt von seinem Thron aus eine Rede an
alle. 22 Die Menschen waren anschließend völlig aus dem Häuschen, sie
sagten: „So kann nur Gott zu uns reden, so redet kein Mensch!" 23 Aber
in dieser Sekunde kam plötzlich ein Engel von Gott vorbei und gab ihm
die Rechnung dafür. Weil er sich als Gott anbeten ließ, kamen plötzlich
von überall Würmer her und zerfraßen ihn. Er starb einen schlimmen
und ätzenden Tod. 24 Und immer mehr Leute vertrauten auf das, was
Gott den Menschen klar machen wollte.

13

Paulus und Barnabas machen die Düse. Sie werden Botschafter für Gottes Sache

1 In der Gemeinde in Antiochia waren ein paar Propheten und auch
Lehrer am Start. Dazu gehörten Barnabas, der Afrikaner Simon, Luzi-
us aus Kyrene, Manaën (der als Jugendlicher mit dem König Herodes
zusammen exklusiven Privatunterricht genossen hatte) und Saulus.
2 Diese Leute hatten eine intensive Gebetssession, und währenddessen
sprach der heilige Geist zu ihnen: „Ich möchte, dass Saulus und Barna-
bas radikal für mich arbeiten und Dinge tun, für die ich sie ausgesucht
und begabt habe." 3 Daraufhin fasteten sie erst mal und beteten viel.
Schließlich schickten sie Barnabas und Saulus los, damit sie vielen
Leuten von Jesus erzählen sollten. Man nannte das ab dann auch den
„Missionsdienst".

Auf Zypern geht der Punk ab

4 Nachdem sie direkt vom heiligen Geist die Order bekommen hatten
loszuziehen, zogen Saulus und Barnabas zuerst nach Seleuzia, um
von dort mit einem Boot nach Zypern zu schippern. 5 Sofort nach der
Landung legten sie in den Synagogen los und erzählten überall die gute

Nachricht über Jesus. Johannes Markus war als Lehrling auch dabei.
6 Als sie am anderen Ende der Insel angelangt waren, trafen sie einen
Typen, der ein Jude war und ganz übel okkulte Sachen am Start hatte.
Er wurde Barjesus genannt und hatte sich dazu selber noch den Titel
„Prophet" verliehen. 7 Dieser Typ hing viel mit dem Gouverneur Sergius
Paulus ab, der als ziemlich intelligent galt. Der Gouverneur lud Saulus
und Barnabas ein, mal auf Besuch bei ihm vorbeizukommen, weil er
mit ihnen über Gott labern wollte. 8 Der okkulte Zaubertyp, der sich
auch Elymas nannte (das bedeutet „Magier"), wollte um jeden Preis
verhindern, dass der Gouverneur Christ wird. 9 Saulus, der sich übrigens
inzwischen Paulus nennen ließ, war total voll vom heiligen Geist und
sah dem Typen nur ganz fest in die Augen. 10 Dann sagte er zu ihm: „Du
Missgeburt, du Sohn vom Satan, du redest nur Dünnsinn und bist mies
unterwegs! Hör endlich auf damit, Gottes gute Sache zu verdrehen und
schlecht zu machen! 11 Gott wird mit dir abrechnen: Du wirst für einige
Zeit nichts mehr sehen können." Sofort war der Typ blind! Völlig fertig
tapste er durch die Gegend, er brauchte sogar Hilfe beim Gehen. 12 Total
beeindruckt von der Power Gottes wurde der Gouverneur Christ und
fing an, sein Vertrauen auf Jesus zu setzen.

In Antiochia und Pisidien werden viele Leute Christen

13 Schließlich verdünnisierten sich Paulus und seine Jungs von da. Von
Paphos aus fuhren sie mit einem Schiff nach Perge in Pamphylien. Dort
trennten sie sich von Johannes Markus, der wieder nach Jerusalem ging.
14 Barnabas und Paulus zogen aber noch weiter in Richtung Antiochia in
Pisidien. Am Sabbat, dem religiösen Haupttag der Juden, gingen sie zum
Gottesdienst in die Synagoge. 15 Nachdem dort, wie es normal war, auch
Sachen aus dem Buch vom Mose und von den Propheten vorgelesen
wurden, schickten die Synagogenchefs ihnen eine Nachricht: „Hallo Brü-
der! Wenn ihr Lust habt, könnt ihr nachher auch noch was sagen, wenn es
uns irgendwie glaubensmäßig nach vorne bringt." 16 Das ließ sich Paulus
nicht zweimal sagen. Er stand auf, hob einmal die Hand und legte los:
„Hallo Leute aus Israel, hallo alle anderen, die ihr auch an denselben Gott
glaubt, hört mir mal eben zu! 17 Der Gott von den Israeliten hat unser Volk
schon vor Ewigkeiten zu etwas ganz Besonderem gemacht. Er hat dafür
gesorgt, dass wir uns in Ägypten tierisch vermehrt haben. Durch seinen
Einfluss und seine Power konnte unser Volk dann aus diesem Land flie-
hen. 18 Dann hingen sie erst mal vierzig Jahre in der Wüste rum. 19 Und
erst als Gott die Völker in Kanaan fertiggemacht hatte, konnten wir dieses
Land einnehmen. 20 Nach ungefähr vierhundertfünfzig Jahren organi-
sierte er Richtertypen, der letzte davon war Samuel. Samuel war voll ein

Prophet von Gott. 21 Das Volk wollte irgendwann unbedingt einen König
haben. Also gab ihnen Gott Saul, der ein Sohn von Kisch war und aus der
Familie von Benjamin stammte. Saul hatte vierzig Jahre das Sagen. 22 Gott
hatte irgendwann keinen Bock mehr auf ihn, und David, der Sohn von
Isai, zog das große Los: ‚David ist gut drauf, er wird tun, was ich von ihm
will.‘ 23 Ein Ur-ur-ur-und-so-weiter-Enkel von David war dann Jesus. Er ist
der Typ, der uns von Gott mal versprochen wurde, der uns Israelis aus
dem ganzen Dreck rausholen soll. 24 Er tauchte auf, nachdem Johannes
alle Leute gewarnt hatte, sie sollten nicht länger rumsündigen und sich
stattdessen taufen lassen. 25 Johannes hat sein Ding durchgezogen und
dabei immer die Ansage gemacht: ‚Ich bin nicht der, für den ihr mich
haltet. Da kommt noch jemand nach mir, der bringt es noch viel mehr als
ich, dem kann ich noch nicht mal den Koffer tragen.‘ 26 Hey, ihr Leute, die
ihr aus dieser Familie von Abraham kommt, die ihr auf Gott setzt und ihn
toll findet, das Ding gilt für euch! 27 Die Einwohner von Jerusalem und die
Mächtigen in der Stadt haben nicht kapiert, wer Jesus überhaupt ist. Und
damit tun sie genau das, was die Propheten schon ewig vorher wussten
und was an jedem Sabbat im Gottesdienst vorgelesen wird. 28 Sie haben
ihn hingerichtet, obwohl keine der Anklagen bewiesen werden konnte.
Sie verlangten von Pilatus, dass Jesus sterben muss. 29 Das war aber alles
genau nach Plan, die alten heiligen Bücher hatten das schon vorausge-
sagt. Sie haben ihn dann von dem Holzkreuz runtergenommen und ihn
beerdigt. 30 Gott hat ihm aber ein fettes Comeback organisiert, er wurde
wieder lebendig! 31 In den Tagen darauf hat er noch oft mit seinen Jüngern
abgehangen. Sie sind Zeugen dafür, dass Jesus der Sohn von Gott ist.
32 Wir erzählen euch jetzt diese gute Nachricht weiter! Das Versprechen,
was Gott unseren Leuten vor Ewigkeiten gegeben hat, 33 das hat er jetzt
eingelöst, dadurch dass er Jesus wieder lebendig gemacht hat. Schon im
zweiten Psalm steht: ‚Du bist mein Sohn. Heute werde ich dich zum Chef
machen.‘ 34 Gott hatte ja schon in der alten heiligen Schrift die Ansage
gemacht, dass Jesus nicht lange tot sein wird, dass er nie vergammeln
würde. Er sagt da: ‚Ich werde voll zu euch stehen, so wie ich es David
versprochen habe.‘ 35 In einer anderen Bibelstelle steht sogar: ‚Du wirst
es nicht zulassen, dass dein Auserwählter vergammeln wird.‘ 36 Damit
konnte nicht der König David gemeint sein. Er ist ja abgekratzt, nachdem
er seinen Job für Gott getan hatte. Er wurde begraben und ist jetzt nur
noch Erde. 37 Der, der tot war und den Gott dann wieder lebendig gemacht
hat, ist nicht vergammelt! 38 Und damit ist bewiesen, Kollegen, dass Jesus
der Typ ist, der in der Lage ist, euren Mist zu vergeben. 39 Jeder, der sein
Vertrauen auf ihn setzt, muss für seinen Mist nicht mehr bezahlen. Das
alte Programm von Mose, sein Gesetz, konnte das nicht leisten. 40 Passt

auf, dass ihr nicht so draufkommt, wie die Propheten das beschrieben
haben: [41] ‚Ihr miesen Lügner! Kommt aus eurer Total-egal-Haltung raus,
es geht um euer Leben! Denn in eurer Zeit werde ich die derbsten Sachen
tun, Dinge, die ihr kaum nachvollziehen könnt.'" [42] Nachdem Paulus und
Barnabas aus dem Gottesdienst abgehauen waren, bekamen sie eine
Anfrage, ob sie am nächsten Sabbat noch mal die gleiche Rede halten
könnten. [43] Viele von den Juden, aber auch andere Leute, die zu der Zeit
in der Synagoge abhingen, gingen mit Paulus und Barnabas. Die Apostel
machten ihnen klar, dass sie auf jeden Fall bei der Sache bleiben müssen
und diese Chance, dass Gott sie so liebt und annimmt, nicht an sich vor-
beiziehen lassen sollten.

Ärger mit den Juden

[44] Am nächsten Sabbat waren alle Leute aus der Stadt wieder am Start,
um zu hören, was Gott zu sagen hat. [45] Als die Juden mitkriegten, was für
einen Erfolg die Christen hatten, wurden sie voll neidisch. Sie versuchten
Paulus zuzulabern und rissen dabei ein paar schlechte Witze. [46] Aber
Paulus und Barnabas blieben ganz locker. Sie sagten zu ihnen: „Ihr Juden
seid eigentlich als Erste an der Reihe gewesen, die Message von Gott zu
hören. Weil ihr aber keinen Bock drauf hattet und damit auch klar wurde,
dass euch das neue unendliche Leben total egal ist, darum reden wir ab
jetzt auch zu den anderen Völkern. [47] Gott hat uns diese Order gegeben:
‚Ich hab dafür gesorgt, dass du die Richtung vorgibst für alle Völker, die
auf der Erde leben, damit du ihnen sagst, wo es langgeht.'" [48] Als die Leu-
te, die keine Juden waren, das hörten, freuten sie sich total und bedank-
ten sich bei Gott für diese Neuigkeit! Und alle, die schon vorher von Gott
dafür ausgesucht wurden, fingen an, ihr Vertrauen auf ihn zu setzen.
[49] So sprach sich die Message von Gott überall rum, weit über die Gren-
zen der Stadt hinaus. [50] Die Juden kriegten es aber hin, so lange gegen
Paulus und Barnabas abzulästern, bis alle Frauen und Männer, die in der
Stadt was zu sagen hatten, keinen Bock mehr auf die beiden hatten. Sie
organisierten so einen Dauerstress, dass die beiden schließlich die Stadt
verließen. [51] Frei nach dem Motto „Nach uns die Sintflut" verschwanden
sie in Richtung Ikonium. [52] Die Jesus-Leute, die in Antiochia blieben,
waren aber alle total abgefüllt mit dem heiligen Geist.

14

Ab nach Ikonium

[1] In Ikonium hingen Paulus und Barnabas erst mal wieder in der Syna-
goge rum. Dort hielten sie so derbe Predigten, dass viele von den Juden
und den Griechen anfingen zu glauben. [2] Diejenigen Juden, die über-

haupt nicht offen für die neue Nachricht von Gott waren, verbreiteten
dagegen voll die Gerüchte über die neue Christen-Familie. 3 Paulus und
Barnabas war das aber ziemlich lachs, sie bleiben noch einige Zeit da
und predigten ohne Angst zu allen Leuten. Gott stellte sich zu dem, was
die beiden sagten, indem er fette Wunder durch Paulus und Barnabas
geschehen ließ. 4 Die Leute in der Stadt bildeten zwei Parteien. Die
einen waren auf der Seite der jüdischen Leitung, die anderen hielten
zu den Aposteln. 5/6 Irgendwann wurde es ihnen aber zu bunt. Als klar
wurde, dass sowohl Juden wie Nichtjuden in Zusammenarbeit mit den
Behörden entschlossen waren, die nächste Gelegenheit zu nutzen, um
sie kaputtzumachen und zu töten, verdünnisierten sie sich aufs Land in
das Gebiet von Lykaonien. 7 Sie bauten ihr Lager in den Städten Lystra
und Derbe auf, um von dort die ganze Gegend mit der neuen guten
Nachricht bekannt zu machen. 8 In Lystra wohnte so ein Typ, der war
von seiner Geburt an behindert, er hatte steife Fußgelenke. Noch nie
hatte er auch nur einen Schritt zu Fuß gehen können. 9 Dieser Mann
war bei einer Rede vom Paulus dabei. Paulus bemerkte sofort, dass er
genug Vertrauen hatte, geheilt zu werden. 10 Er rief zu ihm rüber: „Hey,
steh auf! Komm schon!" Und der Typ sprang auf und konnte gehen!
11 Die Leute, die das mitbekamen, waren voll angerührt. Sie quatschten
in ihrer Muttersprache miteinander und sagten: „Die Götter sind als
Menschen auf Besuch bei uns!" 12 Sie gaben Barnabas den Spitznamen
„Zeus", und Paulus nannten sie „Hermes", weil er die großen Reden
schwang. Beides Namen von griechischen Göttern. 13 Die Priestertypen
von dem Tempel, wo Zeus angebetet wurde (der lag außerhalb der
Stadt), kamen mit einem Stier vorbei und ein paar Blumen, weil sie für
die Apostel gleich so ein religiöses Opferritual durchziehen wollten.
14 Als Paulus und Barnabas bemerkten, was da abging, waren sie total
fertig, zerrissen ihre Klamotten vor ihren Augen und versuchten sie da-
von abzubringen, diesen Mist zu veranstalten. 15 „Was soll der Blödsinn,
Leute! Wir sind auch nur Normalos, genauso wie ihr! Das ist genau das
Gegenteil von dem, was wir von euch wollten! Ihr müsst diesen toten
Göttern den Rücken zudrehen und anfangen, mit dem lebendigen Gott
zu leben, dem Gott, der alles gemacht hat, diese Erde, das Meer, das
Universum! 16 Bis heute hat er die Menschen machen lassen, was sie
wollten. 17 Trotzdem hätten alle kapieren können, dass er existiert, weil
er so viele gute Sachen tut. Er sorgt dafür, dass es genug regnet, dass
wir genug zu essen haben. Alles, was gut ist, kommt von ihm!" 18 Diese
Ansprache hatte so gerade eben den Effekt, dass die Leute mit diesem
beknackten Opfern aufhörten. 19 Kaum war das erledigt, kamen die Ju-
den aus Antiochia und Ikonium. Sie veranstalteten so eine Hetzkampag-

ne gegen die Apostel, dass Paulus auf der Straße so lange mit Steinen
beschmissen wurde, bis er fast tot war. Weil die Leute dachten, er wäre
gestorben, schleiften sie dann seine „Leiche" aus der Stadt raus. 20 Als
die Jesus-Leute sich aber um ihn stellten, wachte er auf und ging wieder
in die Stadt. Am nächsten Tag zog er mit Barnabas weiter nach Derbe.

Paulus und Barnabas gehen noch mal nach Antiochia, das in Syrien liegt

21 Nachdem die Apostel in Derbe überall die gute Nachricht verbreitet
hatten und viele dort Christen geworden waren, machten sie wieder die
Düse und gingen zurück nach Antiochia. 22 Da angekommen, bauten
sie erst mal die Christen auf, die noch nicht so lange dabei waren. Sie
ermutigten sie, mit Gott voll durchzuziehen. Sie erinnerten sie auch
noch einmal da dran, dass der Weg, der in das Land führt, in dem Gott
das Sagen hat, echt hart ist und auch viel Schmerzen mit sich bringen
kann. 23 Paulus und Barnabas bestimmten in jeder Gemeinde ein paar
Chefs, die dort Christen geworden waren. Für diese Leute beteten sie
mit allem, was sie hatten. 24 Anschließend reisten sie durch das Gebiet
von Pisidien und Pamphylien. 25 In der Stadt Perge erzählten sie die
guten Nachrichten von Jesus vielen Leuten. 26 Von der Hafenstadt At-
talia segelten sie dann wieder nach Antiochia. Dort hatte man für sie
gebetet, bevor sie losgezogen waren, und ihnen die Order gegeben, die
sie gerade erledigt hatten. 27 Gleich nachdem sie angekommen waren,
veranstalteten sie ein Meeting mit der Gemeinde. Die Apostel erzählten
von den coolen Sachen, die Gott während ihrer Reise getan hatte, und
wie Gott jetzt auch mit den Nichtjuden glaubensmäßig am Start war.
28 Paulus und Barnabas blieben noch eine Weile bei den Christen in
Antiochia.

15

Eine schwere Entscheidung und das „Apostelstock" in Jerusalem

1 Irgendwann kamen ein paar Jesus-Leute aus Judaä bei den Gemein-
den in Antiochia an und machten voll den Lauten. Sie stellten die steile
These auf: „Wer sich nicht, wie bei den Juden Tradition, die Vorhaut
abschneiden lässt, ist nicht mehr dabei." 2 Paulus und Barnabas hatten
da eine total andere Meinung, und während die großen Diskussionen
abgingen, beschloss die Leitung der Gemeinde, dass Paulus und Barna-
bas mit ein paar anderen zu den Aposteln und den anderen Führern der
Gemeinde in Jerusalem gehen sollten, um diese Sache klar zu kriegen.
3 Nachdem sie abgehauen waren, zogen sie durch die Gegend von Phö-
nizien und Samarien. Egal, wo sie gerade waren, überall erzählten sie
davon, wie auch die Nichtjuden einen Draht zu Gott gefunden hatten,

und alle fanden das total geil. [4] In Jerusalem freute man sich sehr, als die beiden endlich da waren. Die Apostel und die anderen Leiter waren alle vor Ort. Auch denen erzählten sie brühwarm, was für geile Sachen Gott mit den Nichtjuden gebracht hatte. [5] Aber auch hier gab es ein paar von den Christen (vor allem, die früher mal zu den superfrommen Pharisäern gehört hatten), die meinten: „Sie müssen sich auch die Vorhaut abschneiden und sie müssen auch einen Schwur auf das alte Buch, die Gesetze von Mose, ableisten!“

Für Gott ist das längst abgeklärt

[6] Schließlich trafen sich die Apostel und die Leiter der Gemeinde zu einem Meeting, um das Ding zu klären. [7] Alle waren heftig am Diskutieren, bis irgendwann Petrus aufstand und ein Machtwort sprach: „Liebe Geschwister! Euch ist hoffentlich klar, dass Gott mir schon vor einiger Zeit gesagt hat, ich sollte auch zu den Leuten gehen, die keine Juden sind, und ihnen die gute neue Nachricht von Jesus erzählen. Denn auch sie sollten davon hören. [8] Gott, der jeden Menschen ganz genau kennt, hatte da anscheinend Bock drauf. Er hat ja die Nichtjuden genauso wie uns mit seiner besonderen Kraft, dem heiligen Geist abgefüllt. [9] Gott ist es anscheinend total egal, ob du ein Jude bist oder nicht, er befreit jeden von seinem Dreck, der ihn von Gott trennt. Und zwar, sobald man anfängt, das Vertrauen auf ihn zu setzen. [10] Wollt ihr Gott jetzt herausfordern, oder warum ist es euch so wichtig, den Leuten von Jesus noch ein paar Regeln aufzudrücken, die noch nicht einmal wir oder unsere Vorfahren wirklich gepackt haben? [11] Wir sind uns ganz sicher: Nur weil Gott uns liebt, können wir es schaffen! Er ist einfach gnädig mit uns.“
[12] Alle hatten die Lauscher auf und hörten Barnabas und Paulus gut zu, als sie von den Wundern erzählten, die Gott unter den Nichtjuden durch die beiden getan hatte. [13] Irgendwann wurde es still, und Jakobus nutzte die Gelegenheit, um was zu sagen: „Also Leute, hört mal gut zu!
[14] Simon Petrus hat uns gerade erzählt, wie Gott höchstpersönlich gerade dabei ist, sich aus den anderen Völkern, die keine Juden sind, eine Truppe zusammenzustellen. [15] Die Propheten hatten da ja schon mal ’ne Ansage dazu gemacht: [16] ‚Anschließend werde ich wieder Zeit haben für meine Leute. Das kaputte Haus von David, und alles, was noch zerstört ist, werde ich wieder in Ordnung bringen. [17] Alle, die überlebt haben, sollen sich auf die Suche nach Gott machen, auch alle, die nicht zu meinem Volk gehören, alle Heiden. [18] Das sagt Gott, der das Ding schon vor langer Zeit beschlossen hat.‘ [19] Darum ist meine Meinung folgende: Wir sollten es den Nichtjuden, die mit Jesus leben wollen, nicht noch unnötig schwer machen. Unsere jüdischen Gesetze müssen

sie nicht befolgen. [20] Sie sollten schon die Finger davon lassen, irgendwelchen anderen Götter zu dienen, außerdem sollten sie in Sexsachen okay leben und sich an die eine Essensregel halten: Nur Fleisch von Tieren essen, was nach unsern Vorgaben geschlachtet wurde, und sie sollen auch kein Blut zu sich nehmen. [21] Das sind ja die Teile, von denen eh jeder weiß, und daran haben sich sowieso alle schon gehalten. Die werden ja auch am Sabbat immer in der Synagoge vorgelesen."

Abstimmung mit 2/3-Mehrheit

[22] Als sie mit der Thematik durch waren, beschlossen die Apostel und die Ältesten mit der ganzen Jesus-Familie noch ein paar Leute auszuwählen, die mit Paulus und Barnabas nach Antiochia gehen sollten. Bei der Abstimmung wurden Judas, den sie auch Barsabbas nannten, und Silas ausgewählt. Beide waren für alle glaubensmäßig weit vorne und hatten einen guten Ruf. [23] In dem Brief, den sie dann mitbekamen, stand Folgendes: „Hallo, liebe Leute aus Antiochia, Syrien und Zilizien, die ihr keine Juden seid, aber jetzt zu Jesus gehört! Wir, die Apostel und Leiter aus Jerusalem, grüßen euch ganz herzlich. [24] Uns ist zu Ohren gekommen, dass es da ein paar Typen gibt, die – ohne dass wir es wollten, geschweige denn was davon gewusst hätten – euch komische Sachen erzählt haben über das Leben mit Gott und ihr darum ganz unsicher geworden seid. [25] Darum haben wir einstimmig beschlossen, euch mit unseren lieben Brüdern Barnabas und Paulus noch zwei weitere Leute vorbeizuschicken. [26] Beide sind gut drauf und haben ihr Leben voll der Sache von Jesus Christus, der unser Chef ist, verschrieben. [27] Es handelt sich um Judas und Silas. Sie werden euch auch erzählen, was wir in den Diskussionspunkten beschlossen haben. [28] Wir haben uns vom Geist Gottes zeigen lassen, dass es am coolsten wäre, euch keine weiteren Regeln zu geben, um euch das Leben nicht schwerer zu machen. [29] Wir fänden es nicht so geil, wenn ihr Fleisch von Tieren essen würdet, das für irgendwelche okkulten Götzenrituale benutzt wurde. Außerdem sollt ihr die Finger von Tieren lassen, die nach dem Schlachten nicht richtig ausgeblutet sind, und ihr sollt auch kein Blut essen oder trinken. Passt auf, dass ihr nicht mit Nutten ins Bett steigt und auch so sexmäßig okay lebt. Wenn ihr so lebt, ist alles prima. Bis dann und schöne Grüße!" [30] Der Besuch aus Jerusalem wurde noch zur Tür gebracht und verabschiedet. Als sie in Antiochia ankamen, wurde erst mal ein Treffen mit der Gemeinde angesetzt, wo der Brief vorgelesen werden sollte. [31] Als das passiert war, waren alle total happy und voll ermutigt. [32] Judas und Silas, die beide auch oft Eindrücke von Gott hatten, bauten die Gemeinde durch ihre Reden und Predigten voll auf. [33] Sie hingen noch

eine Weile in Antiochia, bis sie sich dann aber irgendwann wieder verab-
schieden mussten, Richtung Jerusalem. 34 Silas wollte noch ein bisschen
dableiben, 35 und auch Paulus und Barnabas hatten da Bock drauf. Sie
predigten in dieser Zeit echt viel und erklärten den Leuten die Sachen
aus der Bibel, auf die Gott steht.

Paulus und Barnabas gehen weiter auf Tour

36 Nach ein paar Tagen meinte Paulus zu Barnabas: „Wäre es nicht ’ne
geile Idee, mal zu den ganzen Orten hinzugehen, wo wir den Leuten
die gute Nachricht über Jesus erzählt haben? Es wäre doch cool, mal
abzuchecken, was da jetzt so geht?“ 37 Barnabas war begeistert und
wollte noch Johannes Markus mit dabei haben. 38 Da hatte Paulus aber
überhaupt keinen Bock drauf, vor allem, weil der Typ die beiden in Pam-
phylien im Stich gelassen hatte. Er war einfach abgehauen und hatte sie
mit der Arbeit alleine gelassen. 39 Die beiden kriegten sich darüber total
in die Wolle. Irgendwie ging da dann nichts mehr, und sie beschlossen
getrennte Wege zu gehen. Barnabas ging mit Markus Richtung Zypern,
40 Paulus suchte sich mit Silas einen neuen Lehrling. Durch eine fette
Gebetszeit mit der Gemeinde wurden sie total aufgebaut, dann zogen
sie schließlich los. 41 Zuerst ging es durch Syrien und Zilizien, wo sie die
Jesus-Leute voll aufbauen konnten.

16

Timotheus wird von Paulus angestellt

1 Irgendwann kam Paulus auch mal nach Lystra, nachdem er in Derbe zu
Besuch war. Dort hing er viel mit Timotheus rum, einem jungen Chris-
ten. Seine Mutter, die auch mit Jesus lebte, war Jüdin, der Vater aber
ein Grieche. 2 In den Gemeinden in Lystra und Ikonion hatte Timotheus
voll den guten Ruf. 3 Paulus fragte ihn deswegen, ob er nicht Lust hätte,
ihn auf seinen Reisen zu begleiten. Weil es bekannt war, dass der Vater
von Timotheus zwar ein Grieche war, seine Mutter aber Jüdin, machte
Paulus mit ihm ein jüdisches Ritual, indem er seine Vorhaut abschnitt.
Er tat das aus Rücksicht auf die Juden. 4 In jeder Stadt, wo sie vorbei-
kamen, informierten sie die Leute über den Beschluss der Apostel und
der Leiter aus Jerusalem, wonach sich die Christen dann richten sollten.
5 Die Gemeinden wurden immer stabiler in ihrem Glauben, und jeden
Tag kamen neue Leute dazu.

Der heilige Geist sagt: „Ab nach Mazedonien!“ – Ein Reisebericht

6 Nachdem sie in Lystra eine Zeit abgehangen hatten, zogen sie weiter
durch die Gegend von Phrygien und Galatien. Der heilige Geist zeigte

ihnen dann aber, dass in der Provinz Asien die gute Nachricht von
Gott noch nicht angesagt war. 7 Als sie nach Mysien gingen und dann
weiter Richtung Norden ziehen wollten, um in der Provinz Bithynien zu
landen, machte der heilige Geist auch dort ganz klar, dass er das nicht
wollte. 8 Darum zogen sie weiter durch Mysien, bis sie in Troas, einer
Hafenstadt, ankamen. 9 Während Paulus nachts pennte, hatte er dort
einen Traum von Gott. Er sah darin einen Typen, der eindeutig aus Ma-
zedonien kam. Der sagte zu ihm: „Komm nach Mazedonien! Hilf uns!"
10 Damit war das Ding ganz klar: Gott hatte wohl Bock drauf, dass wir in
Mazedonien die guten Nachrichten weitererzählen! Sofort organisierten
wir eine Fähre.

In Philippi wird die erste Christengemeinde in Europa an den Start gebracht

11 Im Hafen von Troas nahmen wir die nächste Fähre und fuhren da-
mit auf kürzestem Weg zur Insel Samothrake. Am nächsten Tag ging
es dann weiter nach Neapolis, 12 um dann zu Fuß nach Philippi, der
bedeutendsten römischen Kolonie in diesem Teil von Mazedonien, zu
wandern. 13 Am Sabbat* verdünnisierten wir uns aus der Stadt, um an
den Strand vom Fluss zu gehen. Wir vermuteten, dass zu dieser Zeit
dort eine kleine jüdische Gemeinde war, um zu beten. Wir pflanzten
uns zu ihnen und quatschten 'ne Runde mit den Frauen, die gerade da
waren. 14 Eine von denen hieß Lydia, die vor einiger Zeit zum jüdischen
Glauben gewechselt hatte. Sie kam ursprünglich aus Thyatira und dealte
mit special Stoffen. Irgendwie sorgte Gott dafür, dass sie ihre Ohren
richtig aufsperrte und verstand, dass Paulus ihr was Wichtiges zu sagen
hatte. Sie fing dort an, ihr Vertrauen auf Jesus zu setzen, 15 und ließ sich
mit ihrer ganzen Familie gleich taufen. Anschließend lud sie uns alle
zum Essen zu sich nach Hause ein. „Wenn ihr wirklich glaubt, dass ich
Christin geworden bin, dann müsst ihr mich auch besuchen!", nervte sie
so lange, bis wir einwilligten.

Paulus und Silas kommen in den Knast

16 Als wir losgingen, um uns mit den anderen zum Beten zu treffen, tra-
fen wir auf eine Sklavin, die ganz schlimm drauf war. Irgendeine dunkle
Macht hatte ihr die Fähigkeit gegeben, die Zukunft vorauszusagen. Klar,
dass sie dadurch zu einem gewinnträchtigen Unternehmen für ihren
Besitzer geworden war. 17 Die Frau latschte die ganze Zeit hinter uns her
und brüllte wie blöd: „Diese Leute gehören zu dem größten Gott über-

---

* Sabbat war der religiöse Feiertag der Juden (noch mal zur Erinnerung ...). Siehe auch Erklärungen dazu in dem Bericht vom Matthäus.

haupt! Sie haben die Peilung, wo es längsgeht!" [18] Irgendwie hatte sie
'ne Schramme auf der Platte und wiederholte das Ding ständig und je-
den Tag. Paulus ging das tierisch auf die Nerven, und irgendwann raste-
te er aus. Er ging zu ihr hin und befahl der dunklen Macht in ihr, diesem
Dämon: „Im Auftrag von Jesus Christus: Hau ab aus dieser Frau!" In
derselben Sekunde war das Ding erledigt und die Sklavin war von dem
Dämon befreit. [19] Als die Besitzer das mitkriegten, dass sie so mit ihr ja
keine Kohle mehr verdienen konnten, griffen sie sich Paulus und Silas
und schleppten die beiden auf den Marktplatz. Hier sollten sie polizei-
lich verhört werden. [20] „Diese Typen machen voll den Alarm in unserer
Stadt", war dann die Anklage. „Außerdem sind es Juden! [21] Sie wollen,
dass wir alle so leben wie sie, und sie verlangen, dass wir mit unsern gu-
ten alten römischen Traditionen brechen!" [22] Die aufgehetzte Meute war
total von der Rolle. Die Oberchefs rissen Paulus und Silas die Kleidung
runter und peitschten sie erst mal aus. [23] Nachdem man sie so brutal
misshandelt hatte, warf man die beiden auch noch ins Gefängnis und
gab den Wärtern die Order, auf die beiden ganz besonders aufzupassen.
[24] So wurden sie also in den Sicherheitstrakt eingesperrt und zusätzlich
noch mit einer Fußschelle gefesselt. [25] Gegen Mitternacht fingen Paulus
und Silas an, eine ganz fette Gebetssession zu starten. Sie sagten Gott
danke, sangen ihm Lieder, und alle anderen Gefangenen hörten dabei
zu. [26] Plötzlich gab es ein heftiges Erdbeben. Das ganze Gefängnis inklu-
sive der Grundmauern fing an zu wackeln, alle Türen sprangen auf, und
die Ketten der Gefangenen explodierten förmlich.

Der Gefängnisaufseher wird Christ

[27] Der Gefängniswärter wachte auf, und als er sah, dass die Zellentür
sperrangelweit offen stand, war er total fertig. Weil er Schiss hatte, dass
die beiden geflohen wären, wollte er mit einem Messer sofort Selbst-
mord begehen. [28] „Mach keinen Blödsinn!", rief Paulus laut. „Wir sind
alle immer noch hier!" [29] Der Wärter holte sich eine Lampe und leuchte-
te in die Gefängniszelle. Dann schmiss er sich völlig fertig erstmal platt
auf den Boden vor Paulus und Silas. [30] Schließlich führte er die beiden
aus der Zelle raus und fragte währenddessen: „Was muss ich tun, um
ein Christ zu werden?" [31] „Du musst dein Vertrauen ganz auf Jesus
setzen und an ihn glauben, dann werden du und deine Familie gerettet
sein", antworteten sie. [32] Paulus und Silas erzählten seiner ganzen Fami-
lie die Geschichte von Jesus und wie er jeden aus seinem Dreck rausret-
ten kann. [33] Der Gefängnisaufseher nahm Paulus und Silas mit zu sich,
versorgte ihre Wunden, und dann ließ er sich und mit ihm seine ganze
Familie taufen. [34] Dann lud er die beiden noch zu sich auf seine Bude

zum Essen ein. Er und seine Leute warten total froh, Jesus gefunden zu
haben. 35 Frühmorgens schickten die römischen Justizbeamten die Ge-
richtsdiener zu ihm mit der Order: „Lass die Leute laufen!“ 36 Der Ge-
fängnisaufseher überbrachte die Nachricht gleich Paulus und Silas: „Die
Stadträte lassen euch jetzt laufen. Ihr könnt jetzt ohne Angst die Stadt
verlassen.“ 37 Aber Paulus hatte da keinen Bock drauf: „Erst machen sie
uns in der Öffentlichkeit an, sperren uns in den Knast, ohne dass wir
überhaupt ein faires Gerichtsverfahren gehabt hätten, peitschen uns
aus, obwohl ich einen römischen Pass habe, und jetzt wollen sie uns
ganz plötzlich möglichst schnell loswerden, oder wie? Aber nicht mit
mir! Die Leute, die dafür die Verantwortung tragen, sollen höchstper-
sönlich ankommen und uns aus dem Gefängnis entlassen!“ 38 Mit dieser
Ansage kamen die Gerichtsdiener wieder bei den Richtern an. Als die
hörten, dass sowohl Paulus als auch Silas einen römischen Pass hatten,
kriegten sie etwas die Paranoia 39 und liefen sofort zum Gefängnis. Tau-
sendmal baten sie die beiden um Entschuldigung und schleimten ein
bisschen rum, ob sie jetzt vielleicht die Stadt verlassen würden. 40 Die
beiden gingen aber erst mal in das Haus von Lydia. Dort war ein Treffen
von der ganzen Gemeinde. Die Apostel bauten alle total auf und sagten,
sie sollten stabil und fest bleiben in ihrem Glauben an Jesus.

17

Paulus und Silas sind in Thessalonich

1 Paulus und Silas düsten dann über Amphipolis und Apollonia nach
Thessalonich. In der Stadt gab es auch eine Synagoge. 2 Wie normal
auch, ging Paulus erst mal dort hin und laberte an drei aufeinander fol-
genden Sabbattagen mit den Leuten. 3 Er erklärte ihnen aus der Bibel,
was die Propheten vorausgesehen hatten, nämlich dass der Auserwählte,
der Messias, übel leiden muss, aber nach drei Tagen den Tod besiegen
würde: „Und dieser auserwählte Retter, dieser Messias, ist Jesus, von
dem ich euch erzählt habe.“ 4 Ein paar von den Juden begriffen das und
standen hinter Paulus und Silas. Dazu gesellten sich auch noch ein paar
Griechen, die zum jüdischen Glauben konvertiert waren. Außerdem ka-
men noch ein paar der angesagtesten Frauen dazu. 5 Dieser Erfolg passte
einigen Juden null, sie waren superneidisch. Sie organisierten mit ein
paar Schlägertypen von der Straße eine Prügelei und sorgten auch dafür,
dass in der Stadt alle voll verpeilt waren. Schließlich zogen sie vor das
Haus von Jason, in dem Paulus und Silas wohnten, und brachen dort ein.
Sie hatten geplant, die beiden vor allen Leuten fertig zu machen. 6 Die
Apostel waren aber gerade unterwegs, darum schnappte man sich Jason
und ein paar von den Christen, die gerade da waren, und schleppte sie

vor den römischen Verwalter der Stadt. „Diese Mistkerle bringen überall alles durcheinander!“, schrien sie. [7] „Und jetzt sind sie auch noch bei uns und pennen bei Jason. Alles, was der Kaiser sagt, ist ihnen total egal, und sie behaupten, ein anderer hätte jetzt das Sagen, und der heißt Jesus.“ [8] Die Menschenmenge und die verantwortlichen Beamten rasteten völlig aus, als sie das hörten. [9] Erst nachdem Jason und die anderen eine hohe Kaution bezahlt hatten, ließ man sie wieder laufen.

Probleme in Beröa

[10] Noch in dieser Nacht organisierten die Christen in Thessalonich die Abreise von Paulus und Silas nach Beröa. Als sie dort waren, marschierten die beiden pauschal erst mal in die Synagoge. [11] Die Juden in Beröa waren offen für die Worte von Gott, mehr als die Juden in Thessalonich. Sie hörten den beiden genau zu und checkten alles, was Paulus und Silas sagten, mit der heiligen Schrift ab. [12] Viele von ihnen fingen an, ihr Vertrauen auf Jesus zu setzen. Nicht nur einige Juden, auch viele von den angesagten griechischen Frauen und Männern taten das. [13] Irgendwann bekamen die Juden aus Thessalonich mit, dass Paulus jetzt auch in Beröa am Start war und allen von der Sache mit Gott erzählte. Darum gingen sie auch in diese Stadt und verbreiteten üble Gerüchte über die Apostel. [14/15] Die Christen in Beröa passten aber auf und schickten Paulus sofort aus der Stadt. Sie brachten ihn dann über die Küste bis nach Athen. Silas und Timotheus blieben aber noch da, sollten aber „... so schnell es geht nachkommen!“, ließ Paulus durch seine Begleiter ausrichten. Die hatten sich in Athen von ihm abgeseilt und waren wieder nach Beröa zurückgekehrt.

Paulus ist in Athen

[16] Während Paulus in Athen auf Silas wartete, kriegte er voll den Hass auf die zig Götter aus Holz und Metall, die dort überall rumstanden. [17] Er hielt in der Synagoge eine Rede vor den Juden und auch vor den zum jüdischen Glauben konvertierten Griechen. Außerdem predigte er täglich auf dem Marktplatz zu allen Menschen, die gerade dort waren. [18] In so einer Situation gab es einmal voll den Streit mit ein paar Philosophen aus der Richtung der Epikuräer und Stoiker. Einige vertraten die Ansicht, er wäre nur so eine Labertasche, einer, der nur Blödsinn erzählt. Andere sagten: „Der erzählt eben von einer anderen Religion!“ Denn Paulus hatte von Jesus erzählt und dass der den Tod besiegt hat und wieder lebendig geworden ist. [19] Die Philosophen waren echt angezeckt von dem, was er sagte, und wollten unbedingt mehr wissen. Darum nahmen sie ihn zu einem Treffpunkt mit, der mitten in der Stadt

lag, dem so genannten Areopag. „Erzähl uns mehr davon", 20 meinten
sie, „wir finden es voll interessant, was du zu sagen hast, und wollen
alles wissen!" 21 Das war in dieser Stadt schon normal, alle, die da
lebten, und auch die Gäste waren immer sehr offen für irgendwelche
neuen Ideen, um darüber zu diskutieren. 22 Paulus ließ sich das nicht
zweimal sagen und redete zu der versammelten Mannschaft im Areo-
pag: „Hey, Leute aus Athen! Ich hab schon mitbekommen, dass ihr hier
ganz besonders auf religiöse Sachen abfahrt. 23 Vor der Stadt stehen ja
Tausende von kleinen Altären, wo man Göttern etwas geben kann. Auf
einem davon stand drauf: ‚Für den Gott, den keiner kennt.' Und genau
von dem will ich euch jetzt erzählen, von dem Gott, den ihr nicht kennt
und zu dem ihr trotzdem betet. 24 Das ist nämlich der Gott, der diese
Erde und alles, was da drauf ist, gemacht hat. Dieser Chef vom ganzen
Universum und von dieser Erde, der passt nicht in so einen kleinen
Tempel rein, den irgendwelche Menschen gebaut haben. 25 Das geht
auch gar nicht, dass man ihm irgendwelche Sachen opfert oder sogar
was zu essen hinstellt oder so, das hat er nicht nötig. Er hat schließlich
das ganze Leben entstehen lassen und jedem Leben das gegeben, was
es braucht. 26 Er hat aus einem Menschen ganze Volksgruppen und Na-
tionen entstehen lassen, die jetzt auf der Erde leben. Er hat auch festge-
legt, wo und wie lange die Menschen leben sollen. 27 Er hat das alles so
organisiert, weil es sein Plan war, dass die Menschen sich auf die Suche
nach ihm machen würden. Und dass sie die Möglichkeit haben, ihn
auch zu finden. Hey, und er ist uns jetzt wirklich ganz nahe! 28 Weil er
wirklich so drauf ist, können wir überhaupt erst leben! Einige von euern
Rappern haben ja schon einen Song da draus gemacht: ‚Wir sind alle
seine Kinder.' 29 Weil Gott also unser Vater ist, ist es totaler Schwachsinn
zu glauben, dass wir Gott mit solchen Statuen und Bildern, egal ob aus
Gold oder Silber, gut rüberbringen können. Die basteln wir ja nur mit
unseren begrenzten Begabungen und Vorstellungen, anders kriegen wir
es nicht hin. 30 Bis jetzt hat das noch niemand so richtig geschnallt, und
Gott hat viel Geduld mit den Leuten. Jetzt macht er aber zu allen Men-
schen eine neue Ansage: ‚Ändert euer Leben total!' 31 Denn das Date,
wo wir alle für unser Leben zur Verantwortung gezogen werden, ist
schon festgemacht. Wer dann unser Richter sein wird, steht auch schon
ohne Zweifel fest. Den hat er vom Tod wieder lebendig werden lassen."
32 Als Paulus dieses Thema von der Auferstehung der Toten anschnitt,
fingen einige sofort an, gegen ihn abzulästern. Andere aber meinten:
„Super interessant, da wollen wir später mehr von hören." 33 Paulus
haute dann von der Versammlung auf dem Areopag wieder ab. 34 Eini-
ge der Typen, die der Rede von Paulus zugehört hatten, fingen an, ihr

Vertrauen auf Jesus zu setzen, und gingen mit ihm. Dionysius, der am
Gericht angestellt war, eine Frau, die Damaris hieß, und noch ein paar
andere waren auch dabei.

18

In Korinth geht es ab!
1 Kurze Zeit später verschwand Paulus aus Athen und ging in die Stadt
Korinth. 2 Dort lernte er Aquila kennen, einen Juden, der aus der Gegend
von Pontus kam. Er war erst vor einiger Zeit mit seiner Frau Priszilla aus
Italien nach Korinth gezogen, weil der Kaiser Claudius alle Juden aus Rom
rausgeschmissen hatte. 3 Paulus wohnte bei ihnen, zumal er und Aquila
denselben Job hatten, sie waren nämlich beide von Beruf Zeltmacher.
4 Am Wochenende predigte Paulus immer in der Synagoge, und tierisch
viele von den Juden und den Griechen wurden von dem, was er sagte,
überzeugt. 5 Als dann Silas und Timotheus aus Mazedonien dort anka-
men, kündigte Paulus seinen Job und arbeitete fulltime als Prediger. Er
wollte den Juden klar machen, dass Jesus der Retter ist, den Gott ihnen
schon lange versprochen hatte. 6 Die Juden fingen aber immer die derben
Diskussionen an und verarschten ihn sogar. Irgendwann hatte Paulus
keinen Bock mehr da drauf: „Ich habe euch jetzt schon einige Zeit die
gute Botschaft von Gott erzählt, aber ihr habt sie nur abgelehnt. Ich hab
keine Schuld mehr daran, wenn ihr euer Leben verbockt. Ab jetzt werde
ich nur noch den Völkern, die keine Juden sind, also den Heiden, von Gott
erzählen." 7 Ab da wohnte er bei Titius Justus zur Untermiete. Dieser Typ
vertraute Gott, auch wenn er kein Jude war. Sein Haus lag direkt neben
der Synagoge. 8 Irgendwann kam dann sogar Krispus, der Chef von der
Synagoge, inklusive seiner ganzen Familie zum Glauben an Jesus. Andere
Korinther, die Paulus ebenfalls reden gehört hatten, fingen auch an mit
Jesus zu leben und ließen sich taufen. 9 In einer Nacht hatte Paulus einen
Traum, in dem Gott zu ihm sprach: „Hab keinen Schiss, predige weiter!
Raus damit! 10 Ich stehe voll hinter dir, niemand kann dir was anhaben,
niemand wird dich verprügeln können. Da sind noch viele Leute in der
Stadt, die zu mir gehören." 11 Darum hing Paulus noch anderthalb Jahre
in Korinth ab und redete viel von der neuen Nachricht über Jesus. 12 Als
irgendwann Gallio der Gouverneur von Achaja wurde, nutzten die Juden
die Gelegenheit, um Paulus anzuzeigen und vor den Kadi zu zerren. 13 Ihre
Anklage lautete: „Dieser Mann missbraucht die Menschen. Er versucht
ihnen ein Leben mit Gott schmackhaft zu machen, und zwar so, dass es
im krassen Gegensatz zu unserem Gesetz steht." 14 Bevor Paulus über-
haupt eine Antwort geben konnte, meinte Gallio zu den Juden: „Wenn es
sich um einen Gesetzesverstoß oder um ein Schwerverbrechen handeln

würde, das mit unseren Gesetzen geahndet werden könnte, wäre es ja
okay, das hier zu verhandeln. 15 Da es aber nur um irgendwelche religiösen
Streitfragen bei euch geht, kann ich euch auch nicht helfen. Das müsst ihr
schon selber klar kriegen, ich halte auf jeden Fall meine Finger da raus!"
16 Und dann schickte er alle wieder aus dem Saal. 17 Aber die fingen dann
sofort an, den neuen Synagogenchef Sosthenes zu belabern, bis sie ihm
schließlich total aufgebracht sogar vor Ort noch die Fresse polierten. Gal-
lio war das aber egal, er kümmerte sich einfach nicht weiter darum.

Wieder in Antiochia

18 Paulus hing noch 'ne Weile in Korinth ab. Dann verabschiedete er
sich aber von den Christen und schipperte mit Priszilla und Aquila in
Richtung Syrien. Vorher hatte er sich noch in Kenchreä 'ne Glatze ra-
sieren lassen und dann einen Schwur bei Gott abgeleistet. So war das
bei den Juden normal. 19 Nachdem sie in Ephesus angekommen waren,
blieben Priszilla und Aquila in der Stadt, während Paulus in die Synago-
ge ging. Dort redete er mit den Juden. 20 Obwohl sie ihn darum baten,
noch etwas länger dazubleiben, musste er irgendwann gehen: 21 „Wenn
Gott Bock drauf hat, werde ich später noch mal wiederkommen." Dann
verschwand er aus Ephesus mit einem Schiff. 22 Von Cäsarea aus zog
er weiter Richtung Jerusalem. Dort stoppte er kurz, um die Gemeinde
da mal zu besuchen. Schließlich ging es dann weiter nach Antiochia.
23 Aber hier hielt ihn auch nichts lange fest, er ging quer durch Galatien
und Phrygien und besuchte alle Christengemeinden, um sie aufzubauen
und sie in ihrem Glauben anzufeuern.

Die dritte Tour vom Paulus beginnt

24 In der Zwischenzeit war Apollos, ein Jude aus Alexandria, nach Ephe-
sus gekommen. Er war Fachmann in Sachen Gottes Wort und hatte in
Rhetorik 'ne Eins. 25 Von der Sache mit Jesus hatte er schon gehört und
sprach voll geflasht überall von ihm. Und das, obwohl er nur die Taufe
von Johannes erlebt hatte. 26 Apollos predigte sehr mutig in den Synago-
gen von Jesus. Dabei hörten ihm auch Priszilla und Aquila zu. Die luden
ihn dann mal zum Essen ein und erklärten ihm noch genauer, wie es
sich mit der Sache von Jesus verhielt. 27 Als Apollos vorhatte, nach Acha-
ja in Griechenland zu fahren, organisierten die Christen ihm ein nettes
Empfehlungsschreiben. In Achaja konnte Apollos mit seiner Redebega-
bung den Christen ein große Hilfe sein. 28 Denn in öffentlichen Diskussi-
onen konnte er sehr geschickt die Argumente der Juden widerlegen und
bewies unter Verweis auf die heiligen Schriften, dass Jesus der verspro-
chene Retter, der Auserwählte, ist.

19

Paulus ist in Ephesus

1 Während Apollos in Korinth am Start war, machte Paulus ’ne Tour
durch das kleinasiatische Hochland und kam so nach Ephesus. Dort traf
er ein paar Jünger, die damals durch Johannes, der die Leute getauft hat,
Christen geworden waren. 2 „Habt ihr eigentlich den heiligen Geist, die
Power von Gott, auch bekommen?“, wollte er von denen wissen. „Nö“,
sagten sie. „Was ist das denn, der ‚heilige Geist‘? Nie was davon ge-
hört!“ 3 „Wie ist denn damals dieses Ritual bei euch durchgezogen wor-
den, diese Taufe?“ „Wir sind auf die Art von Johannes getauft worden“,
antworteten sie. 4 „Wer die Taufe von Johannes gemacht hat, wollte
damit ein Statement abgeben, dass er einen Neustart mit Gott hinlegen
will“, erklärte Paulus. „Johannes hat aber immer die Ansage gemacht,
dass er erst die Vorschau vom Hauptfilm ist, dass man auf den sein Ver-
trauen setzen soll, der nach ihm kommt. Und das war Jesus!“ 5 Als sie
das gehört hatten, ließen sie sich sofort auf Jesus taufen. 6 Und als Pau-
lus für sie betete und ihnen die Hände dabei auf den Kopf legte, kam die
Kraft von Gott, der heilige Geist, auf sie runter. Sie redeten plötzlich in
einer fremden Sprache, die Gott ihnen aufspielte. 7 Es waren insgesamt
an die zwölf Männer dabei.

Was Paulus noch in Ephesus getan hat

8 Paulus ging von da an oft in die Synagoge. Drei Monate erzählte und
predigte er dort volles Rohr über die Sache von Gott. 9 Einige Leute hat-
ten aber überhaupt keinen Bock darauf, die waren überhaupt nicht offen
dafür. Sie lästerten sogar über die Sache total ab. Irgendwann verließ
Paulus mit den anderen Christen die Synagogen. Ab dann predigte er
jeden Tag in einem Lehrsaal, der einem Typ mit dem Namen Tyrannus
gehörte. 10 Das ging über zwei Jahre, so lange, bis alle, die in der Pro-
vinz Asien lebten, egal ob es Juden oder Griechen waren, irgendwie
mal die Botschaft von Jesus gehört hatten. 11 Gott tat wirklich derbe
Sachen durch Paulus! 12 Manchmal legten die Leute sogar Handtücher
und Klamotten von Paulus auf die kranken Menschen, damit sie gesund
und die fiesen Geister aus ihnen rausgeschmissen wurden. Und es
funktionierte.

Spiritisten heilen Menschen durch den Namen von Jesus

13 Ein paar nicht sesshafte jüdische Spiritisten versuchten fiese Geister
so aus den Menschen zu vertreiben, indem sie den Namen von Jesus
dazu als Hilfe benutzten. Zum Beispiel sagten sie dann: „Verschwindet!

Im Auftrag von Jesus, über den der Paulus immer redet!" 14 Die Typen,
die das so machten, waren die Söhne eines jüdischen Oberpriesters, der
Skevas hieß. 15 Doch der Dämon verarschte sie nur: „Jesus? Den kenn
ich! Paulus? Von dem hab ich mal gehört! Aber wer seid ihr denn, bitte
schön?!" 16 Danach warf sich der Typ, in dem der Dämon steckte, auf
sie, haute sie um und zerriss ihre Klamotten, bis sie alle nackend und
mit blauen Flecken am ganzen Körper fluchtartig das Haus verlassen
mussten. 17 Diese Story sprach sich schnell in ganz Ephesus rum. Bald
wussten alle, Juden und Griechen, was da abgegangen war. Alle kriegten
Riesenrespekt vor Gott, als sie davon hörten, und viele sagten, dass
der Name von Jesus voll geil sei. 18 Viele von den Christen standen jetzt
plötzlich ganz offen zu den ätzenden Sachen, die sie früher so verbockt
hatten. 19 Einige brachten okkulte Zauberbücher, die tierisch teuer gewe-
sen waren, und verbrannten sie in aller Öffentlichkeit. 20 So wurde klar,
was für eine Kraft in den Worten von Gott steckte, und immer mehr
Leute fingen an, Jesus zu vertrauen. 21 Irgendwann beschloss Paulus,
weiter über Mazedonien und Achaja nach Jerusalem zu ziehen, um sich
dann in Richtung Rom abzusetzen. 22 Er schickte zwei seiner Mitarbeiter
vor, und zwar Timotheus und Erastus. Er selbst wollte noch ein bisschen
in der Provinz Asien arbeiten.

Probleme in Ephesus mit dem Silberschmied Demetrius

23 Ungefähr in derselben Zeit gab es in Ephesus voll den Aufstand we-
gen den Sachen, die Paulus überall erzählt hatte. 24 Es fing alles mit
einem Typen an, der Demetrius hieß, der hatte einen Job als Silber-
schmied vor Ort. Er fertigte Mini-Tempel an, die so aussahen wie der
Tempel von der griechischen Göttin Artemis. Er war damit nicht alleine,
viele Händler verdienten fett Kohle damit. 25 Irgendwann veranstaltete
er ein Meeting mit den Kollegen und sagte: „Ihr wisst genauso gut wie
ich, dass wir alle eine Schweinekohle mit den Mini-Tempeln aus Silber
verdienen. 26 Vermutlich habt ihr auch schon gehört, dass dieser Paulus
jetzt die Ansage macht, alle von Menschen gemachten Götter kann man
in die Tonne drücken. Das erzählt er nicht nur in Ephesus, nein, überall
im Land verbreitet er diese Sache, und viele Leute hören auf ihn. 27 Jetzt
besteht ja nicht nur die Gefahr, dass unser Job voll den schlechten Ruf
dadurch kriegt, auch der Tempel von unser großen Göttin Artemis,
die man ja nicht nur in Kleinasien, sondern überall verehrt, wird damit
lächerlich gemacht!" 28 Supersauer schrien die Zuhörer: „Artemis ist
die Größte!" 29 Plötzlich war die ganze Stadt auf den Beinen. Alle trafen
sich im Freilufttheater und schleppten Gajus und Aristarch, die beide
auch mit Paulus unterwegs waren, gleich mit. 30 Paulus wollte selber im

Freilufttheater alle Fragen beantworten, aber seine Jesus-Geschwister
verhinderten das. 31 Auch ein paar von den Beamten von höchster Stelle,
die mit Paulus befreundet waren, warnten ihn sehr, sich der Öffentlich-
keit zu stellen. 32 Bei diesem großen Treffen war das totale Chaos am
Start, einer schrie irgendetwas wie blöd, der andere wieder was anderes.
Viele hatten überhaupt keinen Schnall, worum es überhaupt ging. 33 Die
Juden versuchten nun Alexander ins Spiel zu bringen. Als der versuchte,
mit einem Handzeichen die Menge zum Schweigen zu bringen, 34 ras-
teten die Leute noch mehr aus, weil sie merkten, dass er auch ein Jude
war. Darum schrien sie über zwei Stunden die ganze Zeit: „Groß ist Ar-
temis aus Ephesus!“ 35 Der höchste Beamte am Ort schaffte es schließ-
lich, alle ein bisschen runterzuholen. Er rief: „Liebe Leute aus Ephesus!
Jeder in der Stadt weiß doch, dass wir auf den Tempel der großen Arte-
mis aufpassen und auf ihr Bild, das vom Himmel gefallen ist. 36 Daran
gibt es nichts zu rütteln, dem wird auch keiner widersprechen. Darum
sag ich nur: Ruhig Blut, Leute, checkt die Sachen vorher genau ab, bevor
ihr irgendwas tut. 37 Diese Männer haben weder den Tempel ausgeraubt
noch unsere Göttin in den Dreck gezogen. 38 Wenn Demetrius und seine
Kollegen irgendwas gegen sie in der Hand haben, sollen sie ganz or-
dentlich Anzeige erstatten. Dafür haben wir schließlich einen Gerichts-
hof und die Polizei. Dort soll die Sache geregelt werden. 39 Und wenn ihr
noch irgendetwas anderes habt, was über so ’ne Anzeige hinausgeht,
dann muss das in einer ganz ordentlichen Volksversammlung vorge-
tragen werden. 40 Ich hab ein wenig Schiss, dass die Römer uns sonst
wegen einer unangemeldeten Demo ans Bein pinkeln. Und wir können
auch im Ernst keinen wirklichen Grund für diese Demo nennen.“

20

Paulus verschwindet aus Ephesus und startet seine Tour durch Mazedonien und Griechenland – Ein Reisebericht

1 Nachdem die Demo abgeblasen war, holte Paulus die ganze Gemein-
de noch mal zusammen, um sie etwas aufzubauen. Als er sich dann
schließlich verabschiedet hatte, düste er Richtung Mazedonien ab. 2 Auf
dem Weg schaute er mal bei den ganzen neuen Christengemeinden
vorbei und nahm sich viel Zeit, um sie glaubensmäßig stark zu machen
und ihnen zu sagen, wo es längsgeht. 3 So kam er dann nach Griechen-
land, wo er über drei Monate war. Als er gerade dabei war, sich für die
Schiffsfahrt klarzumachen, erzählte man ihm, dass die Juden vorhatten,
ihn auf der Reise zu ermorden. Darum beschloss er, über Land nach
Mazedonien zurückzufahren. 4 Mit dabei waren einmal Sopater (der
Sohn von Pyrrhus), der aus Beröa stammte, Aristarch und Sekundus

aus Thessalonich, Gajus aus Derbe, Timotheus und dann noch Tychikus
und Trophimus, die aus der Provinz Asien kamen. 5 Die waren alle schon
vorher losgegangen und wollten in Troas auf uns warten. 6 Der Rest von
uns haute erst nach der Passafete aus Philippi ab und kam per Boot fünf
Tage später in Troas an. Dort sind wir dann eine Woche geblieben.

Eutychus wird wieder lebendig

7 Sonntagabend hingen wir noch ein bisschen zusammen ab und fei-
erten „das Abendessen“ (oder „das Abendmahl“, dieses Ritual, was Je-
sus uns vor seinem Tod vorgemacht hatte). Paulus hielt noch 'ne lange
Predigt. Weil er schon am nächsten Tag weiterwollte, nahm er sich sehr
viel Zeit und laberte bis nach Mitternacht durch. 8 Der Raum, in dem
wir zusammen abhingen, war im dritten Stock, und wegen der vielen
Öllampen konnte man die Luft schon fast schneiden. 9 Ein Jugendlicher,
der Eutychus, saß die ganze Zeit auf der Fensterbank. Nachdem Paulus
schon eine ganze Weile am Reden war, wurde er total müde und pennte
immer wieder ein. Irgendwann verlor er plötzlich das Gleichgewicht,
fiel durch das offene Fenster drei Stockwerke tief und knallte auf dem
steinharten Boden auf. Die Männer, die dann sofort zu ihm runterliefen,
konnten nur noch seinen Tod feststellen. 10 Paulus lief sofort runter. Er
beugte sich über den toten Jungen und nahm ihn ganz fest in die Arme.
Dann sagte er zu den Leuten: „Keine Panik! Er ist okay!“ 11 Paulus ging
wieder nach oben, und dann wurde zusammen „das Abendessen“ ge-
feiert. Er nahm sich noch viel Zeit für die Leute, und erst als die Sonne
schon aufging, haute er irgendwann wieder ab. 12 Alle waren aber total
happy, denn Eutychus war wieder gut drauf und quicklebendig.

Paulus fährt nach Milet

13 Wir anderen waren inzwischen auf das Schiff gegangen und nach As-
sos gesegelt. Paulus wollte unbedingt zu Fuß dahin latschen. 14 In Assos
nahmen wir ihn dann mit auf das Schiff und segelten Richtung Mitylene.
15 Die nächsten Tage schipperten wir über Chios und Samos rüber nach
Milet. 16 Weil Paulus unbedingt Pfingsten in Jerusalem am Start sein
wollte, sparte er sich die Reise nach Ephesus.

Paulus sagt: „Auf Wiedersehen, Ephesus“

17 In Milet schickte Paulus einen Typen los, der in Ephesus schon mal
ein Meeting mit den Leitern der Gemeinde klarmachen sollte. 18 Als sie
zusammen dort in einem Raum waren, sagte er: „Ihr habt alle mitbe-
kommen, was ich bei euch gerissen hab, vom ersten Tag an bis heute.
19 Dass ich ohne Rücksicht auf Verluste radikal für Jesus gelebt habe, oft

mit Ärger und Verfolgung an den Hacken. [20] Ihr wisst auch, dass ich nie mein Maul halten konnte, ich hab immer alles rausgehauen und euch erklärt, wie man jesusmäßig lebt, in der Öffentlichkeit, aber auch bei euch privat zu Hause. [21] Egal ob das nun Juden oder Griechen waren, ich hab allen Leuten eine klare Ansage gemacht, dass sie nicht so weiter leben können wie bisher und dass sie ihr Vertrauen auf Jesus Christus setzen sollen. [22] Ich hab jetzt aber das Gefühl, der heilige Geist will, dass ich nach Jerusalem gehe. Was da dann abgehen wird, hab ich keinen blassen Schimmer. [23] Ich weiß aber mittlerweile, dass die mich dort mit Sicherheit in den Knast stecken werden und dass es mir dreckig gehen wird. Der heilige Geist hat nämlich durch Propheten in allen Gemeinden, in denen ich war, so eine Ansage gemacht. [24] Mein Leben ist dabei echt egal, solange ich es hinkriege, die Order, die Jesus Christus mir gegeben hat, auszuführen. Er will nämlich von mir, dass ich die gute Nachricht davon verbreite, dass Gott alle Menschen tierisch liebt und ihnen ihre Schuld verzeihen will. [25] Ich weiß von Gott, dass keiner von euch mich wiedersehen wird, und damit mein ich die Leute, die meine Message gehört haben und bei denen ich gelebt habe. [26] Ich will, dass ihr das unbedingt begreift: Ich bin dafür nicht mehr verantwortlich, wenn einer von euch wieder vom Glauben abkommt! [27] Ich hab euch alles erklärt, was ich weiß, ich hab euch die ganze Sache von Gott erzählt und davon, wie er es geplant hat, alle Menschen aus ihrem Dreck rauszuholen. [28] Ab jetzt müsst ihr auf euch selbst aufpassen und auf die ganze Gemeinde. Ihr seid für die wie ein Trainer, der vom heiligen Geist angestellt wurde. Ihr sollt auf die Gemeinde aufpassen wie auf ein Team. Sie sind für euch von Gott teuer eingekauft worden, sein Sohn hat mit seinem Leben dafür bezahlt! [29] Ich warne euch jetzt schon: Sobald ich hier weg bin, kommen irgendwelche komischen Spacken an, die euch Lügen erzählen werden. Die sind wie Agenten, die euch mit Knebelverträgen abwerben wollen. [30] Sogar unter eurer Truppe wird es Männer geben, die sich bei den Jesus-Leuten einschleimen wollen und Halbwahrheiten unters Volk bringen. [31] Passt tierisch auf, Leute! Vergesst nicht, ich habe drei Jahre tagsüber und auch nächtelang mit allem, was ich hatte, bis zur Schmerzgrenze euch genau erzählt, wie man mit Gott lebt. [32] Jetzt bleibt mir nur noch, euch Gott zu überlassen und zu glauben, dass er auf euch aufpassen wird. Er hat die Möglichkeiten dazu. Er kann dafür sorgen, dass eure Beziehung zu Gott weiter wächst und kann die Erbschaft ausbezahlen, die euch als seinen Kindern zusteht. [33] Ich wollte nie von euch dafür irgendwie Kohle oder andere Bezahlung sehen. [34] Ihr habt mitbekommen, dass ich für alles was ich zum Leben brauchte, und auch für die Leute die mit mir waren, selber gejobbt habe,

um mir den Unterhalt mit meinen eigenen Händen zu verdienen. 35 Ich
wollte euch damit klar machen, dass man arbeiten muss, um mit dem
Geld Armen zu helfen. Das hat Jesus uns so beigebracht, er sagte im-
mer: ‚Leuten was zu geben macht mehr Spaß, als nur zu bekommen.'
36 Ich fände es cool, wenn wir uns jetzt noch alle hinknien und 'ne Runde
mit Jesus reden würden." 37 Für viele klang das wie eine Abschiedsrede.
Sie küssten Paulus zum Abschied und umarmten ihn, und viele fingen
an tierisch zu weinen, 38 weil er ihnen gesagt hatte, sie würden sich nicht
mehr wiedersehen. Dann brachten sie ihn noch auf das Schiff.

21

Reisebericht: Paulus fährt nach Jerusalem

1 Nach der intensiven Verabschiedung verschwanden wir aus Ephesus
und fuhren mit dem Schiff Richtung Kos weiter. Am nächsten Tag lande-
ten wir in Rhodos und danach in Patara. 2 Von da aus ging es weiter mit
einem anderen Schiff, das nach Phönizien segelte. 3 Irgendwann konnte
man auf der Fahrt schon die Insel Zypern sehen, wir segelten aber an
der Nordseite daran vorbei und fuhren in Richtung der syrischen Ha-
fenstadt Tyrus, wo die Ladung des Schiffes gelöscht wurde. 4 In Tyrus
hingen wir dann noch mit den Jesus-Leuten eine Woche ab. Die Christen
von da warnten Paulus davor, nach Jerusalem zu gehen, das hatten sie
vom heiligen Geist so gezeigt bekommen. 5 Trotzdem nahmen wir doch
das Schiff Ende der Woche. Die ganze Gemeinde, inklusive der Frauen
und Kinder, begleitete uns bis vor die Stadt. Am Strand knieten wir uns
noch hin und hatten eine heftige Gebetszeit. 6 Nachdem wir uns verab-
schiedet hatten, gingen wir auf das Schiff, die anderen gingen wieder
zurück in die Stadt. 7 Unsere weitere Reise ging dann über Tyrus nach
Ptolemaïs. Dort hingen wir auch noch einen Tag bei den Christen. 8 Von
Ptolemaïs ging es weiter zu Fuß Richtung Cäsarea. Da wohnten wir in
der Hütte vom Philippus, der voll die Begabung hat, Menschen zu Jesus
zu führen. Er war einer von sieben Leuten, die den Job hatten, Men-
schen besonders zu dienen, man nannte das auch ‚Diakon'. 9 Er hatte
vier Töchter, die allesamt nicht geheiratet hatten. Die Töchter hatten alle
die geistliche Begabung, Worte von Gott zu bekommen, also prophe-
tisch zu reden. 10 Als wir schon ein paar Tage bei Philippus waren, kam
der Agabus vorbei. Agabus stammte aus Judaä. Er war voll der Prophet,
bekam Einsichten und Worte direkt von Gott aufgespielt. 11 Einmal
nahm der sich plötzlich den Gürtel von Paulus und fesselte sich damit
seine Hände und Füße. Und dann meinte er: „Der heilige Geist sagt dir:
Der, dem der Gürtel gehört, wird in Jerusalem von den Juden gefesselt
und dann so an die Römer abgegeben werden." 12 Als uns klar war, was

er damit sagen wollte, redeten wir und die anderen wie blöd auf Paulus
ein, er sollte auf keinen Fall nach Jerusalem fahren. 13 Er war aber nicht
davon abzubringen und sagte nur: „Leute, heult nicht rum, damit macht
ihr es nur noch schwerer für mich, als es eh schon ist. Ich bin zu allem
bereit, egal ob sie mich in Jerusalem abführen, in den Knast werfen oder
ermorden, solange es nur für Jesus Christus ist.“ 14 Wie sie ihn auch be-
laberten, er war nicht umzustimmen. Also sagten sie schließlich: „Was
Gott will, soll auch passieren!“

Paulus soll beweisen, wie straight er die Regeln der Juden befolgt

15 Kurz darauf fuhren wir alle Richtung Jerusalem. 16 Ein paar aus der
Christen-Familie aus Cäsarea waren auch dabei. Die brachten uns zu
einem Typen, der Mnason hieß und einer der ersten Christen war. Er
kam aus Zypern und hatte ein fettes Haus, wo wir pennen konnten.
17 Die Christen-Familie in Jerusalem begrüßte uns superfreundlich.
18 Am Tag nach unserer Ankunft ging Paulus zu Jakobus, wo auch die
anderen Leiter aus der Gemeinde waren. 19 Paulus begrüßte erst mal
alle und dann erzählte er ausführlich, was Gott gerade mit den anderen
Völkern am Start hatte und was da so passierte. 20 Alle freuten sich sehr
über diese News und bedankten sich bei Gott dafür. Dann meinten sie
aber: „Bruder, du weißt hoffentlich, dass auch Tausende von den Juden
jetzt mit Jesus leben und sich Christen nennen, und die befolgen immer
noch superstreng die Gesetze, die Mose aufgestellt hat. 21 Es gibt das
Gerücht, du würdest den Juden, die nicht in Israel leben, sagen, sie kön-
nen diese Regeln links liegen lassen. Sie brauchen zum Beispiel den jun-
gen Männern nicht mehr die Vorhaut abschneiden zu lassen, und auch
die anderen Gesetze wären jetzt wurschtegal. 22 Was sollen wir jetzt
deiner Meinung nach tun? Die kriegen das auf jeden Fall spitz, dass du
hier bist. 23 Wir haben da eine Idee gehabt. Und zwar sind hier diese
vier Männer, die müssen ein Versprechen, was sie Gott gegeben haben,
einlösen. 24 Zieh mit denen los und erfüll diese ganzen geforderten Re-
geln, die Waschrituale, dass man sich die Haare abrasieren muss und so
weiter. Übernimm am besten auch die Kosten, die da anfallen, und zwar
für euch alle. Damit könntest du den Leuten das Maul stopfen, die be-
haupten, die Gesetze der Juden wären dir egal. 25 Wie die Christen leben
sollen, die keine Juden sind, das haben wir ja alles schriftlich festgehal-
ten. Wir hatten damals gesagt, sie sollen die Finger von Fleisch lassen,
das für bestimmte Opferrituale von irgendwelchen Göttern benutzt
wurde. Außerdem sollen sie kein Blut essen und auch nichts von Tieren,
die nach dem Schlachten nicht richtig ausgeblutet sind. Und natürlich
müssen sie sich sexmäßig korrekt verhalten.“

Paulus kommt in Jerusalem in den Knast

26 Paulus willigte in den Vorschlag ein. Am nächsten Tag ging er mit ein paar Leuten in den Tempel. Es ging darum, eine Meldung zu machen, dass sie jetzt die Sachen machen würden, die für die Juden wichtig waren, ein Opfer zu bringen und so.
27 Die sieben Tage, die dafür vorgeschrieben sind, waren schon fast vorbei, als ein paar von den Juden aus Kleinasien Paulus im Tempel erkannten. Sie machten sofort voll den Aufstand und hetzten ein paar Leute gegen ihn auf. Sie griffen ihn am Ärmel und schrien wie blöd:
28 „Wir brauchen Hilfe! Das ist der Mann, der die ganze Welt gegen uns hetzt, gegen unsere Religion, sogar gegen unseren Tempel! Aber das Schlimmste ist: Er hat sogar ein paar von den dreckigen Griechen in den Tempel mitgebracht, damit ist hier ja alles verunreinigt!“
29 Sie hatten Paulus nämlich mit dem Griechen Trophimus, der aus Ephesus kam, in der Stadt gesehen. Jetzt glaubten sie, Paulus hätte ihn auch mit in den Tempel genommen.
30 Die ganze Stadt Jerusalem war völlig durch. Sie schnappten sich Paulus und schubsten ihn aus dem Tempel raus. Hinter ihm wurden die Türen sofort verschlossen.
31 Die Menschenmasse war drauf und dran, Paulus zu ermorden, bis der Kommandant der römischen Armee ’ne Meldung bekam: „Die ganze Stadt macht Krawall!“
32 Der schickte dann sofort eine Abteilung von seiner Truppe los, Richtung Tempelplatz. Als die Menschenansammlung die Soldaten sah, ließen sie Paulus sofort los.
33 Paulus wurde verhaftet und mit Handschellen abgeführt. Der Kommandant führte anschließend eine Befragung unter der Bevölkerung durch, wer dieser Typ überhaupt war und was er verbrochen haben sollte.
34 Die Leute waren aber alle so durch, der eine schrie das, der andere jenes, dass er letztendlich am Ende genauso schlau war wie vorher. Darum befahl er, Paulus erst mal in die Kaserne zu bringen.
35 Als die Männer Paulus abführten und zur Kaserne brachten, mussten sie ihn teilweise sogar tragen, weil die Masse so einen Alarm machte und ihn sonst gelyncht hätte.
36 Die Menschen brüllten wie blöd: „Tötet das Schwein, weg mit ihm!“.
37 Kurz bevor Paulus mit dem Kommandanten in der Kaserne angekommen war, fragte er: „Kann ich kurz mit Ihnen reden?“ – „Sie sprechen Griechisch?“, meinte der total überrascht.
38 „Dann sind Sie also gar nicht dieser Ägypter, der auf unserer Fahndungsliste steht, weil er ’ne Revolte mit viertausend Leuten angezettelt hat? Der sammelt sich gerade mit seinen Leuten in der Wüste.“
39 „Nein“, sagte Paulus, „ich bin ein Jude und komme ursprünglich aus Tarsus. Mein Pass wurde in Zilizien ausgestellt, von der Gegend haben Sie bestimmt schon gehört. Bitte geben Sie mir ’ne Chance, ich will gerne zu den Leuten sprechen!“
40 Der Kommandant erlaubte es ihm. Also postierte sich Paulus auf der

obersten Treppe und hob seine Hand, damit er was sagen konnte. Nach 'ner Weile wurden alle etwas ruhiger, und dann fing er mit seiner Rede an, und zwar hielt er sie in Hebräisch.

22

Paulus sagt den Juden, warum er so drauf ist

1 „Liebe Leute, bitte hört mir jetzt mal zu, ich möchte mich gerne ver-
teidigen." 2 Als die Juden mitkriegten, dass Paulus sogar ihre Sprache
draufhatte, wurden sie mucksmäuschenstill, und er konnte in Ruhe
weiterreden. 3 „Ich bin ein Jude, wurde in Tarsus geboren, einer Stadt,
die in Zilizien liegt. Aufgewachsen bin ich aber hier in Jerusalem. Ich
war ein Schüler von Gamaliel, der mir beigebracht hat, total genau nach
unseren Gesetzen zu leben, die uns von unseren Vorfahren übermittelt
wurden. Ich war radikal da drin, nur das zu tun, was Gott will. 4 Das war
auch der Grund, warum ich diese neue Religion, die von diesen Leuten
ins Leben gerufen wurde, aufs Schlimmste bekämpft habe. Egal ob
es Männer oder Frauen waren, ich hab jeden, den ich kriegen konnte,
fertig gemacht und ins Gefängnis werfen lassen. 5 Dafür gibt es genug
Zeugen von den Oberpriestern und auch vom Hohen Rat. Ich hatte mir
von denen sogar eine schriftliche Vollmacht für die jüdische Gemeinde
in Damaskus geben lassen. Ich wollte dafür sorgen, dass alle Christen,
die in der Stadt waren, in Handschellen abgeführt, nach Jerusalem ge-
bracht und bestraft würden. 6 Nun war ich gerade unterwegs Richtung
Damaskus, als ich ganz unerwartet ein einschneidendes Erlebnis hatte,
kurz bevor ich dort angekommen bin. Und zwar war es so gegen Mittag,
als ich plötzlich von einem sehr hellen Licht angestrahlt wurde. 7 Ich fiel
flach auf den Boden und war total geschockt. Und dann redete auch
noch eine Stimme mit mir, die sagte: ‚Saul, Saul, warum bist du hinter
mir her?' 8 Völlig fertig fragte ich zurück: ‚Wer sind Sie, mein Herr?'
Die Antwort kam prompt: ‚Ich bin's, Jesus, der aus Nazareth stammt.
Der Mann, dem du die ganze Zeit hinterherjagst und den du zerstören
willst.' 9 Die Leute, die mit mir unterwegs waren, konnten nur das Licht
sehen, die Stimme hörten sie aber nicht. 10 ‚Was soll ich denn jetzt ma-
chen, Gott?', fragte ich zurück. Die Antwort war dann: ‚Steh auf und geh
nach Damaskus. Dort wirst du weitere Instruktionen über deine zukünf-
tige Aufgabe erhalten.' 11 Das Licht war so hell, dass ich davon total ge-
blitzt war und nichts mehr sehen konnte. Die Jungs, die bei mir waren,
mussten mich an der Hand nach Damaskus führen. 12 Da hab ich dann
den Hananias kennen gelernt. Hananias ist ein gläubiger Mann und
radikal mit Gott unterwegs, er tut immer genau das, was der von ihm
will. Er hat bei allen Juden in Damaskus einen sehr guten Ruf. 13 Dieser

Typ ging auf mich zu und sagte: ‚Mein lieber Kollege Saul, ab jetzt sollst du wieder den Durchblick haben!' Und sofort konnte ich wieder sehen. [14] Danach hat er mich erst mal voll getextet. Er sagte: ‚Der Gott, an den schon die Generationen vor uns geglaubt haben, hat dich ausgesucht. Du sollst begreifen, was er will, du sollst seinen Sohn erkennen, du sollst auch in der Lage sein, seine Stimme zu hören. [15] Du wirst jedem Menschen klar machen können, dass Jesus lebt, weil du ihn selber gesehen und gehört hast. [16] Und darum sag ich nur: Jetzt geht's los! Lass dich sofort taufen! Dadurch, dass du vor Jesus alles auspackst und deine ganzen Sünden bekennst, wird der ganze Dreck von dir abgewaschen.' [17] Dann ging ich wieder zurück nach Jerusalem. Eines Tages hing ich im Tempel ab, um zu beten, als ich plötzlich eine Vision vor meinem inneren Auge hatte. [18] Gott redete da mit mir und sagte: ‚Geh schnell weg aus Jerusalem, hier gibt es nichts zu holen für dich, keiner wird dir glauben.' [19] ‚Aber, Boss, hier wissen doch alle, dass ich früher die Christen in den Knast gesteckt und in den Synagogen hab auspeitschen lassen. [20] Erinnerst du dich? Ich hab sogar den Stephanus, der immer für deine Sache gestanden hat, töten lassen und dabei noch genüsslich zugesehen. Ich hab nebenbei auf die Sachen von seinen Mördern aufgepasst.' [21] Doch Gott sagte nur: ‚Mach dich auf den Weg, ich will dich bei den nichtjüdischen Völkern, den Heiden, benutzen.'"

Paulus bringt seinen römischen Pass mit ins Spiel

[22] Bis zu diesem Zeitpunkt hatten alle Paulus noch zugehört. Doch jetzt gingen sie total ab: „Macht den Typen alle! Er soll sterben!" [23] Völlig durch fingen sie sogar an, ihre Klamotten zu zerreißen, und wirbelten dabei voll den Staub auf. [24] Schließlich erteilte der Kommandant den Befehl, Paulus in den Knast zu bringen und ihn dort erst mal auszupeitschen und zu verhören. Er wollte irgendwie rauskriegen, warum die Leute so sauer auf Paulus waren und unbedingt seinen Tod wollten. [25] Als sie Paulus bereits Handschellen angelegt hatten und gerade anfangen wollten ihn auszupeitschen, meinte Paulus beiläufig: „Herr Offizier, sagen Sie, seit wann ist es eigentlich bei Ihnen erlaubt, Leute mit römischem Pass ohne ordentliche Verhandlung auszupeitschen?" [26] Leicht geschockt lief der Offizier sofort zum Kommandanten: „Der Typ ist römischer Bürger! Was jetzt?" [27] Der Kommandant konnte das kaum glauben und frage Paulus selber: „Stimmt das? Sind Sie römischer Bürger?" „Yo, das ist richtig", sagte Paulus. [28] „Unglaublich, ich hab sehr viel Geld für dieses Bürgerrecht abgedrückt", sagte der Kommandant. „Ich wurde da reingeboren", meinte Paulus trocken. [29] Sofort banden die Soldaten ihn wieder los. Der Kommandant hatte Angst, er würde tierisch Ärger

kriegen, weil auf seine Order hin ein römischer Bürger ausgepeitscht
wurde.

Paulus vor Gericht

30 Der Kommandant wollte wissen, was die Juden Paulus eigentlich vor-
zuwerfen hatten. Darum setzte er am nächsten Tag ein Meeting an, wo
die Oberpriester und das Gericht zusammenkommen sollten. Paulus
wurde dazu aus dem Knast rausgeholt, man nahm ihm die Handschel-
len ab und brachte ihn dorthin.

23

1 Total cool sah Paulus die Leute vom obersten Gerichtshof an und
begann seine Story zu erzählen: „Verehrte Zuhörer! Was meine Person
betrifft, kann ich mit ruhigem Gewissen nur versichern, dass ich bis
heute immer nur das getan habe, was Gott gut findet.“ 2 Hananias, der
Oberpriester, wurde wütend und befahl seinen Leuten, Paulus aufs
Maul zu hauen. 3 Da rief Paulus laut: „Sie mieser Schleimer, Gott wird
Ihnen dafür schon die Rechnung präsentieren! Sie tun so, als würden
Sie sich immer nach den Gesetzen, die Gott aufgestellt hat, richten, und
dabei brechen Sie sie selber, indem Sie mich hier schlagen lassen!“ 4 Ei-
nige kriegten das nun gar nicht auf die Reihe: „Wie kannst du es wagen,
den Oberpriester zu beleidigen!“ 5 „Sorry, Leute“, sagte Paulus, „schon
klar, dass in den heiligen Büchern steht: ‚Du sollst den Chef von deinen
Leuten nicht beleidigen.‘“ 6 Weil Paulus wusste, dass unter den Anwe-
senden sowohl Vertreter der Sadduzäer-Partei als auch der Pharisäer
waren, versuchte er die beiden gegeneinander auszuspielen. „Brüder,
ich gehöre ja zu den Pharisäern wie viele aus meiner Familie, und jetzt
werde ich hier verklagt, weil ich daran glaube, dass die Toten wieder
lebendig werden!“ 7 Durch diese Ansage wurde ’ne große Diskussion
ins Rollen gebracht, und die Leute spalteten sich in zwei Lager. 8 Denn
im Gegensatz zu den Pharisäern glaubten die Sadduzäer nicht, dass ein
Mensch nach seinem Tod wieder lebendig wird, und sie glaubten auch
nicht an Engel oder an Geister. 9 Die Diskussion wurde immer lauter.
Völlig von der Rolle sprangen ein paar von den Theologen der Pharisäer-
Partei auf und schrien: „Der Mann ist total in Ordnung! Es gibt keinen
Grund, ihm irgendwas anzuhängen. Vielleicht hat ja wirklich ein Geist
oder ein Engel mit ihm gesprochen!“ 10 Die Diskussion wurde immer
lauter und drohte umzukippen. Der römische Kommandant hatte Angst,
er könnte bald nicht mehr für den Schutz von Paulus garantieren. Da-
rum befahl er seinen Soldaten, Paulus wieder abzuführen und in den
Knast zu bringen. 11 In der nächsten Nacht hatte Paulus dort ein Treffen

mit Gott: „Du brauchst keine Angst mehr zu haben, Paulus. So wie du mich in Jerusalem vertreten hast, wirst du es auch in Rom tun."

Attentat auf Paulus

[12] Am nächsten Morgen trafen sich heimlich ein paar Juden. Sie machten einen Vertrag miteinander, dass sie nichts mehr essen und trinken würden, bis einer von ihnen Paulus ermordet hätte. [13] Über vierzig Leute hatten da unterschrieben. [14] Danach gingen sie zu den Oberpriestern und zu den Leitern des Volkes und sagten denen: „Wir haben einen Vertrag unterzeichnet, dass wir nichts mehr essen wollen, bis wir Paulus ermordet haben. [15] Ihr müsst dafür sorgen, dass wir ihn irgendwie noch mal vor die Flinte kriegen. Organisiert noch ein Verhör beim Kommandanten. Ihr könnt ja behaupten, es ginge noch einmal um ‚ein genaueres Verhör in der Sache Paulus'. Den Rest machen wir. Wir sorgen dafür, dass er gar nicht erst ankommt." [16] Ein Neffe vom Paulus bekam aber Wind von dem geplanten Attentat. Er rannte zum Gefängnistrakt und erzählte Paulus alles, was er gehört hatte. [17] Paulus rief einen von den Offizieren zu sich und fragte den: „Können Sie diesen Jungen mal bitte beim Kommandanten vorsprechen lassen? Er hat eine wichtige Mitteilung für ihn!" [18] Der Offizier führte den Jungen zum Kommandanten und machte Meldung: „Der Gefangene Paulus hat mich rufen lassen, Sir. Er hat darum gebeten, dass ich diesen jungen Mann bei Ihnen vorsprechen lasse, Sir. Er hat eine Nachricht für Sie, Sir." [19] Der Kommandant schnappte sich den Jungen und fragte ihn: „Und, was hast du mir zu erzählen?" [20] „Die Juden haben einen Plan gegen Paulus ausgeheckt. Sie werden bald ankommen und eine einstweilige Verfügung einreichen. [21] Sie dürfen nicht darauf hören, ja? Da gibt es nämlich vierzig Männer, die nur darauf warten, ihn zu töten. Sie haben einen Vertrag unterschrieben, dass sie nichts essen und trinken wollen, bis Paulus tot ist. Sie warten nur noch auf Ihre Anweisung, dann legen sie los." [22] Der Kommandant redete auf ihn ein, er sollte auf keinen Fall irgendjemandem von der Sache erzählen. Dann verpieselte sich der Junge wieder aus dem Gefängnis.

Paulus wird nach Cäsarea gebracht

[23] Sofort rief der Kommandant zwei Offiziere zu sich. Er gab ihnen folgende Order: „Stellt für heute Nacht eine Truppe von zweihundert Soldaten bereit. Dazu noch siebzig Reiter und zweihundert Soldaten mit leichten Waffen. [24] Organisiert auch Transportmittel für den Gefangenen, und dann bringt ihr ihn sicher nach Cäsarea zum Gouverneur Felix." [25] Dazu gab es noch einen Brief mit folgendem Inhalt: [26] „Sehr

geehrter Herr Gouverneur Felix, [27] dieser Mann wurde von einigen Juden festgenommen. Als sie ihn gerade umbringen wollten, kam ich noch rechtzeitig dazwischen und habe ihn unter Anwendung von Gewalt befreit. Grund: Es war mir zu Ohren gekommen, dass der Festgenommene im Besitz eines römischen Passes ist. [28] Zum Zweck eines Verhörs, da ich den Grund der erfolgten Festnahme eruieren wollte, brachte ich ihn vor den Untersuchungsausschuss am Gerichtshof. [29] Dort stellte sich heraus, dass der Angeklagte keine Straftat begangen hat, die eine Verurteilung zum Tod rechtfertigen würde. Es wurde sogar festgestellt, dass die Verhaftung seitens der Behörden ohne gesetzliche Grundlage erfolgt ist. [30] Da mir ein Informant die Nachricht zukommen ließ, dass ein Mordanschlag gegen diesen Mann bereits in Planung ist, hielt ich es in diesem Fall für angebracht, ihn sofort zu Ihnen zu bringen. Ebenfalls wurde die Seite der Ankläger von seiner Verlegung unterrichtet und schriftlich aufgefordert, ihre Anzeige gegen den Mann bei Ihnen einzureichen. Hochachtungsvoll, Klaudius Lysias." [31] Die Soldaten brachten Paulus noch in derselben Nacht nach Antipatris. [32] Am nächsten Tag gingen die Soldaten, die zu Fuß waren, wieder nach Jerusalem. Die Soldaten auf Pferden blieben aber noch beim Paulus. [33] In Cäsarea übergab man den Brief und den Gefangenen an den Gouverneur. [34] Der Gouverneur fragte Paulus, nachdem er den Brief gelesen hatte, aus welcher Gegend er denn stammen würde. „Ich bin Zilizianer", antwortete Paulus. [35] „Sobald die Seite der Ankläger eingetroffen ist, beginnen wir mit der Verhandlung", entschied der Gouverneur Felix. Auf seinen Befehl wurde Paulus dann in den Gefangenentrakt im Palast vom König Herodes verlegt.

24

Paulus wird angeklagt und verbringt viel Zeit mit Felix, dem Gouverneur

[1] Fünf Tage später trabten dann der Oberpriester Hananias, ein paar wichtige Leute, die was zu sagen hatten, und der Staatsanwalt Tertullus an. Sie erhoben Anklage gegen Paulus. [2] Nachdem Paulus in den Gerichtssaal geführt wurde, begann Tertullus mit dem Verlesen der Anklageschrift: „Sehr geehrter Herr Felix! Voller Dankbarkeit erkennen wir Juden an, dass wir durch Euer Gnaden endlich ein Leben in Frieden führen können und dass Sie viele Dinge nur zu unserem Wohl geschaffen haben. [3] In diesem Punkt sind wir Ihnen zu tiefstem Dank verpflichtet, geehrter Herr Felix. [4] Ich möchte Ihnen heute nicht allzu lange zur Last fallen, darum fasse ich mich kurz. [5] Dieser Mann ist auf unerträgliche Weise wie eine ansteckende Krankheit bei uns eingefallen und hat überall im Römischen Reich Leute mit seinen widerwärtigen

Lehren krank gemacht. Er hat eine Revolution unter den Juden angezet-
telt. Er ist selber ein Anführer dieser neuen Nazarener-Sekte. 6 Als er vor
kurzem versucht hat, unseren heiligen Tempel zu beschmutzen, haben
wir ihn festgenommen und wollten ihn sofort nach unseren Gesetzen
verurteilen. 7 Zu diesem Zeitpunkt kam der Kommandant Lysias dazwi-
schen und ließ ihn von seinen Soldaten abführen. 8 Sein anschließender
Befehl lautete dann, die Anklage direkt bei Ihnen einzureichen. Wenn
Sie ihn verhört haben, werden Sie feststellen, dass unsere Aussage
der Wahrheit und nichts als der Wahrheit entspricht." 9 Die andern Ju-
den unterstützten die Anklage in allen Punkten und bestätigten ihren
Wahrheitsgehalt.

Paulus verteidigt sich selber vor Felix

10 Auf ein Zeichen des Gouverneurs stand Paulus auf und sagte: „Da
ich weiß, dass Sie seit vielen Jahren bereits das Amt eines Richters für
diese Leute haben, will ich gerne was zu meiner Verteidigung sagen.
11 Sie können ohne weiteres überprüfen, dass es nicht mehr als zwölf
Tage her ist, seit ich nach Jerusalem gegangen bin, um dort im Tempel
mit Gott zu reden. 12 In dieser Zeit habe ich weder in den Synagogen
noch generell irgendwelche Diskussionen mit Menschen in der Öffent-
lichkeit geführt, geschweige denn eine Demonstration oder eine Revolte
angezettelt. 13 Darum gibt es auch keine Beweise für die Anklagepunkte,
die gegen mich vorgebracht werden. 14 In einer Sache bekenne ich mich
allerdings in jedem Punkt für schuldig: Mein Leben gehört dem Gott,
an den unsere Vorfahren schon geglaubt haben, und ich lebe meinen
Glauben in der Art und Weise, wie sie mir hier als sektenmäßig vorge-
worfen wird. Ich bin überzeugt von all dem, was in dem Regelwerk, den
Gesetzen von Mose, steht, und auch an die ganzen Sachen, die von den
Propheten geschrieben wurden, glaube ich ganz fest. 15 Genauso wie
die Leute, die mich hier angezeigt haben, hab ich die Hoffnung, dass
alle Menschen, egal ob sie das getan haben, was Gott will, oder eben
nicht, irgendwann nachdem sie gestorben sind, einmal aus ihrem toten
Zustand wieder herausgeholt werden. 16 Dafür übernehme ich die volle
Verantwortung, da hab ich mir auch nichts vorzuwerfen. 17 Ich war nun
die letzten Jahre im Ausland unterwegs und bin extra nach Jerusalem
zurückgekommen, um mit einer Geldspende meinem Volk zu helfen
und um Gott, wie unsere Religion es vorsieht, ein paar Opfer im Tempel
zu bringen. 18 Ich war gerade dabei, ein spezielles Reinigungsopfer zu
machen, da erkannten mich ein paar Juden, die aus der Provinz Asien
stammen. 19 Sie müssten jetzt eigentlich hier mit auf der Anklägersei-
te stehen, wenn sie nur tatsächlich irgendetwas vorzubringen hätten.

[20] Sonst können Sie sich ja wenigstens von den Leuten, die jetzt hier sind, erzählen lassen, was mir alles dort vor dem jüdischen Gerichtshof vorgeworfen wurde. [21] Es kann sich eigentlich nur um diesen einen Satz handeln: Ich glaube daran, dass die Toten irgendwann mal wieder lebendig werden. Darum werde ich hier und heute angeklagt!" [22] Felix, der sich mit der neuen christlichen Religion schon ganz gut auskannte, vertagte daraufhin erst mal die Sitzung auf morgen. „Wenn der Kommandant Lysias hier ist, werde ich ein Urteil fällen!" [23] Paulus blieb erst mal weiter im Knast. Aber Felix ordnete an, die Haftbedingungen zu erleichtern. Außerdem durften Angehörige und Freunde Paulus besuchen kommen.

Felix macht es sich nicht leicht, Paulus zu verurteilen

[24] Nach ein paar Tagen ließen Felix und seine Frau Drusilla (die Jüdin war) den Gefangenen Paulus zu sich holen. Sie waren superneugierig geworden und wollten mehr über das Leben mit Jesus hören. [25] Als Paulus dann aber von der radikalen Seite des Christseins sprach, davon, dass man nicht mehr mit jedem rummachen soll und dass wir uns alle irgendwann einmal für das, was wir tun, verantworten müssen, geriet er etwas in Panik. Er brach das Gespräch ab und meinte: „Es reicht fürs Erste! Wenn ich mehr Zeit habe, will ich noch mal mehr von Ihnen hören." [26] Eigentlich hatte er gehofft, noch ein bisschen Bestechungs-Kohle von Paulus abzocken zu können. Darum ließ er ihn auf jeden Fall öfters mal holen. [27] Nach zwei Jahren wurde Felix dann abberufen, und Porzius Festus wurde der neue Gouverneur. Um den Juden am Ende noch einen Gefallen zu tun, überließ er den Gefangenen Paulus seinem Nachfolger.

25

Gerichtsverhandlung mit Festus

[1] Drei Tage nachdem Festus sein Amt angetreten hatte, fuhr er von Cäsarea nach Jerusalem. [2] Kaum war er da, kamen schon die Oberpriester und die „Richtig-wichtig-Juden" an, um Paulus dort anzuzeigen. [3] Um Festus indirekt die Gelegenheit zu geben, sich mit ihnen gut zu stellen, fragten sie, ob Paulus nicht nach Jerusalem überführt werden könnte. Ihr Plan war aber, auf dem Weg dahin einen Überfall zu starten und Paulus dabei zu ermorden. [4] Festus kapierte aber sofort, was sie vorhatten, und lehnte ab. Er sagte: „Paulus bleibt in Cäsarea, und ich selbst fahre sowieso demnächst zurück. [5] Wenn er sich wirklich etwas zuschulden hat kommen lassen, können die Leute, die die Anzeige erstattet haben, ja mitkommen und ihn da verklagen." [6] Nach ungefähr acht bis zehn

Tagen setzte er einen neuen Verhandlungstermin an. 7 Als sie Paulus in den Saal gebracht hatten, drängelten sich die Juden aus Jerusalem um Paulus und beschuldigten ihn, sehr schlimme Sachen gemacht zu haben. Aber Beweise dafür konnte keiner bringen. 8 Paulus verteidigte sich, so gut er konnte. „Ich habe weder gegen das Gesetz der Juden verstoßen noch habe ich den Tempel verdreckt oder irgendein staatliches Gesetz gebrochen."

Paulus legt Berufung beim Kaiser ein

9 Festus wollte sich auch bei den Juden etwas einschleimen. Darum fragte er Paulus: „Geht das für Sie in Ordnung, wenn wir die Verhandlung unter meiner Leitung in Jerusalem weiterführen?" 10 „Für mich ist sowieso ein Gerichtsurteil vom Kaiser notwendig. Sie wissen genauso gut wie ich, dass ich gegen das jüdische Gesetz nicht verstoßen habe. 11 Wenn ich gegen irgendein Gesetz verstoßen habe, worauf die Todesstrafe steht, dann bin ich bereit dafür zu sterben. Ist das aber nicht der Fall und ich bin zu Unrecht von den Juden angeklagt worden, dann darf ich auch nicht an sie ausgeliefert werden. Ich bestehe darauf: Ich möchte, dass meine Angelegenheit vor dem obersten Gerichtshof direkt vom Kaiser in Rom verhandelt wird!" 12 Nach einer kurzen Beratung mit den Beisitzern verkündete Festus: „Sie haben sich auf den Kaiser berufen, Sie werden vor den Kaiser gebracht werden!"

Festus hat ein Meeting mit dem König Agrippa über den Fall Paulus

13 Ein paar Tage später kam König Agrippa mit seiner Schwester Berenike nach Cäsarea, um sich mit Festus zu treffen. 14 Während dieser Zeit quatschte Festus mit dem König auch über den Fall Paulus. „Ich hab da von meinem Vorgänger so einen Mann als Gefangenen übernommen. Das Urteil wurde noch nicht gefällt. 15 Gleich nachdem ich nach Jerusalem gekommen war, kamen die Oberpriester vorbei und die Leiter der Juden. Sie pochten auf eine Verurteilung. 16 Ich machte ihnen klar, dass wir Römer nach unserm Strafrecht erst jemanden verurteilen, wenn er sich einem ordentlichen Gerichtsverfahren unterzogen hat, um sich auch verteidigen zu können. 17 Ich hab dann sofort nach ihrer Ankunft einen Verhandlungstermin angesetzt. Dort hab ich den Gefangenen vorführen lassen. 18 Ich hatte mir das schon vorher gedacht, ich konnte ihm beim besten Willen kein Verbrechen anhängen, nichts, was die Anklageseite befriedigt hätte! 19 Es geht in der Sache lediglich um Fragen, die ihr religiöses Gesetz betreffen, und um irgendeinen Jesus, von dem Paulus behauptet, er wäre am Leben. 20 Ich bin auf dem Gebiet dieser Religion absoluter Laie, darum hab ich Paulus vorgeschlagen, er sollte

einen Verhandlungstermin in Jerusalem beantragen. [21] Paulus wollte
aber die Sache gleich direkt vor dem Kaiser klären. Er beantragte das
offiziell, darum hab ich ihn erst mal in Untersuchungshaft genommen,
bis ich ihn zum Kaiser bringen kann.“ [22] „Diesen Herrn würde ich gerne
einmal kennen lernen!“, sagte Agrippa. „Das können wir gleich morgen
organisieren“, antwortete Festus. [23] Am nächsten Tag spazierten der
König Agrippa und seine Schwester Berenike in den Gerichtssaal. Eskor-
tiert wurden sie von ein paar Offizieren mit höchstem Dienstgrad, und
ein paar feine Pinkel aus der Stadt waren auch dabei. Auf ein Zeichen
von Festus wurde Paulus in den Saal geführt. [24] Festus legte los: „Sehr
verehrter König Agrippa! Verehrte Anwesende! Vor Ihnen steht der zur-
zeit meistgehasste Mann in Jerusalem. Alle wollen seinen Tod. [25] So wie
ich die Sache sehe, hat er aber nichts verbrochen, was ein Todesurteil
rechtfertigen würde. Er hat Berufung beim Kaiser eingelegt, und darum
werde ich ihn jetzt auch nach Rom bringen lassen. [26] Ich hab allerdings
keine Ahnung, was ich dem Kaiser als Anklage vorlegen soll. Darum hab
ich diesen Mann zu Ihnen, König Agrippa, geschickt, weil ich Ihre Hilfe
bezüglich der Formulierung dringend benötige. [27] Es wäre ja totaler Un-
sinn, einen Gefangenen zum Kaiser vorzuladen, ohne sagen zu können,
was gegen ihn vorliegt.“

26

Paulus verteidigt sich vor dem König

[1] Agrippa forderte Paulus schließlich auf: „Sie dürfen jetzt etwas zu
Ihrer Verteidigung sagen!“ Paulus machte ein Zeichen und begann seine
Rede: [2] „Ich bin sehr froh, verehrter König Agrippa, dass ich mich ge-
gen die von den Juden vorgebrachten Anschuldigungen hier und heute
verteidigen kann. [3] Besonders freut mich, dass Sie ein guter Kenner der
jüdischen Bräuche und Traditionen sind. Ich bitte um etwas Geduld,
damit meine Ausführungen vollständig vorgebracht werden können.
[4] Es ist allgemein bekannt, dass ich sehr genau und von Kind auf an
nach den Regeln meines Volkes in Jerusalem unterwegs gewesen bin.
[5] Ich bin dort seit Ewigkeiten bekannt als einer der Radikalsten unserer
Glaubensrichtung, der, solang ich denken kann, als so genannter Pha-
risäer gelebt hat. [6] Ich bin hier heute angeklagt, weil ich daran glaube,
dass Gott die Versprechen, die er unserem Volk einmal gegeben hat,
einlösen wird. [7] Ein Versprechen, auf das unser Volk mit seinen zwölf
Stämmen jeden Tag hofft, wofür es kämpft und arbeitet. Weil ich diesel-
be Hoffnung habe, darum bin ich heute hier von den Juden angeklagt
worden. [8] Warum können Sie sich nur so schwer vorstellen, dass Gott
in der Lage ist, Tote wieder lebendig zu machen? [9] Sie müssen wissen,

dass ich lange Zeit selber auf der Jagd nach diesen Leuten war, ich war gegen alles, was dieser Jesus aus Nazareth an den Start gebracht hatte.
[10] Selbst in Jerusalem habe ich viele der ausgewählten Leute verhaften und einsperren lassen, nachdem ich mir alle Vollmachten von den Oberpriestern besorgt hatte. Selbst wenn es darum ging, sie zu töten, war ich immer ganz vorne dabei.
[11] In den Synagogen folterte ich sie und zwang sie unter Gewaltandrohung, ihren Jesus lächerlich zu machen. Ich war so voll Hass, dass ich sie sogar bis ins Ausland verfolgt habe.
[12] Während einer Reise, in der ich mit Papieren, vom Oberpriester höchstpersönlich unterzeichnet, auf dem Weg nach Damaskus war,
[13] passierte etwas total Heftiges mit mir. Herr König, stellen Sie sich vor, am helllichten Tag kam plötzlich ein ganz helles Licht, ein Licht, was heller war als die Sonne, plötzlich auf mich und meine Reisebegleitung runter!
[14] Wir legten uns alle platt auf den Boden. Plötzlich hörte ich eine Stimme aus dem Off zu mir reden, die sagte: ‚Saul, Saul, warum willst du mich fertig machen? Du wirst es nicht hinkriegen.'
[15] Ich sagte nur: ‚Wer sind Sie, mein Herr?' Die Stimme antwortete nur: ‚Ich bin Jesus, den du versuchst kaputtzumachen.
[16] Steh jetzt auf. Ich bin dir deswegen erschienen, damit du ein Vertreter und Zeuge von mir wirst, dadurch dass du mich hier und heute gesehen hast.
[17] Ich habe dich ausgesucht aus deinem Volk, ich will dich zu den Menschen in der Welt schicken.
[18] Du sollst ihnen sagen, wo es längs geht. Sie sollen eine neue Richtung für ihr Leben bekommen. Nicht mehr in die Richtung der Dunkelheit sollen sie leben, sondern in eine Richtung, wo es hell ist. Sie sollen aus dem Einfluss des Bösen rauskommen, sie sollen von Gott beeinflusst werden. Der vergibt ihnen den ganzen Mist, den sie verbockt haben, er hat mit ihnen noch sehr viel vor. Er hat sogar etwas, das er an sie vererben will, und zwar an alle, die ihr Vertrauen auf mich setzen.'
[19] Ihr müsst verstehen, verehrter König Agrippa, da musste ich einfach gehorchen.
[20] Ich fing also an, zuerst in Damaskus, dann in Jerusalem und anderswo, den Menschen zu erzählen, dass sie ihr Leben ändern müssen. Sie müssen ihr Leben in Ordnung bringen und eine neue Richtung für sich einschlagen, eine Richtung zu Gott hin.
[21] Darum haben die Juden mich in unserem Tempel festnehmen lassen, und darum haben sie versucht mich umzubringen.
[22] Nur weil Gott mir so sehr geholfen hat, bin ich jetzt in der Lage, hier und heute von den Sachen zu erzählen, von denen schon die Propheten und auch Mose geredet haben.
[23] Nämlich dass es dem Auserwählten, dem Christus, dreckig gehen würde, dass er aber der Erste ist, der vom Tod wieder lebendig werden würde. Dadurch wird es hell bei uns, hell für das jüdische Volk genauso wie für alle anderen Völker."
[24] An dieser Stelle fiel Festus Paulus völlig entnervt ins Wort:

„Das ist ja der totale Schwachsinn, den Sie da erzählen, Herr Paulus!
Haben Sie vom vielen Nachdenken nicht mehr alle Tassen im Schrank?“
25 Paulus blieb aber ganz cool: „Ich bin nicht durchgeknallt, Herr Fes-
tus! Alles, was ich sage, hat Hand und Fuß. 26 Der König, dem ich das
hier ganz locker erzähle, kann das doch eigentlich alles bestätigen. Ich
bin mir ganz sicher, Sie haben von der ganzen Story schon vor einiger
Zeit gehört. Ist ja schließlich nicht heimlich in irgendeinem Kuhdorf
passiert. 27 Wie steht es denn mit Ihrem Vertrauen auf das, was die Pro-
pheten geschrieben haben? Sie glauben ihnen, stimmt’s? Da bin ich mir
ganz sicher!“ 28 „Wenn Sie so weitermachen, dann werde ich im Hand-
umdrehen auch noch ein Christ!“, meinte Agrippa. 29 „Ich bete wie ver-
rückt dafür, dass genau das passiert – und nicht nur bei Ihnen, sondern
ich wünschte mir auch für alle anderen hier, dass sie genauso draufkom-
men wie ich, bloß ohne die Handschellen.“ 30 Schließlich standen der
König, der Gouverneur und Berenike von ihren Plätzen auf. 31 Nachdem
sie sich über den Fall besprochen hatten, waren sie einstimmig der Mei-
nung: Dieser Mann ist in allen Punkten freizusprechen. Er hat die To-
desstrafe nicht verdient, noch nicht mal eine Haftstrafe. 32 „Wir könnten
diesen Mann heute entlassen“, sagte Agrippa zum Festus, „aber weil er
sich jetzt auf den Kaiser berufen hat, geht das leider nicht mehr.“

27

Reisebericht: Auf dem Weg nach Rom

1 Nachdem es beschlossene Sache war, dass wir nach Italien segeln
sollten, wurde Paulus mit einigen anderen Häftlingen dem Offizier Ju-
lius übergeben, der aus einem Regiment direkt vom Kaiser stammte.
2 Wir gingen auf ein Schiff, das aus Adramyttium kam und das auf sei-
ner Fahrt noch ein paar kleinere Häfen in Kleinasien ansteuern sollte.
Als das Schiff ablegte, war noch Aristarch aus Thessalonich (das lag in
Mazedonien) mit am Start. 3 Am nächsten Morgen legten wir mit dem
Schiff in Sidon an. Der Offizier Julius war superfreundlich zu Paulus. Er
erlaubte ihm sogar, seine Freunde zu besuchen. Die brachten ihm alles
für die Reise mit an Bord. 4 Weil der Wind aus einer total ungünstigen
Richtung kam, segelten wir in der Nähe der Küste, immer im Wind-
schatten der Inseln Zypern. 5 Als wir dann schließlich vor Zilizien und
Pamphylien kreuzten, erreichten wir über das offene Meer Myra, das in
der Provinz Lyzien liegt. 6 Dort entdeckte unser Offizier ein Schiff aus
Alexandria, das zufällig auch nach Italien segelte. Mit diesem Schiff
trampten wir dann weiter. 7 Es ging dann nur sehr langsam vorwärts.
Wir brauchten ewig, um nach Knidos zu kommen. Wir hatten die ganze
Zeit voll den Gegenwind und konnten so nur südlich Richtung Kreta

segeln. Erst mal hielten wir auf das Kap Salmone zu. [8] Entenmäßig schipperten wir an der Küste längs, bis wir in einer Bucht Halt machten, die „Guter Hafen" hieß und in der Nähe von Lasäa lag. [9] Es dauert echt ewig. Mittlerweile war es schon fast Oktober durch, und die Seefahrt wurde immer gefährlicher. Paulus warnte die Seeleute schon: [10] „Hey Leute, wenn wir wirklich weitersegeln, dann passiert ein Unglück! Ich hab den Eindruck von Gott, dass Riesenärger auf uns wartet. Probleme nicht nur für das Schiff, sondern auch für alles, was da jetzt drauf ist, inklusive unser Leben." [11] Der Offizier hatte aber keinen Bock, auf Paulus zu hören. Für ihn war die Einschätzung des Kapitäns reeller, und auch der Besitzer vom Schiff wollte unbedingt weiterfahren. [12] Zudem war der Hafen auch nicht so der Hit, um da den Winter zu verbringen. Darum waren die meisten Leute dafür, weiterzufahren. Es sollte versucht werden, auf jeden Fall bis Phönix zu kommen. Dort könnte man ja dann sein Lager über den Winter aufschlagen. Dieser Hafen auf der Insel Kreta war nämlich total gut, was die Windbedingungen anging. Er war nur nach Nordwesten und Südwesten offen, man war dort besser geschützt.

Eine ganz derbe Schifffahrt im Sturm

[13] Als Südwind aufkam, hatten alle noch mehr Bock drauf, endlich weiterzufahren. Sie holten den Anker ein und segelten los, blieben dabei aber dicht an der Küste von Kreta. [14] Kurz darauf änderte sich das Wetter aber ganz plötzlich. Es kam der berüchtigte Nordwind auf, [15] der das Schiff immer weiter auf das offene Meer rausdrängte, obwohl die Mannschaft alles gab, um den Kurs zu halten. Wir konnten nichts dagegen machen, der Wind und das Meer hatten uns in ihrer Gewalt. [16] Als wir etwas durch die Insel Kauda geschützt wurden, versuchten wir das Rettungsboot einzuholen, was wir so gerade eben hinbekamen. [17] Um den vorderen Teil des Schiffes zu verstärken, organisierten die Seeleute ein paar Seile, die um den Rumpf gebunden wurden. Dann brachten sie den Treibanker aus, der das Schiff abbremste, weil sie Schiss hatten, auf eine Sandbank vor der afrikanischen Küste aufzulaufen. [18] Der Sturm wurde so heftig, dass die Besatzung am nächsten Tag Teile der Ladung ins Wasser schmiss. [19] Am nächsten Tag folgte sogar die Schiffsausrüstung. [20] Tagelang kriegten wir weder Sonne noch Sterne zu sehen. Der Orkan war so heftig, dass keiner mehr daran glaubte, irgendwie gerettet werden zu können. [21] In der ganzen Zeit hatte keiner Lust auf Essen. Paulus sagte dann zu der Besatzung: „Hey Leute! Ich will ja nichts sagen, aber wenn ihr auf mich gehört hättet und wir in Kreta geblieben wären, hätten wir uns den ganzen Mist ersparen können. [22] Aber jetzt kann ich

euch echt nur ermutigen. Gebt nicht auf! Niemand wird etwas passie-
ren! Nur das Schiff wird wohl kaputtgehen. 23 Denn letzte Nacht hatte
ich ein Treffen mit einem Postboten von Gott, einem Engel. Der kam
von dem Gott, in dessen Mannschaft ich spiele, für den ich alles gebe.
Und der hat folgende Ansage zu mir gemacht: 24 ‚Hab keine Angst, Pau-
lus. Du wirst noch beim Kaiser landen. Gott wird das tun, worum du ihn
gebeten hast. Und den anderen wird auch nichts passieren. Nicht einer
wird eine Schramme abkriegen.‘ 25 Darum, Leute, habt keine Angst, Gott
hat alles unter Kontrolle, ich vertrau ihm voll und ganz. Es wird genau
so passieren, wie er es mir gesagt hat. 26 Wir werden auf einer Insel
landen.“ 27 Vierzehn Nächte trieben wir jetzt schon im Adriatischen
Meer im Sturm. Gegen Mitternacht meinte ein Matrose, er hätte das
Gefühl, die Küste würde immer näher kommen. 28 Man nahm ein Mess-
gerät und stellte fest, dass zu dem Zeitpunkt das Wasser noch vierzig
Meter tief war. Aber kurz darauf nur noch dreißig. 29 Jetzt bekamen sie
Panik, man würde auf Grund laufen. Hinten wurden deshalb vier Anker
ausgeworfen. Alle warteten darauf, dass es endlich hell werden würde.
30 Frühmorgens versuchten die Matrosen, einfach heimlich abzuhauen.
Mit der Ausrede „Wir müssen vorne noch mal eben am Anker was che-
cken!“ versuchten sie das Rettungsboot klarzumachen. 31 Paulus redete
aber dem Offizier und den Soldaten ins Gewissen: „Wenn die Besat-
zung nicht vollständig auf dem Schiff bleibt, kann ich für nichts mehr
garantieren.“ 32 Also schnitten die Soldaten die Taue durch und ließen
die Boote einfach ins Wasser plumpsen. 33 Als die Sonne langsam auf-
ging, meinte Paulus zu den Leuten: „Ihr habt jetzt vierzehn Tage nichts
gegessen. 34 Wenn ihr hier überleben wollt, dann esst jetzt endlich was!
Ihr könnt euch echt entspannen. Keiner wird auch nur ’ne Schramme
abkriegen, versprochen!“ 35 Nachdem Paulus zu Ende geredet hatte,
nahm er ein Brot in die Hand, dankte Gott so laut dafür, dass alle es
mitkriegten, und dann fing er an zu essen. 36 Irgendwie waren dadurch
alle ermutigt und nahmen sich auch was zu essen. 37 Insgesamt waren
zweihundertsechsundsiebzig Leute auf dem Schiff. 38 Als alle fertig wa-
ren, wurde der Rest an Getreidesäcken, der noch auf dem Schiff war,
rausgeschmissen, um das Schiff etwas leichter zu machen.

Die Rettung!

39 Am nächsten Morgen wusste keiner der Seeleute, was für eine Küste da
vor ihnen lag. Sie sahen aber eine Bucht mit einem flachen Strand. Das
war jetzt das nächste Ziel. 40 Sie schnitten alle Taue los und versuchten
ohne Anker das Steuerruder klarzumachen. Schließlich wurde das Vorse-
gel gehisst, mit dessen Hilfe man unter dem aufkommenden Wind auf

das Land zusteuern konnte. 41 Kurze Zeit später war das Schiff dann auf
eine Sandbank aufgelaufen. Da der vordere Teil im Sand festsaß, wurde
der hintere Teil von den Wellen zerdrückt. 42 Jetzt wollten die Soldaten
alle Gefangenen töten. Sie wollten verhindern, dass irgendeiner an Land
schwimmen und fliehen konnte. 43 Der Hauptmann Julius stellte sich aber
dazwischen, weil er Paulus retten wollte. Zuerst befahl er den Leuten, die
schwimmen konnten, ins Meer zu springen, um das Ufer zu erreichen.
44 Die Nichtschwimmer sollten sich ein paar Bretter schnappen und so
versuchen, ans Land zu kommen. So wurden am Ende alle gerettet.

28

Auf Malta

1 Als wir uns ins Trockene gebracht hatten, wurde klar, dass wir auf Mal-
ta gelandet waren. 2 Die Leute, die dort wohnten, waren voll nett zu uns.
Sie machten sofort ein Feuer, und wir konnten sogar bei ihnen pennen.
Es fing auch schon wieder an zu regnen, und es war auch saukalt. 3 Pau-
lus sammelte für das Feuer trockene Zweige und Holz zusammen und
warf sie ins Feuer. Durch die Flammen aufgescheucht, schnellte eine
Giftschlange aus einem Büschel und biss sich an seiner Hand fest. 4 Die
Leute von der Insel kriegten voll die Panik, als sie die Schlange an seiner
Hand sahen. Sie schrien: „Der Typ hat es bestimmt verdient zu sterben,
er ist ein Mörder. Zuerst überlebt er den fiesen Sturm, und jetzt rächen
sich die Götter doch noch an ihm!“ 5 Aber Paulus schmiss das Teil ins
Feuer und machte einfach weiter, so als wenn nichts geschehen wäre.
6 Die Einwohner starrten ihn alle gespannt an: Wann würde er endlich
einen dicken Arm kriegen und tot umfallen? Als aber auch nach Stunden
nichts mit ihm passierte, schlug die Meinung plötzlich ins Gegenteil
um. „Er ist ein Gott!“, war die einhellige Ansicht. 7 Ganz in der Nähe der
Küste war das Grundstück des obersten Regierungsbeamten von Malta.
Der Typ hieß Publius. Er nahm uns sehr freundlich auf, und wir konnten
uns drei Tage bei ihm aufhalten. 8 In der Zeit bekam der Vater von Pub-
lius heftiges Fieber und erkrankte an der Ruhr. Paulus ging zu ihm hin,
redete mit Jesus, legte die Hände auf seinen Körper, und dann war er
wieder fit. 9 Das machte sofort die Runde, und alle möglichen Kranken
der Insel kamen vorbei, um sich heilen zu lassen. 10 Die Leute machten
uns superviele Geschenke, und bei der Abfahrt gaben sie uns alles mit,
was wir so brauchten.

Endlich in Rom

11 Nach drei Monaten segelten wir endlich weiter. Wir bekamen eine
Mitfahrgelegenheit in einem ägyptischen Schiff, das aus Alexandria kam

und den Winter über in Malta lag. Vorne am Schiff war eine Galionsfigur
angebracht, die die griechischen Zwillings-Schutzgötter der Schifffahrt
darstellte. 12 Wir liefen Syrakus an und blieben dort drei Tage. 13 Entlang
der Küste schipperten wir von da dann weiter nach Rhegion. Von dort
ging es schneller vorwärts, mit dem günstigen Südwind im Rücken er-
reichten wie Puteoli in nur zwei Tagen. 14 Dort trafen wir geilerweise auf
ein paar Christen. Die haben uns dann eingeladen, noch ’ne Woche bei
ihnen zu bleiben, was wir gerne taten. Aber dann ging es ab Richtung
Rom! 15 In Rom hatte sich unsere Reise unter den Christen schon rum-
gesprochen. Einige kamen uns schon beim Appiusmarkt und den „Drei
Kneipen“ entgegen. Als Paulus die Leute sah, war er wieder gut drauf
und bedankte sich bei Gott.

Paulus in Rom

16 In Rom durfte Paulus sogar in einer eigenen Wohnung leben, mit
einem Wachmann vor der Tür, der auf ihn aufpassen sollte. 17 Drei Tage
nachdem er angekommen war, organisierte er ein Treffen mit einigen
Leitern der jüdischen Gemeinde bei sich zu Hause. Als alle da waren,
sagte Paulus: „Hallo, ihr lieben Geschwister! Ich will hier nur noch mal
eins klar machen: Ich hab nichts gegen unser Volk, und ich steh auch
total auf die Sachen, die wir von unseren Vätern schon vor Ewigkeiten
übernommen haben. Trotzdem wurde ich in Jerusalem verhaftet und
an die römischen Behörden übergeben. 18 Die Römer haben mich poli-
zeilich verhört, fanden aber nichts, weswegen sie mich zum Tod verur-
teilen konnten. Darum wollten sie mich freilassen. 19 Die Juden hatten
aber was dagegen. Darum musste ich beim Kaiser in Berufung gehen.
Es geht mir nicht darum, mein Volk irgendwie in den Dreck zu ziehen.
20 Ich wollte das hiermit einfach klarstellen, darum wurdet ihr heute
eingeladen. Ich trage diese Handschellen, weil ich an den Retter glaube,
den Messias, auf den ja alle in Israel total die Hoffnung setzen.“ 21 Die
Juden meinten zu Paulus: „Bisher hat niemand schlecht über Sie gere-
det. Wir haben auch keinen bösen Brief von irgendjemandem bekom-
men, auch nicht von den Leuten aus dem Hohen Rat. 22 Wir sind aber
heiß drauf, von Ihnen zu hören. Denn überall wird zurzeit über diese
neue Religion kontrovers diskutiert.“ 23 Sie machten eine Veranstaltung
klar, und viele Juden kamen in die Bude vom Paulus. Dann erklärte er
ihnen ausführlich, wie man von Gott ein neues Leben bekommen und
so aus dem Dreck gerettet werden kann. Ohne Ende, von morgens bis
abends, hielt er Reden über Jesus und warum er überhaupt da war. Er
erklärte auch, wie das mit den alten Büchern von Mose zusammenhängt
und dass die Propheten das schon vor Jahren vorausgesagt hatten.

[24] Ein paar von den Leuten fanden das voll gut, was er erzählte, andere
aber auch nicht. [25] Was sie total durcheinander brachte und voll die Dis-
kussion anstieß, war der Spruch: „Die Kraft von Gott, sein besonderer
Geist, hatte es ja schon immer gewusst. Schon euren Vorfahren ließ er
durch den Propheten Jesaja ausrichten: [26] ‚Los jetzt, geh zu diesen Leu-
ten und rede mit ihnen: Sie werden dir zuhören, aber nichts kapieren,
sie werden zusehen, aber blind bleiben. [27] Denn diese Leute sind inner-
lich hart geworden. Sie sind augen- und ohrenmäßig nicht auf Empfang
geschaltet, sie wollen bloß nichts hören und bloß nichts sehen. Sonst
würden sie ihr Leben ändern, sie würden in meine Richtung gehen, und
ich könnte sie gesund machen.‘ [28/29] Eins muss Ihnen klar sein: Die gute
neue Sache, diese Rettung, die durch Gott jetzt möglich wird, die wird
auch anderen Völkern angeboten werden. Und die werden sie dankbar
annehmen!“ [30] Der Apostel Paulus war noch weitere zwei Jahre in seiner
Wohnung. Jeder, der Lust hatte, konnte ihn dort besuchen. [31] Er konnte
in dieser Zeit machen, was er wollte. Darum predigte er überall und
ohne Hemmung von der neuen Zeit, die durch Jesus angebrochen war.
Und dass Jesus der Chef von allem, der Oberboss schlechthin, ist.

Ein Brief von Paulus an die Christen, die in Rom leben

1

Anschrift und Grüße

1 Absender: Paulus, der voll zu Jesus Christus gehört und der alles für Jesus gibt. Gott hat mit seinem Finger auf mich gezeigt und gesagt: Du bist jemand, durch den ich meine guten Nachrichten weiterleiten kann, du bist ein Apostel. 2 Diese Nachricht wurde schon vor Ewigkeiten angekündigt, und zwar durch seine Botschafter, die Propheten. Die haben schon im alten Buch da drüber eine Ansage gemacht. 3 Es geht hier um Jesus, den Sohn von Gott. Er wurde als Mensch geboren und gehörte zu der Familie vom David. 4 Dass er der große Held und Sohn von Gott ist, der über allen steht, wurde schon alleine dadurch klar, dass er durch die derbe Kraft, die direkt von Gott kommt, den Gegner „Tod" ausgeschaltet hat. 5 Durch Jesus Christus habe ich die Chance und den Auftrag erhalten, ganze Nationen umzukrempeln durch das, was ich von ihm erzähle! Alle sollen anfangen, ihr Leben auf Gott zu schmeißen und das zu tun, was er von ihnen möchte. 6 Das betrifft auch euch, liebe Leute aus Rom, die ihr jetzt ja alle zur Familie gehört, zu den Leuten, die jetzt mit Jesus Christus leben. 7 Gott hat euch tierisch lieb! Er hat das immer schon gewollt, dass ihr bei ihm seid. Ich wünsche euch, dass ihr versteht, wie sehr Gott euch mag und dass ihr abgefüllt seid mit dem Frieden, den Gott in euch installiert!

Ich wäre jetzt voll gerne bei euch

8 Zuerst möchte ich Gott einmal danke dafür sagen, dass es jeden Einzelnen von euch gibt. Überall in der Welt redet man darüber, dass ihr Christen geworden seid. 9 Gott ist mein Zeuge, ich bete ohne Ende für euch! Ich tu alles für ihn, ich verbreite die richtig geile Nachricht von seinem Sohn, wo ich nur kann. 10 Hey, ich bete wie blöd darum, endlich bei euch zu sein, wenn Gott nur Bock da drauf hätte! 11 Ich brenne darauf, euch endlich mal richtig kennen zu lernen! Ich würde euch supergerne mit den Begabungen helfen, die mir Gott gegeben hat, um euer Vertrauen in ihn zu stärken. 12 Ich glaube aber, das Ermutigen wird auf beiden Seiten abgehen: Ich werde durch euch gut draufkommen und ihr auch durch mich. 13 Also, ihr Lieben, bitte glaubt mir, ich hatte schon ewig vor, endlich auch mal bei euch aufzuschlagen, aber bis jetzt ist

immer was dazwischengekommen. Ihr sollt auch mal von den Sachen
profitieren können, die ich bei anderen Völkern an den Start gebracht
habe. 14 Ich will den Griechen und auch den Leuten, die von woanders
her kommen, die guten News von Gott erklären. Genauso wie zu den
schlauen Leuten, die tierisch viel gelernt haben, möchte ich auch zu
denen gehen, die eher nicht so intelligent sind, ich will einfach jeden
erreichen. 15 Darum hab ich schon lange vor, mal zu euch nach Rom zu
kommen, um euch diese supergeile Nachricht noch mal ausführlich zu
erklären.

Wie man vor Gott wieder klarkommt

16 Diese Sache ist mir übrigens null peinlich! Die neue Nachricht von
Gott ist das Powervollste, was geht, sie ist in der Lage, wirklich jeden
aus seinem Dreck rauszuholen, wenn er sie nur glaubt. „Jeden" heißt
erst mal nur die Juden, dann aber auch alle anderen Menschen. 17 Sie
macht ganz deutlich, wie man mit Gott wieder klarkommen kann. Und
zwar nur dadurch, dass man sein Vertrauen auf Gott setzt. Es steht ja
schon in dem alten Buch: „Wer sein Vertrauen auf Gott setzt, wird le-
ben." 18 Gott wird ein vernichtendes Statement abgeben, er wird klar ma-
chen, was er über den ganzen Mist denkt, über die Ungerechtigkeit und
darüber, dass viele keinen Bock auf die Wahrheit haben. 19 Und dabei
kann sich keiner rausreden: Das, was man von Gott begreifen kann, hät-
ten schon alle Leute seit langem begreifen können. 20 Auch wenn Gott
unsichtbar ist, so wird er doch sichtbar durch die Natur, die er gemacht
hat. Daran können auch alle erkennen, wie er drauf ist. Und deshalb
kann sich am Ende auch keiner rausreden. 21 Obwohl jeder wusste, dass
Gott existiert, hatten sie keinen Bock, ihm die Ehre dafür zu geben und
ihm mal danke zu sagen. Stattdessen kamen sie auf echt durchgeknallte
Ideen, und sie wurden total benebelt und verrückt. 22 Und dabei ließen
sie noch den Weisen raushängen, obwohl sie total irre waren. 23 An-
statt dem einzig echten Gott zu sagen, wie gut er ist, hatten sie nichts
Besseres zu tun, als mit irgendwelchen toten Göttern zu labern, die
wie Menschen aussehen oder noch besser wie Vögel, Schlangen oder
irgendwelche anderen Tiere, die ja irgendwann mal sterben müssen!
24 Darum hat Gott sie schließlich sich selbst überlassen. Die sind dann
total abgegangen mit ihrem ätzenden dreckigen Lebensstil, verloren
sich in heftige Leidenschaften, in ungute Sexsachen und so. 25 Irgend-
wann fing man an, nicht mehr Gott anzubeten, sondern Dinge, die er
gemacht hatte. Manchmal schnitzte man sich einen Götzen aus einem
Stück Holz, man verehrte die Sonne oder betete einen Menschen als
Gott an. Das war ganz schön verpeilt, denn Gott hatte diese Dinge ja

alle selbst geschaffen. Dadurch wurde etwas Richtiges gegen etwas völlig Falsches ausgetauscht. [26] Deshalb hat Gott sie irgendwann ihren ätzenden Leidenschaften überlassen – und damit sich selbst. Frauen fingen an mit Frauen rumzumachen. [27] Auch Männer hatten keinen Bock mehr auf Frauen, wie es normalerweise ja der Fall ist. Stattdessen waren sie nun total scharf auf andere Männer. Dadurch, dass sie es dann miteinander trieben, ging es ihnen letztendlich auch total beschissen. Das ist, als wenn sie dafür schon jetzt eine angemessene Strafe bekommen würden. [28] Sie hatten offensichtlich keinen Bock auf Gott, darum hat Gott sie sich selbst und ihren ganz schrägen Gedanken überlassen. So kam es dazu, dass sie das tun, was nie beabsichtigt war und was auch nicht okay ist. [29] Was sie alles so bringen, ist einfach zum Kotzen, sie sind link zu anderen, wollen Kohle scheffeln, bis der Arzt kommt, sie sind superneidisch, streiten sich ständig, ermorden Menschen, betrügen und lügen, was das Zeug hält. Sie reden hinterm Rücken schlecht über andere. [30] Sie stehen nicht zueinander, sie hassen Gott, sie sind großkotzig, stolz, riskieren in einer Tour 'ne dicke Lippe, verpassen keine Gelegenheit, um Mist zu bauen, und ihre Eltern sind ihnen egal. [31] Sie sind starrsinnig, machen sich nicht gerade, sie halten ihre Versprechen nicht ein, sie sind total lieblos und ohne Herz. [32] Sie haben längst kapiert, dass das total uncool ist und dass Gott auf so was überhaupt keinen Bock hat (er wird ihnen sogar dafür die Todesstrafe verpassen, das hat er klar gesagt). Trotzdem finden sie es ganz toll, wenn andere genauso krank draufkommen wie sie.

2

Keiner kann sich mal eben eine reine Weste besorgen

[1] Es gibt echt keinen, der sich da irgendwie rausreden könnte. Wenn du andere für ihre Sachen kritisieren und verurteilen willst, dann verurteilst du dich damit auch selber, denn du bist genau so wie die, über die du gerade ein Urteil fällst. [2] Gott wird für jeden ein gerechtes Verfahren anzetteln, das ist mal sicher. [3] Du Mensch glaubst doch nicht im Ernst, Gott wird nur andere für ihr Leben zur Rechenschaft ziehen – und du, der genauso wie die lebst, willst ohne Konsequenzen davonkommen? [4] Ist dir das egal, wie lieb Gott mit dir umgeht und mit wie viel Geduld er sich um dich kümmert? Kapierst du nicht, dass Gott mit seiner Liebe dich dazu bewegen will, dein Leben zu ändern? [5] Du bist so verpeilt, du willst um jeden Preis so weitermachen wie bisher. Und dadurch trägst du dazu bei, dass Gott immer mehr den Hals kriegt. Am letzten Tag bei der großen Abrechung wird er über die ganze Welt ein Urteil fällen. [6] Alle Leute müssen sich für ihr Leben verantworten. [7] Die, die immer

getrieben davon waren, so zu sein, wie Gott es will, und die durchgezogen haben, die werden ewig leben können. [8] Die Leute, die immer nur ihr eigenes Ding gemacht haben, die Gottes Worten (der Wahrheit) nicht geglaubt haben, die stattdessen lieber Lügen glauben und link sind, die werden von Gott ganz übel einen draufkriegen. [9] Panik und Angst wird das Lebensgefühl der Leute sein, die das tun, worauf Gott keinen Bock hat. Zuerst gilt das für das Volk der Juden, dann aber auch für alle anderen Menschen. [10] Diejenigen, die gute Sachen machen, werden von Gott fett belohnt werden, sie werden gut drauf sein und groß rauskommen. Auch das gilt zuerst für die Juden, dann aber auch für alle anderen Menschen. [11] Denn Gott ist nicht wie ein bestechlicher Schiedsrichter, der die einen bevorzugt und die anderen linkt. [12] Wer Scheiße baut, ohne die Regeln von Gott zu kennen, die er damals den Israelis gegeben hatte, bekommt trotzdem ein schlechtes Gewissen – und deswegen wird er von Gott verurteilt werden. Erst recht aber werden die, die die Regeln von Gott kannten, nach diesem Gesetz verurteilt. Fazit: Alle, also Juden und Heiden, sind für Gott nicht okay. [13] Es ist nicht genug, nur seine Regeln zu kennen. Um für Gott okay zu sein, muss auch danach gelebt werden. [14] Es ist doch so, dass viele Menschen irgendwie automatisch wissen, was gut ist und was nicht. Sie tun genau das, was die alten Regeln vorschreiben. [15] Weil sie so leben, kann man doch ganz klar sehen, dass diese Regeln irgendwie unbewusst auf ihre Festplatte geschrieben wurden. Wenn sie irgendwas machen, schlägt das Gewissen sofort an und bestätigt oder verklagt sie. [16] Irgendwann wird einmal abgerechnet werden, und alles, was so abgegangen ist, ob ganz geheim oder für jeden sichtbar, kommt auf den Bildschirm. Das passiert an dem Tag, an dem Jesus Christus die große Gerichtsverhandlung für alle Menschen steigen lässt. Darum geht es mir, das sind die Dinge, die ich den Menschen erzählen soll.

Juden haben keinen Vorsprung

[17] Wenn du ein Jude bist, dann verlässt du dich doch auf die alten Gesetze und findest dich besonders gut. [18] Du denkst, du hast einen ganz besonderen Draht zu Gott, weil du seine Regeln in- und auswendig kennst und weißt, was man tun darf und was nicht. [19] Und deshalb kennst du den richtigen Weg und kannst ihn auch anderen zeigen, die sich verirrt haben. [20] Du glaubst echt, du könntest denen 'ne Anleitung zum Leben geben, die es nicht geschnallt haben. Du willst den Kindern sagen, wo es längs geht. Denn du hast die alten Regeln verstanden und weißt, was die Wahrheit ist. [21] Also, wenn du ein Lehrer für Leute sein willst, warum lässt du dich nicht selbst auch belehren? Du hältst nur

große Reden. Du sagst, es ist nicht okay, zu klauen, aber dabei bist du
selber wie blöd am Klauen. 22 Du sagst, man soll seiner Frau treu sein,
aber bist du denn selber auch treu? Du sagst, es ist total verkehrt, an-
deren Göttern zu dienen, bedienst dich aber ungeniert an den Sachen,
die dabei für dich abfallen. 23 Du sagst Leuten, es gibt nichts Geileres,
als Gottes Gesetze zu kennen, und auf der anderen Seite ziehst du seine
Gesetze in den Dreck, weil sie dir offensichtlich selber total egal sind!
24 Schon im alten Buch kann man lesen: „Weil ihr so seid, macht die
ganze Welt Witze über den Namen Gottes.“ 25 Dieser jüdische Brauch,
dass kleinen Jungs die Vorhaut abgeschnitten wird*, bringt nur dann
was, wenn du auch das tust, was in den Gesetzen von Gott steht. Wenn
du das nicht tust, ist es total egal, ob du beschnitten bist oder nicht.
26 Jemand, der diesen Brauch nicht kennt, aber trotzdem genau nach
den Regeln Gottes lebt, der ist doch auch bei Gottes Familie dabei, oder
etwa nicht? 27 Hey, es wird sogar so weit kommen, dass solche Leute
über die Juden Urteile fällen werden, denn sie haben ja die Gesetze von
Gott und richten sich danach, euch sind sie aber offensichtlich total
egal. 28 Denn ein wirklicher Jude wird man nicht durch seinen Stamm-
baum und auch nicht durch irgendwelche religiösen Rituale. 29 Nein, ein
echter Jude ist jemand, der in seinem Herz jüdisch drauf ist, und das
bedeutet, dass sein Verhältnis zu Gott okay ist. Er will nicht von Men-
schen gelobt werden, sondern von Gott.

3

Gott tut, was er sagt

1 Jetzt fragst du dich vielleicht: Was bringt es denn eigentlich noch,
ein Jude zu sein? Was soll denn dieses Beschneidungsritual überhaupt
noch? 2 Nun, es hat viele Vorteile, Jude zu sein, vor allem aber kann man
sich darüber freuen, dass Gott den Juden seine Worte anvertraut hat.
3 Und glaub bitte nicht, nur weil einige Juden untreu waren, wird Gott
jetzt auch nicht mehr treu zu ihnen stehen. 4 So ist Gott nicht! Gott ist
cool unterwegs, er steht hundertprozentig zu den Sachen, die er mal
gesagt hat – ganz im Gegenteil zu den Menschen. Es steht ja schon in
dem alten Buch: „Gott, du wirst gut dastehen, du wirst Recht behalten,
egal was man dir vorwirft, du wirst der Sieger sein.“ 5 Dann könnte man
ja eigentlich sagen: Wenn also der Mist, den wir bauen, erst richtig
zeigt, dass Gott total gut und gerecht ist, dann ist es doch ziemlich un-
gerecht, wenn er uns noch dafür bestraft, oder? 6 Nein, totaler Quatsch!
Wenn Gott nicht gerecht ist, wer dann? Wer sollte sonst über die Welt

* Die Juden haben so ein Ritual, wo den kleinen Jungen die Vorhaut abgeschnitten wird. Das ist die Beschneidung.

eine Gerichtsverhandlung abhalten können? 7 Manche Leute sagen
immer wieder: „Eigentlich tu ich Gott ja sogar einen Gefallen, wenn ich
die Dinge mache, die er nicht gut findet. Denn damit gebe ich ihm ja die
Chance, noch viel besser dazustehen. Und dann ist es doch total unge-
recht, dass er mich dafür verurteilt." 8 Hey, wer so denkt, könnte genau-
so gut sagen: „Ich kann ja so viel Mist bauen, wie ich will, es wird ja am
Ende doch was Gutes dabei rumkommen!" Wer so einen Schwachsinn
redet, wird zu Recht von Gott eins auf die Mütze kriegen. Das wird auch
denen passieren, die mir so eine Aussage zuschieben wollen.

Vor Gott haben alle Menschen Dreck am Stecken

9 Wie ist das denn jetzt? Haben wir Juden einen Freifahrtschein von
Gott bekommen? Ich sage: Nein! Ich hab gerade klar gemacht, dass alle
Menschen (egal ob sie nun Juden sind oder nicht) unentwegt Mist bau-
en und auch gar nicht anders können, ob sie es nun wollen oder nicht.
10 Im alten Buch steht schon drin, ich zitiere: „Es gibt keinen Menschen,
der es auf die Reihe kriegt, nicht einen einzigen." 11 „Es gibt keinen
Menschen, der so viel Grütze im Kopf hat, dass er sich auf die Socken
macht, um mich wirklich zu suchen. 12 Keiner packt es wirklich, niemand
kann Gottes Ansprüche zufrieden stellen." 13 „Sie labern nur Dünnsinn,
es stinkt nach Leiche, wenn sie den Mund aufmachen, man kann ihnen
nicht vertrauen." „Ihre Worte sind wie Zyankali." 14 „Aus ihrem Mund
kommen nur Flüche und miese Intrigen." 15 „Sie sind sofort dabei, wenn
es darum geht, Menschen zu töten. 16 Wo sie stehen und gehen, alles
wird kaputt gemacht. 17 Sie haben überhaupt nicht verstanden, wie sich
Frieden überhaupt anfühlt." 18 „Ihnen ist alles egal, sogar Gott." 19 Wir
wissen ganz genau, dass alles, was in den alten Gesetzen steht, für die
Leute gilt, denen es gegeben wurde. Keiner hat jetzt noch eine Ausrede
parat, auch ihr Juden nicht. Alle Menschen auf dieser Welt haben Dreck
am Stecken, alle sind schuldig. 20 Keiner wird sich bei Gott damit raus-
reden können, er hätte die Regeln alle befolgt, wie Gott es will. Das ist
nämlich noch keinem gelungen und wird auch keinem gelingen. Diese
Regeln, die Gesetze, sind dazu da, dass wir begreifen, wie weit wir von
Gott entfernt sind.

Wer wird von Gott für seinen Mist freigesprochen?

21 Gott hat jetzt aber eine neue Möglichkeit geschaffen, einen Weg, wie
wir – unabhängig von den Regeln – für Gott okay werden können. Dieser
Weg ist durch das alte Buch, durch die Sachen, die die Propheten ge-
sagt haben und die in den Gesetzen von Mose stehen, klar beschrieben
worden. 22 Gott löscht nämlich alle Schulden, er vergibt den Mist, den

man verbockt hat, wenn wir unser Vertrauen auf Jesus Christus setzen.
So kann ausnahmslos jeder überleben! [23] Alle Menschen haben irgend-
wie Mist gebaut, und alle haben dadurch das Recht verloren, mit Gott
zusammen zu sein. [24] Was keiner verdient hätte, das tut Gott einfach
so, umsonst. Er akzeptiert uns, weil wir durch Jesus wieder okay für ihn
sind. [25] Gott hat Jesus zu uns geschickt, damit er für unsere Schulden
die Rechnung bezahlt. Wir werden von Gott angenommen, wenn wir
daran glauben, dass Jesus für uns am Kreuz verblutet ist. Weil Gott Ge-
duld mit den Menschen hatte, hat er sie bis zu diesem Zeitpunkt noch
nicht bestraft. [26] Das gilt auch für die, die schon vorher Mist gebaut ha-
ben. Er ist auch heute gut zu uns, er reißt für jeden, der an Jesus glaubt,
den Schuldschein in lauter kleine Schnipsel. [27] „Also, können wir jetzt
den Dicken raushängen lassen und uns ganz toll fühlen?“, kommt jetzt
bestimmt ... Nein, Leute, auf keinen Fall! Das hat ja alles nichts damit zu
tun, was wir für tolle Sachen getan haben, damit Gott uns auch akzep-
tiert. Wie geht das denn nun? Vielleicht durch Gottes Regeln, durch sei-
ne Gesetze? Dass wir von ihm akzeptiert werden, weil wir die geforderte
Leistung bringen? Nein! Nur durch ein Geschenk, nämlich dadurch,
dass wir Gott vertrauen können. [28] Ich fass noch mal zusammen: Nicht
weil ich so toll gelebt habe, werden meine Schulden bezahlt, die ich
bei Gott hatte, sondern nur weil ich mein Vertrauen auf Jesus Christus
setze. [29] Und gilt das jetzt nur für die Juden? Oder gilt dieses Angebot
auch allen andern Menschen? – Natürlich gilt das für alle, Gott ist ja
schließlich für alle Menschen da! [30] Es existiert nur ein Gott. Und es gibt
auch nur einen Weg, wie man zu ihm kommen kann, wie man von ihm
akzeptiert wird. Nur weil wir an ihn glauben, spricht er die Menschen
von ihren Schulden frei, egal ob man Jude ist oder nicht. [31] Wenn wir das
Vertrauen auf Gott nun so betonen, sagen wir damit, dass wir die alten
Regeln und Gesetze in die Tonne kloppen können? Auf keinen Fall! Da-
durch, dass wir Gott vertrauen, wird das Gesetz ja nur bestätigt.

4

Abraham war cool unterwegs

[1] Nur um das noch klarer zu machen: Wie ist das denn mit unserem
Urvater Abraham? Wie ist das denn bitte gekommen, dass der gerettet
wurde? [2] Hat er sich bei Gott eingeschleimt, weil er so viele gute Sachen
gemacht hat? Garantiert nicht! Denn sonst würde er sich ja was darauf
einbilden können. Aus Gottes Perspektive gab es dafür echt keinen
Grund. [3] Im alten Buch steht drin: „Abraham vertraute felsenfest auf
Gott, und Gott machte klar, dass Abraham okay ist.“ [4] Wenn Menschen
malochen, bekommen sie die Kohle dafür nicht als Geschenk, sie haben

sie sich durch ihre Arbeit verdient. 5 Dass jemand für Gott okay ist, kann
man sich aber nicht mit Taten verdienen, allein das Vertrauen zählt bei
ihm. 6 Der König David hat in einem Lied schon mal dasselbe Thema
gehabt. Da geht es darum, dass jemand total darauf abgeht, dass Gott
ihn ohne irgendeine Gegenleistung angenommen hat. 7 „Gut drauf
kommt, wer freigesprochen wird, obwohl er gegen die Regeln versto-
ßen hat. 8 Gut drauf kommt, wer seine Schulden bei Gott nicht mehr
bezahlen muss!" 9 Meint er damit ausschließlich die Juden oder meint
er auch andere damit? Wir hatten ja festgestellt, dass Abraham okay für
Gott war, weil er ihm vertraut hat. 10 Wie ist das denn genau abgegan-
gen? Wie hat ihm sein Vertrauen geholfen? Passierte das, als er dieses
Beschneidungsritual hinter sich hatte oder noch davor? Die Antwort ist
klar: Für Gott war Abraham okay, bevor er das gemacht hatte. 11 Dieses
Ritual war ja im Grunde nur ein äußeres Zeichen für etwas, was in Ab-
rahams Herz schon vorher passiert war, nämlich dass er Gott vertraute
und Gott ihn angenommen hatte. Damit ist Abraham zum Vorläufer
für alle geworden, die ihr Vertrauen auf Gott setzen, ohne dieses Be-
schneidungs-Ritual gemacht zu haben. Gott nimmt sie an, wie sie sind,
weil sie ihm vertrauen. 12 Abraham ist natürlich auch der Vater von den
ganzen Leuten, die dieses Ritual mal gemacht haben und Gott genauso
vertrauen, wie das Abraham auch getan hat.

Die Regeln Gottes und das Vertrauen

13 Gott hatte Abraham ein großes Versprechen gegeben, nämlich dass
seiner Familie mal die ganze Erde gehören sollte. Die Grundlage dafür
war aber nicht ein bedingungsloser Kadavergehorsam gegenüber den
Regeln, die Gott aufgestellt hatte. Sie beruhte alleine auf der Tatsache,
dass Abraham für Gott okay war, weil er ihm vertraut hatte. 14 Wenn
dieses Versprechen nur für Leute gilt, die strikt nach den Regeln von
Gott leben, dann kann das ja folgerichtig nur heißen, dass das Vertrau-
en, das man auf Gott setzt, total wertlos ist und nichts bringt. Und
außerdem ist damit auch Gottes Verheißung, die ja auf dem Vertrauen
gründet, nicht mehr gültig. Gott hätte sich damit ja selbst ausgetrickst.
15 Wenn nämlich jemand gegen die Regeln verstößt, ist Gott tierisch
sauer, wenn es aber keine Regel gibt, kann auch nicht gegen sie ver-
stoßen werden. 16 Darum gibt das Vertrauen den Ausschlag, denn nur
so wird das Ganze zu einem Geschenk, das man sich nicht verdienen
kann. Dieses Geschenk gilt für jeden, der – genau wie Abraham – sein
Vertrauen auf Gott setzt. Er ist das große Vorbild in Sachen Vertrauen.
17 Im alten Buch steht ja auch: „Ich habe dich zum Vorbild und zu einem
Vater für viele Menschen gemacht." Das ist alles abgegangen, weil Abra-

ham seinem Gott vertraut hat, dem Gott, der in der Lage ist, Tote wie-
der lebendig zu machen. Jetzt gehören auch Menschen, die vorher nicht
dabei waren, zu seinen Leuten. [18] Als Gott Abraham die Ansage machte,
er würde einmal zu einem Vorbild und Vater für tierisch viele Menschen
werden, glaubte ihm Abraham und ließ sich durch nichts davon abbrin-
gen, obwohl seine Situation mehr als hoffnungslos war. Gott hatte ge-
sagt: „Deine Familie wird echt giga-groß werden." [19] Abrahams Vertrau-
en auf Gott war sehr fett, und das, obwohl er mit fast hundert Jahren
schon echt alt war. Zudem war seine Frau Sara eigentlich unfruchtbar,
sie hatten keine Kinder bis dahin. [20] Abraham ließ sich durch nichts da-
von abbringen, auf Gottes Versprechen zu setzen. Sein Vertrauen war
gigantisch und wurde in dieser Situation sogar noch größer! Das fand
Gott total gut! [21] Er war sich ganz sicher: Gott hält, was er verspricht.
[22] Weil Abraham dieses Vertrauen hatte, machte Gott eins klar: „Du bist
okay!" [23] Und das hat Gott nicht nur zu ihm gesagt. [24] Diese Zusage wur-
de durch das alte Buch auch an uns weitergegeben. Wir sind für Gott
auch okay, wenn wir unser Vertrauen auf Jesus setzen, der tot war und
dann durch Gott wieder lebendig gemacht wurde. [25] Wegen dem Mist,
den wir gemacht hatten, musste Jesus sterben. Wieder lebendig gewor-
den ist er, damit wir mit Gott im Leben wieder klarkommen können.

5

Mit Gott ist alles okay

[1] Wenn wir keine Schulden mehr bei Gott haben, weil wir unser Vertrau-
en auf ihn setzen, ist der Weg jetzt ja frei! Wem haben wir das zu ver-
danken? Jesus! [2] Durch ihn haben wir den PIN-Code für das Türschloss
zum Himmel, auf diesen abgefahrenen Augenblick können wir uns jetzt
schon tierisch freuen! [3] Auch jetzt können wir uns schon freuen, sogar
wenn man versucht, uns ans Bein zu pinkeln, wenn es Probleme gibt
und so. Denn jedes Problem wird zur Herausforderung, wir können
dadurch lernen, eine Sache durchzuziehen. [4] Wer so entspannt ist, hat
auch eine gute Art, mit Dingen anders umzugehen. Und wer mit Dingen
anders umgehen kann, hat auch immer die Hoffnung, bei Gott okay zu
sein. [5] Und wer bei Gott okay ist, der wird nie enttäuscht werden. Eins
ist für uns hundertprozentig sicher: Gott liebt uns! Sonst hätte er uns
nicht den Anschluss an seine Kraft, den heiligen Geist*, spendiert. Wenn

---

* Der heilige Geist ist eine andere Form von Gott, so wie Wasserdampf eine andere Form von Wasser ist. Er gehört zu Gott dem Vater genauso wie Jesus. Der O-Ton benutzt für ihn auch Worte wie „Kraft" oder „Energie". Darum wurde in der Volxbibel der heilige Geist mal als Power, dann wieder als Kraft, dann wieder als Geist übersetzt, ja nachdem, wie es im Zusammenhang Sinn machte.

der in uns ist, dann sind wir abgefüllt mit seiner Liebe! 6 Jesus, der Aus-
erwählte*, kam ja bei uns vorbei, als wir noch hoffnungslos im Dreck
steckten. Und er ist für uns gestorben, als Gott uns noch total egal war.
7 Mal ehrlich, wer hat von uns denn schon Bock, bloß für einen einzigen
guten Menschen zu sterben? 8 Gott ist aber noch derber drauf als das,
er starb für uns, obwohl wir sogar total dreckig und schlecht waren.
9 Wir brauchen keinen Schiss mehr vor Gott und seiner Verurteilung zu
haben, er ist nicht mehr sauer auf uns! Durch den Tod von Jesus ist alles
bezahlt! 10 Wir waren seine Feinde, aber damit ist es jetzt vorbei. Das
war nur möglich, weil sein Sohn für uns gestorben ist. Und jetzt sind wir
sogar seine Freunde, und weil Jesus lebt, können wir auch leben. 11 Wir
rasten alle total aus, wenn wir uns darüber klar werden, dass wir wieder
mit Gott befreundet sein können! Das ist alles erst durch Jesus möglich
geworden.

Adam brachte den Tod, Jesus das Leben

12 Adam, der erste Mensch, war auch der Erste, der die Sache mit Gott
verbockt hat. Und die Menschen nach ihm waren nicht besser. Deswe-
gen müssen alle Leute irgendwann mal sterben. Jeder hat nämlich in
seinem Leben schon mal Mist gebaut. 13 Diese Trennung war schon da,
bevor Gott die Regeln aufgestellt hatte. Ohne Regel gibt es allerdings
keine Regelverstöße, die bestraft werden müssten. 14 Der Tod war die
ganze Zeit wie eine unsichtbare Macht überall da und hatte alles im
Griff. Von Adam bis Mose, alle mussten irgendwann mal sterben, auch
wenn sie nichts gegen Gott getan hatten. Adam hatte allerdings wirklich
Dreck am Stecken. Er ist übrigens ein Hinweisschild für Jesus gewesen.
15 Der Vergleich Jesus/Adam hinkt natürlich, denn Jesus hat uns ja den
Weg zu Gott freigesprengt. Trotzdem: Durch den Fehler und die Sünde**
von einem Typen wurden wir quasi alle zum Tod verurteilt. Und durch
den einen Jesus ist uns das total geile Geschenk gemacht worden, dass
wir wieder mit Gott in Kontakt treten und leben können. Und dieses
Geschenk ist viel größer als alles, was Adam getan hat. 16 Und mit die-
sem Geschenk ist das nicht so, wie es mit der Bestrafung war, die durch
den einen Typen kam, der Mist gebaut hatte. Die Folgen der Trennung
von Gott (bewirkt durch die ätzenden Sachen, die die Menschen ver-

---

* „Der Auserwählte" ist in Anlehnung an den Film „Matrix" als Begriff gewählt worden. „Christus", wie es im Text heißt, war damals ein stehender Begriff, unter dem sich die Leute was ganz Konkretes vorgestellt hatten, einen Retter, auf dem die Hoffnung lag, dass er alle Menschen aus ihrem Dreck rausholen würde.

** Sünde kommt von dem Wort „Sund", was im alten Deutsch so was wie Graben heißt. Sünde ist also der ganze Mist, alles, was zwischen Gott und Menschen steht, ein Graben zwischen uns, über den Jesus eine Brücke gebaut hat.

bockt hatten) hätten für uns nämlich den richtigen ewigen Tod bedeu-
tet, einen Tod, der niemals aufhört. Jetzt werden wir aber, obwohl wir
genauso viel Mist gebaut haben, von Gott gerettet. Ohne dass wir es
verdient haben, übernimmt er die Schulden für uns! 17 Dadurch, dass ein
Mensch Mist gebaut hat, bekamen wir alle die Todesstrafe. Doch durch
einen anderen Menschen, nämlich Jesus Christus, werden alle wieder
richtig leben können! Und das gilt für jeden, der dieses Geschenk seiner
giga-großen Liebe angenommen hat. Er wird über den Dingen stehen
können durch Jesus. 18 So wie durch den Mist, den einer gebaut hat,
alle verdammt wurden, so wurden alle wieder durch die gute Aktion von
einem anderen okay gemacht. Und das bedeutet, dass wir wirklich leben
können. 19 Nur weil einer keinen Bock auf das hatte, was Gott will, wur-
den alle von Gott getrennt. Und weil wiederum ein anderer Bock drauf
hatte. zu tun, was Gott will, sind wir wieder mit Gott verbunden. 20 Die
Regeln, waren im Grunde nur dafür da, damit jeder merkt, dass er von
Gott getrennt ist. Als der Berg zwischen Gott und den Menschen immer
größer wurde, wurde auch die Gnade und Liebe von Gott immer größer.
21 Anstelle der Trennung, die zwischen Menschen und Gott bestand und
damit alles beeinflusste, gibt es jetzt eine Beziehung zu Gott, die uns
einfach so geschenkt wurde. Durch Jesus wird Gottes Liebe für alle ganz
deutlich sichtbar.

6

Wie Christen mit ihrem Mist am besten umgehen

1 Wie ist das jetzt? Können wir jetzt einfach weiter rumsündigen, weil
das ja eh nur Gott die Gelegenheit gibt, uns seine Liebe zu beweisen?
2 Schwachsinn! Wir sind für das Thema Sünde einfach nicht mehr zu
haben. Warum sollten wir uns diesen Mist wieder ans Bein binden? 3 Ist
euch klar, dass ihr mit der Taufe zeigt, dass ihr ganz zu Jesus gehört?
Und dass ihr deshalb auch was davon habt, dass er für euch gestorben
ist? 4 Ihr seid im Grunde dadurch mit ihm unter die Erde gebracht wor-
den, Exitus. Und genauso wie Jesus durch die große Power von Gott
wieder lebendig wurde, so sind wir jetzt auch in der Lage, ein anderes
Leben zu führen. 5 Weil wir glauben, sind wir mit seinem Tod verbunden,
und darum werden wir auch mit ihm wieder lebendig werden. 6 Was wir
früher waren und gemacht haben, ist mit Jesus zusammen abgestor-
ben. Nur so konnte der Einfluss, den dieser ganze Mist auf unser Leben
hatte, gestoppt werden. Jetzt müssen wir keinen Mist mehr bauen, wir
sind frei! 7 Gegen Tote kann man nämlich keine Anzeige erstatten, die
sind frei. 8 Wenn wir mit Jesus gestorben sind, das auf sicher, werden
wir auch mit ihm zusammen leben. 9 Wir wissen, dass Jesus Christus tot

war und dann wieder lebendig geworden ist. Er wird nie mehr sterben.
Der Tod hat gegen ihn verloren, für immer. [10] Jesus ist gestorben, damit
diese Trennung und die Macht, die hinter der Sünde steht, ein für alle
Mal besiegt wurde. Und Jesus ist für Gott wieder lebendig geworden.
[11] Macht es genau so! Ihr könnt jetzt einfach davon ausgehen, dass wir
für die schlechten Sachen, die Sünde, einfach nicht mehr zu erreichen
sind. Lebt einfach nur noch für Jesus, lebt für Gott! [12] Die Sünde, diese
Kraft, die euch von Gott trennt, hat in euerem Leben nichts mehr zu
melden. Macht das auch deutlich! [13] Eure Körperteile sollten nicht vom
Satan, vom Bösen, benutzt werden können, damit irgendwas zwischen
dich und Gott kommen kann. Ihr seid Menschen, die tot gewesen wa-
ren und wieder lebendig geworden sind! Stellt euch deswegen voll Gott
zur Verfügung, mit allem, was ihr habt, damit er euch benutzen kann,
um selber groß rauszukommen. [14] Die Sünde, diese trennende Macht
zwischen Gott und euch, hat ihre Kraft verloren. Ihr gehorcht jetzt nicht
mehr dem Regelwerk, den alten Gesetzen, ihr seid jetzt der Liebe von
Gott unterstellt. [15] „Wie jetzt, können wir einfach weiter Mist bauen,
weil nur noch die Liebe zählt und nicht mehr die Gesetze?“ – Auf keinen
Fall! [16] Versteht ihr nicht, dass ihr immer das tun müsst, was der Chef
euch sagt, wenn ihr irgendwo angestellt seid? Ihr könnt wählen, ob die
Sünde euer Chef sein soll oder ob ihr das tun wollt, was der Chef sagt,
der euch Gerechtigkeit verspricht. [17] Danke, Gott! Früher wart ihr noch
so unterwegs, dass ihr der Sünde (dieser Macht, die euch von Gott ge-
trennt hat) gehorchen musstet. Aber zum Glück seid ihr jetzt frei davon,
ihr seid in der Lage, das zu tun, was euch von Gott beigebracht wurde.
[18] Ihr seid frei und müsst nicht mehr so leben, ihr seid jetzt von der gu-
ten Seite angestellt. [19] Ich nehme dieses Bild mit dem Angestellten, weil
es leicht zu verstehen ist. Früher wart ihr in einer andern Firma ange-
stellt, hattet echte Knebelverträge und musstet ätzende Sachen tun, die
Gott total uncool findet. Jetzt habt ihr euch für einen neuen Chef ent-
schieden, für ein Leben, das gut und in Ordnung ist. [20] Früher wart ihr
bei der Firma Sünde angestellt, ihr hattet keine Ahnung, was gut ist und
was nicht. [21] Und was hat euch das gebracht? Ihr habt Sachen getan, die
euch jetzt superpeinlich sind, und die Folge von alldem war letztendlich
der Tod. [22] Jetzt seid ihr aber von dieser Macht befreit! Ihr könnt als
Angestellte bei Gott viele gute Sachen machen, die euch helfen werden,
ein sauberes Leben zu führen, eins, wo Gott drauf steht. Und die Haupt-
sache ist: Ihr werdet als Gratiszugabe obendrauf für immer leben kön-
nen. [23] Denn das, was dabei rumkommt, wenn man die Sachen macht,
die Gott nicht gut findet, ist der Tod. Gott aber schenkt ein ewig geiles
Leben durch Jesus Christus, der unser Chef ist.

7

Wie Gottes Regelprogramm funktionieren sollte und wie nicht

[1] Liebe Leute! Also, ihr kennt doch das alte Programm (unsere Gesetze)
des Lebens ganz gut. Eigentlich müsstet ihr doch schon längst kapiert
haben, dass dieses Programm nur so lange funktioniert, wie man lebt.
[2] Mit einer Frau ist es doch beispielsweise so, dass sie durch das Gesetz
vom Staat nur so lange mit ihrem Mann verheiratet ist, wie der lebt.
Stirbt ihr Mann, ist sie nicht mehr an das Gesetz gebunden und kann
wieder heiraten, wen sie will. [3] Wäre diese Frau in der Zeit der Ehe mit
einem anderen fremdgegangen, würde man sie zu Recht als Ehebre-
cherin beschimpfen. Ist ihr Mann aber gestorben, ist sie frei, sie muss
sich nicht mehr an das Ehegesetz halten. Keiner würde sie Ehebreche-
rin nennen, wenn sie jetzt einen anderen Typen heiraten würde. [4] So
ungefähr läuft das bei euch auch ab. Ihr seid wie an einen „Ehemann“
eigentlich an das alte Programm verschrieben, das sind die Gesetze,
nach denen ihr ticken müsstet. Aber dadurch, dass Christus am Kreuz
für euch gestorben ist, seid ihr frei davon. [5] Als wir Christus noch nicht
kannten, lief es bei uns noch voll nach dem alten Schema ab. Das alte
Programm bestimmte unser Leben, wir waren total unfrei und bauten in
einer Tour nur Mist, was uns am Ende total kaputtgemacht hat. [6] Aber
jetzt müssen wir nicht mehr nach diesem Schema leben, wir sind frei,
denn dieses Programm ist ein für alle Mal abgestürzt. Jetzt können wir
durch den heiligen Geist mit Gott in einer total anderen Dimension
leben, nicht mehr so, wie es das alte Programm vorgeschrieben hatte.

Der Mensch und die Gesetze oder das Lebensprogramm von Gott

[7] Will ich damit sagen, dass das alte Programm Gottes zwischen mir
und Gott steht? So ein Quatsch! Ohne das alte Programm, was mir
gesagt hat, was Gott geil findet und was nicht, hätte ich nie erfahren,
worauf er wirklich Bock hat, und hätte auch nicht erfahren, was mich
von ihm trennt. Wenn dort nicht stehen würde: „Du sollst nicht stän-
dig hinter irgendwas her sein“, wäre mir nie klar geworden, dass Gott
das nicht will und das nicht gut für mich ist. [8] Diese Sachen, die uns
von Gott trennen, werden fast wie kleine nimmersatte Monster in uns.
Wenn es dieses alte Programm nicht gäbe, wüssten wir gar nichts von
dieser negativen Macht. [9] Früher haben wir ganz ohne irgendein Pro-
gramm gelebt. Erst seitdem wir das Programm mit all seinen Regeln
kennen, wurde in uns der Drang, Mist zu bauen, so richtig lebendig.
[10] Wir dagegen waren so mies unterwegs, dass wir praktisch tot wa-
ren. So hat uns das, was Gott eigentlich von uns wollte und was uns

zu einem wirklichen coolen Leben führen sollte, letztendlich den Tod
gebracht. 11 Denn was uns von Gott trennt, wurde wie ein Monster in
uns, das uns betrügen wollte und uns umbrachte, anstatt uns Leben zu
geben. 12 Das alte Programm entspricht zu 100 Prozent Gottes Willen.
Jedes einzelne Gebot geht voll und ganz in Ordnung. 13 Kann denn das,
was eigentlich voll in Ordnung ist, uns den Tod bringen? Nein, natürlich
nicht! Es ist das Schlechte, das uns umbringt – die Sünde. Da mir die
Regel aber zeigt, was gut ist und was nicht, beweist das alte Programm,
dass ich schuldig bin, denn es macht deutlich, wie ätzend es ist, nicht
das zu tun, was Gott vorgeschrieben hatte. 14 Das alte Programm ist
von Gottes Geist geschrieben worden, das wissen wir genau. Ich bin
aber ein Mensch und meinem Menschsein total ausgeliefert, ich muss
einfach irgendwie Mist bauen. 15 Ich kapier oft selber nicht, was da in
mir abgeht: Die guten Sachen, die ich eigentlich tun will, tu ich nicht.
Stattdessen mach ich bloß das, worauf ich eigentlich überhaupt keinen
Bock habe. 16 Wenn ich aber dabei zugebe, dass es totaler Mist ist, den
ich ständig baue, dann gebe ich ja damit auch zu, dass das Programm
Gottes gut ist. 17 Das würde aber bedeuten, dass nicht ich wirklich den
Mist verbocke, sondern das, was mich von Gott trennt, diese Macht in
mir, die mich dazu treibt. 18 Ich bin mir schon im Klaren darüber, dass
der Mensch von Natur aus nicht gut drauf ist. Darum kann ich tun, was
ich will, am Ende kommt nichts Gutes dabei rum. 19 Ich will zwar immer
wieder das Gute tun, aber dann baue ich doch wieder Mist. Das, worauf
ich eigentlich total keinen Bock habe, genau das mach ich. 20 Wenn ich
also immer wieder das tu, was ich eigentlich nicht will, ist das doch
eindeutig diese negative Macht, das, was mich von Gott trennt, diese
Sünde, die mich zum Schlechten verführt. 21 So was passiert mir andau-
ernd: Das, was gut ist, will ich eigentlich tun, aber stattdessen bau ich
nur Mist. 22 Ich selber in mir drin möchte das tun, was Gott von mir will.
23 Und doch handle ich nach einem anderen Programm, das bei mir ab-
läuft. Ich bin total darin gefangen, ich bin nicht frei davon. 24/25 Ich fass
es noch einmal zusammen: In mir drin will ich das tun, was Gott will,
ich will nach seinem Programm und seinen Gesetzen leben. Aber so wie
ich lebe, tu ich genau das Gegenteil und mach genau das, was mich von
Gott fern hält. Hilfe! Wer wird mich aus dieser Zwickmühle befreien?
Danke, Gott!! Jesus Christus hat uns da schon rausgeholt!

8

Leben nach Gottes Programm

1 Wer nun zu Jesus Christus gehört, wird von Gott nie fertig gemacht
werden. 2 Denn für ihn stimmt das Programm nicht mehr, auch wenn

du Mist gebaut hast und verdient hättest zu sterben. Ab jetzt läuft ein Update, eine neue Software, das Programm von Gottes Geist, das dir durch Jesus Christus hilft zu leben. 3 Denn die alte Software, das Gesetz, konnte uns nicht dazu bringen, so zu leben, wie Gott es geil findet. Sie war von einem Virus befallen worden, der uns unbewusst dazu zwang, Mist zu bauen. Deswegen schickte Gott seinen Sohn vorbei, der das alte Programm hackte und es umschrieb, indem er den ganzen Dreck auf sich nahm und auch die Strafe dafür bezahlte. 4 Jetzt läuft das neue Programm Gottes in uns und nicht mehr die alte menschliche schlechte Software. Deshalb können wir unserem Leben eine völlig neue Richtung geben. 5 Denn wer nach dem menschlichen Programm tickt, bleibt letztendlich im Dreck stecken, wer aber durch das Programm Gottes bestimmt wird, der will auch das tun, was Gott cool findet. 6 Das alte sündige Programm macht uns nur fertig und bringt uns den Tod; das neue Programm aber bringt uns Frieden und Leben. 7 So wie wir Menschen von Natur aus drauf sind, haben wir eigentlich keine Lust auf Gott. Das liegt auch da dran, weil wir nicht so leben können, wie Gott es von uns will. Und irgendwie wollen wir auch gar nicht so leben. 8 Weil wir so sind, kann Gott eigentlich keinen Bock mehr auf uns haben. 9 Jetzt läuft allerdings Gottes neues System auf eurer Festplatte, ihr müsst keinen Mist mehr bauen. Wer aber nicht mit Gottes Software – seinem Geist – lebt, gehört auch nicht zu ihm. 10 Wenn ihr also mit Jesus Christus lebt, dann ist euer Körper zwar wegen dem Mist, den ihr verbockt habt und auch immer weitertun werdet, wie tot. Durch Gottes Programm wird euch aber ein neues Leben geschenkt, weil er euch in seine Familie mit aufgenommen hat. 11 Läuft das Programm Gottes in euch, durch dessen Kraft auch Jesus aus dem Tode rausgeholt wurde, wird er damit auch euren Körper, der irgendwann tot sein wird, wieder lebendig machen können. Denn die Kraft von Gott, sein Geist, lebt ja auch in euch. 12 Darum, liebe Leute, müssen wir nicht länger nach unserem alten Wahn leben, der dem alten Programm gefolgt ist. 13 Denn wer so abgeht, wird sterben! Wenn ihr aber durch seinen Geist in der Lage seid, auf die Stimme Gottes zu hören, und tut, was er euch sagt, wird das alte Programm gelöscht werden. Das war dafür verantwortlich, dass ihr ständig Mist gebaut habt. 14 Alle, die nach dem neuen Programm laufen, haben das Ticket in der Tasche, um in Gottes Familie dabei zu sein. 15 Denn das neue Programm zwingt euch zu nichts und macht euch nicht abhängig, nein, es sorgt dafür, dass ihr freiwillig in die Familie Gottes aufgenommen werdet. Jetzt könnt ihr ohne Angst zum großen Gott kommen, ihr könnt ihn jetzt sogar Papi nennen, wenn ihr wollt. 16 Denn durch Gottes Geist in uns sind wir uns hundertprozentig sicher, dass wir Teil seiner Familie sind. 17 Weil

wir zu seiner Familie gehören, will uns unser Vater auch beschenken. Es
kann zwar durchaus passieren, dass man uns heftige Schwierigkeiten
macht, weil wir jetzt zu Jesus gehören, aber zum Schluss werden wir mit
ihm ganz groß rauskommen. 18 Ich bin mir ganz sicher, dass die ganzen
Schwierigkeiten, durch die wir jetzt gehen müssen, ein Witz sein werden
gegenüber der riesengroßen Party, die wir dann am Ende noch feiern
werden. 19 Die ganze Natur ist schon ganz heiß auf den Tag, an dem Gott
seine Kinder groß rausbringen wird. 20 Ohne dass sie was dafür kann, ist
die gesamte Natur mit den Tieren und Pflanzen zum Tod verurteilt. Aber
es gibt Hoffnung. 21 Denn sie wird ein großes Comeback feiern, sie wird
befreit werden von dem Zwang sterben zu müssen. Genauso wie Gott
seine Leute auch vom Tod befreit hat für ein neues wunderbares Leben.
22 Denn wir sehen ja, wie die Tiere und Pflanzen voll leiden und die ganze
Natur im Grunde depressiv auf einen Neustart wartet. 23 Auch wir, die
wir schon als Erstes mit seiner Power – seinem Geist – ausgerüstet sind,
sind total heiß drauf, dass Gott uns als Teil seiner Familie zu sich holt
und auch unseren Körper so neu macht, dass der nicht mehr kaputtge-
hen kann. 24 Doch darauf können wir erst mal nur hoffen und warten.
Hoffen heißt aber, dass wir es noch nicht haben, denn was man schon
hat, darauf braucht man auch nicht mehr zu hoffen. 25 Obwohl wir aber
auf etwas hoffen, das wir noch nicht sehen können, sind wir dennoch
ziemlich sicher, dass wir es auch bekommen. 26 Gottes Geist – seine
besondere Power – hilft uns dabei: nämlich da, wo wir zu schlaff sind.
Wenn wir zum Beispiel nicht beten können, wie es eigentlich angesagt
wäre, dann hilft uns diese Kraft und betet für uns auf eine Art, wie wir es
mit unseren eigenen Worten nie könnten. 27 Gott aber, der uns in- und
auswendig kennt, versteht, worauf der heilige Geist hinauswill. Der legt
nämlich für uns ein gutes Wort ein. 28 In einem sind wir uns aber ganz
sicher. Für alle, die Gott lieben, gilt: Alles muss letzten Endes immer zum
Besten laufen, denn Gott will das so und hat uns dazu auch ausgesucht.
29 Wen Gott nämlich in sein Team berufen hat, auf den hat er vorher auch
schon ein Auge geworfen und der soll auch seinem Sohn ähnlich werden,
dem ersten Bruder neben vielen anderen Brüdern. 30 Und wen Gott dazu
ausgecheckt hat, den hat er auch dazu gerufen, mit ihm ewig abzuhän-
gen. Wen er aber dazu berufen hat, mit ihm abzuhängen, den hat er auch
von seinem Dreck befreit. Und wen er von seinem Dreck befreit hat, der
weiß schon jetzt sicher, dass er mal ganz groß rauskommen wird. 31 Was
kann man dem noch hinzufügen? Wenn Gott in unserer Mannschaft
spielt, wo sind die Gegner? 32 Gott, der sogar für uns seinen Sohn hat
abschlachten lassen, warum sollte er uns nicht alles schenken? 33 Wer will
es wagen, die Familie Gottes noch irgendwie anzuzählen? Gott hat sich

auf ihre Seite geschlagen und sie freigesprochen! 34 Wer will es wagen,
uns fertig zu machen? Niemand, denn Jesus ist für uns ermordet wor-
den, er hat dann später sogar den Tod besiegt und lebt heute bei Gott,
wo er ein gutes Wort für uns bei ihm einlegt. 35 Was kann dann überhaupt
noch zwischen uns und die Liebe von Christus kommen? Probleme
und Depressionen? Dass Leute uns verfolgen und in den Knast stecken
wollen? Nichts zu fressen? Keine Kohle? Panik oder Mord? 36 Bestimmt
nicht! Es steht ja schon im alten Vertrag*: „Weil wir zu dir gehören, sind
wir ständig in Todesgefahr. Wir werden angesehen wie Schafe, die man
bedenkenlos abschlachten kann.“ 37 Trotzdem gilt: Wir werden den fetten
Sieg einfahren, weil Jesus Christus uns so geliebt hat. 38 Denn eins steht
für mich fest: Weder Tod noch Leben, ob es Engel oder Monster aus der
Hölle sind, ganz egal, ob etwas gerade abgeht oder später abgehen wird,
noch irgendwelche geistigen Mächte, 39 weder Himmel noch Hölle noch
sonst irgendetwas kann zwischen uns und Gottes Liebe kommen! Er hat
sie uns bewiesen durch das, was er durch Jesus Christus – unseren gro-
ßen Chef – für uns getan hat.

9

Israel ist für Gott ein ganz besonderes Volk

1 Leute, ich schwör und Jesus ist mein Zeuge! Ich erzähl euch keinen
Blödsinn! Die Power von Gott, sein extremer Geist, ist da total einig mit
mir. 2 Ich bin oft total fertig und kann darüber nur heulen, 3 wenn ich an
meine Leute denke, meine jüdischen Geschwister. Ich wäre bereit dazu,
von Gott gedisst zu werden, wenn ich dadurch erreichen könnte, dass
sie gerettet werden! 4 Die Israelis sind sein ganz besonderes Volk, Gott
hat fett Bock auf sie, er hat sich ihnen ganz besonders gezeigt. Er hat
mit ihnen SpeziavVerträge gemacht, er hat ihnen sein Programm – sein
Gesetz – gegeben. Sie waren auch die Einzigen, die ihn richtig angebetet
haben, und er hat ihnen ganz derbe Sachen versprochen. 5 Ihre Vor-
fahren waren diese Berühmtheiten wie Abraham, Isaak und Jakob. Und
auch Jesus Christus stammt aus diesem Volk. Er ist jetzt unser Gott, er
hat das Sagen über alles und wir wollen, dass er immer und überall groß
rauskommt, er ist der Held!

Wer gehört dazu und wer nicht?

6 Was Gott gesagt hat, stimmt immer noch. Nicht alle, die in eine jü-
dische Familie reingeboren wurden, sind automatisch wirkliche Juden.

---

* Der alte Vertrag. Damit ist ein alter Bund oder eben Vertrag gemeint, den Gott mal mit den Menschen geschlossen hat. Er steht im alten Buch (im Alten Testament, was so viel heißt wie Vertrag oder Vermächtnis).

7 Abraham hat ja auch nicht alle seine Kinder als Erben eingesetzt. In
dem alten Buch steht: „Nur wer von deinem Sohn Isaak abstammt, ist
ein Nachkomme von dir und soll auch dazugehören.“ 8 Damit ist ge-
meint, dass die leiblichen Nachkommen von Abraham nicht auch gleich
Kinder von Gott sind. Die wirklichen Kinder von Abraham sind nämlich
nur die, die Gott Abraham versprochen hatte, und ihre Nachkommen
auch. 9 Gott hatte nämlich Abraham gesagt: „Nächstes Jahr um diese
Zeit rum werde ich wieder kommen, und dann wird deine Sara einen
Sohn kriegen.“ 10 Und das ist nicht nur bei Sara so abgegangen, auch
Rebekka ist noch von unserem Urahnen Isaak mit Zwillingen schwan-
ger geworden. 11 Schon bevor die Kinder überhaupt geboren wurden,
also bevor sie überhaupt Mist bauen oder irgendwas Gutes machen
konnten, hatte Gott Rebekka ’ne Ansage gemacht. Das war so, weil Gott
da einfach Bock drauf hatte, er hatte sich dafür so entschieden. 12 Das
hatte nichts damit zu tun, dass sie so toll gelebt haben oder so. Er sagte
zu Rebekka: „Die Kinder deines älteren Sohnes werden von den Kin-
dern deines jüngeren Sohns irgendwann mal angestellt werden.“ 13 In
dem alten Buch steht: „Auf Jakob bin ich tierisch abgefahren, auf Esau
hatte ich null Bock.“ 14 Was soll man dazu jetzt noch sagen? War das
ungerecht von Gott? Nein, null! 15 Er hat ja schon zu Mose gesagt: „Ich
suche mir aus, mit wem ich ’ne Beziehung haben will. Ich weiß schon,
mit wem ich besonders viel Mitleid habe.“ 16 Es kriegt also nicht jeder
von Gott einen Garantieschein. Es hängt von Gott ab, von seiner Ent-
scheidung, von seiner Liebe, wen er haben will. 17 Im alten Buch steht,
dass Gott zu dem Chef der Ägypter, dem Pharao, gesagt hat: „Ich habe
vor, an deiner Person beispielhaft klar zu machen, was ich draufhabe.
Ich will, dass dadurch mein Anliegen deutlich wird und dass man in
der ganzen Welt darüber redet.“ 18 Daran kann man gut beweisen, dass
Gott in der Lage ist, die Entscheidungen eines Menschen zu beein-
flussen. Die einen sehen dann Sachen sofort ein, andere wieder null.
19 Jetzt kommt bestimmt gleich das Argument: „Warum ist Gott dann
überhaupt noch sauer auf die Menschen, wenn es sowieso unmöglich
ist, etwas zu tun, was er nicht will?“ 20 Gegenfrage: Wie kommst du
überhaupt dazu, diese Frage zu stellen? Du bist nur ein kleiner Mensch
und glaubst, du musst dich mit Gott anlegen? Seit wann kann sich denn
das Brot beim Bäcker beschweren: „Warum hast du mich so gemacht?“
21 Wenn ein Töpfer aus Ton eine Schüssel formt, ist es nicht seine Sa-
che, was er daraus macht? Ist es dann nicht seine Entscheidung, ob
er jetzt ’ne Schüssel für die feinste Party macht oder nur eine für den
Hausgebrauch? 22 Genauso wollte Gott an den Ägyptern seine Wut und
auch seine Power zeigen. Und dabei hatte er noch voll Geduld mit de-

nen gehabt, was letztendlich dann ja umsonst war. 23 An den Israeliten
wollte Gott ganz klar machen, was er alles so kann und wie liebevoll er
eigentlich ist. 24 Und diese Einstellung hat Gott auch uns gegenüber,
den Juden und den Menschen aus dem Rest der Welt. 25 Gott hatte ja
schon durch den Propheten Hosea die Ansage gemacht: „Ich werde die
adoptieren, die nicht zur Familie gehört haben, ich werde die lieben, die
ich vorher noch nicht lieben konnte.“ 26 Bei Hosea steht auch noch das:
„Früher hat man zu euch gesagt: ‚Ihr gehört nicht dazu.‘ Doch jetzt sagt
man zu euch: ‚Ihr seid aufgenommen in die Familie vom lebendigen
Gott.‘“ 27 Jesaja hat über Israel gesagt: „Selbst wenn es so viele Israelis
gäbe, wie Sandkörner am Strand liegen, wird doch nur eine kleine An-
zahl gerettet werden. 28 Gott lügt nie, er wird es durchziehen, aber er
wird nicht ganz streng durchgreifen.“ 29 Woanders im alten Buch steht
noch bei Jesaja: „Wenn Gott nicht ein Auge zugedrückt hätte, wären alle
dabei kaputtgegangen, so wie in den Städten Sodom und Gomorra.“

Der falsche Weg zu Gott

30 Was bleibt mir noch zu sagen? Die Leute aus den anderen Völkern
können für Gott okay werden, wenn sie ihr Vertrauen auf Jesus setzen
und ihm glauben. 31 Die Juden aber, die durch ein striktes Leben genau
nach dem Programm vor Gott cool dastehen wollten, haben ihr Ziel
nicht erreicht. 32 Warum das nicht? Weil sie versucht haben, durch ihre
eigenen guten Taten Gott zu beeindrucken, indem sie nach dem alten
Programm gelebt haben, anstatt alleine auf ihn zu vertrauen. Darum
sind sie über Jesus auch ins Stolpern geraten. 33 Dazu sagt das alte Buch
ja auch: „Ich lege in Jerusalem einen Stein auf den Weg, über den viele
Menschen stolpern und auf die Fresse fallen werden. Aber wer sein Ver-
trauen auf ihn setzt, wird cool draufkommen.“

10

Jesus hat das alte Programm geknackt

1 Liebe Freunde in Rom, ich hab so eine derbe Sehnsucht danach und
bete wie verrückt dafür, dass mein Volk den richtigen Weg zu Gott
findet! 2 Ich schwör, die sind alle voll auf der Suche nach dem Weg, sie
dienen Gott mit allem, was sie haben, sie haben es bloß noch nicht
geschnallt, wie man zu ihm kommt! 3 Sie haben noch nicht kapiert, wie
das abgeht, dass Gott die Menschen in Ordnung bringt. Stattdessen
gehen sie ihren eigenen Weg, sie versuchen Gott zu beeindrucken, in-
dem sie nach seinem Regelprogramm leben. Doch damit liegen sie total
daneben. 4 Denn durch Jesus Christus ist dieses Programm überholt
worden. Wer sein Vertrauen auf Jesus setzt, der ist für Gott in Ordnung.

5 Mose hat ja beschrieben, wie man in Ordnung kommen kann, wenn
man nach dem alten Programm lebt: „Der Mensch, der sich danach
richtet, wird gut leben können." 6 Durch das Vertrauen auf Gott durch
Jesus wird man aber anders von ihm angenommen. Dann kann man
sagen: „Du brauchst dich nicht mehr in den Himmel hocharbeiten, um
mit Jesus zu leben." 7 Und man kann behaupten: „Du brauchst dich
nicht in die Unterwelt hinunterzubuddeln, um da Jesus zu finden."
8 Denn das alte Buch sagt: „Gott hat eine gute Nachricht für dich und
die hängt auch nicht in einer Warteschleife, sie ist in deinem Mund
und in deinen Gedanken." Das ist die Nachricht, dass wir aus unserem
Dreck gerettet werden, weil wir unser Vertrauen auf Jesus setzen.
9 Wenn du dich öffentlich dazu stellst, dass Jesus der Chef vom Ganzen
ist, und wenn du in dir drin ganz sicher bist, dass er wirklich existiert
und dass Gott ihn wieder lebendig gemacht hat, dann bist du dabei!
Dann bist du in Sicherheit! 10 Wenn du das glaubst, bist du für Gott
okay. Wenn du öffentlich dazu stehst, wirst du von ihm gerettet. 11 Im
alten Buch kann man auch nachlesen: „Wer sein Vertrauen auf ihn setzt,
dem kann nichts mehr passieren." 12 Das stimmt für alle, sowohl für
Juden wie Nichtjuden. Er ist für alle der Gott, und er macht es für jeden
möglich, mit ihm zu labern. 13 Um noch einmal den Propheten Joel zu
zitieren: „Denn jeder, der ihn persönlich kennt und einen Hilferuf an
seine Adresse abschickt, der wird am Ende gerettet werden."

Die Israelis nehmen dieses Angebot von Gott nicht an

14 Wie sollen denn die Menschen mit Gott reden können, wenn sie nicht
an ihn glauben? Und wie sollen sie an ihn glauben, wenn sie nie von
ihm gehört haben? Und wie sollen sie überhaupt von ihm hören, wenn
da keiner am Start ist, der es ihnen erzählt? 15 Und wie sollte jemand zu
ihnen hingehen und ihnen die Sache von Gott erzählen, wenn keiner den
Auftrag dazu erhalten hat? Das war übrigens damit gemeint, wenn im
alten Buch steht: „Es ist so cool, zu erleben, wenn da Leute ankommen
und die gute Message verbreiten!" 16 Aber nicht alle akzeptieren diese
neue Ansage, das hat ja der Prophet Jesaja auch schon gewusst, ich zi-
tiere: „Gott, wer hat unseren Reden geglaubt?" 17 Und doch schafft man
es erst, sein Vertrauen auf Gott zu setzen, wenn man diese Worte auch
gehört hat. Und diese Worte kommen von Jesus, dem Auserwählten.
18 Was geht denn nun mit den Juden ab? Haben die denn die Einschläge
nicht gehört? Doch, haben sie, ich zitiere noch mal was: „Die Message
spricht sich überall rum, überall reden sie da drüber!" 19 Haben sie es
auch wirklich gerafft? Ja, das haben sie. Schon Mose hat getextet: „Ich
will, dass mein Volk voll eifersüchtig wird, ich will Leute zu mir lassen, die

bisher außen vor standen, und ihr werdet sauer sein auf die Menschen,
die bisher noch keine Ahnung von mir hatten.“ 20 Und Jesaja setzt noch
einen drauf: „Ich habe dafür gesorgt, dass Menschen mich finden, die
gar nicht nach mir gesucht haben. Ich hab mich den Leuten vorgestellt,
die gar nichts von mir wissen wollten.“ 21 Und über das Volk Israel meinte
Gott: „Den ganzen Tag stand ich mit offenen Armen vor ihnen, aber sie
wollten nicht auf mich hören, sie wollten ihr eigenes Ding durchziehen.“

11

1 Eine Frage hab ich noch: Was meint ihr, hat Gott kein Bock mehr auf
sein Volk? Null, auf keinen Fall! Hey, ich bin ja auch Jude, ich komm aus
der Familie vom Abraham, aus der Sippe von Benjamin. 2 Gott hat auf
jeden Fall viel Bock auf sein Volk, schließlich hat er sie ja von Anfang
an für was Besonderes ausgesucht. Denkt doch mal an das Buch, das
über Elia geht! Da reicht der ’ne Beschwerde über sein Volk bei Gott ein:
3 „Gott, sie haben deine Propheten ermordet, haben deine Häuser abge-
rissen. Ich bin der Einzige, der noch übrig ist. Und jetzt wollen sie mir
auch noch ans Leder.“ 4 Und was hat Gott dazu gesagt? Er antwortete:
„Du bist nicht alleine! Ich hab noch siebentausend andere gesehen,
die sich nicht vor dem ätzenden Götzenbild von Baal hinschmeißen!“
5 Heute haben wir dieselbe Situation. Es werden noch einige von den
Israelis gerettet, weil Gott sie so sehr liebt. 6 Wenn er das aber tut, weil
er sie so sehr liebt und gnädig mit ihnen ist, dann tut er das eben nicht
wegen ihrer guten Lebensführung. Es ist ein freies und unverdientes
Geschenk von ihm. 7 Was soll das jetzt heißen? Die Juden sind bei Gott
unten durch, obwohl sie es mit allen Mitteln versucht haben. Nur die,
die von Gott ausgesucht wurden, haben es gepackt. Doch der Rest zeigt
Gott die kalte Schulter. 8 In den alten Büchern steht auch passend dazu:
„Gott hat ihnen wohl Valium verpasst, sie sind zu tranig, um ihn zu
sehen, sie sitzen auf ihren Ohren und hören bis heute nicht, was er zu
sagen hat.“ 9 Und der König David meinte mal: „Sie handelten frei nach
dem Motto: Bloß kein neues Programm aufspielen, wenn das alte noch
irgendwie läuft. Und damit haben sie das Beste verpasst. Sie haben sich
selber in eine Falle begeben und sind dort gefangen. 10 Mach, dass sie
es einfach nicht schnallen, und lass sie unter den Gesetzen leiden.“

Passt auf, dass ihr nicht großkotzig werdet

11 Hat Gott dieses Volk denn jetzt aufgegeben, weil er ihnen den Rücken
zugedreht hat? No, never! Aber weil dieses Volk nicht auf Gott gehört
hat, wurde es erst möglich, allen anderen Völkern die coole Nachricht
zu bringen, dass man mit Gott leben kann. Das sollen ihnen die Israelis

jetzt mal nachmachen. 12 Wenn man sich das mal reinzieht, was das Versagen des Volkes Israel für gute Sachen für andere Völker gebracht hat, wie geil wird es erst dann, wenn sie jetzt selbst auch noch anfangen würden, mit Jesus zu leben! 13 Ihr, die ihr ja keine Juden seid, sollt das wissen. Ich habe von Gott einen Auftrag für euch bekommen. Ich betone das nur, 14 um die Juden neidisch auf euch zu machen. Ich möchte versuchen, so viele es geht zu retten. 15 Wenn man sich reinzieht, dass ihre verpasste Chance zu einer Riesenchance für die ganze Welt wurde, mit Gott wieder Frieden zu schließen, was wird dann erst gehen, wenn sie die Chance auch nutzen werden? Dann werden sehr viele Menschen, die im Grunde tot waren, wieder lebendig werden. 16 Denn wenn die Wurzel des Baums gut ist, dann ist auch der Rest gut. 17 Wenn aber einige Zweige abgeschnitten und stattdessen neue Zweige eingepfropft wurden, leben die neuen von den Wurzeln des alten Baums, sie versorgen sich mit Nährstoffen und Kraft. 18 Mach also nicht den Lauten gegen den Baum! Vergiss nicht, dass du nur eingepflanzt wurdest, du wirst nur getragen von der Wurzel. 19 Vielleicht wirst du jetzt dagegen sagen: „Die Zweige sind ja extra abgeschnitten worden, damit ich dort rankann!“ 20 Das stimmt, sie sind tatsächlich abgeschnitten worden, weil sie Gott nicht mehr vertraut haben. Und ihr seid da jetzt, weil ihr euer Vertrauen auf Gott gesetzt habt. Trotzdem solltet ihr besser Respekt haben. 21 Wenn Gott die natürlichen Zweige nicht verschont hat, kann er es mit dir genauso tun.

Danke, Gott! Es gibt Hoffnung für Israel!

22 Versteht ihr, wie Gott drauf ist? Er geht streng mit den Leuten um, denen egal ist, was Gott will. Und er geht liebevoll mit den Leuten um, die sich auf seine Liebe verlassen. Wenn du das nicht tust, bist du bei ihm unten durch. 23 Sobald die Juden endlich anfangen, Gott zu vertrauen, sind sie auch wieder dabei. Gott kann sie wieder in den Baum einpfropfen. 24 Wenn das schon möglich ist, dass von einem fremden Baum etwas dort reingepflanzt werden kann, dann doch noch viel eher mit einem Zweig, der sogar ursprünglich von dem Baum stammte.

Gott hält, was er verspricht

25 Freunde, ich möchte, dass ihr dieses Geheimnis kapiert, damit ihr nicht arrogant werdet. Viele Juden peilen das Ganze noch nicht, aber das wird nur so lange gehen, bis die Menge der Leute aus anderen Völkern für Jesus klargemacht wurde. 26 Und dann wird das ganze Volk der Israelis gerettet werden. Diese Ansage kann man auch bei den Propheten nachlesen: „Ein Held wird aus Jerusalem kommen und er wird ganz Israel aus dieser Situation rausholen, dass sie von Gott getrennt sind.

27 Dann werden neue Verträge gemacht, ich werde ihren ganzen Dreck
wegnehmen." 28 Viele Juden haben zwar überhaupt keinen Bock auf
diese neue Nachricht, das ist für euch nur gut, denn so seid ihr ja über-
haupt erst dazu gekommen. Aber weil Gott den Stammvätern Abraham,
Isaak und Jakob das versprochen hat, sind sie nach wie vor Gottes be-
sonderes Volk. 29 Denn die Sachen, die Gott einmal schenkt, die nimmt
er nicht wieder weg. Und wenn er jemanden für etwas ausgesucht hat,
dann bereut er das nicht, das gilt für immer. 30 Früher war euch total
egal, was Gott von euch wollte. Doch weil die Juden nichts mit Jesus zu
tun haben wollten, habt ihr jetzt 'ne Chance bei ihm bekommen. 31 So
sind jetzt die Juden diejenigen, die sich gegen Gott entschieden haben,
weil er sich für euch entschieden hat. Aber irgendwann werden sie mit
Gott wieder klarkommen. 32 Gott hat nämlich erst mal alle Menschen,
egal ob Jude oder nicht, sich selbst überlassen, aber jetzt hat er für
jeden das gleiche Angebot seiner Liebe parat. 33 Wie cool ist Gott doch
unterwegs! Wie gigantisch groß sind seine Möglichkeiten! Wie rätselhaft
seine Entscheidungen! Es ist unmöglich, wirklich voll zu checken, wa-
rum er bestimmte Sachen einfach tut. 34 „Wer kann schon wirklich seine
Denke durchschauen? Wer sollte sein Lehrer werden können? Wer ist
eingeweiht in seine Pläne? 35 Wer hat Gott schon mal zu viel gegeben,
dass der Schulden bei ihm hätte?" 36 Absolut alles ist von ihm gemacht
worden, alles kann auch nur existieren, weil es ihn gibt, und alles exis-
tiert nur, damit er dadurch groß rauskommt. Er soll den Applaus be-
kommen, jetzt und immer wieder neu! Yeah! So soll es ablaufen!

12

Alles, was ihr tut, sollte für Gott sein

1 Weil Gott euch so total und ohne Ende liebt, sage ich euch das jetzt:
Setzt euch auch radikal für Gottes Sache ein! Es sollte so laufen, dass
ihr euch ganz und radikal Gott zur Verfügung stellt, dass ihr so lebt,
dass Gott sich darüber freut! Das ist doch nur eine logische Konse-
quenz, Gott jetzt radikal zu dienen, oder? 2 Orientiert euch nicht an
dem, wie die Welt ist, und daran, was die für richtig und falsch hält,
sondern lasst euch von Gott eine neue Denke nach seinen Maßstäben
geben. Dann könnt ihr auch kapieren, was er von euch will, was gut ist
und worauf er Bock hat. 3 Mit der Vollmacht im Hintergrund, die ich von
Gott bekommen habe, warne ich euch: Überschätzt euch nicht, bleibt
bescheiden und markiert in Glaubenssachen nicht den dicken Macker!
4 Euer Körper hat viele Körperteile, und da hat jedes Teil seine eigene
Funktion. 5 Genauso ist das auch mit der Familie von Jesus. Wir gehören
alle zum selben Körper, weil wir zu Jesus gehören, aber jeder hat eine

andere Aufgabe. Und weil wir alle zu Jesus Christus gehören, brauchen wir auch einander. [6] Gott hat durch seine Power einfach jedem eine andere Begabung gegeben. Einer kann zum Beispiel voll gut prophetische* Worte von Gott hören; das sollte er nutzen, wenn er sicher ist, dass die Worte von Gott kommen. [7] Jemand anderes hat vielleicht die Begabung, anderen ganz praktisch zu helfen, also soll er das tun. Kann einer gut geistliche Sachen erklären, dann los damit. [8] Und wenn jemand eine Begabung darin hat, Leute zu ermutigen, sollte er auch damit loslegen. Wer kohletechnisch fett gesegnet ist, sollte davon abgeben – aber sich bloß nichts darauf einbilden. Wenn jemand gut organisieren kann, sollte er sich mit dieser Gabe voll für die Gemeinde einsetzen. Und wer kranken und alten Menschen hilft, sollte dabei gut gelaunt bleiben.

So draufkommen, das Gott durch einen wirken kann

[9] Leute, so eine Pseudoliebe ist doch total ätzend. Auf gute Sachen sollt ihr ruhig abfahren, aber auf böse Sachen sollt ihr kotzen. [10] Liebt euch gegenseitig, tut das ehrlich und ohne dabei zu lügen. Freut euch, dass ihr euch überhaupt kennt, und respektiert den anderen. [11] Ihr sollt nicht schlaff werden, wenn es ums Beten geht, lasst euch von Gottes Kraft abfüllen. Und macht euch immer gerade für Gott. [12] Freut euch auf Gottes Sache, auf die Dinge, die er noch für euch hat. Entspannt euch, wenn es mal derbe zugeht. Und vor allem gilt: Nie aufhören, mit Gott zu reden, ja?! [13] Wenn andere Jesus-Leute Probleme kriegen, dann seid parat und helft ihnen. Und lasst auch mal Leute bei euch pennen oder ladet sie zum Essen ein. [14] Wenn ihr selbst mal in Schwierigkeiten kommt, weil ihr Christen seid, dann schiebt keine Hasskappe gegen die, die hinter euch her sind. Betet für sie, segnet sie! [15] Wenn Leute gut drauf sind, dann freut euch mit ihnen. Und wenn sie depressiv sind, dann weint mit ihnen. [16] Streitet euch nicht und versucht euch nicht vor anderen in Chefsesseln zu flezen, sondern macht auch mal den Abwasch. Und glaubt nicht, ihr habt die Weisheit mit Löffeln gefressen. [17] Wenn jemand mies zu euch war, gebt die Rachegedanken auf. Versucht immer gut zu sein, wo das geht. [18] Was eure Seite angeht, versucht mit allen Leuten Frieden zu haben, soweit das euch möglich ist. [19] Liebe Freunde, versucht alles, was ihr tun könnt, um mit den anderen Menschen klarzukommen. Und wenn jemand link zu euch war, dann überlasst es Gott, die Rechnung zu bezahlen. In den alten Büchern steht dazu: „Überlasst mir die Rache, ich werd die Rechnung begleichen, sagt Gott.“ [20] Stattdessen seid besser voll nett zu diesen Leuten. Da steht nämlich auch:

---

* Prophetische Worte sind Worte, die Gott auf übernatürliche Art zu Menschen redet. Es gibt Leute, die eine besondere Begabung dazu haben. Die nennt man in der Bibel Propheten.

„Wenn dich jemand total blöd findet, dann bring ihm was zu essen,
wenn er Hunger hat. Und wenn er Durst hat, bring ihm was zu trinken.
Und dann wird es ihm voll Leid tun, was er dir angetan hat." 21 Das Mie-
se soll keine Chance gegen dich haben, schlag das Böse mit dem Guten!

13

Wie sich Jesus-Leute dem Staat gegenüber verhalten können

1 Was die Regierung sagt, solltest du auch tun. Die ist nämlich nicht
umsonst da, Gott hat schließlich dafür gesorgt, dass sie im Amt ist.
2 Wer die Gesetze von einem Land bricht, der ist auch Gott gegenüber
unloyal und wird nicht ungeschoren davonkommen. 3 Wer immer richtig
lebt und die Gesetze befolgt, braucht auch keinen Schiss vor den Bullen
zu haben. Das musst du aber, wenn du dich nicht an die Regeln hältst.
Darum: Mach, was für die in Ordnung geht, und du wirst einen guten
Ruf bei denen haben. 4 Die Bullen sind letztendlich auch nur für Gott
da, und jeder hat was davon, dass es sie gibt. Wenn du aber Gesetze
brichst, musst du Angst vor Strafverfolgung haben. Die sind dann wie
ein verlängerter Arm Gottes, um die zu bestrafen, die Mist bauen. 5 Es
gibt also zwei Gründe, das zu tun, was die Regierungen beschließen.
Einmal, um einer eventuellen Strafverfolgung zu entgehen. Zum an-
deren, damit du keine Schuldgefühle haben musst. 6 Das ist auch der
Grund, warum es cool ist, Steuern zu bezahlen. Denn der Staat braucht
ja die Kohle, damit es im Land nicht drunter und drüber geht. Bezahlt
alles, wo jemand was für euch arbeitet. Zahlt auch eure Steuern. 7 Jeder
soll das kriegen, was ihm gehört, ob das nun das Finanzamt oder der
Zoll ist. Respekt steht jedem in der Gesellschaft zu.

Einander lieben ist das Wichtigste, wo gibt

8 Schulden sollt ihr immer zurückzahlen. Nur in einer Sache werdet ihr
dem anderen immer was schuldig bleiben, das geht gar nicht anders: in
der Liebe. Davon kann man nie genug geben. Wer andere liebt, hat be-
griffen, worum es Gott eigentlich geht. 9 Alle Gesetze sind in dem einen
Ding enthalten. Nicht die Ehe zerstören, keine Leute ermorden, nicht
klauen, nicht neidisch sein, das ist alles zusammengefasst in dem Befehl
von Gott: „Liebe jeden, der in deiner Nähe ist, genau so, wie du dich sel-
ber liebst." 10 Die Liebe will dem anderen keinen Schaden zufügen. Alle
Regeln von Gottes Programm sind in der Liebe zusammengefasst.

Immer so leben, als wäre heute der Tag der Abrechnung

11 Seid immer so drauf, als wenn morgen der Tag der großen Abrech-
nung kommen würde. Egal-Haltung ist echt nicht mehr angesagt. Jesus

Christus feiert bald sein großes Comeback, dann sind wir endlich ganz
frei. 12 Nach jeder Nacht kommt der Tag. Am Tag sind alle Sachen zu
sehen, die wir lieber nur im Dunkeln machen würden, wo keiner zu-
gucken kann. Also sollen wir jetzt immer so leben, dass es ruhig Tag
werden kann und wir uns nicht schämen müssen für unser Leben und
die Sachen, die wir so tun. 13 Wir sollten so leben, dass andere uns als
Vorbilder nehmen wollen, ehrlich sollten wir natürlich auch immer sein.
Auf Partys, wo gesoffen und rumgedrogt wird, sollten wir nicht zu sehen
sein. Wir müssen unseren Ehepartnern ganz treu sein und sexmäßig
nicht total abgehen. Und geht auch unnötigem Streit aus dem Weg,
lasst euch nicht auf irgendwelche Eifersuchtsgeschichten ein. 14 Bleibt
straight bei Jesus Christus, er ist der Boss. Er soll auf dem Chefsessel
in eurem Leben sitzen. Lasst euch nicht so gehen, passt auf, dass eure
Wünsche keine Macht über euch haben und ihr von eurer Geilheit kont-
rolliert werdet.

14

Zusammenhalten ist angesagt
1 Kümmert euch um die Leute, die geistlich schwach auf der Brust sind.
Bringt sie nicht durch irgendwelche Diskussionen auch noch schräge
drauf. 2 Wenn einer zum Beispiel glaubt, es wäre für Gott okay, alles
zu essen, worauf man Bock hat, meint der andere wieder, das würde
er gewissenstechnisch gar nicht auf die Reihe kriegen. 3 Jeder soll den
anderen so akzeptieren, wie der ist, und ihn nicht gleich peinlich finden.
Gott ist ja genau so unterwegs und akzeptiert euch, so wie ihr seid.
4 Was ist los, dass du meinst, du könntest über einen anderen urteilen
und über die Sachen, die er tut? Er muss sein Leben eh allein vor Gott
klarkriegen! Darum lass Gott das mal machen, das ist nicht dein Ding.
Gott ist auch in der Lage, dem anderen zu zeigen, wo es längs geht. 5 Es
gibt Leute, für die bestimmte Tage eine bestimmte Bedeutung haben.
Für andere ist das wieder total egal. Das kann jeder machen, wie er Bock
drauf hat. 6 Wenn jemand sich einen speziellen Tag aussucht, um da mit
Gott ganz viel zu reden, dann soll er das für Gott tun. Wenn jemand mal
aufs Essen verzichtet, um sich total aufs Beten zu konzentrieren, soll er
das auch für Gott tun. Und wenn jemand ganz normal essen will, kann
er das auch mit einer dankbaren Haltung machen. 7 Ist doch klar: Unser
Leben dreht sich nicht mehr um uns selbst – und unser Tod auch nicht.
8 Wir leben nur noch für Jesus und sterben tun wir auch nur für ihn. Egal
wie du es auch drehst, wir haben unser Leben radikal an Gott verschrie-
ben. 9 Jesus Christus, unser Held, ist ja gestorben und dann wieder le-
bendig geworden, damit er die Regler von allen Menschen in die Hände

bekommt – und zwar von allen, den toten und den lebendigen Men-
schen. 10 Was machst du, wenn du andere disst? Wie kommst du dazu,
arrogant auf andere runterzugucken? Wir werden bei der großen letzten
Gerichtsverhandlung alle mal auf der gleichen Ebene vor Gott stehen!
11 In den alten Büchern steht die Ansage: „Irgendwann werden sich alle
mal vor mir hinschmeißen müssen, und jeder wird dann sagen: ‚Du bist
der Gott!‘“ 12 Auf sicher, jeder wird mal mit Gott ’ne Abrechnung für sein
Leben machen müssen.

Sich für den anderen gerade machen

13 Darum hör auf, über die anderen zu lästern oder sie zu verurteilen,
und fass dich an die eigene Nase! Lebe so, dass du niemanden dabei
behinderst, wenn er seinen Weg mit Gott geht. 14 Ich bin mir hundert-
prozentig sicher, dass alles, was Gott geschaffen hat, auch cool für die
Menschen ist. Nur wenn jemand von sich aus etwas als nicht okay für
Gott einstuft, dann ist es auch nicht okay für ihn. 15 Wenn du aber ir-
gendwas öffentlich tust, das für jemanden anderen ein Verstoß gegen
die Gesetze wäre, dann bringst du ihn ja schlecht drauf. Du tust das mit
einer miesen Motivation, wenn du weißt, dass es den andern stört, und
es trotzdem tust. Muss ja nicht sein, dass wegen dir jemand auch noch
Mist verzapft. Jesus ist für denjenigen genauso da, wie er für dich da ist.
16 Passt einfach auf, dass nicht durch solche piddeligen Kleinigkeiten die
ganze Sache in den Dreck gezogen wird. 17 Es geht alleine um die neue
Zeit*, die jetzt angebrochen ist. Und außerdem geht es um das, was
jetzt mit Gott abgeht. Essen und Trinken sind da nicht so wichtig. Gott
hat Bock auf alle Menschen. Jeder, der bei ihm ankommt, kann abgefüllt
werden mit seiner Kraft, mit einem inneren Gefühl von Frieden und
mit Freude bis zum Abwinken! 18 Wenn du so lebst und das tust, was
er möchte, dann hat Gott auch viel Freude mit dir. Und auch die Leute
um dich rum werden dich respektieren. 19 Lass uns also versuchen, so
peacig wie möglich mit den anderen Menschen umzugehen und zu
versuchen, uns gegenseitig im Leben mit Gott anzufeuern! 20 Religi-
öse Essensregeln sind blöd und bringen nur alles durcheinander. Da
musst du aufpassen. Es stimmt zwar immer noch, dass nichts verboten
ist, aber wie gesagt, wenn dein Handeln jemand gewissenstechnisch
schlecht draufbringt, dann lass es sein. 21 Es ist okay, kein Fleisch zu

* Die neue Zeit, in der Gott das Sagen hat (auch Reich Gottes genannt), war ein stehender Begriff, mit dem die Leute damals was Bestimmtes verbanden. Wenn Gottes Reich an den Start kommt, dann hat eine neue Zeit begonnen, dann gibt es einen Machtwechsel. Jesus hat oft darüber gepredigt. Der Begriff wird in der Volxbibel oft durch „die Zeit/das Reich, in dem Gott das Sagen hat“ ersetzt.

essen, keinen Wein zu trinken oder auf irgendwas anderes zu verzich-
ten, wenn das jemand von der Jesus-Familie nicht abkann. 22 Vertraust
du Gott? Dann bleib dabei und lebe so, wie du glaubst, dass es für ihn
okay ist, und leg nicht den gleichen Maßstab bei anderen an wie bei
dir selbst. Gut drauf kommen die Leute, die nur das tun, was sie vor
sich selbst verantworten können, und sich wegen nichts selber fertig
machen. 23 Wenn jetzt aber einer was isst, wo er glaubt, dass er es nicht
essen sollte, und isst es trotzdem mit schlechtem Gewissen, dann tut er
nicht mehr das, was von seinem Glauben her richtig ist. Und etwas zu
tun, was dem nicht entspricht, trennt einen von Gott, denn man ver-
traut ihm nicht mehr.

15

Jesus ist unser Held und Vorbild

1 Gerade wir, die voll den engen Draht zu Gott haben, sollten Rücksicht
auf die Unsicherheit von den anderen Jesus-Leuten nehmen, die noch
nicht so leben wie wir. 2 Wir sollten so leben, dass es anderen hilft und
dass wir ein Vorbild für die anderen sind. 3 Jesus Christus hat ja auch
nicht den Egofilm gefahren. In den alten Büchern steht: „Wenn Leute
ätzend zu dir sind, sind sie auch zu mir ätzend." 4 Das hat einer vor
sehr vielen Jahren aufgeschrieben, damit wir davon lernen können. Es
sollte uns Hoffnung geben und ermutigen, damit wir mit Gott durch-
ziehen und nicht auf halber Strecke schlappmachen. 5 Gott ist immer
entspannt, und er feuert euch an. Er wird euch dabei helfen, gut mitein-
ander klarzukommen, so wie Jesus euch das auch beigebracht hat. 6 Ihr
könnt dann wie mit einer Stimme Gott zusammen danke sagen, könnt
ihm sagen, wie geil er ist, und ihn loben. 7 Akzeptiert euch gegenseitig,
so wie Gott euch auch akzeptiert hat. Da steht er drauf. 8 Nicht verges-
sen: Jesus Christus ist nicht als der Mega-Held in Glanz und Gloria zu
den Juden gekommen, sondern als kleines Licht. Er wollte damit die
Vorhersagen aus den alten Büchern erfüllen. Wieder ein Beweis, dass
Gott jedes Versprechen, das er mal gegeben hat, auch erfüllt. Man kann
sich hundertpro auf ihn verlassen. 9 Gott ist durch Jesus noch mal bei
uns vorbeigekommen, um die anderen Menschen, die keine Juden sind,
aus ihrem Dreck rauszuholen. Dadurch ist mal wieder bewiesen, dass
er eben alle liebt. 10 Mose hat gesagt: „An alle Völker, die nicht zu Israel
gehören: Freut euch!" 11 Einer von den Typen, die die Psalmen geschrie-
ben haben, meinte ja auch schon: „Nicht nur die Israelis, sondern alle
Völker sollen Gott loben." 12 Der Prophetentyp Jesaja meinte auch: „Der
Auserwählte wird aus der Familie von Isai sein. Er wird die Vollmacht be-
kommen über alle Menschen, auch über die, die keine Juden sind. Alle

setzen ihre Hoffnung auf ihn." 13 Ich rede mit Gott darüber und bitte ihn
darum, dass ihr durchhaltet, dass ihr dabei immer durch euren Glauben
fröhlich seid. Dann werdet ihr fett gesegnet sein, immer voll Hoffnung
haben können, weil die Power von Gott, sein Geist, in euch wirkt.

Warum ich euch überhaupt schreibe

14 Leute, wenn ich euch so ansehe, bin ich mir hundert Pro sicher, dass
ihr das alles kapiert habt! Ihr habt verstanden, worum es geht, und ihr
seid auch in der Lage, euch gegenseitig zu sagen, wo es längs geht.
15 Ich habe mich in diesem Brief hier und da ein bisschen krass aus-
gedrückt, damit ihr die wichtigsten Sachen auch kapiert. 16 Weil Gott
mich wohl so sehr mag, darf ich nicht nur alles für ihn geben, ich darf
sogar sein ganz besonderer Botschafter sein, der zu allen Menschen
reden darf. Ich erzähl euch eine sehr gute Nachricht, und das tu ich, so
gut ich nur irgend kann. Ich möchte, dass ihr durch seine Kraft anders
und anständig lebt, damit sich Gott darüber freuen kann. 17 Es gibt für
mich so monstermäßig viele Gründe, stolz zu sein, schon alleine weil
Jesus Christus mich für seine Sache so sehr benutzt hat. 18 Ich würde es
nicht wagen, auf irgendetwas anderes so abzugehen, nur auf Jesus. Er
hat mich dazu benutzt, andere Völker mit Gott in Kontakt zu bringen.
19 Das ist mir vor allem darum so gut gelungen, weil ich mit seiner Kraft
echt irre Wunder getan habe. Das war sein Beweis für die Leute, dass
ich keinen Scheiß rede und dass Gott dahintersteht. Und so hab ich das
Ding überall durchgezogen, von Jerusalem bis nach Illyrien. 20 Ich wollte
dabei immer dort sein, wo noch niemand vorher was von Jesus Christus
gehört hatte und wo auch noch keine Gemeinde war. 21 Ich hab mich
dabei an die Worte von Jesaja gehalten, der meinte: „Gerade die sollen
dabei sein, die keine Einladung bekommen hatten. Die noch nie was von
Gott gehört haben, werden es verstehen."

Paulus auf Tour

22 Weil ich damit total busy war, hab ich es leider noch nicht geschafft,
mal bei euch reinzuschneien. 23 Jetzt bin ich aber mit meinem Ding hier
endlich durch und kann nach all den Jahren auch noch mal bei euch
aufschlagen. Da freu ich mich total drauf! 24 Ich plane gerade 'ne Spa-
nien-Tour und werde auf dem Weg dahin in Rom einen Zwischenstopp
einlegen. Und wenn wir erst mal eine richtig entspannte Zeit zusammen
hatten, könnt ihr mich ja irgendwann wieder weiterschicken. Ich werde
euch voll genießen! 25 Erst mal muss ich aber noch nach Jerusalem,
um den Jungs dort etwas unter die Arme zu greifen. 26 Die Christen in
Griechenland haben eine Spendensammlung veranstaltet für die Leute

in Jerusalem, die keine Kohle haben. 27 Sie hatten das Gefühl, es wäre
mal „Pay-back- Time" angesagt! Schließlich haben sie ja durch die Leute
aus Jerusalem das erste Mal von Jesus gehört. Darum geht das voll in
Ordnung, wenn sie denen jetzt finanziell unter die Arme greifen. 28 So-
bald ich genug Geld zusammenhab und das überweisen kann, mach
ich mich auf den Weg nach Spanien und komme auf der Tour bei euch
vorbei. 29 Und eins verspreche ich euch: Wenn ich komme, dann wird es
ganz tierisch jesusmäßig abgehen. 30 Bitte, Leute, wenn euch was an mir
liegt, dann steht voll hinter mir und unterstützt mich, wo ihr nur könnt!
Betet für mich, damit ich durchhalte in dem Kampf, den ich kämpfen
muss. 31 Betet auch dafür, dass ich in Judäa beschützt werde vor den
Leuten, die mich fertig machen wollen. Und dass ich eine coole Zeit
in Jerusalem mit den Jesus-Leuten dort habe. 32 Dann werde ich total
abgehen, wenn ich endlich bei euch bin! Und wir werden eine gute Zeit
zusammen haben, versprochen! 33 Gott, der für Frieden sorgt, soll bei
euch immer am Start sein! Genau!

16

1 PS: Die Frau, die euch diesen Brief geben wird, ist auf jeden Fall okay.
Sie heißt Phöbe und arbeitet in der Gemeinschaft von Kenchreä mit.
2 Bitte kümmert euch um sie, wie es normal sein sollte, wenn man zu
Jesus Christus gehört. Steht hinter ihr und gebt ihr, was sie so braucht.
Sie war mir immer eine große Hilfe. 3 Schöne Grüße an Priska und
Aquila, meine Kollegen im Auftrag von Jesus! 4 Die haben alles für mich
riskiert, sogar ihr Leben. Dafür kann ich ihnen nie genug danken, und
so geht es auch den anderen Gemeinden. 5 Schöne Grüße auch an die
Hauskreisgemeinde und an meinen Freund Epänetus. Er war der erste
Typ, der in Kleinasien zum Glauben an Jesus gekommen ist. 6 Grüße an
Maria, die immer viel für euch tut. 7 Und Andronikus und Junia, die ge-
nau wie ich Juden sind und mal mit mir zusammen im Knast waren. Die
beiden haben unter den Aposteln voll den guten Ruf. Beide waren auch
schon vor mir Christen. Die müsst ihr auf jeden Fall auch noch grüßen.
8 Ja, dann noch den Ampliatus, mit dem ich mich durch Gottes Liebe
voll eng verbunden fühle, 9 Urbanus, der auch für Gott unterwegs ist,
und den lieben Stachys nicht zu vergessen. 10 Apelles, der Gott immer
treu ist, und den Leuten aus dem Haus von Aristobul müsst ihr auch
noch Hallo von mir sagen. 11 Hey Herodion, du bist auch ein Jude wie
ich! Hallo an alle aus dem Haus von Narzissus, die Jesus vertrauen!
12 Grüße an Tryphäna und Tryphosa, die was für Gott reißen, Persis, die
ich sehr mag und die auch viel für Gott schuftet! 13 Grüße an Rufus, ein
ganz besonderer Typ für Gott. Und an seine Mutter auch – die ist für

mich zu so was wie 'ner Ersatzmutti geworden. [14] Grüße an Asynkritus, Phlegon, Hermes, Patrobas, Hermas und die Leute, die bei ihm abhängen. [15] Gebt auch noch Grüße weiter an Philologus und Julia, Nereus und seine Schwester, an Olympas und all die anderen ganz besonderen Christen. [16] Geht gut miteinander um und umarmt euch mal gegenseitig. Alle Gemeinden, die mit Jesus am Start sind, grüßen euch. [17] Noch ein paar Worte zum Schluss: Passt auf, wenn irgendwelche Typen anfangen, komische Lehren zu verbreiten, und dadurch zum einen die Gemeinschaft auseinander treiben und zum anderen auch das Vertrauen in Gott dadurch anzecken. Sie erzählen euch was total anderes als das, was ihr beigebracht bekommen habt. [18] Solche Typen sind total schräge unterwegs, mit netten Argumenten und ganz tollen Beispielen versuchen sie, die einfachen Menschen zu verführen. Die tun nicht das, was Jesus will. [19] Es hat sich überall rumgesprochen, wie cool ihr mit Gott unterwegs seid, dass ihr sehr straight lebt, genau wie Gott es möchte. [20] Gott, der immer Frieden will, wird euch bald einen fetten Sieg geben über Satan, den Chef vom Bösen. Gott liebt euch und verzeiht euch alles, das stimmt für immer. [21] Ich soll noch Grüße ausrichten von Timotheus, der bei mir angestellt ist. Auch von Luzius, Jason und Sosipater, ebenfalls Landsleuten von mir, soll ich euch grüßen! [22] Auch ich, Teritus, schreibt hier noch ein paar Grüße hin. Ich hab diesen Brief für euch sauber abgetippt. [23/24] Gajus, bei dem ich zurzeit penne und in dessen Haus die Jesus-Leute abhängen, grüßt euch auch. Erastus, der Finanzbeamte der Stadt, lässt euch auch schön grüßen, genauso wie Quartus, der auch an Jesus glaubt.

Gott soll groß rauskommen

[25] Gott soll groß rauskommen! Er kann uns durch diese neue Nachricht immer wieder voll ermutigen. Diese Sache macht deutlich, wie Gott eigentlich drauf ist. Das haben die Menschen bisher noch nie so gehört. [26] Aber jetzt ist das anders. Sie hören davon, wie es die Prophetentypen schon vor langer Zeit vorhergesagt hatten. Gott wollte es so, er will, dass alle Menschen das wissen, damit sie ihr Vertrauen auf Jesus Christus setzen. [27] Gott weiß alles! Er hat den Überblick! Er soll groß rauskommen durch Jesus Christus! Genau so ist es!
Euer Paulus

Der erste Brief an die Christen aus Korinth

1

Adresse und Einleitung
1 Absender: Paulus, Apostel. In sein Amt als Botschafter durch Gott ein-
gesetzt. Sowie Sosthenes, ein Mitarbeiter. 2 An: die Familie von Jesus-
Leuten in Korinth. Hallo ihr! Eins erst mal vorweg, Gott hat euch ganz
speziell ausgesucht! Er hat genau euch gemeint, als er euch gerufen hat!
Ihr gehört jetzt zu ihm! Gott hat mit euch was Bestimmtes vor, genauso
wie mit jedem anderen, der zu Jesus betet, egal, wo der auch auf der
Welt gerade abhängt. 3 Ich wünsche euch alles Gute, dass ihr mit Gott
peacig unterwegs seid und dass ihr versteht, wie sehr er euch liebt. Von
ihm, dem väterlichen Gott, und von Jesus Christus, dem Chef, kommt
echt alles Gute! 4 Ich kriege jedes Mal voll den Flash, wenn ich anfange
Gott dafür zu danken, was für coole Sachen er mit euch durch Jesus
gemacht hat! 5 Von ihm seid ihr fett beschenkt worden, einmal durch
die guten Sachen, die euch beigebracht wurden, zum anderen auch
dadurch, dass ihr sie überhaupt verstehen konntet. 6 Die Nachricht von
Jesus Christus ist bei euch voll eingeschlagen. 7 Ihr seid mit allen geist-
lichen Begabungen fett beschenkt worden. Und ihr lebt total in der Er-
wartung, dass Jesus bald wieder zurück auf die Erde kommt. 8 Jesus wird
euch die nötige Kraft geben, um bis zum Schluss durchzuziehen. Wenn
er wieder bei uns auftaucht, wird nichts zwischen euch und ihm stehen.
9 Gott ist treu! Man kann sich auf ihn verlassen. Er hat euch dazu ausge-
sucht, mit ihm und seinem Sohn, der unser Chef ist, zusammen zu sein.
10 Liebe Leute aus der Familie von Gott, ich hab eine dringende Bitte an
euch: Achtet darauf, dass ihr euch durch nichts auseinander bringen
lasst! Spaltung ist ätzend! Versucht Einigkeit zu kriegen in euren Zielen
und auch in dem, wie ihr so gemeinsam unterwegs seid. 11 Ihr Lieben,
von Verwandten der Chloë habe ich gehört, dass bei euch immer derbe
Diskussionen abgehen und ihr euch über theologische Sachen streitet.
12 Es wird erzählt, dass einige sagen: „Ich steh auf Paulus!“, andere aber
sagen, sie fänden Apollos geiler, und Dritte sagen wieder, sie würden
auf Petrus abfahren. Und die ganz Frommen sagen dann noch: „Ich steh
nur auf Christus!“ 13 Ich frage euch im Ernst, Leute: Was soll das? Wollt
ihr Christus wie einen Kuchen zerschneiden? Und bin ich, Paulus, denn
für euch hingerichtet worden, oder wie? Oder wurde irgendeiner von

euch auf meinen Namen getauft? [14] Ich bin im Nachhinein total froh, dass ich, mal abgesehen von Krispus und Gajus, keinen von euch getauft habe! [15] So kann wenigstens keiner mehr sagen, er wäre auf meinen Namen getauft worden. [16] Ach ja, die Familie vom Stephanas, die hab ich auch noch getauft, das war es aber auch schon, mehr war da nicht, garantiert! [17] Ich hab von Jesus Christus nicht die Order bekommen, Leute zu taufen. Von mir möchte er vor allem, dass ich über die Nachricht rede, dass man sein Leben mit Gott wieder in Ordnung bringen kann. Allerdings nicht mit supergelehrten Worten, sodass alle vor mir einen Riesenrespekt haben, denn es kommt nicht auf mich an, sondern auf Jesus. [18] Mir ist schon klar, dass diese Nachricht von der Hinrichtung eines Jesus Christus an einem Kreuz total schwachsinnig klingen muss für die, die es einfach nicht raffen und verloren gehen. Für uns, die wir dadurch gerettet wurden, ist sie aber ein Beweis für Gottes totale Kraft geworden. [19] Gott hat schon früher mal zu dem Thema gesagt: „Für mich ist es wurscht, wie intelligent einer ist, und selbst wenn jemand glaubt, die Weisheit mit Löffeln gefressen zu haben, da steh ich drüber!“ [20] Was sollen die schlauen Leute, die Professoren und die Philosophen dazu noch sagen? Gott hat sie furchtbar alt aussehen lassen, ihre Intelligenz bringt ihnen letztendlich überhaupt nichts. [21] Obwohl man überall sehen kann, wie genial Gott eigentlich ist, konnten sie ihn mit ihrem Hirn nicht begreifen. Gott hat eine Lektion, die allen total schwachsinnig erscheint, dazu benutzt, um alle zu retten, wenn sie nur daran glauben würden. [22] Die Juden sind scharf auf Wunder. Die Griechen wollen eine Antwort auf alle Fragen durch die Philosophie. [23] Wir behaupten aber einfach, dass der Sohn von Gott, Christus, für alle Menschen sterben musste! Egal, ob das jetzt für die Juden eine Gotteslästerung ist und für die Griechen einfach nur Blödsinn. [24] Die Leute aber, die von Gott ausgesucht wurden, für die steckt in dem am Kreuz hingerichteten Jesus die radikale Power Gottes und seine Weisheit obendrauf. [25] Was Gott da getan hat, übersteigt das menschliche Vorstellungsvermögen! Was bei ihm als schwach rüberkommt, ist in Wirklichkeit der Megablow schlechthin. [26] Seht euch doch selber mal an, Leute! Die wenigsten von euch können auf eine gute Schulbildung oder eine fette Karriere verweisen, bevor sie Christen geworden sind. [27] Gott hat Bock auf die Leute, die aus der Sicht von Nichtchristen keine besondere Stellung in der Welt haben. Er will die Leute alt aussehen lassen, die meinen, sie wären die Intelligenz schlechthin. Er hat die Loser gewählt, um den Siegern ’ne Niederlage zu verpassen. [28] Er hat Bock auf das, worauf die Welt keinen Bock mehr hat. Die Leute, auf die von allen runtergeguckt wird, sind ihm wichtig. Er will damit die Machtstrukturen auf den Kopf stellen.

29 Niemand sollte mehr in der Lage sein, aufgrund seiner Stellung in der
Welt vor Gott den Lauten machen zu können. 30 Gott hat die Möglichkeit
geschaffen, dass ihr mit Jesus zusammenleben könnt. Er hat aus Jesus
die schlauste Geschichte überhaupt werden lassen! Durch ihn werden
wir wirklich frei, durch ihn sind wir okay für Gott trotz unserem Dreck,
und durch ihn kommen wir mit Gott überhaupt erst wieder klar. 31 In
dem alten Buch steht ja auch schon was da drüber. Ich zitiere: „Wer sich
was einbilden will, soll sich auf das was einbilden, was Gott gemacht
hat!“

2

Was Paulus sagt, das stimmt

1 Also, ihr Lieben, als ich neulich bei euch gewesen bin, hab ich ja nun
echt nicht den weisen Macker markiert oder versucht, euch mit guter
Rhetorik die Sachen von Gott zu erklären. 2 Mir war vor allem wichtig,
nur von Jesus zu reden und warum er an einem Kreuz hingerichtet
wurde. 3 Und dabei war ich echt mies drauf und hatte auch echt Panik.
4 Was ich euch dann gepredigt habe, war ziemlich einfach. Ich habe
nicht versucht, euch mit rhetorischen Mitteln weich zu klopfen. Was bei
euch funktioniert hat, war die Kraft, die durch den heiligen Geist gekom-
men ist. 5 Ich habe das absichtlich gemacht, denn ich wollte nicht, dass
eure Beziehung zu Gott auf menschlichem Gelaber gebaut ist. Ihr solltet
euer Vertrauen auf Gottes Power setzen. 6 Jeder, der ein bisschen von
Gott geschnallt hat, wird verstehen, wie gut diese Nachricht von Gott
ist, auch wenn die Mächtigen in der Welt davon nichts wissen wollen.
Diese Welt wird mit ihren ganzen Weisheiten aber irgendwann in der
Tonne enden! 7 Aber die Weisheit, von der wir hier reden, ist eine Weis-
heit, die direkt von Gott kommt! Sie war lange Zeit top secret. Keiner
wusste davon, bis Gott beschlossen hat, sie aufzumachen, damit wir
wieder in Kontakt mit ihm kommen. 8 Die Leute, die was zu sagen ha-
ben, haben null geschnallt, worum es dabei geht. Logisch, sonst hätten
sie Jesus, nie hingerichtet. 9 Es ist aber genauso passiert, wie es in dem
alten Buch schon drinstand: „Was niemand für möglich gehalten hat,
was keiner voraussehen konnte, das hat Gott am Start für alle, die ihn
lieben.“ 10 Wir dürfen das alles verstehen, weil Gott es uns durch seinen
Geist erklärt. Sein Geist hat die Peilung von allem, und er erlaubt uns
einen tiefen Einblick in Gottes Geheimnisse. 11 Genauso wie jeder nur
seine eigenen Gedanken wirklich kennt, so ist Gott auch der Einzige, der
seine eigenen Gedanken wirklich beurteilen kann. 12 Gott hat uns nicht
die Einstellungen verordnet, die man in der Welt so vorfindet. Er will,
dass wir durch seine Kraft in der Lage sind zu verstehen, was er uns al-

les geschenkt hat! 13 Alles, was wir euch beigebracht haben, konnten wir
euch nicht etwa deshalb beipulen, weil wir so geil drauf sind und so gut
reden können. Es war immer so, dass Gott uns durch seinen heiligen
Geist die Worte aufgespielt hat. 14 Leute, die keine Ahnung von Gottes
Kraft und seinem Geist haben, können so was gar nicht kapieren. Bei
denen kommt nur Dünnsinn rüber. Nur die Menschen, die sich von Gott
führen lassen, verstehen auch die Sachen, die Gott sagen will. 15 Wenn
Gott uns durch den Geist führt, lernen wir zu unterscheiden, und wir
werden dabei total unabhängig von dem, was andere über uns sagen.
16 Jesaja hat ja schon mal die Ansage gemacht: „Wer schnallt überhaupt,
wie Gott drauf ist, wer könnte ihm Unterricht geben?“ Wir sind aber so
drauf wie er, wir haben auch seine Kraft in uns.

3

Passt auf vor Spaltung, jeder braucht jeden!
1 Ihr Lieben, als ich bei euch zu Besuch war, konnte ich nicht so mit
euch umspringen, wie ich es mit Leuten tue, die schon ein bisschen
länger mit Jesus am Start sind. Es war eher die „Baby-Nummer“, die
ich bei euch durchgezogen habe. 2 Ich habe euch eher mit Milch ver-
sorgt als mit Schwarzbrot, denn davon hättet ihr nur Bauchschmerzen
bekommen. Und jetzt sieht's auch noch nicht viel besser aus. 3 Ihr seid
echt so drauf, als würdet ihr Jesus noch gar nicht kennen und immer
noch euer eigenes Ding machen. Dass ihr euch immer wieder streitet
und eifersüchtig auf den anderen seid, ist für mich der Beweis. 4 Wenn
einer erklärt: „Ich bin ein Paulus-Fan“, und der Nächste sagt: „Ich steh
auf Apollos“, dann seid ihr echt so drauf wie Leute, die keine Ahnung
von Jesus haben. 5 Wer ist denn bitte schon Apollos? Und wer ist üb-
rigens Paulus? Wir sind doch nur Angestellte von Gott, durch die ihr
Christen geworden seid, weiter nichts. 6 Meine Aufgabe bestand darin,
Samen in euer Herz zu streuen, Apollos hat Wasser darüber gegossen,
aber Gott hat es alles wachsen lassen, das war nicht unser Ding. 7 Ist ei-
gentlich egal, wer jetzt den Samen in die Erde gebracht hat und wer ihn
begossen hat, wichtig ist nur, dass Gott euer Vertrauen in ihn wachsen
lässt. 8 Derjenige, der gesät hat, und auch der Typ, der Wasser darüber
gegossen hat, ziehen ja beide am selben Strang! Jeder wird irgendwann
mal seine Bezahlung für seinen Job kriegen. 9 Wir haben bei uns so was
wie Teamwork. Ihr seid sozusagen das Ackerfeld von Gott und ihr seid
damit seine Arbeit, nicht unsere. 10 Weil Gott so gut zu mir ist, durfte
ich bei euch ein Fundament gießen. Das habe ich so schlau angestellt,
wie es eben ging. Jetzt bauen aber andere auf diesem Fundament wei-
ter und jeder, der dabei ist, muss aufpassen, dass er so gut weiterbaut,

wie es geht. 11 Keiner kann ein geileres Fundament abgeben als Jesus
Christus selbst. Überhaupt ist er das einzige Fundament, was man sich
vorstellen kann, wenn man glaubensmäßig irgendetwas reißen will.
12 Jetzt kann natürlich jeder so bauen, wie er Bock hat, um weiter in die-
sem Bild zu sprechen. Man kann zum Beispiel richtig cooles Material
nehmen, Gold oder Silber oder Diamanten, aber auch Sachen wie Stroh
oder Holz kann man verwenden. 13 An dem Tag, an dem die letzte große
Abrechnung abgehen wird, muss sich alles in einem Feuer beweisen.
Das Feuer wird dann zeigen, was eine gute Bauweise ist und was schrot-
tig ist. 14 Was im Feuer nicht verbrennt, dafür wird man fett absahnen.
15 Wenn ein Lebenswerk aber im Feuer verkohlen sollte, wird das ganz
schön ätzend sein, auch wenn man selbst noch mit dem Leben davon-
kommt. 16 Habt ihr nicht geschnallt, dass ihr so was wie eine Kirche für
Gott seid? Ihr seid wie seine Bude und sein Geist wohnt in euch drin.
17 Wenn jemand die Wohnung von Gott versifft, dann wird er von Gott
auch versifft werden. Denn da, wo Gott wohnt, ist kein Platz für ätzende
Sachen, er ist perfekt. Und Gott wohnt in euch, Leute! 18 Linkt euch
doch nicht selber ab! Falls sich jemand für besonders schlau hält, dann
muss er erst mal dumm werden, damit Gott ihn auf seine Art richtig
schlau machen kann. 19 Denn das, was die Welt für besonders intelligent
hält, ist aus Gottes Sicht totaler Schwachsinn. Zitat: „Gott schlägt die
Leute, die meinen, die Weisheit mit Löffeln gefressen zu haben, mit
ihren eigenen Waffen.“ 20 An einer anderen Stelle aus dem alten Buch
heißt es: „Gott weiß genau, was in den Gedanken der Schlaumeier vor-
geht, und er lacht darüber.“ 21 Keiner soll den Lauten machen, wenn er
sich mit andern vergleicht. 22 Egal, ob er jetzt Paulus heißt oder Apollos
oder Petrus. Alles liegt euch zu Füßen, die ganze Welt, das Leben und
der Tod, die Vergangenheit und die Zukunft! 23 Ihr gehört zu Jesus Chris-
tus und gehört damit zu Gott!

4

Die Apostel müssen sich vor Gott gerade machen

1 Ich würde mir wünschen, dass wir Apostel für euch so was wie Ange-
stellte von Jesus sind, die die Aufgabe von ihm haben, Aufklärungsarbeit
für seine Sache zu betreiben. 2 Von einem Angestellten wird hundertpro-
zentige Zuverlässigkeit erwartet. 3 Wie ist das bei mir? Also, mir ist es
ehrlich gesagt total egal, was Leute über mich denken. Außerdem finde
ich, dass ich mich nicht in eigener Sache beurteilen sollte. 4 Ich hab
zwar ein reines Gewissen, aber auch das ist nicht entscheidend. Was
Gott über mich denkt, darauf kommt es letztendlich an! 5 Niemand hat
das Recht, das Leben von jemandem zu bewerten, bevor Jesus wieder-

kommt und den Maßstab festlegt. Gott weiß, was in einem so abgeht, er kennt die geheimen Gedanken und Motive, warum wir bestimmte Sachen so und so gemacht haben. Und dann wird Gott jeden so loben, wie es angesagt ist. [6] Freunde, ich wollte am Beispiel von mir und Apollos noch mal klar machen, worum es geht und wie man so herausfindet, was Gott will. Es geht mir echt auf die Nerven, wenn ihr versucht uns gegeneinander auszuspielen. [7] Wer sorgt denn dafür, dass man besser ist als jemand anderes? Alles, was du hast, hast du doch von Gott geschenkt bekommen. Da hast du gar keine Aktien drin und kannst da auch gar nicht stolz drauf sein! [8] Mann, ihr seid so lasch geworden, ihr glaubt, ihr hättet schon alles, was geht. Und das, so glaubt ihr, habt ihr alles ganz ohne unsere Hilfe erreicht. Schön wär's ja, dann hätten wir ja unser Ziel erreicht, müssten nicht mehr kämpfen und hätten das Sagen in dieser Welt. [9] Ich bin allerdings der Meinung, dass Gott für uns Apostel einen anderen Platz vorgesehen hat. Nämlich ganz hinten, kurz vor dem Tod. Wir machen uns für viele Leute echt zum Hampelmann in dieser Welt, für Menschen, aber auch für Engel. [10] Weil wir so radikal mit Jesus leben, reißen die Leute Witze über uns. Ihr tut aber so, als hättet ihr die Weisheit mit Löffeln gefressen. Wir sind die Blödmänner und ihr die Schlaumeier. Ihr gehört zur High Society, wir zum Abschaum der Welt. [11] Selbst heute haben wir nichts zu essen im Haus, wir haben Durst, und unsere Klamotten reichen noch nicht mal für die Altkleidersammlung. Wir werden ständig verprügelt und leben wie die letzten Penner. [12] Wir sind uns nicht zu schade, für unser Essen auch noch zu arbeiten. Wenn Leute uns verarschen, segnen wir sie, wenn man uns übel mitspielt, lassen wir es mit uns machen. [13] Wir sind nett zu den Menschen, die über uns ablästern. Und trotzdem behandelt man uns wie den letzten Dreck, die Leute kotzen sich über uns aus. [14] Ich will ja nicht, dass euch das jetzt oberpeinlich ist. Aber ich muss euch mal auf die richtige Spur setzen, ihr Lieben, passt auf! [15] Selbst wenn ihr zehntausend Lehrer hättet, die euch Sachen über Jesus Christus beibringen würden, 'nen geistlichen Vater habt ihr nur einen. Ich bin für euch so was wie ein Vater durch Jesus Christus, weil ich der Erste war, der euch die neue Nachricht über Gott erzählt hat. [16] Darum hab ich eine Bitte an euch: Folgt meinem Beispiel! [17] Ich habe jetzt den Timotheus zu euch geschickt, damit er euch dabei hilft. Timotheus hat es voll drauf, und ich liebe ihn sehr. Er kann euch daran erinnern, was für Ansagen ich euch und auch den anderen Gemeinden gemacht habe. Dafür hat mir ja Jesus Christus den Auftrag erteilt. [18] Ich habe gehört, es gibt ein paar Spacken bei euch, die sich ziemlich aufplustern, weil sie nicht damit rechnen, dass ich demnächst bei euch vorbeikomme. [19] Ich komme bald

vorbei, sobald Jesus es mir erlaubt. Ich bin gespannt, ob die Kritiker bei
euch nur dumme Sprüche machen können oder ob auch was dahinter
ist. 20 Denn da, wo Gott das Sagen hat, geht es derbe ab, dort zählen
powervolle Zeichen und nicht nur dünnes Gelaber. 21 Ihr könnt euch
ja überlegen, was ihr wollt. Soll ich mit einem Maßnahmenkatalog bei
euch aufkreuzen und euch bestrafen oder soll ich nett und liebevoll mit
euch umgehen?

5

Was die Korinther mit jemandem tun sollen, der konstant Mist baut
1 Leute, ich hab es zuerst null auf die Reihe gekriegt, als man mir von
den ätzenden Sachen erzählt hat, die bei euch abgehen! So ätzende,
eklige Sachen, so was geht ja noch nicht mal bei den Nichtchristen! Ich
hab gehört, dass bei euch in der Gemeinde ein Typ ist, der mit seiner
Stiefmutter Sex hat. Was geht denn da bitte ab? 2 Und ihr lasst dabei
noch voll den Geistlichen raushängen ... Es sollte euch total peinlich
sein, dass so was bei euch abgeht! Warum habt ihr diesen Typen nicht
aus eurer Jesus-Familie rausgeschmissen? 3 Ich bin jetzt ja nicht körper-
lich bei euch, aber in Gedanken hab ich mit dem Typen schon verhan-
delt. 4 Wenn ihr das nächste Mal mit Jesus abhängt, dem Chef dieser
Welt, dann werde ich in Gedanken bei euch sein. Und Gottes Power ist
dann auch voll dabei. 5 Dann solltet ihr den Typen aus der Gemeinde
rausschmeißen und ihn damit dem Bösen schutzlos ausliefern. Dadurch
wird er zur Vernunft kommen und so hoffentlich gerettet werden an
dem Tag, wo wir alle einmal Rechenschaft für unser Leben ablegen wer-
den. 6 Ist schon echt schlimm, dass ihr auf der einen Seite geistlich so
abgeht und stolz darauf seid und auf der anderen Seite solche Sachen
bei euch passieren. Merkt ihr nicht, dass so etwas immer alle angeht,
auch wenn nur einer von euch Mist baut? 7 Schmeißt diesen Typen raus,
damit er die Atmo bei euch nicht verseuchen kann! Ihr habt doch reine
Luft zum Atmen, weil Jesus durch seinen Tod die Luft rein gemacht hat.
8 Geht dem Dreck in dieser Welt aus dem Weg, ernährt euer Hirn nicht
von dem Zeug, was die Welt anbietet, sondern ernährt euch von den
guten, reinen, wahren Sachen, die Gott euch anbietet. 9 Ich hab euch
schon vor einiger Zeit mal geschrieben, dass ihr den Leuten, die mit
allem und jedem im Bett landen, aus dem Weg gehen solltet. 10 Ich habe
damit nicht die Leute gemeint, die eh nicht mit Gott leben, die sowieso
ohne Hemmungen mit jedem im Bett landen, die legal oder illegal nur
hinter Kohle her sind, die ihre Karriere oder das Auto oder auch den
Partner zu ihrem Gott gemacht haben! Wenn ihr solchen Menschen aus
dem Weg gehen wollt, dann müsstet ihr ja auf den Mond ziehen! 11 Was

ich meinte, war, dass ihr so Leute aus eurer Gemeinschaft rausschmeißen solltet, also Menschen, die sich als Christen bezeichnen, aber doch nur hinter der Kohle her sind oder irgendwelche ätzende Sexsachen am Start haben, die in okkulten Sachen drinstecken, ständig betrunken sind oder andere aus der Gemeinschaft abzocken. Mit solchen Leuten solltet ihr euch echt nicht abgeben. [12] Ist jetzt nicht unser Ding, Leute zu verurteilen, die nicht zur Gemeinde gehören, trotzdem seid ihr ganz klar dafür verantwortlich, gegen solche Leute, die bei euch mitmachen und solche Sachen bringen, auch vorzugehen. [13] Die sowieso nicht dazugehören, wird sich Gott am Ende eh vorknöpfen. Trotzdem steht auch schon im alten Buch, ich zitiere: „Die miesen Typen solltet ihr bei euch rausschmeißen."

6

Es ist nicht okay, einen aus der Jesus-Familie vor den Kadi zu zerren

[1] Wie kann das angehen, dass ihr als Christen eure Probleme nicht alleine geregelt kriegt und dafür sogar eine Gerichtsverhandlung mit einem Richter braucht, der noch nicht einmal Jesus kennt? [2] Habt ihr nicht geschnallt, dass wir Christen irgendwann die Gerichtsverhandlung für den Rest der Welt organisieren werden? Mann, da müsstet ihr doch allemal in der Lage sein, eure Probleme selber zu regeln, oder? [3] Euch ist vermutlich gar nicht bewusst, dass wir irgendwann sogar ein Urteil über die Engel fällen müssen!? Da muss doch was gehen, wenn wir hier auf der Erde mal einen Streit haben! [4] Aber ihr geht mit solchen Sachen gleich zum Anwalt und erstattet Anzeige bei der Polizei!" [5] Ich schreibe das hier, damit euch das mörderpeinlich ist! Gibt es wirklich keinen bei euch, der genug Peilung hat, um so was zu regeln? [6] Stattdessen zerrt ihr euch gegenseitig vor den Kadi, sogar die Nichtchristen kriegen das mit. [7] Schlimm genug, dass ihr euch überhaupt streitet! Warum könnt ihr nicht so drauf sein, dass es euch egal ist, wenn Christen mies mit euch umgehen, ja euch sogar abzocken? [8] Ihr rächt euch, indem ihr mit den Geschwistern genau dasselbe tut wie sie mit euch! [9] Habt ihr schon wieder vergessen, dass Leute, die nicht gerecht mit andern umgehen, im Land, wo Gott das Sagen hat*, nichts zu suchen haben? Darauf könnt ihr wetten, Leute, keiner, der sexmäßig Mist baut, der irgendwelche Dinge oder Ideen zu seinem Gott macht, der fremdgeht, Stricher, [10] Diebe, Leute, die nur hinter Kohle her sind, Drogensüchtige, Alkis, Menschen,

* Gottes Reich oder Reich Gottes. Ein religiöser Fachbegriff, mit dem die Menschen damals ganz konkrete Erwartungen verbunden haben. Es ging um eine Zeit, in der Gott das Sagen hat, wo alles dufte ist. Dieses Reich breitet sich da aus, wo Christen sind, weil Jesus dann mitten dabei ist.

die ständig ablästern oder Banken überfallen, keiner von denen wird bei
Gott im Paradies dabei sein, wenn er so weiterlebt. 11 So waren einige
von euch früher mal drauf, jetzt ist der ganze Dreck aber von euch ab-
gewaschen worden. Gott hat euch gerufen, er hat euch frei gemacht,
durch Jesus Christus und durch den Geist Gottes seid ihr jetzt mit Gott
unterwegs.

Auch unser Körper gehört Gott

12 „Wir dürfen alles" ist so ein Spruch, den man von euch hört. Das
stimmt ja auch, aber trotzdem tut euch nicht alles gut. Dieser Spruch
„Wir dürfen alles" darf nicht dazu missbraucht werden, dass dich ir-
gendetwas plötzlich kontrolliert und du davon süchtig wirst! 13 Bei euch
gilt die Ansage: „Essen ist für den Magen und der Magen ist für das
Essen da, und irgendwann wird beides mal vergammeln." Stimmt, das
heißt aber noch lange nicht, dass wir mit unserem Körper jetzt rumsün-
digen können. Auch unser Körper ist für uns von Gott gemacht worden.
Darum ist es Gott eben nicht egal, was wir damit machen! 14 Gott wird
mit seiner irren Power jeden von uns aus dem Tod rausholen. Hat er ja
mit Jesus auch gemacht. 15 Habt ihr nicht kapiert, dass euer Körper jetzt
zu Jesus Christus gehört? Habt ihr wirklich Bock darauf, dass dieser Kör-
per versifft wird durch den Sex mit einer Nutte? Never! 16 Oder habt ihr
das noch gar nicht verstanden, dass, wenn man mit einer Nutte schläft,
man mit ihr verschmilzt und eins wird? In dem alten Buch kann man ja
auch nachlesen: „Beide werden ineinander verschmelzen!" 17 Wenn ihr
mit Jesus lebt, dann verschmilzt euer Wesen auch mit ihm und seinem
Geist. 18 Darum kann ich euch echt nur warnen: Passt auf mit Sexsa-
chen, die für Gott nicht okay sind! Damit ist nicht zu spaßen, denn keine
Sünde hat so sehr was mit deinem Körper zu tun wie die! Ihr handelt
damit im Grunde direkt gegen euch selbst, gegen euren Körper. 19 Habt
ihr vergessen, dass euer Körper wie eine Kirche für die Power von Gott,
seinen heiligen Geist, ist? Ja genau, der Geist, der jetzt in euch einge-
zogen ist, der euch geschenkt wurde! Ihr habt ihm euer Leben gegeben,
ihr gehört euch nicht mehr selbst! 20 Gott hat fett bezahlt, damit das so
ist. Er hat alles für euch gegeben! Hey, geht mit eurem Körper so um,
dass Gott dabei groß rauskommt und er sich darüber freut.

7

Soll man heiraten oder Single bleiben?

1 Jetzt noch mal zu den Fragen, die ihr mir in dem Brief geschrieben
habt. Also: Klaro ist es für einen Mann besser, nicht zu heiraten und auf
Sex ganz zu verzichten. 2 Weil aber mit Sexsachen so viel Mist passiert,

sollte besser jeder Mann eine Frau haben und jede Frau einen Mann.
3 Wenn ein Typ verheiratet ist, sollte er mit seiner Frau schlafen, auch
wenn er zu diesem Zeitpunkt keinen Bock auf Sex hat. Das gilt natürlich
auch umgekehrt! 4 Die Ehefrau und auch der Ehemann haben das Recht
an ihrem Körper an den anderen abgetreten. 5 Beide sollten nicht „Nein“
sagen, wenn einer mal Lust auf Sex hat. Ausgenommen, sie haben sich
so abgesprochen, dass sie für eine Zeit abbeten wollen und Sex sie
dabei nur ablenken würde. Danach solltet ihr aber wieder miteinander
schlafen, sonst werdet ihr nur gigascharf und Satan hat leichtes Spiel
mit euch, verführungstechnisch. 6 Das ist jetzt nur ein Tipp von mir,
damit ihr es leichter habt, kein Befehl. 7 Ich fänd es sehr geil, wenn alle
ohne zu heiraten so leben könnten, wie ich es tue. Wir sind aber nicht
alle gleich, und für einige ist es eine gute Sache, verheiratet zu sein,
für andere besser, ohne Partner zu bleiben. 8 Die jetzt keinen Partner
haben, auch die, bei denen der Ehepartner gestorben ist, denen würde
ich aber echt raten, Single zu bleiben. 9 Wenn die es aber sexmäßig nicht
auf die Reihe kriegen, sollten sie besser heiraten. Verheiratet zu sein ist
immer noch besser, als den ganzen Tag an Sex zu denken und davon
kontrolliert zu werden.

Wenn Eheleute Probleme miteinander haben

10 Für die Leute, die verheiratet sind, hab ich ’ne Ansage, die nicht von
mir, sondern von Jesus selbst kommt: Eine Frau soll sich von ihrem
Typen nicht scheiden lassen. 11 Wenn sie ihn aber trotzdem verlässt, soll
sie auf keinen Fall wieder heiraten. Am besten, sie verträgt sich wieder
mit ihrem Ex. Ein Ehemann soll seine Frau auch nicht rausschmeißen!
12 Jetzt kommt noch mal ’ne Ansage von mir, die ist nicht von Jesus:
Wenn ein Christ eine Ehefrau hat, die nicht mit Jesus lebt, und für sie
sein Glaube okay ist, dann darf er sie auch nicht in den Wind schießen.
13 Wenn umgekehrt eine Christin einen Typ als Mann hat, der nicht mit
Jesus lebt, er das aber okay findet, dass sie mit Jesus lebt, dann darf
sie ihn auch nicht wegschicken. 14 Ihr braucht keine Angst zu haben,
dass ein Nichtchrist seine christliche Frau irgendwie runterzieht. Ganz
im Gegenteil, die Frau färbt dann eher auf den Mann ab. Umgekehrt
gilt das natürlich auch für einen christlichen Mann und seine nicht-
christliche Frau. Das ist wichtig, weil sonst eure Kinder auch außen vor
ständen, doch dadurch sind eure Kinder automatisch auf eurem Level.
15 Falls aber der Ehepartner, der nicht an Jesus glaubt, darauf besteht,
sich scheiden zu lassen, dann gebt dem auch nach. Der Christ in der
Ehe muss dann nicht krampfhaft daran festhalten – Gott will nicht, dass
ihr deswegen Stress mit anderen Menschen habt. 16 Es kann ja keine

Frau dafür garantieren, dass sich ihr Ehemann auch irgendwann für Jesus entscheidet. Und die Ehemänner wissen das genauso wenig von ihren Ehefrauen. [17] Wenn ihr verheiratet wart, als ihr Christen geworden seid, dann bleibt verheiratet. Und wenn ihr Single wart, lebt als Single weiter. Das ist meine Order an alle Gemeinden. [18] Das Gleiche gilt übrigens auch für dieses Beschneidungsritual*. Ist das bei jemandem abgegangen, bevor er gläubig geworden ist, wäre es Quatsch, das wieder rückgängig machen zu wollen. Wenn jemand auf der anderen Seite noch nicht beschnitten war, bevor er Christ geworden ist, dann soll das auch so bleiben. [19] Es ist letztendlich total egal, ob jemand beschnitten ist oder nicht. Wichtig ist, dass du das tust, worauf Gott Bock hat! [20] Ihr braucht eure Lebensumstände nicht dick zu verändern, nachdem ihr Christen geworden seid! [21] Also, wenn du vorher ein Sklave warst, dann mach dir keinen Kopf deswegen. Wenn du aber die Chance hast freizukommen, dann nutz die auch. [22] Ist doch klar, wenn du ein Sklave warst und Gott dich gerufen hat, dann bist du aus Gottes Perspektive jetzt ein total freier Mensch. Ja, und wenn du vorher ein freier Mensch warst, dann bist du jetzt irgendwie ein Sklave von Jesus, oder? [23] Gott hat derbe viel für euch bezahlt, es hat ihn alles gekostet, deshalb werdet jetzt nicht abhängig von Menschen, sondern nur abhängig von Gott. [24] Darum, Leute, bleibt an dem Ort, wo ihr gewesen seid, bevor ihr angefangen habt, mit Gott ganze Sache zu machen. Genau dort sollt ihr für ihn am Start sein. [25] Was die Singles angeht, da hat Gott mir keine genaue Order gegeben. Aber ich hab einen guten Tipp für sie. Also, ihr könnt mir schon vertrauen, schließlich hab ich ja von Gott 'ne Menge Schnall. [26] Da bald große Probleme auf uns zukommen, glaub ich, es wäre keine gute Idee, jetzt zu heiraten. [27] Wenn du schon 'ne Frau hast, dann steh zu ihr. Wenn du noch keine hast, dann such dir auch keine. [28] Wenn du dich jetzt aber doch dazu entschließt, zu heiraten, ist das total okay für Gott. Und wenn ein Mädchen heiratet, ist das auch okay. Ich fände es allerdings schon besser, wenn ihr den Problemen, die dadurch entstehen, aus dem Weg gehen könntet. [29] Ihr Lieben, eins sag ich euch auf sicher: Wir haben nicht mehr viel Zeit! Darum wäre es cooler, wenn die Männer durch die Ehe nicht von dem Wichtigsten abgelenkt werden. [30] Egal, ob dir nach Heulen zumute ist oder ob du gerade super drauf bist, ob du fett in Kohle schwimmst oder nicht: Absolut nichts soll uns davon abhalten können, für Gott zu leben! [31] Fahrt nicht ab auf Sachen, die aus dieser Welt kommen! Nicht sie sollen euch beherrschen, sondern ihr sie. Diese Welt wird bald kaputt und am Ende sein.

---

* Dieses Ritual wurde bei den Juden mit jedem Jungen durchgezogen. Man schnitt ihm die Vorhaut ab, um ihn so okay für Gott zu machen.

32 Ich wünsche mir, dass ihr, egal was bei euch abgeht, total frei seid von
dem, was an ätzenden Sachen in der Welt so passiert. Wenn jemand
unverheiratet ist, kann er sich voll auf die Sachen von Gott konzentrie-
ren, er kann sich voll darüber 'nen Kopf machen, wie er Gott 'ne Freude
machen kann. 33 Für einen verheirateten Mann ist das viel schwerer. Er
muss sich auch um seine Frau kümmern und für sie sorgen, er kann
sich so nur mit halber Kraft für Gott gerade machen. 34 Eine Frau, die
nicht geheiratet hat, kann radikal und frei alles für Gott geben. Wenn
sie aber verheiratet ist, will sie ja auch ihrem Mann gefallen. 35 Hey, es
geht mir nicht darum, jetzt irgendwelche Gesetze aufzustellen, ich will
euch nur helfen, Entscheidungen zu treffen. Ich möchte, dass ihr ein
cooles Leben habt, das für Gott auch okay ist, und dass ihr euer Ziel
nicht aus den Augen verliert, nämlich radikal für Gott zu leben. 36 Also,
wenn jemand glaubt, er sollte seine Verlobte besser heiraten, weil es
ihm sonst schwer fallen würde, keinen Sex mit ihr zu haben, dann soll er
das machen, es ist okay. 37 Wenn er aber den Drive dazu hat, Sachen in
der Regel auch durchzieht und meint, Heiraten wäre nicht angesagt für
ihn, dann soll er das machen. 38 Wenn also jemand heiraten will, ist das
eine gute Entscheidung. Wenn jemand nicht heiraten will, ist es die bes-
sere Entscheidung. 39 Eine Frau ist so lange mit ihrem Typen verheiratet,
bis der stirbt. Wenn er stirbt, kann sie sich einen neuen Mann suchen.
Es sollte aber eine Ehe sein, die für Gott cool ist, er sollte schon Christ
sein! 40 Wenn die Frau mich fragen würde, ich müsste ihr raten, allei-
ne zu bleiben. Das ist jetzt meine persönliche Meinung, aber ich hab
schließlich Gottes Vollmacht für so 'ne Ansagen bekommen.

8

Über den Umgang mit Fleisch, das vorher bei einem Opferritual für Götzen benutzt wurde

1 Jetzt nun noch mal zum Thema, ob es als Christ okay ist, Fleisch zu
essen, das für irgendwelche Götzenopfer benutzt wurde. Ehrlich, ich
trau euch zu, dass ihr da voll den Schnall habt und dass ihr das deshalb
so machen könnt, wie ihr das für richtig haltet. Aber Wissen kann dafür
sorgen, dass man arrogant wird. Nur Liebe baut die Leute wirklich auf.
2 Wenn jemand behauptet, er habe für alles eine schlaue Antwort parat,
hat er kaum geschnallt, worauf es wirklich ankommt. 3 Nur wer Gott so
richtig liebt, hat es wirklich verstanden! 4 Also, wie ist das jetzt mit dem
Opferfleisch für Götzen? Geht das in Ordnung, davon zu essen, oder
nicht? Hey, ist doch kein Geheimnis, dass diese Götzen nur Pseudogöt-
ter sind. Es gibt nur einen wirklichen Gott! 5 In der Phantasie von den
Menschen existieren viele „Götter", die im Himmel wohnen oder auf

der Erde. Es gibt ja auch tatsächlich viele spirituelle Kräfte und geistige Mächte in dieser Welt. [6] Wir wissen aber, dass es nur einen einzigen echten Gott gibt! Den Vater, der alles gemacht hat und für den wir alles geben! Und es gibt auch nur einen echten Chef, Jesus Christus, durch den Gott alles machen konnte. Nur durch ihn leben wir überhaupt! [7] Das ist allerdings nicht allen Christen klar. Die sind noch etwas unsicher und haben das noch nicht so begriffen. Die dachten irgendwie die ganze Zeit, es gibt auch noch andere Götter neben Gott. Wenn die jetzt von diesem speziellen Fleisch essen, kommen die schlecht drauf und kriegen ein schlechtes Gewissen. [8] Total richtig, wenn ihr dagegenhaltet. Wir könnten Gott mit unserem Essverhalten eh nicht beeindrucken. [9] Trotzdem wäre es cool, wenn ihr darauf achten würdet, mit eurem Verhalten nicht die Leute runterzuziehen, die dadurch ein schlechtes Gewissen kriegen würden. Ihre Beziehung zu Gott würde darunter leiden, und das wäre blöd. [10] Es könnte ja passieren, dass dadurch ein Christ, der im Glauben noch etwas schwach auf der Brust ist, mitkriegt, wie du in einem Götzentempel abhängst und da in Ruhe Mittag isst. Für dich kann das ja total okay sein, aber die könnten es als Versuchung empfinden und gegen ihr Gewissen dann auch was von dem Zeug essen. [11] So kann es kommen, dass diese Freiheit, die du dir damit rausnimmst, dass du deinen eigenen Glauben auf diese Art auslebst, deinen schwächeren Bruder schlecht draufbringt. Dabei ist Jesus Christus auch für ihn genauso gestorben wie für dich. [12] Wenn du das Gewissen von deinem Glaubensbruder verletzt, dann verletzt du auch Jesus. [13] Ich fass noch mal zusammen: Wenn die Chance besteht, dass durch mein Verhalten jemand dazu verführt wird, Mist zu bauen, weil ich ohne nachzudenken Opferfleisch esse, dann will ich lieber für den Rest meines Lebens auf Fleisch ganz verzichten, als ihm das anzutun!

9

Paulus verzichtet auf sein Recht, Kohle für seinen Job zu kriegen

[1] Um mal mich als Beispiel zu nehmen: Leute, ich bin immerhin ein Apostel*! Ich hatte eine derbe Begegnung mit Jesus, konnte ihn mit eigenen Augen sehen! Und alles, was bei euch mit Jesus geht, ist ein Ergebnis meiner Arbeit! [2] Auch wenn andere mich nicht für einen Apostel halten, für euch bin ich auf jeden Fall einer. Ihr seid ja der Beweis dafür, dass ich von Gott so eine Berufung habe. [3] Meinen Kritikern kann

---

* Apostel heißt übersetzt so viel wie Gesandter, Postbote, jemand, der eine Botschaft hat. Es war ein stehender Begriff für ein paar wenige Christen, die eine spezielle Begabung und Berufung von Gott bekommen hatten. Siehe auch „Was bei den Aposteln so los war". Apostelgeschichte 1,1

ich echt nur das sagen: 4 Meine Mitarbeiter und ich haben bei dem, was wir malochen, doch eigentlich echt einen Anspruch da drauf, von der Jesus-Gemeinschaft wenigstens unsere Spesen bezahlt zu bekommen! 5 Hätten wir nicht sogar einen Anspruch da drauf, unsere Ehefrauen auf Kosten der Gemeinschaft auf unsere Tour mitzunehmen? Die anderen Apostel tun das, die Brüder von Jesus auch, genauso Petrus. 6 Warum müssen Barnabas und ich eigentlich für unseren Unterhalt auch noch selber sorgen? 7 Es gibt ja auch keinen Soldaten, der sich selber den Lohn auszahlt. Und ein Bauer kann auch seine eigenen Früchte ernten. Und ein Hirte kann auch von seinen Tieren die Milch trinken, das ist doch wohl logisch. 8 Das ist übrigens nicht nur allgemein so üblich, Gott hat in den alten Schriften schon 'ne Ansage dazu gemacht. 9 In den Gesetzen von Mose steht zum Beispiel: „Der Ochse, der dir bei der Feldarbeit hilft, sollte auch was zu fressen kriegen!" Glaubt ihr, Gott hatte dabei nur an Ochsen gedacht, als er das gesagt hat? 10 Meinte er damit nicht vielleicht auch uns? Natürlich meinte er uns, er sagt da ja auch, dass alle, die beim Ernten helfen, was von der Ernte abkriegen sollen. 11 Wir haben bei euch die geistlichen Samen ausgestreut, indem wir über Gott geredet haben. Ist doch nicht zu viel verlangt, wenn ich euch um was zu essen und ein paar Klamotten bitte, oder? 12 Ihr spendet ja auch für andere Leute, die bei euch predigen, und das ist auch okay. Trotzdem haben wir erst recht einen Anspruch da drauf. Wir haben von diesem Recht bisher nie Gebrauch gemacht, vor allem weil wir keinen Bock darauf hatten, dass Kohle und solche Sachen der guten Nachricht von Jesus im Weg stehen könnten. 13 Wisst ihr eigentlich nicht, dass alle, die im Tempel arbeiten, was von dem Geld bekommen, das der Tempel einnimmt? Und die Priester, die am Altar zu tun haben, dürfen sich lebensmitteltechnisch an den Opfersachen bedienen. 14 Gott hat genauso die Order rausgegeben, dass die Leute, die für Gottes coole Nachricht arbeiten, auch anständig dafür bezahlt werden. 15 Ich hab aber von dieser Möglichkeit nie Gebrauch gemacht, nur um das noch mal klarzustellen. Ich schreib das jetzt auch nicht, weil ich euch jetzt irgendwie hintenrum dazu auffordern will. Lieber sterbe ich, als mir den Orden, dass ich mich gerade mache, ohne Kohle dafür zu verlangen, wieder klauen zu lassen! 16 Dass ich die coole Nachricht von Gott überall erzähle, ist kein Grund für mich, den Dicken raushängen zu lassen. Ich kann gar nicht anders, ich muss das tun, sonst geht es mir mies! 17 Wenn ich das tun würde, weil ich mich aus freiem Willen dazu entschlossen habe, dann wäre es okay, Kohle dafür zu verlangen. Aber ich wurde von Gott extra dafür ausgesucht! Er wollte das von mir, ich konnte gar nicht anders. 18 Wie krieg ich denn jetzt meine Bezahlung? Die besteht da drin, dass ich die Nachricht von Gott den Leuten weitererzähle, und zwar kostenlos. Und sie besteht auch da drin, dass ich auf mein Recht verzichte.

Radikal ohne Ende

[19] Ich bin frei und total unabhängig, obwohl ich mich auf der anderen Seite zum Hampelmann für alle gemacht habe. Ich wollte einfach so viele Menschen wie möglich erreichen. [20] Damit ich die Juden für Jesus begeistern kann, lebe ich radikal nach den Regeln eines Juden, obwohl ich das eigentlich gar nicht mehr muss. Ich möchte sie eben für Jesus begeistern. [21] Wenn ich aber bei Leuten abhänge, die diese religiösen Gesetze nicht kennen, dann lebe ich so wie sie, weil ich auch sie für Jesus begeistern möchte. Das heißt jetzt nicht, dass mir dann die Gesetze von Gott völlig egal sind. Ich lebe strikt nach den Sachen, die Jesus gesagt hat. [22] Bin ich bei Leuten, die noch nicht so lange mit Jesus leben und glaubensmäßig noch etwas schwach auf der Brust sind, dann pass ich sehr darauf auf, sie nicht zu verwirren. Bei wem ich auch gerade bin, ich stell mich immer wieder neu auf die Situation ein, um möglichst viele für Jesus zu retten. [23] Das tue ich, um mich für Gottes Sache gerade zu machen, damit möglichst viele davon hören. Ich nehme so Anteil da dran, und das finde ich cool. [24] Habt ihr schon mal so einen 10000-Meter-Lauf in einem Stadion beobachtet? Es gibt da immer nur einen, der am Ende ganz oben auf dem Siegertreppchen steht! So müsst ihr auch drauf sein. Lauft so, dass ihr am Ende da oben steht! [25] Wenn einer in einem Wettrennen der Sieger sein will, muss er alles dafür geben! Ein Sportler verzichtet auf alles Mögliche, nur um am Ende zu siegen. Und dabei vergisst man so einen Sieger nach ein paar Tagen schon wieder. Wir sind aber bei einem Rennen am Start, wo der Preis unvergesslich ist! [26] Ich hab einen genauen Plan, wofür ich kämpfe. Ich laufe nicht wie blöd irgendetwas hinterher. Wenn ich kämpfe, dann geht es richtig ab. Ich bin dann fast wie ein Boxer, der nie daneben haut. [27] Ich konzentriere mich wie ein Leistungssportler voll auf das Ziel. Ich zwinge dabei auch meinen Körper, mir unbedingt zu gehorchen. Ich habe nämlich keinen Bock anderen zu erzählen, wie man radikal als Christ leben kann, und dann selber nur lasch rumzuhängen.

10

Warum die Israelis schlecht draufgekommen sind

[1] Ihr Lieben, ich möchte nicht, dass ihr verdrängt, was unsere Vorfahren alles mit Gott in der Wüste erlebt haben. Er ging damals immer in einer Wolke vorweg. Er führte sie ganz sicher, sogar durch das Rote

Meer hat er sie gebracht. 2 Das ganze Volk wurde dort auf dem Weg durch das Meer auf Mose eingeschworen, er war ihr Führer. 3 Alle aßen in der Zeit auch dieselben Sachen, die Gott ihnen auf übernatürliche Art anlieferte. 4 Auch mit Getränken wurden sie von Gott versorgt, durch diesen Felsen, aus dem Wasser sprudelte. Dieser Felsen, dessen Wasser sie am Leben erhielt, ist übrigens ein erstes Zeichen für Jesus gewesen. 5 Trotzdem hatte Gott keinen Bock auf ihren Lebensstil, die meisten von ihnen sind in der Wüste verreckt. 6 Das ist eine fette Warnung für uns! Wir sollten uns auf falsche Sachen nicht einlassen! 7 Wir sollten auf keinen Fall zu irgendwelchen linken Göttern beten! An dem Punkt sind die ja auch gescheitert. Ich zitiere noch mal die alten Schriften: „Das Volk feiert derbe Partys, nach dem Motto: Saufen und spachteln, bis der Arzt kommt." 8 Das Gleiche gilt für ätzende Sexsachen. Lasst bloß die Finger davon, das haben einige von denen auch gebracht! Dadurch sind nach den alten Berichten an nur einem einzigen Tag dreiundzwanzigtausend Menschen gestorben. 9 Wir sollten mit Gott auch keine Spielchen spielen, das haben sie damals auch gemacht, und dann sind sie von Schlangen gebissen worden und gestorben. 10 Rebellion gegen Gott ist echt nicht angesagt, Leute. Gott hat die Menschen, die damals so drauf waren, mit einem Todesengel um die Ecke gebracht. 11 Diese ganzen Geschichten sollen uns was beibringen. Sie wurden für uns aufgeschrieben, damit wir gewarnt sind. 12 Alle, die meinen, sie hätten es drauf, sollen aufpassen, dass ihnen nicht die gleichen Sachen passieren. 13 Hey, alles, was eure Beziehung zu Gott bisher auf die Probe gestellt hat, war doch noch voll im Rahmen! Auf Gott kann man sich auf jeden Fall verlassen. Er ist nicht link. Die ganzen Prüfungen, durch die ihr durchkommen sollt, werden machbar sein, versprochen. Wenn er euch mal testet, dann wird es immer eine Möglichkeit geben, den Test auch zu bestehen.

Die Götzen soll man in die Tonne kloppen

14 Also, Freunde, passt auf, dass ihr nicht irgendwelchen Göttern dient, ja? 15 Als Christen wisst ihr doch, worum es eigentlich geht. Rede ich nur Blödsinn, oder ist das wahr, was ich sage? 16 Wenn wir zusammen so ein Essen veranstalten, wie das Jesus mit uns gemacht hat, dieses „Abendmahl", dann sind wir ja alle irgendwie bei Jesus angeschlossen. Wir erinnern uns dann daran, dass unsere Schulden bei Gott einfach weg sind, weil Jesus für uns gestorben ist. Indem wir aus dem Becher Wein trinken und das Brot zusammen essen, werden wir Teil von Jesus und seinem Körper. 17 Beim Abendmahl spachteln wir alle vom selben

Brot, um deutlich zu machen, dass wir ganz eng zusammengehören.
18 Als Beispiel kann man dafür auch gut das Volk der Israelis nehmen
und was bei denen im Gottesdienst abgeht. Alle, die da zusammen
von den geopferten Tieren essen, hängen zusammen auch mit Gott
ab. 19 Was will ich damit sagen? Vielleicht, dass es andere Götter gibt,
die doch irgendeine Bedeutung haben, und dass es was bringt, denen
zu opfern? 20 Null! Ganz im Gegenteil! Aber man opfert da eben nicht
Gott, sondern irgendwelchen Dämonen. Und ich hab echt null Bock
da drauf, dass ihr irgendwas mit Dämonen zu tun habt! 21 Ihr könnt
euch nicht gleichzeitig bei Gott bedienen und bei Dämonen. Ihr könnt
auch nicht gleichzeitig mit Gott essen und sein Abendmahl feiern und
gleichzeitig mit Dämonen dasselbe machen. 22 Oder wollen wir Gott
vielleicht eifersüchtig machen, so wie es das Volk Israel auch gebracht
hat? Oder glauben wir vielleicht, wir wären stärker als er? 23 Ihr lebt
nach dem Motto: „Alles ist für Gott okay!" Dazu gehört meiner Mei-
nung nach: „Es ist aber nicht alles gut für mich!" 24 Fahrt nicht die
ganze Zeit nur den Egofilm, denkt auch mal da dran, wie es den an-
deren geht und was man für die machen kann, so dass es ihnen auch
gut geht. 25 Mein Tipp, was diese Opfersache angeht: Kauft einfach auf
dem Markt das Fleisch ein, so wie ihr Bock habt, und fragt nicht extra
nach, ob es von so einem Ritual kommt oder nicht. Dann braucht ihr
euch auch keinen Kopf drüber zu machen und euer Gewissen zu be-
lasten. 26 Denn, ich zitiere: „Die Erde und alles, was auf ihr so lebt, ge-
hört Gott." 27 Also, wenn ihr mal 'ne Einladung zum Essen bekommt,
dann könnt ihr sie ruhig annehmen. Esst einfach los, ohne euch den
Kopf drüber zu machen, woher das Fleisch jetzt kommt, das ist dann
okay. 28 Wenn aber jemand die Ansage macht, das Fleisch käme von
einem Opferritual für Götzen, dann lasst die Finger davon, vor allem
aus Rücksicht auf die Leute, die euch gewarnt hatten. 29 Für euch wäre
das wahrscheinlich kein großes Ding, aber für andere schon, und da-
rum geht es mir. Warum soll ich meine persönliche Freiheit einschrän-
ken, nur weil jemand gewissenstechnisch ein Problem damit hat?
30 Wenn ich Gott für ein Essen voll dankbar bin und es auch mit dieser
Haltung genüsslich verspeise, wo liegt da das Problem für andere
Leute? 31 Egal, bei welcher Frage, und egal, was ihr tut, wichtig ist nur,
dass wir es tun, damit Gott dabei groß rauskommt. 32 Darum versucht
so zu leben, dass die Menschen, egal ob Juden oder Christen, sich nie
über euch ärgern müssen, ja? 33 Ich lebe auch nach diesem Motto. Ich
versuche so zu leben, dass ich überall beliebt bin. Dabei geht es mir
nicht darum, der coole Macker zu sein, ich will, dass möglichst viele
Menschen durch Jesus Christus gerettet werden.

11

Wie es in der Gemeinde in Korinth beim Beten abgehen soll (und wie nicht)

1 Nehmt mich als Vorbild, so wie ich mir Jesus als Vorbild nehme. 2 Ich
finde es tierisch geil, Leute, dass ihr mich nicht vergessen habt, dass ihr
immer versucht das zu tun, was ich euch beigebracht habe. 3 Das gilt
hoffentlich auch für eine Sache, die ich euch noch sagen will. Und zwar ist
für mich nach dem Willen von Gott ein Ehemann Jesus Christus direkt un-
terstellt, eine Ehefrau ist ihrem Mann direkt unterstellt, Jesus Christus ist
Gott direkt unterstellt. 4 Wenn ein Typ jetzt öffentlich betet oder ein pro-
phetisches Wort weitergibt und dabei einen Hut aufhat, ist das vor Gott
extrem peinlich. 5 Für eine Frau gilt das Gegenteil: Wenn sie kein Kopftuch
beim Beten aufhat oder beim prophetischen Reden, ist das für ihren
Ehemann extrem peinlich, denn das ist praktisch so, als ob sie 'ne Glatze
hätte. 6 Echt jetzt, wenn sich eine Frau weigert ein Kopftuch zu tragen,
könnte sie sich gleich 'ne Glatze rasieren. Das wäre echt peinlich für sie,
darum sollen Frauen im Gottesdienst was auf dem Kopf haben. 7 Männer
sollen im Gottesdienst aber nichts auf dem Kopf haben. Männer sind
dafür da, Gott groß rauskommen zu lassen, Männer haben Gott als Vor-
bild. Frauen sind aber für den Mann da. 8 Als Gott die Welt gemacht hat,
war der Mann nämlich zuerst an der Reihe. 9 Der Mann wurde auch nicht
für die Frau gemacht, sondern die Frau für den Mann. 10 Darum sollen von
den Frauen Kopftücher im Gottesdienst getragen werden, die Engel ste-
hen da auch drauf. 11 Nicht vergessen, Leute, Gott hat es so im Sinn geha-
bt, dass die Frau den Mann braucht und der Mann die Frau! 12 Auch wenn
es heißt, dass die erste Frau aus einem Stück vom Mann gemacht wurde,
wurden anschließend alle Männer von Frauen geboren. Alle Menschen
kommen letztendlich von Gott. 13 Was meint ihr? Glaubt ihr, es ist okay,
wenn eine Frau in der Öffentlichkeit betet, ohne dabei ein Kopftuch zu tra-
gen? 14 Empfindet ihr das nicht auch als total ätzend, wenn Männer lange
Haare haben? 15 Für Frauen ist das aber total cool. Lange Haare sind fast
wie so eine Art Schmuck für sie. 16 Wenn jemand jetzt große Lust dazu
verspürt, aus dem Thema eine derbe Diskussion vom Stapel zu brechen,
dann sollte er vorher wissen, dass wir einfach diese Regeln nicht haben
und die anderen Gemeinden diese Sache genauso handhaben wie wir.

Regeln für das Abendmahl

17 Jetzt zum nächsten Punkt, nämlich dem Thema Gottesdienst. Ich
hab das Gefühl, eure Gottesdienste ziehen euch eher runter, als dass
sie euch aufbauen. 18 Erst mal hat man mir erzählt, ihr würdet bei euch
voll die Cliquenwirtschaft haben, und um ehrlich zu sein, ich glaube das

auch. [19] So wie ihr drauf seid, ist das auch kein Wunder. Dadurch kann
man erkennen, wer es begriffen hat und wer nicht. [20] Ich werde das Ge-
fühl nicht los, dass euer „Abendmahl“ gar kein echtes Abendmahl ist.
[21] Man hat mir erzählt, dass bei euch eher so ein Picknick veranstaltet
wird. Jeder bringt seinen eigenen Kram mit, und am Ende sind einige
pappsatt, nämlich die, die viel Kohle haben und sich ’ne Menge zum
Spachteln mitgebracht haben. Andere haben noch Hunger, und ein
paar von euch sind sogar total besoffen. [22] Stimmt das echt? Könnt ihr
denn nicht zu Hause was spachteln? Warum müsst ihr die alt aussehen
lassen, die nicht so viel Kohle haben? Soll ich das auch noch geil finden?
Tut mir Leid, da komm ich nicht mit. [23] Die Order, die der Chef Jesus sel-
ber gesagt hat, war so: In der Nacht, in der er verraten wurde, nahm er
das Brot, [24] bedankte sich bei Gott dafür und zerteilte es. Dabei sagte er:
„Das ist mein Körper, der wird für euch hingerichtet und zerstört. Das
müsst ihr immer wieder tun, um euch daran zu erinnern.“ [25] Danach
nahm er noch das Weinglas und sagte: „Dieses Glas ist wie ein neuer
Vertrag, den Gott mit den Menschen abgeschlossen hat. Er wurde mit
meinem Blut unterschrieben. Das müsst ihr immer tun, um euch daran
zu erinnern.“ [26] Jedes Mal, wenn ihr von diesem Brot esst und wenn ihr
von diesem Wein trinkt, dann ist das wie eine Predigt, dass Jesus für die
Menschen gestorben ist. [27] Wenn das Abendmahl also zu so einem Pick-
nick verkommt, dass sich da der eine oder andere betrinkt und pappsatt
nach Hause geht, während andere noch hungrig sind, und auf diese
Weise ohne drüber nachzudenken von dem Brot isst und aus dem Glas
von Gott trinkt, der tut so, als würde der Tod von Jesus für ihn egal sein.
[28] Darum kann ich jedem nur raten, sich selbst genau zu checken, bevor
er aus diesem Glas trinkt und von dem Brot isst. [29] Denn wer sich davon
bedient, ohne geschnallt zu haben, dass es hier um den Körper von
Jesus geht, der liefert sich damit gleich selbst an das Gericht von Gott
aus. [30] Das ist auch ein Grund, warum viele von euch so schwach auf
der Brust sind und krank, gar nicht zu reden von denen, die schon abge-
kratzt sind. [31] Wenn wir uns selber aber immer wieder abchecken, dann
brauchen wir auch keinen Schiss vor der Gerichtsverhandlung mehr ha-
ben. [32] Wenn uns Gott aber bestraft, dann tut er das als Erziehungsmaß-
nahme. Er will nicht, dass wir mit dem Rest der Welt dumm dastehen
bei der letzten großen Gerichtsverhandlung. [33] Darum meine Bitte, ihr
Lieben, wartet aufeinander, wenn ihr euch trefft, um das Abendmahl zu
feiern. [34] Wenn ihr echt mördermäßigen Hunger habt, dann esst vorher
was zu Hause. Sonst bringt euch dieses special Erinnerungsmahl nichts
Gutes, es handelt euch eher Probleme ein. In den andern Fragen will ich
euch ’ne Ansage machen, wenn ich bei euch bin, okay?

12

Gott gibt seinen Leuten unterschiedliche geistliche Begabungen

1 Und jetzt, ihr Lieben, will ich noch ein wenig über die besonderen Fähig-
keiten schreiben, die der Geist von Gott uns schenkt. 2 Ihr habt hoffentlich
nicht vergessen, dass ihr als Nichtchristen noch wie blöd dazu getrieben
wurdet, mit den toten Götzen rumzumachen. 3 Auf diesem Hintergrund
möchte ich euch noch mal klar machen, wie man auseinander halten
kann, was von Gott kommt und was eben nicht. Also niemand, der den
Geist von Gott hat, ist in der Lage zu sagen: „Jesus soll verflucht sein!"
Auch kann niemand die Ansage machen: „Jesus ist der Chef über allem!",
wenn ihm das nicht der heilige Geist gezeigt hätte. 4 Es gibt nun verschie-
dene geistliche Begabungen, trotzdem werden sie alle von dem einen hei-
ligen Geist zugeteilt. 5 Genau so sind uns die unterschiedlichen Aufgaben,
die in der Gemeinde am Start sind, alle von einem Gott zugeteilt worden,
dem Gott, dem wir gehören. 6 Gott handelt auf unterschiedliche Art und
Weise an uns, es ist trotzdem immer derselbe Gott. 7 Jeder bekommt
irgendeine Fähigkeit von Gott, die allen in der Gemeinde helfen kann.
8 Der eine bekommt von Gott die Begabung, besonders gute Ratschläge
zu geben. Ein anderer bekommt Peilung von dem, was Gott genau von
einem will. 9 Einer bekommt die Begabung, voll viel Glauben zu haben,
der Nächste die Fähigkeit, Kranke zu heilen – und alles kommt vom
selben Geist! 10 Ein anderer bekommt von ihm special Kräfte, um fette
Wunder zu tun, und dann bekommt wieder jemand anderes die Fähigkeit,
prophetische Worte zu empfangen. Der Nächste kriegt vielleicht die Fä-
higkeit abzuchecken, ob das, was da gesagt wurde, von Gott kommt oder
nicht. Kann auch sein, dass einer die Begabung bekommt, in fremden
Sprachen Sachen von Gott zu sagen, und ein anderer versteht das auch
und kann es übersetzen. 11 Diese ganzen unterschiedlichen Sachen kom-
men aus ein und derselben Kraft, nämlich von seinem besonderen Geist.
Er verteilt die Gaben so, wie er Bock drauf hat. 12 Um mal in einem Bild zu
sprechen: Der Körper von einem Menschen hat viele Teile und Organe.
Trotzdem gehört alles zusammen zu einem Menschen. Genauso ist das
bei der Familie von Jesus Christus auch. 13 Einige von uns sind Juden, an-
dere Nichtjuden, ein paar sind Sklaven, andere wieder sind frei. Trotzdem
haben wir alle dieselbe Kraft, denselben Geist, von Gott bekommen. Wir
gehören zur selben Familie, durch die Taufe sind wir sogar ein Teil vom
Körper von Jesus geworden. 14 Ein Körper besteht ja auch aus vielen ver-
schiedenen Teilen, nicht nur aus einem. 15 Angenommen, der Fuß könnte
reden, er würde doch nicht sagen: „Hallo, ich gehöre nicht dazu, ich bin ja
nicht die Hand!", oder? Er gehört dazu, ob er will oder nicht. 16 Oder wenn

das Ohr jetzt seine Unabhängigkeit ausrufen würde: „Ich gehöre nicht
dazu, ich bin ein Ohr und kein Auge!“, würde es trotzdem dazugehören.
17 Jetzt stellt euch mal vor, euer ganzer Körper besteht nur aus Augen, wie
könnt ihr dann noch hören? Oder anders, der ganze Körper besteht nur
noch aus Ohren, was geht dann noch mit Riechen? 18 Gott hat uns aus
unterschiedlichen Teilen zusammengesetzt und jedem Teil seine Aufgabe
gegeben, so wie er Bock drauf hatte. 19 Das wäre ja auch voll der seltsame
Körper, wenn er nur aus einem Körperteil bestehen würde! 20 Er hat uns so
gebaut, dass ein Körper aus vielen Teilen besteht. 21 Das Auge kann nicht
zur Hand gehen und sagen: „Ich brauch dich nicht!“ Und der Kopf kann
auch nicht zum Fuß sagen: „Ich hab keinen Bock auf dich!“ 22 Tatsächlich
sind die eher nicht so prallen Körperteile genau die, die so wichtig sind.
23 Was bei unserem Körper eher ungeil aussieht, das verstecken wir ganz
gerne. Über die Teile, die nicht so schön sind, ziehen wir irgendwas drü-
ber. 24 Andere Körperteile haben das wieder null nötig. Gott hat den Kör-
per so zusammengestellt, dass die Teile, die hintenanstehen, besonders
viel Applaus abkriegen. 25 So halten die Teile besser zusammen und strei-
ten sich nicht ständig. 26 Geht es einem Körperteil mies, dann leiden alle
mit. Wenn ein Teil gelobt wird, dann freuen sich auch alle anderen Teile
mit ihm. 27 Ich wollte euch damit klar machen, dass ihr alle zusammen
wie ein Körper von Jesus seid, jeder von euch ist dabei und gehört dazu.
28 Gott hat jedem seinen von ihm bestimmten Platz und seine Aufgabe
gegeben. Einer ist ein Apostel, der Nächste wieder ein Prophet, der Dritte
ein Lehrer. Dann gibt es Leute, die Wunder tun können, andere haben die
Begabung, Menschen zu heilen, und dann gibt es wieder welche, die eine
Begabung haben, Menschen zu helfen. Besondere Leitungsbegabung
oder in fremden Sprachen Sachen von Gott zu reden sind auch noch zwei
Begabungen, die Gott gibt. 29 „Wie jetzt, ist jeder ein Apostel?“ Nein,
natürlich nicht! „Ist jeder denn ein Prophet?“ Nein! „Sind alle Lehrer?
Hat jeder diese Power, Wunder zu tun? 30 Haben nicht alle die Begabung,
Menschen zu heilen? Haben nicht alle die Begabung in einer fremden
Sprache Sachen von Gott zu reden? Können die nicht alle auch auslegen?“
Nein, natürlich nicht! 31 Bemüht euch aber auf jeden Fall um die fetten
Begabungen von Gott! Zu einer Sache, die noch viel wichtiger ist als die,
komme ich jetzt:

13

Ein Song über das Wichtigste: die Liebe

1 Ohne Liebe geht gar nichts! Selbst wenn ich perfekt alle Sprachen,
die es auf der Welt gibt, sprechen könnte, auch die Sprache der Engel,
aber in all dem, was ich darin reden würde, wäre keine Liebe, dann wä-

ren meine Worte wie Müll, sie wären ohne Bedeutung, hohl und leer.
2 Selbst wenn ich in einer Tour prophetische Worte von Gott bekommen
würde, wenn er mir alle geheimen Fragen über die Welt beantwortet hät-
te und ich so ein Vertrauen auf Gott haben würde, dass Berge auf mein
Gebet hin verschwinden, aber ich würde all das ohne Liebe tun, dann
wäre das immer noch nichts, es würde nichts bedeuten. 3 Und selbst
wenn ich alles, was mir gehört, an Obdachlose und Penner verschenken
würde, ja selbst wenn ich mein Leben für andere riskieren und dabei
sterben würde, aber ich würde das nicht aus Liebe machen, es wäre für
die Tonne und umsonst. 4 Liebe ist entspannt, sie mag Menschen, sie
ist nett zu Leuten. Neid ist für sie ein Fremdwort, sie sieht nicht von
oben auf andere runter, angeben hat sie nicht nötig und sie markiert
auch nie den dicken Macker. 5 Liebe will Leute nie fertig machen, und
sie will auch nicht das fetteste Stück vom Kuchen haben. Liebe lässt
sich nicht so schnell aus der Ruhe bringen, und sie verzeiht, wenn man
link zu ihr war. 6 Sie hat keinen Bock drauf, wenn jemand abgelinkt und
ungerecht behandelt wird. Sie feiert, wenn die Wahrheit siegt und alles
gerecht zugeht. 7 Die Liebe ist nicht totzukriegen, sie hört nie auf zu ver-
trauen, sie verliert nie die Hoffnung, sie übersteht jede Krise. 8 Prophe-
tische Worte von Gott, die Fähigkeit in fremden Sprachen zu reden, das
Wissen – das alles wird mal vorbei sein. Aber die Liebe wird nie zu Ende
sein, sie hält durch und gibt nicht auf. 9 Bis jetzt haben wir nur wenig ka-
piert, und auch unsere Fähigkeit, prophetische Worte zu bekommen, ist
sehr begrenzt. 10 Wenn es aber abgeht und Gottes neue Zeit voll da ist,
dann wird es keine halben Sachen mehr geben. 11 Als Kind war ich auch
in meiner Denke ein Kind, ich beobachtete und bewertete die Welt aus
dieser Perspektive. Als ich dann erwachsen wurde, wollte ich kein Kind
mehr sein. 12 Aus jetziger Sicht ist uns vieles noch total unklar, wir ver-
stehen Sachen nicht, fast so, als wären wir benebelt. Aber irgendwann
werden wir Gott deutlich vor uns sehen und dann wird uns vieles klar
werden. Was ich bis jetzt verstanden hab, ist unvollständig, dann werde
ich aber den totalen Durchblick haben, so wie Gott jetzt schon über
mich den totalen Durchblick hat. 13 Die Sachen, die immer bleiben wer-
den, sind der Glaube, die Hoffnung und die Liebe. Am fettesten kommt
aber die Liebe, sie steht über allem.

14

Gott hat Bock auf Klarheit

1 Liebe soll bei euch allen höchste Priorität haben! Aber seid auch
heiß auf die besonderen Begabungen, die Gott durch den Geist geben
möchte! 2 Wenn jemand zum Beispiel diese Sprachenbegabung auslebt,

dann redet er ja dabei nicht mit Menschen, er spricht mit Gott. Ist doch klar, keiner kapiert, was er da ablabert, aber Gott versteht es! [3] Das ist aber bei der Prophetenbegabung anders. Wenn jemand die hat, dann hilft er ja damit den anderen, im Glauben weiterzukommen. Er bringt sie gut drauf und baut sie damit auch auf. [4] Wenn jemand die Sprachenbegabung hat, dann wird er dadurch vor allem selber geistlich aufgebaut. Bei der prophetischen Begabung ist das allerdings anders, damit wird ja die ganze Gemeinschaft ermutigt. [5] Ich fände es supercool, wenn jeder von euch diese Sprachenbegabung von Gott hätte, wichtiger wäre aber für mich, dass ihr prophetisch reden könntet. Diese Begabung, prophetische Worte zu bekommen, ist superwichtig, es bringt einfach mehr, als nur in fremden Sprachen reden zu können. Ausgenommen natürlich, jemand ist am Start, der diese Sprache übersetzen und auslegen kann. Dann haben alle was davon. [6] Leute, mal im Ernst, was würde das bringen, wenn ich jetzt bei euch wäre, und ich würde in einer fremden Sprache losbrabbeln? Was doch viel mehr geht, ist, wenn ich euch Sachen verständlich beibringen würde, wenn ich Dinge erzähle, die Gott mir gezeigt hat, was er mit euch vorhat oder so. [7] Ein guter Vergleich dazu sind Musikinstrumente. Eine Flöte oder ein Klavier muss man beherrschen können. Wenn man nicht da drauf spielen kann, kommen nur schräge Töne dabei rüber. [8] Wenn ein Trompeter von einer Armee nicht gut und laut trompeten kann, wird es keiner rallen, wenn er den Startschuss zum Angriff gibt. [9] Das stimmt auch für eure Situation. Wenn ihr in einer Sprache zu Leuten redet, die sie null verstehen, wie sollen die denn schnallen, was ihr sagen wollt? Dann könnt ihr genauso gut mit der Wand reden. [10] Es gibt tierisch viele Sprachen auf der Welt, und jede Sprache ist dafür da, dass man sich in ihr unterhalten kann. [11] Ich kann die meisten davon aber nicht verstehen, und darum kann ich auch nicht mit jedem labern. Und die verstehen mich natürlich auch nicht. [12] Weil ihr ja so heiß auf diese übernatürlichen Begabungen seid, fragt doch mal bei Gott an, ob er nicht die bei euch an den Start bringt, von denen alle was haben. [13] Und wer in einer anderen Sprache reden kann, sollte bei Gott auch anfragen, die Fähigkeit zur Übersetzung der Sprache gleich mitzubekommen. Damit kann er dann das Gesagte auch erklären. [14] Wenn ich nämlich so bete, dann redet der Geist von Gott in mir. Ich kann das nicht mit meinem Verstand regeln. [15] Was ist also zu tun? Am besten beides! Ich bete in einer fremden Sprache und ich bete normal, sodass mich jeder versteht. Ich singe in einer Sprache, die Gott durch seinen Geist mir aufspielt, und dann singe ich wieder so, dass mich alle verstehen können. [16] Hey, wie sollte denn sonst jemand am Ende von deinem Gebet ehrlich dazu „Amen“ sagen können, wenn er null verstanden hat, wofür du Gott gerade danke gesagt hast? 17 Das Gebet kann dann noch so supergeistlich klingen, es bringt den anderen nichts. 18 Ich bin Gott voll dankbar, dass ich mehr als ihr alle diese Begabung auslebe und in einer anderen Sprache mit Gott laber. 19 Aber wenn die ganze Gemeinde zusammenkommt, rede ich lieber fünf verständliche Worte, die Leuten helfen, als zehntausend Worte in einer fremden Sprache, die keiner versteht. 20 Liebe Leute, seid bitte nicht kindisch, ihr versteht doch mein Anliegen, oder? Ihr könnt kindlich bleiben, wenn es um fiese Sachen geht, aber in solchen Dingen schaltet mal euren Verstand ein und regelt das wie Erwachsene! 21 In den alten Schriften kann man auch was zu dem Thema nachlesen. Da sagt Gott: „Ich habe vor, mit meinen Leuten in anderen Sprachen zu reden. Doch sie werden nicht auf mich hören.“ 22 Daran kann man auch erkennen, dass diese Begabung ein Zeichen für Leute ist, die nicht an Gott glauben. Die Begabung, prophetische Worte von Gott zu kriegen, ist vor allem für die Jesus-Leute gedacht. 23 Wenn jetzt allerdings mal jemand in euren Gottesdienst kommt, der nicht an Gott glaubt, und er hört euch alle in einer fremden Sprachen brabbeln, der wird doch denken, ihr seid total durchgeknallt! 24 Wenn jetzt allerdings mal der Fall eintritt, dass bei euch prophetische Worte im Gottesdienst ausgesprochen werden, und irgendein Nichtchrist kommt gerade zufällig rein – also, dann würde den das Wort vielleicht umhauen, es würde ihn total treffen können. 25 Die Sachen, bei denen er sich immer selber einen vorgemacht hat, würden ihm plötzlich deutlich werden, und er würde auf die Knie gehen und zu Gott beten. Er würde bestimmt sagen: „Gott ist bei euch voll dabei!“

Wie es im Gottesdienst abgehen sollte (und wie nicht)

26 So, Freunde, jetzt werden wir noch mal praktisch. Wenn ihr also zusammen einen Gottesdienst macht, dann kann jeder seinen Teil dazu beitragen. Einige könnten einen Song zum Besten geben, andere predigen und bringen den anderen was über Gott bei, dann hat vielleicht jemand eine Prophetie, wieder jemand redet in einer anderen Sprache, und ein anderer hat die Übersetzung und legt es aus. Alles aber so, dass ihr gut draufkommt. 27 Wenn jetzt jemand in einer anderen Sprache was von Gott hat, soll er es sagen, aber höchstens zwei oder drei Stück von der Sorte, und bitte nacheinander. 28 Einer sollte dann in der Lage sein, die Sachen auch zu übersetzen und zu deuten. 29 Auch was die Prophetennummer angeht, würde ich sagen, so zwei bis drei pro Gottesdienst sind okay. Die anderen sollten das Gesagte dabei dann abchecken.
30 Wenn jemand zwischendrin ein prophetisches Wort von Gott kriegt, sollten die anderen erst mal den Mund halten. 31 Auf die Art ist jeder

mal an der Reihe, aber eben nacheinander. So werden alle ermutigt und
können was davon lernen. 32 Wenn jemand prophetische Worte von Gott
bekommt, hat er immer volle Kontrolle da drüber. Er kann also auch
abwarten, bis er an der Reihe ist. 33 Gott hat keinen Bock auf ein totales
Durcheinander, er steht auf Frieden, und so geht er auch mit den an-
deren Jesus-Gemeinden im Land um. 34 Frauen sollten im Gottesdienst
nicht rumpalavern oder bei der Predigt dazwischenrufen. Sie sollten das
tun, was man ihnen sagt, so steht es auch in unserem Gesetz. 35 Wenn
sie Fragen haben, sollten sie die am besten zu Hause mit ihren Män-
nern besprechen. Im Gottesdienst sollen sie nicht reden. 36 Oder glaubt
ihr, ihr in Korinth hättet da mehr Schnall von Gott als andere Christen?
Dünnsinn! 37 Jeder, der von sich sagt, er wäre ein Prophet, oder generell
glaubt, in einer besonderen Weise vom heiligen Geist angezappt zu
sein, muss das verstehen, was ich euch geschrieben hab. Es ist eine
Order direkt von Gott! 38 Jeder, der keinen Bock auf diese Order hat, auf
den hat Gott auch keinen Bock mehr. 39 Also, ihr lieben Geschwister,
kämpft darum, die Begabungen von Gott zu bekommen, besonders die
der Prophetie, und verbietet niemandem, in fremden Sprachen zu re-
den. 40 Aber passt auf, dass alles in geregelten Bahnen abläuft.

15

Jesus ist nicht mehr tot, er lebt!
1 Leute, die coolste Nachricht, die Grundlage, auf der euer Glaube steht,
die will ich euch jetzt noch mal klar machen! Was ich euch damals
schon erzählt habe und worauf ihr auch total abgegangen seid, darum
geht es. 2 Durch diese Nachricht werdet ihr es packen, ihr werdet am
Ziel Gottes ankommen, so wie ich es euch erzählt habe. Es war doch
nicht alles umsonst, oder? 3 Ich hab euch die Sachen ausgerichtet,
die einfach superwichtig waren und die mir auch jemand mal erzählt
hat. Jesus Christus ist für unseren Dreck gestorben. Genau so, wie es
in dem alten Buch gesagt wurde. 4 Man hat ihn in eine Grabhöhle ge-
bracht, aber nach drei Tagen ist er wieder lebendig geworden, auch das
stand im alten Buch. 5 Petrus hat ihn gesehen, die zwölf Apostel auch.
6 Anschließend haben ihn noch mal fünfhundert von der Jesus-Familie
gesehen, die meisten leben heute noch. Ein paar sind davon schon tot.
7 Später hatte er noch ein Treffen mit Jakobus und dann auch mit den
anderen Aposteln. 8 Und der Letzte, der ihn gesehen hat, war ich, und
das, obwohl ich es null verdient hätte. 9 Ich bin nämlich der allerletzte
von allen Aposteln, eigentlich hab ich diesen Titel echt nicht verdient,
weil ich ja die Christen früher gejagt und verfolgt habe. 10 Was jetzt aus
mir geworden ist, hab ich echt nur Gottes Liebe und seiner Gnade zu

verdanken. Und ich habe versucht, ihm alles zurückzugeben, ich hab mich krumm gemacht wie blöd, viel mehr als die anderen Apostel. Das ging aber auch nur, weil Gott mir die Kraft dazu gegeben hat, einfach so, weil er mich so liebt. [11] Ist völlig egal, ob jetzt die anderen Apostel oder ich die Sachen erzählen. Wichtig ist, dass ihr so zum Glauben an Jesus gekommen seid.

Auferstehung, was ist das?

[12] Sagt mal, wie kommen einige von euch darauf, dass wir nicht von den Toten wieder auferstehen? Wir haben euch doch genau das Gegenteil beigebracht! [13] Wenn diese Sache mit der Auferstehung nicht funktioniert, dann müsste Christus ja auch immer noch tot sein! [14] Und wenn der immer noch tot ist, dann war doch alles, was wir erzählt haben, und auch euer Vertrauen auf Gott für den Arsch!? [15] Also genau genommen haben wir Apostel euch dann wohl einen Bären aufgebunden, oder was? Unsere Ansage war doch immer, dass Jesus Christus von Gott aus dem Tod rausgeholt wurde und ihn ein für alle Mal besiegt hat. Das kann dann ja nur gelogen sein, wenn das mit der Auferstehung nicht funktioniert. [16] Ich sag es noch mal, wenn die Toten nicht wieder auferstehen, dann geht das mit Christus ja auch nicht, oder? [17] Wenn dem so ist, dann habt ihr euch die ganze Zeit was eingebildet, und dann seid ihr auch immer noch schuldig, was Gott angeht. [18] Wenn das stimmt, haben wir alle keine Chance mehr, dann war's das. Und für die aus der Jesus-Family, die schon gestorben sind, gilt das erst recht. [19] Wenn unser Glaube nur auf den Jesus gebaut hat, der uns im Hier und Jetzt hilft, dann sind wir die Ober-Loser schlechthin. [20] Jesus Christus hat es aber als Erster gepackt, er hat den Tod besiegt und ist wieder lebendig geworden! [21] Genauso wie mit einem Menschen der Tod in die Welt kam (ich meine jetzt den Adam), so kam durch einen Menschen, Jesus Christus, der Durchbruch in Sachen Auferstehung. [22] Die Menschen müssen alle mal sterben, weil sie mit Adam verwandt sind. Und mit Christus werden alle wieder lebendig gemacht, die mit ihm eine echte Beziehung haben. Sie bekommen eine neue Chance zu leben. [23] Das geht aber alles hübsch der Ordnung nach. Den ersten Schritt hat Christus gemacht. Wenn der dann wieder da ist, kommen die Leute an die Reihe, die zu ihm gehören. [24] Und dann wird es zu Ende sein mit der Welt. Er wird seinem Vater den Joystick für diese Welt in die Hand drücken, er übergibt ihm jede Vollmacht, die er vorher von ihm bekommen hat. Dann wird alles niedergemacht werden, was sich gegen ihn gestellt hat. [25] In einem Psalm aus dem alten Buch steht ja auch drin, dass er so lange da sein wird, bis alle Feinde niedergemacht wurden. [26] Der letzte Feind wird

dann nur noch der Tod selber sein, der wird dann auch noch vernichtet.
[27] Ich zitier noch mal: „Christus bekommt jede Vollmacht über alles
ausgestellt." Wenn er jetzt über alles das Sagen hat, dann schließt das
Gott den Vater nicht ein. Der steht immer noch über allem, denn er hat
ihm ja die Vollmacht ausgestellt. [28] Wenn Jesus Christus also der Chef
von allem ist, dann wird er sich als Sohn dem Vater Gott unterstellen.
So hat Gott am Ende über alles das Sagen. [29] Ich hab gehört, dass eini-
ge von euch sich stellvertretend für ihre toten Freunde taufen lassen?
Das würde es doch gar nicht bringen, Leute, wenn die nicht wieder
auferweckt würden! [30] Und wieso bin ich eigentlich so bescheuert und
setz mich jeden Tag Todesgefahren aus, wenn ich nicht wüsste, es gibt
eine Auferstehung? [31] Ehrlich, Freunde, kein Witz, es vergeht kaum ein
Tag, wo ich nicht mein Leben riskiere! Aber ihr seid die Belohnung für
den ganzen Ärger, wenn ich sehe, was Jesus bei euch gemacht hat. [32] In
Ephesus hab ich mich voll in Lebensgefahr begeben! Das konnte ich
nur, weil ich davon wusste, dass es ein Leben nach dem Tod gibt. Wenn
dem nicht so wäre, könnten wir ja nach dem Motto weiterleben: „Lass
uns ohne Ende Party machen und uns breit hauen, morgen sterben wir
sowieso!" [33] Wenn jemand so drauf ist, macht einen Bogen um ihn! Da
kann man nur antworten: „Mit solchen Leuten abzuhängen bringt dich
schlecht drauf." [34] Hört endlich auf mit dem Mist, mit Sünde ist nicht zu
spaßen! Es wird euch megapeinlich sein, aber es gibt ein paar bei euch,
die wissen überhaupt nicht, wie Gott drauf ist.

Wie es mit der Auferstehung abgehen wird

[35] Jetzt kommt bestimmt bei euch gleich die Frage auf: „Wie geht das
denn ab bei der Auferstehung? Wie wird unser Körper dann aussehen?"
[36] Dummbatz! Das wird so sein wie mit Samenkörnern. Die sterben
auch erst mal, bevor sie dann aufgehen und wachsen. [37] Wir legen ja
nicht eine fertige Pflanze in den Boden, es sind ja nur kleine Körner,
Weizen zum Beispiel oder anderes Saatgut. [38] Aus jedem Korn lässt Gott
eine neue Pflanze wachsen, ganz nach seinem Plan. [39] Genau wie es un-
terschiedliche Samen und Pflanzen gibt, so gibt es auch Unterschiede
im Äußeren von Menschen und Tieren oder Vögeln und Fischen.
[40] Auch die Planeten sind ganz anders gemacht worden als die Pflanzen
oder Tiere, jedes Ding ist unvergleichlich schön. [41] Die Sonne leuchtet
ganz anders als der Mond, und jeder Stern sieht irgendwie anders aus,
sie strahlen irgendwie anders. [42] Genauso könnt ihr euch das auch
vorstellen, wenn die Toten wieder auferstehen. Unser Körper ist wie
ein Samenkorn, das irgendwann mal vergammeln wird. Wenn er aber
wieder aufersteht, dann wird er für immer existieren. [43] Unser Körper ist

zurzeit ja eher nicht so perfekt, aber wenn wir dann wieder anders lebendig werden, dann wird er voll derbe schön werden! [44] Unser menschlicher Körper kommt unter die Erde, aber wenn wir auferstehen, werden wir mit einem Körper am Start sein, der mit Gott abgefüllt ist. Ist doch klar, wenn wir einen Körper hier auf der Erde haben, werden wir dort auch einen besitzen. [45] In den alten Büchern kann man auch nachlesen, dass „der erste Mensch Adam zu einem lebendigen Wesen wurde". Aber Jesus Christus, die erste Ausgabe eines nagelneuen Modells, sorgt für eine neue Form von Leben. [46] Von Natur aus hat man erst mal einen normalen Körper, dann aber einen geistlichen. [47] Der erste Mensch, also Adam, wurde ja aus einem Klumpen Erde gemacht. Der zweite aber, Christus, ist direkt aus dem Himmel. [48] Jeder Mensch hat einen normalen Körper, so einen, wie Adam auch hatte. Dann haben wir aber einen geistlichen Körper, so wie Jesus ihn auch hat seit seiner Auferstehung. [49] Zurzeit kann man bei uns einen Körper sehen, der mal vergammeln wird, der genau so ist wie der von Adam. Aber irgendwann werden wir so aussehen wie Jesus. [50] Was ich damit sagen will, ist Folgendes: Ihr Lieben, unser Körper, alles, was aus Fleisch und Blut ist, hat keine Chance, ewig bei Gott leben zu können. [51] Ich verrate euch jetzt mal ein Geheimnis, was Gott uns gesagt hat: Nicht alle von uns werden sterben, aber Gott wird jeden von uns total verwandeln. [52] Das wird ganz plötzlich abgehen, von einer Sekunde auf die nächste werden wir durch ein lautes Signal Bescheid wissen, dass Jesus als der Chef über die ganze Welt zurückgekommen ist. Dieses Signal wird so laut sein, dass man es überall hören kann. Dann werden alle Toten aufgeweckt werden und auch wir, die leben, werden plötzlich einen neuen Körper haben. [53] Das muss sein, denn alles, was mal vergammeln wird, muss ausgetauscht werden gegen etwas, was nicht mehr vergammeln kann.

Vorfreude auf den Tag, wo wir den Tod überleben werden

[54] Wenn das mit uns abgegangen ist, diese Verwandlung von einem Körper, der vergammelt, zu einem guten neuen Körper, der unverwüstlich ist, dann ist die Ansage aus den alten Schriften erfüllt worden. Da heißt es nämlich: „Das Leben hat den Tod besiegt!" [55] „Tod, was ist nun mit deinem Sieg? Und Tod, wie willst du uns jetzt noch Angst machen?" [56] Denn der Mist, den wir bauen, die Sachen, die uns von Gott fern halten, die sorgen dafür, dass wir sterben. Und die Regeln aus dem alten Buch sorgen dafür, dass sich die Power vom Tod schon jetzt in unserem Leben breit macht, weil wir daran merken, dass wir die Dinge tun, die für Gott nicht okay sind. [57] Danke, Gott! Durch Jesus ist uns der Sieg über dieses Problem sicher! [58] Darum, Leute, bleibt dabei und lebt euren

Glauben radikal aus! Gebt alles für die Sache von Jesus! Eins ist sicher:
Nichts von dem ist umsonst getan!

16

Spendensammlung für die Jesus-Leute in Jerusalem

1 Ich möchte zum Schluss noch was zum Thema Spenden für die Chris-
ten in Jerusalem sagen. Und zwar fände ich es am besten, ihr würdet
euch an die Order halten, die ich auch den Christen in Galatien gegeben
habe. 2 Und zwar sollte immer sonntags jeder von euch so viel Koh-
le, wie gerade geht, zurücklegen, um sie dafür bereitzuhalten. Dann
braucht ihr mit der Spendensammlung nicht erst loslegen, wenn ich da
bin. 3 Sobald ich da bin, sollten dann ein paar von euren Männern, auf
die hundert Prozent Verlass ist, die Steine nach Jerusalem bringen. Die
erforderlichen Papiere bekommen sie von mir. 4 Wenn es sein muss, bin
ich auch bereit mitzufahren.

Wo Paulus noch hinreisen will

5 Ich bin dann bei euch, sobald ich mit den Gemeinden in der Gegend
von Mazedonien fertig bin. Ich will da nicht allzu lange bleiben, 6 damit
ich länger bei euch abhängen kann, vielleicht sogar den ganzen Winter?
Wenn ihr Lust habt, könntet ihr mich danach ja noch zu meinem nächs-
ten Reiseziel begleiten. 7 Ich will nicht wie letztes Mal nur kurz bei euch
reinschneien, um mich dann gleich wieder zu verpieseln. Diesmal will
ich eine ganze Zeit bei euch bleiben, wenn Gott da auch Bock drauf hat.
8 Erst mal bleibe ich bis Pfingsten noch in Ephesus. 9 Gott hat mir hier
irre Möglichkeiten gegeben, tierisch vielen Leuten die guten Nachrich-
ten von Jesus zu erzählen. Es sind aber auch viele Menschen hier, die
da überhaupt keinen Bock drauf haben. 10 Wenn Timotheus bei euch
aufschlägt, seid nett zu ihm! Er schuftet auch wie blöd für Jesus, ge-
nauso wie ich. 11 Niemand soll ihn dissen oder unterschätzen, nur weil
er noch so jung ist! Passt auf ihn auf, er soll gut wieder bei uns landen,
wenn er zurückkommt. Wir freuen uns schon auf ihn! 12 Jetzt noch zu
unserem Freund Apollos. Ich hab ihn schon zigmal gebeten, mal bei
euch reinzuschneien, aber er meint, dass das grad nicht so angesagt ist.
Sobald sich das ändert, wird er aber kommen, versprochen. 13 Passt auf,
Leute, seid stabil und cool unterwegs in eurem Glauben. 14 Egal was ihr
macht, Hauptsache, euer Grundmotiv ist die Liebe. 15 Ihr habt alle von
Stephanas und seiner Familie gehört? Sie waren die Ersten, die bei euch
in der Gegend Christen geworden sind. Sie leben jetzt alle echt hard-
coremäßig für Jesus und geben alles, damit es den anderen Christen gut
geht. 16 Bitte richtet euch nach solchen Leuten, die sich grade machen

für Gott, nehmt sie als Vorbild. [17] Ich freu mich schon tierisch auf Stephanas und Fortunas und auch Achaikus, die ihr Bestes geben, euch zu ersetzen. [18] Die haben uns schon so oft wieder gut draufgebracht, vermutlich genauso wie euch. Nehmt solche Leute ernst! [19] Schöne Grüße soll ich euch von der Gemeinde hier in der Provinz Asien ausrichten! Auch Aquila und Priska, die hier so 'ne Art Hauskirche gestartet haben, richten Grüße aus. [20] Die anderen Christen von hier haben mich gebeten, auch Grüße auszurichten, was ich hiermit tue. Nehmt euch zur Begrüßung mal in den Arm! [21] Und jetzt schreibe ich noch mal was mit meiner eigenen Klaue. [22] Wer keinen Bock auf Jesus hat, der soll bleiben, wo der Pfeffer wächst – von mir aus in der Hölle. Jesus, komm bitte bald wieder! [23] Die grenzenlose Liebe, die Jesus für uns hat, soll euch immer begleiten! [24] In dieser Liebe sind wir für immer connected!
Euer Paulus

Der zweite Brief, den Paulus an die Christen in Korinth schrieb

1

Absender, Adresse, Grüße

1 Absender: Paulus, der durch Jesus zum Apostel gemacht worden ist,
und Timotheus, ein Mitarbeiter vom Paulus. An: die Gemeinde in Korinth
und alle anderen Christen bei euch in der Gegend. 2 Hallo ihr! Leute,
Gott steht voll hinter euch, denn er hat Frieden mit euch geschlossen! Er
ist wie ein Vater für uns, und Jesus Christus ist unser Chef. 3 Gott ist der
Größte! Der Vater von Jesus Christus ist die Quelle totaler Liebe, er ist
der Gott, der uns tröstet, wenn es uns beschissen geht. 4 Egal, wie derbe
die Probleme auch sind, er ist immer da und ermutigt uns. Dadurch sind
wir auch in der Lage, andere zu trösten. Wenn andere Leute Probleme ha-
ben, können wir sie so aufbauen, wie Gott uns auch mal aufgebaut hat.
5 Eins ist sicher: Je mehr ätzende Sachen wir durchmachen müssen, weil
wir Christen sind, desto mehr wird er auch für uns da sein und uns hel-
fen. 6 Wenn wir auch durch die vielen Probleme deprimäßig draufkom-
men, werden wir dann aber immer wieder von Gott voll ermutigt. Weil
wir euch das vorleben, könnt ihr von uns lernen, wie man in ätzenden
Situationen entspannt bleibt. 7 Wir sind uns sehr sicher, dass Gott euch
hilft bei den schlimmen Problemen, die gerade bei euch abgehen! 8 Ihr
Lieben, wir haben hier in der Provinz Asien auch gerade üble Probleme
am Start! Wir waren noch vor kurzem völlig fertig und am Ende, im Grun-
de haben wir sogar damit gerechnet, zu sterben. 9 Das Ding war schon
so gut wie in Tüten, wir standen auf der Abschussliste und wären fast
gestorben. Das ist wohl passiert, damit wir nicht auf unsere Fähigkeiten
bauen, sondern auf Gott setzen, der in der Lage ist, Tote auferstehen
zu lassen. 10 Und tatsächlich hat er uns diesmal aus einer lebensgefähr-
lichen Situation befreit! Er wird das immer wieder tun, auf sicher! 11 Ihr
betet ja schließlich auch für uns, das heißt, nicht nur wir alleine freuen
uns über diese Rettung, sondern wir alle danken Gott dafür, stimmt's?!

Paulus' Motive sind korrekt

12 Leute, ich kann mit gutem Gewissen sagen, dass mein Lebensstil voll
auf Gottes Linie ist. Wir haben euch da keine Geschichten erzählt, nur
dass das klar ist. Ich tue das nicht, weil ich der Oberheld bin, sondern
weil Gott mir das geschenkt hat. 13 Wenn ich euch Briefe geschrieben

hab, waren die immer korrekt und ohne Hintergedanken. Ich hoffe sehr,
dass ihr das irgendwann auch checken werdet. [14] Einige von euch wissen
das ja auch. Wenn Jesus dann mal wiederkommt, können wir uns gegen-
seitig auf die Schulter klopfen. [15] Weil ich wusste, wie ihr drauf seid, hab
ich gehofft, ich könnte euch mit meinen zwei Besuchen eine doppelte
Freude machen. [16] Ich hatte geplant, auf dem Weg nach Mazedonien
und auch auf dem Rückweg jeweils einmal bei euch aufzuschlagen.
Dann hätten ein paar von euch mir noch Gesellschaft während der Tour
leisten können. [17] Jetzt fragt ihr euch bestimmt, warum das doch nicht
geklappt hat. Hab ich mal wieder den Mund zu voll genommen? Oder
gehöre ich zu den Typen, die alles abnicken, aber dann doch nichts
durchziehen können? [18] Gott ist mein Zeuge, dass ich alles, was ich
sage, in der Regel durchziehe, ich rede keinen Scheiß! [19] Jesus, der Sohn
von Gott, war auch nicht so drauf. Wir (also Silvanus, Timotheus und
ich) haben euch von ihm erzählt. Er sagte nie „ja“ und meinte damit
„nein“. Jesus hat immer gehalten, was er versprochen hat. [20] Die ganzen
Versprechen, die Gott gegeben hat, wurden durch Jesus erfüllt. Er wird
es auch zu Ende bringen, damit Gott groß rauskommt. [21] Gott hat dafür
gesorgt, dass wir auf Jesus Christus bauen können, und von ihm haben
wir auch einen Auftrag erhalten. [22] Er hat uns seine Unterschrift dazu
gegeben, indem er uns seine besondere Kraft, den heiligen Geist, ge-
schenkt hat. Das ist fast wie ein Garantieschein, dass er uns sogar noch
mehr schenken wird! [23] Gott ist mein Zeuge, ich erzähl euch keinen
Schwachsinn! Ich bin nur deswegen nicht nach Korinth gekommen, weil
ich euch sonst ganz hart rangenommen hätte. [24] Ich will jetzt nicht den
dicken Macker raushängen lassen und euch sagen, wie genau ihr euren
Glauben ausleben sollt. Unser Ziel ist, dass wir gemeinsam erarbeiten,
wie ihr mehr Freude in eure Gemeinde kriegt. Dass ihr stabil seid im
Glauben, davon geh ich jetzt erst mal aus.

2 [1] Ich hab mir darum vorgenommen, nicht noch einmal bei euch reinzu-
schneien. Ich wollte nicht, dass ihr durch mich schlecht draufkommt.
[2] Wenn ich euch schon so runterziehe, wer ist dann noch übrig, der mich
dann gut draufbringen kann? [3] Darum hab ich mir gesagt: „Schreib noch
mal einen Brief.“ Da können mich die Sachen aus der Distanz nicht mehr
so berühren, wie sie es tun würden, wenn ich bei euch wäre. Eigentlich
müsstet ihr mich ja super draufbringen. Ihr freut euch doch hoffentlich
auch, wenn ich mich freue, oder? [4] Der letzte Brief, den ich euch ge-
schrieben habe, ist mir echt schwer von der Hand gegangen. Ich hatte
richtig Herzschmerzen beim Schreiben und musste tierisch abheulen.
Ich wollte euch auf keinen Fall verletzen, sondern es sollte rüberkom-

men, wie sehr ich euch liebe. 5 Ich lehn mich jetzt nicht zu weit aus dem
Fenster, aber wenn bei euch einer Probleme macht, dann hat er ja nicht
mir, sondern vor allem euch wehgetan! 6 Dieser Typ, um den es da ging,
hat dann ja auch einiges einstecken müssen, lasst es damit mal gut sein.
7 Jetzt müsst ihr ihm einfach vergeben und ihn wieder aufbauen, damit
er keine Depressionen kriegt, von denen er sich nicht mehr erholt. 8 Ich
möchte, dass ihr ihm jetzt zeigt, dass alle ihn lieb haben. 9 Durch meinen
Brief wollte ich auch testen, ob ihr das auch umsetzt, was ich euch sage.
10 Wenn ihr diesem Typen vergeben habt, werde ich es auch tun – wenn
es überhaupt etwas gibt, das ich zu vergeben habe. Ich stehe dabei vor
Gott, 11 damit der Satan euch nicht übers Ohr hauen kann. Wir wissen
genau, wie seine Taktik funktioniert. 12 Als ich in Troas aufgeschlagen
bin, hatte ich alle Hände voll zu tun. Es gab tierisch viele Möglichkeiten,
die Sache von Jesus Christus Leuten zu erzählen. 13 So richtig locker bin
ich aber nie geworden, weil ich die ganze Zeit auf Timotheus gewartet
habe, der mir von euch erzählen sollte. Darum hab ich mich dann von
da verpieselt und bin in Richtung Mazedonien aufgebrochen, damit
ich ihn dort treffen würde. 14 Ich bin Christus so superdankbar, dass wir
seine Siege miterleben und mit ihm feiern! Egal wo wir hinkommen, wir
erzählen überall die gute Nachricht von dem neuen Leben mit Jesus! Das
ist so, als ob einem ein richtig guter Duft in die Nase steigt. Stellt euch
mal vor, jemand schmeißt eine Gartenparty und wirft ein paar Holzfäl-
lersteaks auf den Grill. Für die meisten ist das echt ein guter Geruch.
15 Bei uns kommt dieser köstliche Geruch durch unser Leben mit Jesus
zustande. Und Gott steht total da drauf! Aber nicht alle finden diesen
Duft gleich toll. 16 Wenn ein Schwein, das sich hinterm Zaun im Schlamm
wälzt, den Geruch von Holzfällersteaks in die Nase kriegt, ist das ein Zei-
chen, dass es bald selbst als Kotelett in der Pfanne enden wird. Genauso
riecht dieser Duft, den wir als Christen verbreiten, für manche richtig
nach Tod. Und für die Leute, denen Jesus die Rettung bedeutet, ist das
wie ein schöner Frühlingsgeruch, der klar macht, wo das Leben längs
geht. 17 Also, wir scheffeln auf jeden Fall nicht – wie viele andere – die di-
cke Kohle durch unseren Predigtjob. Wenn wir predigen, machen wir das
superehrlich und mit der Power, die Jesus Christus uns gegeben hat. Wir
tun das auch immer mit dem Bewusstsein, dass Gott uns dabei zusieht.

3

1 Machen wir – also der Timotheus und ich – jetzt eigentlich voll den
Lauten? Bräuchten wir etwa irgend 'ne Referenz von jemandem, so
wie das andere anscheinend nötig haben? 2 Die einzige Referenz, die
wir euch bieten können, die seid ihr selber! Dass es euch gibt, müsste

eigentlich als Referenz reichen. So wie ihr drauf seid, das ist für uns wie ein Zeugnis, das in unser Herz geschrieben wurde. Jeder, der will, kann das gerne lesen. 3 Um mal in dem Bild zu bleiben, ihr seid im Grunde ein Jesus-Brief, den wir geschrieben haben. Und zwar nicht mit Tinte, sondern mit der Power vom heftigen Gott wurde der Brief geschrieben, und auch nicht auf Papier, sondern in das Herz von Menschen. 4 Was das angeht, sind wir so supersicher, weil wir durch Jesus einfach ein derbes Vertrauen in Gott haben. 5 Wir glauben echt nicht, dass wir es jetzt nun so großartig bringen würden. Alles, was bei euch gegangen ist, hat letztendlich Gott gemacht. 6 Nur durch ihn sind wir in der Lage, euch von dem neuen Vertrag zu erzählen, den Gott mit den Menschen geschlossen hat. Dieser Vertrag beruht nicht mehr auf schriftlich verfassten Gesetzen, sondern auf der Kraft, die von Gott kommt. 7 Die alten Gesetze hätten das Todesurteil für uns bedeutet, obwohl sie so einen derben Start hingelegt haben. Erinnert euch: Als Mose diese Gesetze von Gott seinen Leuten brachte, leuchtete sein Gesicht so stark, dass ihn keiner ansehen konnte! Aber wie schnell war dieses Leuchten wieder futsch! 8 Das Leuchten von der Kraft Gottes, also seinem Geist, muss dann ja noch viel derber sein, oder? 9 Wenn schon die alten Verträge, die uns ja letztendlich zum Scheitern verurteilt haben, so derbe abgingen, wie wird das dann erst mit dem neuen Vertrag sein? Durch den neuen Vertrag werden wir sogar von unseren Schulden freigesprochen! 10 Verglichen mit dem neuen supergeilen Vertrag ist der alte echt ein Joke! 11 Ich wiederhole es noch mal: Wenn der alte Vertrag, der ja schon gegessen ist, so viel Power hatte, wie viel heftiger wird dann der neue Vertrag sein?! 12 Dieser neue Vertrag gibt uns unheimlich viel Vertrauen in die Zukunft, wegen ihm brauchen wir ab jetzt keine Angst mehr zu haben. 13 Wir müssen nicht wie Mose ein Tuch über den Kopf ziehen, der das damals getan hat, damit das Volk der Israelis nicht mitkriegte, wie das Leuchten langsam nachließ. 14 Dieses Tuch, so scheint mir, hat Gott da irgendwie liegen gelassen. Die sind so blind und schnallen es einfach nicht. Immer wenn aus den alten Schriften vorgelesen wird, kapieren sie nur Bahnhof. Dieses Tuch kann echt nur durch den Glauben an Jesus Christus weggenommen werden. 15 Das ist ja bis heute noch so. Immer wenn aus dem Buch vom Mose vorgelesen wird, haben sie Tomaten auf den inneren Augen. 16 Wenn sie aber anfangen, sich auf die Suche nach Gott zu machen, dann würde dieses Tuch auch verschwinden, so wie Mose sich auch das Tuch vom Kopf zog, wenn er mit Gott redete. 17 Mit Gott ist hier jetzt die Power von Gott gemeint, sein Geist. Wenn der in uns wohnt, haben die alten Gesetze nichts mehr zu sagen. 18 Als Christen sind wir so eine Art Spiegel für dieses Leuchten

von Gott. Und seine Power sorgt dafür, dass man dieses Leuchten bei
uns immer besser sieht.

4

Wenn es jetzt auch ätzend ist, wir werden am Ende fett absahnen

1 Gott und niemand sonst hat uns die Order gegeben, diesen Job zu tun.
Darum kommen wir auch nie so schlecht drauf, dass wir den Mut ver-
lieren. 2 Wir haben null Bock auf irgendwelche Psychotricks, wir wollen
auch niemanden mit tollen Argumenten überzeugen oder nur 'ne halbe
Sache über Gott erzählen. Was wir sagen, ist die reine Wahrheit! Jeder,
der nicht link drauf ist, kann das auch bestätigen! 3 Gottes coole Nach-
richt kann nur von den Leuten nicht begriffen werden, die eh verloren
sind. 4 Satan, der ja in dieser Welt das Sagen hat, kann die Gedanken
von den Leuten, die Gott nicht vertrauen, total verwirren. Er hat dafür
gesorgt, dass sie überhaupt nicht begreifen, wie toll Gott ist. So können
sie überhaupt nicht begreifen, was abgeht, wenn wir von unserer su-
perneuen Neuigkeit reden, dass Jesus wirklich Gott ist, der zu uns auf
die Erde runtergekommen ist. 5 Es dreht sich nicht um uns, wenn wir
predigen, sondern alleine um Jesus Christus, er ist der Chef! Wir wol-
len hiermit nur noch mal klar machen, dass wir uns für euch echt den
Arsch aufreißen, weil wir euch so tierisch lieb haben! 6 Gott hat das mal
befohlen: „Im Dunkel soll es hell werden." So hat er es auch in unseren
Gedanken hell gemacht. Deshalb können wir jetzt kapieren, wie toll und
groß Gott ist und dass Jesus wirklich sein Sohn ist.

Ohne Gott würde Paulus abschmieren

7 Diesen derben Schatz haben wir in uns armselige Würstchen hineinge-
legt bekommen, in einen Körper, der so leicht zu zerstören ist. So merkt
jeder, dass alles Gute, was von uns kommt, eigentlich von Gott ausgeht.
8 Alle wollen was von uns, überall gibt es Probleme, aber wir halten das
aus. Wir wissen oft nicht mehr, wo es längs geht, und geben trotzdem
nicht auf. 9 Menschen jagen uns, aber Gott ist immer für uns da und
beschützt uns. Wir werden fertig gemacht, aber wir rappeln uns wieder
auf. 10 Weil wir uns jeden Tag für Gott gerade machen, durchleben wir
dasselbe, was Jesus auch durchlebt hat. Wir kapieren, was der Tod für
ihn bedeutet hat. Und so erfahren wir auch körperlich, welche Konse-
quenzen es hat, mit Jesus zu leben. 11 Ja, Leute, so sieht's aus. Weil wir
für Jesus alles geben, sind wir auch ständig Todesgefahren ausgesetzt.
Aber genauso wird an uns auch deutlich, dass Jesus den Tod besiegt hat.
12 Wir leben also immer im Bewusstsein, jederzeit sterben zu können. Bei
euch haben wir aber für einen Durchbruch zu einem echten neuen Leben

gesorgt! 13 Trotzdem werden wir nie aufhören, weiter Predigten über Gott
zu halten. Wir sind nämlich genauso drauf wie einer von den Typen, die
die Psalmen geschrieben haben. Der sagt ja: „Ich vertraue Gott, darum
muss ich davon erzählen." 14 Wir sind uns total sicher, dass Gott – genau-
so wie er Jesus aus dem Tod rausgeholt hat – uns da auch mal rausholen
wird. Und dann werden wir alle zusammen bei Gott abhängen. 15 Die
ganzen ätzenden Sachen, die wir jetzt durchmachen müssen, ertragen
wir für euch. Denn je mehr Leute anfangen, mit Jesus zu leben, desto
fetter wird die Anzahl der Leute, die Gott dann laut danke sagen und ihn
groß rauskommen lassen! 16 Darum sind wir nicht kleinzukriegen! Klaro,
das Ganze geht nicht spurlos an mir vorbei. Aber wenn ich auch körper-
lich immer schwächer werde, wirkt das Leben, was ich jetzt in Gott habe,
jeden Tag neu und erfrischend für mich. 17 Die ganzen Probleme, die wir
jetzt durchmachen müssen, werden ein Witz sein im Vergleich zu der
ewig geilen Party, die wir mit Gott feiern werden! 18 Darum lassen wir uns
von den Sachen, die gerade ätzend laufen, nicht runterziehen. Wir sehen
lieber nach vorne auf das, was vor uns liegt, auch wenn das noch weit
entfernt scheint! Denn die ganzen Probleme werden bald vorbei sein,
unsere Freude wird aber ewig anhalten.

5

Paulus freut sich auf den Himmel

1 Es ist echt sicher, dass die Tage für uns hier auf dieser Welt gezählt
sind. Wenn unser Leben hier zu Ende ist, dann ist das so, als ob wir aus
einem alten löcherigen Zelt ausziehen und in einem neuen festen Haus
wohnen, einem Haus im Himmel, das nie abgerissen werden kann.
2 Wir haben jetzt schon so einen Bock, dort zu sein! Dieses ganze ka-
putte Leben auf der Erde nervt, wir wollen endlich den neuen Körper an-
ziehen, der im Himmel gemacht wurde. 3 Dort werden wir nämlich nicht
nackt sein, wir werden einen neuen Körper bekommen, einen Körper
von der Marke „Himmel". 4 Jetzt sind wir genervt von unserem mensch-
lichen Körper, wir würden am liebsten sofort umziehen und stattdessen
den ewigen Körper haben. 5 Wir werden da aber noch hinkommen, denn
Gott hat schon alles dafür klargemacht. Er hat uns schon eine Anzah-
lung dafür gegeben: nämlich seine Kraft, seinen Geist. 6 Nur deswegen
bin ich in der Lage, meinen Job durchzuziehen. Ich weiß zwar: Solange
ich in diesem Körper lebe, bin ich von Gott getrennt. 7 Noch leben wir ja
in der Zeit, wo wir vertrauen und glauben müssen, ohne dass wir es so
richtig erleben könnten. 8 Ich bin auf jeden Fall gut drauf, ich würde am
liebsten jetzt schon meinen Körper verlassen und bei Jesus sein, dann
wäre ich endlich zu Hause! 9 Aber egal, ob ich jetzt schon bei ihm bin

oder nicht, ich will auf jeden Fall radikal das tun, worauf Gott Bock hat.
[10] Jeder muss irgendwann mal zur großen Gerichtsverhandlung vor Gott antreten. Da kommt alles raus, auch die geheimen Sachen. Und dann kriegt jeder das Urteil für sein Leben, was er verdient hat – je nachdem, wie er hier auf der Erde drauf war.

Gott hat den Menschen durch Jesus Christus ein Angebot gemacht

[11] Weil ich weiß, dass ich mich vor Gott irgendwann für mein Leben verantworten muss, ist es mein Ziel, viele Leute für ihn zu gewinnen. Gott weiß, dass wir nicht rumlügen. Und wenn ihr ehrlich seid, wisst ihr es eigentlich auch. [12] Versuch ich jetzt schon wieder, den Dicken raushängen zu lassen? Nein, null! Ich will euch nur ein paar Argumente in die Hand geben gegen die Leute, die nur auf Äußerlichkeiten abfahren, aber im Herzen total unehrlich drauf sind. So könnt ihr denen sagen, warum ihr stolz auf uns seid. [13] Wenn ich mal total abdrehe, also sozusagen im siebten Himmel schwebe und mich Gott ganz nah fühle (so was kommt auch bei mir mal vor), dann geht das nur Gott etwas an. Wenn ich bei euch war, dann war ich aber immer ganz klar in der Birne! Ich hab zu euch nur ganz entspannt und klar geredet. [14] Alles, was wir an Start bringen, machen wir nur, weil die Liebe von Jesus Christus uns dazu treibt. Ich will nie vergessen, dass einer für alle gestorben ist. Und weil Jesus stellvertretend für alle gehandelt hat, sind auch alle gestorben.
[15] Er ist für jeden Menschen gestorben, damit jeder, der an ihn glaubt, ein neues Leben von ihm bekommt. In diesem neuen Leben sollen wir nicht unser Ding durchziehen, sondern wir sollen für Jesus leben, der extra dafür gestorben ist und dann wieder auferstanden ist. [16] Ich kann jetzt auch bei niemandem mehr einen ganz normalen menschlichen Maßstab anlegen. Auch wenn ich das früher bei Jesus gemacht habe, geht das jetzt nicht mehr. [17] Wenn jemand mit Jesus Christus ein neues Leben angefangen hat, dann geht wirklich was total Neues los. Der ganze alte Schrott ist weg, es hat ein neues Leben angefangen! [18] Diese neue Chance haben wir alleine von Gott bekommen, er hat uns durch Christus zu sich zurückgeholt. Und Gott möchte, dass wir auch andere Menschen zu ihm bringen, damit ihr Verhältnis mit Gott wieder in Ordnung kommt. Das ist jetzt unser Job. [19] Ja, das ist doch genau die Message: Durch Jesus Christus hat Gott eingegriffen, er hat sich mit den Menschen wieder vertragen. Er hat ihnen ihren Mist verziehen und alle Schulden bezahlt. Das ist die supergeile Nachricht, um die es sich dreht: Gott verträgt sich wieder mit den Menschen! Diese Nachricht dürfen wir weitererzählen. [20] Wir sind die Vertreter für Jesus Christus in dieser Welt und Gott benutzt uns, er spricht durch uns zu den Men-

schen. Und in seinem Auftrag sagen wir allen: „Bleibt keine Feinde von
Gott! Lehnt das Friedensangebot nicht ab!“ [21] Gott hat Jesus verurteilt,
obwohl wir eigentlich das Urteil verdient hätten. Jesus hatte keine Schul-
den bei Gott, er hatte nichts ausgefressen und starb trotzdem für un-
sern Mist, damit wir durch ihn mit Gott klarkommen können.

6

Wir haben unseren Auftrag von Gott durchgezogen

[1] Als Leute, die in Gottes Team spielen, haben Timotheus und ich noch
eine wichtige Ansage an euch: Passt auf, dass diese richtig gute Sache,
nämlich dass Gott euch ohne Ende liebt, auch zu Konsequenzen in
eurem Leben führt! [2] Gott hat mal gesagt: „Es wird eine Zeit geben, da
höre ich auf deine Gebete, einen Tag, da werde ich dir meine Liebe zei-
gen.“ Und dieser Tag ist heute: Gott hat Bock, euch hier und heute zu
helfen. [3] Wir versuchen, so zu leben, dass sich keiner unnötig aufregen
muss, damit kein schlechtes Licht auf die Sache von Gott fällt. [4] Wir sind
in einer Dienstbeziehung zu Gott, wir bleiben entspannt bei den ganzen
Problemen, die man uns so macht, und ziehen unser Ding einfach
durch. [5] Man hat uns schon verprügelt und in den Knast geworfen. Wir
standen einmal hilflos einer aufgehetzten Meute gegenüber. Wir haben
malocht bis zum Umfallen, nächtelang nicht gepennt und nix gegessen.
[6] Trotzdem haben wir immer durchgezogen. Wir hatten nie irgendwel-
che Hintergedanken, wir haben die Sache mit Jesus wirklich verstanden,
wir waren nett zu allen Leuten, haben die Menschen auch echt geliebt,
wir waren geduldig und immer gut drauf. Und das ging nur, weil Gottes
Kraft, seine echte Liebe, in uns gewirkt hat. [7] Wir haben nichts als die
Wahrheit gepredigt, und die Power von Gott war immer dabei. Deshalb
waren wir überhaupt in der Lage, die gute Nachricht von Jesus weiterzu-
sagen. [8] Wir ziehen unser Ding durch, egal ob Leute uns toll oder pein-
lich finden, ob man uns lobt oder Witze über uns macht. Selbst wenn
Menschen behaupten, wir wollten nur ablinken: Wir haben es immer
ehrlich gemeint. [9] Für die Menschen sind wir Nobodys, aber Gott kennt
unsere Namen. Wir haben oft unser Leben riskiert und sind trotzdem
quicklebendig. Wir wurden derbe verprügelt, aber wir sind wieder auf-
gestanden. [10] Man poliert uns die Fresse, und wir sind trotzdem voller
Freude, wir haben keine Kohle und machen trotzdem andere Menschen
oberreich, wir besitzen nix – und trotzdem gehört uns irgendwie alles.

Wir lieben euch!

[11] Also, liebe Freunde aus Korinth, wir haben uns gerade echt vor euch
geöffnet und euch gezeigt, wie sehr wir euch lieben. [12] Das beruht wohl

nicht auf Gegenseitigkeit, aber ihr habt auf sicher einen Platz in unseren
Herzen! 13 Ich rede mit euch so, als wärt ihr meine leiblichen Kinder.
Bitte vertraut mir! 14 Zieht nicht am selben Strang mit Leuten, die Gott
nicht kennen! Es gibt keine Gemeinsamkeiten zwischen den Leuten,
die ihr Leben mit Gott in Ordnung gebracht haben, und den Leuten, für
die Gottes Regeln total egal sind. Das ist wie Feuer und Wasser: Das
geht einfach nicht zusammen. 15 Es gibt ja auch keine Gemeinsamkeiten
zwischen Jesus Christus und dem Satan, oder? Was hat denn jemand,
der sein Vertrauen auf Gott setzt, mit einem gemeinsam, der Gott nicht
vertraut? 16 Welche Gemeinsamkeiten kann es überhaupt geben, wenn
man an den Ort denkt, wo Gott angebetet wird, und ihn vergleicht mit
dem Ort, wo zu Pseudogöttern gebetet wird? Hey Leute, in uns wohnt
der lebendige Gott! Er hat mal die Ansage gemacht: „Ich werde bei
ihnen sein und bei ihnen leben. Ich will ihr Gott sein, und sie sollen zu
mir gehören.“ 17 Und dann hat Gott zu seinen Leuten gesagt: „Passt auf,
dass niemand schlechten Einfluss auf euch ausübt. Macht euch dann
sofort aus dem Staub. Mit solchem Dreck sollt ihr nichts zu tun haben.
Ich will mit euch zusammen sein. 18 Ich werde euer Vater sein, und ihr
seid meine Kinder!“ Das sagt Gott, dem nichts unmöglich ist.

7

1 Ihr Lieben, weil Gott uns diese fetten Versprechen gegeben hat, wollen
wir uns von ätzenden Sachen fern halten, damit wir unsere Gedanken
und unseren Körper nicht mit irgendeinem Mist total versiffen. Wir ha-
ben fetten Respekt vor Gott und wollen deshalb so leben, wie er es von
uns möchte. 2 Bitte, Leute, vertraut uns! Wir haben niemanden von euch
abgelinkt, wir haben auch keine Verwirrung gestiftet oder jemanden
bevorzugt. 3 Ich will euch ja nicht fertig machen, ich hab ja schon ge-
schrieben, dass wir total Bock auf euch haben und euch sehr lieben. Wir
gehören zusammen, ganz egal, was da noch kommt. Versprochen! 4 Ich
glaube fest an euch, ich bin stolz auf euch und rede auch nur gut über
die Gemeinde. Ich bin gut drauf, und das trotz dieser Mega-Probleme.
5 In Mazedonien hatten wir eine schlimme Zeit. Alle Leute wollten was
von uns, es gab ständig Ärger, und wir waren auch innerlich nicht gut
drauf. 6 Aber Gott hilft immer, wenn man das Gefühl hat, es geht nicht
mehr weiter. Als Titus bei uns aufgeschlagen ist, waren wir voll froh.
7 Schon seine Anwesenheit hat uns echt ermutigt. Aber als er mir dann
erzählt hat, was bei euch so abgeht, wie sehr ihr mit mir fühlt und wie
sehr ihr euch für mich einsetzt, das hat echt gut getan. Und auch, dass
ihr euch auf meinen Besuch freut, und wie Leid euch tut, was passiert
ist, das war einfach total gut zu hören! 8 Mir tut es auch nicht mehr

Leid, dass ich euch diesen ersten Brief geschrieben hab, obwohl es am
Anfang schon 'ne Zeit lang so war. Mir war klar, dass es erst ätzend für
euch sein würde, das alles zu lesen. 9 Jetzt bin ich aber froh, dass ich
ihn doch abgeschickt habe. Nicht, weil er euch wehgetan hat, sondern
weil er am Ende dafür gesorgt hat, dass ihr euer Leben ändern konntet.
10 Gott kann sogar ätzende Gefühle benutzen, damit wir unser Leben
ändern und wieder alles gut wird. Nur die ätzenden Gefühle, die uns
nicht dazu bringen, unser Leben zu ändern, die bringen uns irgendwann
um. 11 Überlegt doch mal, was bei euch dann abgegangen ist! Auf ein-
mal habt ihr Ernst gemacht, ihr habt plötzlich durchgezogen und hattet
voll Bock auf Gottes Sache. Die Sehnsucht, die ihr nach mir hattet, und
die ganze Begeisterung, die plötzlich aufkam – das lag daran, dass ihr
euch wieder zu Gott umgedreht habt. Und auch dass derjenige bestraft
wurde, der bei euch Mist gebaut hat, das kam alles daher. Ihr habt diese
Sache damit aus der Welt geschafft, sehr geil! 12 Ich hab euch übrigens
nicht geschrieben, um festzustellen, wer da jetzt nun Schuld hat und
wem Unrecht getan wurde. Ich wollte nur, dass ihr ein klares Statement
bei Gott abgeben könnt, dass ihr auf meiner Seite steht. 13 Dass dies
nun klar ist, hat uns echt gut getan. Außerdem hat es uns echt gut
getan, zu sehen, wie Titus bei euch aufgenommen wurde. Er ist durch
euch wieder voll gut draufgekommen! 14 Ich hatte ihm gesagt, wie stolz
ich auf euch bin, und ihr habt mich echt nicht enttäuscht. Danke! Meine
Lobeshymnen haben sich also bewahrheitet, wie ich auch euch immer
die Wahrheit gesagt habe. 15 Er liebt euch wie blöd, weil er mitbekom-
men hat, mit wie viel Respekt ihr ihn aufgenommen habt. 16 Ich freu
mich sehr, dass man sich hundertpro auf euch verlassen kann!

8

Spendenaufruf für die Christen in Jerusalem

1 Also, ihr Lieben, ich will euch noch kurz erzählen, was für geile Sachen
Gott in den Gemeinden in der Provinz Mazedonien auf die Beine stellt.
2 Obwohl sie echt fiese Probleme hatten, sind sie voll gut drauf. Und
obwohl sie selbst auch keine Kohle haben, haben sie eine Menge ge-
spendet. 3 Ich bin Zeuge, sie haben echt weit mehr als das gegeben, was
sie eigentlich entbehren konnten. Und das total freiwillig, ohne Druck.
4 Die haben mir das Geld förmlich aufgedrängt, sie fanden, es wäre
geradezu ein Privileg, sich an dieser Spendensammlung für die Jesus-
Leute in Jerusalem zu beteiligen. 5 Die haben sogar weitaus mehr getan,
als wir eigentlich erwartet hatten. Sie haben sich einfach radikal an Gott
verschrieben, sie gaben sich Gott hin – und auch an uns. 6 Nach dieser
guten Erfahrung mit dem Spendensammeln hab ich Titus gesagt, er

sollte das bei euch auch mal bringen. Er hat damit ja schon angefangen und wird das bestimmt auch bis zum Ende durchziehen. [7] Ihr seid in so vielen Dingen fett gesegnet worden, in der Art eures Glaubens und mit euren Predigern. Und dass ihr so viel von Gott geschnallt habt, ist auch ein echter Segen. Es wäre cool, wenn ihr von diesem Segen jetzt was an die Christen in Jerusalem zurückgeben könntet. [8] Ich will euch zu nichts zwingen, ja? Wenn man sich aber die Bereitschaft reinzieht, die andere Gemeinden in Sachen Spenden an den Tag legen, wäre das eine echte Chance zu beweisen, wie groß eure Liebe für die anderen ist. [9] Seid so drauf wie Jesus. Er war mega-reich, aber wegen euch ist er bettelarm geworden, nur damit ihr dadurch fett gesegnet werdet! [10] Also, wenn ihr mich fragt, dann fangt mit der Spendensammlung gleich heute an und bringt sie diesmal auch zu Ende (nicht so wie letztes Jahr ...). Die Idee dazu kam ja schließlich von euch. [11] Es soll ja nicht immer bei den Vorsätzen hängen bleiben, gebt also so viel wie geht, ja? [12] Wenn eure Einstellung dabei okay ist, dann ist es eigentlich egal, was am Ende bei rumkommt. Gott weiß genau, wie viel Kohle ihr habt, und er wird den richtigen Maßstab für jeden ansetzen. [13] Es wäre nicht gut, wenn ihr dadurch finanzielle Probleme bekommt. Es geht mir nur um eine gerechtere Verteilung. [14] Zurzeit habt ihr ja mehr als genug und könnt locker was an die anderen abgeben. Das nächste Mal können die sich dann vielleicht bei euch revanchieren. So kriegt jeder, was er braucht. [15] Erinnert ihr euch, was zu dem Thema in dem alten Buch bei Mose steht? „Der viel hatte, hatte nicht zu viel, und der wenig hatte, hatte nicht zu wenig."

Titus ist gut drauf

[16] Ich bin total froh über Titus! Er hat von Gott die gleiche Begeisterung bekommen über das, was bei euch abgeht, wie ich sie auch habe. [17] Er war sofort bereit, wieder bei euch vorbeizukommen, ich musste ihn gar nicht groß darum bitten. [18] Dazu haben wir noch einen Typen als Begleitung geschickt, der auch bei vielen Gemeinden voll den guten Ruf hat, weil er sehr gut predigen kann. [19] Er wurde uns von der Gemeinde aufgedrückt, als Begleitung und Schutz für den Geldtransport nach Jerusalem. Wir wollten das auch, vor allem damit Gott am Ende groß rauskommt und [20] keiner glauben könnte, wir wollten die Kohle irgendwie abzocken. Ist immerhin ein ganz schöner Batzen! [21] War uns einfach wichtig, dass alles in Ordnung und korrekt abgeht, vor Gott und auch vor den Menschen. [22] Ein anderer Typ ist auch noch dabei, den haben wir gründlich abgecheckt, auf ihn könnt ihr euch echt verlassen. Er freut sich da drauf, zu euch zu kommen, er vertraut euch total. [23] Wenn je-

mand Fragen zu Titus hat, könnt ihr sagen, er gehört zu mir und wäre mein Mitarbeiter, er will euch helfen. Die Begleiter wurden von den Gemeinden hier aus der Gegend geschickt, und sie stehen auch total auf Jesus. [24] Seid nett zu ihnen und zeigt damit, dass es richtig war, euch so derbe zu loben.

9

[1] Über die Spendenaktion für die Jesus-Leute in Jerusalem muss ich nichts Dickes mehr sagen, oder? [2] Mir ist schon klar, dass ihr immer Lust habt zu helfen. Das hab ich auch schon den Freunden in Mazedonien erzählt. Hab denen gesagt, dass ihr schon seit einem Jahr förmlich heiß drauf seid – und das hat andere wieder voll motiviert. [3] Die Leute, die ich jetzt vorbeischicke, können das dann ja auch abchecken. Sie sollen bezeugen, dass ich keinen Blödsinn geredet hab, als ich von eurer großen Spendenbereitschaft erzählt habe. [4] Es wäre superpeinlich, sowohl für mich als für euch, wenn das jetzt nicht klappen würde. Peinlich auch vor den Leuten aus Mazedonien, wenn ich denen erzählen müsste, ich hätte in diesem Punkt wohl zu sehr den Lauten gemacht ... [5] Darum dachte ich, es wäre vielleicht eine gute Idee, die Jungs vorzuschicken, um so dafür zu sorgen, dass die versprochene Spende auch wirklich da ist. Ich möchte auf jeden Fall, dass ihr die Kohle freiwillig spendet, nicht weil ihr euch unter Druck gesetzt fühlt. Und am besten ist es, wenn ihr dabei nicht so geizig seid, sondern ordentlich was springen lasst.

Geld spenden macht Freude

[6] Eins ist echt sicher: Wenn jemand nur ein paar Samen auf ein Feld sät, dann wird er auch nur ein paar Pflanzen daraus wachsen sehen. Wenn jemand aber fett Samen ausstreut, der wird auch eine fette Ernte einfahren. [7] Jeder bei euch soll echt selber entscheiden, was er spenden möchte. Spendet nichts, wenn ihr nicht wirklich wollt oder nur weil ihr manipuliert wurdet. Gott steht auf Leute, die einfach so spenden, weil sie es gerne tun. [8] Er wird euch sowieso mit allem, was ihr braucht, reichlich versorgen. Ihr werdet sogar was übrig haben, womit ihr anderen wieder 'ne Freude machen könnt. [9] Im alten Buch steht ja auch schon was zu dem Thema: „Gott hat gesät, er hat den Leuten, die keine Kohle haben, was gegeben, er ist immer fair." [10] Gott gibt einem Bauern genug Samen und versorgt ihn. Und genauso wird er auch euch genug geben. Er wird dafür sorgen, dass eure Spendenbereitschaft sich fett auszahlen wird. [11] Ihr werdet immer genug haben, um Sachen dann auch weitergeben zu können. Und wenn wir dann eure Spende an Leute weitergeben, die es brauchen, werden sie sich bei Gott voll dafür bedan-

ken. 12 Eure Spende würde dann zwei Fliegen mit einer Klappe schlagen.
Sie würde den Menschen helfen, die die Kohle dringend brauchen, und
außerdem würden viele Gott dafür danke sagen. 13 Weil ihr so fett ge-
geben habt, werden die Empfänger Gott loben, weil ihr die Sache mit
der neuen Nachricht von Jesus Christus ernst genommen und allen
geholfen habt, ohne an euch selbst zu denken. 14 Die beten da auch sehr
für euch und haben voll die Sehnsucht, euch mal wieder zu treffen, weil
man bei euch Gottes totale Liebe so spüren kann. 15 Danke Gott! Du
hast uns echt so fett gesegnet!

10

Nachtrag: Zu den Leuten, die über mich ablästern

1 Ich will auf diesem Weg noch mal eine persönliche Sache mit euch
abklären. Ich hoffe sehr, dass wir das friedlich und entspannt regeln
können, ganz nach dem Vorbild von Jesus Christus. Man wirft mir vor,
ich würde nur laff drauf sein, wenn ich bei euch bin. Sobald ich aber
wieder weg bin, käme ich immer voll hart bei euch rüber. 2 Bitte zwingt
mich nicht dazu, die harte Schiene mit euch durchzuziehen, wenn ich
bei euch bin! Ich werde den Leuten auf jeden Fall volle Breitseite geben,
die mir irgendwelche falschen menschlichen Motive und Verhaltenswei-
sen unterstellen. 3 Natürlich bin ich auch nur ein Mensch, aber es geht
mir null darum, hier nur mein Ding durchziehen zu wollen! 4 Die Mittel,
mit denen ich arbeite, sind wie Waffen, die Gott mir gegeben hat. Ich
benutze sie, um menschliche, das heißt falsche Vorstellungen zu be-
kämpfen. 5 Wir können damit alles weghauen, was sich in den Köpfen
mancher Menschen an Lügen über Gott und seine Wahrheit aufgebaut
hat; einfach alles, was die Betreffenden davon abhält, zu schnallen, wie
Gott drauf ist! Mit dieser Waffe kriegen wir es hin, dass Jesus Christus
alle Gedanken gefangen nimmt, die sich gegen ihn richten. 6 Ich bin fest
entschlossen, diejenigen von euch, die nicht spuren, zur Verantwortung
zu ziehen – allerdings erst dann, wenn der Rest von euch gelernt hat,
Gott zu gehorchen.

Ein Wort zu den Kritikern

7 Passt mal auf, ist doch klaro, dass wir genauso zu Jesus gehören wie
die Leute bei euch, die das auch von sich behaupten. 8 Vielleicht denkt
ihr ja auch, ich lass zu sehr meine Vollmacht raushängen, die Gott mir
gegeben hat. Hey, diese Power hat Gott mir für euch gegeben, damit
ihr weiterkommt im Glauben! Nicht um euch fertig zu machen oder so.
Aber ich werde nicht zulassen, dass meine Arbeit bei euch kaputtge-
macht wird. 9 Ich will euch jetzt keinen Schiss mit diesem Brief machen.

10 Denn wie gesagt, einige haben ja behauptet: „Per Brief macht Paulus
den Lauten, aber wenn er hier ist, dann ist er total laff unterwegs!“
11 Den Leuten kann ich jetzt nur sagen, sie werden sich umgucken, wenn
ich da bin. 12 Ich würde niemals wagen zu behaupten, dass ich so wich-
tig bin wie die Typen, die das immer wieder von sich sagen. Die haben
anscheinend einen Wichtig-Wettbewerb am Start, voll peinlich! 13 Timo-
theus und ich schätzen uns und unsere Stellung realistisch ein, nicht
so wie die. Wir wollen nur so bewertet werden, wie Gott uns sieht, und
dazu gehört auch, dass wir einen Auftrag für euch hatten und den erfüllt
haben. 14 Deshalb sind wir keine durchgeknallten Spinner, wenn wir be-
haupten, ihr hättet von der Sache mit Jesus zuallererst von uns gehört.
Denn das stimmt ja wirklich. 15 Wir wollen kein Applaus für irgendetwas,
was wir nicht getan haben. Wir hoffen aber, dass ihr stabil im Glauben
werdet und wir dadurch noch mehr Möglichkeiten bekommen, Sachen
für Gott zu machen. 16 So könnten wir dann noch mehr Leuten von der
coolen Nachricht von Jesus erzählen, Menschen, die noch weiter weg
wohnen und wo noch niemand das vorher tun konnte. Wir reißen uns
auch überhaupt nicht darum, irgendwo zu arbeiten, wo schon jemand
da gewesen ist, um uns dann mit fremden Federn zu schmücken. Dann
kann auch niemand behaupten, er wäre schon vor uns da gewesen. 17 Im
alten Buch steht dazu: „Wenn jemand den Lauten macht, soll er das nur
mit den Sachen tun, die Gott gemacht hat.“ 18 Wenn jemand allen Leu-
ten erzählt, wie toll er ist, kannst du es eh echt vergessen. Wenn aber
Christus den Leuten erzählt, wie toll jemand ist, das bringt es total!

11

Paulus verteidigt sich gegen ein paar Pseudoapostel

1 Ich hoffe, ihr könnt das ab, wenn ich jetzt noch ein wenig Schwachsinn
laber. 2 Ich hab euch nämlich total lieb und bin genauso eifersüchtig wie
Gott. Ihr seid wie eine Jungfrau, die ich nur einem Typen versprochen
habe, nämlich Jesus. 3 Zurzeit habe ich aber voll Schiss, das irgendwas
dazwischenkommen könnte, dass ihr von der coolen und gesunden Art
mit Jesus zu leben wieder wegkommt, dass ihr genauso verführt werdet,
wie Eva von der Schlange verführt worden ist. 4 Ihr scheint so drauf zu
sein, dass ihr ohne großes Nachdenken alles glaubt, was euch die Leute
so erzählen – selbst wenn sie völlig verrückte Sachen über Jesus erzäh-
len. Auch wenn sie versuchen, euch mit einem anderen Geist abzufüllen
als dem, den ihr damals bekommen hattet, nämlich der Power von Gott
selbst, scheint es euch egal zu sein. 5 Ich finde, ich bin null weniger wert
als diese ganzen „Mega-Apostel“, vor denen ihr so fett Respekt habt.
6 Vielleicht hab ich nicht so die Rhetorik drauf wie die, aber ich weiß,

wovon ich rede, und das hab ich euch mehr als einmal auch beweisen
können. 7 War es vielleicht ein Fehler, dass ich so demütig drauf war
und euch extra kostenlos meine Hilfe in Sachen Predigen angeboten
hatte? 8 Andere Gemeinden mussten finanziell voll bluten, damit ich
bei euch gratis am Start sein konnte. 9 Als ich bei euch war und mir
die Kohle ausging, um Essen zu kaufen, hab ich nicht rumgenervt. Die
Geschwister aus Mazedonien haben mich in der Zeit versorgt, ich hab
keinen Cent von euch bekommen, und das will ich auch in Zukunft so
halten. 10 So sieht's aus, Leute. Und was ich in eurer Gemeinde geleistet
habe, macht mir bei euch in der Gegend so schnell keiner nach! 11 Ihr
fragt jetzt vielleicht, warum ich das tue? Womöglich, weil ich euch nicht
liebe? Hey Leute, Gott ist mein Zeuge, ich liebe euch total! 12 Trotzdem
werde ich auch in Zukunft keine Kohle von euch annehmen. Ich will
einfach keinem die Gelegenheit zu der Behauptung geben, er wäre so
drauf wie ich! 13 Diese Jungs sind total link und sie tun, als ob sie echte
Apostel von Jesus wären. Dabei sind sie voll die Pseudo-Apostel. 14 Mich
kann eh nichts mehr schocken. Schließlich verkauft sich ja sogar Satan
als guter Engel. 15 Ist also kein Wunder, wenn seine Leute ihm das nach-
machen und sich als Leute von Jesus tarnen. Wenn alles vorbei ist, wer-
den sie die Rechnung dafür kriegen.

Paulus zieht durch, egal wie mies es ihm geht

16 Ich wiederhole das noch mal: Glaubt bitte nicht, ich wäre jetzt total
durchgeknallt, wenn ich euch das sage. Und selbst wenn, dann hört mir
trotzdem zu, vielleicht so, wie ihr auf jemanden hört, der Schwachsinn la-
bert, um ein wenig anzugeben. 17 Gott hat keinen Bock auf Angeber, aber
ich tue jetzt einfach mal so, als wäre ich total durchgeknallt, ja?! 18 Wenn
andere die Angebertour fahren, dann will ich das jetzt auch mal tun. 19 Ihr
seid ja so schlau, dass ihr jeden Schwachsinn glaubt, den man euch er-
zählt. 20 Ist ja anscheinend total okay für euch, wenn sie euch ausbeuten
und ein paar Knebelverträge aufdrücken, man muss bei euch nur selbst-
bewusst auftreten und euch nebenbei auf die Fresse hauen. 21 Tut mir
Leid, aber so was bring ich einfach nicht. Aber weil ich jetzt ja hier den
Dicken raushängen lassen wollte, sag ich dazu Folgendes: 22 Die sagen,
sie kämen aus dem Volk von Gott? Das bin ich auch! Die sagen, sie hät-
ten einen israelischen Pass? Den hab ich auch! Die sagen, sie wären aus
der Familie vom Abraham? Das bin ich auch! 23 Die sagen, sie geben alles
für Jesus? (Ich weiß, das hört sich echt durchgeknallt an, was ich jetzt
hier mache.) Ich habe viel mehr gegeben als sie! Ich hab alles gegeben,
wurde öfter in den Knast geworfen, tierisch oft wurde ich ausgepeitscht,
mein Leben stand echt oft auf der Kippe. 24 Fünfmal haben die Juden

mich zu neununddreißig Schlägen durch die Peitsche verurteilt. 25 Dreimal wurde ich mit Stöcken verprügelt, einmal haben Leute versucht, mich mit Steinen zu töten. Dreimal habe ich eine Havarie mit einem Schiff überlebt. Eine ganze Nacht und einen Tag hab ich auf einem Stück Holz auf dem Meer überlebt. 26 Viele derbe Reisen liegen hinter mir, tierisch oft hatte ich dabei mit Problemen zu kämpfen. Ob nun durch eine Flut oder weil Ganoven mich überfallen wollten. Egal, ob es jetzt meine Landsleute waren oder Fremde, ob in der Stadt oder auf dem Land oder auf dem Meer, und manchmal auch durch Typen, die sich als Jesus-Leute ausgaben. 27 Es gab Situationen, wo ich echt total durch und alle war, wo mir alles wehtat und ich nicht mal pennen konnte. Oft hab ich Kohldampf geschoben und hatte Durst. Ich habe oft freiwillig nichts gegessen, um stattdessen zu beten. Es gab Nächte, wo ich in der Eiseskälte pennen musste. 28 Und das ist noch lange nicht alles. Jeden Tag mach ich mir tierische Sorgen um die Gemeinden, die ich betreuen darf. 29 Sagt mir jemanden, der jesusmäßig schlecht drauf ist, dann betrifft es mich auch. Sagt mir jemanden, der verführt wurde, ätzende Sachen zu machen, und ich bin sofort auf 180. 30 Wenn ich mich schon mal selbst gut darstellen will, dann sag ich immer nur, wie schwach ich eigentlich bin. 31 Gott ist mein Zeuge, er hat das Recht auf jeden Applaus, der Vater von Jesus ist der Größte! 32 Als ich in Damaskus festsaß, hatte der Bürgermeister (der direkt vom König Aretas beauftragt wurde) die Order gegeben, die ganze Stadt dichtzumachen, damit sie mich weghaften könnten. 33 Mir gelang jedoch die Flucht durch ein Fenster in der Stadtmauer. Dort haben mich Freunde in einem großen Korb runtergelassen.

12

Gott kommt groß raus, wenn wir es nicht bringen

1 Dieser Angeberfilm ist echt flach, trotzdem will ich damit weitermachen. Hab ich schon von meinen Visionen geredet, von den Sachen, die ich direkt von Gott bekommen hab? 2 Vor vierzehn Jahren bin ich mal in eine andere Dimension, in den dritten Himmel, versetzt worden. Keine Ahnung, ob das nur in einer Vision war oder ob ich auch körperlich dort gewesen bin. Allein Gott weiß das genau. 3 Ich weiß auch nicht, wie ich da überhaupt hingekommen bin, aber Gott weiß das. 4 Aber ich bin mir ganz sicher, dass ich im Paradies war und dass ich dort irre Worte gehört habe, Dinge, die Menschen normalerweise gar nicht sagen können. 5 Mit dieser Geschichte könnte ich bestimmt Eindruck schinden, aber das werde ich gar nicht erst versuchen. Ich bin nur stolz drauf, eigentlich nichts draufzuhaben. 6 Ich hätte echt viele Gründe abzuheben, und es wäre noch nicht mal dumm – es würde ja der Wahrheit entsprechen.

Aber ich will das nicht. Ich möchte nicht, dass ihr besser von mir denkt. Ihr solltet mich beurteilen nach dem, was ich predige und wie ich lebe. 7 Gott hat dafür gesorgt, dass ich mir nichts einbilde auf diese irre Vision, die ich hatte. Und ich hab da auch so ein Problem, das mir echt zu schaffen macht. Ist fast so, als würde ein Bote vom Satan mir ständig in die Fresse hauen, damit ich nicht total abspacke. 8 Dreimal hab ich Gott schon gebeten, mir dieses Problem wegzunehmen. 9 Er sagt dann aber immer: „Alles, was du brauchst, ist in meiner Liebe zu dir vorhanden. Ich kann am besten durch Leute wirken, die wissen, dass sie mich brauchen." Wenn ich also mit irgendwas angebe, dann damit, dass ich nichts gebacken kriege, wenn ich auf mich allein gestellt bin. Denn das bedeutet, dass Jesus mir mit seiner Kraft hilft. 10 Darum gefällt es mir, wenn ich schwach bin, wenn man mich schlägt, wenn es Probleme gibt, man mich verarscht oder verfolgt. Denn wenn ich schwach bin, kann Gott wirklich zeigen, was er draufhat.

Ich wünsch mir so sehr, dass ihr mich liebt

11 Jetzt habt ihr dafür gesorgt, dass ich wie ein Blödmann vor euch stehe, weil ich mich selbst so derbe gelobt hab. Ich sollte besser mein Maul halten und darauf warten, dass ihr mich lobt. Ich weiß natürlich, dass ich im Vergleich zu den Hyper-Aposteln die letzte Wurst bin, trotzdem kann ich – da bin ich mir echt sicher – voll gut mithalten mit dem, was ich so tue. 12 Als ich bei euch war, hab ich doch bestimmt klar gemacht, dass ich ein echter Apostel bin, der seinen Auftrag von Gott bekommen hat. Das wurde schon durch die vielen heftigen Wunder deutlich, die ich bei euch getan habe. 13 Es gibt nur eine Sache, worin mein Besuch bei euch sich von den Besuchen in anderen Gemeinden unterscheidet. Und das ist, dass ich euch kohletechnisch nicht auf der Tasche gelegen hab. Das müsst ihr mir wohl noch „vergeben" … 14 Bald komme ich zum dritten Mal vorbei – wieder kostenlos. Eurer Geld ist mir echt egal, es geht mir um euch! Außerdem versorgen in der Regel nicht die Kinder die Eltern, sondern umgekehrt. 15 Für euch würde ich echt alles geben! Sogar mein Leben, wenn es sein muss! Ich find das ziemlich strange: Je mehr ich euch liebe, desto weniger Liebe kommt von euch zurück. 16 Ist auch egal! Ich hab von euch auf jeden Fall keinen Cent bekommen! Hab ich euch denn vielleicht irgendwo anders ausgetrickst? 17 Wie soll ich das denn bitte angestellt haben? Hat irgendeiner von den Typen, die ich geschickt habe, euch abgelinkt? 18 Als Titus mit diesem andern Bruder bei euch war, hat der euch vielleicht betrogen? Nein, auf keinen Fall! Leute, unser Herz schlägt doch für dieselbe Sache, ja derselbe Geist wirkt in uns, und wir arbeiten für dasselbe Ziel.

Paulus hofft, dass die Korinther noch die Kurve kriegen

19 Vermutlich denkt ihr jetzt, wir schreiben diesen Brief, um uns zu
verteidigen. Null, das wollen wir echt nicht! Als Christen sind wir nur
Gott Verantwortung schuldig. Und vor ihm steht fest: Wir wollen euch
mit alldem nur Mut machen, damit es in eurer Gemeinde gut läuft!
20 Ich hab halt einfach Angst, ich komme zu euch und ihr habt euch in
der Zwischenzeit irgendwie verändert, ihr seid anders drauf, als letztes
Mal. Und dann werdet ihr von meiner Reaktion genauso enttäuscht
sein. Hoffentlich ist dann nicht Streit, Eifersucht oder Egoismus und
Lästerkram am Start – eben ein großes Durcheinander. 21 Ich hab echt
Angst, ich muss vielen Leuten einen reindrücken. Leuten, die von ihrem
ätzenden Lebensstil keinen Abstand genommen haben, die sich durch
ihr haltloses, unreines Leben von Gott entfernen und nicht bereit sind,
wieder auf ihn zuzugehen.

13

Ein Wunsch zum Schluss und Grüße

1 Ist jetzt ja das dritte Mal, dass ich bei euch auflaufe. Im alten Buch
steht: „Durch die Aussage von zwei oder drei Zeugen soll jede Sache
entschieden werden.“ 2 Ich hatte schon die Ansage gemacht, dass die
mit Konsequenzen rechnen müssen, die bei euch Mist bauen. Wenn
ich wieder da bin, werde ich das auch durchziehen. 3 Ich werde allen
beweisen, dass Jesus Christus durch mich redet. Das tut er sehr krass
und völlig ohne Wischiwaschi. 4 Obwohl Jesus total schwach war, als er
am Kreuz hingerichtet wurde, lebt er jetzt durch die Power Gottes. Wir
sind auch schwach drauf, haben aber Gottes Power, und das wird Gott
euch beweisen. 5 Checkt euch selber, wie stark ist euer Glaube? Wenn
ihr wirklich nicht mehr sagen könntet, dass Jesus Christus bei euch lebt,
dann wärt ihr ja durchgefallen. 6 Hoffentlich kapiert ihr, dass ich die
Prüfung auf jeden Fall bereits bestanden habe. 7 Wir, also Timotheus
und ich, bitten Gott, dass ihr keinen Mist baut. Und das tun wir nicht,
weil wir jetzt gut dastehen wollen, sondern weil wir wollen, dass ihr das
Richtige tut, selbst wenn wir dadurch schlechter aussehen. 8 Was Gott
gesagt hat, steht sowieso felsenfest, da können wir eh nix gegen ma-
chen. Aber wir können seine Sache gut nach außen vertreten. 9 Ist für
uns okay, wenn wir es nicht bringen, Hauptsache ist, dass ihr es packt!
Und dafür beten wir auch, dass ihr euer Leben vor Gott klarkriegt. 10 Ich
hab euch diese ganzen Sachen jetzt als Vorbereitung auf mein Kommen
geschrieben. Ich habe nämlich keine Lust, erst mal nur rummeckern
zu müssen, wenn ich da bin. Gott hat mir, wie ihr wisst, eine Riesen-
Vollmacht ausgestellt. Und die will ich nicht dazu nutzen, um euch

runterzumachen, sondern um euch aufzubauen! [11] Noch ein paar Sätze zum Abschluss: Ihr habt echt 'nen Grund, euch zu freuen, also tut das auch!! Hört auf, Mist zu bauen! Nehmt die Sachen ernst, die ich euch geschrieben habe! Ihr müsst zusammenhalten! Und vertragt euch gut miteinander! Dann wird Gott, der die Liebe in Person ist und der peacig unterwegs ist, immer bei euch sein! [12] Bei der Begrüßung könnt ihr euch mit einem besonderen Kuss Hallo sagen! Schöne Grüße von allen Jesus-Leuten! [13] Ich wünsche euch, dass ihr wisst, dass Jesus Christus euch angenommen hat, er ist unser Chef! Und dass Gottes Liebe bei euch ist, und dass ihr zusammenkommt durch die Kraft von Gott, seinen heiligen Geist.
Euer Paulus

Brief an die Christen, die in Galatien wohnen, auch bekannt als „Galaterbrief“

1

Absender, Empfänger, Grüße

[1] Absender: Paulus, in seiner Funktion als Apostel, der von Jesus Chris-
tus ausgesucht wurde – nicht von irgendwelchen Menschen – und
damit auch von Gott, dem Vater, der Jesus ein für alle Mal aus dem Tod
rausgeholt und wieder lebendig gemacht hat, [2] sowie alle Mitarbeiter,
die gerade bei mir sind. An: die Jesus-Leute in Galatien. [3] Hallo Leute!
Ich wünsche euch Frieden und die Liebe, die man von Gott durch Jesus
Christus bekommt. Der steht über allem! [4] Jesus hat sich für uns ab-
schlachten lassen; er ist für den ganzen Dreck gestorben, der uns von
Gott trennt. So wollte es Gott, der unser Vater ist. Sein Plan war, dass
wir dadurch aus dieser Welt gerettet werden können, in der wir zurzeit
leben und die mit Gott nichts zu tun haben will. [5] Dass er das getan hat,
ist einfach nur geil, dafür kann man ihm nie genug danke sagen! Auf
sicher!

Es gibt nur einen Weg zu Gott

[6] Leute, ich kriege es echt nicht gebacken, dass ihr euch von den Sa-
chen, die ich euch erzählt habe, anscheinend so schnell wieder abge-
wendet habt! Gott hat euch die Möglichkeit geschenkt, wieder mit ihm
klarzukommen. Aber kaum dreht man sich um, wechselt ihr eure Theo-
logie wie ein altes Hemd! [7] Diese neue Lehre, von der ihr erzählt, klingt
ja erst mal ganz toll, aber sie ist echt Müll! Sie kommt von Leuten, die
euch schräg draufbringen wollen, indem sie die gute Lehre über Jesus
Christus völlig umdrehen. Leute, man kann sich die gute Nachricht
von Jesus doch nicht einfach so zurechtbasteln, wie man’s gerne hätte.
Es gibt nur eine einzige gute Nachricht! [8] Wer auch immer euch etwas
anderes erzählen will als den Weg zu Gott, den wir euch beschrieben
haben, selbst wenn es irgendwelche Engel aus dem Himmel wären oder
sogar wir selbst: Der wird schon seine Strafe bekommen! [9] Ich schreib
das jetzt noch mal, weil es so wichtig ist: Derjenige, der euch eine
andere Lehre erzählt als die, die ihr für euch akzeptiert habt, der soll
die Krätze kriegen! [10] Hey Leute, schreibe ich das jetzt nur, damit mich

Menschen anschließend ganz toll finden? Null, es geht mir nur darum,
dass Gott mich toll findet! Wenn ich dafür leben würde, Applaus von
Menschen zu bekommen, dann wäre ich nicht bei Jesus angestellt und
würde ihm nicht dienen.

Wie Paulus zu Jesus gekommen ist

11 Freunde, eins ist sicher: Die gute Nachricht, die ich von Gott erzähle,
hab ich mir nicht selbst ausgedacht. 12 Sie wurde mir übrigens auch
nicht von irgendwelchen Leuten beigebracht. Nein, Jesus Christus sel-
ber hat sie mir erzählt! 13 Ich hoffe, ihr habt nicht vergessen, dass ich
als Hardcore-Jude unterwegs war. Ich habe sogar wie blöd alle Christen
gejagt, ich wollte sie um alles in der Welt kaputtmachen. 14 Ich war so
drauf, dass ich in jedem religiösen Wettbewerb den ersten Platz ge-
macht hätte. Ich tat alles dafür, um so zu leben, wie es die alten Gesetze
vorschreiben, nach denen schon unsere Vorfahren gelebt haben. 15 Gott
hatte aber einen anderen Plan mit mir, schon lange bevor ich überhaupt
geboren wurde. 16 Ich durfte seinen Sohn Jesus kennen lernen. Er wollte,
dass ich allen Menschen erzähle, wie man durch Jesus ein neues Leben
bekommen kann. Ich habe seinen Plan sofort durchgezogen, ohne mich
da vorher beraten zu lassen. 17 Ich bin nicht gleich zu den Aposteln
hingegangen, die damals in Jerusalem waren, um mich mit denen zu
beraten. Stattdessen bin ich erst mal nach Arabien gezogen und ging
dann wieder nach Damaskus zurück. 18 Nach drei Jahren bin ich dann
nach Jerusalem gegangen, um den Petrus zu treffen und mit ihm Zeit zu
verbringen. Ich bin damals zwei Wochen bei ihm geblieben. 19 Von den
anderen Aposteln hab ich bisher keinen kennen gelernt, außer Jakobus,
der ein Bruder von Jesus ist. 20 Alles, was ich hier schreibe, ist die volle
Wahrheit und nichts als die Wahrheit, Gott ist mein Zeuge. 21 Nachdem
ich Petrus besucht hatte, bin ich dann Richtung Norden weitergezogen,
in die Gebiete Syrien und Zilizien. 22 Die Jesus-Leute in Judäa kannten
mich noch nicht persönlich. 23 Die hatten nur das Gerücht gehört: „Der
Typ, der uns Christen früher polizeilich verfolgt hat und uns vernichten
wollte, der erzählt jetzt überall von Jesus!" 24 Alle haben Gott sehr für
die Sachen gedankt, die bei mir abgegangen sind.

2

Paulus hat 'ne Predigt-Lizenz von den anderen Aposteln bekommen

1 Erst vierzehn Jahre später bin ich wieder nach Jerusalem zurückge-
gangen, diesmal in Begleitung von Barnabas und Titus. 2 Gott hatte mir
vorher persönlich gesagt, dass ich das machen sollte. Dort erzählte ich
dann meine ganze Geschichte und was ich den Menschen, die keine

Juden sind, über Jesus sage. Ich wollte einfach sichergehen, dass nicht alles umsonst ist, was ich tue, und dass die anderen Apostel hinter mir stehen. 3 Alle Verantwortlichen waren mit meiner Arbeit einverstanden. Es wurde nicht einmal verlangt, dass mein Freund Titus, der aus Griechenland kommt, dieses Beschneidungsritual durchziehen musste. 4 Diese ganze Diskussion über diese „Beschneidung“ wäre vermutlich gar nicht erst aufgekommen, wenn nicht ein paar Pseudos aufgekreuzt wären. Die schleimen sich zuerst mal richtig ein, um uns dann mit ihren Lehren die Freiheit wieder zu klauen, die wir in Jesus gerade bekommen haben. Sie wollen nur, dass wir uns ihren religiösen Gesetzen total unterwerfen. 5 Wir sind aber unserer Linie treu geblieben und haben diesen Leuten keine Sekunde nachgegeben. Wir wollten, dass alles bei euch weiter so bleibt, wie es der guten Nachricht entspricht, die ich euch erzählt habe. 6 Alle, die in Jerusalem was zu sagen haben (unabhängig davon, was sie früher mal waren, das ist für Gott eh egal), waren mit den Sachen einverstanden, die ich so erzähle. 7 Ja, mehr noch, sie waren sich sogar einig, dass Gott mir einen Spezial-Auftrag gegeben hat, nämlich den Menschen, die keine Juden sind, die gute Nachricht von Jesus Christus zu verklickern. Ganz im Gegensatz zu Petrus, der von Gott zwar den gleichen Job bekommen hat – aber eben für die Juden. 8 Es war für alle offensichtlich, dass Gott mich zu den nichtjüdischen Völkern schickt, wie er Petrus zu den Juden geschickt hat. 9 Als Petrus, Johannes und Jakobus klar wurde, dass Gott höchstpersönlich mich für diesen Job besonders begabt hat, umarmten sie mich und Barnabas. Dann wurde verabredet, dass sie sich nach wie vor darum kümmern sollen, die gute Nachricht von Jesus unter den Juden weiterzuerzählen, und wir das bei den andern Nationen tun. 10 Nur eine Sache war ihnen noch wichtig: dass wir uns auch um die Jesus-Leute in Jerusalem kümmern, die keine Kohle haben. Das tu ich auch, so gut ich kann.

Diskussion mit Petrus über den Zusammenhang vom Glauben und den Gesetzen

11 Als Petrus dann in Antiochia war, musste ich ihm in einer Diskussion erst mal heftig widersprechen. Er hatte sich meiner Ansicht nach in einer Sache total falsch verhalten. 12 Am Anfang hatte er sich nämlich erst mal ganz normal mit den nichtjüdischen Christen unterhalten und mit ihnen was gegessen. Aber als dann ein paar Freunde von Jakobus ankamen, war es ihm anscheinend superpeinlich. Er hatte Schiss, diese jüdischen Christen würden ihn deswegen dissen. 13 Und dann fingen die anderen Juden auch plötzlich an rumzuheucheln, sogar Barnabas war durch die Situation plötzlich total komisch unterwegs. 14 Als mir

klar wurde, dass sie durch diese linke Tour nicht nach der wahren Lehre
lebten, die Gott uns beigebracht hatte, stellte ich Petrus öffentlich zur
Rede. Ich sagte ihm: „Wenn du ein Jude bist, der jetzt aber nicht mehr
nach den jüdischen Vorschriften lebt, also im Grunde wie ein Nichtjude,
warum erwartest du dann von den Nichtjuden, dass sie die jüdischen
Gesetze befolgen, obwohl du sie ja selber hinter dir gelassen hast?
15 Mann, wir sind beide als Juden geboren worden, nicht so wie die Na-
tionen ohne Gott. 16 Aber wir haben doch inzwischen kapiert, dass wir
Gott mit unseren tollen Taten und durch ein striktes Leben nach den
Gesetzen nicht beeindrucken können, oder?! Warum willst du denn jetzt
plötzlich, dass die Nichtjuden auch nach den Gesetzen leben sollen?
Nicht weil wir uns so straight an die Gesetze gehalten haben, sind wir
für Gott okay geworden, sondern nur dadurch, dass wir an Jesus Chris-
tus glauben! Auf andere Art kann es doch keiner schaffen!“ 17 Als wir
Christen geworden sind, haben wir geschnallt, dass wir nur deswegen
für Gott okay sind, weil wir unser Vertrauen auf Jesus Christus setzen.
Und wir haben uns mit den Nichtjuden zum Essen an einen Tisch ge-
setzt, weil wir begriffen haben, dass Jesus das von uns so wollte. Wa-
rum sind wir dann wieder rückfällig geworden? Hat uns Jesus damals
extra was Falsches gesagt, damit wir richtig rumsündigen, ohne das zu
merken? So ein Blödsinn! 18 Nicht Jesus, sondern ich selber liege total
daneben, wenn ich versuche, das alte System künstlich am Leben zu
halten. 19 Unser altes Gesetz hat mir nichts mehr vorzuschreiben. Weil
Jesus Christus für mich gestorben ist, gilt für mich die gute Nachricht,
dass ich für Gott okay bin. 20 Was das alte Gesetz betrifft, bin ich tot,
und das, was jetzt in mir lebt, ist Jesus Christus. Ich lebe zwar noch in
diesem Körper und in dieser Welt, aber ich lebe dabei total im Vertrauen
auf den Sohn Gottes, der mich liebt und der alles für mich gegeben hat.
21 Ich bin keiner von der Sorte, die Gottes Gnade einfach zurückweisen.
Ist doch klar, wenn es möglich gewesen wäre, durch die Gesetze geret-
tet zu werden, dann hätte Jesus Christus auch nicht sterben müssen.

3

Du wirst nur durch Vertrauen okay für Gott – nicht durch Taten

1 Oh Mann, ihr verpeilten Galater! Wer hat es geschafft, euch so zu ver-
wirren? Ihr hattet doch schon längst kapiert, dass wir es nur durch den
Tod von Jesus am Kreuz wirklich packen können! Das hatte ich euch
doch deutlich gesagt! 2 Ich stell euch noch mal 'ne Frage: Wie habt ihr
denn die Kraft von Gott bekommen, wie kam das eigentlich bei euch mit
seinem Geist? War das, weil ihr so straight nach den Gesetzen gelebt
habt? Oder hatte das mehr damit zu tun, dass ihr angefangen habt, Gott

zu vertrauen? 3 Seid ihr echt so verpeilt? Nachdem ihr geistlich ange-
fangen habt, macht ihr jetzt so mal eben aus eigener Kraft weiter? 4 Ihr
habt so derbe Sachen mit Gott erlebt, war das alles umsonst? Das kann
doch echt nicht wahr sein! 5 Ich frag jetzt noch mal: Hat Gott euch seinen
Geist geschenkt und dann so derbe Sachen bei euch gemacht, weil ihr
so radikal nach den Gesetzen vom Mose lebt? Oder hat Gott das getan,
weil ihr einfach den Sachen glaubt, die ihr über Jesus Christus gehört
habt? 6 Wisst ihr, beim alten Abraham war das ganz ähnlich. „Abraham
hat Gott geglaubt, darum wurde er für Gott okay." 7 Die wirklichen Kin-
der vom Abraham sind die Leute, die Gott vertrauen. 8 Das alte heilige
Buch hatte über diese Zeit schon 'ne Ansage gemacht: Es sollte eine Zeit
kommen, in der auch die Nichtjuden durch das Vertrauen, was sie in
Gott setzen, gerettet werden. Das hatte Gott schon Abraham angekün-
digt; er meinte schon vor Ewigkeiten zu ihm: „Alle Nichtjuden werden
von dir profitieren, wenn sie so glauben wie du!" 9 Darum werden alle,
die ihr Leben auf Jesus Christus bauen, für Gott okay sein, genau wie
Abraham für Gott okay war. 10 Alle, die es aber über die Gesetzesschiene
probieren und durch ihre tollen Taten Gott beeindrucken wollen, sind
weg vom Fenster. In den alten Schriften steht ganz klar: „Alle, die nicht
jeden Punkt des Gesetzes befolgen, sind für immer unten durch." 11 Ist
doch total klar, dass es niemand nur durch das Befolgen von Regeln bei
Gott packen kann. In den alten Schriften steht auch bei dem Prophe-
ten Habakuk: „Nur durch das Vertrauen auf Gott kann man bei Gott
klarkommen." 12 Das Gesetz schert sich um den Glauben aber herzlich
wenig, das sagt nur: „Wer diese Regeln befolgt, der wird durch sie leben."
13 Jesus hat für uns einen Ausweg organisiert, damit wir bei Gott nicht für
immer verloren haben. Er hat die Strafe für uns übernommen, da steht ja
auch: „Wer an einem Holzkreuz hängt, der ist verflucht!" 14 Das Verspre-
chen, das Gott Abraham gegeben hat, sollte durch den Tod von Jesus am
Kreuz für alle Menschen zugänglich gemacht werden. Dadurch, dass sie
Gott wirklich vertrauen, werden sie auch die Kraft von Gott, seinen heili-
gen Geist, bekommen, das hat er ja versprochen!

Die Gesetze und das Versprechen

15 Freunde, ich will euch das noch mal an einem alltäglichen Beispiel
erklären: Wenn jemand vor seinem Tod ein Testament geschrieben hat
und damit zum Notar gegangen ist, dann ist das Testament rechtsgültig
und keiner kann was daran ändern oder es sogar für ungültig erklären.
16 Wenn wir uns die Sachen mal genauer ansehen, die Gott Abraham
und seiner Familie versprochen hat, dann stellen wir Folgendes fest:
Dort steht nicht, dass dieses Versprechen seinen Kindern galt, also

mehr als einer Person, dort steht „seinem Kind“, und mit diesem Kind ist Jesus gemeint! [17] Und das ist genau meine These: Dieser Vertrag, den Gott mit Abraham geschlossen hatte, konnte nicht vierhundertdreißig Jahre später plötzlich aufgehoben werden, als Gott Mose das Gesetz gab. Sonst hätte Gott ja sein Versprechen gebrochen. [18] Wenn wir also die Sachen von Gott nur erben, wenn wir die Gesetze nicht brechen, dann wäre Abrahams Vertrag mit Gott ja total egal. Aber Gott hatte Abraham dieses Versprechen gegeben, ohne es an irgendwelche Bedingungen zu knüpfen.

Warum gab es die Gesetze der Juden überhaupt?

[19] Was bringen denn nun diese ganzen Gesetze, was soll das? Die Gesetze waren dafür da, um den Menschen klar zu machen, dass sie es ohne Gott einfach nicht packen. Die Gesetze, die ein paar Engel an Mose weitergaben, der sie dann den Menschen mitteilte, sollten so lange funktionieren, bis Jesus am Start war. [20] Als Gott Abraham sein Versprechen gab, war das eine Sache zwischen einem Menschen und dem einen Gott. Deshalb war da auch kein Vermittler notwendig. [21] Widerspricht sich das nicht? Das Versprechen, das Gott uns gibt, und die Sachen, die im Gesetz stehen? Null, natürlich nicht! Widersprechen würden es sich, wenn es da im Gesetz eine Zusage geben würde, die uns ein neues Leben garantiert und uns von unserer Schuld freispricht. Tut es aber nicht, denn dann würden wir tatsächlich nur durch das Gesetz mit Gott klarkommen können. [22] In den alten Schriften steht aber eindeutig, dass wir alle im Knast der Sünde stecken. Wir sind unfrei und kommen da nur raus, wenn wir unser Vertrauen auf Jesus Christus setzen. [23] Das Gesetz sorgte dafür, dass wir in diesem Knast saßen, bis Jesus kommen sollte und mit ihm ein neuer Weg, wie wir für Gott okay werden können. [24] Ich will es noch mal anders sagen: Die Gesetze haben im Grunde die Route festgelegt, sie haben uns mit ihren strengen Regeln beigebracht, wo es längs geht. [25] Seitdem jetzt das Ding mit dem Glauben funktioniert, müssen wir dieser streng festgelegten Route nicht mehr folgen. [26] Denn durch den Glauben an Jesus Christus sind wir alle Teil der Familie von Gott geworden, wir sind seine Kinder. [27] Alle, die auf diesen Namen von Jesus getauft wurden, gehören jetzt zu ihm, und das soll sich auch in ihrem Leben zeigen. [28] Ein paar Sachen existieren für uns einfach nicht mehr: zum Beispiel der Unterschied zwischen Jude und Nichtjude, zwischen Arbeiter und Unternehmer oder zwischen Mann und Frau. Wir sind jetzt alle eins, weil wir zu Jesus Christus gehören. [29] Und alle, die zu Jesus gehören, gehören auch zur Familie vom Abraham und sind damit sozusagen Erben. So ist das einfach.

4

Nicht mehr in den Knast durch die Gesetze, sondern frei
1 Ich nehm noch mal ein Beispiel: Stellt euch vor, ein ziemlich reicher
Vater stirbt und seinen ganzen Reichtum erbt ein kleines Kind. Bis das
Kind erwachsen ist, hat es aber nichts davon, in diesem Augenblick ist
es genauso reich wie ein Sozialhilfeempfänger. 2 Es bekommt dann ei-
nen Vormund vom Staat zugeteilt und muss tun, was der sagt, bis es so
alt ist, wie es der Vater im Testament festgelegt hat. 3 Genauso ging das
auch bei uns, bevor Jesus da war. Wir waren total unfrei. 4 Als aber der
Termin gekommen war, an dem Gott das geplant hatte, schickte Gott
seinen Sohn bei uns vorbei. Der wurde ganz normal als Mensch gebo-
ren und ließ sich sozusagen freiwillig in den Knast einschließen, in dem
wir gefangen waren. 5 Sein Auftrag war: uns aus diesem Knast rauszuho-
len, in dem wir durch das Gesetz festsaßen. Gott wollte uns als Kinder
in die Familie aufnehmen. 6 Und weil wir seine Kinder sind, hat Gott uns
seine Kraft gegeben, seinen Geist. Das ist derselbe Geist, den sein Sohn
Jesus auch hatte! Und darum können wir jetzt auch beim Beten „lieber
Papa" zu ihm sagen. 7 Ihr seid nicht mehr im Knast der Gesetze, ihr
seid jetzt Kinder von Gott geworden. Und als Kinder habt ihr auch ein
Recht bekommen, alles von ihm zu erben, alles, was Gott mal verspro-
chen hat! 8 Als ihr noch keine Ahnung von Gott hattet, habt ihr euch in
irgendwelchen anderen Religionen getummelt und zu andern Göttern
gebetet. Das waren in Wirklichkeit nur so Ersatzgötter, die sich irgend-
welche Menschen ausgedacht hatten. 9 Jetzt habt ihr Gott aber kennen
gelernt (oder besser gesagt, er hat euch kennen gelernt). Ich krieg das
echt nicht gerallt, was ihr jetzt noch von diesen armen Luschen-Göttern
wollt, die diese Welt euch anbietet? 10 Was soll das, dass ihr euer Leben
nach bestimmten Tagen oder Jahreszeiten oder nach irgendwelchen
Festen ausrichtet? 11 Ich mach mir ehrlich Sorgen um euch! Ich hab echt
keinen Bock, dass die ganze Arbeit, die ich mit euch hatte, umsonst
war. 12 Liebe Freunde, tut mir den Gefallen: Macht es so wie ich! Ihr
habt mich ja nie alt aussehen lassen und tut das jetzt doch auch nicht,
oder? 13 Könnt ihr euch daran erinnern, dass es mir echt ätzend ging,
als ich das erste Mal bei euch über die guten Nachrichten, die durch
Jesus gekommen sind, gepredigt habe? 14 Obwohl es für euch nicht so
cool war, mich krank zu erleben, habt ihr mich nicht abgelehnt. Ihr habt
mich sogar bei euch wohnen lassen und mich versorgt, fast so, als wäre
ich ein Engel von Gott, oder sogar, als wäre ich Jesus höchstpersönlich!
15 Und was ist da jetzt mit euch los? Damals hättet ihr euch für mich
einen Arm ausgerissen, wenn das nötig gewesen wäre. 16 Bin ich denn

jetzt plötzlich euer Feind, nur weil ich euch die Wahrheit sage? [17] Wahrscheinlich hat das doch mit diesen falschen Typen zu tun, die sich bei euch einschleimen und so tun, als wollten sie euer Bestes. Dabei wollen sie nur etwas zwischen uns treiben und dafür sorgen, dass ihr das tut, was sie sagen. [18] Ich finde das ja erst mal sehr geil, dass ihr alles für Gott geben wollt, auch wenn ich gerade nicht da bin. [19] Hey, meine Kinder, ich hab euch echt lieb! Es ist fast so, als müsste ich noch mal die ganzen Schmerzen einer Geburt mit euch durchmachen. Das wird wohl auch nicht aufhören, bis Jesus ganz von euch aufgesogen wurde und euer Leben ganz kontrolliert. [20] Das wäre ein Traum, wenn ich nur bei euch sein könnte! Dann müsste ich auch nicht so mit euch schimpfen! Aber im Augenblick weiß ich mit euch echt nicht mehr weiter.

Was war mit den zwei Söhnen vom Abraham?

[21] Ich schreib noch mal was zu den Leuten bei euch, die unbedingt nach dem Gesetz leben wollen. Habt ihr eigentlich echt kapiert, was in den alten Büchern überhaupt drinsteht? [22] In den alten Schriften steht doch die Story von Abraham. Der hatte zwei Söhne, einen von einer Sklavin, den zweiten von seiner richtigen Frau. Diese andere Frau war keine Sklavin, sondern sie war frei zur Welt gekommen. [23] Der Sohn von der Sklavin wurde geboren, weil Abraham die Einlösung des Versprechens, was Gott gegeben hatte, mit menschlichen Mitteln erzwingen wollte. Gott hatte ihm ja vorher mal eine große Familie versprochen. Der andere Sohn von der freien Frau wurde geboren, weil Gott sein Versprechen einlösen wollte. [24] Diese zwei Frauen sind ein Bild für die zwei Verträge, die Gott mit den Menschen abgeschlossen hat. Der eine war mit der Sklavin Hagar. Er steht für den Vertrag vom Mose, der am Berg Sinai abgeklärt wurde. Nach diesem Vertrag sind wir auch Sklaven und total abhängig von dem Gesetz. [25] Hagar ist übrigens der arabische Name für den Berg Sinai. Er steht für unser heutiges Jerusalem, für die Juden, die strikt an den Gesetzen kleben und nie wirklich frei werden, weil sie Jesus nicht vertrauen wollen. [26] Sara aber, die andere Frau, die keine Sklavin war, steht aber für die City, das neue Jerusalem im Himmel, für den neuen Vertrag, den Gott mit den Menschen durch Jesus geschlossen hat. [27] Der alte Prophet Jesaja hatte auch schon davon gesprochen: „Du kannst echt glücklich sein, du Frau, die keine Kinder kriegen kann! Freuen soll sich die Frau, die nie ein Baby haben wird! Denn obwohl du alleine bist, wirst du mehr Kinder haben als die Frau, die einen Mann abbekommen hat.“ [28] Das stimmt doch auch für euch, liebe Freunde, oder? Isaak kam auf die Welt, weil Gott Abraham einen Sohn versprochen hatte, und genauso verdankt ihr euer Leben dem Versprechen, das

Gott gegeben hat. 29 Trotzdem wurde Isaak (mit dem das Versprechen
eingelöst wurde) von Ismael (dem Sohn der Sklavin) verfolgt. Und das
ist heute auch noch der Fall. 30 Was sagen nun die alten Schriften dazu?
Ich zitiere: „Du sollst die Sklavin und ihren Sohn rausschmeißen, denn
der Sohn von der Sklavin soll sich nicht gemeinsam mit dem Sohn von
der freien Frau das Erbe teilen.“ 31 Ihr Lieben, hier ist eine Super-Nach-
richt: Wir sind keine Kinder einer Sklavin. Wir sind Kinder von der Frau,
die total frei war, und Gott akzeptiert uns, wenn wir ihm einfach nur
vertrauen.

5

Kämpft um die Freiheit, die Jesus euch geschenkt hat
1 Erst durch Jesus Christus sind wir wirklich ganz frei geworden. Kämpft
jetzt darum, diese Freiheit nicht wieder zu verlieren! Ihr braucht nicht
mehr unter der Fuchtel von den Gesetzen stehen. 2 Ich (Paulus) geb
euch Brief und Siegel: Wenn ihr euch wieder auf das einlassen würdet,
was das jüdische religiöse Gesetz euch vorschreibt, wenn ihr euch die
Vorhaut abschneiden lasst und so, dann ist alles, was Jesus für euch
getan hat, für'n Arsch. 3 Ich sag's noch mal: Wer diese Beschneidung
bei sich machen lässt, ist verpflichtet, alles zu tun, was die Gesetze ihm
vorschreiben! Echt alles, von A bis Z! 4 Wenn ihr euch dafür entscheidet,
dass ihr lieber durch das Befolgen der Gesetze mit Gott klarkommen
wollt, dann steht das dermaßen zwischen euch und Jesus, als hättet ihr
überhaupt nichts mehr mit ihm zu tun. Dann seid ihr total raus aus dem
Liebes-Vertrag, den er mit euch geschlossen hat. 5 Wir glauben doch,
dass wir nur durch das auf Jesus gesetzte Vertrauen von Gott akzeptiert
werden. Durch seinen Geist, seine Power, wurde uns das ja erst klar,
jetzt ist das zu unserer berechtigten Hoffnung geworden. 6 Für Jesus
ist es echt egal, ob wir nun an der Vorhaut beschnitten sind oder nicht.
Jesus geht es nur darum, dass wir ihm absolut vertrauen. Und dieses
Vertrauen zeigt sich in einer Liebe, die sich selbst nicht mehr so wichtig
nimmt. 7 Mann, ihr habt doch so einen Traumstart hingelegt! Was ist da
bei euch abgegangen, dass ihr so von der Strecke abgekommen seid?
8 Also, Gott hat da garantiert nichts mit zu tun, denn er will schließlich
eure Freiheit! 9 Ich hoffe, dass die wenigen, die bei euch falsch gepolt
sind, nicht gleich alle anderen anstecken. Nicht wie bei einer Grippe, zu-
erst ist einer krank und dann bald alle anderen im Freundeskreis auch.
10 Aber ich vertrau jetzt mal ganz auf Jesus, er wird schon dafür sorgen,
dass ihr die Kurve kriegt. Und macht euch keine Gedanken um so Ty-
pen, die euch durcheinander bringen. Um die wird Gott sich kümmern
... 11 Ihr Lieben, ich hab das Gerücht gehört, dass Leute behaupten, ich

würde Christen dringend dazu raten, sich die Vorhaut abschneiden zu
lassen. Aber das ist völlig daneben, warum wären dann die Juden immer
noch hinter mir her? Dann brauchte sich ja auch keiner mehr darüber
aufzuregen, dass wir alle ausgerechnet durch einen gerettet werden, der
hingerichtet worden ist. [12] Von mir aus können sich diese Non-Checker
auch sonst noch was abschneiden.

Nur wer liebt, ist richtig frei!

[13] Liebe Leute, Gottes Plan sieht für jeden von euch eine totale Freiheit
vor! Trotzdem solltet ihr diese Freiheit nicht missbrauchen, indem ihr
euch ätzenden Sachen ausliefert. Besser wäre, ihr nutzt sie, um euch
gegenseitig zu lieben und zu respektieren. [14] Man kann nämlich alle
Gesetze von Gott in diesem einen Ding zusammenfassen: „Liebe die
Menschen, mit denen du zu tun hast, genauso, wie du dich selber
liebst!" [15] Wenn ihr aber wie wild gewordene Hooligans aufeinander
losgeht, passt bloß auf, dass ihr dabei nicht selber umgebracht wer-
det. [16] Darum mein Tipp an euch: Gebt die Kontrolle über euer Leben
radikal an die Kraft Gottes, an seinen heiligen Geist, ab! Wenn er den
Joystick eueres Lebens voll in der Hand hält, habt ihr kein Problem mehr
mit Versuchungen der üblen Sorte. [17] Denn unser altes Ich treibt uns
förmlich dazu, Mist zu bauen, ganz im Gegensatz zum heiligen Geist.
Der heilige Geist will das alte Ich unter Kontrolle bringen, er will uns
zu Sachen führen, die unser altes Ich eigentlich nicht will. Da geht voll
der Kampf ab in euch und ihr seid dabei total unfrei! [18] Wenn aber der
heilige Geist den Joystick eures Lebens in der Hand hält, dann steht ihr
nicht mehr unter der Fuchtel von diesen alten Gesetzen. [19] Gehorcht
ihr aber eurem alten Ich, dann kommt nur Mist dabei raus: dreckige
Gedanken, abfeiern ohne Grenzen einzuhalten und solchen Sex, auf den
Gott keinen Bock hat; [20] auf Sachen plötzlich so abfahren, dass sie viel
wichtiger werden als Gott, okkulte Praktiken, immer auf Ärger aus sein,
„Nach mir die Sintflut"-Einstellung, Intrigen anstiften, streiten ohne
Ende, sich als Mittelpunkt der Welt fühlen, [21] anderen nichts Gutes gön-
nen, Alkoholismus, Drogensucht, Esssucht und solche Sachen. Wer so
drauf ist, hat im Land, wo Gott das Sagen hat, nichts zu suchen. [22] Die
Charaktereigenschaften, die bei euch entstehen, wenn der heilige Geist
euern Joystick in der Hand hat, sehen aber ganz anders aus: Liebe,
Freude, Frieden, Geduld, anderen verzeihen können, anderen Menschen
Gutes gönnen und sich dafür einsetzen, treu sein, [23] nett zu Menschen
sein, auf Sachen locker verzichten können und so weiter. Gegen all
diese Dinge hat das Gesetz ja auch nichts. [24] Alle, die zu Jesus Christus
gehören, haben ihr altes Ich (inklusive den ätzenden Sachen, die dar-

aus hervorgehen) am Kreuz hingerichtet. 25 Wenn wir jetzt wegen dem
heiligen Geist überhaupt erst richtig anfangen zu leben, dann sollte er
auch wirklich alles in unserem Leben unter Kontrolle haben. 26 Dass wir
uns auf unsere tollen Taten sonst was einbilden und uns dabei immer
mit den anderen vergleichen, also, Leute, das haben wir doch echt nicht
mehr nötig!

6

Helft euch gegenseitig!

1 Also, Freunde, wenn mal einer aus euer Truppe in seinem Leben total
danebenliegt, dann ist es eure Aufgabe, diesen Menschen auf nette Art
wieder richtig draufzubringen. Ihr habt ja die Kontrolle von eurem Leben
komplett an Gott und seiner Kraft abgegeben und könnt das. Dabei
müsst ihr aber total aufpassen, damit ihr nicht selber abrutscht! 2 Helft
euch gegenseitig, wo ihr Probleme habt, und wo es mal hart auf hart
kommt, da seid für den anderen da. Das ist nämlich genau das, was
Jesus von euch will. 3 Wer meint, er wäre Mr. Richtig-Wichtig, der be-
scheißt sich nur selber. 4 Am besten wäre, wenn ihr euch ständig selber
abcheckt, ohne euch dabei mit anderen zu vergleichen. 5 Schließlich ist
jeder für sich selber verantwortlich. 6 Wenn es irgendwelche Leute bei
euch gibt, die anderen etwas beibringen, dann gebt ihnen auch dem-
entsprechend Kohle dafür oder auch mal Klamotten oder was zu spach-
teln. 7 Spackt nicht rum, Leute, wenn ihr echt glaubt, man könnte Gott
verarschen. Alles, was man tut, hat auch irgendwie Auswirkungen und
Konsequenzen! 8 Wer sein altes Ding weiter durchzieht und sich dabei
auf seine eigenen Fähigkeiten verlässt, der hat für immer sein Leben
verloren. Wer aber Gott und seiner Kraft die Kontrolle über sich anver-
traut und sich von Gott führen lässt, der wird ohne Ende leben können.
9 Darum will ich euch echt anfeuern, weiter Sachen zu machen, die Gott
geil findet! Gebt nicht auf, irgendwann werdet ihr dafür fett absahnen,
versprochen! 10 Solange das noch geht, lasst uns doch versuchen, für
alle Leute da zu sein und ihnen zu helfen, wo es geht. Und ganz beson-
ders natürlich unseren Freunden, die mit uns in der Familie von Gott
dabei sind.

Was wichtig ist

11 Wie ihr an der veränderten Klaue erkennen könnt, schreib ich den Rest
jetzt sogar selber. 12 Es gibt Leute, die wollen nur die Superstars sein,
und ausgerechnet die wollen euch bequatschen, sich aus religiösen
Gründen die Vorhaut abschneiden zu lassen. Aber ihre Motive sind
nicht okay, sie haben nur Angst, Probleme zu kriegen, wenn sie öffent-

lich bekennen, an Jesus Christus zu glauben und mit ihm zu leben.
13 Obwohl sie aus religiösen Gründen darauf bestehen, dass sich jeder die Vorhaut abschneiden muss, nehmen sie die religiösen Gesetze für sich selber nicht so genau. Vermutlich wollen sie nur selber den Dicken raushängen lassen, wenn sie euch dazu überreden konnten, das bei euch zu machen.
14 Ich werde nicht den dicken Macker markieren. Das Einzige, worauf ich echt stolz bin, ist, dass Jesus für mich am Kreuz gestorben ist. Durch seinen Tod ist die Welt für mich gestorben und ich bin auch tot für die Welt. Sie hat keine Ansprüche mehr an mich.
15 Für Gott ist es total egal, ob ich nun beschnitten wurde oder nicht. Wichtig ist nur, ob wir den Neustart mit Jesus erlebt haben!
16 Alle, die sich nach diesem neuen Maßstab ausrichten, sollen von Gott fett beschenkt werden, beschenkt nämlich mit Frieden und Liebe! Und das soll auch für das Volk der Leute aus Israel gelten, auf die er besonders steht!
17 Also Leute, haltet die Ohren steif und passt auf euch auf! Ich will mir nicht wieder so viel Sorgen um euch machen müssen, ja?! Ich hab schon genug Sachen für Jesus durchgemacht, die Narben an meinem Körper können das bezeugen.
18 Gottes Liebe, seine Gnade, die durch Jesus Christus deutlich wurde, soll euch immer begleiten! So soll's sein! Bis dann, ihr Lieben!
Euer Paulus

Der Epheserbrief

1

Absender, Adresse, Begrüßung

1 Absender: Paulus in seiner Funktion als Apostel. Jesus Christus hat
ihn für diesen Job ausgesucht. An: alle in Ephesus, die ihr Vertrauen
auf Jesus Christus gesetzt haben. 2 Hallo Leute! Ich wünsch euch,
dass ihr die Liebe bei euch habt, mit der euch Gott angenommen hat,
und den Frieden, der von Gott kommt, unserem Vater, und von Jesus
Christus, dem Chef. 3 Danke, Gott, danke, Vater von Jesus Christus,
du bist der Beste! Leute, Gott hat uns durch Jesus alle möglichen
geistlichen Gaben geschenkt. 4 Schon bevor die Welt entstanden ist,
hat Gott uns extra ausgesucht. Er wollte, dass wir ihm ganz nahe
sind, dass wir etwas Besonderes sind, dass wir heilig und sauber bei
ihm sein können! 5 Es war sein Plan, dass wir durch Jesus seine Kin-
der werden können. Das wollte er so, weil er uns so sehr liebt. 6 Da-
rum freuen wir uns so sehr. Wir danken ihm für seine Liebe, mit der
er uns durch seinen Sohn Jesus freigesprochen hat. 7 Seine Liebe zu
uns ist so riesengroß, dass er bereit war, unsere Freiheit mit dem Tod
seines Sohnes zu bezahlen, damit wir unseren Dreck los sind. 8 Sei-
ner Liebe verdanken wir auch, dass wir überhaupt erst erfahren ha-
ben, wie wir gerettet werden können, und dass wir verstanden haben,
was da geht. 9 Sein Plan war von Anfang an, Jesus zu uns zu schicken,
und alle, die ihr Vertrauen auf ihn setzen, haben das jetzt begriffen.
10 Gott hatte beschlossen, wenn die Zeit reif dafür ist, alles Jesus zu
geben, was auf der Erde und im Weltall existiert, damit er darüber
das Sagen hat. 11 Gott hatte schon immer geplant, dass wir jetzt un-
sere Erbschaft von ihm bekommen sollen. Er hat sich die Leute aus-
gesucht, die diese Erbschaft antreten sollen. 12 Wir sollen durch das,
was wir tun und wie wir drauf sind, Gott am Ende groß rauskommen
lassen. Schließlich haben wir ja schon lange auf den Auserwählten
gewartet. 13 Das gilt jetzt auch für euch, die ihr diese Wahrheit gehört
habt, dass Gott euch aus dem Dreck rausholt. Weil ihr das geglaubt
habt, verspricht uns Gott, dass wir jetzt zu ihm gehören, und darum
habt ihr auch seine Kraft bekommen, die wie ein Versprechen von
ihm ist. 14 Der heilige Geist, seine besondere Kraft, ist die Garantie,
dass wir auch alles bekommen werden, was er uns versprochen hat.
Er beweist auch, dass wir jetzt radikal zu ihm gehören, damit er am
Ende die Ehre bekommt.

Jesus Christus steht über allem

15 Seitdem ich von eurem radikalen Vertrauen gehört habe und davon,
wie sehr ihr alle andern Christen liebt, 16 bin ich ständig dabei, mich bei
Gott dafür zu bedanken! Ich bete auch ganz oft für euch! 17 Ich sag dann
Gott, er soll euch helfen den Überblick zu behalten, damit ihr ihn immer
besser kennen lernt und er euch zeigt, was er von euch will. 18 Er soll
eure inneren Augen öffnen, damit ihr kapiert, auf was wir uns freuen
können. Er hat uns ausgesucht, er hat uns fette Sachen versprochen,
die er uns vererben will, nur weil wir ihm vertrauen. 19 Ihr sollt begreifen,
wie irre groß seine Möglichkeiten sind, Möglichkeiten, die alle in uns
stecken, weil wir ihm vertrauen. Da ist doch immerhin dieselbe Kraft in
uns, 20 mit der Jesus den Tod besiegt hat, dieselbe Kraft, die ihm den
Platz auf der Ehrentribüne gleich neben Gott sichern konnte. 21 Jetzt ist
er von Gott zum Chef über die ganze Welt gemacht worden. Er hat die
Macht über jede Regierung, über alles, was Macht ausübt, in dieser Welt
und in der, die noch kommen wird. 22 Gott hat Jesus zum Bestimmer
über alles gemacht. Er ist der Chef über die ganze Gemeinde geworden.
23 Und diese Gemeinde ist sein Körper, der von ihm, dem Auserwählten,
total abgefüllt ist. Und nicht nur das, Jesus füllt sogar das ganze Universum aus.

2

Eine neue Chance

1 Wie sah denn früher euer Leben aus? Ihr habt Sachen getan, auf die
Gott überhaupt keinen Bock hatte, und so wart ihr für ihn im Grunde
gestorben. 2 Der Dreck, der in der Welt abgeht, war auch euer Dreck. Ihr
habt ohne Gott gelebt und wurdet voll kontrolliert vom Satan. Der kontrolliert ja heute auch noch alle Menschen, die ohne Gott leben. 3 Wir
waren früher alle genauso drauf und haben unser eigenes Ding durchgezogen. Diese Dinge, die uns von Gott trennten, haben uns ein pseudogutes Gefühl gegeben, und das hat unser Leben kontrolliert. 4 Aber
Gottes leidenschaftliche Liebe für uns ist riesig! 5 Darum hat er uns mit
Jesus ein wirklich neues Leben geschenkt, und das, obwohl wir durch
den ganzen Mist, den wir bauen, für ihn nicht akzeptabel sind! Haben
wir das irgendwie verdient? Null! Das ist einfach ein Geschenk, was Gott
uns macht! 6 Dadurch, dass wir unser Vertrauen auf Jesus setzen, hat er
uns jetzt schon mit Jesus aus dem Einfluss des Todes rausgeholt. Wir
gehören jetzt zu Jesus und sitzen mit ihm in seinem Himmelsland, ist
das nicht irre? 7 Gott will dadurch ein klares Statement abgeben, er will
uns durch Jesus seine wahnsinnig große Liebe beweisen, die er für uns
hat! 8 Wir haben es nämlich null verdient, dass wir aus dem Tod gerettet

wurden. Da haben wir auch nichts großartig zu beigetragen. Das wurde
nur möglich, weil ihr angefangen habt, Jesus zu vertrauen, und selbst
dieser Glauben ist ein Geschenk. 9 Dass ihr gerettet worden seid, hat
also nichts mit euren tollen Taten zu tun. Das wäre ja auch komisch,
dann könnte man sich ja was drauf einbilden. 10 Gott hat uns gemacht!
Er hat uns durch Jesus einen kompletten neuen Anfang gegeben. Jetzt
sind wir erst in der Lage, Gutes zu tun. Das hatte Gott schon lange so
geplant.

Egal aus welchen Volk man kommt, durch Jesus gehören wir alle zusammen

11 Vergesst bitte nicht, dass ihr nicht zu den jüdischen Leuten dazuge-
hört. Von eurer Geburt her seid ihr eigentlich gar nicht dabei gewesen.
Die Juden haben auf euch runtergesehen, obwohl dieses Beschnei-
dungsritual ja nur von einem Menschen gemacht wird. Es ist ein äu-
ßerliches Zeichen, weiter nichts. 12 Als ihr damals ohne Jesus gelebt
habt, wart ihr ausgeschlossen. Ihr hattet auch keine Ahnung von den
Versprechen, die Gott seinem Volk gemacht hatte. Ziellos und ohne
Hoffnung wart ihr in dieser Welt unterwegs. 13 Jetzt gehört ihr aber zu
Jesus Christus. Ihr wart mal meilenweit entfernt von Gott, aber jetzt
seid ihr, weil Jesus für euch gestorben ist ihm plötzlich sehr nahe. 14 Je-
sus hat uns endlich miteinander versöhnt. Er hat aus beiden Gruppen
eine Einheit gemacht, aus Juden und Nichtjuden wurde eine Familie.
Er hat die Mauer gesprengt, die zwischen uns und Gott war. Durch ihn
haben wir Frieden. 15 Er hat mit dem Gesetz und seinen unendlich vielen
Regeln Schluss gemacht. Dadurch können wir jetzt zusammenkommen.
Er selbst hat für Frieden gesorgt, damit die Juden und Nichtjuden sich
in ihm treffen können, und aus den beiden verfeindeten Gruppen ist
durch ihn ein neuer Mensch entstanden. 16 Beide wurden zusammenge-
tan zu einem Ding, um so mit Gott wieder klarzukommen. Das ging nur
durch das, was am Kreuz passiert ist. Dort hat er durch seinen Tod die
Feindschaft zwischen Juden und Nichtjuden und sogar die Feindschaft
zwischen Gott und Menschen beendet. 17 Jesus ist zu uns gekommen,
um uns zu erklären, wie man Frieden haben kann. Und das gilt jedem,
egal ob er ihm jetzt nahe war (so wie die Juden) oder eher fern. 18 Durch
das, was Jesus Christus für uns getan hat, können wir jetzt alle, egal ob
Jude oder nicht, zusammen durch dieselbe Kraft zu Gott kommen. 19 Ihr
seid jetzt keine Ausländer mehr oder Leute ohne Staatszugehörigkeit,
ihr gehört jetzt zum Volk von Gott, ihr seid jetzt Teil der Familie! 20 Wir
sind wie ein Haus, das auf dem Lehrfundament seiner Botschafter,
den Aposteln und den Propheten, gebaut wurde. Jesus ist dabei der

Grundstein, an dem sich alles ausrichtet und der alles zusammenhält.
21 Dieser Grundstein hält alles zusammen. Das ganze Gebäude wächst
zu einem neuen Haus, zu einem Tempel für Gott, zusammen. 22 Ihr
gehört auch zu diesem Bauwerk, und in diesem Gebäude wohnt Gott
mit seiner Kraft.

3

Was Gott von Paulus will

1 Weil ich euch, die ihr keine Juden seid, die guten Nachrichten über
Jesus erzählt habe, sitze ich jetzt im Knast fest. 2 Ist bei euch bestimmt
schon angekommen, dass Gott mir diese spezielle Order gegeben hat,
so Leuten wie euch von der Liebe zu erzählen, mit der er die Menschen
annimmt. 3 Ich hab ja oben schon mal kurz erwähnt, dass Gott mir sein
Geheimnis tatsächlich erklärt hat. 4 Beim Lesen werdet ihr mitkriegen,
worum es dabei vor allem ging. 5 Früher hatten die Menschen noch
keinen Schnall von den Sachen, die Gott heute durch ausgesuchte Men-
schen (wie zum Beispiel Apostel und Propheten) erklärt hat. 6 Dazu
gehört auch, dass wir durch Jesus Christus alle zusammen zu einer Fa-
milie gehören, Juden wie Nichtjuden, und dass die Nichtjuden genauso
einen Anspruch auf die ganzen Versprechen haben, die Gott seinem be-
sonderen Volk auch gegeben hat. 7 Diese Nachricht ist voll mein Ding,
dafür hat Gott mich eingesetzt. Mit voller Kraft, einfach so, weil er mich
liebt, hat er mich dazu ausgesucht. 8 Ausgerechnet mich, den letzten
von allen Leuten, die zu Jesus gehören, hat Gott ausgesucht, um diesen
Job zu erledigen, nämlich den anderen Menschen zu erzählen, was für
wahnsinnig fette Sachen durch Jesus möglich geworden sind. 9 Er hat
mich extra dafür ausgesucht, allen zu erklären, was Gott eigentlich von
den Menschen möchte. Das hatte er schon von Anfang an so geplant,
aber noch nicht allen erzählt. 10 Anhand von dem, was in der Gemeinde
abgeht, sollen alle Mächte, die im Universum was zu sagen haben, er-
kennen, mit was für einer Übersicht Gott alles im Griff hat. 11 Das hatte
Gott schon vor Ewigkeiten beschlossen, und diesen Plan hat Jesus jetzt
umgesetzt. 12 Weil wir unser Vertrauen auf ihn gesetzt haben, können
wir jetzt entspannt jederzeit zu ihm kommen. 13 Darum, Leute: Verliert
jetzt nicht den Mut, nur weil ich im Knast sitze! Dass ich wegen euch
ätzende Sachen durchmachen muss, sollte euch eher stolz machen.

Eine Bitte an Gott und ein Dankeschön

14 Ich kann immer nur auf den Knien zum Vater kommen, 15 der ja im
Grunde der Vater von allem Leben ist. 16 Ich bete dafür, dass Gott euch
durch seinen Geist innerlich stark macht, denn er kann aus dem Vollen

schöpfen. 17 Und ich bete dafür, dass Jesus durch das Vertrauen, das
ihr in ihn habt, ganz tief in euer Bewusstsein eindringt. Jesus liebt euch
total! In diesem Boden sollen die Wurzeln eures Glaubens wachsen.
18 Denn nur so könnt ihr wirklich das ganze Ausmaß der Größe begrei-
fen, mit der Gott euch wirklich liebt. 19 Unser Hirn wird das nie schaffen
können, das wirklich ganz zu erfassen. Aber je mehr Gott uns erklärt,
wie gigantisch groß die Liebe von Jesus Christus für uns ist, desto mehr
kommt er mit seinen unvorstellbaren Möglichkeiten in unserm Leben
zum Zug. 20 Gott kann durch diese powervolle Kraft, die in uns ist, sehr
viel mehr tun als das, worum wir ihn bitten, ja sogar mehr, als wir uns
überhaupt vorstellen können. 21 Dafür können wir alle in der Jesus-Ge-
meinschaft Gott immer wieder und ohne Ende loben. So ist das richtig,
so sollte es sein.

4

Christen müssen zusammenhalten

1 Eine Sache ist mir noch superwichtig: Lebt euer Leben so, wie es sich
für jemanden gehört, der von Gott extra ausgesucht wurde. Das sag ich
jetzt als jemand, der für Jesus im Knast sitzt. 2 Geht liebevoll mit den
andern um und gebt niemanden so mal eben auf. Helft den anderen,
ohne was dafür zurückbekommen zu wollen! 3 Die Kraft, die von Gott
kommt, hat euch zusammengeschweißt. Achtet darauf, dass das so
bleibt, indem ihr untereinander Frieden haltet. 4 Gott möchte, dass wir
alle zusammenhalten, so als ob wir nur ein einziger Mensch wären. Und
in diesem Menschen wirkt eine einzige Kraft, nämlich sein Geist, genau
wie wir zusammen auch nur eine einzige Hoffnung haben. 5 Es geht nur
um einen Meister, einen Glauben, eine Taufe, 6 um den einen Vater, der
alles im Blick hat, der in allem lebt und der in jedem von uns ist.

Gott gibt unterschiedliche Begabungen

7 Jeder von uns wurde von Jesus mit einem neuen Leben beschenkt. Das
wird auch in besonderen Begabungen sichtbar, die er an uns ausgeteilt
hat. 8 Darum steht übrigens auch in den alten Schriften, ich zitiere:
„Er ist in den Himmel zurückgekommen, er hatte ein paar Gefangene
dabei, die sich gegen Gott gestellt hatten, und den Menschen hat er
Geschenke gemacht.“ 9 Wenn da steht: „Er ist in den Himmel zurück-
gekommen“, muss das ja bedeuten, dass er vorher hier bei uns auf
der Erde war. 10 Der zu uns runtergekommen ist, ist derselbe, der auch
wieder zu Gott zurückkehren konnte. Und jetzt steht er über allem. 11 Ei-
nigen hat er die Begabung gegeben, Gemeinden zu starten (das sind
die Apostel), von anderen wollte er lieber, dass sie Worte, die direkt von

Gott kommen, an andere weitergeben (Propheten). Es gibt wiederum Leute, die haben die Begabung, Nichtchristen von Gott zu erzählen (Evangelisten). Dann gibt es da auch Leute, die sollten Pastoren sein, Seminare geben und Predigten halten (Hirten und Lehrer). [12] Sie alle sollen die Christen für ihre Aufgabe fit machen, damit die Gemeinschaft der Leute, die mit Jesus leben, auch stark wird. [13] Auf diese Art und Weise werden wir auf der Basis unseres Glaubens immer mehr zusammenwachsen. Wir werden so auch Jesus immer besser verstehen. Unser Ziel sollte sein, starke kompetente Christen zu werden, die in seiner Gemeinschaft leben, damit wir so voll und ganz mit ihm durchstarten können und Christus in uns und der ganzen Gemeinde Gestalt gewinnt. [14] Dann sind wir auch keine Babychristen mehr, die sich ständig von irgendwelchen Leuten bequatschen lassen oder durch geschickte Täuschungsmanöver, die sich ein paar linke Menschen ausgedacht haben, reinlegt werden können. [15] Lass uns am besten immer bei der Wahrheit bleiben und uns durch die Liebe immer mehr an Jesus orientieren. Er ist ja schließlich der Kopf von unserer Gemeinschaft. [16] Durch ihn wird auch alles zusammengehalten. Jeder Teil erfüllt seine besondere Aufgabe, damit der ganze Körper überhaupt funktioniert. So bleibt er gesund und stärkt sich auch selbst, weil er von Liebe zusammengehalten wird.

Christen sollten anders leben

[17] Ich will euch noch mal ganz klar machen, dass ihr nichts mehr mit dem Lifestyle der Menschen zu tun haben sollt, die keinen Bock auf Gott haben! Die sind total schräge drauf. [18] Sie leben in Dunkelheit, ihre Gedanken sind finster. Sie haben keine Ahnung von dem Leben mit Gott, weil sie sich für ihn zugemacht haben. [19] Ihr Gewissen ist völlig abgestumpft, darum lassen sie sich total gehen, in jeder Hinsicht. Sie geiern förmlich danach, Mist zu bauen. Um diese Gier in sich zu befriedigen, tun sie alles. [20] Durch Jesus habt ihr aber gelernt, dass es auch anders geht. [21] Was Jesus wirklich möchte, habt ihr doch gehört und verstanden, oder? [22] Ihr sollt euch von den Sachen, die ihr früher gemacht habt, komplett verabschieden. Die ätzenden Dinge, die euch früher kaputtmachen wollten, mit denen habt ihr nichts mehr zu kriegen! [23] Gott will euch durch seinen Geist vollkommen anders draufbringen. [24] Ihr sollt euch einen komplett neuen Style zulegen. Dieser neue Style ist von Gott selber designed worden. Er ist gerecht und etwas ganz Besonderes, er ist eben heilig. [25] Hört auf rumzulügen, erzählt euch die Wahrheit! Wir gehören doch zusammen zu einer Familie. [26] Wenn ihr schlecht drauf seid, passt auf, dass da nichts zwischen euch und Gott kommen kann. Versucht euch noch am gleichen Tag wieder mit den

Leuten zu vertragen, mit denen ihr euch gestritten habt. [27] Gebt Satan
auf keinen Fall irgendeine Möglichkeit, euch auseinander zu bringen.
[28] Wenn einer von euch früher krumme Dinger gedreht hat, soll er jetzt
damit aufhören. Er soll sich mal einen ordentlichen Job suchen, da-
mit er mit dem Geld, das er verdient, Leuten helfen kann, die es nötig
haben. [29] Hört auch auf, über andere Leute abzulästern! Wenn ihr was
sagt, sollen andere damit etwas anfangen können. Es ist immer besser,
Menschen zu ermutigen. [30] Ihr solltet auf keinen Fall den Geist von Gott
traurig machen! Er ist eure Garantie, dass ihr irgendwann im Himmel
landet. [31] Wenn ihr Leuten nicht vergeben könnt oder Angewohnheiten
habt wie plötzliche Ausraster, Rumlästern, Wutanfälle, Aggressionen,
Frust könnt ihr das alles getrost in die Tonne drücken. [32] Geht nett mit-
einander um, zeigt Mitgefühl und verzeiht euch gegenseitig, wenn ihr
euch mal verletzt habt. Hat Jesus ja auch gemacht!

5

[1] Lebt am besten so, wie Gott es euch vorgemacht hat! Ihr seid seine
Kinder, die er wie verrückt liebt. [2] Liebe soll euer Leben bestimmen,
genauso wie das bei Jesus war. Er hat uns so sehr geliebt, dass er bereit
war sein Leben für uns zu geben. Und Gott hat das sehr gut gefallen.
[3] Darum ist es doch irgendwie logisch, dass ihr euch solche Sachen wie
ein derbes Partyleben ohne Grenzen oder ätzende Sexsachen echt nicht
mehr geben könnt, oder? Das Gleiche gilt übrigens auch für Rumgeizen
und so. [4] Was dann auch nicht mehr zu euch passt, ist dummes dre-
ckiges Gelaber. Versucht es doch mal damit, Gott zu danken und ihm
zu sagen, wie gut er ist! [5] Hey, eins muss euch echt klar sein: In Gottes
Land hat keiner Platz, der nur auf Partyleben aus ist, der ständig feiern
geht, ohne eine Grenze einzuhalten. Auch für Pornofans oder Geiz-
kragen ist da nichts zu holen, denn das sind ja im Grunde Menschen,
die irgendwelche Dinge zu ihrem Gott machen. [6] Passt bloß auf, dass
ihr euch nicht von irgendeinem süßen Gelaber zu solchen Sachen ver-
führen lasst. Gott hat auf bestimmte Sachen überhaupt keinen Bock,
und jeder, der sie trotzdem tut, muss die Konsequenzen selber tragen.
[7] Also macht einen großen Bogen um solche Leute, ja?! [8] Früher wart
ihr noch ziemlich finster drauf, aber jetzt ist das doch anders! Jesus hat
bei euch die Lampen auf hundert gedreht, [9] und dieses Licht, was jetzt
in euch strahlt, lässt ehrliche Liebe, einen Sinn für Gerechtigkeit und
eine Leidenschaft für die Wahrheit in euch wachsen. [10] Versucht doch
mal herauszufinden, was Gott eine Freude machen würde! [11] Lasst euch
nicht einen Zentimeter auf die dunkle Seite der Macht ein, lasst die Fin-
ger davon! Spielt auch nicht damit, sondern geht dagegen vor, bringt sie

an die Öffentlichkeit. 12 Ich kriege einen roten Kopf, wenn ich nur daran
denke, was Menschen so alles hinter verschlossenen Türen für Sachen
bringen! Furchtbar, ich mag das hier gar nicht aussprechen! 13 Wenn
Gott aber sein Licht da draufwirft, dann kommt alles irgendwann raus!
14 Wenn er solche Sachen aufdeckt, dann kann alles auch noch wieder
gut werden. Es gibt da ja auch so ein Lied, wo der Text sagt: „Wach auf,
penn nicht mehr so lange, komm von den Toten wieder zurück, dann
wird Christus für dich wie ein Licht sein.“ 15 Passt also ganz genau auf,
was ihr so alles bringt im Leben. Checkt euch ständig ab. Ihr sollt nicht
so draufkommen wie Menschen, die keine Ahnung von Gott haben. Ihr
kennt und liebt ihn! 16 Nutzt jede Minute eures Lebens voll aus, denn wir
leben in einer üblen Zeit. 17 Seid nicht so verpeilt. Versucht zu begreifen,
was Gott von euch möchte. 18 Hört auf, euch mit Alk breit zu hauen!
Damit macht ihr nur euer Leben kaputt. Lasst euch lieber mit dem hei-
ligen Geist abfüllen. 19 Das geht los, wenn ihr anfangt, Gott mit Liedern
und Gebeten danke zu sagen! Macht das mit Musik und macht das aus
vollem Herzen. 20 Bedankt euch immer und für alles bei Gott und tut
das im Namen von Jesus Christus.

Wie eine Ehe unter Christen laufen soll

21 In euren Ehen soll es so laufen, dass jeder über den anderen das
Sagen hat, und Christus soll über beide das Sagen haben. 22 Ich meine
damit, dass sich die Ehefrauen ihren Männern so unterordnen sollen,
als würden sie sich Christus unterordnen. 23 Der Mann soll der Chef in
der Ehe sein, auf die Art, wie Jesus der Chef seiner Gemeinde ist. Und
Jesus hat für seine Leute schließlich alles gegeben. 24 Genauso wie sich
die Gemeinde unter Jesus stellt, sollten sich die Ehefrauen auch unter
ihren Mann stellen. 25 Und allen Männern, die verheiratet sind, sag
ich nur: Liebt eure Frauen so, wie Jesus die Gemeinde liebt. Er hat für
die Gemeinde alles gegeben! 26 Er wollte, dass sie ganz zu ihm gehört,
sauber gewaschen wie durch eine Dusche mit seinen Worten. 27 Sein
Plan war, dass die Gemeinde wie seine geliebte Ehefrau sein sollte, so
schön wie ein Topmodel, ohne Falten und Pickel oder so was, eben ein-
wandfrei und gut. 28 Die Männer sind aber genau so gefragt, ihre Frauen
zu lieben, so, wie sie sich selbst lieben. Die beiden sind zusammenge-
schweißt, nichts kann sie mehr auseinander bringen. Wer seine Frau so
liebt, zeigt damit, dass er sich selber auch liebt. 29 Keiner ist so blöd und
hasst seinen eigenen Körper. Er passt auf ihn auf, und genauso passt
Jesus auch auf seine Gemeinde auf und sorgt für sie. 30 Wir gehören alle
total zu ihm. Wir sind miteinander verwachsen, so wie ein Arm zu sei-
nem Körper gehört. 31 In den alten Schriften steht ja auch: „Darum wird

ein Mann seine Eltern hinter sich lassen, er wird ausziehen und sich mit
seiner Frau zusammentun. Beide werden dann zu einer Einheit.“ 32 In
diesem ganzen Eheding steckt für mich voll ein Geheimnis. Ich sehe da
drin ein Bild für die Gemeinschaft zwischen Jesus und seinen Leuten.
33 Darum will ich hier noch mal festhalten: Jeder Ehemann soll seine
Frau so lieben, wie er sich selber auch liebt. Und für die Ehefrau sollte
das Ziel sein, Respekt vor ihrem Mann zu haben.

6

Beziehung zwischen Eltern und Kindern

1 Allen Kindern kann ich nur sagen: Hört auf das, was eure Eltern euch
sagen. Gott will das von euch. 2 „Du sollst deinem Vater und deiner
Mutter mit Achtung begegnen.“ Das ist ein wichtiges Gesetz, und Gott
gibt dazu auch gleich ein schönes Versprechen ab: 3 „Wenn du das tust,
dann wird es dir gut gehen, und du wirst lange leben.“ 4 Die Väter soll-
ten bei der Erziehung darauf achten, immer fair zu sein und keinen un-
gerecht zu behandeln. Das gibt nur böses Blut. Sie sollen ihren Kindern
lieber den Weg deutlich machen, den Gott mit ihnen gehen will.

Wie das Verhältnis zwischen Arbeitern und ihren Chefs sein sollte

5 Tut das, was die Chefs euch auftragen! Eure Einstellung ihnen gegen-
über soll von Respekt geprägt sein. Befolgt ihre Anweisungen loyal,
genauso wie ihr die Anweisungen von Jesus befolgt. 6 Gebt alles auf der
Arbeit, aber tut das nicht, um Menschen zu beeindrucken, sondern tut
das als Arbeiter von Jesus, dem ihr radikal dienen wollt. 7 Nicht verges-
sen, Leute: Ihr arbeitet letztendlich nicht für Menschen, sondern immer
für Gott. 8 Ihr werdet eine gerechte Bezahlung für das bekommen, was
ihr getan habt, egal wie jetzt eurer Status in der Gesellschaft ist. 9 Das
Gleiche gilt übrigens auch für die Chefs. Droht euren Untergebenen
nicht ständig mit Strafen und so. Vergesst bitte nicht, dass ihr genau
denselben Chef im Himmel sitzen habt wie sie. Und der hat auch keine
Lieblingsmenschen.

Waffen für den Lebenskampf

10 Und was ich euch am Ende noch mal sagen will: Ihr müsst stark
werden durch Jesus, seine Kraft kann euch stark machen. 11 Legt euch
das ganze Waffenarsenal zu, das euch Gott zur Verfügung stellt. Damit
könnt ihr euch gegen die linken Attacken vom Satan wehren. 12 Wir
kämpfen ja nicht gegen Menschen, die ihre Muskeln und Fähigkeiten
gegen uns einsetzen, sondern gegen übernatürliche Mächte, gegen
böse Geister, linke Bazillen aus einer parallelen Dimension, gegen die

dunkle Seite der Macht, die diese Welt beherrscht. 13 Darum legt euch
das gesamte Waffenarsenal zu, das Gott für euch bereitgestellt hat.
Damit werdet ihr die linken Attacken der bösen Seite abwehren können,
wenn es mal zum Kampf kommt. 14 Als Waffengurt könnt ihr die Wahr-
heit Gottes anziehen und um den Oberkörper eine schusssichere Wes-
te, indem ihr euch immer bewusst macht, dass Jesus euch für Gott okay
gemacht hat. 15 An die Füße sollen die Boots, die dafür stehen, jedem
und überall die gute Nachricht erzählen zu wollen, dass Gott mit den
Menschen Frieden geschlossen hat. 16 Setzt euer Vertrauen in Gott wie
einen Schutzschild ein, der die Laserschüsse vom Feind Satan abfängt.
17 Euer Kopf kann durch einen guten Helm geschützt werden, dadurch
dass ihr wisst, ihr seid von ihm gerettet worden und darum sicher. Und
als Laserschwert könnt ihr die Worte von Gott benutzen. Sein Geist
stellt euch dieses Schwert zur Verfügung. 18 Hört nie auf zu beten, egal
wo ihr auch gerade seid. Betet ständig durch seine Kraft, pennt dabei
nicht ein und bleibt wachsam. Und betet auch für die andern Christen
in der Welt. 19 Und bitte betet auch mal für mich! Bittet Gott darum,
dass er mir die richtigen Worte gibt, wenn ich mich öffentlich zu Jesus
stelle und den Leuten die Sache mit Jesus erklären will. 20 Ich sitze jetzt
deswegen im Knast fest. Betet mit mir, dass ich meinen Job bald wieder
volles Rohr weitertun kann, so wie es Gott von mir möchte. 21 Tychikus,
ein guter Freund von mir, der auch mit zur Jesus-Familie gehört, wird
euch alles Weitere von mir erzählen. Er ist ein ganz treuer Mitarbeiter
und gibt alles für Gott. 22 Er hat den Auftrag von mir bekommen, euch
zu erzählen, was bei mir abgeht. Und er soll euch auch gut draufbrin-
gen. 23 Ich wünsche euch Frieden, liebe Freunde, Liebe und das Ver-
trauen, das von Gott kommt, dem Vater, und Jesus Christus, dem Chef.
24 Gottes Liebe wünsche ich allen, die Jesus Christus lieben!
Euer Paulus

Ein Brief an die Christen, die in Philippi wohnen

1

Absender und Anschrift

[1] Absender: Paulus und Timotheus, beide für Jesus Christus unterwegs. An: alle Christen in Philippi, die Leiter der Gemeinde und alle Mitarbeiter. [2] Hallo Leute! Wir wünschen euch Freude und den Frieden, den man durch ein Leben mit Gott bekommt. Beides kommt von Gott, unserem Vater, und von Jesus Christus.

Paulus betet für die Gemeinde

[3] Jedes Mal, wenn ich an euch denke, bin ich Gott voll dankbar! [4] Ich bete zurzeit ständig für euch, und immer wenn ich das tue, muss ich mich erst mal echt freuen. [5] Das liegt wohl auch da dran, dass ich bei euch sehen kann, wie ihr euch von Anfang an bis jetzt mit mir zusammen für die gute Nachricht eingesetzt habt. [6] Ich bin mir deswegen auch sehr sicher, dass Gott, so wie ihr am Anfang durchgestartet seid, sein Ding mit euch auch bis zum Ende durchziehen wird, bis zu dem Tag, an dem Jesus sein Comeback feiern wird. [7] Ist ja auch kein großes Ding, dass ich so von euch denke. Ihr liegt mir einfach ganz besonders am Herzen. Daran wird sich auch so schnell nichts ändern, egal wie die Umstände gerade auch sind. Ich stecke zurzeit im Knast und muss mich vor Gericht dafür verantworten, dass ich die Neuigkeit von Jesus überall weitererzähle. Dadurch, dass ihr für mich betet und hinter mir steht, bekommt ihr auch etwas von den Sachen ab, die Gott mir geschenkt hat. [8] Hey, Gott ist mein Zeuge, ich hätte so einen Bock, jetzt bei euch zu sein! Ich liebe euch mit derselben Liebe, die Jesus für euch hat! [9] Ich habe zu Gott gesagt, dass er eure Liebesfähigkeit immer größer und tiefer werden lassen soll. Das passiert in dem Maß, wie ihr peilt, was Gott von euch will, und euer Leben danach ausrichtet. [10] Dann seid ihr auch in der Lage herauszufinden, was bei Gott wichtig ist, damit ihr an dem letzten Tag, wenn wir alle vor Gottes Gericht stehen, astrein und ohne Dreck seid. [11] Alle die guten Sachen, die Jesus in einem Leben bewirkt, das frei und ohne Schuldbelastung ist, kann man bei euch vorfinden. Und das alles ist da, damit Gott am Ende groß rauskommt, damit klar wird, dass er der Beste ist.

Jeder soll hören, wie geil es ist, mit Jesus zu leben

12 Freunde, ihr sollt wissen, dass meine Untersuchungshaft sich letzt-
endlich als echte Chance rausgestellt hat, von Jesus zu erzählen. 13 Dass
ich hier im Knast festsitze, nur weil ich auf Jesus vertraue, ist inzwi-
schen den Römern, die mich gefangen halten, und auch allen anderen
hier klar geworden. 14 Außerdem haben dadurch, dass ich hier festsitze,
irgendwie viele Christen neuen Mut und neue Hoffnung bekommen.
Viele treten jetzt noch radikaler in der Öffentlichkeit für Jesus auf und
predigen überall von der Sache mit Gott, ohne Angst dabei zu haben.
15 Es gibt auch ein paar Leute, die das mit nicht so guten Motiven ma-
chen. Einige tun es, weil sie neidisch sind und mir eine erfolgreiche
Missionsarbeit einfach nicht gönnen. Andere tun das aber mit einer voll
guten Einstellung. 16 Die tun es nämlich aus Liebe, weil sie wissen, dass
ich gerade nicht kann, weil ich für meinen Glauben verhaftet worden
bin und hier festsitze. 17 Die anderen machen das aber vor allem, weil
sie die großen Helden sein wollen. Sie wollen mir beweisen, dass sie es
besser können als ich. Sie sind nicht gerade und wollen mich nur traurig
machen. 18 Ist mir aber letztendlich total egal! Hauptsache, es wird von
Jesus Christus erzählt. Wie das dann passiert, ob aus guten Motiven
oder nur um mal 'ne schöne Geschichte vom Stapel zu lassen, ist mir
wurscht. Ich möchte bloß, dass jeder davon hört, wer Jesus Christus
überhaupt ist! Da drüber freue ich mich, und immer, wenn das passiert,
werde ich mich auch in Zukunft freuen! 19 Weil ich weiß, dass ihr für
mich betet, und weil ich spüre, wie der heilige Geist bei mir ist, bin ich
mir sicher, dass hier alles für mich klargehen wird. 20 Ich hoffe sehr, dass
ich das hier durchziehe. Ich möchte aber frei und ohne Probleme so
wie früher dafür sorgen, dass Jesus groß rauskommt. Wie das passiert,
ist mir letztendlich egal, ob ich dafür nun sterben muss oder am Leben
bleibe. 21 Denn Jesus Christus bedeutet alles für mich. Er ist der Grund,
warum ich lebe, und selbst wenn ich sterbe, hab ich gewonnen, weil
ich dann bei ihm bin. 22 Wenn es aber so sein soll, dass ich hier auf der
Erde weiterlebe, dann nur deshalb, damit ich hier noch mehr für Jesus
reißen kann. Darum fällt es mir echt schwer, mich für eins von beiden
zu entscheiden. 23 Beide Möglichkeiten zecken mich irgendwie an. Auf
der einen Seite habe ich Lust zu sterben, um dann bei Jesus zu sein,
das wäre total schön! 24 Auf der anderen Seite denk ich dann aber auch
wieder an euch. 25 Ich bin mir aber ziemlich sicher, dass ich am Leben
bleiben werde. Ich soll euch weiter supporten, ich will dafür sorgen,
dass euer Vertrauen in Gott stark wird und ihr Spaß dabei habt. 26 Wenn
ich endlich wieder bei euch bin, werdet ihr erst recht auf Jesus Christus
abgehen können, weil er wieder so gute Sachen getan hat.

Ätzende Sachen für Gott durchmachen

27 Passt auf, dass eure ganze Gemeinde so draufkommt, wie es Gottes
Sache entspricht! Egal ob ich bei euch leibhaftig vor Ort bin oder aus
der Entfernung zu euch rede, ich möchte auf jeden Fall, dass ihr total
zusammenhaltet! Ihr sollt gemeinsam dafür kämpfen, dass immer mehr
Leute ihr Vertrauen auf Jesus setzen! 28 Lasst euch kein Stück von den
Leuten einschüchtern, die euch ans Bein pinkeln wollen. So werden sie
kapieren, dass sie in der Hölle landen. Für euch ist es ein Beweis, dass
ihr von Gott gerettet worden seid. 29 Ihr habt nicht nur die Chance von
Jesus bekommen, mit ihm zu leben, ihr dürft für ihn auch ätzende Sa-
chen durchmachen. 30 So seid ihr in demselben Kampf drin wie ich. Und
wie der abgeht, habt ihr ja früher schon mal bei mir beobachten können.
Jetzt kann ich euch noch mal davon erzählen.

2

Jesus, unser Star und unser Vorbild

1 Ihr seid doch so drauf, dass ihr euch gegenseitig aufbaut. Man kann bei
euch doch liebevoll getröstet werden, wenn man das mal braucht. Ihr
haltet doch zusammen, weil der heilige Geist das möglich macht. Und
ihr spürt das, wenn es anderen schlecht geht und sie Hilfe brauchen.
2 Darüber freu ich mich auch! Total freuen würde ich mich aber, wenn ihr
alle dieselbe Denkweise bekommen würdet. Wenn ihr durch die Liebe
eng miteinander verbunden seid und ganz fest zusammenhaltet, das
wäre echt toll. 3 Wenn es am Ende doch immer nur um euch und eure
eigenen Interessen geht, dass ihr vielleicht sogar ein Star werden wollt,
das wäre nicht gut. Ganz im Gegenteil, Leute, nehmt euch selber nicht so
wichtig und lebt immer so, als wären alle anderen wichtiger als ihr selber.
4 Denkt nicht immer zuerst an euren Vorteil, sondern lasst die anderen
Leute gut aussehen und helft ihnen. 5 Ihr sollt so draufkommen wie Je-
sus! 6 Obwohl er alle Möglichkeiten hatte, die einem Gott zur Verfügung
stehen, hat er da drauf verzichtet, diese Möglichkeiten auch voll auszu-
schöpfen. 7 Er gab sogar alle seine Rechte auf. Er wurde zu einem Nichts
und schlüpfte in die Rolle eines billigen Angestellten, nur um einer von
uns zu werden. 8 Er schmiss sich in den Dreck und gehorchte Gott bis
zum letzten Atemzug, bis zur Hinrichtung am Kreuz. 9 Darum hat Gott
ihn am Ende auch groß rausgebracht. Er hat ihm eine hohe Stellung ge-
geben, eine höhere gibt es nicht! 10 Alles wird sich einmal vor Jesus hin-
schmeißen, weil er die absolute Autorität ist. Alles, was aus der überna-
türlichen und natürlichen Welt kommt, wird das tun. Sogar alle, die sich
im Land der Toten aufhalten, 11 alle werden irgendwann bekennen, dass
Jesus Christus über allem steht! Gott der Vater soll geehrt werden.

Wie haben viel Grund, für Gott abzugehen

12 Also ihr Lieben, ihr habt ja immer alles umgesetzt, was ich euch
empfohlen habe. Egal ob ich bei euch vor Ort bin oder ob ich gerade
nicht da sein kann: Hört auf das, was ich euch sage! Tut was dafür,
dass ihr von Gott gerettet werdet! Von dem Gott, vor dem man zittern
muss. 13 Aber dieser Gott sorgt ja für beides bei euch, einmal, dass ihr
das überhaupt wollt, und dann, dass ihr es überhaupt schaffen könnt,
damit er sich über euch freut. 14 Bei allem, was ihr so anpackt, versucht
immer gut drauf zu sein und passt auf, nicht ständig ins Grübeln und
Zweifeln zu kommen. 15 Dann wird euer Leben sauber und mit einer
guten Einstellung abgehen. Und das mitten in einer total verdrehten
und perversen Welt. Ihr werdet dann strahlen wie ein Stern in einer dun-
klen Nacht, so sehr werdet ihr auffallen. 16 Dazu ist es wichtig, dass ihr
an den Worten festhaltet, die euch den Weg zum Leben gezeigt haben.
Wenn Jesus dann wiederkommt, kann ich echt stolz auf euch sein. Die
ganze Arbeit mit euch hat sich echt gelohnt. 17 Selbst wenn ich bei der
Arbeit für euch umgebracht werden sollte und mein Blut sozusagen
wie ein Opfer für euch vergossen wird, freue ich mich. Ich freu mich
nämlich, dass ihr Jesus kennen gelernt habt und jetzt mit ihm lebt! 18 Da
drüber könnt ihr übrigens auch mal 'ne Runde ausrasten und euch mit
mir da drüber freuen!

Auf Timotheus ist Verlass

19 Hoffentlich kann ich Timotheus bald bei euch vorbeischicken. Jesus,
bitte mach, dass das klappt! Dann könnte er mir erzählen, was bei euch
so abgeht, und mich ein bisschen ermutigen. 20 Es gibt echt keinen an-
deren Menschen, der in vielen Sachen genau so denkt und fühlt wie ich,
und Timotheus sorgt sich auch genauso um euch wie ich. 21 Überall will
jeder nur sein eigenes Ding machen, und keiner kümmert sich da drum,
was Jesus eigentlich will. 22 Ihr wisst ja, dass man sich auf Timotheus
verlassen kann. Wir haben fast eine Vater-Sohn-Beziehung, und genauso
treu unterstützt er mich, wenn ich die gute Nachricht überall verbreite.
23 Sobald ich endlich weiß, wie es hier weitergeht, schicke ich ihn mal
bei euch vorbei. 24 Ich vertraue Gott, dass es bald möglich sein wird,
persönlich bei euch aufzuschlagen. 25 Ich hatte das Gefühl, es wäre eine
gute Idee, den Epaphroditus wieder zu euch zurückzuschicken. Er war
hier eine große Hilfe für mich und ist mir als Glaubensbruder, Mitarbei-
ter und Mitkämpfer immer gut zur Hand gegangen. 26 Er hatte jetzt aber
wirklich Heimweh nach euch allen, schon alleine wegen der Sorgen,
die ihr euch wegen seiner Erkrankung gemacht habt. 27 Epaphroditus
war wirklich kurz davor, zu sterben, so krank war er! Aber Gott hat ihm

ganz lieb geholfen, im Grunde nicht nur ihm, sondern uns beiden. Ich
hätte bestimmt voll abgeheult und wäre noch trauriger geworden, als
ich eh schon bin. 28 Ich hab ihn jetzt, so schnell es geht, wieder zu euch
geschickt. Ich hoffe, ihr freut euch, wenn er wieder gesund bei euch
ankommt. Für mich bedeutet das auch, eine Sorge weniger zu haben.
29 Organisiert ihm einen netten jesusmäßigen Empfang und freut euch
mal, dass er kommt! So Leute wie er haben das echt verdient! 30 Er hat
für Jesus wirklich alles gegeben und sich für mich sogar einmal in Le-
bensgefahr begeben. Als ihr nicht da sein konntet, war er zur Stelle.

3

Nicht die Gesetze bringen es, sondern Jesus!

1 Ach übrigens, Leute: Freut euch an Jesus! Macht mir Spaß, euch
immer wieder das Gleiche zu schreiben! Vielleicht merkt ihr euch das
dann auch mal und werdet noch sicherer im Glauben. 2 Passt bloß auf
vor diesen Heinis, die bei euch alles kaputtmachen wollen! Sie sind
wie schlecht trainierte Bulldogs, die mit ihrer falschen Beschneidungs-
theologie auf euch losgelassen werden! 3 Glaubt denen kein Wort! Zu
Gottes Leuten gehört man nicht durch irgendein äußeres Beschnei-
dungsritual. Wir gehören zu ihm, weil er uns seinen heiligen Geist
gegeben hat und wir ihm jetzt dienen. Das hat nichts mit unsern tollen
Taten zu tun! 4 Wenn jetzt jemand meint, das Beschneidungsding (und
alles, was damit zu tun hat) wäre nun die Sache schlechthin, auf die es
Gott alleine ankommt, dann hätte ich es ja schon lange gepackt! 5 Ich
wurde exakt am achten Tag nach der Geburt an der Vorhaut beschnit-
ten. Ich komme aus dem Volk Israel, und da sogar aus der Familie vom
Benjamin. Ich bin seit meiner Geburt ein Jude, genau wie alle meine
Vorfahren das waren. Und dann gehörte ich auch noch zu den streng
religiösen Pharisäern, die es mit den Gesetzen von Gott immer ganz
genau nehmen. 6 Ich habe die Christen früher krass verfolgt und im-
mer alles getan, was die religiösen Gesetze vorgeschrieben haben. Da
hab ich nichts anbrennen lassen. 7 Aber alles, was mir früher sonst wie
wichtig gewesen ist, bedeutet für mich heute nur einen Haufen Schei-
ße, wenn ich es mit dem vergleiche, was ich jetzt mit Jesus habe! 8 Mir
ist echt klar geworden, dass im Vergleich mit den unbeschreiblichen
geilen Sachen, die ich jetzt mit Jesus habe, mir alles andere in der Welt
echt am Arsch vorbeigeht. Solange ich Jesus habe, kannst du mir alles
andere echt schenken! 9 Ihm will ich mich radikal ausliefern! Ich werde
nicht gut durch das Befolgen von irgendwelchen religiösen Gesetzen.
Okay für Gott werde ich alleine dadurch, dass ich mein Vertrauen auf
Jesus Christus setze. 10 Es geht mir nur um ihn. Ich möchte immer

besser kapieren, wie er drauf ist. Ich will ihn immer besser kennen
lernen, möchte immer mehr so werden wie er. Die Kraft, die durch
seine Auferstehung freigesetzt wurde, will ich auch erleben. Und auch
durch die ätzenden Sachen, die er erlebt hat, will ich etwas lernen. Ich
möchte sogar seinen Tod sterben und auch in dem Punkt so werden
wie er. [11] Ich möchte auf jeden Fall dabei sein, wenn alle Menschen, die
tot sind, wieder vom Tod auferstehen.

Auf dem Weg zum Ziel

[12] Mir ist dabei total klar, dass ich noch lange nicht beim Ziel angekom-
men bin. Aber ich gebe echt alles, um dieses Ziel zu erreichen! Ich will
unbedingt den Preis bekommen, der auf den Sieg ausgeschrieben wur-
de! Der Preis soll mir gehören, genauso wie ich jetzt Jesus total gehöre.
[13] Freunde, ich weiß natürlich, dass ich noch nicht am Ziel angekommen
bin. Aber eins kann ich euch versprechen: Ich vergesse alles, was hinter
mir liegt, und konzentriere mich nur noch auf dieses Ziel. [14] Ich gebe
echt alles und laufe mit voller Kraft auf das Ziel zu, um diesen Preis zu
bekommen. Dieser Preis, der im Himmel auf mich wartet, ist ein Leben
in der Nähe Gottes. Dafür hat Gott uns durch Jesus Christus ausge-
sucht. [15] Wir alle, die wir auf diesem Weg zum Ziel sind, wollen so leben.
Falls ihr anderer Meinung seid, wird Gott euch das schon erklären.
[16] Was ihr jetzt schon im Leben mit Gott gepackt habt, müsst ihr euch
echt bewahren.

Auf Jesus ausrichten, nicht auf Sachen aus der Welt

[17] Nehmt mich ruhig als euer Vorbild und schaut euch was ab von den
Menschen, die so leben wie ich. [18] Leute, ich muss echt heulen, wenn
ich euch das jetzt schreibe: Ich sag euch doch immer wieder, dass ihr
euch in Acht nehmen müsst vor diesen Pseudo-Christen! Sie gehören
zur anderen Seite und sind Feinde von dem, was Jesus am Kreuz für uns
getan hat. [19] Sie werden ihr Urteil kriegen, wenn sie tot sind. Solange sie
sich den Bauch voll schlagen können, ist ihnen alles andere egal. Und
auf die peinlichen Sachen, die sie bringen, sind sie sogar noch stolz!
Sie leben voll in der Dimension dieser Welt. [20] Wir leben aber in einer
anderen Dimension, wir haben einen Pass, auf dem unter der Rubrik
„Nationalität" bei uns „Himmel" steht. Aus dieser Position erwarten
wir unseren Helden, Jesus Christus, der uns gerettet hat! [21] Er wird dann
unseren alten Körper, der nur ein begrenztes Haltbarkeitsdatum hat,
verwandeln. Unser neuer Körper wird so werden wie der von Jesus, als
er aus dem Tod auferstanden ist. Jesus kann das, er hat das Sagen über
alles.

4

Wie Christen abgehen sollen

1 Also, ihr lieben Geschwister, ich habe echt so einen Bock, euch bald
mal wieder zu sehen! Ich freu mich voll über euch, ihr seid wie ein
Hauptgewinn für mich. Bitte zieht mit Jesus voll durch! 2 Evodia und
Syntyche sollen sich mal endlich einigen. Sie sind sich ja auch da drin
einig, Jesus zu vertrauen. 3 Vielleicht kannst du, mein Freund, zwischen
den beiden vermitteln? Auf dich konnte ich mich ja immer verlassen.
Du hast dich gemeinsam mit Klemens voll für die gute Nachricht von
Jesus eingesetzt. Gott hat eure Namen schon längst in sein Buch ge-
schrieben, wo alle drinstehen, die mit ihm leben werden. 4 Leute, ihr
könnt echt abgehen vor Freude, weil ihr mit Jesus lebt! Ich schreib das
jetzt noch mal: Geht ab vor Freude, weil ihr zu Jesus gehört! 5 Alle sol-
len mitbekommen, wie cool ihr mit den anderen Menschen umgeht,
dass ihr nett zueinander seid und so. Jesus kommt bald zurück! 6 Leu-
te, macht euch echt nicht über alles den Kopf! Wenn ihr ein Problem
habt, dann geht damit zu Gott. Man kann ihn echt um alles bitten und
sich auch bei ihm bedanken. 7 Gott kann euch ein entspanntes Leben
geben, einen Frieden, den man mit seinem Hirn nicht begreifen kann.
Dieser Frieden geht über den Verstand hinaus. Er sorgt dafür, dass wir
mit unseren Gefühlen und Gedanken bei Jesus bleiben. 8 Eine Sache
ist mir noch wichtig, liebe Geschwister: Wenn ihr Richtung in eurem
Leben braucht, orientiert euch an den Sachen, die ehrlich sind, gut und
gerecht, was für Gott okay ist, was von Liebe geprägt ist. Wenn etwas
diesen Richtlinien entspricht, kann man danach wirklich leben. 9 Die Sa-
chen, die ich euch beigebracht habe, alles, was ihr bei mir gesehen habt,
daran könnt ihr euch orientieren. Der Gott, der uns Frieden gebracht
hat, wird euch immer nahe sein.

Paulus freut sich über die Philipper

10 Ich hab mich echt voll über eure fette Spende gefreut! Ich weiß, ihr
wolltet mir ja schon die ganze Zeit etwas Geld überweisen, aber wegen
ungünstiger Umstände hat das bisher nicht geklappt. Danke, Jesus!
11 Ich will euch jetzt nicht rüberbringen, dass ich gleich wieder rumheu-
le. Hab im Lauf der Zeit echt gelernt, immer gut klarzukommen, wie
die Umstände auch sein mögen. 12 Pupsegal, ob ich jetzt fett Geld habe
oder gar nichts, ich kenne beide Situationen und komme so oder so klar.
Egal, ob ich jetzt immer genug zu essen habe oder hungern muss, ich
kann mich auf die jeweilige Situation gut einstellen. 13 Wie ich das ma-
che? Hey, mir ist nichts unmöglich, weil Jesus mich einfach stark macht!

[14] Trotzdem vielen Dank für eure Hilfe in dieser Situation. [15] Ihr wisst ja,
dass ihr die Einzigen wart, die mich damals finanziell unterstützt haben.
Als ich von Mazedonien loszog, um eine Predigttour zu starten, wart
ihr die Einzigen, von denen ich finanzielle Hilfe angenommen habe.
Beruht ja auch auf Gegenseitigkeit, ich hab euch ja schließlich auch was
gegeben, oder? Die coole Nachricht über Jesus Christus! [16] Ihr standet ja
schon auf meiner Spenderliste, als ich noch in Thessalonich unterwegs
war. Da kam die erste Spende rein, später dann ja noch mehr. [17] Es geht
mir jetzt nicht um die Kohle, nur dass ihr Bescheid wisst. Ich möchte
bloß, dass es als ein Ergebnis meiner Arbeit bei euch angesehen wird.
[18] Alles, was ihr Epaphroditus mitgegeben habt, hab ich bekommen.
Hey, das war echt viel mehr, als ich wirklich gebraucht habe, vielen
Dank! Gott findet dieses Opfer, was ihr da gebracht habt, auch super-
geil! [19] Weil ihm einfach alles gehört, was es gibt, wird er euch auch alles
geben, was ihr so zum Leben braucht. So ist mein Gott einfach drauf.
[20] Er soll immer der Erste sein. Unser Vater ist der Größte, das war er
immer schon und wird er auch immer bleiben! So stimmt es!

Grüße und Tschüs

[21] Schöne Grüße an all die Christen bei euch in Philippi! Ich soll euch
auch von den Glaubensbrüdern hier Grüße ausrichten! [22] Auch alle an-
dern Christen von hier richten Grüße aus, ganz besonders soll ich von
den Angestellten vom Kaiser grüßen. [23] Jesus Christus soll mit seiner
Freude und seiner Liebe euch ganz nahe sein.
Euer Paulus

Ein Brief an die Christen, die in Kolossä wohnen

1

Anschrift und Grüße

1 Absender: Paulus, ein von Gott beauftragter Botschafter für die Sa-
che von Jesus, und sein Mitarbeiter Timotheus. 2 An: die Christen in
Kolossä, die ihr Vertrauen auf Jesus gesetzt haben. Hallo Leute! Wir
wünschen euch, dass ihr Frieden und Freude unter euch habt. Beides
bekommt man von Gott, unserem Vater.

Wir beten auch für euch

3 Wenn wir zusammen für euch beten, dann müssen wir Gott, dem Vater
von Jesus, erst mal sehr für euch danken! 4 Man erzählt sich, dass ihr echt
gut mit Jesus Christus unterwegs seid und dass ihr sehr liebevoll mit allen
andern Christen umgeht. 5 Ihr habt anscheinend begriffen, dass man sich
auf den Himmel freuen kann! Von dieser Hoffnung habt ihr das erste Mal
gehört, als man euch die Wahrheit erzählt hat, nämlich die gute neue
Nachricht über Jesus. 6 Diese Neuigkeit hat sich ja mittlerweile in der
ganzen Welt rumgesprochen! Immer mehr Leute hören davon, und da-
durch wachsen viele gute Früchte. Menschen haben angefangen, Gott zu
vertrauen. Das war ja bei euch auch so. Schon vom ersten Tag an, als ihr
davon gehört hattet, wie sehr Gott die Menschen liebt und dass er ihnen
alles verzeihen will, seid ihr da drauf abgegangen. 7 Das erste Mal hat
Epaphras, ein Mitarbeiter von uns, den wir echt gern haben, euch davon
erzählt. Der ist Jesus immer ganz treu gewesen, und das war er auch bei
euch. 8 Er hat uns auch davon erzählt, dass ihr durch den heiligen Geist
ganz eng zusammengerückt seid und ihr euch gegenseitig echt liebt und
so. 9 Hey, seit wir die ganze Sache über euch gehört haben, beten wir ohne
Ende für euch! Wir bitten Gott immer, dass ihr kapiert, was er von euch
will, und dass sein Geist euch weise macht und euch hilft, den Durchblick
zu kriegen. 10 Dann könnt ihr so leben, wie Gott Bock drauf hat, und viele
gute Sachen für ihn machen. Ihr sollt ihn einfach immer besser kennen
lernen. 11 Bei seiner Power könnt ihr immer wieder neu auftanken und so
euren Weg mit ihm gehen, ohne schlaff und genervt zu sein. 12 Ihr könnt
Gott übrigens echt dankbar sein, er hat euch schließlich schon einen An-
teil von seinem Erbe ausgezahlt! Ihr habt jetzt eine Platzreservierung für
sein neues Land in der Tasche. 13 Er hat uns aus der Gefangenschaft raus-

geholt und von den Handschellen befreit, die die dunkle Seite der Macht angelegt hatte. Und jetzt stehen wir unter der Kontrolle seines geliebten Sohnes Jesus. [14] Er hat uns befreit. Unsere Schulden wurden durch ihn erlassen. Das ist doch echt geil, Leute, oder?

Was Jesus für uns bedeutet

[15] Jesus ist genauso drauf wie sein Vater. Wenn wir ihn ansehen, erkennen wir auch seinen Vater, den man ja nicht wirklich sehen kann. Jesus war schon da, bevor überhaupt alles in der Welt entstanden ist. [16] Durch Jesus ist sogar alles entstanden, was auf der Erde und im Himmel existiert! Alles, was man sehen kann, und alles, was man nicht sehen kann, alle Regierungen, jede Partei, jeder Regierungschef, jede Macht auf der Welt ist durch ihn und für ihn gemacht worden. [17] Jesus Christus war der Erste, der da war. Und nur weil er immer noch da ist, kann alles überhaupt weiterexistieren. [18] Er ist der Kopf der Gemeinschaft aller Christen, die sozusagen sein Körper ist. Mit ihm hat alles angefangen; er war der Erste, der gestorben und dann wieder vom Tod auferstanden ist. Und er soll überall die Nummer eins sein. [19] Gott wollte in seinem Sohn komplett anwesend sein. [20] Er wollte, dass Jesus dafür sorgt, dass alles wieder gut wird in der Beziehung zwischen Gott und der Erde, dass alle Frieden mit ihm finden können. Und das ist dadurch passiert, dass Jesus am Kreuz verblutet ist. [21] Ihr hattet früher auch keine Peilung davon, wer Gott überhaupt ist. So wie ihr damals drauf wart, mit den ganzen linken Sachen, die ihr ständig gebracht habt, seid ihr seine Feinde gewesen. [22] Jesus hat zwischen Gott und den Menschen für Frieden gesorgt. Weil er für uns hingerichtet wurde, können wir jetzt total sauber und frei von irgendwelchen Schulden zu ihm kommen. [23] Lasst euch dieses Vertrauen in ihn auf keinen Fall wieder wegnehmen! Bleibt fest und geht keinen Zentimeter von dieser Hoffnung weg. Ihr habt diese gute Nachricht gepredigt bekommen, und sie gilt auch für alle anderen Menschen auf dieser Erde. Gott will auf jeden Fall von mir, Paulus, dass ich genau das überall weitererzähle.

Paulus ist für Gott bei den Nichtjuden unterwegs

[24] Auch wenn ich teilweise echt ätzende Sachen erleben muss, mach ich das gerne. Ich freu mich sogar darüber. Es wird bald noch mehr Sachen geben, die ich für Jesus durchmachen muss, das weiß ich irgendwie. Ich leide für seinen Körper (und damit meine ich seine Gemeinde). [25] Gott möchte von mir, dass ich für seine Gemeinde da bin; ich soll ihr ohne Ende und radikal die Worte von Gott erzählen. [26] Es geht dabei um ein Geheimnis, von dem keiner wusste, schon solange die Welt besteht. Dieses Geheimnis ist jetzt für euch Christen gelüftet worden. [27] Gott hat

euch gezeigt, was für ein großes und wunderschönes Geheimnis das
ist. Es gilt für alle Menschen, die auf der Erde leben. Dieses Geheim-
nis ist, dass Jesus Christus lebt! Er ist aus dem Tod zurückgekommen
und lebt jetzt in euch weiter. Er hat euch neue Hoffnung gegeben, und
die sagt: Für Gott ist nichts unmöglich!! [28] Von diesem Jesus erzählen
wir euch. Mit dem totalen Überblick, den ich von Gott über die Dinge
bekommen habe, erkläre ich das jedem Menschen. Ich erzähle euch,
worauf ihr aufpassen müsst, damit ihr alles bekommt, was Christus für
euch hat. Ihr sollt einfach starke, reife Christen werden. [29] Darum geht
es mir, dafür gebe ich alles. Ich kämpfe darum mit aller Kraft, die Gott
mir zur Verfügung stellt.

2

Aufpassen vor Leuten, die nur Müll erzählen

[1] Ich möchte, dass ihr euch darüber im Klaren seid, wie sehr ich für euch
kämpfe. Das stimmt übrigens auch für die Gemeinde in Laodizea und
für alle anderen Gemeinden, wo ich persönlich noch nicht sein konnte.
[2] Ich wünsch mir, dass Gott euch mutig macht und euch die Kraft gibt
zusammenzuhalten! Die Kraft dazu kann man in der Liebe von Jesus
finden. Ihr sollt begreifen und glauben, welche derben Sachen in diesem
Geheimnis stecken. Und dieses Geheimnis ist Christus selber. [3] In Jesus
finden wir die Antwort auf alle unsere Fragen, er ist die Weisheit selbst.
[4] Ich schreib das hier noch mal ganz klar auf, damit euch keiner irgendei-
nen Schwachsinn erzählen kann. Damit mein ich so Sachen, die sich gut
anhören, aber total falsch sind. [5] Ich bin zwar körperlich weit von euch
entfernt, aber in Gedanken bin ich ganz nah bei euch. Ich freue mich voll,
wenn ich sehe, wie radikal ihr mit Jesus abgeht und wie gut ihr zusam-
menhaltet. [6] Ihr habt Jesus kennen gelernt und ihn als den Chef in euer
Leben gelassen. Also lebt jetzt auch mit ihm und tut, was er euch sagt!
[7] Wachst in ein Leben mit ihm rein, wie die Wurzeln eines Baumes in die
Erde wachsen. Lasst euer Vertrauen in ihn immer stabiler und fester wer-
den, wie die Wurzeln eines Baumes immer dicker und tiefer werden. So ist
es euch ja beigebracht worden. Und vergesst dabei nicht, euch bei Gott
für die geilen Sachen zu bedanken, die er euch gegeben hat! [8] Seht zu,
dass euch niemand mit irgendeinem Dünnsinn belabert oder irgendeiner
komischen Philosophie. Diese Theorien haben sich immer nur Menschen
ausgedacht. Sie haben nur Ideen aus der Welt als Grundlage und keine
Ideen von Christus. [9] Gott kann man nur in Jesus begreifen, denn Gott
lebt in Jesus – mit allem, was ihn ausmacht. [10] Durch ihn lebt Gott auch in
euch. Und Christus hat das Sagen über jede Macht, über alle Kräfte, die es
so gibt. [11] Weil ihr euer Vertrauen auf Jesus gesetzt habt, konntet ihr euer

altes Leben aufgeben. Dadurch seid ihr im Grunde auch „beschnitten". Ich meine das jetzt nicht so wie diese Vorhaut-Beschneidung, die immer von den Juden durchgezogen wird. Es ist eine neue Form dieser „Beschneidung".
12 Bei der Taufe ist ja euer bisheriges altes Leben begraben worden. Und dann seid ihr mit Jesus auch wieder neu lebendig geworden. Das hat derselbe Gott gemacht, der ihn auch von den Toten zurück ins Leben geholt und zu einem neuen Leben auferweckt hat.
13 Durch den ganzen Mist, den ihr gebaut habt, wart ihr für Gott schon gestorben. Aber durch Jesus hat er euch wieder lebendig gemacht, er hat euch alle Fehler vergeben.
14 Da war noch eine fette Rechnung offen, aber er hat alle Schulden für uns bezahlt. Und diese Rechnung hängt jetzt am Kreuz.
15 So hat er den dämonischen Mächten ihre ganze böse Macht genommen. Gott hat sie furchtbar alt aussehen lassen, als Jesus am Kreuz den Sieg klargemacht hat!

Durch Jesus sind wir frei

16 Leute, lasst euch bitte nicht durch irgendwelche religiösen Typen schlecht draufbringen. Die wollen euch mit diesen Gesetzen (zum Beispiel, wann man was essen darf und wann nicht) nur ein schlechtes Gewissen machen.
17 Diese Regeln sind nur ein popeliger Ersatz für das, was auf uns mal wartet, diese Sachen, die in Jesus Christus für uns Wirklichkeit geworden sind.
18 Passt auf, dass euch niemand diesen Hauptgewinn wieder wegnehmen kann, und schon gar nicht solche Typen, die mit so einer Pseudo-Demutshaltung rumlaufen, die ganz toll zu Engeln beten und mit ihren Visionen den Dicken raushängen lassen. Solche Menschen haben wirklich keinen Grund, groß anzugeben.
19 Sie bauen ihr Leben nicht auf Jesus auf. Dabei ist er doch der Kopf der Gemeinde. Durch ihn wird der ganze Körper erst zusammengehalten! Alle Gelenke, Muskeln und Bänder wachsen durch Gott zusammen, so wie er es will.
20 Als ihr Christen geworden seid, habt ihr diese Welt und ihre Art zu leben hinter euch gelassen. Was wollt ihr dann bitte schön noch mit ihren gesetzlichen Forderungen anfangen? Haben die denn bei euch noch irgendwas zu melden?
21 „Anfassen verboten!" – „Essen verboten!" – „Berühren verboten!"
22 Dabei sind diese Nahrungsmittel zum Essen gemacht worden. Es handelt sich dabei nur um Gesetze, die Menschen sich ausgedacht haben.
23 Sie klingen vielleicht erst mal voll gut. Vielleicht geben sie den Leuten, die danach leben, auch so ein Gefühl von Weisheit und Coolness, und sie glauben dann, besonders fromm zu sein. Doch das kommt nur durch einen selbst gebastelten Glauben, es ist total wertlos! Weil sie mit ihrem Körper radikale Sachen machen, glauben sie, Gott wäre beeindruckt ... Dabei kitzeln sie nur ihr eigenes Ego und finden sich im Spiegel ganz toll.

3

Ein altes und ein neues Leben

1 Wenn ihr jetzt durch Jesus in ein neues Leben durchgestartet seid, streckt euch nur noch nach den Dingen aus, die direkt aus dem Himmel kommen. Sie kommen nämlich von Christus, der dort gleich neben Gott sitzt. 2 Sehnt euch nach den Sachen aus dem Himmel und nicht nach den Dingen von der Erde. 3 Ihr seid doch schon tot für diese Welt! Gott hat euch durch Jesus einen Gutschein für ein neues ewiges Leben in die Hand gedrückt, auch wenn man das jetzt noch nicht sehen kann. 4 Wenn Jesus Christus, durch den wir ja überhaupt erst leben, wiederkommt, dann werden alle Menschen ganz klar sehen können, dass ihr mit ihm gelebt habt.

Wie Christen drauf sein sollen

5 Also verabschiedet euch von den ganzen Dingen, die für diese Welt normal sind! Hört auf mit Pornos, solchen Sexsachen, die Gott nicht will, und ähnlichen Sünden. Auch mit so Sachen wie Profitgier, dass einem also Geld zum Gott wird. Lasst solche Sachen einfach sein! 6 Wer solche Sachen bringt, muss sich nicht wundern, wenn Gott sauer auf ihn ist. 7 Ihr wart ja früher auch so unterwegs. 8 Jetzt ist das aber zum Glück vorbei! Darum lasst auch so Dinge wie Wut und Aggression einfach hinter euch! Menschen ablinken, ablästern und rumfluchen soll bei euch nicht mehr vorkommen, klar?! 9 Hört auf, euch gegenseitig zu belügen. Das gehörte doch zu dem Leben, das ihr eigentlich komplett hinter euch habt, oder? Dieses alte Leben inklusive der Dinge, die ihr in der Zeit gemacht habt, habt ihr doch wie ein altes T-Shirt weggeworfen. 10 Jetzt habt ihr aber ein neues T-Shirt angezogen, weil ihr ganz neue Menschen geworden seid. Diese neue Art von Menschsein wird von Gott organisiert. Und für diesen neuen Mensch hat Gott selbst Modell gestanden. 11 Jetzt ist es wurscht, ob du Grieche oder Jude bist, ob bei dir dieses Beschneidungritual durchgezogen wurde oder nicht, ob du ein Penner bist oder ein Universitätsprofessor, ob du Unternehmer bist oder einfacher Arbeiter. Was wirklich alleine zählt, ist: ob du mit Jesus lebst und er in dir ist! 12 Weil Gott euch ausgesucht hat, weil ihr etwas ganz Besonderes seid und weil Gott euch ohne Ende liebt, könnt ihr auch anders miteinander umgehen! Ihr könnt euch wirklich lieben und nett zueinander sein. Ihr müsst euch selber nicht so wichtig nehmen und darauf achten, dass der andere nicht zu kurz kommt. Und geht entspannt und geduldig miteinander um! 13 Streitet euch nicht, und wenn euch jemand geärgert hat oder mies zu euch war, dann seid bereit, ihm

das zu vergeben. Das hat Jesus ja schließlich auch getan. 14 Hey, Leute,
am wichtigsten ist es echt, sich zu lieben! Wenn ihr die Liebe nicht habt,
dann fehlt euch das Beste. 15 Jesus hat euch ermöglicht, Frieden mit
Gott zu haben. Darum soll dieser Frieden euer ganzes Leben bestim-
men. Gott möchte, dass das bei eurer ganzen Gemeinde der Fall ist.
Dafür könnt ihr ihm echt danken. 16 Sorgt dafür, dass die gute Nachricht
von Jesus bei euch immer wieder erzählt wird. Lasst euch erklären, was
sie bedeutet. Macht euch gegenseitig Mut, indem ihr zusammen Lieder
zu Gott singt, Psalmen betet oder einfach Musik für Gott macht. Ihr
habt doch genug Grund dazu, oder? 17 Egal, was ihr macht, ob ihr jetzt
gerade redet oder irgendwas arbeitet, nehmt Jesus überallhin mit. Man
kann sich bei Gott durch Jesus auch so bedanken.

Ein Leben als Christ in der Familie

18 Den Frauen kann ich nur den Rat geben, sich unter ihre Männer zu
stellen. Jesus will das so. 19 Und den Männern kann ich nur den Rat ge-
ben, ihre Frauen wirklich zu lieben. Lasst keine negativen Gefühle zwi-
schen euch kommen! 20 Für die Kinder gilt, dass sie das tun sollen, was
die Eltern ihnen sagen, und zwar in jedem Bereich. Gott möchte das
und freut sich darüber. 21 Den Vätern kann ich nur sagen, dass sie lie-
bevoll mit ihren Kindern umgehen sollen. Die Kinder brauchen nämlich
viel Selbstbewusstsein.

Mit Jesus im Beruf

22 Wenn jemand einen Chef auf der Arbeit hat, sollte er nicht gegen den
aufmucken. Es geht nicht darum, sich bei dem einzuschleimen, sondern
darum, seine Arbeit ehrlich und immer im Blick auf Gott durchzuziehen.
23 Wenn ihr irgendwas macht, dann tut es für Gott und nicht für Men-
schen. 24 Ihr werdet von Gott eine fette Bezahlung dafür bekommen,
nämlich das Erbe, das er versprochen hat – nur damit ihr Bescheid
wisst! Gebt alles für Jesus Christus! 25 Wer Mist baut, wird dementspre-
chend eine Rechnung präsentiert bekommen. Total egal, was für ein
toller Typ er jetzt gerade ist.

4

Beten ist wichtig

1 Wer in einer Firma der Boss ist, sollte immer fair und gerecht mit sei-
nen Mitarbeitern umgehen. Er sollte nie vergessen, dass er über sich
auch noch einen Chef sitzen hat: Gott! 2 Egal, was passiert, hört nicht
auf zu beten! Bittet ihn und dankt ihm, wo immer es geht. 3 Bitte be-
tet auch mal für uns! Betet dafür, dass Gott uns Gelegenheit gibt, den

Menschen von Jesus zu erzählen. Wegen ihm sitze ich ja hier in U-Haft. 4 Und betet, dass ich ohne Probleme die Sachen erzählen kann, die ich erzählen soll! 5 Denkt erst nach, bevor ihr mit einem Nichtchristen redet. Nutzt die Zeit, so gut es geht! 6 Wenn ihr euch unterhaltet, wäre es gut, dabei immer nett zu bleiben. Trotzdem könnt ihr auch mal hier und da ein paar gepfefferte Worte einstreuen, damit ihr für jeden die passende Antwort parat habt.

Grüße und so

7 Tychikus, der liebe Bruder, wird euch dann erzählen können, was bei mir gerade abgeht. Ich bin total froh, dass ich ihn habe. Er ist ein guter Mitarbeiter für meinen Job mit Gott. 8 Ich habe ihn bei euch vorbeigeschickt, damit ihr erfahrt, was hier gerade mit uns los ist. Er kann euch wieder gut draufbringen und euch helfen. 9 Onesimus ist auch mit am Start. Er ist ebenfalls einer von der ganz treuen Sorte, ich liebe ihn sehr. Wie gesagt, die beiden werden euch genau erzählen, was hier passiert ist. 10 Ich soll noch ein paar Grüße ausrichten. Aristarch, mit dem ich zusammen im Knast bin, richtet Grüße aus und genauso Markus, der Vetter von Barnabas. Ich hab euch ja wegen ihm schon mal was geschrieben. Bitte organisiert ihm einen Pennplatz und seid nett zu ihm, wenn er kommt, ja?! 11 Von Jesus Justus soll ich euch auch Grüße ausrichten. Diese drei (also Aristarch, Markus und Jesus Justus) sind die einzigen Juden, die mit mir zusammenarbeiten. Sie helfen mir, wenn ich den Menschen von der guten Nachricht erzähle, die es durch Jesus zu berichten gibt. 12 Epaphras, der aus eurer Gegend stammt, lässt euch ebenfalls herzliche Grüße ausrichten. Er lebt echt radikal mit Jesus und betet wie blöd für euch, damit ihr stark in Gott werdet und voll erfüllt seid von dem, was er von euch möchte. 13 Ich kann nur bestätigen, dass er wirklich alles gibt und sich mit aller Kraft für euch und die Christen in Laodizea und Hierapolis einsetzt. 14 Dann soll ich noch von Lukas grüßen, unserem geliebten Arzt, und von Demas. 15 Grüßt bitte auch noch die Glaubensgeschwister aus Laodizea von mir, und da ganz besonders die Nympha und alle, die sich bei ihr zum Hauskreis treffen. 16 Wenn ihr diesen Brief gelesen habt, wäre es prima, ihr würdet ihn dann an die Gemeinde in Laodizea weitergeben. Ihr könnt ja tauschen und den Brief lesen, den ich denen geschickt habe, okay? 17 Archippus könnt ihr dies hier noch mal ausrichten: „Hey du, guck dir mal den Job an, den Gott dir gegeben hat! Und dann tu ihn auch!" 18 Ich, Paulus, schreib jetzt noch was mit meiner eigenen Klaue dazu: Bitte betet dafür, dass ich bald wieder aus dem Knast rauskomme! Gott soll euch mit seiner Liebe und Gnade ganz nahe sein!
Euer Paulus

Der erste Brief von Paulus an die Thessalonicher

1

Absender und Anschrift

1 Absender: Paulus, Silvanus und Timotheus. An: die Christen in Thessa-
lonich, die mit Gott dem Vater und mit Jesus Christus unterwegs sind.
Hallo Leute! Ich wünsch euch, dass Gott mit seiner Gnade und seinem
Frieden bei euch ist!

Die Thessalonicher haben es gepackt!

2 Immer wenn wir für euch beten, müssen wir Gott erst mal voll danke
sagen! 3 Wir müssen immer wieder da dran denken, was bei euch der
Glaube an Jesus Christus alles bewirkt hat. Dass ihr zum Beispiel alles
da dransetzt, Menschen zu lieben, und dass ihr mit so viel Geduld da
drauf hofft, dass Jesus Christus bald wiederkommt. 4 Wir sind uns ganz
sicher, ihr Lieben, dass ihr etwas ganz Besonderes für Gott seid! 5 Das
kann man allein da dran erkennen, was Gott bei euch alles gebracht hat,
als wir euch damals von Jesus erzählt haben. Wir haben euch ja nicht nur
mit Worten überzeugt, nein, ihr konntet Gottes Power live erleben! Seine
Kraft kam zu euch runter, sein heiliger Geist, einen besseren Beweis gibt
es echt nicht! Ihr könnt euch da dran erinnern, wie wir drauf waren, als
wir bei euch zu Besuch waren, oder? 6 Jetzt habt ihr das umgesetzt, was
wir euch beibringen wollten, habt das getan, was Jesus auch getan hat.
Und das, obwohl ihr deswegen ätzende Sachen durchmachen musstet.
Ihr habt euch dabei sogar gefreut ... So was kann nur der heilige Geist
machen! 7 Alle Christen in Mazedonien reden voll gut über euch, und in
der Provinz Achaja habt ihr Heldenstatus. 8 Und nicht nur da habt ihr die
guten Nachrichten weitererzählt, überall reden die Leute über euer Ver-
trauen in Gott. Die meisten wissen davon schon, bevor wir es überhaupt
berichten können. 9 Die erzählen uns dann immer, wie offen und bereit
ihr uns aufgenommen habt. Sie erzählen, wie ihr Christen geworden
seid, wie ihr eure toten Götzenbilder in die Tonne gedrückt habt und
anfingt, an den lebendigen, echten Gott zu glauben. Zu dem gehört ihr ja
jetzt total. 10 Jeder weiß auch, wie sehr ihr da drauf wartet, dass Jesus, der
Sohn Gottes, endlich aus dem Himmel wiederkommt. Gott hat ihn aus
dem Tod rausgeholt, und nur durch ihn können wir bei der kommenden
letzten Gerichtsverhandlung vor Gott und seinem Zorn bestehen.

2

Wie alles anfing

1 Hey Leute, erinnert ihr euch noch, als wir das erste Mal bei euch ge-
predigt haben? Gottes Worte sind eingeschlagen wie eine Bombe, und
viele wurden danach Christen. 2 Kurz vorher waren wir in Philippi noch
gefoltert worden, es ging uns richtig schlecht. Trotzdem hat Gott uns
voll ermutigt und die Kraft gegeben, bei euch von seiner Sache zu er-
zählen, auch wenn sie hart umkämpft war. 3 Alles, was wir euch gesagt
haben, kam aus guten und reinen Motiven. Wir wollten niemanden
linken oder betrügen. 4 Gott hat uns für diese Aufgabe extra ausgesucht,
er hat uns seine guten Nachrichten anvertraut. Darum reden wir davon,
nicht weil wir irgendwelche Menschen damit beeindrucken wollen. Es
geht uns alleine um Gott, und er kennt unser Herz, er weiß, was in uns
abgeht. 5 Ihr wisst auch, dass wir nie versucht haben, uns irgendwie bei
euch einzuschleimen! Und es ging uns auch nicht um unseren eigenen
Vorteil, Gott ist da unser Zeuge! 6 Wir wollten auch nicht die großen
Helden sein, weder für euch noch für andere. 7 Hätten wir ja durchaus
machen können. Wir sind ja immerhin Apostel mit direkter Order von
Jesus Christus. Wir wollten aber eher wie eine Mutter bei euch rüber-
kommen, die zärtlich ihre Kinder verhätschelt. 8 Wir haben euch so
tierisch lieb, wir wollten euch nicht nur die Sache von Jesus erklären,
sondern wir wollten uns auch höchstpersönlich mit unserem Leben
ganz für euch einsetzen. 9 Liebe Geschwister, ihr erinnert euch doch
bestimmt daran, wie wir uns für euch abgeschuftet haben, oder? Tag
und Nacht waren wir unterwegs, wir haben gearbeitet wie blöd, nur um
niemandem zur Last zu fallen. 10 Gott hat das gesehen, genauso wie ihr.
Wir haben sehr jesusmäßig bei euch gelebt und sehr da drauf geachtet,
ein gutes Vorbild zu sein. 11 Ihr wisst auch, dass wir eher so eine Vater-
Kind-Beziehung zueinander haben, 12 ich habe euch getröstet und erzo-
gen. Ich wollte, dass ihr in der Lage seid, ein Leben zu führen, auf das
Gott steht. Er hat euch dazu berufen, bei seiner Sache dabei zu sein, wir
sollen mit ihm zusammen sogar Macht ausüben.

Wenn Gott redet, passiert was

13 Hey Leute, wir müssen Gott immer wieder dafür danken, wenn wir da
drüber nachdenken, was unsere Worte bei euch bewirkt haben! Es war ja
nicht so, dass ihr das Gefühl hattet, hier labert gerade irgend so ein Typ,
sondern es war so, dass Gott persönlich zu euch redete. Worte von Gott
bewirken immer etwas, wenn man ihnen glaubt. 14 Ihr musstet ja auch
einiges an Verfolgung durchmachen. Genauso wie die Christen in Judäa,

die dort von ihren eigenen Leuten fertig gemacht werden. 15 Die Juden
haben Jesus umgebracht, genauso wie die Propheten vor vielen Jahren
von ihnen getötet wurden. Und jetzt sind sie auch hinter uns her! Sie
haben Probleme mit allen Seiten, mit den Menschen und auch mit Gott.
16 Jetzt wollen sie uns auch noch da dran hindern, den nichtjüdischen
Völkern von Gott zu erzählen, damit die auch gerettet werden. Damit
haben sie das Fass ihrer Sünden langsam zum Überlaufen gebracht.
Gott ist stocksauer auf sie.

Paulus möchte gerne mal wieder vorbeikommen

17 Liebe Geschwister aus der Jesus-Familie, wenn ich jetzt auch eine
ganze Zeit nicht bei euch sein konnte, haben wir trotzdem ganz viel an
euch gedacht. Weil wir auch endlich mal wieder persönlich bei euch
reinschneien wollen, haben wir wirklich alles probiert, um das möglich
zu machen. 18 Ich, Paulus, hatte mir das mehr als einmal fest vorgenom-
men. Aber dann kam immer der Satan dazwischen. 19 Wir haben das
aber noch immer auf dem Zettel. Schließlich seid ihr ja mal so was wie
unsere Visitenkarte, wenn Jesus wiederkommt. Wir können euch echt
stolz vorzeigen, als einen Preis für unsere Arbeit. 20 Ehrlich, wir sind echt
total stolz auf euch und freuen uns unheimlich über eure Gemeinde!

3

Timotheus hat von euch erzählt

1 Weil wir es einfach nicht länger ausgehalten haben, so ganz ohne die
neuesten News von euch, haben wir mal den lieben Timotheus bei
euch vorbeigeschickt. Wir konnten selber aus Athen leider nicht ver-
schwinden. 2 Timotheus ist voll mit Gott unterwegs, er soll euch gut
draufbringen und euer Vertrauen in Gott stärken. 3 Wäre ja nicht so toll,
wenn bei den ätzenden Sachen, die ihr gerade erlebt, jemand schwach
werden würde. Ihr wisst ja, dass diese Schwierigkeiten für uns heutzu-
tage dazugehören, wir sind richtiggehend dazu bestimmt. 4 Wir haben
euch damals schon vorgewarnt, als wir bei euch waren. Jetzt habt ihr
es leider auch selber erlebt. 5 Ich konnte es einfach nicht länger aushal-
ten, darum hab ich Timotheus losgeschickt. Ich wollte einfach wissen,
ob ihr mit Jesus trotz der Schwierigkeiten durchgezogen habt. Hätte ja
auch sein können, dass Satan euch derart anzeckt, dass unsere Arbeit
umsonst gewesen wäre. 6 War ja aber nicht so. Timotheus hat uns nach
seiner Ankunft nur Gutes über euch erzählt! Er hat geschwärmt von
eurem Glauben, dass ihr mit Gott durchzieht und bei euch Liebe ganz
groß geschrieben wird. Auch dass ihr uns nicht vergessen habt und ihr
euch genauso nach uns sehnt wie wir uns nach euch, hat uns total ge-

freut. 7 Ihr habt uns dadurch wirklich ermutigt. Und das in unsrer harten Situation, in der wir zurzeit stecken, echt toll! 8 Weil ihr so ein Vertrauen in Jesus habt, wurden wir voll getröstet. 9 Wir können Gott echt nicht genug für euch danken! Ihr bringt uns immer wieder gut drauf! 10 Ständig, eigentlich 24 Stunden am Tag, bitten wir ihn darum, euch endlich mal wieder zu sehen. Wir würden euch so gerne dabei helfen, mit Gott hundertprozentig an den Start zu kommen. 11 Gott, der ein Vater für uns ist, und Jesus sollen uns bald wieder zusammenbringen, ja? 12 Ich bete dafür, dass Gott bei euch den Liebespegel zueinander ansteigen lässt. Das wünschen wir uns auch für alle anderen Menschen, genau so eine Art von Liebe, wie wir sie auch für euch empfinden. 13 Dadurch könnt ihr eine innere Stärke bekommen. Ihr könnt sauber und ohne Fehler zu unserm Gott kommen, zu unserem Vater. Und so können wir auch Jesus, der über uns das Sagen hat, begegnen, wenn er begleitet von seinen Engeln am Ende der Welt wieder bei uns landen wird.

4

Wie Christen draufkommen sollen

1 Also, es gibt da noch eine Sache, um die ich euch echt bitten möchte. Ihr habt ja von uns gehört, wie man als Christ leben soll, um Gott eine Freude zu machen. Wir wissen auch, dass ihr das so weit echt durchzieht. Trotzdem wollen wir euch anfeuern, damit noch nicht zufrieden zu sein! 2 Ihr habt ja die Regeln bekommen, die wir euch von Jesus weitererzählt haben. 3 Gott möchte, dass wir ganz radikal alleine ihm gehören! Und da, wo Gott ist, ist für Pornos kein Platz mehr. Das gilt auch für andere ungute Sexsachen. 4 Jeder soll nur mit seiner Ehefrau rummachen und liebevoll mit ihr umgehen, so wie Gott es will. 5 Unkontrollierte Geilheit und Sexsucht sind Merkmale von Menschen, die keine Ahnung von Gott haben. 6 Niemand sollte die Grenzen, die Gott gesteckt hat, einfach übergehen. Das stimmt übrigens auch, wenn ihr geschäftlich miteinander zu tun habt. Wir haben euch schon mal eine Ansage zu dem Thema gemacht: Wer so was tut, muss mit einer harten Gerichtsverhandlung bei Gott rechnen. 7 Gott hat uns schließlich nicht dazu ausgesucht, ein hemmungsloses Leben ohne Grenzen zu führen. Er möchte, dass wir ein besonderes Leben führen, etwas Außergewöhnliches, etwas, das ihm Freude macht. 8 Wem das scheißegal ist, der macht sich nicht nur selber lächerlich, sondern auch Gott. Sein heiliger Geist lebt ja schließlich in euch! 9 Dass wir uns als Christen untereinander lieb haben sollen, muss ich hier jetzt nicht extra noch mal betonen, oder? Das habt ihr schon begriffen, da hat Gott euch ja selber schon in die Schule genommen. 10 Ihr seid ja bekannt dafür, dass ihr den ganzen

Glaubensgeschwistern in Mazedonien eure Liebe beweist. Trotzdem
könnt ihr da ruhig noch einen drauflegen. Man kann eigentlich nie zu
viel lieben. 11 Versucht doch mal, ein eher ruhiges und entspanntes Le-
ben zu führen. Seht zu, dass ihr eure eigene Arbeit erledigt. Das haben
wir euch auch schon immer gesagt. 12 So kann man euch nie etwas vor-
werfen und ihr seid auch unabhängiger von anderen Menschen.

Was nach dem Tod passiert

13 Ich will noch mal was zu dem Thema sagen, was mit den Leuten
passiert, die jetzt gestorben sind. Wir möchten auf keinen Fall, dass
ihr traurig seid wie die anderen Menschen, die keine Hoffnung auf ein
Leben nach dem Tod haben. 14 Wir sind fest davon überzeugt, dass Gott
alle Menschen aus dem Tod wieder rausholen wird, die ihr Leben auf
Jesus Christus gebaut haben. Genauso wie er, Jesus, es ja auch vorge-
macht hat. 15 Gott hat uns, was das angeht, eine klare Ansage gemacht:
Alle, die dann noch am Leben sind, wenn Jesus wiederkommt, werden
im Vergleich zu den Toten keinen Vorteil haben. 16 Sobald das Signal von
dem höchsten Engel überall zu hören ist, wird Jesus aus dem Himmel
auf die Erde kommen. Und dann werden zuerst die Toten wieder leben-
dig werden, die im Vertrauen auf Jesus Christus gestorben sind. 17 Da-
nach werden wir, die wir zu dem Zeitpunkt noch leben, Jesus in einer
Wolke begegnen und ihn empfangen. Und dann sind wir für immer bei
ihm! 18 Das könnt ihr ruhig weitererzählen und euch mit diesen Worten
wieder gut draufbringen, wenn es euch mal schlecht geht.

5

Wir warten auf Jesus

1 Wann das alles genau abgehen wird, also das Datum und die Uhrzeit,
braucht ihr jetzt nicht zu wissen, meine Lieben. 2 Ihr habt jetzt ja schon
länger gepeilt, dass Jesus dann wiederkommt, wenn absolut keiner da-
mit rechnen wird! Er kommt so überraschend wie ein Dieb, der nachts
in ein Haus einbricht. 3 Wenn die Menschen glauben, alles wäre in But-
ter und sie wären in Sicherheit, dann wird das Ende ganz plötzlich kom-
men, und die Fluchtwege sind dann alle verstellt. Das ist so, wie wenn
eine schwangere Frau plötzlich ihre Wehen kriegt. 4 Liebe Geschwister,
ihr lebt ja aber zum Glück nicht in der Dunkelheit! Ihr habt ja davon
gehört und seid vorbereitet. Euch kann dieser Tag nicht so überraschen.
5 Weil wir mit Jesus leben, gehören wir zu der Familie des Lichts. Wir
gehören nicht zur Nacht und zur Dunkelheit. 6 Also, pennt nicht rum
wie alle anderen Menschen, passt auf, bleibt wach und klar im Kopf!
7 Die Penner schlafen nachts und die Süchtigen hauen sich jede Nacht

den Kopf breit. [8] Wir wollen aber zu den Leuten gehören, die da leben, wo das Licht ist. Wir sind darum immer hellwach, nüchtern und kampfbereit. Für diesen Kampf brauchen wir eine schusssichere Weste, die wir durch das Vertrauen in Gott und in seine Liebe bereits anhaben. Die Hoffnung, dass wir von ihm gerettet worden sind, kann unseren Kopf wie ein Helm in einer Schlacht schützen. [9] Gott hat kein Interesse da dran, uns fertig zu machen, er möchte, dass es uns gut geht, dass wir gerettet werden durch Jesus Christus! [10] Jesus hat sich für uns hinrichten lassen, damit wir (egal ob wir jetzt schon tot sind oder nicht) mit ihm für immer zusammenleben. [11] Das dürft ihr nie vergessen, ja? Erinnert euch gegenseitig da dran! Damit könnt ihr euch gegenseitig immer wieder hochziehen. Macht ihr ja auch immer, stimmt's?!

Ein paar Sachen, auf die man achten muss

[12] Liebe Geschwister, ich hab noch ein paar Bitten an euch. Ich möchte, dass ihr den Leuten, die bei euch Leitungsaufgaben in der Gemeinde übernommen haben, mit Respekt begegnet. Sie haben die Aufgabe bekommen, auf euch aufzupassen. [13] Weil sie echt viel für euch tun, könnt ihr ihnen wirklich dankbar sein und sie respektieren. Und streitet euch nicht, sondern habt Frieden untereinander! [14] Liebe Leute, tretet den Geschwistern bei euch mal auf die Füße, die ein unordentliches Leben führen und den ganzen Tag nur rumhängen. Bringt die Leute bei euch wieder gut drauf, die traurig sind. Unterstützt die Schwachen und geht geduldig miteinander um. [15] Keiner sollte so drauf sein, dass er sich rächt, wenn jemand ätzend zu ihm war. Besser ist es immer, da drum zu kämpfen, gut zu sein. Geht miteinander und auch mit jedem anderen Menschen von außerhalb gut um. [16] Seid einfach immer gut drauf! [17] Hört nur nicht auf, mit Gott zu reden! [18] Und vergesst dabei nicht, ihm für alles zu danken! Das möchte er von uns. [19] Lasst, der Kraft Gottes, seinem Geist, in euch freien Lauf! [20] Und wenn er durch einen Propheten zu euch redet, dann nehmt es ernst! [21] Scannt alles, löscht den Schrott und behaltet nur die guten Sachen. [22] Um linke und böse Dinge macht einen Riesenbogen.

Grüße und Tschüs

[23] Ich wünsche mir, dass der Gott, der für Frieden sorgt, euch ganz zu sich zieht. Er soll dafür sorgen, dass ihr ihm immer ähnlicher werdet, eben heilig. Er soll auf euch aufpassen, auf euer Innerstes, euren Geist und auch auf euren Körper. Ich möchte, dass ihr so in einem perfekten Zustand seid, wenn Jesus Christus, der das Sagen über alles hat, endlich wiederkommt. [24] Man kann sich auf ihn verlassen, er ist treu. Weil er

euch extra ausgesucht hat, wird er auch dafür sorgen. 25 Liebe Leute, bit-
te betet für uns, ja?! 26 Schöne Grüße an alle! Grüßt sie mit einem Kuss
auf die Wange. 27 Ich will unbedingt, dass ihr diesen Brief allen vorlest,
im Auftrag von Jesus Christus befehle ich euch das! 28 Gottes Liebe,
seine Gnade, soll durch Jesus Christus bei euch sein.

Euer Paulus

Der zweite Brief an die Christen aus Thessalonich

1

Absender und Anschrift

1 Absender: Paulus, Silvanus und Timotheus. An: die Christen in Thessa-
lonich, die sich für Gott, unseren Vater, entschieden haben und mit Jesus
Christus leben, der in dieser Welt das Sagen hat. 2 Wir wünschen euch,
dass ihr die Gnade von Gott bei euch habt und auch seinen Frieden!
Beides bekommt ihr durch Jesus Christus!

Gott sorgt für Gerechtigkeit

3 Hallo ihr Lieben! Also, eins mal vorweg: Wir danken Gott ohne Ende für
euch, und das ist auch echt ganz normal! Euer Vertrauen in Gott wächst ja
immer mehr! Und ihr geht auch immer liebevoller miteinander um. 4 Wir
sind voll stolz auf euch und erzählen den anderen Gemeinden immer von
euch. Vor allem von eurem großen Vertrauen, das ihr in Gott habt, reden wir.
Und wir finden es auch echt beeindruckend, wie geduldig ihr seid, obwohl
man euch ständig verfolgt und hinter euch her ist, weil ihr Christen seid.
5 Das mit der Verfolgung ist übrigens ein gutes Zeichen. Da dran könnt ihr
erkennen, dass ihr richtig liegt. Gott wird euch die Eintrittskarte für sein
Land in die Hand drücken. Darum müsst ihr durch diese ätzenden Sachen
jetzt durch. 6 Gott ist gerecht. Er wird jedem mal die Rechnung präsentieren,
der euch jetzt wegen eurem Glauben Probleme macht. 7 Aber wartet ab, Leu-
te! Damit wird Schluss sein, wenn Jesus wiederkommt! Er wird sich dann als
der große Chef zeigen. Begleitet von ein paar powervollen Engeln wird er aus
dem Himmel kommen, und dann werdet ihr bei ihm richtig ausruhen kön-
nen. 8 Alles, was sich gegen Gott gestellt hat, wird er dann abfackeln. Alle, die
keinen Bock auf Jesus haben und nicht tun, was er will, werden abgestraft.
9 Sie werden eine ganz üble Strafe bekommen, denn sie müssen für immer
und ewig getrennt von Gott bleiben. Sie werden ausgeschlossen und bleiben
vor der Tür von seinem wunderschönen Land. 10 Den Menschen, die zu ihm
gehören, wird er sich dann in seiner ganzen Power zeigen. Ihr seid dann ja
auch dabei, ihr habt ja den Sachen geglaubt, die wir euch erzählt haben.

Wir beten für euch

11 Und darum beten wir für euch auch ohne Ende. Wir beten, dass ihr
so lebt, wie man es von Leuten erwarten kann, die Gott für etwas ganz

Fettes ausgesucht hat. Wir beten auch dafür, dass es bei euch nicht nur
bei guten Wünschen bleibt, sondern dass ihr die Sachen auch tut. Alles,
was ihr im Vertrauen auf Gott angefangen habt, sollt ihr auch mit Got-
tes Kraft durchziehen. 12 Dann wird Jesus am Ende auch groß rauskom-
men. Und ihr werdet gut dastehen, weil Gott euch durch Jesus Christus
bewiesen hat, wie sehr er euch liebt.

2

Der Feind von Jesus macht den Lauten

1 Also, was jetzt dieses Ding angeht, dass Jesus bald wieder auf die Erde
zurückkommt und wir ihm dann immer ganz nahe sein werden, da ha-
ben wir noch eine Bitte an euch: 2 Liebe Geschwister, bitte lasst euch
nicht durcheinander bringen und durch irgendwelche Gerüchte Angst
machen. Es gibt ja Leute, die behaupten, der letzte Tag dieser Erde steht
schon kurz bevor, das hätte Gott ihnen angeblich in einer Vision gezeigt.
Und dann sagen sie, wir hätten das in einem Brief auch geschrieben.
3 Lasst euch von solchen Ansagen bloß nicht schräge draufbringen!
Bevor das abgehen wird, muss noch einiges passieren. Viele Menschen
werden Gott noch den Rücken zudrehen, bevor Jesus wiederkommt.
Und dann wird der Feind Gottes noch seinen Auftritt haben. Das wird ein
Mensch sein, der das Böse in Person ist. Er ist ein Kind aus der Hölle. 4 Er
ist der absolute Feind Gottes. Er wird so tun, als wäre er besser als Gott
und hätte mehr zu bieten als das, was Gott uns geben kann. Er wird sich
sogar im Gotteshaus selber anbeten lassen, so als wäre er Gott. 5 Könnt
ihr euch dran erinnern, dass ich euch da drüber schon mal was erzählt
habe, als ich bei euch war? 6 Wisst ihr noch, was diesen Feind Gottes
überhaupt aufhält, nicht jetzt schon den Lauten zu machen, bevor seine
Zeit gekommen ist? 7 Ich mein, man kriegt es schon überall mit, dass
sich hier und da die negativen Kräfte rühren, aber so richtig loslegen
können sie noch nicht. Sie werden noch aufgehalten. 8 Aber dann wird
der gesetzlose Feind Gottes seinen Auftritt haben. Jesus wird ihn aber
fertig machen, wenn er wiederkommt. Er pustet ihn einfach um, das
war's. 9 Gottes Feind, der Antichrist wird aber derbe drauf sein! Er wird
seine Power vom Satan bekommen und in der Lage sein, beeindrucken-
de Wunder zu tun. Wobei diese Wunder auf Lügen aufgebaut sind. 10 Weil
er die Menschen so gut bequatschen kann, werden viele auf seiner Seite
sein. Die sind dann verloren. Sie haben die Wahrheit nicht akzeptiert,
obwohl das ihre Rettung hätte sein können. 11 Weil sie sich für die Lügen
entschieden haben, überlässt sie Gott ihrem Wahnsinn. 12 So bekommt
jeder das, was er verdient. Die keinen Bock auf die Wahrheit hatten, aber
Spaß an der Lüge, müssen die Konsequenzen selber ausbaden.

Bleibt an der Sache mit Gott dran!

13 Ihr Lieben, wir können gar nicht anders, als uns bei Gott für euch im-
mer wieder zu bedanken! Gott hat euch als Erste ausgesucht, damit ihr
durch seine Kraft in der Lage seid, ein jesusmäßiges Leben zu führen.
Darum seid ihr gerettet worden. 14 Weil wir euch diese gute Nachricht
erzählt haben, hat Gott euch auch dafür ausgesucht, an der Größe von
Jesus Christus Anteil zu haben, denn er hat dafür gesorgt, dass wir wie-
der mit Gott klarkommen. 15 Zieht euer Ding mit ihm durch! Bleibt stabil
und fest und haltet euch an die Sachen, die wir euch durch Predigten
oder durch Briefe beigebracht haben. 16 Jesus Christus, unser Held, und
Gott, der ein Vater für uns ist, der uns sehr liebt und uns immer tröstet,
wenn wir schlecht drauf sind, 17 wird euch ermutigen. Er wird euch in-
nerlich Kraft geben, damit ihr euch durch gute Taten und Worte öffent-
lich zu Jesus bekennen könnt.

3

Wir brauchen Gebet

1 Übrigens, liebe Geschwister, es wäre cool, wenn ihr für uns beten wür-
det! Bittet Gott da drum, dass die gute Nachricht von Jesus nicht mehr
aufzuhalten ist und überall das passiert, was bei euch auch abgegangen
ist! 2 Bittet Christus auch darum, dass er uns vor Attacken von irgend-
welchen linken Typen beschützt, die vom Glauben einfach nichts wissen
wollen. 3 Gott ist aber treu, er hält zu uns. Und er wird euch auch immer
wieder aufbauen und stark machen, um euch vor diesen Angriffen zu
schützen. 4 Wir vertrauen Christus und auch euch. Ihr werdet schon
dafür sorgen, dass ihr euch nach den Sachen richtet, die wir euch beige-
bracht haben, oder? 5 Jesus soll dafür sorgen, dass ihr die Liebe Gottes
und die Geduld Christi immer besser begreift und euer Leben danach
ausrichtet.

Arbeiten ist wichtig

6 Eine Sache, liebe Geschwister, ist uns noch superwichtig! Wir fordern
euch hiermit zu etwas auf, und zwar kraft der Autorität, die Jesus uns
gegeben hat: Gebt euch nicht mit Leuten in eurer Gemeinde ab, die nur
rumhängen und nicht das tun, was wir euch beigebracht haben! 7 Ihr
habt doch mitbekommen, wie wir es gemacht haben. Wir haben ja auch
nie einfach nur rumgehangen, oder? 8 Haben wir jemals rumgeschnorrt
und uns auf Kosten anderer durchgeschlagen? Null! Wir haben geschuf-
tet wie blöd, tagsüber und im Nachtdienst haben wir gearbeitet, nur um
niemandem auf der Tasche zu liegen. 9 Es wäre zwar voll in Ordnung
gewesen, wenn wir von euch irgendeine Bezahlung verlangt hätten.

Aber wir wollten damit einfach ein Statement abgeben und ein Vorbild für euch sein. 10 Wir haben damals schon immer zu euch gesagt: „Wer nicht arbeiten will, soll auch nichts zu essen kriegen." 11 Jetzt haben wir aber gehört, dass es ein paar Leute bei euch gibt, die wie Penner leben, nicht arbeiten wollen und auch sonst nur Unsinn im Kopf haben. 12 Allen, die so drauf sind, befehlen wir hiermit kraft der Autorität von Jesus Christus, sich einen Job zu suchen und für ihren Lebensunterhalt selber zu sorgen! 13 Euch bitten wir aber, liebe Geschwister, weiter gute Sachen für Gott zu machen und da auch nicht nachlässig zu werden! 14 Falls jemand bei euch sagt, es wäre ihm total egal, was wir euch hier geschrieben haben, dann trefft euch nicht mehr mit dem. So wird ihm sein mieses Verhalten hoffentlich bewusst. 15 Behandelt ihn aber nicht so, als wäre er ein Feind. Er ist immer noch ein Bruder, der einfach eure Hilfe braucht.

Grüße und Tschüs

16 Unser Gott, der ein Meister des Friedens ist, soll euch diesen Frieden geben. Und zwar überall und auf jede erdenkliche Art und Weise! Gott soll mit euch sein! 17 Jetzt schreib ich, Paulus, noch mal mit meiner eigenen Klaue einen Gruß drunter! Ich mach das mit allen Briefen, die von mir kommen, damit ihr sicher wisst, dass die auch von mir sind. 18 Die Gnade von unserem Meister Jesus Christus soll bei jedem von euch sein.

Euer Paulus

Der erste Brief an Timotheus

1

Absender und Grüße

1 Absender: Paulus, Botschafter für die Sache von Jesus Christus. Ich bin im
Auftrag Gottes unterwegs, der uns gerettet hat, und im Auftrag von Jesus
Christus, der unsere Hoffnung ist. 2 An: Timotheus. Wir haben eine Vater-
Sohn-Beziehung, weil ich dich zu Jesus geführt habe. Lieber Timotheus! Ich
hoffe, es geht dir gut! Ich wünsche dir die Liebe und den Frieden, die von
Gott, unserem Vater, und von unserem Chef Jesus Christus kommen.

Pass auf vor den Lügnern!

3 Als ich nach Mazedonien gefahren bin, habe ich dich gebeten, in
Ephesus zu bleiben. Du solltest verhindern, dass diese falschen Theo-
rien über das Leben mit Gott weiter die Runde machen. 4 Die Leute, die
diesen Schwachsinn verbreiten, beschäftigen sich mit irgendwelchen
Märchen und Ahnenforschung und verlieren sich dabei total. Das Ganze
wirft eher Fragen auf, als welche zu beantworten. Es fördert auf jeden
Fall nicht gerade das Vertrauen in Gott. 5 Wenn man einen Strich unter
das Christentum machen will, so kommt am Ende immer die Liebe
raus! Sie sollte aus einer guten Einstellung, einem reinen Gewissen und
einem ehrlichen Glauben wachsen. 6 Es gibt da ein paar Leute, die sind
von dieser Tatsache weggekommen. Sie verlassen sich jetzt stattdes-
sen auf ihr dünnes Gelaber. 7 Sie machen einen auf Super-Bibellehrer.
Dabei verstehen sie nur Bahnhof und haben überhaupt keinen Schnall
von dem, was sie da von sich geben! 8 Wir glauben ja, dass die Gesetze
gut sind, wenn man sie richtig anwendet. 9 Für wen gelten denn diese
Gesetze? Für die Leute, die sowieso schon mit Gott leben und für ihn
okay sind? Nein, sie sind für die Leute gedacht, die keinen Bock auf Gott
haben, die ohne irgendwelche Gesetze leben und immer gegen alles
sind. Für so Menschen, die immer das Gegenteil von dem tun, was Gott
eigentlich will, für unheilige Leute, die über Gott Witze machen, für Leu-
te, die kein Gewissen mehr haben, für Mörder und Gewalttätige, 10 Por-
nosüchtige, Pädophile, für Leute, die mit Menschen handeln, für Lügner
und Typen, die andere rücksichtslos ausbeuten, für Leute, die einen Eid
schwören und sich dann nicht dran halten, oder Menschen, die keinen
Bock auf die gesunde Lehre über Gott haben. 11 So hat Gott es mir bei-
gebracht. Das ist die gute Nachricht, die ich von ihm, dem wahnsinnig
coolen Gott, gehört habe!

Danke, Gott, für deine Liebe!

[12] Ich kann es manchmal echt nicht fassen und bin Gott so sehr dankbar,
dass ausgerechnet ich für seine Sache arbeiten darf. Er hat mich dafür
ausgerüstet und mir die Kraft dafür gegeben. [13] Früher habe ich über Jesus
ja nur abgelästert. Ich habe Jesus und seine Leute verfolgt, sie verprügeln
lassen und so. Gott hat mir aber seine Liebe gezeigt, er hat mir diese
ganzen Sachen verziehen, weil ich nicht wusste, was ich da tat. Ich hatte
ja keine Ahnung. [14] Umso stärker hab ich dann seine grenzenlose Liebe er-
lebt, mit der er mich akzeptiert hat. Und mein Vertrauen zu Jesus ist auch
gewachsen. [15] Ihr könnt euch hundertprozentig darauf verlassen, dass
Jesus Christus zu uns in die Welt gekommen ist, um Menschen zu retten,
die ohne Gott leben! Ich bin da das beste Beispiel für. [16] Ich habe Gottes
Liebe live erlebt. Jesus Christus hat mit mir unendlich viel Geduld gehabt
und wollte damit ein Zeichen setzen, dass wirklich jeder wieder mit Gott
klarkommen kann, wenn er es nur will. Sein Angebot für ein Leben, das
nie aufhört, gilt allen. [17] „Gott, du bist der Größte, du hast das Sagen über
alles, du wirst immer da sein, du bist der einzige Gott. Wir wollen, dass du
groß rauskommst, wir wollen dich immer loben! Genau so ist es richtig!"
(Sorry, das musste jetzt sein.) [18] Lieber Timotheus, du weißt, dass du für
mich so wie ein echter Sohn bist. Ich hab dich sehr lieb! Ich trau dir das
zu, dass du für diese Sache kämpfen wirst. Es gab da ja auch ein paar
prophetische Worte, die das bestätigen. [19] Halte an deinem Vertrauen in
Gott fest und lass dich durch nichts davon abbringen! Pass auf, dass du
keinen Mist baust und so gewissenstechnisch schlecht draufkommst!
Wie du weißt, haben das einige Leute nicht getan und sind so mit ihrem
Glauben ziemlich auf der Fresse gelandet. [20] Zwei davon sind Hymenäus
und Alexander. Ich habe sie aus der Gemeinde rausgeschmissen und sie
so dem Satan schutzlos ausgeliefert. Hoffentlich lernen sie da draus und
hören jetzt endlich auf, so einen Dünnsinn über Gott zu erzählen.

2

Beten ist wichtig

[1] Eine Sache, Timotheus, ist superwichtig: Sorg dafür, dass die Ge-
meinde nicht aufhört zu beten! Damit meine ich, dass ihr Gott danken,
ihn um Sachen bitten und ihn sogar manchmal anbetteln sollt, wenn
ihr euch trefft. Betet auch für alle Menschen, [2] für die Regierung und
die Parteien, die gerade an der Macht sind. Dann können wir ein ent-
spanntes, ruhiges Leben führen, ein Leben, was die Leute respektieren
und wo Gott auch drauf steht. [3] Gott will das so, er findet das gut, und
er hat uns ja schließlich auch gerettet. [4] Gott will nämlich, dass alle
Menschen gerettet werden. Er möchte, dass alle die Wahrheit endlich

begreifen! 5 Es gibt nur einen einzigen Gott. Und es gibt auch nur einen Einzigen, der zwischen ihm und den Menschen vermitteln kann. Jesus Christus hat als Mensch für Frieden zwischen ihm und uns gesorgt. 6 Er hat sich für uns abschlachten lassen, damit wir alle frei sein können und wieder mit Gott klarkommen. Damit hat Gott bewiesen, dass er alle Menschen retten will, und auch den genauen Zeitpunkt hatte er vorher beschlossen. 7 Für diesen Job hat Gott mich extra ausgesucht. Er hat mir speziell die Order gegeben, diese Sache allen Menschen zu erklären, die keine Juden sind. So ist das, Leute, das ist die Wahrheit, ich erzähle hier keinen Schwachsinn.

Wie sich Männer und Frauen im Gottesdienst verhalten sollen
8 Ich möchte, dass die Männer jeden Streit geregelt haben, bevor sie im Gottesdienst beten. Lasst auch die Zweifel einfach mal beiseite. Dann könnt ihr eure Hände im Gebet zu Gott ausstrecken. 9 Die Frauen sollen sich nicht so aufdonnern, wenn sie zum Gottesdienst gehen. Sie gehen ja schließlich nicht zur Modenschau! Das gilt übrigens auch für die Frisur und den Schmuck, den sie tragen. 10 Was eine Frau wirklich schön macht, ist sowieso etwas anderes. Ihre Ausstrahlung, die dadurch kommt, dass sie gute Sachen für Gott macht, die macht sie eh viel schöner. 11 Frauen sollen mal lernen, im Gottesdienst nicht die ganze Zeit so rumzuquatschen. Sie sollen tun, was man ihnen sagt. 12 Ich will nicht, dass Frauen öffentlich lehren, und sie sollen auch nicht über ihren Mann bestimmen. Ich möchte, dass sie sich zurücknehmen. 13 Adam war ja schließlich auch vor der Eva da. 14 Schließlich wurde ja auch nicht Adam von der Schlange verführt, sondern Eva. Sie hat das getan, was Gott nicht wollte. 15 Die Frau ist als Frau von Gott gemacht worden. Sie kann ja auch Kinder kriegen, dadurch wird sie gerettet werden. Sie soll ihr Vertrauen auf Gott setzen, in seiner Liebe bleiben, mit ihm radikal durchziehen und ein Leben führen, was Gott gut findet.

3

Wie ein Leiter von einer Gemeinde drauf sein sollte
1 Eine Sache stimmt schon mal hundertpro: Wenn jemand eine Gemeinde leiten will, dann geht es da um ein sehr cooles und hohes Amt. 2 So ein Gemeindeleiter muss aber bestimmte Bedingungen erfüllen. Sein Leben muss vor Gott voll okay sein, und er sollte nicht tausend Freundinnen haben, sondern nur eine Frau. Er sollte nüchtern und entspannt sein. Cool drauf sein und nicht schnell wütend werden, das ist auch eine wichtige Eigenschaft. Er sollte freundlich mit Menschen umgehen und auch gerne mal Gäste zu Hause aufnehmen. Und dass er Leuten was bei-

bringen kann, ist auch noch wichtig. 3 Es sollte kein Alkoholiker sein oder
jemand, der sich mit anderen Sachen breit haut. Jemand, der nicht ag-
gressiv und gewalttätig ist, sondern freundlich und nicht bei jedem Streit
dabei. Und er sollte nicht geldgeil sein! 4 Er sollte seiner Familie zu Hause
ein guter und ordentlicher Vater sein, der Kinder hat, die auch tun, was er
sagt. 5 Hey, wenn einer es noch nicht mal hinkriegt, sein Familienleben
zu regeln, wie soll er dann bitte eine ganze Gemeinde vor Gott regeln
können? 6 Es sollte auch kein Frischling sein, der erst ganz kurz mit Jesus
lebt, ist ja klar. Sonst bildet der sich auf den Job noch was ein und meint,
er wäre jetzt sonst wie toll, und dann wird er bei nächster Gelegenheit
vom Satan aufs Kreuz gelegt. 7 So ein Gemeindeleiter muss auch einen
guten Ruf bei den Nichtchristen im Ort haben. So könnt ihr verhindern,
dass man über ihn ablästert und er so dem Teufel auf den Leim geht.

Und die anderen Mitarbeiter?

8 Auch die anderen Leute, die in eurer Gemeinde im Dienstleistungssek-
tor arbeiten, sollen Menschen sein, die von allen respektiert werden. Sie
sollten unbestechlich und ehrlich sein, keine Alkoholprobleme haben und
auch nicht nur auf Kohle aus sein. 9 Es wäre wichtig, dass sie ihr Leben so
führen, dass es zu der guten Nachricht von Jesus passt. 10 Sie sollten auch
erst mal eine Probezeit haben, und nur wenn sie ihren Job gut hinkriegen,
sollten sie den Dienst ganz übernehmen. 11 Die Frauen sollten auch so
drauf sein, dass man sie respektieren kann. Sie sollten nicht überall rum-
tratschen, entspannt sein, und man sollte sich auf sie verlassen können.
12 Genauso wie die Gemeindeleiter sollten die Mitarbeiter nur mit einer
Frau verheiratet sein. Und sie sollten ebenfalls ihre Familie gut im Griff
haben. 13 Wer seinen Job gut macht, der wird auch genug Respekt von der
Gemeinde bekommen. Und er selber wird immer eine coole Ausstrahlung
haben, wie man sie bekommt, wenn man mit Jesus lebt.

Das Geheimnis im Leben mit Gott

14 Lieber Timotheus, ich schreib dir das jetzt alles auf, obwohl ich ja
stark hoffe, bald persönlich bei dir zu sein. 15 Falls sich das aber noch
weiter hinauszieht, sollst du wenigstens wissen, wie man sich in der
Familie von Gott, in seiner Gemeinde, benehmen soll. Die Gemeinde ist
wie ein tragender Betonpfeiler in dem Haus der Wahrheit, in dem Haus
von dem lebendigen Gott. 16 Jeder hat längst geschnallt, wie giga-groß
und besonders dieses Geheimnis ist, das hinter dem Vertrauen in Gott
steckt. Jesus Christus ist als ein Normalo in die Welt gekommen. Er
wurde aber bestätigt durch die Kraft, die von Gott kommt, durch seinen
heiligen Geist. Er wurde sogar von Engeln gesehen, und jetzt erzählen

wir auch den nichtjüdischen Menschen von Jesus. Überall setzen die
Menschen ihr Vertrauen auf ihn. Er ist jetzt wieder bei Gott in seiner
unbeschreiblichen Welt.

4

Man kann es auch übertreiben

1 Gottes Geist sagt uns immer wieder, dass noch viele ihm wieder den
Rücken zudrehen und nicht mehr mit ihm leben werden, bevor es mit
der Welt zu Ende geht. Das kommt vor allem daher, dass sie irgend-
welchen Pseudopropheten hinterherlaufen und Sachen glauben, die
direkt aus der Hölle kommen. 2 Diese Lügenheinis werden nur Dünn-
sinn verbreiten und sind dabei so verpeilt, dass sie noch nicht mal ein
schlechtes Gewissen kriegen. 3 Zum Beispiel verbieten sie zu heiraten
oder bestimmte Sachen zu essen. Dabei hat Gott doch alle Nahrungs-
mittel gemacht! Wir, die ihm total vertrauen und seine Wahrheit begrif-
fen haben, können das alles von ihm genießen! 4 Ist doch klar: Alles,
was Gott gemacht hat, ist erst mal nur gut! Und wenn wir das dankbar
von ihm annehmen, ist doch alles locker, oder? 5 Es wird dadurch gut,
dass Gott gesprochen hat, durch seine Worte. Und es wird dadurch gut,
dass wir ihm in einem Gebet dafür danken.

Was Timotheus in der Gemeinde machen soll

6 Lieber Timotheus, wenn du das der Gemeinde so weitersagst, machst
du einen guten Job für Jesus. Du hast dich immer an die Worte gehal-
ten, die ich dir beigebracht habe, nämlich Gott zu vertrauen. Und du
bist auch immer nach der Lehre vorgegangen, die wirklich gut ist. 7 Ver-
giss das dünne Gelaber von diesen Leuten einfach, ja? Zieh lieber ganz
unabhängig davon mit Gott voll durch! 8 Sich fit zu halten und auch mal
auf etwas zu verzichten ist ja vielleicht ganz nett, aber das zu tun, was
Gott will, bringt es erst wirklich! Gott hat uns versprochen, dass dann
unser Leben gelingen wird und er uns auch das ewige Leben schenkt.
9 Das ist hundertprozentig wahr, Leute, da könnt ihr euch drauf verlas-
sen! 10 Das treibt uns immer wieder an, dafür kämpfen wir! Wir haben
unsere Hoffnung auf den einen Gott gesetzt, der lebt. Er ist der Held
von allen Menschen, aber besonders natürlich der Leute, die ihm ver-
trauen. 11 Das musst du jedem in der Gemeinde verklickern!

Was Timotheus' Job sein soll

12 Timotheus, nur weil du ein Jugendlicher bist, hat keiner das Recht,
auf dich runterzusehen, ja? Trotzdem ist es wichtig, dass du für alle ein
astreines und vorbildliches Leben führst! Damit mein ich die Sachen,

die du so von dir gibst, und auch, wie du lebst. Geh immer liebevoll mit
allen Leuten um. Sei ein Vorbild in Glaubenssachen und lass dich nicht
auf irgendwelche Mädchengeschichten ein! 13 Mach weiter mit diesen
Leseabenden, wo du aus den alten Schriften vorliest. Ermutige die
Leute, indem du in Sachen Glauben Unterrichtsstunden gibst. Tu das
so lange, bis ich wieder da bin. 14 Leb diese Begabung voll aus, die Gott
dir gegeben hat! Gott hat sie dir schließlich durch ein prophetisches
Wort zugesagt, als die Ältesten in der Gemeinde für dich gebetet haben.
15 Mach dir mal da drüber den Kopf und setz diese Begabung ein, da-
mit alle mitbekommen, was für Fortschritte du mit Gott gemacht hast.
16 Pass auf diese Begabungen auf! Vergiss die Sachen nicht, die Gott dir
beigebracht hat. Wenn du so drauf bist, wirst nicht nur du gerettet wer-
den, sondern auch alle anderen, die dir zuhören.

5

Wie Timotheus mit älteren Gemeindemitgliedern umgehen soll ...

1 Wenn es ein Problem mit einem älteren Mann gibt, dann fahr ihn nicht
blöd an, sondern rede mit ihm so, als wäre er dein Vater. Mit jüngeren
Männern geh so um, als wären sie deine Brüder. 2 Ältere Frauen kannst
du so behandeln, als wären sie deine Mutter. Bei jüngeren Frauen soll-
test du ein bisschen aufpassen und Abstand halten, klar?

... und wie mit den Frauen, deren Männer gestorben sind

3 Wenn von einer Frau der Mann gestorben ist, geh respektvoll mit ihr
um. 4 Gibt es da aber noch Kinder oder Enkel, dann sollten die sich
mal um ihre Angehörigen kümmern. Gott steht da drauf, wenn man so
seine Dankbarkeit für das, was die getan haben, zeigt. 5 Es gibt ja auch
solche alleinstehenden Frauen, die ihre Einsamkeit nutzen, indem sie
Tag und Nacht zu Gott beten. Sie setzen ihre ganze Hoffnung auf ihn.
6 Diejenigen, die dann erst mal richtig die Sau rauslassen und meinen,
sie müssten ihr Leben jetzt erst mal ordentlich genießen, haben nichts
begriffen. Sie sind im Grunde schon tot. 7 Warne die Witwen davor, so
draufzukommen, damit man ihnen nichts vorwerfen kann. 8 Wenn sich
aber jemand nicht um seine Familie kümmert und sie nicht versorgt,
der hat im Grunde Jesus verraten. Er verhält sich sogar schlimmer als
ein Nichtchrist! 9 Eine Witwe, die in das Witwenverzeichnis aufgenom-
men werden soll, muss mindestens sechzig Jahre alt und darf nur mit
einem Mann verheiratet gewesen sein. 10 Außerdem sollte sie einen
guten Ruf bei euch haben. Hat sie ihre Kinder gut erzogen? War sie im-
mer gastfreundlich? Hat sie anderen Mitchristen praktisch geholfen und
war sie bereit dazu, auch mal den Boden zu wischen? Hat sie irgendwie

Leuten geholfen, denen es schlecht ging, ohne dabei an sich selbst zu denken? Hat sie sich da auch mal eingebracht, wo Hilfe nötig war?
11 Junge Witwen sollten erst mal nicht mit in diese Liste aufgenommen werden. Wenn sie irgendwann wieder heiß werden und Lust auf Männer bekommen, könnte die Sache nach hinten losgehen. Wenn sie dann nämlich irgendwann doch wieder heiraten wollen, bringt sie das letztendlich dazu, Jesus den Rücken zuzudrehen.
12 Man kann ihnen dann zu Recht vorwerfen, sie hätten ihr Treueversprechen Jesus gegenüber gebrochen.
13 Außerdem ist für sie dieses „Um-die-Häuser-Ziehen" gar nicht gut. Dort hängen sie rum und labern den ganzen Tag dummes Zeug.
14 Darum ist mein Wunsch, dass die jüngeren Frauen, deren Männer gestorben sind, wieder jemanden heiraten. Sie sollen normal Kinder kriegen, sich um den Haushalt kümmern und dem Teufel keine Chance geben.
15 Denn einige haben Jesus schon den Rücken gekehrt und laufen jetzt dem Satan nach.
16 Wenn eine Christin so eine Witwe in ihrer Verwandtschaft hat, dann soll sie sich auch um sie kümmern. Die Gemeinde soll nicht noch weiter belastet werden, sondern sich um die wirklichen Witwen kümmern, die sonst von keinem versorgt werden.

Wie sich die Gemeindeleitung verhalten soll

17 Die Männer, die bei euch die Gemeindeleitung übernommen haben, haben doppelte Anerkennung verdient und sollten dafür auch finanziell entschädigt werden. Das betrifft besonders die Leute, die bei euch predigen und lehren.
18 In den alten Schriften steht ja auch: „Du sollst dem Trecker auch immer genug Benzin geben", oder: „Ein Ochse, der bei der Feldarbeit eingesetzt wird, soll dabei auch fressen können." Woanders steht auch: „Jeder, der arbeitet, hat es auch verdient, dafür bezahlt zu werden."
19 Wenn sich jemand bei dir über die Gemeindeleiter beschweren will, dann lass immer ein bis zwei Zeugen mit dazukommen.
20 Die Menschen, die bei euch Sachen tun, auf die Gott keinen Bock hat, kannst du vor allen anderen öffentlich anzählen. So sind die anderen Zuhörer auch gewarnt.
21 Lieber Timotheus, es ist super-super-wichtig, dass du, wenn so was passiert, keine Vorurteile hast und nicht parteiisch bist! Gott, Jesus und seine besonderen Engel sind meine Zeugen!

Ein paar Tipps an Timotheus persönlich

22 Setz niemand zu schnell in einen Job in der Gemeinde ein! Sonst bist du mit schuld, wenn der Sachen macht, auf die Gott keinen Bock hat. Pass lieber auf dich selber auf, was Sünden angeht!
23 Und gegen deine Magenprobleme versuch mal, dein Trinkwasser mit etwas Wein zu vermischen. Dann bist du auch nicht mehr so oft krank!
24 Übrigens: Bei eini-

gen Menschen stinken ihre Sünden schon zehn Meter gegen den Wind. Jeder kann sie sehen, bevor die Gerichtsverhandlung von Gott überhaupt erst angefangen hat. Bei anderen kann man sie erst später entdecken.
25 Genauso ist das auch mit den guten Sachen, die Menschen so bringen. Einiges davon kann man schon jetzt beobachten, anderes wieder nicht. Aber auch diese Dinge werden nicht immer verborgen bleiben.

6

Chef oder Angestellter?

1 Alle, die irgendwo angestellt sind und einen Chef über sich haben,
sollten dem Respekt entgegenbringen. Ihr wollt ja nicht, dass die Sache Gottes und unser christlicher Glaube irgendwie durch den Dreck gezogen werden, oder?
2 Das stimmt auch für den Fall, dass dein Chef auch ein Christ ist und ihr da auf einer Ebene seid. Auch dann sollt ihr alles geben und euch ihm voll unterordnen. Weil er auch an Jesus glaubt und genauso von ihm geliebt wird, wird er auch bereit sein, nett mit euch umzugehen. Das erkläre bitte den Leuten bei euch und erinnere sie immer wieder da dran.

Warnung vor Geldgeilheit und Streit

3 Falls jemand versuchen sollte, euch etwas anderes beizubringen, könnt ihr das getrost vergessen. Jeden, der sich nicht an die Sachen hält, die Jesus Christus uns beigebracht hat,
4 kann man in die Tonne drücken. Solche Leute sind nur total krank im Kopf, stehen auf endlos lange Diskussionen und so. Bei solchen Gesprächen kommt immer nur das Gleiche raus: Jemand wird neidisch auf die tollen Argumente, man streitet sich nur und lästert rum, oder es kommen wilde Verdächtigungen auf, die total unnötig sind.
5 Solche Menschen zoffen sich nur, man könnte glauben, die sind total durchgeknallt! Haben die denn nie die Wahrheit gehört? Die machen ja sogar aus Jesus noch eine Geschäftsidee, um Kohle mit ihm zu scheffeln.
6 Mit Gott zu leben ist dabei eigentlich schon ein Hauptgewinn, der sollte einem reichen!
7 Wir haben ja auch schließlich nichts mit in diese Welt reingebracht, warum sollten wir sie dann mit irgendetwas wieder verlassen?
8 Es sollte uns reichen, wenn wir immer genug zu essen haben und anständige Klamotten zum Anziehen.
9 Die Menschen, die um jeden Preis reich werden wollen, fallen oft so schnell auf die Tricks von Satan rein. Geld erzeugt nur uncoole Wünsche, die einen Menschen letztendlich immer ins Unglück und den Tod stürzen.
10 Geldgeilheit ist eine Ursache für das Böse. Einige sind da drauf total abgegangen und irgendwann waren sie weg von Gott. Wie viele ätzende Sachen hätten die sich ersparen können!

Ein paar Tipps
11 Timotheus! Du darfst da auf keinen Fall mitmachen! Versuche um je-
den Preis, anders draufzukommen als so! Dein Ziel sollte sein, ein Leben
zu führen, was Gott geil findet! Setz alles daran, dass dir nichts wichtiger
ist als Gott! Versuch immer im Vertrauen auf ihn zu leben! Liebe, Geduld
und Freundlichkeit sollen bei dir am Start sein. 12 Kämpfe den guten
Kampf und vertraue Gott! Es ist immer richtig, das zu tun. Pack das ewi-
ge Leben, was Gott für dich bereithält, mit beiden Händen. Er hat dich
dafür extra ausgesucht! Das hast du ja vor vielen Zeugen klar gemacht.
13 Eine Sache ist mir noch superwichtig, das ist fast ein Befehl, den ich dir
hiermit erteile. Und das tue ich mit Gott im Rücken, der alles gemacht
hat, und mit Jesus Christus, der sich sogar vor Pontius Pilatus zu Gott
bekannt hat: 14 Erledige deinen Job so sauber wie möglich! Halte durch,
so lange, bis Jesus wiederkommt! 15 Wann die Uhr dafür geschlagen hat,
wissen wir noch nicht, das weiß nur Gott. Er ist der Größte, der einzig
Gute, er hält den Joystick der Welt in seiner Hand. Er ist der Präsident der
Präsidenten, der Oberchef schlechthin! 16 Er ist der Einzige, der nie ster-
ben wird. Er wohnt an einem Ort, wo nur Licht ist. Dort kann niemand
hinkommen. Keiner hat diesen Ort jemals gesehen, und das wird auch
nie passieren. Es ist richtig, wenn alles nur ihm zujubelt. Er soll das Sa-
gen haben über alles, was es gibt! So soll es sein!

Eine Warnung an die Leute, die viel Kohle haben
17 Den Leuten, die zurzeit viel Kohle haben, mach mal folgende Ansage:
Sie sollen sich bloß nichts auf ihren Reichtum einbilden, denn der ist
schneller weg, als sie laufen können. Verlassen kann man sich nur auf
Gott, und der hat alles reichlich zur Verfügung. Wir brauchen es nur
noch genießen! 18 Sie sollen aber einen anderen Reichtum erwerben,
indem sie einfach gute Sachen für Gott machen, anderen Menschen
gerne was von ihrem Geld abgeben und hilfsbereit sind. 19 So können sie
sich eine gute Grundlage aneignen, die in der Zukunft Bestand hat. Und
nur so kann man sich ein wirkliches Leben abgreifen.

Noch mal eine Warnung und Grüße
20 Mann, Timotheus, pass gut auf das auf, was Gott dir gegeben hat!
Mach einen Riesenbogen um die Leute, die nur dumm rumlabern und
sich ständig über diese so genannte „Neue Erkenntnis“ und so streiten.
21 Einige haben ja schon gesagt, sie würden jetzt danach leben. Sie sind
vom Glauben an Jesus weggekommen. Also, mein Lieber, ich wünsch
euch allen die Gnade, die man durch ein Leben mit Gott bekommt!
Dein Paulus

Der zweite Brief von Paulus an Timotheus

1

Anschrift und Grüße

1 Absender: Paulus, Apostel von Jesus Christus. Ein Botschafter, der für
Gott unterwegs ist, weil er das so wollte. Gott hat mich beauftragt, von
dem Leben das nie aufhört zu erzählen, das wir durch Jesus Christus
haben. 2 An: Timotheus. Hallo Timotheus! Mann, ich hab dich echt so
lieb, als wärst du mein eigener Sohn! Ich wünsch dir die Gnade, die von
Gott kommt, Liebe und Frieden von unserem Vater und von unserm
Chef Jesus Christus.

Gott hat alles gegeben

3 Ständig muss ich an dich denken, und ich bete auch die ganze Zeit
für dich! Für Gott gebe ich alles, und ich diene ihm schon, solange ich
denken kann. 4 Wenn ich mich da dran erinnere, wie du bei unserem
Abschied geweint hast, dann möchte ich am liebsten gleich wieder umdrehen und bei dir sein! Mann, das wäre so schön ... 5 Deine coole Art
mit Jesus zu leben werde ich nie vergessen! Dieses Vertrauen in Gott
hast du bestimmt von deiner Mutter Eunike, und die hat es von ihrer
Mutter, die hieß Lois. Ich bin mir ganz sicher, dass man diesen Glauben
auch in dir findet. 6 Wegen deiner Familienwurzeln will ich dich noch
mal da dran erinnern, dass du unbedingt diese Begabung, die Gott dir
gegeben hat, voll ausschöpfst! Die hast du ja bekommen, als ich dir die
Hände aufgelegt und für dich gebetet habe. 7 Diese Kraft, die Gott uns
gegeben hat, bewirkt ja nicht, dass wir Angst haben. Ganz im Gegenteil: Sein Geist bewirkt, dass wir mutig sein können. Er gibt uns Kraft,
ermöglicht uns zu lieben und hilft uns, alles im Griff zu haben. 8 Es
muss dir also nicht peinlich sein, vor anderen Menschen klarzustellen,
dass du an Jesus glaubst. Und es muss dir auch nicht peinlich sein, zu
mir zu gehören, auch wenn ich gerade im Knast sitze. Du kannst ruhig
mitleiden, wenn es um die gute Nachricht geht. In dieser Botschaft
steckt unheimlich viel Kraft. 9 Gott hat uns einfach gerettet. Er hat uns
rausgerufen und uns einen besonderen Auftrag gegeben. Da konnten
wir gar nichts für, und erarbeitet haben wir uns das auch nicht. Er hat
das einfach beschlossen, obwohl wir es nicht verdient hatten. Jesus
hat das für uns möglich gemacht, und das war schon lange vorher ge-

plant, bevor diese Welt überhaupt entstanden ist. 10 Jetzt ist das aber
tatsächlich passiert! Indem Jesus, unser Retter, zu uns gekommen ist
und den Tod besiegt hat, wurde das möglich! Er hat uns ein neues Le-
ben geschenkt, das nicht mehr vernichtet werden kann! 11 Und genau
um diese gute Nachricht geht es mir. Die soll ich vertreten und überall
erzählen. Ich bringe den Leuten bei, was das konkret bedeutet. 12 Das ist
auch der Grund, warum ich jetzt im Knast sitze und es mir dreckig geht.
Trotzdem ist mir das null peinlich! Ich weiß genau, auf wen ich mein
Vertrauen gesetzt habe, und ich bin mir ganz sicher, dass er auf mich
aufpassen wird. Er wird dafür sorgen, dass die Sachen, die er mir gege-
ben hat, nicht verloren gehen bis zu dem Tag, an dem er wieder auf die
Erde zurückkommt. 13 Bleibe straight bei den guten Sachen, die ich dir
beigebracht habe, Timotheus! Das waren ja alles Dinge, wo es um die
Liebe ging und das Vertrauen, was wir in Jesus Christus finden können.
14 Pass auf diese wertvolle Lehre gut auf, die dir Gott durch seinen Geist
anvertraut hat, ja?

Nachrichten von Christen aus Asien

15 Hast du davon gehört, dass die Christen aus der Provinz Asien keinen
Bock mehr auf mich haben? Selbst Phygelus und Hermogenes gehören
dazu! 16 Ich wünsche mir von Gott, dass er mit der Familie von Onesi-
phorus nett umgeht. Er hat mich früher oft so ermutigt, und es war ihm
auch nie peinlich, dass ich im Gefängnis sitze. 17 Ganz im Gegenteil: Er
hat mich in Rom so lange gesucht, bis er mich gefunden hat. 18 Ich bete
dafür, dass Gott ihn bei der letzten großen Gerichtsverhandlung nicht
verurteilt! Was er in Ephesus alles gerissen hat, weißt du ja noch besser
als ich ...

2

Durchziehen, auch wenn's Probleme gibt

1 Mein lieber Sohn, ich wünsch mir, dass deine Glaubensmuskeln wach-
sen und du stark wirst durch Jesus Christus! 2 Das, was ich dir in Ge-
genwart von vielen Leuten beigebracht habe, kannst du jetzt an andere
zuverlässige Christen weitergeben. Am besten an Leute, die auch so was
wie 'ne Begabung dazu haben, Menschen etwas beizubringen. 3 Geh
bitte mit mir diesen schweren Weg, wie ein Soldat für Jesus. 4 Jeder Be-
rufssoldat darf sich nicht zu viel den Kopf machen über die Sorgen des
Alltags, wenn er einen guten Job in der Armee machen will. 5 Und auch
ein Profifußballer wird nie Meister werden, wenn er sich nicht an die
Spielregeln hält. 6 Und der Bauer, der vorher viel Arbeit in die Pflanzen
gesteckt hat, soll auch das Recht haben, als Erster von den Früchten

zu essen. 7 Denk mal drüber nach, was ich damit sagen will. Gott wird
dir aber schon den Durchblick dafür geben. 8 Vergiss bitte eine Sache
nicht: Jesus Christus, der Nachkomme vom König David, war tot, aber
Gott hat ihn aus dem Tod rausgeholt. Das ist kurz zusammengefasst
die gute Nachricht, die ich zu erzählen habe! 9 Und dafür muss ich jetzt
diesen ganzen Mist ertragen. Ich hänge hier im Gefängnis fest wie ein
Schwerverbrecher. Die Worte von Gott kann man aber nicht einsper-
ren, sie sind frei! 10 Für die vielen Menschen, die Gott noch retten will,
nehme ich diese ganzen Probleme gerne auf mich. Ich wünsche mir
einfach, dass noch viele durch Jesus Christus ein cooles neues Leben
bekommen, ein Leben, das nie mehr aufhört! 11 Das Ding steht nämlich
hundert Pro fest: Wenn unser altes Leben durch den Tod von Jesus ab-
gestorben ist, dann werden wir auch mit ihm wieder leben. 12 Ertragen
wir die ätzenden Sachen mit ihm hier auf der Erde, werden wir mal mit
ihm zusammen das Sagen haben. Wenn wir aber so tun, als würden wir
ihn nicht kennen, dann kennt er uns auch nicht mehr. 13 Aber wenn wir
ihm nicht treu sind, dann bleibt er trotzdem uns gegenüber immer treu.
So ist er einfach, und er wird sich auch nicht plötzlich ändern.

Passt auf vor den falschen Theorien über Gott!

14 Das sind so Sachen, an die du deine Leute unbedingt erinnern musst!
Sag ihnen auch, dass sie bitte nicht ständig in Gottes Namen rumdis-
kutieren sollen, ja? Das bringt nämlich gar nichts und verwirrt die Leute
eher, als dass es Dinge klärt. 15 Kämpfe da drum, deine Sache gottesmä-
ßig durchzuziehen. Lass dir nichts zuschulden kommen und arbeite so,
dass du die Worte von Gott den Menschen richtig und deutlich erklärst.
16 Mach einen Bogen um Leute, die nur dumm rumlabern! Das führt auf
Dauer nur zu einem schlechten Charakter, der einen von Gott entfernt.
17 Wenn die reden, dann breiten sich ihre Worte aus wie Krebs. Zwei, die
so drauf sind, sind Hymenäus und Philetus. 18 Beiden leben nicht mehr
so, wie es zu unserer wahren Lehre passt. Sie glauben, dass diese „Auf-
erstehungskiste“ schon lange passiert ist. Dadurch bringen sie einige
davon weg, Gott so zu vertrauen, wie wir es tun. 19 Aber das stahlharte
Fundament, was Gott gegossen hat, steht fest. Da drauf ist eingemei-
ßelt: „Gott kennt alle Menschen, die zu ihm gehören!“ Genauso steht
da drauf: „Wer mit Jesus Christus lebt und zu ihm gehört, sollte ein Le-
ben führen, was Gott gefällt.“ 20 Jetzt gibt es ja in jedem Haushalt unter-
schiedliches Geschirr. Es gibt edles Porzellan und Kristallgläser genauso
wie Aldisachen aus Pappe und Plastik. Die einen braucht man, wenn
man ein Geschäftsessen zu Hause hat, und die anderen für die Grillpar-
ty mit den Nachbarn. 21 Wer sich von solchen Labertaschen fern hält,

wird so ein edles Porzellan im Haus Gottes sein. Es ist gut und sauber,
jederzeit einsatzbereit für den Eigentümer, wenn besondere Gäste kom-
men. 22 Pass auf vor den Sachen, auf die man besonders abfährt, wenn
man jung ist! Mach einen Bogen um diese Dinge! Kämpfe lieber darum,
dass du für Gott immer okay lebst, dass du ihm vertraust, dass du im-
mer liebevoll mit Menschen umgehst, die eine ehrliche Beziehung zu
Gott haben, und dass du dich mit niemandem streitest. 23 Wenn jemand
mit einer dummen Frage kommt, die nur wilde Diskussionen auslösen
würde, dann lass dich nicht da drauf ein. 24 Wer Gott wirklich dienen will,
sollte entspannt drauf sein, er sollte freundlich mit allen Menschen um-
gehen. Er sollte gut Menschen etwas beibringen können und auch be-
reit sein, böse Sachen zu ertragen. 25 Leute, die ständig streiten wollen,
sollte er locker und nett wieder auf die richtige Bahn bringen. Vielleicht
ermöglicht Gott ja auch, dass die sich ändern wollen und die Wahrheit
erkennen. 26 Solche Menschen können aus den Fallen, die Satan aufge-
stellt hat, befreit werden. In diesem Zustand waren sie ja gefangen und
wurden nur für seine Zwecke missbraucht.

3

Wenn es mit der Welt zu Ende geht

1 Eine Sache soll dir aber klar sein: Wenn es mit dieser Welt zu Ende
geht, werden ganz üble Zeiten anbrechen. 2 Die Menschen werden
dann nur noch auf sich selbst und ihre Kohle abfahren. Jeder wird dann
glauben, er wäre der Größte, und das überall raushängen lassen. Mann/
Frau wird über alles ablästern und die Kinder werden ihren Eltern auf
der Nase rumtanzen. Dankbarkeit wird ein Fremdwort für viele sein,
und man wird das tun, worauf Gott überhaupt nicht steht. 3 Viele Leute
werden sich nicht mehr lieben können und nur noch rumstreiten. Viele
werden sich gegenseitig verraten, hemmungslos leben und in einem
Streit einfach brutal zuschlagen. Man wird alles Gute hassen. 4 Verrat
wird normal sein, Menschen geraten außer Kontrolle. Überall werden
plötzlich irgendwelche aufgeblasenen Superspacken rumlaufen, die nur
noch Bock auf Spaß haben und keinen Bock mehr auf Gott. 5 So Pseu-
do-Christen, die äußerlich superfromm, aber in Wirklichkeit total schlaff
unterwegs sind. Mit solchen Leuten solltest du besser nichts zu tun ha-
ben, ja? 6 Das sind nämlich dieselben Typen, die nachts um die Häuser
ziehen und versuchen, irgendwelche Weiber ins Bett zu kriegen, eben
Frauen, mit denen man so was machen kann. Diese Frauen haben viel
Dreck zwischen sich und Gott liegen und werden so ständig dazu ge-
trieben, unbedingt irgendwie Sex haben zu wollen. 7 Die sitzen in jedem
Seminar und Gottesdienst, um Predigten zu hören, aber lassen nichts

wirklich an sich ran, sie verstehen die Wahrheit auch nicht wirklich. 8 So
wie diese ägyptischen Magier Jannes und Jambres, die nicht auf Mose
hören wollten, so wollen diese Leute die Wahrheit auch nicht verstehen.
Diese Typen sind echt Psychos, sie haben eine miese Einstellung und
sind unfähig, Gott wirklich zu vertrauen. 9 Lange werden sie das aber
nicht durchhalten. Dass sie so verpeilt sind, wird bald jeder merken. Das
war ja bei diesen Magiern in Ägypten damals auch so.

Wer mit Jesus lebt, bekommt Probleme

10 Timotheus, du bist aber zum Glück nicht so. Du hast dich immer an
das gehalten, was ich dir beigebracht habe. Du hast das nachgemacht,
was ich dir vorgelebt habe. Du wolltest die Sachen, die ich auch wollte.
Du hast dieselbe Geduld und die gleiche Liebe, wie ich sie habe. Du
versuchst genauso geduldig zu sein wie ich. 11 Und das, obwohl ich so
schlimme Sachen in Antiochia, in Ikonion und Lystra durchmachen
musste. Oh Mann, wie übel haben die mich verfolgt! Gott hat mich da
zum Glück wieder rausgeholt. 12 Trotzdem: Alle, die radikal mit Jesus
Christus leben wollen, müssen damit rechnen, Probleme zu kriegen!
13 Linke Typen und Leute, die andere nur abziehen, werden mit der
Zeit immer schlimmer vorgehen. Sie werden Menschen verführen und
kriegen dabei gar nicht mit, dass sie selbst auch betrogen werden. 14 Ti-
motheus, zieh die Sachen durch, die du von mir gelernt hast, ja? Die
Dinge, von denen du überzeugt bist. Du weißt ja, von wem die kom-
men ... 15 Du hast dich ja schon als Kind mit den alten heiligen Schriften
beschäftigt. Du hast da draus gelernt, dass die einzige Chance gerettet
zu werden da drin besteht, sein Vertrauen auf Jesus Christus zu set-
zen. 16 Denn alle Schriften, die von Gott inspiriert worden sind, können
helfen. Sie sind wichtig, um uns Sachen beizubringen. Sie können uns
überführen, wenn wir im Leben mal danebenliegen. Sie zeigen uns den
richtigen Weg, sie helfen uns bessere Menschen zu werden, sie erziehen
uns, damit wir für Gott okay werden. 17 Seine Worte zeigen uns, wie wir
als Menschen für Gott perfekt werden können, um Dinge zu tun, die
Gott gut findet.

4

Was Paulus von Timotheus will

1 Timotheus, eine Sache ist mir wirklich superwichtig. Gott ist mein
Zeuge und auch Jesus Christus. Er wird einmal wiederkommen, um die
große Gerichtsverhandlung abzuhalten. Da kommen dann alle mal dran,
die Menschen, die dann noch leben, und die Leute, die schon gestor-
ben sind. Dann wird seine Zeit anbrechen. Also, ich befehle dir hiermit:

2 Erzähle den Menschen überall und zu jeder Tageszeit die Sache von
Gott! Tu das mit allen Mitteln, die dir zur Verfügung stehen, überall
und zu jeder Zeit. Bedrohe die Leute, zeig ihnen den Weg, hab Geduld
dabei, bringe es ihnen einfach bei! 3 Denn pass auf, es wird eine Zeit
kommen, da werden die Menschen auf diese gesund machende, gute
Lehre keinen Bock mehr haben. Sie werden sich stattdessen aus dem
Supermarkt der Religionen nur noch das nehmen, was ihnen gerade in
den Kram passt. Sie werden nur noch auf das hören, was ihnen gerade
gefällt. 4 Und weil sie keinen Bock auf die Wahrheit haben, werden sie
sich davon abwenden und lieber irgendwelche Märchen und religiösen
Spinnereien glauben. 5 Bleib einfach immer locker drauf, ertrage die
ätzenden Sachen und erledige deine Aufgabe, wie es sich für einen
Prediger der guten Nachricht gehört. 6 Ich schreib dir das jetzt im Ange-
sicht des Todes. Ich rechne auf jeden Fall damit, bald getötet zu werden.
7 Ich kann für mich behaupten, mein Ding mit Gott voll durchgezogen
zu haben. Ich habe meine Aufgabe erfüllt und mein Ziel erreicht, ich
bin Jesus immer treu geblieben. 8 Auf mich wartet ein fetter Pokal, der
Preis für den ersten Platz im Kampf um Gerechtigkeit. Der wird mir von
Gott, dem gerechten Richter, an diesem letzten Tag überreicht werden.
Und ich bin nicht der Einzige, der den absahnen wird. Alle, die wie ich
voll sehnsüchtig da drauf warten, dass er wiederkommt, werden den
kriegen.

Noch ein paar Sachen über Mitarbeiter

9 Bitte komm ganz schnell zu mir! 10 Demas hat mich im Stich gelassen.
Mit Glauben hat er nichts mehr am Hut, und er ist nach Thessalonich
abgehauen. Kreszenz hat sich nach Galatien verpieselt, Titus nach Dal-
matien. 11 Nur noch der Lukas ist bei mir geblieben. Wenn du kommst,
nimm Markus unbedingt mit! Er ist mir immer eine große Hilfe. 12 Tychi-
kus hab ich gesagt, er soll mal nach Ephesus gehen. 13 Bitte bring mir
mal aus Troas meine Jacke mit, die ich bei Karpus vergessen habe. Auch
die Bücher und besonders die Zeitschriften kannst du mir mitbringen,
ja?! 14 Alexander, der Schmied, hat mich echt abgelinkt. Gott wird ihn da-
für angemessen bestrafen. 15 Pass vor dem Typen tierisch auf und mach
einen großen Bogen um ihn. Er hat unserer Sache sehr geschadet! 16 Bei
meiner ersten Gerichtsverhandlung war ich ganz alleine. Alle hatten
mich verlassen, aber Gott soll ihnen das verzeihen. 17 Jesus war aber die
ganze Zeit bei mir und hat mir echt geholfen. Er wollte, dass ich seine
gute Nachricht weitergebe, damit alle Menschen, die keine Juden sind,
davon hören. Er hat mich aus dieser lebensgefährlichen Lage rausge-
holt. 18 Gott wird mich jetzt auch aus dieser ätzenden Situation befreien,

da bin ich ganz sicher. Er wird mich zu sich nach Hause holen, in sein Land, da, wo er wohnt. Er soll groß rauskommen, er ist der Größte, das war schon immer so und wird auch immer so bleiben!

Grüße

19 Schöne Grüße an Priska und Aquila und auch an die Familie des One-
siphorus. 20 Erastus ist übrigens in Korinth geblieben. Trophimus muss-
te ich krank in Milet zurücklassen. 21 Es wäre einfach super, wenn du es
schaffst, vor dem Winter hier zu sein. Bitte beeile dich! Ich soll Grüße
von Eubulus und Pudens ausrichten, auch Linus und Klaudia und die
anderen Christen hier grüßen dich! 22 Der Meister Jesus Christus soll dir
ganz nahe sein. Und seine Liebe und Gnade soll euch begleiten!
Dein Paulus

Ein Brief an Titus

1

Anschrift und Absender

1 Absender: Paulus, ein Angestellter in Gottes Firma, ein Apostel für
Jesus Christus. Jesus hat mich beauftragt, den Leuten, die Gott aus-
gesucht hat, die wichtigen Sachen zu erzählen, damit sie Gott kennen
lernen und die Wahrheit begreifen. 2 Denn wir haben die Hoffnung,
dass das Leben nach dem Tod erst richtig losgeht. Das hat Gott uns
vor Ewigkeiten schon versprochen, und der lügt nie. 3 Jetzt ist der Zeit-
punkt gekommen, wo alle Menschen von diesem Versprechen hören
sollen. Gott hat mir speziell die Order gegeben, da drüber überall zu
reden. 4 An: Titus. Hallo, lieber Titus! Dadurch, dass wir gemeinsam
unser Vertrauen auf Gott gesetzt haben, bist du für mich wie ein Sohn,
den ich sehr liebe. Ich hoffe, es geht dir gut! Ich wünsch dir, dass du
Frieden im Herz hast und eine Portion Freude obendrauf! Beides be-
kommst du von Gott, der unser Vater ist, und von Jesus Christus, der
uns gerettet hat.

Wie man drauf sein muss, um eine Gemeinde zu leiten

5 Ich hab dich ja auf Kreta alleine zurückgelassen, damit du das Ding
noch zu Ende bringst, was wir da an den Start gebracht haben. Dein
Job war es vor allem, in den jeweiligen Städten Leiter für die Gemein-
den zu organisieren. 6 Diese Männer sollten einen Lebensstil haben,
an dem man nichts zu meckern hat. Sie sollten nur einmal verheiratet
sein. Wenn Kinder da sind, sollten die auch an Jesus glauben und nicht
den Ruf haben, ein extremes Partyleben zu führen. Die Kinder sollten
auch auf ihre Eltern hören. 7 So ein Leiter sollte in jedem Lebensbe-
reich jesusmäßig drauf sein, er trägt ja schließlich die Verantwortung
für die Gemeinde von Gott. Darum sollte er nicht immer nur an sich
denken, auch nicht so schnell mal eben ausrasten, wenn es Streit gibt.
Er sollte kein Alkoholproblem haben und auch kein Hooligan sein, der
sich gerne mal prügelt. Es wäre auch wichtig, dass er mit Finanzen gut
umgehen kann und nicht geldgeil ist. 8 Dann sollte er noch gerne Gäste
haben, ein freundlicher Mensch sein und Gerechtigkeit für sich groß
schreiben. Ach ja, und er sollte so leben, wie Gott es will, und sich
mit wenig zufrieden geben können. 9 Wichtig wäre noch, wenn er sich
radikal an die Sachen hält, die wir euch beigebracht haben! Nur so ist
er in der Lage, die Gemeinde auf dem richtigen Weg zu halten und die

Menschen in ihre Schranken zu weisen, die euch was anderes erzählen
wollen als wir.

Gegen die Leute, die Blödsinn reden

10 Hey Leute, es gibt echt viele Dummschwätzer, Betrüger und Vollspa-
cken, besonders unter den religiösen Juden. 11 Denen sollte man am
besten mal das Maul stopfen. Die erzählen den größten Schwachsinn
und bringen damit ganze Familien total durcheinander. Und dann ver-
langen sie auch noch richtig Kohle dafür! 12 Einer von diesen Männern
hat mal geradezu prophetisch gesagt: „Die Menschen aus Kreta sind
totale Lügner! Und außerdem fett, faul und gefährlich.“ 13 Und damit
hat er Recht. Darum musst du ihnen klare Sachen erzählen, damit ihr
Vertrauen auf Gott eine gesunde Basis bekommt. 14 Keiner soll diesen
jüdischen Märchen, diesen Reinheitsgeboten und Speisevorschriften,
glauben und auch nicht auf die Gesetze achten, die ja nur Menschen
gemacht haben. 15 Wer ein reines Gewissen hat, für den sind alle Sachen
erst mal okay. Wenn jemand aber ein schlechtes Gewissen hat und Gott
nicht vertraut, dem helfen die Gesetze und Regeln auch nicht mehr. Der
ist sowieso dreckig unterwegs und hat auch ein dreckiges Gewissen.
16 So ´ne Leute sagen, sie kennen Gott, aber die Sachen, die sie tun, sind
total gegen alles, was Gott will. Sie sind ätzend unterwegs, gehorchen
nicht und sind noch nicht mal in der Lage, irgendetwas Gutes zu tun.

2

Wie Christen draufkommen sollen

1 Titus, du musst dich unbedingt an die guten Sachen halten die dir
beigebracht worden sind! 2 Den Senioren in der Gemeinde sag mal,
sie sollten die Dinge sachlich beurteilen. Sie sollten sich mal locker
machen und so leben, dass man sie ehren kann. 3 Die älteren Frauen
sollten auch genauso drauf sein. Sie sollten sich so verhalten, wie es für
Menschen, die zu Gott gehören, angesagt ist. Sie sollten nicht rumtrat-
schen und sich auch nicht ständig mit Alkohol die Birne zuziehen. Ganz
im Gegenteil, sie sollten den Jüngeren gute Sachen beibringen. 4 Sie
könnten den jüngeren Frauen erzählen, dass sie ihre Männer wirklich
lieben sollen und auch ihre Kinder. 5 Sie sollten entspannt sein, sich
keine dreckigen Sexsachen leisten, ihren Haushalt gut im Griff haben,
sich auch so liebevoll verhalten und voll hinter ihrem Ehemann stehen.
So kann keiner mehr Witze über das machen, was Gott gesagt hat.
6 Den jungen Männern sag mal, sie sollen sich zusammenreißen. 7 Ti-
tus, du musst in allen Sachen versuchen, ein Vorbild zu sein, vorbildlich
in dem, was du tust, und in dem, was du sagst! 8 Alles, was aus deinem

Mund kommt, sollte der Wahrheit entsprechen und hilfreich sein. So
kannst du die Kritiker in ihre Schranken weisen, keiner kann uns dann
irgendwelche bösen Sachen unterstellen. 9 Allen Angestellten kannst
du ausrichten, dass sie sich in jeder Beziehung ihrem Chef unterordnen
sollen. Das sollten sie freiwillig tun, nicht unter Druck oder so. 10 Bei der
Arbeit sollte man keine Sachen abzocken, stattdessen aber einen guten
Job abliefern und immer zuverlässig arbeiten. So bekommt die Sache
Gottes, der uns gerettet hat, auch einen guten Ruf.

Gottes Liebe im normalen Leben

11 Dass Gott alle Menschen so sehr liebt, ist für uns durch Jesus deutlich
geworden. 12 Seine Liebe bringt uns dazu, dass wir uns von den ganzen
Dingen distanzieren, die ohne Gott laufen. Wir haben keinen Bock mehr
auf die Sachen, die uns diese Welt anbietet, und leben stattdessen so,
wie Gott es geil findet. 13 Denn wir warten sehnsüchtig da drauf, dass
Jesus Christus, unser großer Gott, der uns aus dem Dreck rausgeholt
hat, endlich wiederkommt! Und wenn er kommt, dann kommt er fett,
mit seiner ganzen Schönheit und seiner Power. 14 Er hat sich für uns
abschlachten lassen, damit wir von den ganzen bösen Sachen und von
unserer Schuld befreit werden. So sind wir zu seinen Leuten geworden,
seinem Volk, und wir sind total bereit, alles für ihn zu geben. 15 Das
bring den Menschen mal bei, das ist superwichtig für jeden. Alle sollten
dich ernst nehmen!

3

Wie ein Christ sich in der Gesellschaft verhalten sollte

1 Erinnere die Christen bei euch da dran, dass sie sich dem Staat und
seinen Organen unterordnen sollen. Außerdem sollen sie sich bei sozi-
alen Aktionen und anderen guten Aktivitäten beteiligen. 2 Keiner sollte
bei euch rumlästern oder sich gerne streiten. Stattdessen sollten sie
entspannt miteinander umgehen und immer geschmeidig bleiben. 3 Wir
waren ja früher kein Stück besser. Wir haben die Sachen getan, auf die
Gott überhaupt keinen Bock hat, und uns im Leben total verirrt. Wie
ferngesteuert haben wir uns von irgendwelchen Leidenschaften und
Wünschen kontrollieren lassen. Unser Leben war bestimmt von Neid
und egoistischen, linken Motiven. Wir hassten alle Menschen, und
Hass bestimmte auch unsere Beziehungen untereinander. 4 Und dann
begegnete uns Gott, und wir haben seine Liebe kennen gelernt. Wir
erkannten, wie sehr er die Menschen um uns herum liebt. 5 Er hat uns
da nicht rausgeholt, weil wir ein so tolles vorbildliches Leben geführt ha-
ben, sondern nur weil er uns liebt! Darum hat er uns diesen Neuanfang

geschenkt, dieses neue Leben durch die Kraft von Gott, seinem heiligen
Geist. 6 Diesen Geist hat er uns reichlich gegeben, durch Jesus Christus,
der uns gesund gemacht und befreit hat. 7 Ohne dass wir es verdient
hätten, hat Gott uns unseren Dreck vergeben! Plötzlich durften wir da
drauf hoffen, ein Leben zu bekommen, das nie aufhören wird. 8 Da drauf
können wir uns ab jetzt sogar hundert Prozent verlassen! Titus, ich will,
dass du diese Sache volles Rohr allen beibringst, damit die Menschen,
die Christen geworden sind, da drum kämpfen, einen guten Lifestyle zu
haben. Sie sollen sich dadurch auszeichnen, soziale Dinge für andere
zu tun. Das ist eine gute Sache, die allen etwas bringt. 9 Überall, wo nur
dumm rumgelabert wird und man wilde Diskussionen führt über irgend-
welche Ahnenforschung oder über Fragen der religiösen Gesetze, hast
du nichts zu suchen, ja?! Das bringt es nämlich in jeder Hinsicht null!
10 Wenn jemand drauf aus ist, die Gemeinde zu spalten, rede mit ihm
ein bis zwei Mal. Wenn es das nicht bringt, dann kümmere dich nicht
mehr um ihn. 11 Auf eine Sache kannst du dich verlassen: Menschen, die
so verbohrt und schräge drauf sind, haben durch ihren Dreck eine große
Distanz zwischen sich und Gott. Sie haben sich im Grunde schon selbst
verurteilt.

Ein Wort zum Schluss und Grüße

12 Sobald ich Artemas oder Tychikus zu dir geschickt habe, komm, so
schnell es geht, zu mir nach Nikopolis. Ich hab nämlich beschlossen,
hier erst mal zu überwintern. 13 Zenas, dem Rechtsanwalt, und auch
Apollos gib mal alle Sachen mit, die für die lange Reise nötig sind. Sie
sollen alles haben, was sie brauchen. 14 Ich möchte, dass wir unseren
Leuten beibringen, wie wichtig es ist, überall zu helfen, wo es geht.
Ihr Leben sollte Auswirkungen haben, es sollten gute Sachen da draus
entstehen. 15 Ich soll noch Grüße ausrichten von allen Mitarbeitern, die
gerade da sind. Schöne Grüße an alle, die uns lieben, weil wir denselben
Glauben haben! Gottes Liebe und Gnade soll euch ganz nahe sein.
Dein Paulus

Eine E-Mail an Philemon

Absender, Anschrift und Grüße

1 Absender: Paulus (ich hänge zurzeit im Knast, wegen der Sache von
Jesus Christus) und Timotheus. An: Philemon, meinen Freund und lie-
ben Mitarbeiter. 2 CC: Schwester Aphia und Archippus, der auch für die
Sache von Jesus kämpft, und die Hausgemeinde von Philemon. 3 Hallo,
ihr Lieben! Wir wünschen euch, dass die Liebe und der Friede bei euch
sind. Beides kommt von Gott, von unserem Vater und von dem Meister
Jesus Christus!

Philemon ist jesusmäßig gut drauf

4 Philemon! Ich muss Gott immer wieder danke sagen, wenn ich für dich
bete! 5 Man hat mir erzählt, wie du für Jesus abgehst und wie liebevoll
du zu den anderen Christen bist. 6 Ich bete dafür, dass das Vertrauen
in Gott (was uns beide ja total verbindet) in dir immer stärker wird. Er
soll bewirken, dass du immer mehr kapierst, was für super Sachen wir
haben, weil wir mit Jesus Christus leben. 7 Mann, Philemon, als du mir
gezeigt hast, dass du mich wirklich liebst, hab ich mich echt voll ge-
freut! Deine Liebe hat mich getröstet. Es war einfach super, zu sehen,
wie du andere Christen wieder gut draufgebracht hast.

Ein Wort für Onesimus

8 Ich könnte dir von der Position her, die mir Jesus Christus gegeben hat,
eigentlich Befehle erteilen. Will ich aber nicht. 9 Trotzdem hab ich aber
eine Bitte an dich, sozusagen als dein dich liebender Opa Paulus, der
für Jesus im Knast festsitzt. 10 Es geht um deinen Sklaven Onesimus. Ich
habe ihn in der Zeit, die ich im Gefängnis sitze, zu Jesus geführt, er ist
sozusagen mein geistliches Baby. 11 Kann ja sein, dass er dir früher auf
die Nerven gegangen ist, obwohl sein Name ja „der Nützliche" bedeu-
tet. Aber inzwischen hat er sich geändert, und jetzt ist er dir und mir
nützlich. 12 Ich schicke ihn jetzt zu dir zurück, und damit kommt auch
mein ganzes Herz zu dir. 13 Ich hätte ihn echt tierisch gerne noch bei
mir behalten, solange ich noch für die Sache von Jesus im Knast sein
muss. Er hätte mir helfen können, so wie du es auch tun würdest. 14 Ich
wollte ihn nicht einfach hier behalten, ohne dich vorher zu fragen. Wenn
man etwas Gutes tut, sollte das immer freiwillig sein und nie erzwun-
gen. 15 Kann ja sein, dass er darum eine Zeit lang nicht bei dir sein
sollte, damit du ihn dann für immer behalten kannst. 16 Dann aber nicht
mehr als Sklaven, sondern als einen Bruder aus deiner Familie, den du

lieb hast. Das war er auf jeden Fall für mich, und das könnte er ja auch
noch viel mehr für dich werden. Bist ja schließlich nicht nur sein Bruder
als Mensch, sondern auch sein Bruder durch Jesus geworden. 17 Hey,
wenn ich dein Freund bin, dann behandle ihn so, wie du mich auch be-
handeln würdest, ja?! 18 Falls dir durch sein Fehlen irgendein Schaden
entstanden ist, dann kannst du mir dafür die Rechnung schicken. 19 Ich
bezahle dir echt alles, versprochen! Darauf hast du meine Unterschrift.
Ich brauch dir ja wohl nicht zu schreiben, wer hier eigentlich bei wem
noch Schulden hat. Wenn ich dir nichts von Jesus erzählt hätte ... aber
egal. 20 Lieber Philemon, ich möchte mich gern über dich freuen! Mach
mir doch mal eine echte Freude durch Jesus! 21 Ich habe dir diesen Brief
geschrieben, weil ich hoffe, dass du tust, was ich dir sage. Nein, ich bin
mir sogar sicher, dass du noch mehr für mich tun wirst als das. 22 Mach
schon mal ein Bett für mich klar, ja? Ich hoffe, dass eure Gebete erhört
werden und ich bald wieder bei euch sein kann. 23 Ich soll noch Grüße
von Epaphras ausrichten. Der sitzt mit mir wegen seinem Glauben an
Jesus Christus im Knast. 24 Markus, Aristarch, Demas und Lukas lassen
ebenfalls grüßen! 25 Die bedingungslose Liebe, die von Jesus Christus
kommt, soll euch ganz nahe sein! Bis dann!
Dein Paulus

Der erste Brief von Petrus

1

Absender und Anschrift

1 Absender: Petrus, ein Botschafter von Jesus Christus. An: alle Christen, die wie Ausländer überall in den Provinzen Pontus, Galatien, Kappadozien, Asien und Bithynien verstreut leben. 2 Liebe Freunde! Ihr sollt wissen, dass Gott der Vater euch extra schon von Anfang an ausgesucht hat. Ihr seid seine Kinder. Das hat er gemacht, indem er euch – durch die Kraft von seinem heiligen Geist – dazu gebracht hat, Jesus Christus als euren neuen Chef für euer Leben zu akzeptieren. Weil er am Kreuz für uns einen blutigen Tod gestorben ist, sind wir unseren Dreck auf ewig losgeworden! Gott soll euch immer mehr von seiner Liebe zeigen, es soll euch richtig gut gehen, das wünsche ich euch.

Warum Christen immer Hoffnung haben

3 Danke, Gott! Du bist der Vater von unserem Helden Jesus Christus! Weil er uns ohne Ende liebt, hat er uns eine neue Chance gegeben. Wir können noch mal neu anfangen mit unserem Leben. Das wurde möglich, weil Jesus Christus tot war, dann aber wieder auferstanden ist. 4 Dieses Erbe wird uns keiner mehr wegnehmen können und es wird ewig halten. Wir müssen es uns nur noch im Himmel abholen. 5 Bis es so weit ist, wird Gott alle Kräfte aufbringen, um euch zu beschützen. Er will, dass ihr es schafft und gerettet werdet, damit am Ende alle erkennen, dass Gott die Macht hat. 6 Darauf könnt ihr jetzt schon abgehen! Auch wenn es gerade noch für eine kurze Zeit ätzend sein mag und ihr hier und da ausgetestet werdet. 7 Das passiert nur, damit euer Vertrauen in Gott immer fester und stärker wird. Es soll gereinigt werden, so wie man Gold in einem Ofen zum Schmelzen bringt, um den Schmutz, der da drin ist, zu verbrennen. Dadurch wird es gereinigt. Gott wird euch dafür am letzten Tag loben, ihr werdet dafür einen Preis von ihm bekommen. 8 Leider konntet ihr Jesus ja nicht mehr live erleben. Trotzdem seid ihr verknallt in ihn, ihr vertraut Jesus und glaubt ihm, obwohl ihr ihn nicht mit euren eigenen Augen sehen könnt. Ihr werdet aber total abgehen, 9 wenn ihr endlich am Ziel angekommen seid. Das bedeutet nämlich, für immer in Sicherheit zu sein, gerettet durch Gott. 10 Schon die alten Propheten wollten das und haben danach geforscht, wie man das hinbekommt. Sie haben es ja schon vorausgesehen, dass Gott diese Rettung aus Liebe möglich machen wird. 11 Der Geist Gottes, der

die Kraft von Jesus ist, hatte schon immer seine Finger mit im Spiel. Die Propheten hatten kapiert, was für schlimme Sachen Jesus Christus durchmachen muss. Und sie wussten auch schon, wie großartig er am Ende dabei rauskommen würde. [12] Es wurde den Propheten klar gesagt, dass sie nicht für sich selber da waren, sondern für euch. Und die Nachricht, die sie zu erzählen hatten, galt auch nicht ihnen. Jetzt ist euch aber die gute Nachricht von einigen Leuten erzählt worden. Und diese Leute haben das mit der Kraft und Vollmacht erzählt, die direkt aus dem Himmel kommt. Was euch im Himmel erwarten wird, ist so irre, dass sogar die Engel gerne mehr davon wüssten.

Ein Neustart

[13] Bereitet euch auf diesen Tag einstellungsmäßig vor. Macht euch nicht mit irgendwelchen Sachen zu und peilt euer Leben voll auf diese Hoffnung aus. Gott bietet euch seine Liebe an, das wird sich spätestens dann zeigen, wenn Jesus wiederkommt. [14] Weil ihr zu Gottes Familie gehört und seine Kinder seid, tut genau das, was er euch sagt. Leute, lebt nicht mehr so wie früher! Ihr müsst den schlechten Wünschen in euch nicht mehr nachgeben, so wie das früher der Fall war, klar? [15] Ihr könnt jetzt etwas ganz Besonderes sein und auch einen besonderen Lebensstil hinlegen, wie Jesus das ja auch getan hat. Er hat euch extra dafür ausgesucht. [15] Genau das meint Gott auch mit dieser Ansage: „Ihr sollt heilig sein, denn ich bin auch heilig!“ [17] Hey Leute, wenn ihr zu Gott, eurem Vater, betet, macht euch mal klar, dass er jeden nach seinem Verhalten beurteilt. Ihm ist dabei egal, welche Stellung du hier in der Welt hast. Darum passt auf und lebt radikal nach den Sachen, die er euch mit auf den Weg gegeben hat. In dieser Welt sind wir wie Aliens unterwegs. [18] Leute, vergesst das nicht: Für Gott war es nicht billig, euch von eurem Dreck zu befreien! Eure Väter haben euch euren ätzend-sinnlosen Lebensstil vorgelebt, aber davon seid ihr endlich freigekauft worden. Bezahlt wurde nicht mit Dollars oder Aktien, [19] sondern mit dem Leben von Christus. Ein wertvolles Leben, ohne Schulden, sauber und total rein. [20] Dass Jesus für uns sterben musste, hatte Gott schon von Anfang so geplant. Schon bevor die Welt überhaupt entstanden ist, war das klar. Und genau jetzt war die Uhr abgelaufen, wegen euch ist er jetzt gekommen. [21] Durch Jesus habt ihr angefangen, an Gott zu glauben. Gott hat ihn aus dem Tod geholt und ihn ganz groß rausgebracht. Das hat er getan, damit ihr eure ganze Hoffnung auf Gott setzt und ihm vertraut. [22] Nachdem ihr jetzt angefangen habt, mit Jesus zu leben und das zu tun, was er euch sagt, wurdet ihr dadurch ja auch befreit, um eure Geschwister im Glauben zu lieben. Setzt das auch um, habt

euch gegenseitig lieb – mit einer reinen Einstellung dabei. Und zieht das
durch, lasst euch durch nichts davon abbringen, ja? [23] Ihr habt ja einen
kompletten Neustart hingelegt, ihr seid wie neugeboren! Und diese
neue Geburt hatte ja nichts mit dem Samen von eurem Vater zu tun.
Der Same kam durch Worte, die Gott in euer Leben gesprochen hat,
Worte, die immer gelten, die lebendig sind und lebendig bleiben. [24] Ich
zitier mal aus dem alten Buch. Da steht: „Alles, was uns als Menschen
ausmacht, ist wie Gras. Und alles, was unser Leben ausmacht, ist wie
die Schönheit einer Blume. Gras vergammelt irgendwann und Blumen
verblühen. [25] Aber die Worte, die Gott spricht, bleiben für immer und
ewig bestehen!" Und genau darum geht es in der guten Nachricht, die
euch erzählt worden ist.

2

Die Christen sind was Besonderes

[1] Hört auf damit, andere Menschen abzulinken! Auch so Sachen wie
Leute einfach abziehen, rumschleimen, immer neidisch auf andere sein
und ablästern, bis der Arzt kommt, das darf es bei euch echt nicht mehr
geben! [2] Wie ein Baby frische gute Milch zum Leben braucht, so braucht
ihr auch frische Worte von Gott. Dadurch könnt ihr geistlich gesund
wachsen und gerettet werden. [3] Ihr habt ja schon mal davon probiert
und gemerkt, wie lecker das ist und wie sehr Gott uns mag. [4] Bei Jesus
können wir immer ankommen. Die andern Menschen hatten keinen
Bock auf ihn, sie haben es nicht kapiert, wer er ist und welchen Wert
er hatte. Er war wie ein lebendiger Ziegelstein, den sie einfach wegge-
schmissen haben. Aber Gott hatte gerade ihn ausgesucht, er war sehr,
sehr wertvoll. [5] Ihr seid im Grunde auch so was wie lebendige Ziegelstei-
ne. Gott baut sich mit denen gerade ein ganz spezielles Haus. Gleich-
zeitig seid ihr die Priester in diesem Haus. Wenn ihr Gott vertraut, dann
ist das so, als ob ihr für ihn so Opferrituale veranstaltet. Gott findet das
gut, weil ihr das wegen Jesus macht. [6] In den alten Schriften steht ja
auch: „Passt auf, ich lege einen sehr wertvollen Grundstein für dieses
Haus, das ich Zion nenne, und wer sein Vertrauen auf den Grundstein
setzt, der ist in Sicherheit." [7] Für euch, die ihr mit ihm lebt und ihm ver-
traut, ist dieser Stein superwertvoll. Für die Leute, denen das alles total
egal ist, ist dieser Stein wertlos. Ich zitiere mal: „Der Stein, den die Bau-
arbeiter weggeworfen haben, der wurde zum Grundstein vom ganzen
Haus. Alles musste sich nach ihm ausrichten. [8] Er ist ein Stein, über
den die Menschen stolpern, sie werden sich über ihn totärgern!" Sie
stolpern über diesen Stein, weil sie nicht so leben, wie Gott es will, weil
sie nicht auf das vertrauen, was er sagt. So musste es ja auch kommen.

9 Aber ihr seid von Gott extra ausgesucht worden! Ihr seid seine Lieb-
lingstruppe, ihr seid wie Priester und Könige, besondere Menschen, die
nur ihm gehören! Er möchte von euch, dass ihr die guten Sachen wei-
tererzählt, die Gott getan hat. Er hat euch aus einem Leben rausgeholt,
in dem es nur finster und dunkel war. Dann hat er euch ein neues helles
Leben geschenkt, das mitten im Licht ist. 10 Früher wart ihr gar nichts,
man konnte euch noch nicht mal als Normalos bezeichnen, und jetzt
gehört ihr plötzlich zu Gottes Familie. Früher hattet ihr keine Ahnung
von Gottes Liebe zu euch, jetzt habt ihr sie am eigenen Leib erfahren.

Wie sich Christen dem Staat gegenüber verhalten sollen

11 Freunde, ihr wisst ja hoffentlich, dass ihr auf dieser Welt wie Aliens
seid. Darum passt auf, dass ihr euch nicht von den Versuchungen ver-
führen lasst und von den scheinbar leckeren Sachen, die euch diese
Welt ohne Gott anbietet. Sie kämpfen gegen eure Seele. 12 Stattdessen
sollt ihr so drauf sein, dass sich euer Lebensstil deutlich von den Men-
schen in der Welt unterscheidet. Weil ihr einfach anders seid, müssen
die Menschen das Maul halten, die euch ständig kritisieren, und Gott
am letzten Tag, wenn abgerechnet wird, groß rausbringen und ihn
verehren. 13 Gott möchte, dass ihr euch den staatlichen Mächten unter-
ordnet und auch nach ihren Gesetzen lebt. Das gilt nicht nur für eure
Regierung, 14 sondern auch für die Polizei und die anderen Regierungs-
vertreter. Sie sollen die Leute bestrafen, die gegen ein Gesetz verstoßen
haben, und auf der anderen Seite sollen sie die Menschen fördern, die
sich sozial verhalten. 15 Gott will, dass ihr andere Menschen praktisch
unterstützt, damit dadurch allen Kritikern und den anderen Nonche-
ckern das Maul gestopft wird. 16 Das ist möglich, weil ihr jetzt durch
Jesus befreit worden seid. Nun soll aber bitte keiner diese Freiheit miss-
brauchen, um damit sein schlechtes Verhalten zu entschuldigen. Er hat
euch befreit, damit ihr anschließend bei ihm angestellt seid. 17 Werdet
nicht arrogant, geht mit andern Menschen respektvoll um. Liebt eure
Glaubensgeschwister. Vor Gott sollt ihr auch riesengroßen Respekt
haben. Und respektiert auch die Regierung.

Unser großes Vorbild: Jesus

18 Alle Angestellten und Arbeiter sollten ihren Chefs die nötige Achtung
entgegenbringen und tun, was sie sagen. Das betrifft jetzt nicht nur
die netten Chefs, sondern auch die Sorte, die etwas seltsam unterwegs
sind. 19 Es ist ein besonderes Geschenk, wenn jemand es schafft, trotz
schlechter Behandlung einfach still zu bleiben, und den schlechten
Umgang einfach erträgt. Und das nur, weil man sich Gott gegenüber

verantwortlich fühlt. 20 Also ehrlich, was ist daran so toll, wenn ihr Pro-
bleme bekommt, weil ihr Mist gebaut habt, und das dann einfach aus-
sitzt? Aber wenn ihr Probleme bekommt, weil ihr was Gutes gemacht
habt, dann ist das ein echtes Geschenk von Gott. 21 Gott will das von
euch, Jesus hat ja auch schlimme Sachen durchgemacht und es trotz-
dem gepackt. Macht es wie er! 22 Er hat nie Mist gebaut und kein ein-
ziges Mal gesündigt! Er hat auch nie gelogen oder so. 23 Als er getreten
und verarscht wurde, hat er nicht zurückgetreten oder sich verteidigt.
Er wusste einfach ganz sicher, dass Gott einmal ein gerechtes Urteil
fällen wird. 24 Jesus Christus hat unseren Dreck mit hochgenommen an
dieses Kreuz, und zwar alles, was uns von Gott trennt. Die Sünden sind
jetzt im Müll, sie sind tot und vorbei. Wir können wieder frei sein und so
leben, wie Gott es will. Diese Heilung kam durch seine tödlichen Verlet-
zungen am Kreuz. 25 Ihr hattet die Richtung verloren und auch so keinen
Schnall mehr vom Leben. Völlig ziellos seid ihr rumgelaufen, wie Schafe,
die keinen Hirten mehr haben. Aber jetzt habt ihr ihn wiedergefunden:
Jesus passt auf euer Innerstes auf, er beschützt eure Seelen.

3

Ein Wort über Frauen und wie es in der Ehe abgehen soll

1 So wie wir uns Jesus Christus unterordnen, sollen die Frauen sich auch
ganz ihren Männern unterordnen und das tun, was die sagen. Auch
wenn einige von den Männern noch keine Christen sind, könntet ihr sie
dadurch zu Jesus hinziehen – ohne große Reden zu schwingen, einfach
durch euer Leben sollen sie überzeugt werden. 2 Wenn sie sehen, wie
cool ihr drauf seid und wie ihr mit Gott lebt, wird sie das überzeugen.
3 Nicht durch Äußerlichkeiten, durch eine tolle Frisur, teuren Schmuck
oder schöne Klamotten werdet ihr hübsch. 4 Aber solche Sachen, die
man nicht sofort sieht, zum Beispiel gute Charaktereigenschaften,
freundlich und entspannt zu sein, das macht eine Frau erst wirklich
schön. Und für Gott ist das auch lecker. 5 Die Frauen von damals wur-
den dadurch hübsch: Sie haben ihre Hoffnung auf Gott gesetzt und
das getan, was die Männer von ihnen wollten. 6 Zum Beispiel war da
die Sara. Sie hat sich Abraham voll untergeordnet, sie nannte ihn sogar
ihren „Chef“. Folgt ihrem Beispiel, indem ihr euch nicht von irgendwel-
chen Drohungen beeindrucken lasst und nur das tut, was gut ist. 7 Den
Männern kann ich nur noch mal sagen, dass sie im Haushalt einsichtig
mit den Frauen umgehen und immer locker bleiben sollen. Leute, die
Frauen sind schwächer als ihr, vergesst das nicht! Frauen haben das
Gleiche von Gott bekommen wie die Männer. Beide können glücklich
sein, dass Gott ihnen ein Leben geschenkt hat, was nie aufhören wird.

Und eins noch, liebe Frauen und Männer: Nichts darf verhindern, dass ihr zusammen betet.

Passt auf, dass ihr so lebt, wie Gott es will

[8] Schließlich will ich euch noch eine Sache sagen: Haltet zusammen!
Fühlt mit den anderen, wenn einer mal Probleme hat! Liebt euch so, wie
man seine Geschwister liebt! Seid immer hilfsbereit und gebt nicht so
viel an. [9] Antwortet nicht auf linke Attacken, versucht immer, nett und
freundlich zu bleiben, selbst wenn man euch beleidigt. Wünscht den
anderen Christen lieber Gutes, dass Gott sie beschenkt. Gott will euch
schließlich auch noch viele gute Sachen geben, das hat er so beschlos-
sen. [10] In den alten Schriften steht ja auch: „Alle, die das Leben lieben
und eine gute Zeit haben wollen, sollten aufpassen, was sie sagen.
Nicht, dass sie nachher von ihrer eigenen Zunge reingelegt werden.
[11] Dreht euch um und ändert euer Leben, geht weg vom Bösen und hin
zum Guten. Kämpft mit allem was ihr habt um euren Frieden [12] Gott
sieht auf die Leute, die okay für ihn leben, und er hört auf ihre Gebete.
Wer aber Sachen tut, die Gott nicht will, auf den hat er überhaupt kei-
nen Bock.“ [13] Keiner kann euch reinlegen, wenn ihr wirklich gute Sachen
machen wollt, oder? [14] Und selbst wenn es euch jetzt dreckig gehen
sollte, weil ihr so lebt, wie Gott es will, könnt ihr euch trotzdem glück-
lich schätzen. Habt keine Angst vor ihren Drohungen, und lasst euch
dadurch nicht durcheinander bringen, ja?! [15] Jesus soll bei euch das Zen-
trum sein, er soll das Sagen haben. Seid immer dazu bereit, zu eurem
Glauben zu stehen und davon zu erzählen, wenn Menschen mal nach-
fragen. [16] Dabei könnt ihr immer locker drauf sein, vergesst aber nicht,
dass ihr euch zum Schluss vor Gott verantworten müsst. Passt da drauf
auf, immer ein reines Gewissen zu haben! Sollen die Typen, die Lügen
über euch verbreiten, an ihren Worten ersticken, wenn sie sehen, wie
vorbildlich ihr als Christen lebt! [17] Ist doch besser, wenn Gott Bock drauf
hat, dass ihr wegen wahren, richtigen Sachen Probleme kriegt als wegen
falschen, oder? [18] Jesus Christus hat auch für unseren Dreck ein für alle
Mal Schlimmes durchmachen müssen. Er, der nicht eine Sache gemacht
hat, die Gott nicht will, ist für uns gestorben. Und das, obwohl wir alle
so viele Fehler gemacht haben, die zwischen Gott und uns stehen. So
hat er es geschafft, euch zu Gott zu bringen. Sein Körper wurde getötet,
aber durch Gottes Kraft, durch seinen Geist, wurde er wieder neu leben-
dig. [19] Er ist sogar in die Welt der Toten abgetaucht und hat denen dort
erzählt, wie man frei werden kann. [20] Er hat das den Menschen erzählt,
die noch zu Lebzeiten von Noah auf der Erde waren. Die hatten damals
nicht getan, was Gott wollte, aber Gott hatte zum Glück Geduld mit den

Menschen. Er wartete auf sie, bis Noah mit der Arche fertig war. Damals
wurden nur acht Leute vor den Wassermassen gerettet. [21] Das war wie
ein Vorbild für die Taufe, die euch ja auch vor dem ewigen Tod gerettet
hat. Bei der Taufe geht es ja nicht um eine Reinigung des Körpers. Wir
bitten Gott damit, unser Gewissen zu reinigen, weil Jesus von den Toten
auferstanden ist. [22] Und jetzt sitzt er auf dem Chefsessel, gleich neben
Gott im Himmel. Er hat über alle Engel, alle übernatürlichen Mächte
und alle Regierungen das Sagen!

4

Alle müssen sich mal vor Gott für ihr Leben verantworten

[1] Weil Jesus mit seinem Körper schlimme Sachen für uns durchge-
macht hat, sollt ihr auch so draufkommen wie er. Wer körperlich leidet,
hat mit den Sachen abgeschlossen, die uns von Gott trennen. [2] Ihr soll-
tet die restliche Zeit, die ihr noch habt, dafür nutzen, das zu tun, was
Gott will. Ihr solltet nicht mehr das tun, was euer altes Leben von euch
verlangt. [3] Ist ja schlimm genug, was ihr früher so alles gebracht habt.
Da wart ihr noch total ohne Gott unterwegs und habt das Partyding
voll durchgezogen. Rumkiffen, Alkohol bis zum Abwinken, Fresssucht,
mit Frauen oder Männern rummachen oder irgend so ein ekelhafter
Gottesdienst für Dämonen. [4] Eure alten Freunde kriegen das jetzt na-
türlich null auf die Reihe, warum ihr von diesem alten Leben nichts
mehr wissen wollt. Darum verarschen sie euch auch. [5] Irgendwann
werden sie sich dafür aber rechtfertigen müssen. Jesus wird sie danach
fragen, wenn es zur letzten großen Gerichtsverhandlung kommt. [6] Üb-
rigens ist auch den Menschen, die schon gestorben sind, bereits die
gute Nachricht übermittelt worden. Nach menschlichen Maßstäben
sind sie bereits verurteilt worden. Aber Gott gibt ihnen die Chance zu
einem neuen Leben, das nie aufhört. [7] Es dauert nicht mehr lange,
dann ist es zu Ende mit dieser Welt. Darum passt auf, Leute, pennt
nicht rum und hört nicht auf zu beten. [8] Vor allem hört nicht auf damit,
euch gegenseitig zu lieben! Ist ja so, dass „die Liebe einen viele Fehler
und Sünden vergessen lässt". (Um mal aus dem alten Buch zu zitieren
...) [9] Nehmt gerne Gäste bei euch auf und seid nett zu ihnen. [10] Jeder
soll bereit sein, anderen mit der Begabung zu helfen, die Gott einem
gegeben hat. Geht damit einfach gut und korrekt um, ja? [11] Wenn
Gott von jemandem will, dass er predigt, dann soll Gott auch durch
ihn sprechen können. Hat jemand die Aufgabe von Gott bekommen,
anderen Menschen zu helfen, dann soll er das aus der Kraft und den
Möglichkeiten tun, die Gott ihm gegeben hat. So kommt Gott am Ende
immer groß raus, er bekommt das Lob dafür durch Jesus Christus. Er

ist der Größte, für ihn ist nichts unmöglich, das war schon immer so
und wird auch immer so bleiben! Ganz sicher!

Durchhalten, auch wenn es Schwierigkeiten gibt

[12] Freunde, wundert euch nicht über die heftigen Hassattacken, die ge-
gen euch gefahren werden. Auch wenn das seltsam ist, haben sie einen
Zweck: Sie sollen euer Vertrauen in Gott auf die Probe stellen. [13] Hey
Leute, fühlt euch geehrt, dass ihr für und mit Jesus leidet. Ihr könnt
dann auch abgehen vor Freude, wenn er sein fettes Comeback feiern
wird! [14] Ihr könnt euch sogar freuen, wenn man euch verarscht, nur weil
ihr Christen seid! Das ist nämlich ein gutes Zeichen dafür, dass ihr rich-
tig liegt. Der Geist von Gott ist mit euch. [15] Nicht so geil wäre es, wenn
ihr schlimme Sachen durchmachen müsst, weil ihr vielleicht jemanden
umgebracht habt, was geklaut habt oder solche Sachen. Das gilt auch
für jemanden, der sich ständig in fremde Angelegenheiten einmischt.
[16] Wenn einer aber leidet, weil er ein Christ ist, dann braucht er sich echt
nicht zu schämen. Er kann stolz darauf sein, zu Jesus zu gehören. [17] Die
Gerichtsverhandlung Gottes geht bald los, Leute! Und Gott fängt bei
seinen Leuten damit an. Wenn aber schon wir zum Gericht müssen, wo
wir doch seine Kinder sind, wie übel wird es dann erst denen ergehen,
die keinen Bock auf Gott hatten und sich nicht auf die gute Nachricht
einlassen wollten? [18] Wenn selbst diejenigen, die nach Gottes Maßstab
okay gelebt haben, so gerade eben durchkommen, wie wird es dann den
Leuten ergehen, die ohne Gott gelebt haben und die ständig nur Mist
gebaut haben? [19] Wer ätzende Sachen durchmachen muss, weil Gott das
so will, sollte sich nicht davon abbringen lassen, gute Sachen zu tun. Er
sollte unbedingt an Gott festhalten und ihm weiter vertrauen!

5

Noch ein Wort an die Leiter der Gemeinde

[1] Jetzt will ich zum Abschluss noch mal was für die Leiter eurer Gemein-
de schreiben. Ich habe ja den gleichen Job wie ihr. Ich kann bezeugen,
dass Jesus ganz schlimme Sachen durchmachen musste. Einen kleinen
Teil davon erlebe ich auch gerade, werde aber am Ende, wenn er wie-
derkommt, dafür auch einen Teil von seiner Riesen-Größe erleben, und
da freu ich mich schon drauf! [2] Ich hab eine Bitte an euch: Passt auf die
Gemeinde gut auf, ja? Sorgt für sie, wie sich ein guter Hirte um seine
Schafe kümmert. Tut das freiwillig, nicht weil euch irgendjemand dazu
zwingt, da steht Gott voll drauf! Es geht nicht darum, Kohle zu machen,
es geht um das Herz. [3] Spielt euch nicht als den großen Superleiter auf,
dem alle gehorchen müssen. Leitet dadurch, dass ihr ein Vorbild seid.

4 Dann werdet ihr auch den fetten Preis bekommen. Der Oberhirte wird euch einen Orden umhängen, wo draufsteht: „Ewiges Leben".
5 Den Jugendlichen bei euch mach ich folgende Ansage: Tut das, was euch die Leiter aus der Gemeinde sagen! Allen anderen sage ich das: Passt auf, dass ihr nicht arrogant und überheblich werdet! Arrogante Menschen werden bei Gott nichts erreichen. Demütige Leute liebt Gott besonders, solche Menschen kommen bei ihm gut an.
6 Darum sag ich euch: Unterwerft euch Gott radikal, er hat die Macht! Dann wird er euch groß rausbringen, wenn der Zeitpunkt dafür gekommen ist.
7 Schmeißt eure Probleme und Sorgen auf Gott, er wird sich schon da drum kümmern.
8 Macht euch locker und bleibt dabei immer hellwach! Es gibt einen echten Feind, den Teufel! Der schleicht um uns herum wie ein wildgewordener Kampfhund, jederzeit bereit, einen zu zerfleischen.
9 Wehrt seine Angriffe ab, indem ihr fest bei eurem Vertrauen in Gott bleibt. Ihr könnt euch damit trösten, dass alle Christen auf der Welt die gleichen Sachen durchmachen müssen.
10 Gott, der euch unwahrscheinlich liebt, hat euch durch Jesus eins versprochen: Diese üble Zeit, in der wir viel leiden müssen, wird nur kurz sein. Dann wird er euch wieder aufbauen und stärken, er wird euch Kraft geben, damit ihr perfekt werdet.
11 Denn nur Gott hat die ewige Power, die nie aufhören wird. So ist das!

Segen, Grüße und Tschüs

12 Silvanus war diesmal sozusagen meine Sekretärin, er hat die paar Sätze für euch aufgeschrieben. Er ist ein treuer Glaubensbruder, ich mag ihn sehr! Ich wollte euch mit diesem Brief ermutigen und euch klar machen, dass Gott euch wirklich liebt und gnädig mit uns umgeht.
13 Ich soll euch schöne Grüße von der Gemeinde hier aus „Babylon" ausrichten! Genauso von Markus, der wie ein Sohn für mich geworden ist.
14 Ach ja, ihr könnt euch gegenseitig mit einem Kuss begrüßen, als Zeichen, dass ihr zu einer Familie gehört und euch liebt! Ich wünsche euch den Frieden, der von Gott kommt, weil ihr mit Christus lebt.
Euer Petrus

Der zweite Brief vom Petrus

1

Absender und Anschrift
1 Absender: Simon Petrus, ein Angestellter und Botschafter von Jesus
Christus. An: alle Leute, die genauso ihr Leben auf Gott gesetzt haben
wie wir. Dass wir Gott so vertrauen können, ist superwertvoll für uns.
Es ist ein Geschenk von unserem Retter Jesus Christus. Er hat uns an-
genommen und akzeptabel gemacht für Gott. 2 Liebe Leute! Ich wünsch
euch erst mal, dass die Liebe, die Gott für euch hat, und sein Frieden
bei euch fett vorhanden sind. Beides kommt dadurch, dass wir Gott
immer besser kennen und verstehen lernen. Das wird durch Jesus mög-
lich, er ist unser Chef.

Gott hat alles perfekt gemacht, darum versucht auch perfekt zu leben!
3 Alles, was wir zum Leben brauchen und um so drauf zu sein, wie Gott
es gut findet, hat Jesus uns schon lange zur Verfügung gestellt. Durch
ihn haben wir Gott kennen gelernt. Er hat uns zu einem neuen Leben
bestimmt, durch seine unglaubliche Größe und Stärke. 4 So hat er uns
die fettesten und allerbesten Sachen versprochen. Er wollte, dass wir bei
seinem neuen göttlichen Leben dabei sind, indem wir vor den schlech-
ten Dingen aus der Welt, die uns nur kaputtgemacht haben, fliehen.
5 Leute, zeigt Einsatz und kämpft! Seht zu, dass euer Glauben dazu
führt, dass euer Leben für Gott okay ist, und dass dieses Leben dann
dazu führt, dass ihr Gott immer besser kennen lernt. 6 Und das hat
dann die Konsequenz, dass ihr euch immer besser im Griff habt. Und
dann bekommt ihr einen langen Atem und müsst nicht immer gleich
aufgeben. So bekommt man auch eine echte Liebe zu Gott und man hat
mehr Respekt vor ihm. 7 Wer Gott liebt, wird auch seine Geschwister
lieben, und alle anderen Menschen werden diese Liebe auch spüren.
8 Wenn ihr das wirklich durchzieht und diese Liebe unter euch sogar
immer mehr wird, dann wird es auch Auswirkungen haben. Ihr werdet
dann nämlich immer mehr von Jesus verstehen können. 9 Wer aber nicht
so drauf ist, hat vermutlich Dreck in der Linse. Er tappt im Dunkeln
und hat total vergessen, dass Gott ihn schon längst sauber gemacht
hat von seinem alten Mist, seinen früheren Sünden. 10 Darum kann ich
euch nur eins sagen, Leute, strengt euch an und hängt nicht laff rum.
Dass Gott euch ausgesucht hat, dürft ihr nicht vergessen, hört ihr?
Wenn ihr euch da dran haltet, dann bleibt ihr mit Sicherheit immer auf

der richtigen Spur. 11 Und dann kommt ihr auch sicher irgendwann bei
Gott an, die Tür wird euch sperrangelweit offen stehen, und ihr werdet
bei Jesus Christus sein, unserem Retter! 12 Ich empfinde das als meinen
Job, euch immer wieder an diese Sachen zu erinnern, obwohl ihr das ja
eigentlich schon lange wisst. Diese Wahrheit hat sich ja bei euch schon
rumgesprochen. 13 Trotzdem finde ich das wichtig, euch immer wieder
da dran zu erinnern. Und solange ich noch lebe, werde ich euch damit
auch weiter puschen. 14 Jesus hat mir schon klar gemacht, dass ich bald
sterben werde. 15 Es ist mir aber superwichtig, dass ihr auch, wenn ich
mal nicht mehr da bin, euch da dran erinnert und nicht vergesst, was
ich euch gesagt habe.

Wir sind Zeugen, dass das alles wahr ist

16 Hey, wir haben euch doch keine Lügen über Jesus erzählt. Es ist
wirklich wahr, dass er zu uns gekommen ist. Wir haben ihn mit eigenen
Augen gesehen, als er in seiner ganzen Stärke und unglaublichen Größe
vor uns stand. 17 Er hat von Gott, unserem Vater, alles bekommen, alle
Macht und alle Ehre. Er sagte zum ihm: „Das ist mein Sohn, ich liebe
ihn über alles, ich freue mich sehr über ihn." 18 Wir alle haben diese
Stimme aus dem Off gehört, direkt vom Himmel, als wir mit ihm auf
diesem heiligen Berg abhingen. 19 Umso mehr verlassen wir uns jetzt
auch auf die Sachen, die Gott durch seine Propheten versprochen hat.
Das solltet ihr mal auch tun. Diese Worte sind im Grunde wie eine Ta-
schenlampe, die uns im Dunkeln den Weg ausleuchtet. Sie leuchtet so
lange, bis es wieder Tag wird, bis der Morgenstern es hell macht in un-
seren Gedanken. 20 Die Sachen, die in den alten Schriften stehen, kann
man übrigens nicht so mal eben selber auslegen. 21 Das haben sich die-
se Propheten damals alles nie und nimmer selber einfallen lassen, das
war Gottes Geist, der da geredet hat. Menschen wurden vom heiligen
Geist angestiftet, Dinge auszusprechen, die Gott sagen wollte.

2

Kranke Lehren über Gott

1 Damals wie heute gab es immer schon irgendwelche falsche Prophe-
ten bei den Israelis, die kranke Lehren über Gott in die Welt setzen. Die
werden auch bei euch in der Gemeinde auftauchen. Sie streiten ab, dass
Jesus der Sohn Gottes ist, der für sie einen hohen Preis bezahlt hat.
Die Folgen davon werden sie bald zu spüren bekommen. 2 Trotzdem
werden vorher noch viele ihrem schlechten Beispiel folgen. Sie werden
deswegen viele Witze über das Leben mit Gott machen. 3 Weil sie scharf
auf eure Kohle sind, werden sie euch belügen und versuchen, euch auf

ihre Seite zu ziehen. Aber sie werden dafür bald vor dem letzten Gericht
abgestraft werden, sie werden da dran ersticken und bald am Ende sein.
4 Also, Gott hat noch nicht mal die Engel verschont, die sich gegen ihn
gestellt hatten. Sie wurden auch bestraft, indem sie in die Dunkelheit
geschmissen wurden, in die Hölle, wo sie für immer von Gott getrennt
sind. Dort sitzen sie mit Handschellen so lange, bis es zu dieser Ge-
richtsverhandlung kommt. 5 Die Menschen, die auf der Welt lebten, als
Noah noch da war, wurden ja auch nicht verschont. Nur Noah wurde
mit sieben anderen gerettet, als die große Flut über die Welt schwappte.
Alle anderen Menschen, die nicht mit Gott lebten, sind in den Fluten
ersoffen. 6 Und wie war das mit den Städten Sodom und Gomorra?
Beide wurden von Gott plattgemacht, um die Menschen, die ohne Gott
leben, damals wie heute zu warnen. 7 Da gab es nur einen, den Lot, der
so lebte, wie es für Gott okay war. Lot musste voll leiden wegen diesem
ätzenden, grenzenlosen Lebensstil, den die Menschen damals draufhat-
ten. 8 Lot, der Gott vertraute, musste sich das jeden Tag reinziehen. Er
litt unter den linken Sachen, die die Menschen damals gebracht haben.
9 Nicht vergessen, Leute: Gott weiß genau, wie er alle Menschen, die
das tun, worauf er Bock hat, aus Prüfungen retten kann. Er kann sie aus
der Gefahr und der Versuchung genauso rausholen, wie er die Leute
bei der letzten Gerichtsverhandlung bestrafen wird, denen es scheiß-
egal war, was er von den Menschen eigentlich wollte. 10 Damit meine
ich besonders die Leute, die sich voll von ihren Trieben und ihrer Lust
beherrschen lassen. Sie haben keinen Bock da drauf, dass es jemanden
gibt, der über sie das Sagen hat. Arrogant und dreist schrecken sie nicht
einmal davor zurück, über Engel abzulästern. 11 Die Engel sind da ganz
anders drauf. Obwohl sie ja viel stärker und mächtiger sind, würden sie
nie bei Gott über die Menschen ablästern oder sie verurteilen. 12 Diese
Typen, von denen ich eben geredet habe, sind wie dumme Viecher, die
nur aus dem Grund geboren wurden, um gefangen und geschlachtet
zu werden. Sie reden totalen Schwachsinn über Sachen, von denen sie
überhaupt keinen blassen Schimmer haben. Sie werden auch an ihrer
eigenen Schlechtigkeit ersticken. 13 Das wird auf jeden Fall die Folge
von ihrem miesen Lebensstil sein, der nichts mit Gott zu tun hat. Die
haben sich ja zum Hobby gemacht, schon morgens erst mal 'ne Party
zu feiern, und haben ihren Spaß da dran. Die lassen ja sogar noch ihre
komischen falschen Lehren vor allen Gästen vom Stapel, wenn sie bei
euch mal zum Essen eingeladen wurden. 14 Die flirten mit jeder Frau,
die ihnen vor die Nase kommt, und wollen am liebsten jede gleich ins
Bett kriegen. Die kriegen von Sünde anscheinend den Hals nicht voll.
Bei Leuten, die noch nicht so fest im Glauben stehen, schleimen sie erst

mal voll rum und versuchen sie negativ zu beeinflussen. Sie sind immer
gut da drin, ihre eigenen Interessen durchzusetzen. Ich verfluche solche
Leute! [15] Sie sind schon lange vom richtigen Weg abgekommen und
haben sich total verirrt. Vergleichbar mit Bileam, der ein Sohn von Beor
war. Der war ja auch immer für alle Schweinereien zu haben, solange die
Kohle stimmte. [16] Und er wurde am Ende von einem Esel wegen seinem
Mist angezählt! Der redete zu ihm mit einer menschlichen Stimme und
verhinderte so, dass der Prophet um ein Haar riesengroßen Schwach-
sinn angestellt hätte. [17] Diese falschen Lehrer sind so nutzlos wie ein
Wasserhahn, wo kein Wasser rauskommt, und so ohne Konturen wie
eine Wolke im Sturm. Die finsterste Dunkelheit ist grade gut genug für
sie, da gehören sie auf jeden Fall hin! [18] Denn sie reden wie Intellek-
tuelle, aber am Ende kommt nur heiße Luft bei rüber. Sie ködern mit
ihrem szenemäßigen lockeren Leben Christen an, um sie wieder zu den
schlechten Dingen zu verführen, die sie gerade erst hinter sich gelassen
hatten. [19] Sie versprechen anderen die totale Freiheit, sind aber selber
völlig abhängig und süchtig. Wenn jemand von etwas total kontrolliert
wird, dann ist er süchtig und abhängig davon. [20] Viele haben jetzt Je-
sus als ihren Chef und Befreier kennen gelernt und damit dem ganzen
Dreck aus dieser Welt den Rücken zugedreht. Wenn sie dann aber wie-
der an den alten Sachen naschen und sich da drin wieder verirren, dann
wird alles noch viel schlimmer, als es vorher war. [21] Sie wären besser
dran, wenn sie nie von Jesus gehört hätten! Sie haben Jesus erst mal
kennen gelernt und sich dann wieder von ihm getrennt. Damit wenden
sie sich ja auch gegen die Sachen, die Jesus gesagt hat. Wie übel! [22] Auf
die Leute trifft das Sprichwort voll zu: „Der Hund isst seine eigene Kot-
ze!“ Oder das hier: „Ein Schwein, frisch gewaschen, wälzt sich erst mal
wieder im Schlamm!“

3

Jesus kommt wieder zurück, garantiert!

[1] Liebe Freunde, das ist jetzt ja schon mein zweiter Brief, den ich an
euch schreibe. Ich wollte euch einfach wieder ein paar Sachen in Erin-
nerung rufen, damit ihr auch in Zukunft weiter mit Jesus straight durch-
ziehen könnt. [2] Vergesst nicht, was die Propheten schon vor einiger Zeit
angesagt hatten! Und vergesst nicht, was Jesus euch durch die Apostel
klar machen wollte, ja? [3] Vor allem sollt ihr euch da drüber im Klaren
sein, dass in dieser letzten Zeit, wo es zu Ende geht mit der Welt, Leute
auftreten werden, die über alles und jeden Witze reißen und nur noch
das tun, was sie selbst für richtig halten. [4] Sie werden sich einen Spaß
aus euch machen und so Fragen stellen wie: „Na, wo ist er denn jetzt,

euer Jesus? Sollte er nicht schon lange wieder da sein? Unser Opa hat ja
auch schon immer auf ihn gewartet. Jetzt ist er tot, und nichts hat sich
verändert. Ist ja alles genau so, wie es von Anfang an auch war ...“ 5 Die
Leute, die so was sagen, haben keine Ahnung davon, wie es am Anfang
auf der Erde ausgesehen hat. Da war nämlich nur der Himmel, die Erde
und ganz viel Wasser. Und alles wurde nur dadurch zusammengehalten,
weil Gott das so gesagt hatte, durch seine Worte. 6 Trotzdem wurde spä-
ter die Welt durch ganz viel Wasser, nämlich durch die Sintflut, wieder
vernichtet. 7 Das ganze Universum, wie es jetzt existiert, und auch die
Erde wird nur so lange zusammengehalten, wie dieses Wort, was Gott
damals ausgesprochen hat, auch wirkt. Beides wird so lange bestehen,
bis der Tag kommt, an dem alles im Feuer verbrannt wird. Dieses Feuer
wirkt durch die letzte Gerichtsverhandlung, wo alle Menschen, die ohne
Gott gelebt haben, einmal verurteilt werden. Sie werden dort drinnen
verbrennen. 8 Eine Sache soll euch dabei aber ganz klar sein. Für Gott
ist ein Tag so lang wie für uns tausend Tage, und tausend Tage können
bei ihm wie ein Tag sein. 9 Wenn Gott etwas verspricht, dann tut er das
auch, da könnt ihr euch drauf verlassen. Auch wenn es manchmal so
aussieht, als würde er alles verzögern. Gott hat Geduld, und er will auf
jeden Fall verhindern, dass irgendeiner von euch es nicht packt und
verloren geht. Er möchte, dass jeder ein neues Leben mit ihm anfängt.

Alles wird neu

10 Dieser Tag der letzten großen Gerichtsverhandlung wird total uner-
wartet kommen, fast so wie ein Dieb, der nachts plötzlich in eine Woh-
nung einbricht. Mit einem Riesenknall wird der Himmel dann explodie-
ren. Alle Bestandteile des Universums werden in der Hitze zerschmel-
zen. Die Erde und alles, was da drauf ist, wird sich im Feuer einfach
auflösen. 11 Wenn jetzt schon alles hier in der Welt zu Schrott geht, dann
müsst ihr gerade mit Gott durchziehen und jesusmäßig dagegenhalten.
12 Seid gespannt auf diesen Tag und lebt so, dass er auch so schnell wie
möglich kommen kann. Wie gesagt, an diesem Tag wird das ganze Uni-
versum verbrennen, und alle Bestandteile werden sich in diesem Feuer
einfach auflösen. 13 Wir haben aber alle schon total Bock auf diesen neu-
en Himmel, der dann kommen wird, und auch auf die ganz neue Erde
freuen wir uns wie verrückt! Gott hat uns das versprochen. Dann wird es
endlich gerecht zugehen in der Welt.

Was da draus folgt ...

14 Also, ihr Lieben, in der Zwischenzeit solltet ihr alles da dransetzen, ra-
dikal und ohne Fehler so zu leben, dass ihr kein schlechtes Gewissen zu

haben braucht. [15] Peilt doch endlich, dass Gott voll Geduld mit euch hat,
sonst würdet ihr ja nicht gerettet werden, oder? Das hat euch ja auch
schon der liebe Bruder Paulus geschrieben, und der hat auch viel Weis-
heit von Gott bekommen. [16] Er schreibt davon ja immer wieder in allen
seinen Briefen. Klar, einige Sachen, die er so schreibt, sind echt schwer
zu verstehen. Die Leute, die noch nicht so fest stehen im Glauben und
noch nicht so viel von Gott kapieren konnten, haben da ein paar Sachen
durcheinander bekommen. Ist ja typisch, machen sie ja auch mit den
anderen Briefen und Büchern. Daran werden sie irgendwann noch mal
ersticken! [17] Also, ihr seid da drauf jetzt ja vorbereitet und habt kapiert,
wie irre diese Vollidioten drauf sind, die euch diesen Blödsinn erzählen
wollten. Euch können sie nicht mehr so schnell umhauen und verfüh-
ren. [18] Ich wünsche euch, dass ihr immer mehr begreift, wie sehr Gott
euch liebt, auch wenn ihr es gar nicht verdient hättet. Das kommt durch
unseren Retter Jesus Christus. Er soll der große Held sein, für immer!
Genau so soll es ein!
Euer Petrus

Der erste Brief von Johannes

1

Wie alles bei uns anfing
1 Jesus Christus war schon immer da. Jetzt haben wir ihn aber auch
reden gehört, wir haben ihn mit unseren eigenen Augen gesehen und
mit unseren eigenen Händen berühren dürfen. Er hat zu uns geredet
und Sachen erzählt, die uns den Weg zu einem neuen, echten Leben
zeigen konnten. 2 Wir haben das Leben in Person getroffen! Wir haben
alles gesehen und sind Augenzeugen von der ganzen Geschichte. Da-
rum erzählen wir euch, wie man dieses neue Leben bekommen kann,
dieses Leben, was nie aufhören wird. Dieses Leben kam von Gott
dem Vater, und es ist bei uns vorbeigekommen. 3 Wir erzählen euch
das, was wir selbst erlebt und gehört haben. Dadurch sind wir glau-
bensmäßig verbunden. Wir gehören ja in die gleiche Familie von Gott.
Wir sind zusammen mit Gott dem Vater und auch mit seinem Sohn
Jesus Christus. 4 Das schreiben wir euch, damit ihr abgehen könnt vor
Freude!

Gott ist das Licht
5 Das ist die Nachricht, die wir von Jesus gehört haben und an euch
weitergeben sollen: Gott ist Licht. Bei ihm gibt es keine Dunkelheit!
6 Wenn wir behaupten, wir würden mit Gott leben, und trotzdem
noch heimlich Sachen tun, die uns von Gott trennen, dann lügen
wir! Wir sind einfach nicht ehrlich. 7 Wenn wir aber so leben, dass
Gottes Licht überall bei uns reinleuchten kann, dann sind wir auch
ganz eng miteinander verbunden. Weil Jesus für uns verblutet ist,
werden wir durch dieses Blut von unseren Fehlern und Sünden
sauber gemacht. 8 Wenn wir jetzt behaupten, wir hätten nie einen
Fehler gemacht und zwischen uns und Gott steht gar nichts, dann
belügen wir uns nur selbst. Wir sind dann von der Wahrheit mei-
lenweit entfernt. 9 Wenn uns unsere Fehler aber Leid tun, wir un-
sere Sünden echt bereuen und sie auch nicht verharmlosen, dann
kann man sich auf Gott verlassen: Er vergibt uns unseren Mist
und macht uns sauber von dem ganzen Dreck, in dem wir gelegen
haben. 10 Falls jetzt jemand von uns behauptet, er hätte nie einen
Fehler gemacht und nie gesündigt, dann machen wir Gott ja zum
Lügner. Wir haben dann anscheinend nichts von dem begriffen,
was er gesagt hat.

2

Woran man einen Christen erkennen sollte

1 Liebe Leute, ihr seid echt wie Kinder für mich. Ich schreibe euch heute,
weil ich möchte, dass ihr nicht länger so lebt, dass irgendetwas zwi-
schen euch und Gott kommen kann. Sollte aber doch einer Schuld auf
sich laden, dann haben wir zum Glück jemand auf unserer Seite, der bei
Gott für uns ein gutes Wort einlegt: Jesus Christus. 2 Er hat für uns die
ganze Rechnung bezahlt, nicht nur für uns, sondern für alle Menschen!
3 Dass wir nur das tun, was Gott will, ist ein sicheres Zeichen dafür, dass
wir ihn kennen. 4 Wenn jemand behauptet: „Ich kenne Gott!“, ihm die
Dinge, die Gott von ihm fordert, aber total egal sind, dann ist er ein Lüg-
ner. 5 Wer sein Leben nach den Worten ausrichtet, die Gott gesprochen
hat, und sich da dran hält, bei dem kann man wirklich die ganze Liebe
finden, die Gott für die Menschen hat. Da dran kann man auch sehen,
ob wir wirklich Christen sind. 6 Wer von sich behauptet, er wäre ein
Christ, der sollte auch so leben, wie Jesus Christus gelebt hat.

Ein altes Gesetz, das immer noch gilt

7 Was ich euch hier jetzt schreibe, ist ja nichts Neues, ihr Lieben. Es
geht nicht um ein neues Gesetz, es geht um ein uraltes Gesetz, dass ihr
schon von Anfang an kanntet, ein altes Wort von Gott. 8 Und trotzdem
ist dieses Gesetz auch neu, denn es hat sich bei Gott und bei euch ge-
zeigt, dass es wahr ist. Die Dunkelheit wird immer weniger, denn Jesus
ist das wahre wirkliche Licht. 9 Wenn jetzt einer behauptet, dass er in
diesem Licht lebt, dabei aber seine Glaubensgeschwister nicht abkann,
dann ist das ein Beweis, dass er in Wirklichkeit noch in der Dunkelheit
lebt. 10 Nur wenn du deine Glaubensgeschwister wirklich liebst, lebst
du auch im Hellen, im Licht. Keiner wird durch dich glaubensmäßig
schlecht draufkommen. 11 Aber jemand, der seine Glaubensgeschwister
hasst, lebt in der totalen Dunkelheit und hat keine Peilung, wo es längs
geht. Er tappt wie ein Blinder im Dunkeln. 12 Meine lieben Kinder! Ich
schreib euch das hier noch mal auf: Jesus Christus hat euch eure Schuld
vergeben. 13 Den Vätern unter euch möchte ich sagen: Ihr habt diesen
Jesus kennen gelernt, und Jesus war schon immer da. Den Jugendlichen
bei euch will ich noch mal Folgendes sagen: Leute, ihr habt das Böse
besiegt! 14 Euch kleinen Kindern hab ich geschrieben, weil ihr den Vater
kennen gelernt habt. Und den Vätern hab ich geschrieben, weil ihr den
kennt, der schon immer da war. Den Jugendlichen bei euch hab ich
geschrieben, weil euer Vertrauen in Gott sehr stark geworden ist. Die
Worte von Gott sind bei euch Thema, sie beschäftigen euch. Und ihr

habt das Negative hinter euch gelassen, ihr habt es besiegt. [15] Leute,
liebt nicht die Sachen, die nichts mit Gott zu tun haben! Wer das tut,
kann nicht gleichzeitig Gott lieben. [16] Die ganzen Dinge, die aus dieser
Welt kommen, sind ätzend. Menschliche Leidenschaften, geil sein auf
Macht und Kohle, Arroganz gegenüber anderen, das hat alles mit Gott
nichts zu tun, es kommt aus der Welt. [17] Die Welt wird an ihren Verfüh-
rungen noch ersticken. Wer aber das tut, was Gott will, wird ewig leben.

Der Antichrist wird es drauf anlegen

[18] Liebe Kinder, die letzte Stunde dieser Welt hat schon geschlagen.
Ihr habt ja gehört, dass der Antichrist bald seinen Auftritt hat. Sind ja
jetzt schon einige auf der Bildfläche aufgetaucht, die man als Antichrist
bezeichnen könnte. Das ist ein Zeichen, dass es bald zu Ende geht.
[19] Diese Typen kommen ja aus unseren eigenen Reihen, haben aber in
echt nie zu uns gehört. Wenn sie wirklich Christen gewesen wären, dann
wären sie auch bei der Sache dabeigeblieben. Es sollte aber deutlich
werden, dass sie alle nichts mit uns zu tun haben. [20] Gott hat euch ja
zum Glück seine Kraft gegeben, seinen heiligen Geist. Mit ihm habt
ihr das kapiert, was ihr über das Leben mit Gott wissen müsst. [21] Ich
wollte euch jetzt nicht so behandeln, als hättet ihr keine Ahnung von
Gott. Ihr kennt die Wahrheit, und ihr wisst auch, dass da kein Platz für
irgendwelche komischen Lehren ist. [22] Also, wenn jetzt noch irgendje-
mand behauptet, Jesus wäre nicht der Auserwählte, der Christus, der ist
ein Lügner. Wer gegen den Sohn und den Vater ist und keinen Bock auf
ihn hat, der ist ein Gegner von Christus, er ist der Antichrist. [23] Wer ab-
streitet, dass Jesus der Sohn von Gott ist, der leugnet damit auch Gott.
Wer sich aber öffentlich auf die Seite vom Sohn stellt, der ist auch mit
dem Vater zusammen. [24] Hey Leute, die Sachen, die ihr am Anfang ge-
lernt habt, die dürft ihr nie vergessen! Wenn ihr bei den Dingen bleibt,
die ihr am Anfang gehört habt, dann bleibt ihr auch immer ganz nah
an Jesus und an seinem Vater dran. [25] Und die große Sache, die er uns
versprochen hat, bleibt ganz sicher: ein Leben, was nie mehr aufhören
wird! [26] Ich hatte bei den letzten Sachen, die ich euch geschrieben hab,
immer diese Leute im Hinterkopf, die euch verführen wollen. [27] Also die
Kraft von Gott, sein heiliger Geist, den ihr von Jesus bekommen habt,
der bleibt auf alle Fälle bei euch! Ihr habt es deswegen auch nicht nötig,
noch irgendwie belehrt zu werden. Der heilige Geist macht das schon.
Auf das, was er euch sagt, könnt ihr euch hundert Prozent verlassen,
der lügt nicht. Und so wie er es euch auch beibringt, sollt ihr auf jeden
Fall auch immer an ihm dranbleiben. [28] Meine lieben Kinder! Lasst
nichts zwischen euch und Jesus kommen! Wenn er dann wiederkommt,

muss uns nichts vor ihm peinlich sein, wir müssen uns wegen nichts
schämen. Wir können ihm dann ganz offen entgegengehen und brau-
chen keine Angst zu haben. 29 Ihr habt kapiert, dass Jesus Christus sehr
gerecht ist. Also ist doch auch klar, dass jeder, der das tut, was er will,
zu seiner Familie gehört.

3

Was für Auswirkungen es hat, zur Familie Gottes zu gehören und sein Kind zu sein

1 Kriegt ihr das mit, wie riesengroß die Liebe ist, die Gott für uns
hat? Wir dürfen uns nicht nur seine Kinder nennen, wir sind es auch
tatsächlich! Darum will die Welt auch nichts von uns wissen, weil sie
eben Gott nicht kennt. 2 Ihr Lieben, wir sind ja schon Gottes Kinder
und gehören zu seiner Familie. Man weiß aber noch nicht, wie wir sein
werden, wenn Jesus uns vollkommen gemacht hat. Wir werden aber
auf jeden Fall so sein, wie er auch ist. Wir werden ihn dann auch richtig
sehen können, so wie er wirklich ist! 3 Jeder, der diese Hoffnung hat,
wird alles dafür geben, radikal für Gott zu leben, genauso wie Jesus
es ja auch getan hat. 4 Wer Sachen tut, die Gott nicht will, hat augen-
scheinlich keinen Bock auf das, was Gott sagt, und damit sündigt er.
5 Ihr wisst ja, dass Jesus zu uns gekommen ist, um das Problem der
Sünde endgültig aus dem Weg zu räumen. Er selber hat aber nie ge-
sündigt. 6 Jeder, der ihm ganz nahe ist, kann gar nicht mehr sündigen.
Wenn jemand trotzdem weitersündigt, ist er Christus noch nicht richtig
begegnet und hat nichts von ihm verstanden. 7 Meine lieben Kinder!
Passt auf, dass ihr euch von niemandem verführen und schräge drauf-
bringen lasst! Nur die Menschen, die für Gott okay leben, richten sich
nach dem Vorbild von Jesus. Er hat das getan, was Gott wollte. 8 Wer
aber ohne Gott lebt und Dinge tut, auf die er überhaupt keinen Bock
hat, beweist damit nur, dass sein Leben dem Teufel gehört. Der Teufel
hat schon immer solche Sachen gebracht, solange die Welt existiert.
Darum ist Jesus Christus auch zu uns gekommen, um das, was der
Teufel gebaut hat, wegzusprengen und zu zerstören. 9 Wer von Gott
einen neuen Anfang geschenkt bekommen hat, der darf einfach keinen
Mist mehr bauen. Die Kinder von Gott sind ihm immer ganz nahe,
da ist einfach kein Platz mehr für Sünde. Sie gehören ja schließlich in
seine Familie, sie sind ein Teil von ihm. 10 Jetzt wird auch klar, wer zur
Familie von Gott und wer zur Familie vom Teufel gehört, oder? Alle
Menschen, die ungerechte Sachen bringen, die Gott nicht in Ordnung
findet, gehören auch nicht zu ihm, und wer seinen Glaubensbruder
nicht liebt, schon gar nicht.

Woran sich unsere Liebesfähigkeit messen lassen muss
11 Leute, diese Botschaft habt ihr schon von Anfang an immer wieder
gehört: Menschen, die mit Jesus leben, sollen sich gegenseitig lieben.
12 Diesen Kain aus dem alten Buch sollten wir uns nie zum Vorbild
nehmen. Er kam aus der Familie vom Teufel und ermordete seinen
Bruder. Und warum hat er das gemacht? Er war link unterwegs, aber
sein Bruder lebte so, wie Gott es gut findet. 13 Leute, wundert euch gar
nicht erst, wenn die Nichtchristen um euch herum keinen Bock auf
euch haben und euch sogar hassen. 14 Wir dürfen einfach nie verges-
sen, dass wir von Jesus aus einer lebensbedrohlichen Situation gerettet
wurden. Wir waren praktisch tot, aber Gott hat uns ein neues Leben
geschenkt. Wir werden jetzt nach dem Tod in ein neues Leben gehen,
was nie aufhört! Wir können unsere Glaubensgeschwister wirklich
lieben. Wer das aber nicht hinkriegt, muss draußen bleiben. Er wird,
wenn er stirbt, für immer tot bleiben. 15 Wer seine Glaubensgeschwister
sogar hasst, der bringt sie damit um, er ist ein Mörder. Und ihr wisst,
was auf Mord steht, oder? Auf keinen Fall wird er bei dem Leben, bei
dem wir für immer ganz nah bei Gott sind, dabei sein können. 16 Wir
haben echte Liebe erst durch Jesus kennen gelernt und verstanden.
Weil er für uns gestorben ist, müssen wir auch bereit sein, für unsere
Glaubensgeschwister alles zu geben. 17 Wenn jemand viel und reichlich
Kohle hat und nichts davon abgeben will, obwohl seine Geschwister
gerade tierisch dringend etwas brauchen, wo bleibt denn da bitte die
Liebe Gottes? 18 Darum, meine Kinder, sag ich euch noch mal: Liebe
hat nichts mit dummem Gelaber zu tun. Liebe zeigt sich in Taten und
auch da drin, dass wir uns gegenseitig helfen, so zu leben, wie Gott
es okay findet. 19 Daran kann man erkennen, ob wir wirklich mit Jesus
Christus leben, und nur so können wir letztendlich unser schlechtes
Gewissen zum Schweigen bringen. 20 Wenn unsere Gefühle uns ver-
dammen, wenn wir uns selber total mies finden, dann können wir uns
auf eins verlassen: Gott ist größer als unsere Gefühle! Er kennt uns
in- und auswendig. 21 Ihr Lieben, wenn wir uns selber nicht immer
fertig machen müssen, können wir doch ganz fröhlich bei Gott sein.
22 Egal worum wir ihn bitten: Er wird es uns geben, weil wir das tun,
was er will, und so leben, wie er es gut findet. 23 Was er von uns will,
lässt sich in einem Satz zusammenfassen: Wir sollen an seinen Sohn
Jesus Christus glauben, ihm vertrauen und uns gegenseitig lieben. Das
hat Jesus uns so gesagt, das ist sein neues Gesetz. 24 Wer sich da dran
hält, bleibt immer ganz nah an ihm dran, und Gott bleibt auch bei ihm.
Als Garantie, dass er in uns bleibt und nicht wieder abhaut, hat er uns
seine Kraft, seinen Geist, gegeben.

4

Wahrheit oder Lüge?

1 Ihr Lieben, eine Sache ist mir noch wichtig. Glaubt nicht alles, was
euch einige Typen so erzählen wollen. Überprüft die Einstellung von
diesen Menschen, ob das, was sie sagen, wirklich von Gott kommt oder
nicht. Es gibt einfach zu viel falsche Propheten in dieser Welt. 2 Dass
so einer wirklich von Gott kommt und sein Geist in ihm ist, könnt ihr
folgendermaßen austesten: Er wird da dran glauben, dass Jesus als
ganz normaler Mensch direkt von Gott zu uns gekommen ist. 3 Wer das
nicht glaubt und nicht dazu steht, hat mit Gottes Geist nichts zu tun.
Er kommt sogar von der Gegenseite, vom Antichrist, ihr habt ja auch
schon von dem gehört, oder? Er sollte ja kommen, und jetzt ist er in
der Welt. 4 Ihr gehört zum Glück zu Gott, meine Lieben! Ihr habt dieses
Spielchen durchschaut, ihr habt solche Leute besiegt! Denn der Geist
Gottes, der in euch wirkt, hat viel mehr Kraft als der Geist von dieser
Welt. 5 Diese Typen kommen aus der Welt, wo Gott nicht ist, darum
reden sie auch wie Leute aus der Welt, und die Welt hört ihnen auch
bereitwillig zu. 6 Wir gehören aber zu Gott! Die Menschen, die auch zu
ihm gehören, nehmen das ernst, was wir sagen. Jemand, der nicht zu
Gott gehört, dem ist das wurstegal. So kann man unterscheiden, wer
den Geist der Wahrheit hat und wer den Geist der Lüge, der uns schräge
draufbringen will.

Weil Gott uns liebt, sollen wir auch unsere Glaubensgeschwister lieben

7 Ihr Lieben, lasst uns mal versuchen, uns wirklich gegenseitig zu lieben!
Gott hat die Liebe schließlich erfunden! Wer seine Glaubensgeschwis-
ter liebt, gehört erst wirklich zur Familie dazu. Es ist ein Beweis dafür,
dass er Gott kennt. 8 Wer es aber nicht schafft, andere zu lieben, der
hat keine Ahnung von Gott. Gott ist nämlich die Liebe in Person. 9 Gott
hat seine Liebe allen Menschen gezeigt, indem er seinen einzigen Sohn
zu uns in die Welt geschickt hat. Er wollte, dass wir durch ihn die Mög-
lichkeit bekommen, wirklich zu leben. 10 Und das ist das Besondere
an dieser Liebe, dass er uns zuerst geliebt hat und nicht umgekehrt.
Er hat seinen Sohn für uns sterben lassen, damit wir mit ihm wieder
klarkommen können. Er hat die Distanz weggemacht, indem er uns von
unserer Schuld freigesprochen hat. 11 Meine Freunde, wenn Gott uns so
wahnsinnig liebt, dann sollten wir uns gegenseitig auch lieben. 12 Bisher
hat niemand Gott wirklich sehen können. Aber wenn wir so eine Atmo-
sphäre der Liebe untereinander haben, kann man erkennen, dass Gott
mitten unter uns ist. Er bleibt bei uns, und seine Liebe kommt bei uns

voll zum Zug. 13 Der Beweis, dass wir mit ihm ganz supereng verbunden
sind, ist, dass er uns seinen Geist gegeben hat. 14 Wir haben es selber
gesehen und könnten als Zeugen dafür auftreten: Der Vater hat seinen
Sohn geschickt, um die ganze Welt zu retten. 15 Wer das glaubt und sich
öffentlich dazu stellt, dass Jesus der Sohn von Gott ist, den kann nichts
mehr von Gott trennen! 16 Das haben wir kapiert und da drauf vertrau-
en wir auch ganz fest. Wir vertrauen da drauf, dass Gott uns liebt. Er
selber ist die Liebe in Person, und wer eine liebevolle Einstellung zu
anderen hat, der lebt in Gott, und Gott lebt in ihm. 17 Diese Liebe, die
Gott zu uns hat, wurde dadurch perfekt gemacht, dass wir ohne Angst
auf den letzten Tag der großen Gerichtsverhandlung zugehen können.
Denn wir leben nach seinem Vorbild in dieser Welt. 18 Angst und Liebe
passen übrigens nicht zusammen. Wo Liebe ist, gibt es keine Angst
mehr, die Liebe vertreibt die Angst. Wer Angst hat, fürchtet sich ja vor
einer Bestrafung. Wenn jemand Angst hat, ist das nur ein Zeichen, dass
er die wirkliche Liebe noch gar nicht kennen gelernt hat. 19 Leute, lasst
uns lieben, Gott hat uns schließlich als Erster geliebt, er hat es uns
vorgemacht. 20 Wenn jetzt jemand behauptet: „Ich liebe Gott!“, dabei
aber seinen Glaubensbruder hasst, dann kann er nur ein Lügner sein.
Wer es nicht schafft, seinen Bruder zu lieben, den man ja wenigstens
sehen kann, wie soll er dann bitte in der Lage sein, Gott zu lieben, denn
den kann man ja nicht mit seinen eigenen Augen sehen? 21 Das ist ein
Gesetz, was wir direkt von Jesus bekommen haben: Wer Gott liebt, der
muss auch seinen Bruder lieben!

5

Im Vertrauen auf Gott steckt sehr viel Power

1 Jeder, der das eine glaubt, nämlich dass Jesus der Retter ist, den
Gott uns schon vor langer Zeit versprochen hat, der gehört dazu! Er
ist damit ein Teil von der Familie, weil Gott ihn damit neu geboren
hat. Und jeder, der seinen Vater liebt, der liebt auch die Geschwister,
die mit ihm in dieselbe Familie geboren wurden. 2 Ein gutes Zeichen,
an dem man erkennen kann, ob man die Geschwister in Gottes Fa-
milie liebt, ist Folgendes: dass wir Gott lieben und das tun, was er
von uns will. 3 Unsere Liebe zu Gott kann man da dran erkennen, ob
wir das tun, was er will, und das ist nicht so schwer. 4 Alles, was von
Gott kommt, ist stärker als das, was aus der Welt kommt. Unser Ver-
trauen auf Gott, unser Glaube an ihn, sticht alles aus, was die Welt
so zu bieten hat. Dieser Glaube, den wir haben, bedeutet, dass uns
alle Probleme der Welt nicht mehr von Gott wegbringen können. 5 Ist
doch klar: Wer sonst sollte es packen, diese Welt mit ihren Problemen

zu besiegen, wenn nicht derjenige, der da dran glaubt, dass Jesus der
Sohn von Gott ist?!

Drei Zeugen stehen für Jesus

6 Jesus ist ja zu uns in diese Welt gekommen. Und als er loslegte, hat er
sich erst mal nur mit Wasser taufen lassen. Am Ende wurde er hinge-
richtet und ist verblutet. Der heilige Geist hat das ja auch bestätigt, und
der sagt immer die Wahrheit. 7 Damit gibt es sozusagen drei Zeugen:
8 den Geist, das Wasser und das Blut. Alle drei bestätigen einstimmig,
dass es so ist. 9 Wenn wir schon bei Gericht Zeugenaussagen von Men-
schen erst mal als wahr annehmen, wie viel mehr sollten wir dann den
Dingen glauben, bei denen Gott selber als Zeuge auftritt. Und Gott hat
bezeugt, dass Jesus Christus sein Sohn ist. 10 Wer sein Vertrauen auf
den Sohn von Gott gesetzt hat, kann das ja auch bestätigen. Wer Gott
aber nicht glaubt, macht ihn damit im Grunde zu einem Lügner. Er be-
hauptet dann ja, dass die Sachen, die Gott über Jesus gesagt hat, falsch
sind. 11 Gott hat aber eine klare Ansage gemacht: Wir werden leben, und
dieses Leben liegt in seinem Sohn Jesus Christus. 12 Wer mit dem Sohn
lebt, der hat das Leben. Wer aber nicht mit dem Sohn lebt, der hat auch
das echte Leben nicht. 13 Ich schreib euch das jetzt, damit ihr euch da
drin ganz sicher sein könnt. Ihr habt das ewige Leben! Ihr habt ja auf
Jesus gesetzt und ihm geglaubt. Er ist der Sohn Gottes.

Gott hört auf unsere Gebete

14 Und auf eins können wir uns echt verlassen: Gott gibt uns das, worum
wir ihn bitten. Es sollte allerdings dem entsprechen, was okay für ihn ist.
15 Wenn wir uns ganz sicher sind, dass er auf unsere Gebete hört, dann
wissen wir auch, dass wir das, worum wir ihn bitten, auch bereits haben.
16 Wenn einer von euch mitbekommt, dass ein anderer Christ Sachen
tut, die Gott nicht will, dann soll er mal für den beten. Gott wird dann
dafür sorgen, dass er dieses Leben kriegt, was nie aufhört. Das gilt jetzt
nicht für diese Sünde, bei der es keine Chance gibt, dass ihm vergeben
wird. So eine tödliche Sünde gibt es, und da sage ich nicht, dass man
für den betreffenden Menschen beten soll. 17 Jede linke Aktion ist Sünde
und trennt uns von Gott. Aber nicht jede Sünde ist in dem Sinne tödlich.

Jesus hilft uns

18 Eins ist ganz sicher: Wer zu Gottes Familie gehört, der sündigt einfach
nicht mehr. Wer dazugehört, der ist ein Kind von Gott, und Gott passt
auf ihn auf. Satan darf ihn nicht mal anfassen. 19 Wir sind uns ganz si-
cher, dass wir zu Gott gehören, auch wenn die Welt vom Satan kontrol-

liert wird. [20] Wir sind uns auch ganz sicher, dass Jesus als Sohn von Gott zu uns gekommen ist, er hat uns die Fähigkeit gegeben, Gott überhaupt erst als Gott zu erkennen. Wir sind durch Jesus mit Gott ganz eng verbunden, Jesus selber ist der wahre Gott. Und er ist das Leben in Person, das Leben, das nie mehr aufhört. [21] Darum, ihr lieben Kinder, passt auf: Keinem Pseudogott hinterherlaufen!

Euer Johannes

Der zweite Brief von Johannes

Absender, Anschrift, Begrüßung

1 Absender: Johannes, der „Alte". An: eure Gemeinde und alle, die dazuge-
hören. Hallo ihr! Ganz ehrlich, Leute, ich liebe euch wie verrückt! Und damit
bin ich nicht alleine. Alle anderen, die die Wahrheit kapiert haben, lieben
euch auch. 2 Diese Wahrheit kann uns keiner mehr nehmen, sie wird immer
weiter in uns wirken. 3 Wir haben immer einen Grund uns zu freuen, wir
können mit anderen fühlen und einen Frieden in unseren Gedanken haben,
der von Gott kommt. Das kommt alles durch den Vater und durch seinen
Sohn Jesus Christus. Durch ihn sind wir in der Lage, seine Wahrheit über das
Leben zu begreifen und zu verstehen, damit wir erfüllt sind von seiner Liebe.
4 Ich bin echt froh, dass ich in eurer Gemeinde einige Leute gefunden habe,
denen Gottes Meinung wichtig ist. Gott sagt immer die Wahrheit, und er hat
uns gesagt, wie wir leben sollen. 5 Ich hab eine wichtige Bitte an euch. Das
ist nichts Neues, das haben wir schon von Anfang an immer wieder gesagt:
Gott will, dass wir uns gegenseitig lieben sollen! 6 Diese Liebe zeigt sich
dann auch da drin, dass wir die Dinge tun, die Gott von uns möchte. Wie
gesagt, es war schon von Anfang an klar, dass ihr so leben sollt.

Aufgepasst vor falschen Lehren

7 Es wird echt immer schlimmer mit den Betrügern, die den größten
Schwachsinn über Gott in der Welt verbreiten. Sie glauben nicht, dass
Jesus als ganz normaler Mensch auf die Welt gekommen ist. Leute, diese
Typen kommen direkt vom Gegenspieler, vom Antichristen höchstper-
sönlich! Der versucht euch nur vom richtigen Weg wegzulocken. 8 Passt
bloß auf, dass ihr nicht alles wieder verliert, was ihr von Jesus bekommen
habt! Ihr sollt ja die ganze Belohnung am Ende einstreichen können, klar?
9 Jeder, der die Grenze von dem überschreitet, was ihr über Jesus Christus
beigebracht bekommen habt, der hat schon verloren. Er hat keine Verbin-
dung mehr zum Vater und zu seinem Sohn. 10 Also, falls bei euch irgendje-
mand reinschneit und euch was anderes erzählen will, dann schmeißt ihn
gleich wieder raus. Ihr könnt den erst mal wie Luft behandeln. 11 Wer zu
solchen Leuten, die andere Christen schräge draufbringen, auch nur „Hal-
lo" sagt, hat sich damit schon an ihren linken Machenschaften beteiligt.
12 Da gibt es noch einiges, was ich euch unbedingt sagen will. Aber ich hab
keine Lust, das jetzt aufs Papier zu drucken. Ich bin ja hoffentlich bald bei
euch, und dann können wir diese Sachen auch mal so bequatschen. Das
macht sowie so viel mehr Spaß. 13 Ich soll noch schöne Grüße von allen
Christen hier ausrichten! *Euer Johannes*

Der dritte Brief von Johannes

Absender, Anschrift, Grüße
1 Absender: „Der Alte", Johannes. An: Gajus, meinen Freund, den ich
voll lieb habe! 2 Hallo Gajus! Ich hoffe, es geht dir gut und du bist kör-
perlich gesund! Deiner Seele geht es ja schon ganz gut ;+)

Gajus ist gut drauf
3 Ich hab mich echt voll da drüber gefreut, was mir die Glaubensge-
schwister von dir erzählt haben! Du ziehst die Sache mit Gott anschei-
nend voll durch und stellst dich radikal dazu, ein Christ zu sein. 4 Für
mich gibt es nichts Schöneres, als so was zu hören! Dass meine Leute,
die ich zu Jesus geführt habe, mit Gott durchziehen, ist einfach cool zu
hören.

Gajus war gastfreundlich
5 Mein Lieber, ich finde es super, dass du dich so um die Glaubensge-
schwister kümmerst, und das, obwohl du sie vorher gar nicht persönlich
gekannt hast. 6 Die haben uns erzählt, wie liebevoll du drauf gewesen
bist. Ist eine gute Idee, wenn du das weiterhin tust. Ich glaube, es ist
eine gute Idee, wenn du sie auch anständig mit allem ausstattest, was
sie für die Weiterreise noch so brauchen, ja? Tu das so, wie sie es als
Mitarbeiter für Gottes Sache verdient haben. 7 Sie sind ja immerhin
für Gott unterwegs und akzeptieren in dieser Zeit auch kein Geld von
Nichtchristen. 8 Ich finde, wir sind es Gott schuldig, solchen Leuten zu
helfen. So haben wir auch Aktien da drin, dass Gottes Sache weiter aus-
gebreitet wird.

Wie man es nicht machen soll
9 Ich hatte euch einen kurzen Brief geschrieben, aber Diotrephes, der
gerne euer Leiter sein will, hat anscheinend keinen Bock auf das, was
wir sagen. 10 Wenn ich bei euch vorbeikomme, werde ich ihn bloßstel-
len müssen. Ich werde dann noch mal in Erinnerung bringen, was für
Schaden er durch seine linken Kommentare gegen uns angerichtet hat.
Dabei ist er selber noch nicht einmal bereit, Geschwister bei sich woh-
nen zu lassen, und ist auch so alles andere als gastfreundlich. Um das
noch zu toppen, schmeißt er sogar die Leute aus der Gemeinde raus,
die genau das tun ... 11 Mein Lieber, bitte sei nicht so wie dieser Typ und
mach ihm das nicht nach! Tu stattdessen gute Sachen, ja!? Nur wer gute
Sachen tut, gehört zur Familie von Gott. Wer link drauf ist, kann Gott

gar nicht kennen. [12] Über Demetrius erzählt man sich überall nur gute Geschichten! Gott hat ihn anscheinend voll bestätigt. Wir bestätigen ihn natürlich auch da drin, und wir erzählen ja keinen Mist. [13] Mann, es gäbe echt noch so viele Sachen, die ich dir gerne schreiben würde. [14] Aber wir sehen uns hoffentlich bald mal wieder. Dann könnten wir ausführlich quatschen! [15] Ich wünsch dir, dass du entspannt bist, weil Gott dir das schenkt. Ich soll noch Grüße von allen Freunden hier ausrichten! Richte mal jedem Einzelnen von mir Grüße aus! Bis dann,
dein Johannes!

Ein Brief an die Hebräer

1

Gott redet durch Jesus zu den Menschen
1 Gott hat immer schon zu den Menschen gesprochen. Ist schon ewig
her, da redete er durch die Propheten auf ganz unterschiedliche Weise zu
unseren Vorfahren. 2 Jetzt hat er erst vor kurzem durch seinen Sohn zu
uns gesprochen! Seinen Sohn Jesus Christus hat er zum Universalerben
über die ganze Welt eingesetzt. Mit ihm zusammen hat er auch die Welt
gemacht. 3 Sein Sohn hat uns gezeigt, wie Gott wirklich drauf ist. Wie
gigantisch groß er ist, konnte man an ihm sehen. Das ganze Universum
wird durch ein Wort von ihm zusammengehalten. Nachdem er für uns
gestorben ist und dadurch der ganze Dreck von uns abgewaschen wurde,
hat er sich auf die Ehrentribüne gleich neben Gott im Himmel gesetzt.

Jesus Christus hat mehr zu sagen als jeder Engel
4 Jesus hat als Sohn von Gott weit mehr zu sagen als die Engel. Auch
seine Unterschrift zählt viel mehr, er hat eine viel größere Vollmacht von
Gott ausgestellt bekommen. 5 Gott hat zu keinem Engel gesagt, was er
zu Jesus gesagt hat: „Du bist mein Sohn, und heute mach ich dich zum
Präsidenten!" Oder: „Ich werde sein Vater sein, und er wird mein Sohn
sein." 6 Als Gott seinen einzigen Sohn der Welt vorgestellt hat, meinte
er: „Alle Engel sollen zu ihm beten!" 7 Über die Engel steht da dann: „Er
sorgt dafür, dass sie so schnell fliegen können wie der Wind und dass
sie wie eine Flamme ein Feuer anzünden können." 8 Über seinen Sohn
steht da aber: „Gott, du bist und bleibst der Größte! Da, wo du das Sa-
gen hast, geht es gerecht und fair zu! 9 Du stehst da drauf, wenn Sachen
gerecht ablaufen, und hasst es, wenn es ungerecht zugeht. Darum hat
Gott dich ausgesucht. Du sollst das Sagen haben, du sollst dich tierisch
freuen können, mehr als alle anderen." 10 Und in diesem Zitat geht es
um Jesus: „Am Anfang hast du alles gemacht, du hast die Erde und den
Himmel geschaffen, das kommt alles von dir. 11 Beide werden irgend-
wann kaputt sein, aber du bist immer da. Erde und Himmel werden ir-
gendwann vergammeln. 12 Wie einen alten Pulli wirst du sie auf den Müll
schmeißen, weil du etwas Neues hast. Aber du bleibst immer gleich, du
veränderst dich nicht. Du wirst nie alt werden." 13 Zu welchem Engel hat
Gott jemals die Ansage gemacht: „Setz dich mal neben mich und warte
ab, bis ich aus deinen Feinden Kleinholz gemacht habe"? 14 Engel sind
nur so Wesen, die einfach die Aufgabe haben, für Gott da zu sein. Sie

sind wie ein Geist, der ausgebildet wurde, um denen eine Hilfe zu sein,
die von Gott gerettet und befreit worden sind.

2

Knapp vorbei ist auch daneben
1 Darum sag ich euch: Lauscher immer gut auf Empfang stellen! Sonst
könnten wir am Ziel vorbeischießen. 2 Alles, was Gott jemals durch
einen Engel gesagt hat, war immer sehr radikal, und jeder, der etwas
gegen die Gesetze getan hatte, wurde sofort ausnahmslos bestraft.
3 Genauso hat heute auch keiner eine Chance bei Gott, der das Angebot,
das er uns durch Jesus gemacht hat, einfach ausschlägt. Dieses Ange-
bot wurde uns von den Leuten weitergegeben, die es mit eigenen Ohren
gehört haben. 4 Gott stellt sich dazu, indem er diese Nachricht mit der-
ben Wundern und vielen anderen übernatürlichen Zeichen bestätigt und
dadurch, dass er seinen heiligen Geist austeilt, wie er will.

Nur über Jesus kann man Gott finden
5 Leute, nicht die Engel werden in dieser Welt, die dann mal kommen
wird, das Sagen haben! 6 In den alten Schriften steht dazu: „Was für
eine Bedeutung haben Menschen überhaupt? Und wie steht es um den
Menschensohn*, dass er dir so wichtig ist? 7 Für eine kurze Zeit hast
du ihm eine Stellung unter den Engeln gegeben, aber dann hast du ihn
fett rauskommen lassen! 8 Du hast ihm jede Vollmacht ausgestellt über
alles, was es gibt.“ Wenn Gott ihm uneingeschränkte Vollmacht be-
scheinigt, dann gibt es nichts, worüber er nicht das Sagen hat. Bis jetzt
können wir das noch nicht erleben, 9 aber was wir erlebt haben, ist, dass
Jesus für eine kurze Zeit eine Stellung sogar unter den Engeln gehabt
hat. Dann aber ist er ganz fett rausgekommen, mit allem, was geht, und
zwar dadurch, dass er für alle Menschen den Tod durchlebt hat, mit
allen ätzenden Sachen, die dazu gehören. Das tat er, weil Gott alle Men-
schen so sehr liebt. 10 Alle Sachen, die es gibt, wurden ursprünglich nur
für ihn gemacht, und wegen ihm kann alles überhaupt nur existieren.
Gott will seine Kinder zu ihm führen, darum musste Jesus sie retten,
und das ging nur dadurch, dass er durch den ganzen Dreck durchging,
um so den Weg frei zu machen. 11 So kommt es, dass Jesus Christus,
der uns den Weg zu Gott frei gemacht hat, und wir Menschen jetzt den
gleichen Vater haben. Darum ist es Jesus auch nicht peinlich, uns seine
Geschwister zu nennen. 12 Er hat gesagt: „Ich will meinen Geschwistern
von dir erzählen, ich will dich vor allen Leuten groß rauskommen las-

* Siehe Erklärung S. 24.

sen.“ 13 Durch den Mund von Jesaja hat Christus gesagt: „Ich setze nur
auf Gott!“, und: „Hier bin ich mit den Kindern, die Gott mir gegeben
hat!“ 14 Die Kinder von Gott, also die Leute, die an ihn glauben, sind
ja normale Menschen, mit Muskeln und Knochen, darum wurde Jesus
auch ganz normal als ein Mensch geboren. Nur so war es möglich, dem
Feind Gottes, dem Satan, eine endgültige Niederlage beizupulen. Denn
der hatte bis dahin das Sagen über den Tod. 15 Nur so konnte er die
Leute befreien, die ihr Leben lang irre Angst vor dem Tod hatten. 16 Bei
Jesus standen natürlich nicht die Engel im Mittelpunkt, sondern die
Menschen, die zu Gott gehören. 17 Darum musste er genau so werden
wie wir, seine Brüder. Nur so konnte er bei Gott die Stellung eines Pries-
ters bekommen. Weil er die Menschen liebte und hundertpro zu Gott
stand, hat er sich für die Menschen geopfert, um sie von ihrer Schuld zu
befreien. 18 Denn was er selber an üblen Sachen durchgemacht hat, da
drin kann er uns dann auch helfen, wenn wir mal wieder von Satan unter
Beschuss genommen werden.

3

Mose kann Jesus nicht das Wasser reichen

1 Also, liebe Freunde, ihr gehört ja auch alle zu Gott, weil er euch geru-
fen hat. Guckt darum auf Jesus! Er wurde von Gott mit dem Auftrag in
die Welt geschickt, den Weg zu Gott für die Menschen freizuräumen.
2 Auf ihn konnte Gott sich verlassen, er war treu. Gott hatte ihm eine
Order gegeben, genauso wie er das mit Mose getan hatte. Und Mose
war auch treu, er hat alles für das Volk von Gott getan. 3 Jesus steht aber
viel höher als Mose! Das ist so, wie wenn ein Architekt am Ende einen
Preis für sein cooles Gebäude gewinnt. Den kriegt ja auch er persönlich
und nicht das Haus, das er geplant hat. 4 Jedes Haus ist ja mal von je-
mandem gebaut worden, Gott hat aber alles gemacht, sogar das Materi-
al, mit dem das Haus gebaut worden ist. 5 Mose war immer straight mit
Gott unterwegs, er hat sich gut um das Haus gekümmert. So konnte
er als Hinweisschild dienen für die Sachen, die noch passieren sollten.
6 Jesus ist aber der Sohn von Gott, und für ihn wurde das ganze Haus
überhaupt gebaut. Wir sind dieses Haus, wir, seine Freunde, seine Ge-
meinde. Und das bleiben wir auch, wenn wir bis zum Ende durchziehen,
uns auf Jesus schmeißen und ihm weiter vertrauen.

Gott hat seinen Leuten was versprochen

7 Darum sagt uns der heilige Geist jetzt: „Hört auf das, was ich euch
sagen möchte! Sperrt die Lauscher auf! 8 Macht euch nicht total zu,
so wie es die Israelis getan haben, als sie in der Wüste auf die Probe

gestellt wurden und sie den Aufstand markiert haben. [9] Da haben sie
vierzig Jahre lang täglich mitbekommen, wie ich sie sicher geführt habe.
Eine Aktion nach der nächsten, und trotzdem war es nie genug. Ständig
wollten sie einen neuen Beweis. [10] Irgendwann hatte ich die Schnauze
voll und sagte: ‚sie sind andauernd total verwirrt, mal wollen sie dies,
dann wollen sie das.‘ Aber immer wenn ich sage, wo es längs geht, dann
wollen sie nicht gehen. [11] Als ich dann total angefressen war, hab ich mir
geschworen: ‚Sie sollen nirgends Ruhe finden und niemals festen Boden
unter die Füße kriegen.‘“ [12] Darum, Leute, passt auf, dass ihr nicht auch
so schräge draufkommt und Gott nicht mehr vertraut, wie das euren
Vorfahren passiert ist! [13] Ermutigt euch gegenseitig jeden Tag, solange
Gott noch zu euch redet. Sonst könnte es passieren, dass ihr innerlich
hart werdet und wegen der Sachen, die euch von Gott trennen, für ihn
nicht mehr erreichbar seid. [14] Wenn wir radikal bis zum Ende durchzie-
hen und Gott so treu bleiben, wie wir es am Anfang auch waren, dann
werden wir von Jesus alles bekommen, was er auch hat. [15] Dabei nie
vergessen: „Heute sollt ihr auf das hören, was er euch zu sagen hat!
Macht euch nicht total zu und stellt euer Herz auf Empfang – nicht so
wie die Israeliten, als die sogar ’ne Revolte gegen Gott angezettelt ha-
ben.“ [16] Was waren das überhaupt für Leute, die sich gegen Gott gestellt
hatten, obwohl sie genau wussten, was er von ihnen wollte? Waren das
nicht genau die gleichen, die Mose aus Ägypten rausgeführt hatte?
[17] Und wer hat Gott vierzig Jahre in einer Tour provoziert? Waren das
nicht genau die Leute, die vorher noch Mist gebaut hatten und die dann
in der Wüste elendig verreckt sind? [18] Wem hatte Gott denn gedroht, sie
würden das versprochene Land nicht erreichen und da endlich zur Ruhe
kommen? Das hat er den Leuten gesagt, die nicht das getan hatten, was
er wollte! [19] Das alles zeigt uns ganz klar, dass die Leute, die nicht das
tun, was Gott von ihnen will, das Ziel nicht erreichen.

4

Gott entspannt sich, das sollten wir auch tun

[1] Leute, zieht durch mit Gott! Gebt alles, lasst euch nicht vom Ziel ab-
bringen! Wir wollen uns doch irgendwann alle in Gottes Ruhe entspan-
nen können, oder? [2] Gott hat uns genauso wie unseren Vorfahren dieses
Versprechen gemacht. Die haben es allerdings nicht gecheckt, sie haben
die Worte, die Gott zu ihnen gesprochen hatte, zwar gehört, aber nicht
darauf reagiert. [3] Wir werden es aber packen. Wir haben gelernt Gott zu
vertrauen, darum werden wir entspannt bei Gott landen können. Über
die Leute, die Gott nicht glauben, sagt er: „Ich habe geschworen, als ich
supersauer war: Sie sollen nie zur Ruhe kommen, sie sollen sich nicht

bei mir entspannen können." Und das, obwohl er dieses Friedensange-
bot schon von Anfang an gemacht hatte. 4 Denn er hatte ja irgendwie
schon am siebten Tag, als er die Erde gemacht hatte, gesagt: „Gott
entspannt sich am siebten Tag, er ruht sich aus von seiner Arbeit."
5 Trotzdem hatte Gott an einer anderen Stelle die Ansage gemacht: „Sie
sollen sich nie mehr wirklich ausruhen können!" 6 Das bedeutet, dass
Gott uns immer noch anbietet, Frieden zu finden, etwas, das uns wirk-
lich entspannt macht. Die Menschen, die dieses Angebot aber früher
gehört haben, haben es aber nicht angenommen. Sie haben nicht das
getan, was Gott von ihnen wollte. 7 Gott hat darum beschlossen, ein
neues Date klarzumachen, einen neuen Tag, an dem er sein Verspre-
chen einlösen will. Diese neue Chance ist heute, denn schon der König
David meinte mal: „Wenn ihr heute seine Stimme hört, dann legt los
und macht euch nicht zu!" 8 Diesen Frieden konnte man nicht in dem
Land Kanaan finden. Dort hatte Josua ja das Volk hingeführt. Wenn man
den dort gefunden hätte, könnte David – und damit Gott – ja nicht von
einem „andern Tag" gesprochen haben. 9 Gottes Volk wartet also immer
noch auf die Einlösung dieses Versprechens, es ist noch nicht passiert.
10 Wer da angekommen ist, kann sich nämlich total entspannen, er kann
von seiner Arbeit ausruhen, genauso wie Gott das am siebten Tag ge-
macht hat. 11 Um diesen Frieden wollen wir kämpfen. Wir müssen auf-
passen, dass wir nicht von Jesus wegkommen, nur weil wir so verpeilt
sind. 12 Gottes Worte sind powervoll, sie haben Auswirkungen. Sie sind
schärfer als eine Rasierklinge und gefährlicher als ein Laserschwert. Sie
durchdringen unsere geheimsten Gedanken und unsere tiefsten Träu-
me. Sie trennen das, was von uns kommt, und das, was von Gott ist. Sie
verurteilen oder bestätigen uns, je nachdem, wie wir leben. Und das tun
sie ganz neutral, man kann sie nicht bestechen oder belabern. 13 Gott
kann alles sehen, du kannst keine Geheimnisse vor ihm haben. Und
jeder muss sich für die Sachen, die er tut, vor ihm verantworten.

Jesus steht über den Dingen, er ist der beste und höchste Priester

14 Leute, wir haben den besten Priester, den es gibt, Jesus! Er ist durch
den Himmel gezogen, er ist der Sohn von Gott! Lasst uns ganz nahe
bei ihm sein und uns vor allen Leuten radikal zu ihm bekennen. 15 Die-
ser höchste Priester, den es gibt, versteht uns, er weiß, was es bedeu-
tet, auf dieser Welt zu leben, er war selbst da! Er ist aber bei keiner
Versuchung schwach geworden, er hat es gepackt! 16 Wir können ohne
Angst zu Gott kommen, er liebt uns! Bei ihm bekommen wir alles, was
wir brauchen und wann wir es brauchen, nämlich seine Liebe und seine
Zuwendung.

5

1 Wenn einer den Posten vom Oberpriester bekommt, ist es sein Job,
andere Menschen vor Gott zu vertreten. Er soll für sie Opferrituale
durchziehen, um für die Schulden der Menschen, die sie bei Gott ha-
ben, zu bezahlen. 2 Weil er einer von ihnen ist, weiß er, was bei Men-
schen alles abgehen kann. Er hat dieselben Probleme wie sie, er weiß,
was es bedeutet, Mist zu bauen und im Dreck zu liegen. Darum geht er
entspannt mit ihnen um. 3 Und weil er auch nur ein Mensch ist, muss
er auch für seine Schulden Opferrituale bringen. 4 Für diesen Job kann
man sich nicht irgendwo bewerben, man kann auch nichts selbst dazu
machen, Gott sucht sich diese Leute aus, so wie damals den Aaron.
5 Jesus Christus hat sich auch nicht selber zum Oberpriester ernannt,
er wurde von Gott dazu ausgesucht. Gott hat zu ihm gesagt: „Du bist
mein Sohn, ich habe dich ins Leben gerufen.“ 6 Woanders kann man
lesen: „Du bist mein Priester, so wie Melchisedek es auch war.“ 7 Als
Jesus noch körperlich bei uns war, hat er Gott mal voll verzweifelt und
unter Tränen gebeten, ihn aus dem Tod wieder rauszuretten. Und weil
Gott immer den ersten Platz in seinem Leben hatte und er radikal für
ihn lebte, hat Gott dieses Gebet auch erhört. 8 Obwohl Jesus der Sohn
von Gott war, musste er auch erst lernen, nur das zu tun, was Gott will,
trotz ätzender Sachen, die dabei passieren. 9 So wurde er derjenige, der
wirklich für Gott durchgezogen hat. Er wurde zum Schlüssel, der die Tür
zur Befreiung aufgeschlossen hat. Das gilt für alle, die tun, was er will.
10 Gott hat ihm selber den Job des Oberpriesters gegeben, so wie Mel-
chisedek einer war.

Erwachsen werden im Leben mit Gott

11 Zu dem Thema gäbe es noch einiges zu sagen, aber ihr kapiert ja
anscheinend vieles nicht so richtig. Deshalb fällt es mir auf jeden Fall
schwer, das noch deutlicher zu erklären. 12 Also, eigentlich seid ihr
schon so lange mit Jesus unterwegs, dass ihr bereits den schwarzen
Gurt im Glauben haben müsstet. Aber anstatt anderen was beizubrin-
gen, seid ihr wieder beim ABC gelandet. Ihr braucht geistliche Baby-
nahrung anstatt Schwarzbrot. 13 Wenn ein Mensch aber bei der Baby-
nahrung stehen geblieben ist, dann kann er auch noch nicht so richtig
begreifen, worum es im Leben mit Gott eigentlich geht. Er hat die Worte
von Gott noch nicht richtig verstanden, er ist ja im Grunde noch ein
Babychrist. 14 Schwarzbrot ist eher was für Erwachsene, die im Leben
genug Erfahrungen gesammelt haben, um zwischen Gut und Schlecht
zu unterscheiden.

6

1 Trotzdem wollen wir jetzt mal mit diesen grundsätzlichen Sachen
über ein Leben mit Jesus Schluss machen. Lasst uns jetzt mal mehr
über die Sachen sprechen, die Christen einfach draufhaben müssen,
wenn sie in ihrem Glauben erwachsen geworden sind. Muss doch
echt nicht sein, dass man einiges immer wieder neu sagen muss. Zum
Beispiel, dass man bestimmte Sachen als Christ einfach nicht mehr
macht, weil die eben ätzend sind. 2 Ihr braucht es auch echt nicht,
wenn man zum hundertsten Mal erzählt, was da mit der Taufe abgeht
oder wie man für Leute betet und ihnen die Hand auflegt, was pas-
siert, wenn wir aus dem Tod rausgeholt werden, und was bei dieser
letzten Gerichtsverhandlung abgehen wird. 3 Darüber werden wir euch
irgendwann was erzählen, wenn Gott das will, aber nicht früher. 4 Eine
Sache ist noch superwichtig, die will ich euch unbedingt noch sagen:
Alle, die einmal voll die Erkenntnis über Gott gehabt haben, die ihn
auch erleben und spüren konnten, die Erfahrungen mit dem heiligen
Geist gemacht haben, 5 die einmal die guten Worte von Gott gehört
haben, die uns zeigen, wo es längs geht und was in der zukünftigen
Welt alles abgehen wird – 6 alle die, die sich dann trotzdem gegen
Christus entschieden haben, für die ist es unmöglich, umzudrehen
und zu Gott zurückzukommen! Sie haben damit im Grunde Jesus ein
zweites Mal hingerichtet und dafür gesorgt, dass er wieder verlacht
worden ist. 7 Wenn ein Mensch so was wie ein guter Boden ist, auf
dem ein Bauer Samen sät, und dieser Boden nimmt den Regen auf,
alles wächst und der Bauer hat eine fette Ernte, dann ist das Segen
von Gott. 8 Aber wenn da überall Brennnesseln und Disteln wachsen,
dann kann man mit dem Boden nicht so viel anfangen. Der Bauer wird
voll sauer sein und alles abfackeln. 9 Freunde, wir mussten euch darü-
ber einfach mal reinen Wein einschenken, obwohl wir natürlich nicht
glauben, dass das auf euch zutrifft. Wir sind uns total sicher, dass ihr
es packen werdet! 10 Gott ist gerecht und fair. Er wird es nicht verges-
sen, wie ihr euch für ihn grade gemacht und geschuftet habt. Er weiß
auch, dass ihr gezeigt habt, wie sehr ihr ihn liebt. Alleine schon, dass
ihr euch um andere gekümmert habt, die auch zu Gott gehören, hat
das ja deutlich gemacht. 11 Wir wünschen uns total, dass ihr bis zum
Ende voll durchzieht, dass ihr die Hoffnung und euren Einsatz nicht
auf der Strecke verliert. 12 Nicht, dass ihr irgendwie abschlafft! Richtet
euch nach den Vorbildern von radikalen Christen, die das bekommen
haben, was Gott ihnen versprochen hatte, weil sie ihm geglaubt und
geduldig darauf gewartet haben.

Gott hält, was er verspricht

13 Überlegt doch mal: Als Gott dem Obervater Abraham ein Versprechen
gegeben hat, wie hat er das gemacht? Schließlich ist es ja Gott, der da
was verspricht, und so nahm er sich selbst als Zeuge für sein Verspre-
chen. Es steht ja keiner über ihm, der das hätte machen können. 14 „Ga-
rantiert: Ich werde dich fett segnen! Du sollst viele Kinder haben!“ 15 Ab
dann hat Abraham nur noch gewartet, lange gewartet, bis er dann das
bekommen hat, was Gott versprochen hatte. 16 Wenn man einen Eid ab-
leistet, will man damit klar machen, dass man die reine Wahrheit sagt.
Dabei beruft man sich auf eine Autorität, etwas, was über einem steht,
um sicherzugehen, dass einem auch geglaubt wird. 17 Gott hat auch ein
Versprechen mit einem Eid abgesichert. Er wollte, dass die Leute, für
die dieses Versprechen gilt, ganz sicher sind, dass er auch dazu steht.
18 Gott hat uns beides gegeben, das Versprechen und einen Eid. Man
kann sich dabei auf ihn hundert Prozent verlassen, er lügt nie! Diese
Zusage tröstet uns immer, wenn wir Hoffnung brauchen, damit wir
unser Ziel auch erreichen. 19 Diese Hoffnung ist für uns wie eine Bank,
wir können uns voll da drauf verlassen. Sie stützt sich auf ein endloses
Vermögen, das im Himmel auf uns wartet. 20 Jesus ist dahin schon mal
vorgegangen. Er ist unser oberster Priester, und zwar für immer, ganz
so, wie es der Oberpriester Melchisedek war.

7

Der Melchisedek und seine Bedeutung für die Priester der Juden

1 Melchisedek war ja ein König von Salem und er war ein Priester für
Gott. Als Abraham von einem Krieg nach Hause kam, ging ihm dieser
Melchisedek entgegen und segnete ihn. 2 Abraham gab ihm daraufhin
zehn Prozent von der gesamten Kriegsbeute. Melchisedek bedeutet
übrigens „der König, der gerecht ist“ oder auch „der König, der Frieden
bringt“. 3 Es gibt keine Aufzeichnung von seinen leiblichen Eltern oder
sonst irgendwelchen Vorfahren. Man weiß nicht mal, wann er geboren
wurde und wo er gestorben ist. Sein Leben hatte sozusagen keinen An-
fang und kein Ende, fast so wie Jesus. Er hat seinen Job als Priester da-
rum auch nie verloren. 4 Was für einen Einfluss muss der gehabt haben,
wenn sogar unser Urvater Abraham, das Gründungsmitglied unserer
Familie, ihm zehn Prozent von der Kriegsbeute gab? 5 Jetzt ist das schon
so, dass die Familie der Levis, die den Job der Priester bei den Israelis
haben, gesetzlich dazu verpflichtet ist, zehn Prozent vom Einkommen
der Leute einzuziehen, und das, obwohl ja alle aus der gleichen Familie
kommen, nämlich aus der von Abraham. 6 Melchisedek gehörte gar
nicht zu der Familie, bekam aber trotzdem seinen Anteil von zehn Pro-

zent. Melchisedek segnete Abraham dafür, wobei Abraham ja schon das Versprechen von Gott in der Tasche hatte. [7] Jetzt kann man auf jeden Fall festhalten, dass derjenige, der segnet, über dem steht, der gesegnet wird. [8] Die jüdischen Priester, die diese zehn Prozent bekommen, sind ganz normale sterbliche Menschen. Melchisedek war das aber nicht, denn er lebte weiter. [9] Man könnte sogar sagen, dass Levi, der Priester, sogar selber diese zehn Prozent durch Abraham an Melchisedek abgegeben hat. Und das, obwohl er ja eigentlich selber die zehn Prozent von anderen immer einfordert. [10] Levi war zu dieser Zeit noch nicht geboren, aber er war trotzdem irgendwie dabei, weil Abraham ja sein Ur-Vater war, und durch ihn war er dann auch anwesend, als der die zehn Prozent an Melchisedek abgeführt hat. [11] Die Priestersippe der Leviten war offensichtlich nicht in der Lage, uns die Vergebung von Gott für unseren Mist zu vermitteln. Dazu gibt es ja auch klare Bestimmungen in unserem Gesetz. Sonst hätte Gott ja auch nicht einen ganz anderen Priester zu uns schicken müssen, einen von der Kategorie „Melchisedek", dann hätte auch ein normaler Priester „Marke Aaron" gereicht.

Jesus Christus ist der oberste Priester, der den neuen Vertrag klargemacht hat.

[12] Wenn jetzt die Bestimmungen über die Priester geändert werden, dann muss natürlich das Gesetz geändert werden. [13] Denn der, von dem wir hier die ganze Zeit reden, nämlich Jesus Christus, kommt ja aus einem Teil von unserem Volk, in dem keiner Priester von Beruf werden konnte. Kein einziger von seinen Vorfahren hat mal im Tempel am Altar gearbeitet. [14] Wir wissen ja alle, dass er aus der Familie vom Juda kam, und da gab es nie eine Verbindung zu der Familie der Priester. Mose hat da übrigens auch nie was von erwähnt. [15] Wenn jetzt Gott einen anderen Priester an den Start bringt, einen von der Sorte eines Melchisedek, dann ist doch ganz klar, dass er damit auch etwas ganz Besonderes vorhatte. [16] Jesus wurde ja auch kein Priester, weil er die klassischen Voraussetzungen dafür nicht erfüllt hat, nämlich die Familienzugehörigkeit zu den Levis. Seine Qualifikation kam allein daher, dass er den Tod überwunden hat und ewig weiterlebt! [17] Über ihn ist ja auch die Ansage gemacht worden: „Du sollst ein Priester sein für immer, genauso wie Melchisedek." [18] Die alten Gesetze, die den Rahmen dafür absteckten, wer Priester werden sollte und wer nicht, wurden damit egal. Sie brachten es einfach nicht mehr. [19] Das Gesetz, das uns Mose organisiert hatte, konnte uns nicht an das Ziel bringen. Es konnte die Beziehung mit Gott nicht wieder klarkriegen. Jetzt gibt es aber eine neue Hoffnung, eine viel bessere. Sie zeigt uns, wie wir mit Gott wieder Frieden

bekommen, wie wir nahe an ihn rankommen können. [20] Gott hat Jesus
mit einer eidesstattlichen Versicherung in seinem Auftrag als Priester
bestätigt. Das hatte es vorher noch nicht gegeben! [21] Nur über Jesus
hat er gesagt: „Gott, der über allem steht, hat mit einem Eid etwas fest
versprochen, und daran hält er sich auch: ‚Du wirst für immer und ewig
ein Priester sein!'" [22] Jesus hat uns so einen besseren Vertrag ausgehan-
delt, und er bürgt für diesen Bund mit Gott. [23] Als noch der alte Vertrag
am Start war, musste es auch viele Priester geben, denn die sterben ja
auch irgendwann mal. [24] Jesus aber bleibt für immer ein Priester, er lebt
ewig weiter, das kann ihm keiner mehr nehmen. [25] Darum kann er auch
jeden retten, er kann jeden zu Gott führen. [26] Er ist der einzige Priester,
den wir echt brauchen. Er ist special, er hat alles richtig gemacht, nie
Mist gebaut, sich auch nie was bei Gott zu Schulden kommen lassen. Er
hat jetzt den höchsten Ehrenplatz auf der Tribüne im Himmel bekom-
men. [27] Er hat es nicht nötig, jeden Tag ein Opferritual in einem Tempel
durchzuziehen, wie es die andern Priester machen mussten. Die taten
das ja, um für ihre eigenen Schulden und die Schulden der Menschen
zu bezahlen. Jesus hat das alles ein für alle Mal am Kreuz erledigt! Als
er sich dort selber geopfert hat, hat er die Schulden aller Menschen für
immer bezahlt! [28] Das Gesetz vom Mose sah vor, Leute als Priester aus-
zusuchen, die schwach waren und Fehler hatten. Doch dieses Gesetz
wurde dadurch abgelöst, dass Gott seinen Sohn mit einem Eid als un-
seren Oberpriester eingesetzt hat. Und diesen Auftrag wird Jesus ewig
haben, denn er macht keine Fehler und ist vollkommen.

8

Christus hat uns einen neuen Vertrag mit Gott organisiert

[1] Unser Hauptding, was wir euch noch mal klar machen wollen, ist aber
Folgendes: Unser Oberpriester Jesus sitzt jetzt auf der Ehrentribüne
direkt neben Gott. [2] Dort hat der den Job eines Priesters in diesem
krassen, oberheiligen Ort, der von Gott höchstpersönlich, nicht von
irgendwelchen Menschen, gemacht worden ist. [3] Und genauso wie ein
Oberpriester das tut, macht er dort auch Opferrituale und braucht dazu
natürlich auch Sachen, die er opfern kann. [4] Klar, wenn Jesus hier auf der
Erde wäre, dann könnte er diesen Job gar nicht tun, und es wäre auch
nicht angesagt, denn es gibt hier ja schon genug Leute, die diese Rituale
machen, ganz so wie es die Gesetze wollen. [5] Sie erledigen das allerdings
nur in einem Tempel, der im Vergleich mit dem himmlischen Tempel von
Gott total peinlich rüberkommen muss. Als die Israelis auf dem Weg von
Ägypten durch die Wüste wanderten, gab Gott Mose den Auftrag, ein
besonderes Zelt zu bauen, das eine Art mobiler Tempel sein sollte. Dabei

wies ihn Gott an: „Pass auf, dass du alles genau nach dem Plan baust,
den ich dir auf dem Berg gezeigt habe!“ 6 Jesus hat eine viel größere
Aufgabe bekommen als alle anderen Priester auf der Erde. Darum hat er
auch als Bringer dieses neuen Vertrages zwischen Gott und den Men-
schen weitaus bessere Konditionen. 7 Wenn der erste Vertrag perfekt ge-
wesen wäre, dann wäre es auch nicht angesagt gewesen, ihn zu ersetzen.
8 Gott war aber sauer auf seine Leute, als er sagte: „Es wird ein Tag kom-
men, an dem ich einen neuen Vertrag mit allen Israelis unterzeichnen
werde. 9 Dieser Vertrag wird anders sein als der, den ich mit ihren Vor-
fahren abgeschlossen habe, als ich sie aus Ägypten rausgeholt habe. Sie
haben diesen Vertrag gebrochen, darum hab ich mich nicht mehr um sie
gekümmert. 10 Aber irgendwann werde ich einen neuen Vertrag mit ihnen
abschließen. Und dieser Vertrag wird so aussehen: Meine Gesetze sollen
direkt in ihr Herz aufgespielt werden, sie werden ihr ganzes Bewusstsein
erfüllen. Ich will nahe bei ihnen sein, wir sind ganz eng zusammen, ich
bin ihr Gott und sie sind meine Leute. 11 Keiner wird dann mehr sagen
müssen, wo es längs geht, keiner muss mehr einen Aufruf machen nach
dem Motto: ‚Kapiert doch, wie Gott wirklich drauf ist.‘ Alle wissen das
dann nämlich, alle werden mich gut kennen. 12 Ich will sie freisprechen
von ihren Schulden, ich werde ihren Dreck einfach vergessen.“ 13 Wenn
Gott von einem neuen Vertrag spricht, dann bedeutet es, dass der erste
veraltet ist. Der erste Vertrag ist überholt, er gilt nicht mehr, er ist vorbei.

9

Wie das mit so einem Opfer aus den alten Verträgen abgeht

1 Auch im Rahmen des ersten Vertrages gab es bestimmte Regeln und
Vorschriften, wie so ein Gottesdienst auszusehen hatte und wie man
mit dem oberheiligen Ort in diesem Zelt umgehen sollte. 2 Dieses Zelt
hatte zwei Räume. Im vorderen Teil standen eine Lampe und ein Tisch.
Auf dem Tisch lagen ganz besondere Brote. Diesen Raum nannte man
auch „das Heiligtum“. 3 Dann war da noch ein Raum hinter einem Vor-
hang. Und dieser Raum war der allerderbste und heiligste Ort schlecht-
hin. 4 Hier standen auch die goldenen Altäre und eine Truhe, die total
vergoldet war, die nannte man auch „die Bundeslade“. Da drin war eine
goldene Schüssel, wo dieses Manna drin war, dieses Brot, was Gott
seinem Volk mal gesponsert hatte. Dann war da auch noch der Stock
vom Aaron, der mal angefangen hatte zu blühen. Und dann waren da
auch noch die Tafeln aus Stein, wo der Vertrag mit Gott draufstand.
5 Wunderschöne, heftige Engel waren über der Bundeslade angebracht,
die mit ihren Flügeln die Lade bedeckten. Sie waren ein Symbol dafür,
dass dort Vergebung und Versöhnung passiert. Wir können dieses

Thema jetzt nicht ohne Ende bis ins Detail weiterführen. 6 Also, im so
genannten Heiligtum gab es zwei Räume. Im ersten haben die Priester
jeden Tag ihren Job getan. 7 Der andere Raum, dieser Ort, wo das derbs-
te Heiligste war, der durfte nur von dem obersten Priester betreten
werden, und das auch nur einmal im Jahr. Hier machte er mit Blut von
Tieren so ein Opferritual, um für den Mist, den die Leute gebaut hat-
ten, geradezustehen. 8 Der heilige Geist wollte damit schon immer klar
machen, dass der Weg zum wahren Heiligtum noch nicht sichtbar war,
solange dieses Zelt noch benutzt wurde. 9 Das erste Zelt ist ein Bild für
unsere Zeit, die jetzt abgeht. Die Opfer und die andern Sachen, die dort
für Gott verbrannt wurden, können uns auch kein reines Gewissen ma-
chen. 10 Es handelt sich hierbei ja nur um Regeln, die sich auf das Essen
und Trinken und verschiedene Waschrituale beziehen, alles Sachen, die
nur äußerlich passieren. Diese Regeln gelten aber nur so lange, bis die
richtigen Regeln am Start sind.

Das beste und ultimative Opfer schlechthin: Jesus

11 Seitdem Jesus Christus hier ist, gibt es neue Regeln. Er ist der oberste
Priester, er steht über allem! Er lebt im allerderbsten vollkommen heili-
gen Ort im Himmel, den kein Mensch bauen konnte. Er ist noch nicht
mal Teil dieser Welt. 12 Jesus hat nur einmal Blut an den allerheiligsten
Ort gebracht, und zwar kein Blut von Tieren, sondern sein eigenes Blut.
Dadurch hat er uns gerettet, sodass wir nicht mehr weit weg von Gott
leben müssen. Die Rettung aus unserem Dreck wurde hier perfekt ge-
macht, für immer. 13 Früher konnten wir uns von unserem Dreck, der
uns von Gott weggebracht hat, mit dem Blut von Stieren oder Ziegen
und mit der Asche von einem verbrannten Kalb in einem Ritual wieder
sauber machen. 14 Aber wie viel mehr Kraft hat das Blut von Jesus, das
uns von unserem Dreck befreit! Abgefüllt mit dem heiligen Geist von
Gott war er das perfekte Opfer für unsere Sünden. Er macht es möglich,
dass wir ein reines Gewissen haben können. Jetzt können wir mit dem
lebendigen Gott voll durchstarten!

Der neue Vertrag zwischen Gott und den Menschen

15 So hat Jesus einen neuen Vertrag für uns organisiert, einen Deal zwi-
schen Gott und den Menschen. Er ist gestorben, damit die Schulden be-
zahlt sind, die wir durch unseren Mist angehäuft haben. Jetzt können alle,
die Gott dazu ausgesucht hat, die vom ihm angesagte Erbschaft antreten:
das ewige Leben mit Gott. 16 Ist doch klar, wo ein Testament eröffnet wur-
de, muss jemand vorher gestorben sein. 17 Ein Testament macht erst dann
Sinn, wenn auch jemand gestorben ist, denn solange derjenige lebt, der

es ausgestellt hat, ist es ja noch nicht in Kraft getreten. 18 Darum musste
der erste Vertrag mit Blut als Beweismittel für das Eintreten des Todes be-
siegelt werden. 19 Als Mose dem ganzen Volk die Gesetze vorgelesen hat-
te, nahm er Blut von Kälbern und Ziegen, vermischte das mit Wasser und
besprenkelte damit zuerst das Buch, wo die Gesetze drinstanden, und
dann das ganze Volk mit einem Zweig und etwas Wolle. 20 Dabei sagte
er: „Dieses Blut ist die Unterschrift von dem Vertrag, den Gott mit euch
abgeschlossen hat.“ 21 Genauso machte er das dann auch mit dem heili-
gen Zelt und den ganzen Sachen, die man für den Gottesdienst brauchte.
22 Nach den Gesetzen, die im alten Vertrag standen, wurde fast alles mit
Blut wieder sauber gemacht. Eine Vergebung ohne Blut, dass man mit
Gott wieder ins Reine kommt, einfach so? Das geht gar nicht!

Jesus hat alles gegeben

23 Das war auch der Grund, warum das Zelt und alles, was da drin war,
durch das Blut von Tieren gereinigt wurde. Die Sachen, die dann aber
das wirklich Heilige betreffen, die Sachen, die im Himmel abgehen,
dafür muss es ein besseres Opfer geben, eins, das mehr Wirkung hat
als das von Tieren. 24 Jesus Christus ist für uns in den Himmel gegan-
gen, um sich da für uns vor Gott grade zu machen. Er ging nicht in den
Tempel, der von Menschen gemacht war, denn der war ja nur so eine
Art Schatten von dem, was im Himmel abgeht. 25 Er ging auch nicht in
den Himmel, um sich immer wieder neu selber zu opfern, so wie es die
Priester hier auf der Erde ja jedes Jahr machen. Sie gehen dann in das
Heiligtum, um Tiere zu opfern. Er tat es nur einmal. 26 Wenn er es jedes
Mal wieder neu machen müsste, dann hätte Jesus Christus, seitdem
es die Welt gibt, ja immer wieder neu leiden müssen! Aber er ist jetzt
gekommen, in der Zeit, wo es mit der Welt zu Ende geht, um ein für alle
Mal alle Schulden zu bezahlen, indem er für alle stirbt! 27 Jeder Mensch
stirbt ja nur einmal, danach kommt dann gleich die große Gerichtsver-
handlung mit Gott. 28 Genauso ist Christus nur einmal gestorben. Er
tat das, damit viele von ihren Schulden befreit werden, dass viele ihren
Dreck loswerden können. Er wird irgendwann wiederkommen, aber
diesmal nicht wegen unserem Sündenproblem, sondern um alle zu
retten, die dann schon voll sehnsüchtig auf ihn warten.

10

Einmal und für immer

1 Die Gesetze aus dem alten Vertrag zwischen Gott und den Menschen
waren tatsächlich nur ein einfacher Vorfilm auf das, was Gott dann
tatsächlich mit uns noch vorhatte. Jedes Jahr wurden die Opferrituale

durchgezogen, aber sie konnten den Leuten, die sie machten, kein wirk-
lich reines Gewissen geben. [2] Hätte sich ja sonst keiner mehr die Mühe
für ständig neue Opfer gemacht, wenn das erste schon dafür gesorgt
hätte, dass ihre Schulden bei Gott für immer weg wären. Dann hätten
sie auch kein schlechtes Gewissen mehr haben brauchen. [3] Stattdessen
wurden sie aber gerade durch das jährliche Opfern immer wieder neu
daran erinnert, dass sie Mist gebaut hatten. [4] Das Blut von irgendwel-
chen Rindern oder Schafen ist nicht wirklich in der Lage, die Trennung
zwischen Gott und uns wieder wegzumachen. [5] Darum hat Jesus, als
er hier war, mal zu Gott gesagt: „Du wolltest keine Tiere als Opfer von
mir haben, du wolltest stattdessen mich opfern. [6] Du stehst nicht auf
Opfer, wo Sachen verbrannt werden, und die anderen Opfer magst
du auch nicht, die man bringt, um seine Schuld bei dir zu bezahlen.
[7] Darum hab ich dann gesagt: ‚Hey Gott, da bin ich! Ich will tun, was
du sagst, genau so, wie es in dem alten Buch gesagt wurde.'" [8] Vorher
hatte Jesus gesagt: „Du wolltest keine Tieropfer mehr. Du hattest keine
Lust mehr auf irgendwelche Sachen, die man dir schenkt, weil man
Mist gebaut hat, und das, obwohl die Gesetze das eigentlich vorschrei-
ben." [9] Dann sagte Jesus noch: „Ich komme jetzt. Ich will tun, was du
willst." Das bedeutet: Anstelle der alten Opfer opferte Jesus sich selbst,
und dadurch hob Jesus den alten Vertrag auf, um selber den neuen
einzusetzen. [10] Dadurch, dass Jesus Christus sich an diesem Kreuz hat
abschlachten lassen, werden wir von Gott ein für alle Mal akzeptiert.
[11] Ich fass das jetzt noch einmal zusammen: Jeden Tag steht der Pries-
ter wieder am Altar und zieht seine Opfer durch, obwohl die unsere
Schulden nicht wegnehmen können. [12] Jesus hat aber ein blutiges Opfer
gebracht, um uns von unserem Dreck zu befreien. Jetzt sitzt er auf der
Ehrentribüne, gleich neben Gott. [13] Dort wartet er so lange, bis seine
Feinde ihm die Füße küssen. [14] Denn durch dieses eine Opfer sind alle
Menschen, die mit Gott klargekommen sind, am Ziel angelangt. [15] Das
bestätigt übrigens auch der heilige Geist von Gott. Der sagt nämlich:
[16] „Dieser neue Vertrag, den ich an diesem Tag mit meinen Leuten aus
Israel unterschreiben werde, der wird sich dadurch auszeichnen, dass er
nicht mehr auf Papier, sondern in ihren Willen und Verstand geschrie-
ben ist, in ihr Herz. [17] Und ich werde ihren Dreck einfach wegwischen,
ich werde ihre Sünden vergessen." [18] Wenn Schulden bezahlt wurden,
wenn Sünden vergeben sind, dann braucht da auch keiner mehr ein
Opfer dafür durchziehen. [19] Darum, meine lieben Freunde, können wir
jetzt entspannt in das Allerheiligste im Himmel gehen, weil wir durch
die Hinrichtung von Jesus die Freikarte für den Himmel in der Tasche
haben. Wir haben bei Gott freien Eintritt! [20] Das ist die neue Möglich-

keit, die wir jetzt haben. Dadurch, dass Jesus gestorben ist, können wir
durch den Eingang gehen, direkt zu Gott. 21 Er ist der oberste Priester
schlechthin, er wurde als Chef über alle Leute, die zu Gott gehören,
eingesetzt. 22 Das ist der Grund, warum wir ohne Hintergedanken und
mit einem offenen Herzen nahe an Gott rankommen können. Wir kön-
nen ihm total vertrauen! Denn durch das blutige Opfer, das Jesus für
uns gebracht hat, können wir mit reinem Gewissen und ohne Schuldge-
fühle zu Gott gehen. Er hat uns total sauber gemacht! 23 Haltet an dieser
Tatsache, von der wir total überzeugt sind, radikal fest. Gott hält, was er
verspricht! 24 Feuert euch gegenseitig an, liebevoll miteinander umzu-
gehen! Ermutigt euch, gute Sachen zu machen! 25 Und nicht immer den
Gottesdienst schwänzen, ja? Das haben sich bei euch einige ja schon
angewöhnt. Feuert euch auch gegenseitig an, weiter dabeizubleiben, vor
allen Dingen, weil ja jeder mitkriegt, dass es mit der Welt langsam zu
Ende geht und Jesus bald wiederkommt. 26 Wenn wir jetzt noch weiter
rumsündigen, obwohl wir schon lange kapiert haben, wo der Hammer
hängt, kann uns kein weiteres Opfer mehr von unserem Dreck befrei-
en. 27 Dann kann man nur noch auf den üblen Tag warten, an dem die
letzte Gerichtsverhandlung abgehen wird. Dann wird Gott alles, was
sich ihm in den Weg stellt, niederbrennen. 28 Jeder, der ein Gesetz vom
Mose gebrochen hatte, wurde nach einer Zeugenbefragung von zwei bis
drei Mann hingerichtet, er hatte keine Chance. 29 Ich frag mich, wie viel
derber die Bestrafung sein wird von demjenigen, der den Sohn von Gott
abgewiesen hat? Was muss mit den Leuten passieren, die das Angebot
dieses mit Blut unterzeichneten Vertrages einfach ablehnen? So einer
macht den heiligen Geist ja lächerlich, er hat null begriffen, wie gnädig
Gott ist. 30 Wir haben den ja kennen gelernt, der mal gesagt hat: „Ich
will mich übel rächen und es denen heimzahlen." An einer anderen Stel-
le heißt es: „Gott wird seine Leute verurteilen." 31 Es ist total übel, Gott
ausgeliefert zu sein, wenn er so drauf ist.

Das Vertrauen auf Gott muss auch auf die Probe gestellt werden

32 Denkt noch mal zurück an die Zeit, kurz nachdem ihr Christen gewor-
den seid. Damals musstet ihr schlimme Sachen durchmachen, aber ihr
habt es durchgezogen. 33 Manchmal wurdet ihr vor allen Leuten lächer-
lich gemacht, manchmal verprügelt, manchmal habt ihr anderen gehol-
fen, die solche Sachen erlebt haben. 34 Ihr habt mit den Leuten gelitten,
die in den Knast gesteckt wurden. Als sie eure sämtlichen Sachen ein-
fach mitgenommen haben, wart ihr sogar noch gut drauf, weil ihr wuss-
tet, dass ihr durch Jesus jetzt viel bessere Sachen besitzt, die man euch
nie wegnehmen kann. 35 Das ist keine billige Hoffnung, die ihr da jetzt

habt. Kämpft darum, ihr werdet dafür richtig absahnen! 36 Was ihr jetzt
braucht, ist vor allem Geduld, damit ihr weiter auf der Spur bleibt! Dann
werdet ihr die Sachen kriegen, die er euch versprochen hat. 37 Es dauert
nicht mehr lange, Leute, dann wird er wiederkommen. Ich zitiere noch
einmal: „In kurzer Zeit wird der kommen, der bereits angesagt wurde.
38 Wer sein Vertrauen auf mich setzt und mir glaubt, wird leben. Aber
wer mir den Rücken zudreht, auf den hat Gott keine Lust mehr.“ 39 Aber
zum Glück gehören wir nicht zu den Leuten, die Gott den Rücken zu-
drehen und dabei kaputtgehen! Wir bleiben bei ihm, glauben ihm, wir
werden ewig leben!

11

Glauben, wie geht das? Von Helden, die es richtig gemacht haben

1 Wie geht das jetzt überhaupt, zu glauben? Glauben bedeutet, dass
man auf etwas hofft und ganz fest darauf vertraut, dass es auch pas-
siert, und dass man Sachen einfach weiß, obwohl man sie nicht bewei-
sen kann. 2 Unsere Vorfahren hatten diese Art von Glauben, darum sind
sie unsere Helden. 3 Weil wir an Gott glauben und ihm vertrauen, wis-
sen wir, dass alles, was es auf dieser Welt gibt, von ihm gemacht wurde.
Er hat einfach gesagt, dass es passieren soll, und so ist das ganze Uni-
versum aus dem Nichts entstanden. 4 Weil Abel Gott vertraut hat, hat
er ein besseres Opfer für Gott gehabt als Kain. Die Geschichte könnt ihr
im alten Buch nachlesen. Gott akzeptierte das Opfer von Abel, um klar
zu machen, dass er für Gott okay war. Abel ist ja schon lange unter der
Erde, aber trotzdem redet er irgendwie immer noch zu uns da drüber,
wie man Gott eigentlich vertraut. 5 Noch ’ne Geschichte aus dem alten
Buch: Weil Henoch Gott vertraute, musste er noch nicht mal sterben.
Er bekam ’ne Abkürzung in den Himmel, ohne vorher zu sterben! Alle
haben aber bezeugt, dass Henoch so gelebt hat, wie es Gott gut findet.
6 Gott steht nur auf Leute, die ihm felsenfest vertrauen. Wer mit ihm
leben will, muss erst mal glauben, dass es ihn überhaupt gibt. Und er
muss wissen, dass es sich lohnt, alles zu tun, um ihm nahe zu sein.
7 Im Vertrauen auf Gott und was er ihm gesagt hatte, baute der Noah
das Riesenschiff, diese Arche. Er wollte sich und seine Familie damit
vor der Flut retten. Er tat genau das, was Gott ihm gesagt hatte: Er
vertraute ihm. So wurde er gerettet. Und allen anderen, die Gott nicht
vertrauten, sprach er damit das Urteil, aber er selbst kriegte von Gott
die Belohnung, die den Gerechten für ihr Vertrauen versprochen wurde.
8 Reden wir mal vom Abraham. Weil er Gott hundert Prozent vertraute,
gehorchte Abraham ihm aufs Wort, als der ihm sagte, er sollte seine
Heimat verlassen und in ein anderes Land umziehen. Gott sagte sogar,

er sollte dieses neue Land dann mal irgendwann erben. Abraham zog
los ohne einen blassen Schimmer, was nun passieren würde. 9 Als er
in diesem Land, was Gott ihm versprochen hatte, angekommen war,
vertraute er darauf, dass Gott ihn versorgen würde. Er war dort ja ein
Ausländer und wohnte in einem Wohnheim, genauso wie Isaak und Ja-
kob, für die dasselbe Versprechen galt. 10 Abraham vertraute darauf, von
seiner provisorischen Wohnung in ein richtiges Haus in einer richtigen
Stadt mit einem festen Fundament umzuziehen, einer Stadt, die Gott
selbst geplant und gebaut hatte. 11 Auch Sara, die Frau vom Abraham,
vertraute Gott absolut. Obwohl sie laut einem ärztlichen Attest nicht
schwanger werden konnte, bekam sie doch ein Baby vom Abraham, und
das, obwohl beide schon im Rentenalter waren. Abraham glaubte ein-
fach, Gott würde sein Versprechen auch halten. 12 Und so ist eine ganze
Nation aus diesem Mann entstanden, aus einem Abraham, der zu alt
war, um Kinder zu zeugen! Und diese Nation hat so viele Menschen,
wie es Sterne im Universum gibt, und so viele Kinder wie Sandkörner
am Strand hervorgebracht – man kann sie nicht mal mehr zählen. 13 Das
sind alles Menschen, die sich ganz fest auf Gott verlassen haben. Trotz-
dem sind sie alle gestorben, ohne zu sehen, was er ihnen versprochen
hatte. Aber sie konnten aus der Distanz die Entwicklung beobachten
und sich tierisch da drauf freuen, was bald passieren würde. Sie hatten
kapiert, dass sie nur Gäste sind auf diesem Planeten, ohne ein Recht
etwas zu besitzen. 14 Wer sagt, dass er hier nur ein Gast ist, sagt damit
ja auch, dass er sein Zuhause noch nicht gefunden hat. 15 Das Land, aus
dem unsere Vorfahren gekommen waren, war nicht ihr Zuhause, obwohl
sie dahin jederzeit hätten zurückkehren können. 16 Sie hatten totale
Sehnsucht nach einem schöneren Zuhause, einer Wohnung im Himmel!
Darum hat Gott sich auch nicht für sie geschämt. Es war ihm nicht pein-
lich, ihr Gott zu sein. Er hatte ihnen eine neue Stadt im Himmel schon
klargemacht.

Glaubens-Stars

17 Abraham hatte so einen radikalen Glauben, dass er sogar bereit war,
seinen einzigen Sohn abzuschlachten, weil Gott das von ihm wollte.
18 Und das, obwohl Gott ihm versprochen hatte: „Von Isaak, deinem
Sohn, soll ein ganzes Volk geboren werden." 19 Abraham glaubte da-
ran, dass Gott Isaak wieder hätte lebendig machen können, wenn er
gestorben wäre. Insofern ist Isaak ein Hinweis darauf, dass Gott Tote
aufwecken kann. 20 Isaak hatte so ein radikales Vertrauen, dass er seinen
beiden Söhnen Jakob und Esau viele gute Sachen wünschte und darauf
vertraute, dass Gott sie ihnen auch schenken würde. 21 Jakob betete kurz

vor seinem Tod mit einem radikalen Vertrauen für die beiden Söhne
vom Josef. Er stützte sich auf seinen Stock und betete demütig zu Gott.
22 Weil Josef radikal Gott vertraute, glaubte er fest daran, dass seine
Nachkommen nicht für immer in Ägypten festsitzen würden. Er befahl
seinen Leuten sogar, seinen Sarg mitzunehmen, wenn es einmal so
weit sein sollte. 23 Weil die Eltern vom Mose Gott felsenfest vertrauten,
hatten sie keine Angst, gegen den Befehl vom König zu verstoßen, als
sie ihr gesundes Kind nach der Geburt drei Monate versteckten, damit
er nicht von den Leuten des Königs umgebracht wurde. 24 Auch Mose
vertraute Gott. Sonst hätte er sich, als er erwachsen war, nicht gewei-
gert, noch länger als Sohn der Tochter vom Pharao gemeldet zu sein.
25 Er wollte lieber mit seinen Leuten gemeinsam fertig gemacht werden,
als weiter ein Leben ohne Gott zu leben. 26 Er hätte lieber auf ein nettes
Leben in Ägypten verzichtet, wenn er dafür mit Jesus hätte mitleiden
können. Er wusste, Gott würde ihn dafür fett belohnen. 27 Weil Mose
Gott fest vertraute, haute er später aus Ägypten ab, er ließ sich dabei
nicht vom König einschüchtern. Er verlor Gott die ganze Zeit nie aus
den Augen, obwohl er ihn ja nicht wirklich sehen konnte. 28 Weil Mose
Gott fest vertraute, wollte er, dass das Volk Israel das Passa durchzieht.
Sie sollten die Türpfosten mit Blut anpinseln, damit der Engel, der in
den ägyptischen Familien den ältesten Sohn tötete, nicht auch die Kin-
der der Israelis umbrachte. 29 Weil sie Gott glaubten, gingen sie mitten
durch das Rote Meer, so als wäre da eine Sandbank. Als die Ägypter die
Verfolgung aufnahmen, sind sie alle ersoffen. 30 Weil sie Gott glaubten,
marschierten die Israelis sieben Tage lang um Jericho herum, bis die
Stadtmauern zusammenkrachten. 31 Weil sie Gott fest vertraute, über-
lebte die Nutte Rahab die Katastrophe in ihrer Stadt. Alle kamen ums
Leben, nur sie nicht, weil sie die Späher der Israelis im Krieg freundlich
aufnahm.

Glauben an Gott bewirkt viel

32 Da gibt es noch zig andere, die ich hier nennen könnte. Das würde
wahrscheinlich ewig dauern, die ganzen Geschichten über Leute zu
erzählen, die Gott vertraut haben. Von Gideon, Barak, Simson, Jeftah,
David, Samuel und den ganzen Propheten, alle könnte man hier er-
wähnen. 33 Weil Leute fest an Gott glauben, wurden ganze Regierungen
gestürzt. Solche Leute setzten sich für Gerechtigkeit ein, und sie haben
erlebt, wie Gott seine Versprechen auch einlöst. Leute wurden davor be-
schützt, von einem Löwen gefressen zu werden oder 34 in einem Feuer
zu verbrennen. Sie entkamen dem sicheren Todesurteil, waren todkrank
und wurden dann doch wieder gesund. Weil sie sich auf Gott verließen,

waren sie echt heldenmäßig unterwegs und vertrieben die schlimmsten
Feinde. 35 Frauen haben erlebt, wie ihre Verwandten, die schon tot wa-
ren, von Gott wieder lebendig gemacht wurden. Andere aber, die Gott
auch vertrauten, wurden derbe gefoltert, weil sie lieber sterben wollten,
als ihren Glauben zu verraten. Die Hoffnung, wieder neu zum Leben zu
kommen, gab ihnen Kraft. 36 Andere wurden ausgelacht oder sogar ge-
foltert. 37 Einige wurden mit Steinen erschlagen, andere zersägt, wieder
andere wurden geköpft. Andere zogen in Sperrmüllklamotten um die
Häuser, hatten tierisch Hunger, wurden gemobbt oder geschlagen. 38 Sie
hatten kein Zuhause, lebten unter den Brücken und in alten Bruchbu-
den, und doch waren es Menschen, die echt zu schade waren für diese
Welt. 39 Diese Menschen hatten eins gemeinsam: Gott freute sich voll
über sie, weil sie ihm so sehr vertrauten. Und trotzdem haben sie das
Versprechen, das Gott allen gegeben hat, noch nicht zu ihren Lebzeiten
erleben können. 40 Denn Gottes Plan war besser als das. Er wollte, dass
wir alle gemeinsam am Ziel ankommen.

12

Den Wettlauf auch durchziehen

1 Weil uns so viele Glaubenshelden dabei zusehen, wie wir unser Leben
mit Gott leben, lasst uns alles, was uns dabei behindert und belastet,
ablegen! Wie bei einem Marathonlauf sollten wir alle Sachen, die uns
beim Laufen stören, wegschmeißen und das Ding mit Gott einfach
durchziehen. Vor allem die Dinge, die zwischen Gott und uns stehen,
unsere Sünden, können dabei wie Fesseln wirken und uns daran hin-
dern, unser Ziel zu erreichen, das Ziel, was Gott für uns ausgesucht hat.
2 Das kriegen wir nur hin, wenn wir dabei die ganze Zeit Jesus im Blick
haben. Mit ihm hat bei uns glaubensmäßig alles angefangen, und mit
ihm wird auch alles irgendwann aufhören. Er hat seinen Marathonlauf
auch bis zum Ende durchgezogen. Er war sich nicht zu schade, sich an
ein Kreuz schlagen zu lassen. Er war bereit sich allen Peinlichkeiten und
Demütigungen auszusetzen, anstatt ein lustiges Leben zu haben. Jetzt
sitzt er aber auf der Ehrentribüne, auf dem Chefsessel gleich neben
Gott. 3 Zieht euch rein, was er an Hass und Feindschaft ertragen muss-
te, und das von Leuten, die keine Ahnung von Gott hatten! Das kann,
wenn man euch mal wegen eures Glaubens Probleme macht, euch wie-
der aufbauen und euch helfen auszuhalten. 4 Bisher ging es in diesem
Kampf gegen alles, was uns von Gott trennt, noch nicht auf Leben und
Tod, oder? 5 Trotzdem werdet ihr schon schlaff und habt anscheinend
die Sachen vergessen, die Gott mal zu euch gesprochen hat, weil ihr
seine Kinder seid: „Lieber Sohn, wehre dich nicht, wenn Gott dir was

beibringen will! Gib nicht auf, wenn er Schmerzen zulässt! 6 Gerade
weil du ihm eben nicht egal bist, nimmt er dich auch hart ran; weil er
dich wie sein Kind liebt, zeigt er dir, wo es längs geht.“ 7 Wenn ihr durch
schlimme Sachen durchmüsst, dann seht da drin eine Trainingsmög-
lichkeit, die Gott euch gegeben hat. Er will euch was beibringen, er ist
wie ein echter Vater. Welcher Sohn wird von seinem Vater nicht mit allen
Mitteln erzogen, die ihm zur Verfügung stehen? 8 Wenn er das nicht
tun würde, wäre das ja nur ein Zeichen, dass ihr gar nicht wirklich seine
Kinder seid. 9 Wie war das denn bei unseren normalen Vätern? Sie ha-
ben uns ja auch oft gestraft, und wir hatten Mörder-Respekt vor ihnen.
Wenn man das bedenkt, sollten wir nicht auch die Erziehung akzeptie-
ren, die wir von unserem Himmelspapa bekommen? Die wird uns ja im
Leben echt weiterhelfen! 10 Unsere normalen Väter haben uns eine Zeit
was beigebracht, so gut sie es irgend konnten. Gott aber kennt sich total
aus, und sein Ziel ist, dass wir heilig werden, so wie er heilig ist! 11 Jetzt
schreit aber keiner „Hurra!“, wenn er hart rangenommen wurde, denn
das tut meistens echt weh. Aber irgendwann wird sich zeigen, wofür
das gut war. Wer auf diese Art und Weise lernt durchzuziehen, weiß, wie
man dadurch Frieden kriegen und für Gerechtigkeit sorgen kann.

Bis zum Ende durchhalten

12 Also, Leute: Schlafft nicht rum! Steht auf und macht mal ein paar
Stretching-Übungen! 13 Verlauft euch nicht und nehmt den geraden
Weg. Dann werden alle Kranken, die hinter euch herhumpeln, es auch
noch schaffen: Sie können gesund werden! 14 Versucht mit allem, was
ihr habt, mit euren Mitmenschen gut klarzukommen, und lebt so, wie
Gott es will, sonst werdet ihr ihn nie zu Gesicht bekommen. 15 Passt
darauf auf, dass keiner von dem guten Weg mit Gott abkommt. Und
passt auf, dass sich durch Rumlästern oder negatives Reden kein Gift in
eurer Gemeinde ausbreitet, dass Leute deswegen mies draufkommen
und dadurch alle anderen mit runterziehen. 16 Keiner bei euch soll so
sein wie Esau, für den nur materielle Sachen wichtig waren. Für ein lä-
cherliches Mittagessen verkaufte er das gesetzliche Recht, als ältester
Sohn alles von seinem Vater zu erben und von ihm besonders gesegnet
zu werden. 17 Später hat er das tierisch bereut, aber es war zu spät, da
konnte er noch so viel rumheulen. 18 Was ihr mit Gott erlebt habt, ist viel
fetter als das, was die Israelis damals erlebt haben. Als Gott Mose zu
sich auf den Berg Sinai rief, um ihm die Gesetze zu geben, durften die
Israelis dem Berg nicht mal nahe kommen. Überall blitzte und donnerte
es. Die haben am brennenden Berg Sinai Mose gesehen, wie er mit den
Gesetzen von Gott wieder ankam. 19 Nachdem eine laute Trompete zu

hören war, kam eine derbe Stimme, die war so schwer zu ertragen, dass
sie bettelten, die sollte bloß wieder aufhören zu reden. 20 Sie bekamen
irre Angst, als die Stimme sagte: „Wenn auch nur ein Tier den Berg be-
rühren sollte, muss es sofort getötet werden." 21 Was dort abging, muss
so schlimm gewesen sein, dass selbst Mose stammelte: „Ich mach mir
gleich in die Hose, ich zittere vor Angst!" 22 Ihr seid dagegen beim Berg
Zion angekommen, in der Stadt, wo der lebendige Gott wohnt, in der
sagenumwobenen Stadt Jerusalem, die im Himmel liegt. Da werdet ihr
euch mit Tausenden von Engeln treffen und bei einer großen Party für
Gott abgehen! 23 Ihr gehört zur Familie Gottes, zu seinen besonderen
Kindern, die alle den PIN-Code für die Tür zum Himmel in der Tasche
haben. Ihr seid bei den anderen Glaubenshelden angekommen, die
schon gestorben und jetzt im Himmel am Ziel angekommen sind. 24 Ja,
ihr seid zu Jesus gekommen, der einen neuen Vertrag organisiert hat,
den Gott den Menschen anbietet. Durch seinen Tod sind wir unseren
Dreck losgeworden, weil er gelitten und geblutet hat. Und dieses Blut,
was da geflossen ist, redet zu uns, und zwar deutlicher als das Blut vom
Abel. 25 Macht die Lauscher auf und hört auf den, der heute zu euch re-
det! Die Israelis haben es nicht gepackt. Als sie keinen Bock auf das hat-
ten, was Gott durch Mose sagte, wurden sie dafür bestraft. Ist doch klar,
dass wir noch viel schlimmer bestraft werden, wenn wir nicht einmal
auf eine Stimme direkt aus dem Himmel hören. 26 Als Gott vom Berg
Sinai aus zu den Menschen redete, gab es nur von seiner Stimme ein
heftiges Erdbeben der Stärke 12. Jetzt hat er aber ein neues Versprechen
durch die Propheten abgegeben: „Ich werde noch mal sprechen und mit
einem Erdbeben nicht nur die Erde, sondern auch den Himmel durch-
schütteln." 27 Mit diesem „noch mal" wird angedeutet, dass Gott alles,
was er gemacht hat, noch einmal total verändern wird. Er will nur das
ewig behalten, was nicht mehr zerstört werden kann. 28 Auf uns wartet
also ein Land, in dem nichts mehr zerstört werden kann! Dafür können
wir Gott echt ohne Ende danken, wir sollten staunend davorstehen und
für ihn alles geben, damit er sich an uns freut! 29 Weil unser Gott alles
von uns will, ist er wie ein hungriges Feuer, das alles verbrennt, was ihm
im Weg steht.

13

Wie Christen es mit der Moral halten sollten

1 Bleibt weiter dabei, euch gegenseitig wie Geschwister zu lieben! 2 La-
det Leute zu euch nach Hause zum Essen ein oder lasst sie ein paar
Tage bei euch pennen; könnte sein, dass da ein Engel drunter ist, ohne
dass ihr das merkt! Ist ja alles schon mal passiert ... 3 Vergesst die Leute

nicht, die im Knast sitzen. Stellt euch vor, ihr wärt da jetzt auch, dann
ahnt ihr vielleicht, wie sich das anfühlt. Fühlt mit den Christen, die für
ihren Glauben gefoltert werden, das Gleiche kann euch jederzeit auch
passieren. 4 Beschützt die Ehe als etwas Besonderes, macht nicht mit
anderen rum, sondern bleibt euch treu. Gott wird denen, die sexmä-
ßig unsauber leben und ihre Ehe zerstören, auf sicher die Rechnung
präsentieren. 5 Seid nicht so geldgeil, sondern freut euch an dem, was
ihr habt. Gott hat schließlich die Ansage gemacht: „Du kannst dich auf
mich verlassen, ich bin treu.“ 6 Wir können deswegen ganz locker sagen:
„Gott steht auf meiner Seite, darum habe ich keine Angst. Was können
mir Menschen noch antun?“

Jesus treu sein, das bringt es

7 Vergesst nicht die Leiter in euren Gemeinden, die bei euch gepredigt
haben und damit Worte von Gott weitersagten. Erinnert euch da dran,
wie sie bis zum Schluss mit Gott durchgezogen haben und was da draus
dann entstanden ist. Nehmt sie als Vorbild! 8 Jesus Christus hat sich
nicht verändert und wird es auch nie tun. So wie er gestern drauf war, ist
er auch heute, und so wird er auch mit Sicherheit immer bleiben. 9 Passt
auf, dass ihr nicht von irgendwelchen seltsamen Lehren über Gott
durcheinander kommt. Es gibt nichts Besseres als die Liebe von Gott,
mit der er euch angenommen hat, und nur dadurch werdet ihr innerlich
stark. Vergesst diese ganzen religiösen Speiseregeln einfach, die bringen
es echt nicht. 10 Wir haben einen Ort gefunden, wo wir zu Gott beten
können, und an diesem Ort haben die Priester, die das nach alter Sitte
tun wollen, nichts zu suchen. 11 Früher hat der oberste Priester das Blut
von Tieren als Bezahlung für den Dreck und die Fehler der Menschen in
das Heiligtum gebracht. Die Körper der Tiere wurden dabei außerhalb
des Camps irgendwo verbrannt. 12 Genauso wurde Jesus auch außerhalb
der Stadt hingerichtet, er musste bluten, um die Menschen wieder an-
nehmbar für Gott zu machen. 13 Lasst uns auch zu ihm rausgehen, vor
die Stadt, und es ertragen, wenn man uns wegen unserem Glauben das
Leben schwer macht. 14 Es gibt für uns im Grunde hier auf der Erde kein
wirkliches Zuhause mehr. Wir warten auf die Zukunft, wo eine Stadt im
Himmel für uns gebaut wird. 15 Wir wollen Jesus ohne Ende dafür dan-
ken und ihm zujubeln! Das tun wir immer dann, wenn wir uns vor allen
Leuten auf seine Seite stellen. 16 Vergesst nicht, den Leuten zu helfen,
denen es dreckig geht. Und teilt die Sachen, die ihr besitzt, mit anderen.
Da steht Gott total drauf! 17 Tut, was die Leiter eurer Gemeinde euch
sagen, und lebt danach. Es ist ihr Job, auf euch aufzupassen, und sie
müssen sich dafür auch mal vor Gott verantworten. Sorgt einfach dafür,

dass sie das gerne tun, ohne sich ständig den Kopf machen zu müssen. Das wäre auch sicher nicht so toll für euch.

Ein Wort zum Schluss, Segen und Grüße

18 Bitte betet für uns! Wir haben ein reines Gewissen, aber wir wollen auch weiter straight mit Gott durchziehen. 19 Betet besonders jetzt dafür, dass ich ganz bald wieder bei euch aufschlagen kann. 20/21 Ich wünsche euch, dass der Gott, der Frieden schafft, der unseren Chef Jesus Christus, der wie ein Hirte auf seine Schafe aufpasst, aus dem Tod rausgeholt hat, damit er uns durch seinen Tod und das Blut, was dabei vergossen wurde, einen neuen Vertrag anbieten konnte – dass dieser Gott die ganzen Sachen in uns wachsen lässt, die ihm Freude machen, und Jesus Christus, dem wir immer und ohne aufzuhören die Ehre geben, soll uns dabei helfen!!! (Puh, das war ein langer Satz ...) 22 Ihr Lieben, ich hoffe, ihr sperrt die Ohren auf und hört auf das, was ich euch zu sagen habe. Allzu lang ist dieser Brief ja nicht geworden. 23 Wisst ihr eigentlich schon, dass sie unseren Freund Timotheus aus dem Gefängnis entlassen haben? Wir wollen euch gerne bald zusammen besuchen. 24 Schöne Grüße an das Leitungsteam und an eure ganze Gemeinde! Ich soll noch Grüße von den Christen aus Italien ausrichten! 25 Ich wünsche euch, dass ihr versteht, wie sehr Gott euch liebt, und dass er alles verzeihen kann!

Der Brief von Jakobus

1

Absender und Anschrift

1 Absender: Jakobus. Ich gebe alles für Gott und für Jesus Christus. Er
ist mein Chef. An: Gottes Leute, die überall in der Welt zerstreut sind.
Liebe Leute, ich grüße euch! 2 Also, eins mal vorweg: Ihr könnt echt
abgehen vor Freude, wenn euer Glaube angegriffen wird! 3 Wenn ihr
diese Prüfungen besteht, werdet ihr stärker als je zuvor! Dann kann euer
Vertrauen in Gott so schnell nichts mehr umhauen. 4 Wenn ihr mit ihm
trotz aller Probleme durchzieht, dann werdet ihr vollkommen sein, ihr
werdet am Ziel ankommen. 5 Wenn einer von euch bei einem Problem
nicht mehr weiterweiß, dann soll er deswegen bei Gott anklingeln. Für
den ist das okay, er hilft immer gerne. 6 Wenn du betest, dann mach das
voll im Vertrauen auf Gott und zweifle nicht daran, dass er dich auch
hört. Wer Zweifel hat, der ist wie eine Welle im Meer. Die werden auch
vom Wind immer hin- und hergetrieben. 7 Wer so drauf ist, braucht gar
nicht erst erwarten, dass Gott ihm etwas gibt. 8 Auf einen, der immer
zweifelt, kann man sich nicht verlassen. Er denkt mal so und mal so.

Menschen, die unten sind, stehen eigentlich oben

9 Wenn jemand ganz unten ist, kann er sich freuen, weil er für Gott der
Held ist. 10 Wenn jemand viel hat, sollte er niemals vergessen, dass
Geld das Ende seines Lebens auch kein Stück hinauszögern kann. Wie
eine Blume aus dem Blumenladen wird er irgendwann mal verwelken.
11 Sobald die Sonne aufgegangen ist und mittags auf die Erde brennt,
vertrocknen das Gras und die Blumen. Was vorher noch so schön aus-
sah, ist dann kaputt. Genauso wird das auch jedem passieren, der viel
Geld hat. 12 Gut drauf kommen die Leute, die wegen ihres Glaubens an
Gott Probleme kriegen und ihr Leben trotzdem so durchziehen, wie es
Gott gefällt. Sie gehören zu Gottes neuer Welt dazu, er wird ihnen die
Goldmedaille umhängen, den Hauptgewinn für das Leben. Das hat Gott
den Leuten versprochen, die ihn lieben.

Was dazu verführt, Mist zu bauen

13 Gott selbst kann durch das Böse nicht auf Probe gestellt werden, und
niemand, der auf die Probe gestellt wird, darf behaupten: Das war Gott.
Gott stellt nämlich niemanden auf die Probe, er verführt niemanden
dazu, etwas Böses zu tun. Das geht gar nicht. 14 Wenn wir verführt wer-

den, dann kommt das immer aus uns selber raus, aus unseren eigenen
inneren Wünschen und Gedanken. 15 Geben wir dem nach, dann kommt
nach dem Wunsch die böse Tat. Und die Konsequenz aus der Tat ist der
Tod. 16 Lasst euch also nicht für dumm verkaufen, Leute! 17 Alles, was
gut ist, alles, an dem man nichts aussetzen kann, kommt von Gott. Er
ist ein Vater, der einfach nur gut ist. Er ist wie ein Licht, da gibt es keine
Dunkelheit mehr. 18 Es war seine Idee, uns durch seine Worte einen
neuen Anfang zu ermöglichen. So wurden wir die Prototypen für etwas
total Neues, das er einfach so gemacht hat.

Nicht nur zuhören, sondern auch machen

19 Ihr Lieben, ihr dürft dabei eins nicht vergessen: Jeder Mensch sollte
immer bereit sein, einem anderen zuzuhören! Aber pass auf, was du
sagst, und pass noch mehr auf, bevor du mal ausrastest. 20 Wenn man
ausrastet und wütend ist, tut man am Ende immer Sachen, die Gott
nicht so toll findet. 21 Vermeidet alles, was link und falsch ist, trennt
euch davon. Beschäftigt euch stattdessen auf entspannte Art und Wei-
se mit den Worten, die Gott zu euch gesprochen hat. Sie können euch
retten. 22 Es reicht natürlich nicht, seinen Worten nur zuzuhören, man
sollte sie auch befolgen. Wer das nicht tut, linkt sich nur selber. 23 Wenn
jemand Worte von Gott hört, die Sachen aber nicht umsetzt, der ist wie
jemand, der sich morgens im Spiegel ansieht. 24 Er hat sich dort zwar
gesehen, aber dann ist er weggegangen und hat gleich wieder verges-
sen, wie er eben noch ausgesehen hat. 25 Wenn aber jemand die Sache
von der Freiheit, die man durch Jesus bekommt und die unser Leben
bestimmt, versteht und danach handelt und sie nicht wieder vergisst,
der wird glücklich sein! 26 Jemand, der meint, er wäre der Super-Christ,
es aber nicht packt, Kontrolle über das zu kriegen, was aus seinem
Mund rauskommt, der betrügt sich selber. Seine Art mit Gott zu leben
ist nichts wert. 27 Wer sich um Obdachlose und Penner kümmert und
sich nicht an den Sachen, die in der Welt abgehen, beteiligt, der tut das,
worauf Gott der Vater wirklich steht!

2

Die Position in der Gemeinde ist egal

1 Ihr Lieben! Vertraut Gott, wie es Jesus auch getan hat. Er ist unser
großer fantastischer Chef. 2 Stellt euch jetzt mal vor, in eure Gemein-
de kommt ein feiner Pinkel im Armani-Anzug und mit einer Rolex am
Arm zum Gottesdienst. Und gleich dahinter kommt ein armer Penner
zu euch, der sich einen Monat nicht gewaschen hat. 3 Wie würdet ihr
reagieren? Der Typ mit viel Kohle würde sofort einen Platz in der ersten

Reihe angeboten bekommen! Der stinkende Penner würde vermutlich einen Platz auf dem Fußboden abkriegen, am besten in irgendeiner Ecke. 4 Meint ihr, dass es wirklich okay ist, solche Unterschiede zu machen? Meint ihr, dass es gut ist, nach diesen Maßstäben zu beurteilen und zu richten? 5 Hört mal gut zu, ihr Lieben! Hat Gott nicht gerade die Menschen ausgesucht, die nach den Maßstäben der Welt ganz unten sind? Diese Typen sind für ihn durch ihr Vertrauen reich und wertvoll geworden! Er will den Menschen alles vererben, was er besitzt, denen, die in ihn verknallt sind. 6 Wie kommt es, dass die Penner und die Leute ohne Kohle bei euch nichts zählen? Wer macht euch denn eigentlich Probleme? Sind das nicht die Menschen, die eh viel Geld haben? Das sind doch die Leute, die euch verklagen und vor Gericht zerren! 7 Gerade das sind doch die Leute, die sich über Jesus lustig machen. Sie lästern über denjenigen, zu dem ihr gehört. 8 Wenn ihr allerdings das wichtigste Gesetz von Gott ernst nehmen würdet, dann wäre das eine gute Entscheidung. „Liebe die Menschen, mit denen du zu tun hast, so sehr, wie du dich selber liebst.“ 9 Wenn ihr einen Menschen danach beurteilt, wie wichtig und toll er ist, dann steht das zwischen euch und ihm. Das will Gott nicht, es verstößt gegen seine Gesetze. 10 Wenn sich jemand an alle Gesetze hält, aber gegen ein einziges verstößt, dann hat er alle Gesetze gleichzeitig gebrochen. 11 Gott hat ja die Ansage gemacht: „Du sollst deinem Ehepartner treu sein!“ Aber er sagte auch: „Du sollst niemanden töten!“ Wenn du jetzt ehemäßig treu bist, aber jemanden tötest, dann hast du das Gesetz ja trotzdem gebrochen und bist schuldig.
12 Darum sollt ihr so reden und handeln wie Menschen, die wissen, dass sie nach diesem Gesetz beurteilt werden, das uns wirklich frei macht.
13 Wer selber nichts verzeihen kann, dem wird bei der letzten Gerichtsverhandlung auch nichts verziehen werden. Wer selber viel verzeiht, für den gilt: Die Liebe besiegt sorgar das Gericht.

Glaube an Gott muss Auswirkungen haben

14 Leute, was bringt es denn, wenn jemand sagt, er vertraut Gott, aber es hat überhaupt keine Auswirkung auf sein Leben? 15 Zum Beispiel ist da jemand bei euch in der Gemeinde, der keine Kohle für anständige Klamotten und ein Mittagessen hat. 16 Und dann kommt einer von euch bei ihm an und sagt: „Bist du okay? Hoffentlich hast du genug zu essen und was zum Anziehen!“ So was zu reden ist doch total unnötig, wenn er ihm nicht auch etwas anbietet, was ihm wirklich helfen könnte.
17 Genauso unnötig ist eine noch so vertrauensvolle Beziehung zu Gott, wenn sie keine Auswirkung auf dein Leben hat. Dann ist die Beziehung schon tot. 18 Jetzt könnte jemand vielleicht sagen: „Dir fällt es leichter,

Gott zu vertrauen, ich arbeite dafür sehr viel für ihn. Aber wenn du dir
mal anguckst, was ich alles für Gott mache, dann siehst du, wie sehr ich
ihm vertraue!" [19] Du vertraust darauf, dass es nur einen einzigen Gott
gibt? Na super, das tun die Dämonen auch, und sie haben Angst vor
ihm. [20] Schnall doch endlich, du dummer Mensch, dass dein Vertrauen
in Gott total umsonst ist, wenn es ohne eine Auswirkung auf dein Han-
deln bleibt! [21] Wie war das denn damals mit Abraham? Er wurde für Gott
okay, weil er bereit war, seinen Sohn Isaak zu opfern. [22] Hier kann man
ganz gut erkennen, dass Vertrauen auf Gott auch immer Auswirkungen
auf das Leben hat. Nur so wurde Abrahams Vertrauen perfekt. [23] Es
steht ja schon in den alten Büchern drin: „Abraham hat Gott vertraut.
Dadurch ist er für Gott okay geworden." So wurde er jemand, den man
„einen Freund von Gott" genannt hat. [24] Ich hoffe, ihr versteht jetzt,
dass Menschen nur für Gott okay werden, wenn ihre vertrauensvolle
Beziehung zu ihm auch Auswirkungen auf ihr Leben hat. [25] Bei der Nut-
te Rahab war das ja auch so. Sie wurde von Gott angenommen, weil sie
in Jericho die Späher der israelischen Armee vor den Soldaten des feind-
lichen Machthabers versteckt hatte. Sie ermöglichte ihnen eine sichere
Flucht. [26] Genauso wie ein Körper ohne Seele tot ist, so ist ein Glaube
tot, wenn er ohne Auswirkung auf das Leben bleibt.

3

Worte haben Macht

[1] Liebe Geschwister, es ist keine gute Idee, wenn so viele bei euch den
Job eines Lehrers übernehmen wollen. Alle, die das tun, werden nämlich
besonders streng beurteilt werden. [2] Jeder von uns macht mal einen
Fehler. Wer aber seine Zunge unter Kontrolle hat, der hat auch seinen
ganzen Körper im Griff. [3] Egal wie groß ein Auto auch ist, gelenkt wird
es mit einem einfachen Lenkrad. [4] Und auch große Containerschiffe,
die riesige Motoren haben, werden vom Steuermann mit einem kleinen
Steuer in die Richtung gelenkt, wo er das Schiff haben will. [5] Genauso
ist es auch mit der Zunge. Sie ist zwar winzig klein, aber sie hat eine
unglaubliche Power. Noch ein Beispiel: Mit Feuer ist das genauso, ein
Funke genügt und der ganze Wald brennt. [6] Die Zunge ist auch so was
wie ein Funke. Mit ihr kann eine ganze Welt vergiftet werden. Sie hat
die Macht, böse Sachen anzustiften, sie kann eine ganze Welt in Brand
stecken, mit dem gleichen Feuer, das auch in der Hölle brennt. [7] Die
Menschen haben es gelernt, Löwen zu dressieren, Vögeln das Sprechen
beizubringen und Delphine aus dem Wasser springen zu lassen, [8] aber
die Zunge haben sie nie in den Griff bekommen. Unkontrolliert verbrei-
tet sie ihr tödliches Gift. [9] Mit ihr sagen wir Gott, unserem Vater, wie

toll er ist, und im nächsten Augenblick verfluchen wir einen Menschen,
obwohl der ja nach dem Vorbild von Gott gemacht wurde. 10 Gute Wün-
sche und fiese Aggrosprüche kommen aus demselben Mund. Leute,
genau das soll bei euch nicht abgehen! 11 Wie ist es denn beim Was-
serhahn, kommt da Trinkwasser und gleichzeitig Schmutzwasser raus?
12 Und was meint ihr, können an einem Apfelbaum Birnen wachsen oder
an einem Birnbaum Tomaten? Man kann ja auch nicht aus dem Klo
trinken!

Kluge Menschen leben klug

13 Wenn jemand glaubt, besonders klug zu sein und den Schnall vom
Leben zu haben, bei dem sollte man das auch daran erkennen kön-
nen, wie er sonst so drauf ist, nämlich freundlich. 14 Wenn ihr aber voll
neidisch seid und Menschen sogar hasst, dann braucht ihr euch auf
diese Klugheit echt nichts einzubilden. Tatsächlich lügt ihr euch nur
selber in die Tasche. 15 So eine Denke hat nichts mit Gott zu tun, sie
kommt aus dem Ego, sie ist ätzend, sie kommt sogar direkt aus der
Hölle. 16 Wo Menschen neidisch aufeinander sind und sich streiten, da
ist nur Chaos angesagt und andere schlechte Dinge. 17 Die Weisheit,
die von Gott kommt, ist sauber und gut. Sie hat das Ziel, dass Men-
schen sich vertragen und gut zueinander sind, dass sie sich belehren
lassen, nicht immer Recht haben müssen und nicht link drauf sind.
18 Was daraus wächst, wenn man gerecht zu anderen ist und friedlich
miteinander umgeht, kann ich euch auch sagen. Man hat Frieden mit
sich und mit Gott.

4

Gott lieben oder die Sachen aus der Welt

1 Leute, warum streitet ihr euch eigentlich ständig? Was ist da für ein
Kampf bei euch am Start? Kann es sein, dass ihr eure Gefühle und Lei-
denschaften einfach nicht im Griff habt und dass ihr euch deswegen so
gehen lasst? 2 Ihr wollt immer alles haben und bekommt aber nichts.
Ihr seid voll neidisch auf die anderen, und wenn eure Gedanken töten
könnten, dann gäbe es bestimmt schon ein paar Leichen bei euch.
Streiten ist ja anscheinend normal, ihr bekämpft euch gegenseitig. Das
bringt euch alles nichts, ihr müsst mal damit anfangen, richtig zu beten.
3 Wenn ihr Gott um Sachen bittet, dann geht es euch immer nur darum,
dass euer Ego befriedigt wird und dass ihr selber gut dasteht. Deswegen
hört Gott auch nicht auf euch. 4 Was ist los mit euch? Warum betrügt
ihr Gott so? Habt ihr nicht kapiert, dass man sich entscheiden muss?
Entweder du bist ein Freund von Gott oder du bist ein Freund der Leute,

die ohne Gott leben. Wenn du bei diesen Freunden total beliebt sein
möchtest, dann bist du automatisch ein Feind von Gott. 5 Oder meint
ihr vielleicht, dass total egal ist, was in den alten Schriften steht? Da
steht: „Gottes Geist will uns ganz alleine haben, er ist eifersüchtig. Gott
hat seinen Geist in uns wohnen lassen.“ 6 Gott hat Spaß daran, uns fett
zu beschenken. Darum sagt er dort: „Auf die Menschen, die eingebildet
und stolz sind, hat Gott keinen Bock, und er stellt sich ihnen entgegen.
Aber auf die Leute, die sich anderen unterordnen und sich selbst nicht
so wichtig nehmen, auf die steht er total.“ 7 Macht Gott zur hundert-
prozentigen Nummer 1 in eurem Leben und tut, was er sagt. Und dem
Teufel könnt ihr den dicken Finger zeigen, dann wird er verschwinden.
8 Sucht Gott mit allem, was ihr habt! Geht zu ihm, kommt ihm nahe!
Dann wird er auch zu euch kommen. Wascht den Dreck von euren Hän-
den! Und wascht eure Gedanken und eure Seele, haltet euer Innerstes
sauber, bringt euer Leben in Ordnung! Damit meine ich vor allem die
Leute, die sich nicht wirklich entscheiden können. 9 Ihr solltet richtig
spüren, wie dreckig es euch geht. Anstatt zu lachen könnt ihr echt
weinen, anstatt eine Party zu veranstalten könntet ihr erschrocken und
traurig sein. 10 Unterwerft euch Gott, macht euch klar, wie winzig ihr
für ihn seid. Dann wird er euch aufheben und euch ganz groß machen!
11 Ihr Lieben, hört auf damit, über andere abzulästern. Wenn jemand
etwas Schlechtes über einen anderen sagt oder ihn verurteilt, macht
er das Gesetz schlecht, das Gott aufgestellt hat. Statt das Gesetz zu
befolgen, spielt er sich als Richter über das Gesetz auf. 12 Das kann aber
nur einer, nämlich Gott! Er hat die Gesetze gemacht und ist gleichzei-
tig der Richter, der sie auch durchzieht. Nur er kann freisprechen oder
verurteilen. Wie bist du denn drauf, dass du glaubst, ein Urteil über den
Menschen neben dir fällen zu können?

Warnung davor, zu cool zu sein

13 Hier ist eine Ansage für alle, die so was sagen wie: „Nächste Woche
fang ich einen neuen Job in einer anderen Stadt an. Da will ich ein Jahr
bleiben und jede Menge Kohle scheffeln.“ 14 Habt ihr denn nur einen
blassen Schimmer davon, was morgen alles passieren wird? Was geht
denn mit eurem Leben wirklich ab? Ein Leben ist im Grunde doch nur
wie der Qualm einer Kippe. Man kann ihn noch kurz sehen, und dann
ist er auch schon für immer verschwunden. 15 Darum ist es eine gute
Einstellung, wenn man sich sagt: „Wenn Gott will, werde ich leben und
dann werde ich auch dieses und jenes tun können!“ 16 Jetzt macht mal
nicht so den Lauten und überschätzt euch nicht die ganze Zeit! Sich
selbst zu überschätzen ist einfach total schlecht. 17 Wenn aber jemand

weiß, was gut, ist und was nicht gut ist und sich trotzdem für das
Schlechte entscheidet, dann steht das zwischen ihm und Gott. Das ist
Sünde.

5

Wie Gott die Menschen sieht, die viel Kohle haben

1 Jetzt noch mal ein Wörtchen zu den Leuten, die viel Kohle haben. Ihr
werdet noch tierisch abheulen über die üblen Sachen, die ihr erleben
werdet! 2 Euer ganzes Geld könnt ihr in die Tonne kloppen, eure Kla-
motten werden irgendwann vergammeln. 3 Das ganze Gold, die Aktien
und die Sparbücher werden mal verrottet sein, Leute. Der Haufen, der
dann übrig bleibt, wird als Beweisstück gegen euch verwendet werden.
Die ganzen Reichtümer werden euch auffressen, so wie die Maden
eure Leiche fressen. Ihr habt euch nur um euren Profit gesorgt, obwohl
ihr wusstet, dass es bald zu Ende geht mit dieser Welt. 4 Gott hat den
Protest gehört und die Anklagen der Leute, die ihr betrogen habt. Die
Arbeiter, denen ihr nicht den korrekten Lohn ausbezahlt habt, die Ange-
stellten, die ihr unter Tarif bezahlt habt – Gott hat sie gehört. 5 Ihr habt
fett gelebt, euch alles gegeben, was es so gibt, euch voll gefressen am
Luxus. Ihr habt euch gemästet für den Tag, an dem es zum Schlachten
geht. 6 Dabei habt ihr die Leute verfolgen lassen, die für Gott okay wa-
ren, und die konnten sich noch nicht mal dagegen wehren.

Zieht durch mit Gott!

7 Liebe Geschwister, lasst euch nicht schlecht draufbringen und zieht
mit Gott durch, bis er wiederkommt. Das ist doch beim Bauern auch
so, wenn er Sachen gesät hat. Er muss dann erst mal Geduld haben,
den Regen abwarten und so, bis die Frucht endlich wächst. 8 Genauso
müsst ihr auch Geduld haben, ja? Ermutigt euch gegenseitig! Es dauert
bestimmt nicht mehr lange, dann kommt Jesus wieder! 9 Zieht euch
mit eurer Ungeduld nicht gegenseitig runter, liebe Geschwister! Sonst
werdet ihr auch bei dem letzten Gericht schlecht aussehen. Gott, der
da der Richter sein wird, steht schon in den Startlöchern. 10 Ihr könnt
euch als Vorbild die Propheten reinziehen. Die haben, obwohl es ihnen
voll dreckig ging, auch mit Gott durchgezogen und für ihn gesprochen.
11 Diese Menschen waren wirklich gut, da kann man ein Lied von singen!
Sie hatten echt Geduld. Ihr habt ja auch bestimmt vom Hiob gehört,
mit irre viel Geduld hat er die ätzenden Sachen ertragen, durch die er
durchmusste! Aber Gott hat ihm ein Happy End geschenkt, weil er ihn
so sehr geliebt hat. 12 Ach ja, mir ist auch noch wichtig, dass ihr euch auf
keinen Fall in leere Versprechungen verstrickt, ja? Schwört nichts, auch

nicht mit Garantieleistung, nach dem Motto: „Ich schwöre aber auf den Himmel." Wenn ihr zu etwas „ja" sagt, dann muss man sich auch darauf verlassen können. Und wenn ihr „nein" sagt, dann müsst ihr auch ein „Nein" meinen. Ansonsten wird Gott euch garantiert dafür verurteilen.

Wie man für kranke Menschen betet

13 Geht's bei euch jemandem so richtig schlecht? Dann soll er mit Gott
drüber reden! Ist jemand bei euch gut drauf? Dann soll er Lieder zu
Gott singen! 14 Ist jemand bei euch krank? Dann soll er mal die Gemein-
deleiter anrufen. Die sollen dann für ihn beten und ihn mit etwas Öl
eincremen, als Zeichen dafür, dass sie Gott um Hilfe bitten. 15 Wenn sie
im festen Vertrauen Gott darum bitten, dass er gesund wird, dann wird
Gott ihn auch heilen können. Der Kranke kann sich wieder aufrichten,
und falls er Mist gebaut hat und Gott das sagt, kann der ihm das dann
auch verzeihen. 16 Darum ist es eine gute Idee, wenn ihr auch vor den
anderen euren Mist bekennt, damit ihr gesund werdet. Gebete von
jemandem, der sein Leben mit Gott in Ordnung gebracht hat, haben
eine große Auswirkung. 17 Denken wir mal an Elia. Der war auch nur ein
Mensch mit allen seinen Schwächen. Trotzdem hat es drei Jahre und
sechs Monate lang nicht geregnet, nur weil er ein Gebet gesprochen
hatte! Heftig! 18 Und dann hat er noch mal gebetet und es fing an zu
schütten! Alles wurde grün und viele Früchte fingen an zu wachsen.

Ihr müsst euch um die Verirrten kümmern

19 Ihr Lieben, wenn sich da einer von euch glaubensmäßig verirrt und
von den Sachen wegkommt, die ich euch erzählt habe, und jemand
schafft es, ihn wieder zurückzuholen, 20 dann soll dieser eins wissen:
Er hat gerade einen Menschen vor dem sicheren Tod gerettet! Gott hat
ihm seine Schuld vergeben. Also, Gottes Segen,
euer Jakobus!

Judas

Absender, Anschrift, Grüße
1 Absender: Judas, Angestellter von Jesus Christus und ein Bruder von
Jakobus. An: alle Menschen, die Gott zu sich gerufen hat. Ihr werdet alle
von Gott wahnsinnig geliebt! Er ist wie ein Vater zu uns. Jesus Christus
soll euch beschützen. 2 Hallo, liebe Geschwister! Ich wünsche euch erst
mal alles Gute! Dass Gott euch fett segnet mit seiner Liebe und dass ihr
fähig werdet, andere zu lieben. Und dass ihr Frieden in euch habt, das
wünsch ich euch auch!

Passt auf vor den Laberheinis!
3 Ihr Lieben, ich hatte mir eigentlich fest vorgenommen, euch nur po-
sitive Sachen zu schreiben. Ich wollte da drüber reden, wie Gott uns
gerettet hat und so. Jetzt muss ich euch mit diesem Brief aber eher
warnen. Leute, kämpft um euer Vertrauen in Gott, passt auf euren Glau-
ben auf, den schon so viele Menschen vor euch kennen gelernt haben!
4 Bei euch haben sich anscheinend ein paar Typen eingeschlichen, die
schon längst ihr Urteil gekriegt haben. Schamlos missbrauchen sie die
Liebe und die Gnade, die Gott für sie hat. Sie lassen sich total gehen,
sündigen rum und verraten damit Jesus Christus, der über alles das Sa-
gen hat. 5 Ich will euch noch mal an was erinnern, obwohl ihr das schon
lange wisst. Gott hat ja damals das Volk Israel aus Ägypten rausgeret-
tet. Trotzdem mussten später alle sterben, die ihm nicht mehr vertraut
haben. 6 Gott ist ja auch mit denjenigen Engeln so umgegangen, die
ihr eigentliches Zuhause einfach verlassen hatten. Darum hat Gott sie
auch mit dicken Stahlfesseln in die Dunkelheit weggeschlossen, bis sie
zur letzten großen Gerichtsverhandlung wieder rausgelassen werden.
7 Sodom und Gomorra mit den Städten drum herum mussten auch
die Konsequenzen ertragen. Sie haben sexmäßig ätzend gelebt. Da ist
jeder mit jedem und mit allem im Bett gelandet. Sie sind ein Beispiel
dafür, was die Folgen von so einem Lebensstil sind: Schmerzen und
Leiden von einem Feuer, das für immer brennen wird. 8 Einige verwirrte
Typen bei euch sind genauso drauf wie die. Die sind wie ferngesteuert
von ihrer Geilheit, lassen sich aber von niemand was sagen. Und dabei
berufen sie sich noch auf irgendwelche Träume und lästern nebenbei
noch gegen alle übernatürlichen Kräfte ab, aber auch allen anderen
Autoritäten zeigen sie den Mittelfinger. 9 Das hat sich noch nicht mal
der Oberengel Michael getraut. Als der Teufel ihm die Leiche vom Mose
abluchsen wollte, sagte er nur: „Gott soll dich bestrafen!“ Das war alles,

er verurteilte ihn noch nicht mal dafür. 10 Diese Leute lästern aber über
Sachen ab, wo sie überhaupt keine Ahnung von haben! Wie dumme
Tiere tun sie nur das, was ihr Gefühl ihnen gerade sagt, ohne vorher mal
das Hirn einzuschalten. Da dran werden sie selbst kaputtgehen. 11 Die
sollten echt mal aufpassen! Die machen es genauso wie Kain, der sei-
nen Bruder ermordet hatte. Oder auch wie Bileam, sie lassen sich ein-
fach für jede Schweinerei kaufen. Oder wie Korach werden sie an ihrer
Rebellion selber ersticken. 12 Wenn ihr euch zum Essen verabredet, dann
kommen sie und fressen sich voll, egal wie peinlich das ist. Und dabei
finden sie sich noch ganz toll. Die sind wie kleine nutzlose Wolken, die
einfach weggeblasen werden. Oder wie tote Obstbäume, an denen nie
wieder was wachsen wird. Die haben es letztes Jahr schon nicht ge-
bracht und werden es dieses Jahr auch nicht bringen. Die sind tot bis in
die Wurzel. 13 Oder wie die Wellen eines versifften Meeres, wo der Dreck
an den Strand gespült wird. Oder sie sind wie Meteoriten, die ihre Bahn
verlassen haben und in das unendliche Universum abstürzen, ohne
Halt. Solche Menschen werden für immer in der Dunkelheit bleiben.
14 Henoch, der in der siebten Generation nach Adam gelebt hat, sagte
damals schon voraus: „Passt auf, da kommt der Herr mit vielen tausend
heiligen Engeln. 15 Er will über die Menschen ein Gerichtsurteil fällen,
und alle Menschen, die ohne Gott gelebt haben, werden verurteilt. Alle,
die keinen Bock auf Gott hatten, werden für ihr Handeln ohne Gott
bestraft werden. Auch für ihre linken Kommentare, die sie über Gott
abgelassen haben, werden sie sich verantworten müssen." 16 Dabei sind
diese Menschen überhaupt nicht glücklich mit ihrem Leben. Sie werden
voll von ihrer Lust kontrolliert, und was sie so sagen, klingt immer sehr
arrogant. Dabei reden sie nur, um sich bei wichtigen Leuten einzuschlei-
men, und versuchen dabei irgendwie einen Vorteil für sich rauszuholen.

Zieht durch!

17 Meine lieben Freunde, ihr dürft nicht vergessen, was euch die Apostel
von Jesus Christus erzählt haben, ja?! 18 Sie sagten euch, dass in der Zeit,
wenn es mit der Erde zu Ende gehen wird, überall Leute auftreten, die
Gott nur verarschen wollen. Die lassen sich nur von ihrer Geilheit leiten
und suchen überall ihren eigenen Vorteil. 19 Durch diese Leute kommt
es zu Spaltung in der Gemeinde. In ihrem ganzen Leben geht es nur um
weltliche Dinge. Mit Gott und seinem Geist haben sie nichts zu tun.

Gott ist der Größte

20 Meine lieben Freunde, lasst euch von so was nicht runterziehen. Baut
euch gegenseitig auf, ermutigt euch in eurem Glauben an Gott. Und

betet durch die Kraft vom heiligen Geist. [21] Haltet durch! Das geht, wenn ihr euch bewusst macht, wie sehr Gott euch liebt. Wartet auf den Tag, an dem Jesus Christus euch abholt zu einem Leben, das nie mehr aufhören wird. [22] Kümmert euch um die Leute bei euch, die glaubensmäßig noch schwach auf der Brust sind. [23] Andere müsst ihr packen und aus der Gefahrenzone rausholen. Rettet sie vor einem üblen Urteil bei der letzten Gerichtsverhandlung von Gott. Auch mit den anderen Menschen sollt ihr liebevoll umgehen, ja? Passt dabei auf, dass ihr euch nicht selber mit Sünden wieder dreckig macht. [24] Gott allein kann auf euch aufpassen, dass ihr nicht ins Stolpern kommt. Wenn Jesus dann sein fettes Comeback feiert, können wir uns vor ihn stellen und uns einfach nur freuen! [25] Gott hat uns durch Jesus Christus aus dem Dreck rausgeholt und uns gerettet. Er soll für immer der Größte sein. Er hat einen Anspruch auf Ehre und Ruhm. Er soll das Sagen haben, er soll regieren, wie er es schon immer getan hat und auch immer tun wird! So ist das und so soll es auch sein.
Euer Judas

Johannes hat eine große Vision

1

Wie dieses Buch entstanden ist

1 In diesem Buch stehen Visionen, die Johannes gehabt hat. In ihnen
erklärt Jesus Christus einige Sachen, die bald passieren müssen. Diese
Visionen hat Johannes von einem Engel bekommen. 2 Alles, was Gott Jo-
hannes dabei gesagt und gezeigt hat, schreibt er hier auf. Jesus Christus
ist der Zeuge dafür. 3 Wer diese prophetischen Worte liest, ernst nimmt
und danach lebt, der kann sich echt glücklich schätzen. Denn das wird
alles bald genau so abgehen, wie es hier steht.

Wer das schreibt und für wen

4 Absender ist Johannes, und er schreibt diesen Brief an die sieben Je-
sus-Gemeinden in der Provinz Asien. Hallo Leute! Ich wünsche euch,
dass ihr die Liebe und den Frieden, die von Gott kommen, bei euch
habt. Er ist da, er war schon immer da, und er wird wiederkommen.
Auch von den sieben Engeln, die vor seinem Thron sind, soll ich das
ausrichten 5 und von Jesus Christus, der ein zuverlässiger Zeuge ist. Er
ist der Allererste, der den Tod besiegt hat. Er hat das Sagen über die
ganze Erde. Er liebt uns wie verrückt, und er hat uns dadurch, dass er
an diesem Kreuz hingerichtet wurde, von dem ganzen Dreck befreit,
der uns von Gott getrennt hat. 6 Er hat uns zu Königen und Priestern
gemacht, die für Gott, seinen Vater, da sind. Er soll groß rauskommen,
er soll das Sagen haben, für immer! Ja, so soll es sein! 7 Passt auf! Jesus
kommt auf einer Wolke wieder zurück, und zwar so, dass es alle sehen
können! Auch die Menschen, die ihn hingerichtet und gefoltert haben,
werden das sehen, und es wird ihnen voll Leid tun. Auf sicher!

Gott sagt zu Johannes: „Schreib mal auf!“

8 „Ich bin ganz am Anfang da gewesen, ich bin jetzt da, und ich werde
wiederkommen“, hat Gott gesagt, der der Chef von allem ist. Ihm ist
nichts unmöglich.

Johannes soll alles aufschreiben

9 Ich heiße Johannes und gehöre auch zur Jesus-Familie. Ich bin mit
euch ganz fest verbunden und muss dieselben ätzenden Sachen wie
ihr durchmachen, dass wir nämlich als Christen verfolgt werden. Und
genauso wie ihr kann ich es kaum abwarten, dass Jesus wiederkommt.

Weil ich Menschen von Jesus erzählt habe, hat man mich jetzt auf die-
ser Insel Patmos kaltgestellt. 10 An einem Sonntag passierte mir hier
etwas total Abgefahrenes. Beim Beten übernahm plötzlich Gottes Geist
die Kontrolle. Ich hörte hinter mir eine extrem laute Stimme, die war so
laut wie der Sound von tausend Marshallverstärkern. 11 „Jetzt schreib
alles auf, was du siehst, und danach schickst du das Buch an folgende
sieben Gemeinden: Ephesus, Smyrna, Pergamon, Thyatira, Sardes, Phi-
ladelphia und Laodizea!“ 12 Weil ich natürlich sehen wollte, wer mich da
gerade zutextet, drehte ich mich um. Na, und da standen erst mal nur
sieben Lampen aus Gold. 13 In der Mitte zwischen den Lampen stand
einer, der sah so aus wie ein Mensch. Er hatte einen langen Mantel an
und einen Gürtel aus Gold umgebunden. 14 Sein Kopf und seine Haare
waren total weiß, so strahlend weiß wie Schnee. Und seine Augen
sprühten voll, so als wären sie aus Feuer. 15 Seine Füße glühten wie wei-
ßer Stahl, der gerade aus dem Schmelzofen kommt, und seine Stimme
war mit den Düsen eines Überschalljets zu vergleichen. 16 In seiner rech-
ten Hand hatte er sieben Sterne, und aus seinem Mund kam ein rotes
Laserschwert. Sein Gesicht leuchtete so hell wie die Sonne. 17 Als ich ihn
ansah, fiel ich flach auf den Boden vor seine Füße. Dann legte er seine
rechte Hand auf meine Schulter und sagte: „Hab keine Angst! Ich bin
der Erste und der Letzte, 18 und ich bin derjenige, der lebt. Ich war tot,
aber jetzt lebe ich, und ich lebe für immer weiter. Ich habe die Kontrolle
über den Tod und über das Land, wo die Toten sind. 19 Johannes, schreib
jetzt alles auf, was du siehst: das, was jetzt passiert, und das, was noch
passieren wird. 20 Die sieben Sterne in meiner rechten Hand, die du
gesehen hast, und die sieben goldenen Lampen haben folgende Bedeu-
tung: Die sieben Sterne sind die Engel von sieben Gemeinden. Und die
sieben Lampen sind ein Bild für diese sieben Gemeinden.“

2

Ein Brief an die Jesus-Familie in Ephesus

1 „Johannes, schreib mal einen Brief an den Leiter der Gemeinde in
Ephesus. Diese Nachricht kommt von demjenigen, der in seiner rech-
ten Hand sieben Sterne hält und der zwischen den sieben goldenen
Lampen umhergeht. Er sagte zu eurer Gemeinde Folgendes: 2 Mir ist
bewusst, dass du gut drauf bist. Ich weiß von den vielen guten Sachen,
die du tust, und dass du geduldig bist und 'ne Menge durchgemacht
hast. Es war gut, dass du diese fragwürdigen Pseudo-Apostel bei euch
als solche erkannt und kaltgestellt hast. 3 Du hast wirklich durchgezogen
und geduldig schlimme Sachen für mich ertragen. 4 Trotzdem gibt es
eine Sache, die mir echt wehtut: Du liebst mich nicht mehr so, wie du

mich mal geliebt hast! 5 Denk doch mal dran, was du eigentlich hinter
dir gelassen hast! Komm jetzt wieder zurück an den Punkt, wo du am
Anfang mal warst. Denn wenn du das nicht tust, werde ich dir deine
Lampe wegnehmen müssen. 6 Eine Sache finde ich aber echt geil an
dir: dass du das, was die Nikolaiten gebracht haben, genauso schlimm
findest wie ich! 7 Macht die Lauscher auf, Freunde, und hört gut zu,
was der Geist von Gott seinen Leuten zu sagen hat! Wer bis zum Ende
durchzieht, dem werde ich im Paradies eine ganz besondere Frucht
anbieten, und die wächst am Baum des Lebens."

Ein Brief an die Christen in Smyrna

8 „Johannes, schreib mal bitte einen Brief an den Engel von der Gemeinde
in Smyrna: Diese Nachricht kommt von dem, der ganz am Anfang da war
und der bis zum Schluss bleiben wird. Er war tot, aber jetzt lebt er wieder.
9 Mir sind die üblen Sachen bekannt, die du zurzeit ertragen musst. Ich
weiß auch, dass ihr überhaupt kein Geld habt (auch wenn du trotzdem ir-
gendwie reich bist). Ich weiß auch davon, dass Leute über euch ablästern,
die sich für superfromme Juden halten, aber in Wirklichkeit bei der Firma
vom Satan angestellt sind. 10 Du brauchst keine Angst vor den Sachen
haben, die noch kommen werden! Der Satan wird ein paar von euch sogar
noch verhaften lassen, um euch auszutesten. Das wird insgesamt zehn
Tage lang abgehen. Zieh durch! Wenn du das packst, dann wirst du am
Ende bei der Siegerehrung den ersten Preis bekommen und als Prämie
das Leben, das nie aufhört! 11 Passt gut auf, was der Geist seinen Leuten
sagen will. Wer durchhält und gegen das Böse Siege einfährt, der muss
vor dem endgültigen Tod keine Angst mehr haben."

Ein Brief an die Christen in Pergamon

12 „Jetzt schreib noch mal einen Brief an die Christen in Pergamon: Das
kommt von demjenigen, der ein scharfes Laserschwert in der Hand
hält. 13 Mir ist schon klar, dass du in einer schlimmen Stadt wohnst, wo
Satan das Sagen hat und alles beeinflusst. Trotz dieser Situation hast
du dich immer ganz treu auf meine Seite gestellt. Du hast nie so getan,
als würdest du mich nicht kennen. Und selbst in der Zeit, als Antipas
bei euch, in dieser Hochburg vom Satan persönlich, umgebracht wurde,
wart ihr mir treu. 14 Es gibt aber bei dir etwas, was du ändern musst: Du
akzeptierst Menschen bei euch, die immer noch nach der Lehre vom
Bileam leben. Bileam brachte den Balak dazu, die Israelis in den Dreck
zu reiten. Er verführte sie Fleisch zu essen, das für dämonische Rituale
benutzt wurde, und auch zu ätzenden Sexsachen hat er sie verführt,
Sachen, die Gott nicht gut findet. 15 Und dann gibt es ein paar Leute bei

euch, die auf die Theologie der Nikolaiten abfahren. [16] Hör auf damit! Wenn du dich nicht radikal änderst, dann werde ich bei euch vorbeikommen und mit meinem Laserschwert gegen euch kämpfen. [17] Passt auf und hört gut zu, was Gott zu euch jetzt sagt! Wer bis zum Ende durchhält, dem werde ich etwas Besonderes zu essen geben, nämlich Brot, das im Himmel gemacht wurde. Er wird eine Siegerurkunde bekommen, auf der ein neuer Name draufstehen wird. Und dieser Name ist geheim. Nur der, der die Urkunde bekommt, kann ihn lesen."

Ein Brief an die Christen in Thyatira

[18] „Schreib mal an den Engel der Gemeinde in Thyatira: Was jetzt kommt, sagt der Sohn Gottes. Er hat Augen wie ein Flammenwerfer, und seine Füße sind aus glühendem Stahl. [19] Ich beobachte dich. Ich sehe, was du tust, und hab auch bemerkt, mit was für einer Liebe du mir dienst und wie groß dein Vertrauen zu mir geworden ist. Auch deine Geduld ist größer geworden. Und du setzt dich jetzt sogar noch mehr ein, als du es je getan hast. [20] Es gibt aber eine Sache bei dir, die du ändern musst: Du lässt diese Isebel in Ruhe ihr Ding durchziehen, obwohl sie eine Pseudoprophetin ist. Sie verführt mit den Sachen, die sie erzählt, meine Leute dazu, Mist zu bauen, zum Beispiel von dem Fleisch zu essen, was irgendwelchen Göttern geopfert wurde, und fremdzugehen. [21] Ich habe dieser Frau wirklich genug Zeit gegeben, ihr Leben zu ändern. Aber sie will einfach nicht. [22] Darum wird sie jetzt krank werden, und alle, die sich auf sie eingelassen haben, werden auch schlimme Sachen durchmachen müssen. Es sei denn, sie sind bereit, sich von ihr zu trennen. [23] Ich werde mit ihr kurzen Prozess machen. Ihre Kinder werden sterben, und dann werden hoffentlich alle kapieren, dass ich die Gedanken von jedem Menschen lesen kann und alles abchecke. Jeder wird für das bezahlen müssen, was er verbrochen hat. [24] Den Rest der Leute in Thyatira, die dieser falschen Theorie nicht gefolgt sind und sich nicht auf diese Spekulationen über satanische Mächte eingelassen haben, den werde ich in Ruhe lassen. [25] Ihr müsst aushalten und dürft das nicht verlieren, was ihr jetzt mit mir habt, und zwar so lange, bis ich wiederkomme. [26] Hey, wer bis zum Schluss durchzieht und den dunklen Mächten standhält, wer bis zum Schluss sein Leben danach ausrichtet, was ich will, der wird mal über ganze Nationen das Sagen haben! [27] Er wird autoritär regieren und alles weghauen, was sich ihm in den Weg stellt. [28] Er wird genau so eine Power haben, wie ich sie von meinem Papa bekommen habe. Und als Zeichen, dass er so mächtig ist, hat er eine Uniform von einem General an. [29] Passt gut auf, Leute! Hört gut zu, was Gott der Gemeinde zu sagen hat."

3

Ein Brief an die Christen in Sardes

1 „Schreib mal dem Engel der Gemeinde in Sardes Folgendes: Jetzt
kommt eine Nachricht von dem, der die sieben Geister Gottes unter
sich hat und die sieben Sterne in seiner Hand hält. Ich weiß genau,
was du so treibst. Ich weiß auch, dass man erzählt, du wärst eine rich-
tig lebendige Gemeinde. Aber in Wirklichkeit bist du tot!
2 Jetzt wach
endlich auf! Und weck die anderen Leute in deiner Umgebung auf, die
auch noch fest schlafen. Denn so, wie du bis jetzt gelebt hast, bist
du bei Gott unten durch.
3 Hast du denn schon wieder vergessen, wie
alles losging, als du Gott das erste Mal gehört und ihm auch geant-
wortet hast? Halte diese Worte fest, verlier sie nicht wieder! Komm zu
mir zurück! Wenn du nicht aufwachst, dann werde ich ganz plötzlich
vor der Tür stehen, unerwartet und so wie ein Dieb.
4 Trotzdem gibt es
selbst bei euch in Sardes einige, die sich nicht in der Welt dreckig ge-
macht haben. Sie werden immer bei mir sein und ganz weiße Kleidung
tragen, weil sie es wert sind.
5 Alle, die durchziehen und so gegen das
Böse gewinnen, werden diese weiße Kleidung anziehen. Ich werde ihre
Namen nicht aus dem Buch löschen, in dem alle stehen, die leben
werden. Ich werde mich vor meinem Vater und seinen Engeln zu ihnen
stellen!
6 Passt auf, und hört gut zu, was Gott den Gemeinden zu sa-
gen hat!“

Ein Brief an die Christen in Philadelphia

7 „Schreib mal einen Brief an den Engel der Gemeinde in Philadelphia.
Dem hab ich Folgendes zu sagen: Diese Nachricht kommt von dem, der
heilig ist und nie lügt. Er hat als einer aus der Familie vom David den
PIN-Code für die Ewigkeit. Die Tür, die er damit aufmacht, kann keiner
mehr schließen, und die Tür, die er verschließt, kann keiner mehr auf-
machen.
8 Ich weiß, wie du drauf bist, und ich weiß, was du getan hast.
Pass auf, ich hab eine Tür für dich aufgeschlossen, die keiner mehr ver-
schließen kann. Du bist klein und hast nicht sehr viel Kraft. Aber du hast
dich auf meine Worte verlassen und dich mutig auf meine Seite gestellt,
um von mir zu erzählen.
9 Pass gut auf, was bald abgehen wird. Es wer-
den Leute zu dir kommen, die behaupten, sie wären superfromm und
echte Hardcore-Juden. Aber sie lügen, denn in Wirklichkeit gehören sie
zur dunklen Seite, zu den Leuten von Satan. Ich werde diese Menschen
dazu bringen, dass sie dich achten und sich dir unterordnen. Sie sollen
erkennen, dass ich dich liebe!
10 Du hast genau das getan, was ich dir
gesagt habe. Du hast durchgehalten. Darum werde ich dir helfen, wenn

die schweren Tests kommen, die in der Welt bald abgehen werden. [11] Ich werde bald zurückkommen! Zieh durch und gib nicht auf! Keiner soll dir den Preis für deinen Sieg mehr abnehmen können. [12] Wer bis zum Ende durchhält und so das Böse besiegt, der wird zu einer Stütze im Tempel von Gott werden. Dort wird er immer bleiben können. Ich werde den Namen von meinem Gott auf ihn raufschreiben. Das bedeutet: Er gehört zu Gott. Und ich werde den Namen von der Stadt von meinem Gott auf ihn raufschreiben. Das heißt: Er bekommt einen Pass für dieses neue Jerusalem. Diese Stadt wird Gott selbst auf die Erde bauen. Und schließlich werde ich auch meinen Namen auf ihn raufschreiben. [13] Passt auf und hört gut zu, was Gott durch seinen Geist den Gemeinden zu sagen hat."

Ein Brief an die Gemeinde in Laodizea

[14] „An den Engel der Gemeinde von Laodizea schreib mal Folgendes: Was jetzt kommt, ist von dem, der das Versprechen ist, von Christus, dem echten, ehrlichen und treuen Zeugen. Er war schon da, bevor Gott das Universum geschaffen hat. [15] Ich kenne dich sehr gut. Ich weiß genau, wie du drauf bist. Du bist nämlich nicht heiß und auch nicht kalt. Wenn du wenigstens eins von beiden wärst! [16] Aber du hängst genau in der Mitte, du bist schlaff und lau. Und darum spucke ich dich aus! [17] Du lässt den Dicken raushängen, du sagst: ‚Ich hab so viel Kohle, ich brauche nichts mehr!' Und dabei kriegst du noch nicht mal mit, wie peinlich du eigentlich bist, dass man Mitleid mit dir haben muss. Du peilst überhaupt nicht, was wirklich Sache bei dir ist. Du bist nämlich total arm und blind und splitternackt! [18] Ist es nicht höchste Zeit, dich um Sachen von wirklich bleibendem Wert zu kümmern? Besorg dir reines Gold, das in meinem Feuer gereinigt wurde! Nur dieses Gold macht dich wirklich reich, und das bekommst du nur bei mir! Und lass dich mal neu einkleiden. Ich hab eine paar supersaubere weiße Klamotten für dich, damit du nicht länger nackt rumlaufen musst. Und organisier dir mal Salbe für die Augen, damit die Entzündung weggeht und du wieder besser sehen kannst. [19] Ich zeig dir deinen Mist, weil ich dich liebe! Ich will dich fürs Leben trainieren, darum strafe ich dich. [20] Merkst du das nicht? Pass auf, noch stehe ich vor deiner Tür und rufe dich! Und wer mich jetzt hört und mir die Tür öffnet, zu dem werde ich reingehen. Zusammen werden wir das Abendmahl feiern. [21] Jeder, der es packt und durchzieht und so das Böse besiegt, wird mit mir auf dem Chefsessel des Universums sitzen. Genauso wie ich es gepackt habe, gesiegt habe und mich mit meinem Vater auf den Chefsessel gesetzt habe. [22] Passt auf und hört genau hin, was der Geist Gottes seinen Gemeinden sagt."

4

Der Chefsessel von Gott

1 Als ich dann nach oben sah, konnte ich eine große Tür im Himmel
sehen, und die stand offen. Dieselbe Stimme, die sich wie der Sound
aus einem Marshallverstärker angehört hatte, sagte: „Komm hierher,
nach oben! Ich will dir zeigen, was in der Zukunft alles abgehen soll!“
2 Plötzlich nahm mich der Geist Gottes irgendwie mit woandershin.
Dann sah ich im Himmel einen Thron, wo normal Könige draufsitzen.
Da drauf saß einer, 3 der leuchtete wie ein Edelstein, so wie ein Jaspis
oder Karneol. Und um den Thron war ein schöner Regenbogen, der die
Farben eines Smaragds hatte. 4 Um den Thron herum standen in einem
Kreis vierundzwanzig weitere Throne. Auf denen saßen vierundzwanzig
Älteste, die alle in total weißen Klamotten gestylt waren. Auf dem Kopf
hatten sie alle so Kronen aus Gold auf, wie das normal Könige tragen.
5 Aus dem großen Thron kamen ständig irgendwie Blitze raus, und man
hörte auch Donner und Stimmen. Vor dem Thron standen sieben brennende Fackeln. Das sind die sieben Geister von Gott. 6 Direkt vor dem
Thron war so ein glänzendes Etwas, das sah aus wie Wasser. Es war
durchsichtig wie Glas und strahlte so hell wie ein Kristall. In der Mitte
von diesem Kreis und um den Thron herum konnte ich vier lebendige
Wesen erkennen. Diese Wesen hatten überall Augen an ihrem Körper
kleben. 7 Das erste von denen hatte Ähnlichkeit mit einem Löwen. Das
zweite sah eher aus wie ein Stier. Und das dritte hatte ein Gesicht wie
ein Mensch, während das vierte wie ein Adler aussah, der gerade am
Fliegen war. 8 Jedes von diesen vier Wesen hatte sechs Flügel, und die
waren auch voll mit diesen Augen. Diese vier standen da und sangen
vierundzwanzig Stunden immer wieder: „Heilig*, heilig, heilig ist der
Herr**, der Gott, dem nichts unmöglich ist. Er war am Anfang da, er ist
jetzt immer noch bei uns, und er wird auch immer da sein!“ 9 Diese vier
Lebewesen standen da und sagten Gott die ganze Zeit danke. Sie lobten
ihn mit Liedern, weil er dort saß und regierte und weil er immer schon
dort gesessen hatte und auch dort bleiben wird, für immer. 10 Diese vierundzwanzig Ältesten knieten sich dabei immer wieder vor ihm hin und
beteten zu ihm, dem Gott, der immer existieren wird. Dann legten sie

---

* Heilig heißt so viel wie „ganz besonders“, „einzigartig“. Ursprünglich durfte dieses Wort sogar nur für Gott benutzt werden, weil er eben etwas ganz, ganz Besonderes ist.

** Herr ist im Grunde ein Titel so wie Dr. oder Professor. Er sagt aber viel mehr. Nur wenn du über etwas zu bestimmen hast oder da drüber herrschen kannst, dann bist du auch ein „Herr“. Dieser Titel wird oft in der Bibel für Jesus verwendet, und wer Jesus als „Herr“ ansprach, sagte damit: „Du bist Gott!“ Meistens wurde das Wort in der Volxbibel mit Chef oder so übersetzt. Hier im letzten Buch soll es mal so da stehen bleiben.

die Kronen, die sie aufhatten, vor seinem Thron ab und sagten: 11 „Du
bist es wert, gelobt und geehrt zu werden! Denn du hast das Sagen über
alles, was es gibt! Du hast alles gemacht, alles kommt von dir. So wie du
es geplant hast, ist diese Welt entstanden und auch alles, was auf dieser
Welt lebt!“

5

Sieben Schlösser und ein Buch

1 Und dann konnte ich erkennen, dass der Mann, der auf dem Thron saß,
in seiner rechten Hand ein Buch hatte. Jedes Blatt und auch der Einband
war beschrieben, und drum herum waren sieben Schlösser angebracht.
2 Einen sehr starken Engel konnte ich dann sehen, und der brüllte mit
einer irre lauten Stimme: „Wer ist in der Lage und wer hat es verdient,
diese Schlösser aufzumachen?“ 3 Aber da war keiner, der das konnte.
Keiner aus dem Himmel, keiner von der Erde und auch niemand aus dem
Gebiet, wo die Toten leben, konnte das bringen. 4 Ich fing darum voll an
zu weinen, weil das so traurig war. Keiner war da, der gut genug gewesen
wäre, das Buch aufzumachen und es zu lesen. 5 Aber einer der Ältesten
sagte dann zu mir: „Du brauchst nicht weinen! Es gibt einen, der hat es
geschafft, er hat gesiegt! Es ist der Löwe, der aus der Familie vom Juda
kommt. Er ist aus der Familie vom König David.“ 6 Und dann sah ich es:
In der Mitte von dem Thron stand ein Lamm, das aussah, als hätte man
es geschlachtet. Es hatte sieben Hörner und sieben Augen. Diese Augen
stehen für die sieben Geister von Gott, die er überall in die ganze Welt
geschickt hat. Um den Thron rum standen die vier lebenden Wesen und
die vierundzwanzig Ältesten. 7 Das Lamm, was für Christus steht, ging
dann zu dem Wesen auf dem Thron. Dort bekam es das Buch aus seiner
rechten Hand. 8 Und in dem Augenblick, als es das Buch in die Hand
nahm, fielen die vier Gestalten und auch die vierundzwanzig Ältesten
platt vor dem Lamm auf den Boden. Jeder von denen hatte dabei eine
Gitarre und eine goldene Schale mit Weihrauch in der Hand. Die steht für
die Gebete, die Gottes Leute zu ihm gebracht haben. 9 Und alle fingen an,
ein ganz neues Lied zu singen, und das ging so: „Du bist der Einzige, der
in der Lage ist, dieses Buch zu nehmen und seine Schlösser zu öffnen.
Du bist der Einzige, der das darf, weil du für alle hingerichtet wurdest.
Du hast dich geopfert, und dein Blut ist geflossen, damit die Menschen
frei sein können. Und zwar alle Menschen aus allen Nationen, ganz egal,
wo sie herkommen. 10 Du hast sie alle jetzt zu Königen gemacht und zu
Priestern. Sie sollen ab jetzt das Sagen über die Erde haben.“ 11 Anschlie-
ßend konnte ich Zigtausende von Engeln sehen, ohne Ende viele, und die
sangen alle in einem Chor. Sie standen um den Thron, um die vier Wesen

und die Ältesten herum. 12 Der Song, den ich dann hörte, ging ungefähr
so: „Nur das Lamm, das für alle abgeschlachtet wurde, hat einen An-
spruch auf alle Macht und allen Reichtum! Christus gehört alle Weisheit,
alle Ehre, alle Kraft. Er allein soll gelobt werden, er ist einfach alles!“
13 Und dann kamen alle anderen Wesen, die mal gemacht wurden. Alle im
Himmel und auf der Erde und auch die Toten, sogar alles, was im Meer
lebt, kam an. Alle sangen zusammen diesen Song: „Lieder, die davon
erzählen, wie gut du bist, sollen dir gesungen werden. Anerkennung, Ein-
fluss und Macht über alles, das gehört wirklich dem, der auf dem Thron
sitzt, und dem Lamm. Das war schon immer so und wird auch immer so
bleiben!“ 14 Die vier Wesen sagten nur: „Das stimmt! Amen dazu!“ Und
die vierundzwanzig Ältesten legten sich auf den Boden und beteten Gott
und das Lamm an.

6

Das erste Schloss wird aufgemacht

1 Jetzt konnte ich beobachten, wie dieses Lamm das erste Schloss öff-
nete, mit dem das Buch abgeschlossen war. Und dann hörte ich, wie
eins von den vier Wesen anfing, tierisch laut zu brüllen: „Los jetzt!“
2 Als ich mich umdrehte, war da ein weißes Pferd, auf dem ein Mann
saß. Der Typ hielt eine Waffe in der Hand und hatte einen Orden um
als Zeichen dafür, dass er zu den Siegern gehörte. Der zog als Sieger
los, um noch einmal zu siegen. 3 Dann öffnete das Lamm ein zweites
Schloss, und ich konnte dabei die Stimme von dem zweiten großen
Wesen hören, das genauso rief: „Los jetzt!“ 4 Diesmal kam ein knallro-
tes Pferd angeritten. Sein Reiter bekam ein riesiges Schwert. Mit diesem
Schwert konnte er den Frieden, der noch auf der Erde war, beenden. Er
sorgte dafür, dass sich die Menschen wieder gegenseitig abschlachten
und Kriege anzetteln. 5 Und dann wurde das dritte Schloss aufgemacht.
Ich konnte diesmal das dritte Wesen reden hören. Das sagte: „Los
jetzt!“ Ein schwarzes Pferd erschien plötzlich auf der Bildfläche, und
sein Reiter hielt eine Waage in der Hand. Diese Waage steht für eine
Inflation. 6 Ich konnte eine Stimme hören, die von einem der vier Wesen
kam: „Für 50 Euro kriegst du ein Brötchen, aber ein Handy kostet nur
50 Cent!“ 7 Nachdem das vierte Schloss geöffnete wurde, konnte ich
das vierte Wesen reden hören: „Los jetzt!“ 8 Und dann sah ich wieder
ein Pferd, das die Farbe von Leichentüchern hatte. Und der Typ, der da
draufsaß, hieß „Herr Tod“, und hinter ihm war sein Reich, der Ort, wo
alle Toten sind. Er und seine Leute hatten die Macht über ein Viertel der
gesamten Erde. Er löste Kriege aus, Seuchen und Hungersnöte, und er
ließ alle möglichen wilden Tiere los. 9 Jetzt öffnete das Lamm das fünfte

Schloss, mit dem das Buch abgeschlossen war. Plötzlich sah ich viele
Menschen, die getötet wurden, weil sie Gott und seinem Wort immer
treu geblieben waren und sich immer öffentlich dazu gestellt hatten, zu
ihm zu gehören. 10 Und die riefen voll laut: „Wann ist es endlich so weit?
Du bist der einzigartige, heilige Gott, der für die Wahrheit einsteht!
Wann kommt endlich die Gerichtsverhandlung, wo die Menschen, die
link zu uns waren und uns getötet haben, verurteilt werden?“ 11 Dann
bekamen sie so weiße Kleider an, und es wurde gesagt, dass sie noch
ein bisschen warten müssten. Denn da waren noch einige aus der Jesus-
Familie, die auch noch dazukommen würden, weil sie auch wegen ihres
Glaubens getötet würden. 12 Dann sah ich zu dem Lamm. Das öffnete
in diesem Augenblick das sechste Schloss. Plötzlich gab es ein heftiges
Erdbeben und eine totale Sonnenfinsternis, fast so, als hätte jemand ein
schwarzes Samttuch über die Sonne gelegt. Und der Mond wurde dabei
blutrot. 13 Und Meteoriten fielen überall auf die Erde, fast so wie Äpfel,
die von einem Baum fallen, wenn der Sturm an den Ästen wackelt. 14 Auf
einmal wurde alles zusammengeklappt, so wie ein Buch zusammenge-
klappt wird. Alles verschwand, die Berge und alle Inseln waren auf ein-
mal weg. 15 Die Mächtigen auf der Welt, die Regierungsoberhäupter und
Präsidenten, kriegten dann total die Panik. Millionäre, Unternehmer und
auch Arbeiter hatten Angst und versuchten sich in Bunkern tief unter
der Erde zu verstecken. 16 Alle schrien: „Macht die Tür zu, verschließt
alles, macht das Licht aus! Der König, der auf dem Thron sitzt und das
Sagen über alles hat, darf uns nicht finden. Und das Lamm, das so ei-
nen großen Zorn auf uns hat, auch nicht. Dann ist es uns noch lieber,
wenn wir in diesem Bunker ersticken oder er über uns zusammenstürzt.
17 Es ist jetzt so weit, die letzte große Gerichtsverhandlung ist ange-
setzt. Wer wird sie überleben?“

7

Wer den Code trägt, kommt durch

1 Danach konnte ich vier Engel sehen, die sich im äußersten Norden und
Süden, Westen und Osten aufgestellt hatten. Sie hielten die Atmosphä-
re fest, sodass nirgends mehr der Wind wehen konnte, nicht auf dem
Meer und auch nicht auf dem Land. Kein Blatt bewegte sich mehr. 2 Ein
anderer Engel kam aus östlicher Richtung angeflogen, von der Seite, wo
die Sonne immer aufgeht. Er hatte den Universal-PIN-Code von Gott in
seiner Hand. Und den vier Engeln, die von Gott die Macht bekommen
hatten, das Meer und das Land zu zerstören, denen rief er zu: 3 „Mo-
ment, wartet noch! Ihr dürft die Sachen noch nicht alle plattmachen! Wir
wollen erst mal noch allem, was Gott besitzt, den PIN-Code auf die Stirn

drücken, damit klar ist, zu wem sie gehören!“ 4 Und dann hörte ich, wie viele Menschen diesen Code bekommen sollten. Es waren hundertvierundvierzigtausend. Das waren Leute aus dem Volk Israel. 5/8 Aus jedem Stamm kamen zwölftausend. Zwölf Stämme waren am Start: Juda, Ruben, Gad, Asser, Naftali, Manasse, Simeon, Levi, Issachar, Sebulon, Josef, Benjamin. 9 Anschließend konnte ich tierisch viele Leute auf einen Haufen sehen. Es waren zu viele, um sie zu zählen. Sie kamen aus allen Ländern, aus verschiedenen Nationen und Kontinenten auf dieser Welt, mit unterschiedlichen Sprachen. Alle standen vor dem Thron, wo das Lamm draufsaß. Sie waren mit weißen Kleidern gestylt und trugen als Zeichen, dass sie gewonnen hatten, eine Medaille um den Hals. 10 Alle riefen auf einmal: „Der Einzige, der uns retten kann, ist unser Gott! Er hat den Überblick, er hat die Macht, er hat den PIN-Code für die Tür zum Himmel, er und das Lamm, er und Jesus!“ 11 Die Engel standen in einem großen Kreis um den Thron herum. Vor ihnen standen noch die Ältesten und diese vier Wesen. Alle beugten sich gleichzeitig zum Thron und beteten Gott an. 12 „Auf sicher, eins steht fest“, riefen sie, „es gibt nur einen, der es verdient hat, dass man zu ihm betet, ihn toll findet, ihm danke sagt. Er ist der Größte, er hat den Überblick, er weiß alles: Das ist unser Gott. Das war schon immer so und wird auch immer so sein!“ 13 Plötzlich beugte sich einer von den Ältesten zu mir rüber und fragte mich: „Was sind das für welche, die so weiß gestylt hier angekommen sind? Woher kommen die?“ 14 „Keine Ahnung“, hörte ich mich antworten, „aber du weißt es doch bestimmt. Sag es mir bitte!“ „Das sind die Christen, die schlimme Sachen durchmachen mussten, weil sie mit Jesus gelebt haben. Sie wurden verfolgt, in den Knast gesteckt, gefoltert und so. Ihre Kleider wurden durch das Blut vom Lamm sauber gemacht. 15 Darum stehen sie hier direkt vor dem Thron von Gott, und hier feiern sie Tag und Nacht Gottesdienst. Gott selber wird auf sie aufpassen! 16 Sie werden nie wieder Hunger haben müssen oder Durst! Selbst extreme Sonne oder Hitze wird sie nicht mehr verletzen können. 17 Jesus, das Lamm, sitzt auf dem Thron und wird auf sie aufpassen und sie versorgen. Er wird sie wie ein Hirte zu den Wasserquellen führen, wo man das Leben selbst trinken kann. Und Gott höchstpersönlich wird immer bei ihnen sein. Er wird sie trösten, er wird ihre Tränen abtrocknen.“

8

Das siebte Schloss

1 Als dieses Lamm dann das siebte Schloss aufmachte, war es im Himmel plötzlich total still. Das ging ungefähr eine halbe Stunde lang. 2 Ich konnte die sieben Engel sehen, wie sie vor Gott standen. Jeder von

ihnen kriegte eine Posaune in die Hand gedrückt. 3 Dann sah ich einen
anderen Engel, der hatte so ein Teil in der Hand, womit man Weihrauch
abräuchert. Vor dem Altar bekam der sehr viel von dem Weihrauch. Den
sollte er erst mal vor dem Thron abfackeln. Dieser Rauch steht dabei
für die Gebete, die Gottes Leute sprechen und die bei ihm auch ankom-
men. 4 Und genau das passierte: Der Rauch stieg mit den Gebeten der
Menschen auf, die zu Gott gehören. Alles kam dabei aus der Hand von
dem Engel. 5 Und dann nahm der Engel dieses Teil, wo der Weihrauch
drin war, und füllte es mit Feuer von dem Altar. Und dann knallte er das
Ganze auf die Erde runter. Plötzlich donnerte und blitzte es, man hörte
Stimmen, und auf der Erde gab es heftige Erdbeben. 6 Dann machten
sich die sieben Engel klar, um in ihre Posaune zu blasen. 7 Der erste En-
gel fing an. Kurz nachdem er in die Posaune geblasen hatte, fielen Ha-
gelkörner gleichzeitig mit Feuer auf die Erde, beides mit Blut vermischt.
Ein Drittel der Erde fing voll an zu brennen. Ein Drittel aller Wälder und
alles Grünzeug verbrannte. 8 Dann blies der zweite Engel in seine Po-
saune. Etwas, das wie ein brennender Berg aussah, fiel in das Meer rein.
Ein Drittel des Meeres wurde dann rot wie Blut. 9 Darum starb auch ein
Drittel aller Lebewesen, die im Meer waren, und ein Drittel aller Schiffe
kenterte in der Welle. 10 Dann blies der dritte Engel in seine Posaune.
Ein großer Meteorit fiel vom Himmel, der wie eine Fackel brannte. Er
stürzte auf die Flüsse und Wasserquellen. 11 Dieser Meteorit hatte einen
Namen, er hieß „Bitterkeit". Er vergiftete ein ganzes Drittel von den
gesamten Wasservorräten auf der Erde. Viele Menschen mussten ster-
ben, weil sie davon trotzdem getrunken hatten. 12 Und dann blies der
vierte Engel in seine Posaune. Plötzlich wurde das gesamte Licht auf der
Erde um ein Drittel runtergedimmt. Die Sonne, der Mond und die Ster-
ne strahlten nicht mehr so hell wie normal, und auch nachts wurde es
dadurch um ein Drittel dunkler. An einem Drittel des Tages war es sogar
völlig dunkel, und für die Nacht galt dasselbe. 13 Dann sah ich nach oben
und entdeckte einen, der ganz oben am Himmel flog und ganz laut rief:
„Wie übel! Passt auf, ihr Menschen auf der Erde! Es kommen noch drei
andere Engel, und die müssen auch noch in ihre Posaune blasen!"

9

Die fünfte Posaune

1 Als der fünfte Engel in seine Posaune geblasen hatten, sah ich einen
Riesen-Meteoriten, der auf die Erde geknallt war. Der bekam einen
Schlüssel, mit dem er die Tür zur Unterwelt aufschloss. 2 Er öffnete
einen Krater, aus dem schwarzer Rauch rauskam wie aus einem Ofen.
Durch den Ruß, der dadurch überall in der Luft war, verdunkelte sich

die Sonne. Die ganze Luft war verpestet. 3 Dann kamen plötzlich Heu-
schrecken von überall her. Es waren aber keine normalen Heuschrecken,
sondern sie hatten einen Stachel, mit dem sie wie ein Skorpion stechen
konnten. 4 Und die durften kein Gras essen oder sich von anderem
Grünzeug ernähren, auch nicht von Bäumen. Sie waren nur da, um die
Menschen anzugreifen, die nicht den PIN-Code Gottes auf der Stirn tru-
gen. 5 Es war ihnen gesagt worden, dass sie niemanden töten dürften,
aber sie sollten fünf Monate lang den Menschen qualvolle Schmerzen
zufügen. Ihre Stiche taten so weh wie der Stich von einem Skorpion.
6 Wenn diese Tage da sind, würden viele Menschen gerne Selbstmord
begehen, aber sie werden nicht sterben können. Ihr größter Wunsch
wird es sein, nicht mehr zu leben, aber der Tod wird unerreichbar sein.
7 Diese Heuschrecken sahen aus wie Pferde, die für den Krieg bestimmt
waren. Auf ihrem Kopf hatten sie so etwas wie eine goldene Krone, und
ihre Gesichter hatten Ähnlichkeit mit dem Gesicht von einem Men-
schen. 8 Sie hatten auch Haare, die so lang waren wie die Haare von
manchen Frauen, und die Zähne waren so scharf wie die von einem
Löwen. 9 Sie hatten so etwas um sich rum, das aussah wie ein Panzer,
und ihre Flügel machten ein so lautes Geräusch wie ein Hubschrauber.
10 Dann hatten sie Schwänze und Stacheln wie ein Skorpion. Mit dem
Gift von dem Stachel konnten sie Menschen fünf Monate lang quälen.
11 Ihr Oberhaupt ist ein Engel, der aus der Hölle kommt. Auf Hebräisch
heißt er Abaddon und auf Griechisch Apollyon. Übersetzt bedeutet das
„der Zerstörer". 12 Aber das war noch nicht alles. Nach dieser ersten
Katastrophe kommen noch zwei andere.

Die sechste Posaune

13 Jetzt kam der sechste Engel an die Reihe und blies in seine Posaune.
Ich hörte eine Stimme, die aus allen vier Ecken des goldenen Altars kam,
wo Gottes Thron steht. 14 Die Stimme sagte: „Lass die vier Engel frei,
die an dem Fluss Euphrat gefangen sind!" 15 Und die vier Engel wurden
befreit. Es war ihr Tag. Genau für diesen Zeitpunkt waren sie bereitge-
halten worden, um loszuziehen und ein Drittel aller Menschen zu töten.
16 Sie hatten ein riesengroßes Heer. Zig Millionen berittene Soldaten
waren da, das sagte mir jemand. 17 Und dann hatte ich folgendes Bild vor
meinem inneren Auge: Ich sah die Pferde und ihre Reiter. Die hatten eine
Rüstung an, die war feuerrot, himmelblau und schwefelgelb und glänz-
te. Die Pferde hatten Köpfe wie ein Löwe, und aus ihrem Mund kamen
Feuerflammen, Rauch und brennender Schwefel rausgeschossen. 18 Mit
diesen drei Waffen wurde ein Drittel der Menschheit vernichtet. 19 Aber
nicht nur das Maul der Pferde war eine tödliche Waffe, sondern auch ihr

Schwanz. Der sah aus wie ein Schlangenkopf und konnte auch Menschen
verletzen. 20 Aber obwohl diese derben Katastrophen passierten, kam
keiner von den Überlebenden auf die Idee, sein Leben zu ändern und
sich Gott zuzuwenden. Die ganze Zeit beteten sie weiter zu Dämonen
und zu ihren selbst gebastelten anderen Göttern aus Gold, Silber, Eisen,
Stein und Holz. Und sie kapierten einfach nicht, dass diese Götter tot
sind und weder hören noch sehen können! 21 Sie änderten ihr Leben
nicht, sie kehrten nicht um. Sie hörten nicht auf, sich gegenseitig fertig
zu machen, sich zu töten, sich auf okkulte Sachen einzulassen, sexmäßig
danebenzuliegen oder sich gegenseitig zu beklauen.

10

Johannes bekommt ein kleines Buch

1 Dann sah ich einen anderen sehr mächtigen Engel, der aus dem Him-
mel zu mir runterkam. Um ihn herum war eine Wolke, und auf seinem
Kopf war ein Regenbogen. Sein Gesicht leuchtete wie die Sonne und
seine Beine sahen aus, als wären sie aus brennendem Phosphor. 2 In
seiner Hand hielt er ein kleines Buch aufgeschlagen. Mit seinem rech-
ten Fuß stand er auf dem Meer und mit seinem linken auf dem Land.
3 Und dann brüllte er los, fast so wie ein Löwe. Als Antwort konnte man
sieben Donnerschläge hören. 4 Als die sieben Donnerschläge anfingen
zu reden, wollte ich das gleich aufschreiben, aber eine Stimme sagte
mir: „Das ist geheim, was die gesagt haben. Erzähl es keinem weiter!"
5 Jetzt hob der Engel, der mit seinen Füßen auf dem Meer und auf dem
Festland stand, seine rechte Hand hoch, Richtung Himmel. 6 Und dann
schwor er einen Eid. Er schwor auf den, der immer schon gelebt hat, im-
mer leben wird und das alles geschaffen hat, den Himmel, die Erde, das
Meer: „Die Zeit ist abgelaufen!" 7 Wenn der siebte Engel seine Posaune
bläst, dann wird Gott das durchziehen, was sein geheimer Plan war.
Es wird genau so passieren, wie er es seinen Leuten, den Propheten,
vorausgesagt hat. 8 Dann redete diese Stimme noch mal mit mir: „Jetzt
geh und nimm dieses offene Buch von dem Engel, der auf dem Land
und dem Meer gleichzeitig steht!" 9 Also ging ich zu dem Engel hin und
fragte ihn, ob ich das kleine Buch haben könnte. Er sagte zu mir: „Hier,
nimm es und iss es auf! Es schmeckt so süß wie Erdbeermarmelade,
aber es wird dir ganz schwer im Magen liegen." 10 Ich nahm das kleine
Buch von ihm und aß es auf. Tatsächlich schmeckte es zuckersüß, aber
im Bauch bekam ich Magenschmerzen davon. 11 Dann meinte irgend-
jemand zu mir: „Du wirst noch einige prophetische Worte von Gott
bekommen, über Völker und Nationen. Auch über die Machthaber der
Welt wird er noch einiges zu sagen haben."

11

Zwei Propheten und ein Auftrag

1 Ich bekam dann einen Zollstock in die Hand, und jemand sagte mir:
„Jetzt geh und vermiss den Tempel von Gott und den Altar da drinnen.
Zähl auch die Menschen, die sich im Tempel befinden und beten! 2 Den
Teil, der außerhalb vom eigentlichen Tempel ist, brauchst du nicht aus-
zumessen. Er gehört den anderen Völkern, die keine Juden sind, und
sie werden ihn besetzen, wenn sie Gottes heilige Stadt ganze zweiund-
vierzig Monate verwüsten. 3 Meine beiden Propheten werden von mir
einen Auftrag bekommen. Sie werden ganz in Schwarz auftreten, als
Zeichen der Trauer, und werden 1 260 Tage lang das erzählen, was Gott
ihnen gesagt hat. 4 Diese beiden Propheten sind die zwei Ölbäume und
die zwei Lampen, die vor Gottes Thron stehen, vor dem Herrn der Welt.
5 Jeder, der versucht sie anzugreifen, wird mit dem Flammenwerfer aus
ihrem Mund niedergemacht. Jeder, der versucht ihnen zu schaden,
muss sterben. 6 Sie haben die Möglichkeit, dafür zu sorgen, dass es in
der Zeit, wo sie reden, so lange nicht mehr regnet, bis sie fertig sind.
Und sie können aus Wasser Blut machen und Katastrophen auf die Erde
schicken, wenn sie es nur wollen. 7 Wenn sie mit ihrem Ding hier fertig
sind und das getan haben, was Gott von ihnen wollte, wird das Tier, das
direkt aus der Hölle kommt, seinen Auftritt haben. Es wird kommen
und gegen sie kämpfen, und das Tier wird siegen und beide Propheten
töten. 8 Ihre Leichen werden in der Stadt ausgestellt werden, in dersel-
ben Stadt, in der ihr Herr gekreuzigt worden ist. Diese Stadt ist sozu-
sagen das neue „Sodom“ oder das neue „Ägypten“. 9 Dreieinhalb Tage
werden die Leichen von Menschen aus der ganzen Welt besichtigt wer-
den können, weil man verboten hat, sie zu beerdigen. 10 Die Menschen
auf der Erde werden Partys veranstalten, weil sie sich so über den Tod
der zwei Propheten freuen. Sie werden sich Sachen schenken, weil die
beiden endlich weg sind. Was die zwei Propheten ihnen gesagt hatten,
war nämlich überhaupt nicht nett. Es war total ätzend für die Leute, sich
das anzuhören. 11 Aber dann sah ich, wie nach dreieinhalb Tagen etwas
passierte. Die Kraft Gottes kam auf sie. Sie wurden wieder lebendig und
standen plötzlich auf. Alle, die das mitkriegten, waren wie gelähmt vor
Angst. 12 Eine irre laute Stimme direkt aus dem Himmel sagte dann zu
ihnen: „Kommt her zu mir nach oben!“ Vor ihren Feinden werden sie
dann von einer Wolke umgeben und in den Himmel gezogen. 13 Und
dann gab es ein schweres Erdbeben der Stärke 12. Gleich darauf fielen
zehn Prozent der Stadt in sich zusammen. Siebentausend Menschen
kamen dabei um. Die Überlebenden waren entsetzt und hatten große

Angst. Endlich unterwarfen sie sich Gott. 14 Trotzdem ist diese schlim-
me Zeit noch nicht vorbei. Nach dieser zweiten Phase kommt kurz dar-
auf noch eine dritte.

Die siebte Posaune

15 Als Letztes blies dann der siebte Engel in seine Posaune. Aus dem
Himmel konnte man laute Stimmen hören, die sagten: „Ab jetzt wird
Gott die Kontrolle über diese Welt übernehmen, und Christus wird für
immer das Sagen haben.“ 16 Die vierundzwanzig Ältesten, die vor Gott
auf ihren Thronen saßen, legten sich vor ihm auf den Boden und bete-
ten ihn an. 17 Sie sagten: „Danke, Gott! Dir ist wirklich nichts unmöglich!
Du hast gezeigt, was du draufhast! Du bist immer derselbe, du verän-
derst dich nie. Und du hast jetzt die Macht übernommen. 18 Die Völker
hatten keine Lust mehr auf dich, sie wollten dich nicht mehr. Darum
wolltest du sie auch nicht mehr und hast sie bestraft. Die Zeit der gro-
ßen Gerichtsverhandlung ist jetzt da. Du wirst alle auf die Bank setzen,
auch die Menschen, die schon tot sind. Jeder wird das bekommen, was
er verdient. Die Menschen, die zu dir gehören, wirst du belohnen – dei-
ne Diener, deine Propheten, alle, die das getan haben, was du willst,
angefangen bei den Kleinen bis hin zu den Großen. Aber die Menschen,
die die Erde kaputtgemacht haben, wirst du auch kaputtmachen.“
19 Jetzt wurde im Himmel der Tempel von Gott aufgemacht. Man konnte
die Bundeslade ganz deutlich erkennen, und überall waren Blitze. Man
hörte Donner, und es gab einen furchtbaren Hagelsturm und ein hef-
tiges Erdbeben.

12

Die Frau, ihr Kind und ein Drache

1 Plötzlich konnte ich am Himmel ein sehr großes Zeichen sehen. Es
war eine Frau, die so hell strahlte wie die Sonne, und unter ihren Füßen
war der Mond. Auf dem Kopf hatte sie eine Krone, die aus zwölf Sternen
bestand. 2 Sie war hochschwanger und schrie vor Schmerzen, weil die
quälenden Wehen bereits eingesetzt hatten. 3 Und dann sah ich noch
etwas am Himmel: Es war ein riesengroßer feuerroter Drache, der hatte
sieben Köpfe mit zehn Hörnern drauf. Auf jedem Kopf trug er eine Kro-
ne. 4 Mit seinem Schwanz fegte er ein Drittel der Sterne zusammen und
warf sie dann auf die Erde. Dann stellte er sich vor die Frau, die kurz
vor der Geburt stand. Er wollte ihr Kind sofort nach der Geburt fressen.
5 Die Frau brachte einen Sohn zu Welt. Dieser Junge sollte einmal die
Welt beherrschen, radikal und streng. Das Baby wurde aber gerettet
und sofort zu Gott und seinem Thron in Sicherheit gebracht. 6 Die Frau

musste in die Wüste fliehen. Gott hatte da bereits einen Ort für sie klargemacht. 1 260 Tage lang sollte sie da versorgt werden. 7 Plötzlich gab es Krieg im Himmel. Michael und seine Engel starteten einen Angriff gegen den Drachen. Der Drache wehrte sich mit seinen dunklen Engeln. 8 Aber er verlor den Kampf und durfte nicht länger im Himmel bleiben. 9 Der große Drache steht für den Teufel, oder Satan, oder die fiese Schlange, ganz wie man ihn nennen will. Er verführt alle Menschen zum Bösen. Er wurde mit allen Engeln auf die Erde geschmissen. 10 Jetzt hörte ich eine irre laute Stimme im Himmel, die rief: „Jetzt ist es endlich so weit! Gott hat endgültig gesiegt und für unsere Rettung gesorgt. Seine Stärke und die Macht von seinem Sohn Jesus Christus sind für alle zu sehen. Der Ankläger, der unsere Geschwister jeden Tag und jede Nacht vor Gott beschuldigt hat, ist endgültig rausgeschmissen und auf die Erde geworfen worden. 11 Sie haben gegen ihn gewonnen, wegen dem Blut, das das Lamm Jesus vergossen hat, und weil sie alles für Gott gegeben haben. Sie haben sich nicht abbringen lassen, an Gottes Wort festzuhalten, und sogar ihr Leben dafür riskiert. Sie waren bereit, dafür zu sterben. 12 Ihr könnt euch freuen und feiern, ihr Himmel und alle, die da drin wohnen. Bloß der Erde und dem Meer wird es übel gehen. Der Satan ist voll wütend zu euch gekommen, und er ist superaufgeheizt und sauer, weil er weiß, dass seine Zeit bald abgelaufen ist.“ 13 Als der Drache auf der Erde war, jagte er die Frau, die das Baby geboren hatte. 14 Aber sie bekam zwei große Adlerflügel und konnte aus ihrem Versteck in der Wüste fliehen. Dreieinhalb Jahre wurde sie versorgt und vor dem Drachen beschützt. 15 Aber das Biest gab nicht auf. Eine Riesen-Flutwelle schoss aus seinem Mund raus, die sollte die Frau mitreißen und ertränken. 16 Die Frau bekam aber Hilfe von der Erde. Es entstand ein Riss im Boden, und das Wasser von dem Drachen wurde dort reingelenkt. 17 Da drüber wurde der Drachen, total sauer, und er erklärte allen anderen den Krieg. Allen, die das tun, was Gott will, und nach seinen Regeln leben. Alle, die zu Jesus gehören, standen auf seiner Liste. 18 Und er stellte sich an den Strand vom Meer.

13

Das Viech aus dem Meer: der Antichrist

1 Jetzt sah ich vor meinem inneren Auge ein seltsames Tier aus dem Meer auftauchen. Es hatte sieben Köpfe und zehn Hörner, wobei jedes Horn eine Krone aufhatte. Auf den Köpfen standen Ausdrücke und Namen, die Gott lächerlich machen sollten. 2 Dieses Tier hatte Ähnlichkeit mit einem Panther, aber es hatte die Füße von einem Bären und den Kopf von einem Löwen. Der Drache übertrug ihm seine gesamte Kraft,

er bekam seinen Einfluss und seine Macht. [3] Ich konnte erkennen, dass das Tier an einem seiner Köpfe schwer verwundet war. Diese Wunde wurde dann aber geheilt, und alle Welt sah das und bewunderte es sehr. [4] Die Menschen fingen an, zu dem Drachen zu beten und ihm zu danken, weil er dem Tier so eine Riesen-Macht übertragen hatte. Auch das Tier wurde angebetet, und man sagte: „Wer kann es mit diesem Tier überhaupt aufnehmen? Wer könnte mit ihm überhaupt kämpfen?" [5] Dann wurde dem Tier erlaubt, schreckliche Dinge auszusprechen und gegen Gott abzulästern. Es wurde ihm die Möglichkeit gegeben, zweiundvierzig Monate lang das zu tun, was es wollte. [6] Jedes Mal, wenn es den Mund aufmachte, sagte es etwas Ätzendes über Gott. Es lästerte über seinen Namen, machte Witze über ihn und über seinen heiligen Ort und über alle, die im Himmel wohnen. [7] Es wurde ihm erlaubt, Krieg gegen die Auserwählten Gottes zu führen und diesen Krieg sogar zu gewinnen. Es bekam die Macht über alle Nationen, alle Völker und alle unterschiedlichen Länder mit ihren unterschiedlichen Sprachen. [8] Alle Menschen, die dann auf der Erde leben, werden das Tier ganz toll finden und zu ihm beten. Alle, ausgenommen die Menschen, deren Namen in dem Buch stehen, das es schon so lange gibt, wie es die Welt gibt. Es ist das Lebensbuch des Lammes. [9] Passt gut auf und hört zu: [10] Die Leute, die dazu bestimmt sind, in den Knast zu wandern, werden das auch tun. Und wer mit einer Waffe umgebracht werden soll, der wird auch so sterben. Jetzt sind Standhaftigkeit und Vertrauen angesagt.

Das zweite Tier: ein Prophet der Lüge

[11] Dann konnte ich ein anderes Tier sehen, das aus der Erde hochkam. Es hatte zwei Hörner wie ein Lamm, aber eine grausame Stimme wie die eines Drachen. [12] Dieses Tier bekam seine Befehle von dem ersten Tier und übte seine Macht unter seinen Augen aus. Es brachte alle Menschen auf der Erde dazu, zu dem ersten Tier, dessen tödliche Wunde verheilt war, zu beten. [13] Dieses zweite Tier war in der Lage, viele übernatürliche Sachen zu machen, irre Wunder und so. Vor den Augen der Leute konnte es sogar Feuer vom Himmel auf die Erde regnen lassen. [14] Immer wenn das erste Tier dabei war, verführte es die Menschen durch solche Wunder. Und dann wollte es von ihnen, dass sie ein Denkmal für das erste Tier bauten. Ein Denkmal für dieses Tier, das durch das Schwert tödlich getroffen worden war, dann aber wieder lebendig wurde. [15] Das war aber noch nicht alles. Es gelang ihm sogar, dieses Denkmal lebendig zu machen. Es konnte dann plötzlich sprechen und ließ jeden töten, der es nicht anbeten wollte. [16] Jeder, egal wie alt er war oder wie gebildet oder wie viel Kohle er auf dem Konto hatte, wurde ge-

zwungen, auf der rechten Hand oder auf der Stirn einen Code zu tragen.
[17] Ohne diesen Code war es nicht mehr möglich, Arbeit zu finden oder
etwas einzukaufen. Dieser Code war aber nichts anderes als der Name
von dem Tier beziehungsweise eine Zahl, in der sein Name versteckt
war. [18] Man braucht schon etwas Peilung, um das nachvollziehen zu
können. Wer es draufhat, der soll diesen Code knacken. Es ist nämlich
die Zahl eines Menschen, und sie lautet 666.

14

Der Song der Leute, die befreit werden

[1] Schließlich sah ich das Lamm auf dem Berg Gottes stehen. Um es her-
um standen 144 000 Menschen. Alle hatten seinen Namen auf der Stirn
stehen und den Namen seines Vaters. [2] Ich hörte dann eine Stimme aus
dem Himmel, die war so laut wie das Rauschen eines Wasserfalls und
so extrem wie ein heftiger Donner. Dabei klang sie trotzdem so zärtlich
wie ein schönes Lied auf einer Gitarre. [3] Diese 144 000 bildeten einen
Chor, der ein neues Lied sang. Das taten sie vor dem Thron Gottes und
vor den vier Wesen und den vierundzwanzig Ältesten. Aber nur diese
144 000, die durch das Lamm von der Erde freigekauft wurden, konnten
dieses Lied lernen. [4] Sie haben durchgezogen, sind Gott immer treu
geblieben und haben sich nicht durch Götzendienst dreckig gemacht.
Sie sind sauber und folgen dem Lamm überallhin. Sie sind die Ersten,
die durch das Opfer von Jesus Christus freigekauft wurden, sie gehören
ganz und radikal zu Gott und zu dem Lamm. [5] Sie haben immer vorbild-
lich gelebt, nichts kann man ihnen vorwerfen.

Drei Engel sagen, dass die letzte Gerichtsverhandlung jetzt abgehen wird

[6] Ich konnte jetzt einen weiteren Engel erkennen, der mitten durch den
Himmel flog. Er hatte die Aufgabe erhalten, allen Menschen, die auf
der Erde leben, allen Ländern und Völkern mit ihren unterschiedlichen
Sprachen eine ewig richtige und gültige gute Nachricht zu übermitteln.
[7] Er rief sehr laut: „Gott soll respektiert und geehrt werden! Es ist so
weit: Jetzt ist die große Gerichtsverhandlung angesetzt. Betet zu dem,
der alles gemacht hat, den Himmel und auch die Erde, das Meer und
alle Wasserquellen.“ [8] Dahinter kam dann ein zweiter Engel, der sagte:
„Babylon, die große Hauptstadt, die alle Menschen verführt hat und wo
die Sünde wohnt, sie ist gefallen!“ [9] Jetzt kam noch ein dritter Engel. Er
brüllte voll laut: „Jeder, der das Tier oder seine Statue angebetet hat, der
den Code von dem Tier an seiner Stirn oder an seiner Hand trägt, [10] der
muss ohne Ende Gottes Wut ertragen. Da gibt es keine Gnade mehr. In

der Gegenwart der Engel und des Lamms werden sie durch Feuer und
Schwefel gehen und schlimm leiden müssen. 11 Der Qualm, der von
dem Ort ausgeht, wo sie gequält werden, wird für immer aufsteigen.
So wird es ewig weitergehen, und sie bekommen keine Ruhe. Tag und
Nacht wird das so sein, für alle, die zu dem Tier und zu seinem Bild
gebetet haben. Das gilt für jeden, der sein Zeichen trägt. 12 Nur wer Aus-
dauer zeigt und bis zum Ende durchzieht, kommt durch. Das sind die,
die nach Gottes Gesetzen leben und Jesus vertrauen.“ 13 Dann kam eine
Stimme aus dem Himmel, die sagte zu mir: „Komm, jetzt schreib das
auf: Ab jetzt kann sich jeder freuen, der im Vertrauen auf Gott stirbt!“
„Ja“, sagte der Geist, „sie können sich endlich von ihrer Maloche und
den schlimmen Sachen, die sie durchmachen mussten, erholen. Die
Belohnung für ihre Arbeit ist ihnen sicher!“

Gott fährt seine Ernte ein

14 Schließlich sah ich eine ganz weiße Wolke, und auf dieser Wolke saß
jemand, der aussah wie ein Mensch. Auf seinem Kopf hatte er eine
goldene Krone, ein Zeichen dafür, dass er gesiegt hatte. Und in seiner
Hand hielt er den Schlüssel zu einem großen Mähdrescher. 15 Nun kam
ein Engel aus dem Tempel gelaufen, der rief dann zu dem Menschen:
„Schick den Mähdrescher los! Es ist Zeit, die Ernte einzufahren. Die
Früchte sind überreif!“ 16 Und dann legte der Mann, der auf der Wolke
saß, los. Er fuhr mit dem Mähdrescher über die Erde und holte die Ernte
ein. 17 Danach kam ein anderer Engel aus dem Tempel, der hatte ein
scharfes Messer, mit dem man Weintrauben aberntet. 18 Zu ihm gesellte
sich ein neuer Engel, der hatte das Sagen über das Feuer. Der rief dann
zu dem anderen Engel: „Schneide mit dem Messer die Trauben vom
Weinstock der Erde runter. Die sind reif!“ 19 Jetzt schleuderte der Engel
sein Messer auf die Erde und erntete so die Trauben. Die warf er dann in
eine große Weinpresse, ein Bild für Gottes Zorn. 20 Vor der Stadt wurde
der Saft aus den Trauben gepresst. Ein riesiger Strom von Blut floss aus
den Trauben raus, zu einem Fluss, der 1 600 Stadien lang war (das sind
so um die 300 Kilometer) und so tief, dass ein Pferd bis zu den Zügeln
da drin versinken würde!

15

Sieben Engel und sieben Katastrophen

1 Danach sah ich am Himmel ein großes Zeichen, das sehr seltsam
war. Sieben Engel hielten sieben Katastrophen in ihren Händen, mit
denen Gottes Gericht zu Ende gehen sollte. 2 Ich konnte so eine Art
Meer erkennen. Es war durchsichtig wie Glas und leuchtete dabei wie

Feuer. Am Ufer von diesem Meer standen alle, die über das Tier gesiegt,
nicht zu seinem Bild gebetet und auch nicht die Zahl seines Namens
angenommen hatten. In ihren Händen hielten sie E-Gitarren, die Gott
ihnen gegeben hatte. 3 Sie sangen das Stück, das schon Mose, der Die-
ner von Gott, gesungen hatte, das auch das Lied von dem Lamm ist:
„Gigantisch und groß ist alles, was du getan hast. Du bist der Chef, dir
ist nichts unmöglich! Alles, was du tust, ist gerecht. Man kann sich auf
dich verlassen, du bist der König von allen Menschen! 4 Wer sollte dich
nicht anerkennen? Wer sollte deinen Namen nicht toll finden und dich
nicht loben? Nur du bist heilig! Alle Menschen werden kommen und zu
dir beten. Denn dass du gerecht bist, wurde an deinen Taten allen klar
gemacht.“ 5 Und dann konnte ich sehen, wie im Himmel der Tempel, die
Stiftshütte, geöffnet wurde! 6 Die sieben Engel, die die sieben Katastro-
phen getragen hatten, kamen aus diesem heiligen Bereich raus. Sie hat-
ten total weiße Kleider an und um die Brust ein Band aus Gold. 7 Eins
von den vier mächtigen Wesen gab den sieben Engeln sieben goldene
Schüsseln. In diesen Schüsseln war der Zorn Gottes, des Gottes, der
immer da sein wird. 8 Der Tempel war von einer Wolke Gottes eingene-
belt, die seine Macht und seine Größe symbolisiert. Niemand konnte in
den Tempel gehen, bis die sieben Katastrophen beendet waren.

16

Sieben Eimer voller Zorn

1 Jetzt hörte ich eine irre laute Stimme, die den sieben Engeln zurief:
„Geht los und schüttet über der Erde die sieben Schüsseln aus, die mit
Gottes Zorn abgefüllt sind!“ 2 Der erste Engel ging dann los und schüt-
tete eine Schüssel über der Erde aus. Sofort bekamen die Menschen,
die dieses Zeichen vom Tier trugen und seine Statue angebetet hatten,
schlimme bösartige Krebsgeschwüre. 3 Der zweite Engel schüttete sei-
ne Schüssel in das Meer, und als er das tat, wurde das Wasser blutrot.
Alle Pflanzen und Tiere, die im Meer lebten, starben. 4 Und der dritte
Engel schüttete seine Schüssel über die Flüsse und den Wasserquellen
aus, die dann auch blutrot wurden. 5 Dabei konnte ich hören, wie der
Engel, der das Sagen über das Wasser hatte, meinte: „Du hast jetzt
ein Urteil gefällt. Du bist gerecht, du bist der Heilige, und das warst
du auch immer schon. 6 Weil sie deine Leute und deine Propheten
umgebracht haben und ihr Blut auf der Erde vergossen wurde, hast du
ihren Mördern zu Recht dieses Blut zu trinken gegeben. Das haben sie
verdient!“ 7 Dann hörte ich eine Stimme aus der Richtung vom Altar,
die sagte: „Ja, Gott, dir ist nichts unmöglich. Jedes Urteil, was du fällst,
ist auf jeden Fall gerecht und geht in Ordnung!“ 8 Jetzt goss der vierte

Engel seine Schüssel über die Sonne. Das bewirkte, dass die Strahlen
der Sonne die Menschen fast verbrennen konnten. 9 Und die Menschen
litten unter der starken Sonneneinstrahlung. Trotzdem schlugen sie
keine andere Richtung in ihrem Leben ein oder fingen an Gott zu ver-
ehren. Ganz im Gegenteil, sie verfluchten seinen Namen sogar. 10 Und
der fünfte Engel goss seinen Eimer direkt über den Thron von dem
Tier. Plötzlich war sein ganzes Gebiet dunkel. Die Menschen, die dort
lebten, bissen sich vor Schmerz auf die Zunge. 11 Dann verfluchten sie
Gott aber wegen dieser Schmerzen und wegen der Krebsgeschwüre,
sie weigerten sich, von ihrem falschen Weg umzudrehen. 12 Jetzt goss
der sechste Engel seinen Eimer in den großen Fluss, den Euphrat. Der
trocknete sofort aus. Jetzt konnten die Herrscher aus dem Osten ohne
Probleme mit ihrem Heer in das Land einmarschieren. 13 Ich konnte
dann drei böse Geister sehen, die sahen aus wie Frösche. Sie sprangen
aus dem Mund des Drachen, des Tieres und aus dem Mund von dem
falschen Propheten. 14 Diese Frösche stehen für dämonische Geister,
die Wunder tun können und so die Machthaber dieser Erde auf ihre
Seite ziehen. Sie motivieren alle, sich mit ihnen zum letzten großen
Kampf gegen den großen Gott zu stellen, dem nichts unmöglich ist.
15 „Aber nicht vergessen", sagte Jesus Christus plötzlich. „Ich komme
total unerwartet und plötzlich, so wie Einbrecher! Nur wer wach bleibt
und bereit ist, wird an diesem Tag glücklich sein! Nur wer seine Kla-
motten in der Nähe hat, muss nicht nackt rumlaufen, das wäre sonst
peinlich für ihn."

Harmagedon

16 Die fiesen Geister trafen sich dann an einem Ort, der auf Hebräisch
Harmagedon heißt. 17 Der siebte Engel schüttete jetzt seinen Eimer in
die Luft. Plötzlich hörte man eine wahnsinnig laute Stimme, die aus der
Richtung vom Thron im Tempel kam. Die sagte: „Es ist jetzt passiert!"
18 Blitze flashten über den Himmel, Donnerschläge krachten wie Explo-
sionen. Die Erde bebte so heftig, wie es in der Zeit, seit die Menschen
da leben, noch nie abgegangen war. 19 Die Riesenstadt Babylon wurde in
drei Teile gespalten, und die Städte der Leute, die nicht mit Gott lebten,
zerbröselten förmlich zu Schutt. Gott hatte die Schuld, die Babylon auf
sich geladen hatte, nicht vergessen. Die Stadt musste ihre Suppe auslöf-
feln. Es traf sie voll, dass Gott sauer auf sie war. 20 Die Inseln versanken
im Meer, und die Berge wurden von ihm platt gemacht. 21 Riesige Ha-
gelkörner, so groß wie Fernseher, fielen vom Himmel auf die Menschen
runter. Die Menschen lästerten über Gott und hassten ihn deswegen. Es
war eine echt derbe Katastrophe.

17

Das riesige Babylon und das Biest

1 Jetzt kam einer von den sieben Engeln bei mir an, der vorher die sieben
Eimer bekommen hatte. Er sagte zu mir: „Komm mit! Ich will dir mal
zeigen, wie Gott die große Nutte bestraft, die ihren Sitz an den Wasser-
läufen hat. 2 Die Mächtigen, die Leute, die was zu sagen haben, sind ihr
hinterhergelaufen und haben sich auf sie eingelassen. Alle Menschen,
die auf der Erde leben, haben sich mit ihrer Droge breit gehauen, sie wa-
ren total high davon.“ 3 Jetzt beamte mich ein Engel plötzlich in die Wüs-
te. Ich konnte ein knallrotes Tier erkennen, das aussah wie ein Drache.
Es hatte sieben Köpfe und zehn Hörner und war überall vollgekritzelt mit
fiesen Worten, die über Gott ablästerten. Auf diesem Tier ritt eine Frau,
4 die dunkel- und grellrote Kleider anhatte. Sie hatte überall superteuren
Schmuck aus Gold, Edelsteinen und Perlen umgehängt. In ihrer Hand
hielt sie einen Becher, der aus Gold war. Dieser Becher war irgendwie
randvoll mit linken Sachen, mit Verführung zu ätzenden Sexsachen und
so. 5 Auf ihrer Stirn hatte sie einen geheimnisvollen Namen stehen: „Das
große Babylon! Hier sind alle ätzenden ekligen Sachen auf der Erde zu
Hause!“ 6 Ich konnte beobachten, wie diese Frau total high wurde von
dem Blut der Leute, die zu Gott gehörten und die Jesus treu geblieben
waren. Ich konnte echt nicht verstehen, was das bedeuten sollte. 7 Der
Engel meinte zu mir: „Warum peilst du das nicht? Pass mal auf, ich will
dir verraten, wer diese Frau ist und was es mit diesem Drachen mit den
sieben Köpfen und den zehn Hörnern auf sich hat. 8 Der Drache hat mal
gelebt, aber jetzt ist er tot. Aber er wird bald aus der Tiefe, aus der Dun-
kelheit, aus der Hölle hochkommen, und dann wird es endgültig mit ihm
zu Ende gehen. Die Menschen auf der Erde, von denen die Namen nicht
im Lebensbuch notiert worden sind, werden es zuerst nicht raffen kön-
nen, wenn das Tier wieder zurückkommen wird. Es war ja mal tot. 9 Jetzt
ist es angesagt, weise zu sein und sein Hirn zu benutzen. Die sieben
Köpfe stehen für sieben Berge, von denen die Frau aus regiert. Sie bedeu-
ten aber auch, dass es da sieben Präsidenten gibt, sieben Könige. 10 Fünf
von ihnen sind im Krieg gestorben, der sechste ist jetzt an der Regierung,
und der siebte wird noch kommen. Aber seine Regierungszeit wird nur
kurz sein. 11 Dieses knallrote Tier, das mal gelebt hat und dann gestorben
ist, steht für den achten König. Er ist genauso drauf wie die sieben ande-
ren. Er wird auch kaputtgehen. 12 Die zehn Hörner, die du gesehen hast,
stehen für zehn Präsidenten, die noch nicht an der Macht sind. Sie wer-
den mit dem Tier gemeinsame Sache machen, aber nur für kurze Zeit.
13 Sie sind sich in allen Sachen einig, haben ein gemeinsames Ziel und

stellen sich voll unter die Kontrolle von dem Tier. 14 Gemeinsam werden
sie gegen das Lamm antreten und kämpfen. Aber das Lamm wird sie
besiegen, weil es Jesus ist, der da kämpft. Er ist der Chef von allen Chefs,
er ist der Präsident der Präsidenten. Und alle, die auf seiner Seite stehen,
werden Siege einfahren, weil sie extra von ihm ausgesucht wurden und
weil sie ihm treu waren." 15 Der Engel erklärte mir dann: „Die Flüsse, an
denen du die Nutte gesehen hast, stehen für alle Länder und Völker mit
ihren unterschiedlichen Sprachen. 16 Das knallrote Tier und seine zehn
Hörner (die stehen für die zehn Präsidenten) werden die Nutte hassen.
Sie werden sie völlig ausrauben, bis sie nichts mehr hat, und sie schließ-
lich auffressen. Ihre Reste wird man dann im Feuer verbrennen. 17 Das ist
aber alles im Rahmen von Gottes Plan. Sie werden dann alles gemeinsam
tun und ihren Einfluss dem Tier überlassen, bis alles so passiert ist, wie
Gott es gesagt hat. 18 Die Frau, die du gesehen hast, steht für die große
Stadt, das Imperium, was über alle Präsidenten herrschen wird."

18

Babylons Zeit ist abgelaufen

1 Nachdem diese ganzen Sachen abgegangen waren, konnte ich einen
Engel erkennen, wie er aus dem Himmel runterkam. Er hatte sehr große
Power, und es ging helles Licht von ihm aus, so stark, dass die ganze
Erde hell wurde. 2 Er rief volles Rohr: „Babylon hat verloren! Die große
Stadt kann einpacken! Nur noch Dämonen können da wohnen, unreine
Geister sitzen da fest, und nur Aasgeier suchen da noch was zu fressen.
3 Alle Völker haben sich an dieser Stadt bedient. Sie haben sich verfüh-
ren lassen, sie haben sich breit gemacht, sie waren total bekifft von ihr,
sie konnten nicht genug kriegen. Auch die Machthaber dieser Erde ha-
ben sich auf sie eingelassen, und die Wirtschaftsbosse sind durch ihren
Wohlstand stinkreich geworden." 4 Dann hörte ich eine andere Stimme,
die auch aus dem Himmel kam. „Verschwindet aus der Stadt! Macht
bei dem Mist nicht mit! Sonst werdet ihr auch bestraft. 5 Die Sünden,
die sie begeht, sind so gigagroß, dass sie bis zum Himmel stinken. Gott
wird sie bald gerecht dafür bestrafen. 6 Zahlt ihr das Leiden zurück, was
sie euch zugefügt hat! Verdoppelt es sogar! 7 So wie sie einmal alles fett
sitzen hatte und im Überfluss leben konnte, so soll sie jetzt auch leiden.
Sie denkt ja bei sich: ‚Och, ich bin ja die Ehefrau von einem Präsidenten,
ich werde weiter Macht besitzen. Ich bin keine hilflose Frau, deren Ehe-
mann gestorben ist. Mir kann nichts passieren!' 8 Aber an nur einem
einzigen Tag wird alles plattgemacht werden. Sie wird hungern, über
Tote trauern, sie wird vom Feuer verbrannt werden. Gott, der Chef, wird
mit ihr abrechnen, denn ihm stehen alle Möglichkeiten zur Verfügung."

9 Die Mächtigen in der Welt werden traurig sein, die mit ihr rumgemacht
haben, und die es mit ihr getrieben haben, werden heulen, wenn sie
abgefackelt wird. 10 Sie werden sich in die Hose machen vor Angst,
sie werden laut losheulen: „Oh nein, Babylon, du Traumstadt! In einer
Stunde war es schon vorbei mit dir, du hast deine Strafe bekommen!“
11 Auch die Handelskonzerne werden um sie trauern, weil keiner mehr
ihr Zeugs kaufen will. 12 Sie handelten mit Gold und Silber, mit teurem
Schmuck, Edelsteinen, teuren Stoffen, Seide, Mahagoni, Meißener Por-
zellan, Edelstahl und Marmor. 13 Sie hatten teure Gewürze eingekauft,
Pflegemittel, Parfüm, Wein und Öl, gutes Mehl vom Feinsten, genügend
frisches Fleisch von Rindern und Schafen. Autos, Pferde, sogar Men-
schen haben sie verkauft. 14 Auch diese ganzen Früchte, die du so sehr
mochtest, gibt es jetzt nicht mehr. Es ist alles vorbei, der ganze Schnick-
schnack ist verloren und wird auch nicht zurückkommen. 15 Die Unter-
nehmer, die durch den Handel fett Kohle gemacht haben, werden aus
Angst vor den Schmerzen auf Abstand gehen. Sie werden weinen und
sagen: 16 „Wie schrecklich, wie furchtbar für diese schöne Stadt! Sie war
mal so schön wie eine Frau, die in den besten Klamotten rumgelaufen
ist und gut gestylt war, mit schönem Schmuck aus Gold und Edelstei-
nen und Perlen. 17 Und von einer Sekunde auf die andere ist alles vorbei,
vernichtet und verloren!“ Aus einiger Entfernung werden Kapitäne und
ihre Steuermänner das Geschehen zusammen mit ihrer Besatzung
beobachten können. 18 Wenn sie den Qualm von der brennenden Stadt
sehen, sagen sie: „Welche Stadt konnte es mit ihr aufnehmen?“ 19 Weil
sie so traurig sind, ziehen sie sich schwarze Kleidung über und weinen
so laut, dass es jeder hört. „Wie grausam, wie schrecklich, sie tut uns
so Leid! Wir haben ihre Waren mit Schiffen übers Meer transportiert
und weiterverkauft. Und wir haben gut dran verdient!“ 20 Aber ich sag
nur: „Himmel, freu dich darüber! Freut euch, die ihr Gott vertraut! Freut
euch, ihr Apostel und ihr Propheten! Gott hat sein Ding durchgezogen,
er hat sein Urteil vollstreckt. Er hat für Gerechtigkeit gesorgt!“ 21 Dann
hob ein Engel einen Riesen-Betonklotz hoch und warf ihn ins Meer.
Dann sagte er: „Genau so wie dieser Betonklotz untergeht, wird auch
das große Babylon komplett untergehen. Nichts wird mehr davon übrig
bleiben. 22 Nie wieder wird man da eine Band spielen hören, keine E-Gi-
tarre, keine Sänger, keinen Bass und auch kein Schlagzeug. Es wird auch
kein Handwerker mehr da arbeiten, und auch Industrielärm wird nicht
mehr zu hören sein. 23 Alle Lampen werden ausgehen, für immer. Hier
werden auch keine Hochzeitspartys mehr gefeiert. Du warst die stärkste
Wirtschaftskraft, du warst die Nummer eins auf der Erde und hast den
gesamten Weltmarkt kontrolliert. Mit deinen schönen Spielereien hast

du Nationen verführt. 24 Du bist schuldig geworden, denn auf deinen
Straßen wurden die Propheten ermordet, und das Blut der Menschen,
die zu Gott gehören, klebt an deinen Händen. Du bist sogar verantwort-
lich für den Tod aller Menschen, die auf der Erde ermordet wurden."

19

Siegerparty im Himmel

1 Danach hörte ich, wie eine riesengroße Menschenmenge anfing im
Himmel rumzurufen: „Yeah, halleluja, Gott ist der Größte! Er hat ge-
wonnen! Er macht alles wieder gut! 2 Er ist ein unbestechlicher und
gerechter Richter. Er hat die große Nutte bestraft, die die Erde mit ihren
miesen Geschäften so verdreckt hat. Er hat das Blut seiner Kinder, das
an ihren Fingern klebte, gerächt." 3 Immer wieder jubelten sie: „Halle-
luja! Danke, Gott! Dass diese miese Stadt endlich plattgemacht wurde,
zeigt allen, was du draufhast!" 4 Die vierundzwanzig Ältesten und die
vier lebendigen Wesen knieten sich vor dem Thron Gottes hin. Sie be-
teten ihn an und sagten ganz laut: „Genau so ist es! Amen! Gott ist der
Größte!" 5 Jetzt hörte ich eine Stimme, die aus der Richtung vom Thron
kam und sagte: „Bedankt euch bei unserem Gott! Lobt ihn, egal ob ihr
jung seid oder alt! Das gilt für alle, die zu ihm gehören." 6 Dann hörte
ich wieder eine Stimme, die war so laut wie tausend Böller oder wie
der Bass von tausend Beats. Die Stimme sagte: „Halleluja! Sagt Gott,
wie gut er ist! Unser Chef, unser Gott, dem nichts unmöglich ist, hat
endgültig die Herrschaft übernommen! 7 Lasst uns 'ne Party machen,
wir wollen das feiern und uns drüber freuen. Wir wollen Gott dafür dan-
ken! Es ist jetzt für das Lamm an der Zeit zu heiraten. Seine Braut ist
schon bereit. 8 Sie darf sich jetzt schick machen und ein weißes T-Shirt
tragen." Das weiße T-Shirt steht für das saubere Leben, das die Christen
geführt hatten, die so lebten, wie Gott es gut findet. 9 Dann sagte ein
Engel zu mir: „Jetzt schreib mal auf: ‚Die Leute, die eine Einladung zur
Hochzeitsparty vom Lamm haben, können sich freuen!'" Und dann
meinte er noch: „Das ist aus zuverlässiger Quelle. Gott selber hat das
gesagt!" 10 Ich war so platt, dass ich mich vor den Engel warf und zu
ihm beten wollte. Er fand das aber nicht so toll. „Nein, lass das sein! Ich
bin auch nicht anders als du und deine Familie. Ich bin ein Angestell-
ter, der einen Auftrag von Jesus Christus hat. Zu dem musst du reden!
Wenn einer prophetische Worte hat, dann sind die von ihm!"

Jesus besiegt das Tier und seine Armee

11 Plötzlich öffnete sich der Himmel vor meinem inneren Auge. Ich
konnte ein weißes Pferd erkennen, auf dem jemand ritt. Der Reiter

hieß „Treue und Ehrlichkeit“, weil er seine Sache immer gerecht durch-
zieht. Dafür kämpft er. 12 Seine Augen leuchteten wie ein Tausend-
Watt-Halogenstrahler, und auf seinem Kopf waren viele kleine Kronen.
Er hatte einen geheimen Namen, den nur er allein kannte. 13 Er hatte
Kleidung an, die total mit Blut verschmiert war. Sein Name war: „das
Wort von Gott“. 14 Die Armee aus dem Himmel zog hinter ihm her,
alle auf weißen Pferden. Sie hatten Uniformen aus feinster, ganz rei-
ner Baumwolle an, ebenfalls in Weiß. 15 Aus seinem Mund kam ein
Laserstrahl, damit besiegte er alle Nationen. Er wird knallhart regieren.
Man sagt, es wäre wie bei einer Saftpresse: Genau so würde er die
Menschen ausquetschen. Alle würden mitkriegen, wie sauer der große
Gott ist. 16 Auf der Jacke, die er anhatte, stand ein Name: „Präsident
der Präsidenten, König der Könige, Chef aller Chefs!“ 17 Dann sah ich
einen Engel, der von der Sonne umstrahlt wurde. Der redete mit den
Geiern und sagte zu ihnen: „Kommt her und bereitet euch auf ein
großes Festessen vor. 18 Ihr könnt euch an dem Fleisch von Präsidenten
bedienen, an den Knochen der Generäle und aller anderen Menschen,
die über diese Welt das Sagen haben. Esst von den Leichen der Pferde
und ihrer Reiter, das Fleisch von Chefs und ihren Angestellten, von
Großen und Kleinen.“ 19 Dann sah ich, wie das Tier und die Präsidenten
ihre Armeen zusammenzogen, um gegen den Reiter auf dem Pferd und
seine Armee zu kämpfen. 20 Das Tier wurde gefangen genommen und
mit ihm dieser falsche Prophet, der im Auftrag von dem Tier die fetten
Wunder getan hatte. Damit hatte er ja bewirkt, dass alle verführt wur-
den. Sie hatten den Code von dem Tier angenommen und zu seinem
Denkmal gebetet. Bei lebendigem Leib wurden sie in den Feuersee
geworfen. 21 Alle anderen wurden durch das Laserschwert getötet, das
aus dem Mund von dem Mann kam, der auf dem weißen Pferd saß.
Die Geier fraßen sich an dem Fleisch satt.

20

Tausend Jahre haben die Jesus-Leute das Sagen über die Welt

1 Nachdem das alles passiert war, konnte ich einen Engel erkennen, der
aus dem Himmel auf die Erde gebeamt wurde. Er hatte große Hand-
schellen in der Hand und in der Tasche den Schlüssel für die Tür zum
Abgrund. 2 Er schnappte sich den Drachen, diese alte Schlange, also den
Teufel beziehungsweise Satan, und fesselte ihn für die nächsten tausend
Jahre. 3 Der Engel warf ihn dann in den Abgrund und verschloss die
Tür, sodass keiner sie mehr knacken konnte. Das Mistvieh konnte jetzt
tausend Jahre lang nichts Ätzendes mehr auf der Erde starten. Keiner
konnte mehr verführt werden, bis die Zeit vorbei war. Danach muss er

aber für kurze Zeit wieder freigelassen werden. 4 Dann konnte ich so
Throne sehen, also solche Chefsessel, wo Könige draufsitzen. Alle, die
von Gott eine Vollmacht ausgestellt bekommen hatten, über andere zu
richten, setzten sich dort drauf. Ich konnte Menschen erkennen, die
man getötet hatte, weil sie sich öffentlich dazu gestellt hatten, Christen
zu sein. Sie waren straight bei ihrer Überzeugung geblieben. Sie hatten
auch nie zu dem Tier gebetet, auch nicht zu seinem Denkmal. Sie wur-
den wieder lebendig und hatten mit Jesus tausend Jahre lang das Sagen
über die Welt. 5 Die anderen Menschen, die tot sind, wurden erst wieder
lebendig, als diese tausend Jahre vorbei waren. Das nennt man übrigens
die „erste Auferstehung". 6 Glücklich werden alle sein, die von Gott
akzeptiert werden und mit dabei sind, wenn Gott sie aus dem Tod raus-
holt. Der zweite Tod kann bei ihnen nichts mehr ausrichten. Sie werden
Priester von Gott sein und tausend Jahre lang mit ihm zusammen das
Sagen haben.

Satan hat abgelost

7 Wenn die tausend Jahre vorbei sind, wird Satan noch mal aus seinem
Gefängnis freikommen. 8 Er wird alle Menschen auf der Welt überreden,
sich um ihn zu sammeln und zum Krieg aufzurüsten. Es werden so viele
Soldaten sein, wie es Sand am Meer gibt. 9 Ich konnte sehen, wie sie
von überall herkamen. Sie umzingelten Gottes Leute und belagerten
seine geliebte Stadt. Dann sah ich, wie plötzlich Feuer vom Himmel
runterfiel und diese Armee, die von Satan angeführt wurde, vernichtet
wurde. 10 Der Satan selber, der alle betrogen hatte, wurde dann auch
gepackt und zu dem Tier und dem falschen Propheten in einen See aus
Feuer geworfen, der mit Schwefel brennt. Dort brennen sie und leiden
ohne Ende, bis in die Ewigkeit.

Die letzte Gerichtsverhandlung

11 Dann konnte ich einen weißen Thron erkennen, und ich sah auch
denjenigen, der da draufsaß. Sein Blick war so derbe, dass die Erde
und der Himmel ihn nicht ertragen konnten. Sie verschwanden einfach.
12 Ich sah dann alle Toten vor dem Thron Gottes aufkreuzen. Alle, die
mal was zu sagen hatten, waren da, und auch die Nobodys. Dann wur-
den Bücher aufgeschlagen. Das Buch des Lebens war auch dabei. Jeder
bekam ein Gerichtsurteil, das sich nach den Eintragungen richtete, die
man in den Büchern fand. Alles, was man mal gemacht hat, stand da
drin. 13 Alle Toten mussten antreten. Das Meer spuckte seine Toten aus,
aber auch die Menschen aus dem Totenreich waren dabei. Jeder bekam
ein Urteil nach seinen Taten, so wie er gelebt hatte. 14 Und der Tod und

sein ganzer Machtbereich wurde verschrottet. Er kam in den Feuersee,
und das ist dann der zweite Tod. 15 Alle, deren Namen nicht in diesem
Buch gefunden wurden, landeten in diesem See aus Feuer, in dem end-
gültigen Tod.

21

Gott macht alles neu

1 Und dann sah ich sie, eine brandneue Erde und einen total neuen
Himmel. Die Zeit der ersten Erde mit ihrem Himmel war abgelaufen.
Auch das Meer war nicht mehr da. 2 Ich konnte sehen, wie die heilige
Stadt von Gott langsam aus dem Himmel runtergelassen wurde. Sie
war so schön gestylt wie eine Frau, die gerade heiraten will. 3 Ich hörte
eine krasse Stimme, die aus der Richtung von dem Thron kam. „Passt
auf, hier wird Gott mit den Menschen zusammen wohnen. Sie werden
bei ihm abhängen und ganz fest zusammengehören. Sie werden seine
Leute sein, und er wird ihr Gott sein. 4 Er wird immer für sie da sein und
ihre Tränen abwischen. Der Tod wird dort keine Chance mehr haben.
Leiden, Schmerzen, Angst: Das wird es dort alles nicht mehr geben!
Das gehört zur ersten Zeit, und die hat jetzt aufgehört.“ 5 Der Mann,
der auf dem Thron saß, sagte dann: „Pass mal auf, ich werde alles ganz
neu machen!“ Dann meinte er: „Schreib alles auf! Denn was ich gesagt
habe, ist zuverlässig und wahr!“ 6 Dann sagte er noch zu mir: „Es ist
alles genau so passiert, wie es passieren sollte. Ich bin das A und auch
das Z, ich war als Erster da, und ich steh auch am Ende. Jeder, der Durst
hat, wird von mir aus der Quelle zu trinken bekommen, wo das Leben
entspringt. Und zwar umsonst. 7 Wer es packt und am Ende siegt, wird
das alles bekommen. Ich werde sein Gott sein, und er wird mein Sohn
sein. 8 Übel wird es aber den anderen ergehen: den Menschen, die feige
waren und sich nicht zu mir gestellt haben, als es drauf ankam. Denen,
die nicht an mich geglaubt haben, die üble Sachen abgezogen haben,
die gemordet und die Ehe gebrochen haben. Übel wird es den Leuten
ergehen, die sich auf okkulte Sachen eingelassen haben, die andern
Göttern nachgelaufen sind, die nicht straight waren, sondern gelogen
haben. Auf die wartet der Feuersee, der mit Schwefel brennt. Das ist der
zweite Tod, der sie für immer von mir trennt.“

Die neue Stadt von Gott

9 Ich sah dann, wie einer von den sieben Engeln, die in ihren Schüs-
seln die letzten sieben Katastrophen gebracht hatten, zu mir kam und
sagte: „Komm mal mit, ich will dir die Braut zeigen, die das Lamm
heiraten wird!“ 10 Ich wurde dann vom Geist auf einen großen Berg

gebeamt. Er zeigte mir von dort die heilige Stadt Jerusalem, wie sie von Gott aus dem Himmel runterkam. [11] Die Stadt strahlte voll, sie hatte so ein Leuchten, wie es nur Gott selber hatte. Sie funkelte wie ein sehr teurer Edelstein, so ein Jaspis, und strahlte so wie ein Kristall. [12] Die Stadtmauer war sehr breit und sehr hoch. Sie hatte zwölf Türen, die von zwölf Engeln bewacht wurden. Auf den Türen waren Schilder mit den Namen von den zwölf Stämmen der Israelis angebracht. [13] Drei Tore in Richtung Osten, drei Tore in Richtung Westen, drei Tore in Richtung Norden, drei Tore in Richtung Süden. [14] Die Mauer von dieser Stadt war auf zwölf Grundsteinen aufgebaut. Die hatten die Namen von den zwölf Aposteln, die zu dem Lamm gehörten. [15] Der Engel, mit dem ich redete, hatte in seiner Hand einen goldenen Zollstock. Damit wollte er die Mauern und die Türen ausmessen. [16] Die Stadt war viereckig angelegt, so wie ein Quadrat. Der Engel kam dann beim Messen auf schlappe 2500 Kilometer in allen Richtungen. [17] Dann maß er auch noch die Mauern aus und kam auf ungefähr 65 Meter. Er rechnete dabei nach dem Maß der Menschen. [18] Die Mauern waren aus Jaspis gemacht, die Stadt bestand aber zu hundert Prozent aus einem Gold, das so durchsichtig wie Glas war. [19] Die Grundsteine der Stadt waren mit vielen Edelsteinen geschmückt. Der erste Grundstein war ein Jaspis, der zweite ein Saphir, der dritte ein Chalzedon, der vierte ein Smaragd, [20] der fünfte ein Sardonyx, der sechste ein Karneol, der siebte ein Chrysolith, der achte ein Beryll, der neunte ein Topas, der zehnte ein Chrysopras, der elfte ein Hyazinth, der zwölfte ein Amethyst. [21] Die zwölf Tore waren aus zwölf Perlen gemacht, jedes Tor aus einer einzigen Perle! Die Hauptstraße war aus reinem Gold, so durchsichtig wie Glas. [22] In der ganzen Stadt war keine Kirche, kein Tempel zu sehen. Der Tempel war nämlich Gott selber, der große Gott, dem nichts unmöglich ist. Und mit ihm Jesus Christus, er ist das Lamm. [23] Die Stadt hatte keine Sonne mehr nötig, keinen Mond und auch keine Straßenlampen, um es hell zu haben, weil Gott so viel von seiner Größe ausstrahlte, dass es einfach so hell war. Diese Lampe war das Lamm. [24] In diesem Licht werden alle Menschen auf der Erde leben. Die Mächtigen der Welt werden kommen und ihren Reichtum in die Stadt bringen. [25] Es gibt dort keine Nacht mehr und nichts, wovor man Angst haben müsste. Darum werden die Türen niemals verschlossen werden. [26] Alles, was die Nationen an wertvollen Sachen besitzen, werden sie in diese Stadt bringen. [27] Wer link drauf ist und auf Sünde steht, wer lügt oder andere Sachen macht, die nicht zu einem Leben mit Gott passen, darf niemals in diese Stadt rein. Nur wer in dem Lebensbuch vom Lamm steht, darf dort rein.

22

Das Wasser des Lebens

1 Jetzt zeigte der Engel mir noch einen besonderen Fluss, in dem das
Wasser des Lebens floss. Er war so sauber und klar wie ein Kristall und
kam direkt aus dem Raum, wo der Thron Gottes steht und wo auch
das Lamm ist. 2 An beiden Ufern vom Fluss, der an der Straße entlang-
floss, stand der Baum des Lebens. Dieser Baum konnte zwölf Mal pro
Jahr Früchte tragen, jeden Monat einmal. Die Blätter von dem Baum
können alle Völker gesund machen. 3 Nie mehr wird wieder irgendwas
unter einen Fluch von Gott gestellt werden. Der Thron von Gott und der
Thron von dem Lamm werden dort stehen. Und alle, die ihm gehören,
werden ihm dort dienen. 4 Sie werden Gott in die Augen sehen können,
sein Name wird auf ihrer Stirn stehen. 5 Es wird dort keine Nacht mehr
geben, es wird nie mehr dunkel sein. Man braucht deswegen auch kei-
ne Lampe, und auch die Sonne braucht man nicht. Gott wird das Licht
machen, und sie werden bis in die Ewigkeit das Sagen haben.

Jesus tritt auf

6 Dann sagte jemand zu mir: „Diese Sachen, die ich dir gesagt habe,
sind hundertprozentig wahr. Gott, der über alles regiert, hat seinen
Propheten gesagt, was in der Zukunft abgehen wird. Er hat seinen Engel
geschickt, um das den Leuten, die ihm dienen, zu erzählen. 7 Ja, ich
werde bald kommen! Freut euch schon drauf! Wirklich glücklich werden
die Menschen sein, die an dem festhalten, was in diesem Buch vorher-
gesagt wurde!“ 8 Ich bin Johannes, ich hab das alles erlebt. Als das alles
abgegangen ist, konnte ich mich erst mal nur vor dem Engel hinknien,
um zu ihm zu beten. Er hatte mir diese Sachen gezeigt. 9 Das wollte
der aber gar nicht. Er sagte: „Hör auf damit! Ich diene Gott genauso
wie du und deine Geschwister, wie die Propheten und alle anderen, die
diese Worte ernst nehmen, die in diesem Buch stehen. Bete zu Gott!“
10 Dann sagte Jesus zu mir: „Halte diese Worte, die ich dir gesagt habe,
jetzt nicht geheim. Es ist bald so weit, dass all das passieren wird. 11 Wer
jetzt nicht okay für Gott lebt, wird das auch weiterhin tun. Wer für Gott
versifft ist, soll weiter ein siffiges Leben führen. Wer ein Leben führt,
was Gott gut findet, soll das weiter durchziehen, und wer heilig lebt, soll
versuchen, weiter so zu leben. 12 Macht euch auf was gefasst! Ich kom-
me bald wieder zurück, und dann wird abgerechnet. Jeder bekommt,
was er verdient. 13 Ich bin der Anfang und gleichzeitig auch das Ende,
das A und das Z, der Erste, der da war, und der Letzte, der da sein wird.
14 Glücklich werden die Leute sein, die ihre Kleidung, ihr Leben, immer

sauber gehalten haben. Sie dürfen durch die Tür in die Stadt reingehen. Sie dürfen sich auch an den Früchten bedienen, die am Baum des Lebens wachsen. [15] Alle linken Typen müssen vor der Stadt bleiben. Sie dürfen nicht reinkommen. Zum Beispiel Leute, die jemanden ermordet oder Okkultismus betrieben haben, die in solche Sexsachen verstrickt waren, die Gott nicht will, solche Leute, denen irgendwelche Stars oder Götzen wichtiger waren als Gott, die nur rumlügen und es mit der Wahrheit nicht so genau nehmen. [16] Ich, Jesus, habe meinen Engel vorbeigeschickt, um euch, den Gemeinden, diese Sachen klar zu machen. Ich bin der Urvater der ganzen Familie vom König David. Ich bin der helle Morgenstern." [17] Der Geist von Gott und seine Braut rufen dich. Sie sagen: „Jetzt komm!" Und alle, die das hören, sollen antworten: „Ja, komm!" Wer Durst hat, der ist eingeladen. Jeder, der will, kann vorbeikommen und sich an dem Wasser des Lebens bedienen – es ist umsonst! [18] Ich mach jetzt noch mal eine Ansage: Jeder, der diese Worte, diese Prophezeiung, hört, darf sie nicht eigenmächtig ergänzen! Wer das trotzdem tut, der wird dieselben ätzenden Sachen von Gott abkriegen, die in diesem Buch schon beschrieben wurden. [19] Wenn irgendjemand auf die Idee kommt, etwas von diesen Worten wegzulassen, dann wird Gott etwas von seinen Früchten wegnehmen, die für ihn am Baum des Lebens wachsen. Auch sein Anteil an der heiligen Stadt wird dementsprechend reduziert, an der Stadt, die hier beschrieben wurde. [20] Der ein Zeuge war für diese ganze Geschichte, sagt: „Ja, ich werde bald kommen. So soll es sein!" „Ja, Jesus, komm!" [21] Die Gnade und Liebe von unserem Chef und Gott Jesus Christus soll euch immer begleiten!

Christ werden...wie geht das?

Ich meine, dass Gott zu erfahren und kennen zu lernen der eigentliche Grund ist, warum jeder Mensch lebt. Gott zu finden ist wichtiger als die richtige Frau oder den richtigen Mann. Gott zu finden ist wichtiger, als einen guten Job zu haben oder berühmt zu werden. Es ist sogar wichtiger, als ein cooles Leben zu führen.

Das Leben eines Menschen endet nicht mit dem Tod. Es ist sozusagen nach hinten verlängert und fängt dann erst richtig an, wenn es angeblich aufhört.

Tatsächlich lebt der Mensch ewig, und wie er sein Leben ***vor*** dem Tod lebt, entscheidet darüber, wie sein Leben ***nach*** dem Tod aussieht. Wenn du hier ohne Gott gelebt hast, wirst du auch deine Ewigkeit ohne Gott verbringen.

Das ist es, was mit Himmel und Hölle gemeint ist. Ein ewiges Leben mit Gott ist geil und der Himmel. Ein ewiges Leben ohne Gott ist schrecklich und die Hölle.

In unserer Gesellschaft ist die Rede von verschiedenen Göttern und davon, dass jeder selig werden soll, wie er will. Das klingt gut, geht aber nicht.

Ich meine, es gibt tatsächlich nur einen Gott und nur einen Weg zu ihm: Jesus.

Aber da gibt es ein Problem:

Da ist nämlich etwas, das zwischen Gott und den Menschen steht und den Kontakt stört. Man nennt das auch Sünde, oder Dreck oder Mist, und meint damit eben alles, was mit Gott nicht zusammengeht und uns von ihm trennt. Dieser Dreck verhindert, dass ein Mensch mit Gott wirklich leben kann, weil Dreck und Gott einfach nicht zusammengeht.

Niemand kann diese Trennung zwischen Gott und Mensch aufheben. Niemand außer Jesus.

Deshalb sagt Jesus von sich selber:

„Ich bin der Weg dahin, über mich wirst du ihn (Gott) finden. Ich bin die Wahrheit in Person, zuverlässig hoch zehn. Ich bin das Leben, wirkliches, gutes Leben. Keiner hat eine Chance bei Gott, wenn er nicht über mich zu ihm kommt“ (Johannes 14, Vers 6).

Christen sind Menschen, die erkannt haben, dass Jesus Christus der Sohn von Gott ist, und die deshalb ihr Leben mit Jesus leben wollen.

Man erkennt einen Christen nicht daran, dass er ein guter Mensch ist.

Das wird oft missverstanden, als ob man sich etwas bei Gott erkaufen könnte oder als ob das Christentum eine soziale Einrichtung wäre.

Tatsächlich geht es darum, eine Beziehung mit Gott zu haben. Das ist das Einzige, worauf es ankommt.

Du musst überhaupt keine Voraussetzungen erfüllen. Jesus liebt dich so, wie du bist. Egal, was du tust oder getan hast.

Darin unterscheidet sich der christliche Glaube von anderen: In allen Religionen der Welt geht es darum, was ein Mensch für Gott tun kann und soll. Im Christentum geht es darum, was Gott für den Menschen getan hat.

„Gott liebte die Menschen ohne Ende, er war sogar bereit, seinen einzigen Sohn für sie wegzugeben, damit sie nicht vor die Hunde gehen. Jeder, der ihm vertraut, hat es geschafft, er wird ewig leben können!“ (Johannes 3, Vers 16).

Wenn ein Mensch sich auf Gott einlässt und sein Leben auf ihn ausrichtet, tut Gott etwas Wunderbares in diesem Menschen.

Das Leben mit Jesus ist nicht so sehr ein neuer Lebensabschnitt, es ist etwas so fundamental Neues, dass man von einem Neuanfang sprechen kann! Das, was du vorher ohne Gott getan hast, ist auf einmal nicht mehr so wichtig, du hast die Chance neu anzufangen. Und das Beste: Du musst nicht alleine neu anfangen, du hast jetzt Gott, der bei dir ist und dir hilft!

Viele Millionen Menschen haben das erfahren und können bestätigen, dass es funktioniert. Gott tritt tatsächlich in das Leben eines Menschen ein und macht es ganz neu.

Vielleicht findest du es zu schwierig zu glauben? Das Gute ist, dass der Glaube nach und nach wächst. Am Anfang ist es nur die Entscheidung zu glauben, die Überzeugung wächst später in dem Maße, in dem du Gott erlebst.

Wenn du Christ werden und dieses neue Leben mit Jesus anfangen willst, kannst du ihm das einfach sagen. Das nennt man dann Beten.

Am Anfang ist das vielleicht ein bisschen komisch, aber keine Sorge, außer Gott hört es ja keiner.

Falls du nicht weißt, was du sagen sollst, kannst du auch dieses kleine Gebet sprechen:

„Jesus, ich will dir vertrauen.
Ich gebe dir mein altes Leben und bitte dich, mir meine ganzen Fehler zu vergeben. Tut mir Leid, dass ich soviel Mist gebaut habe.
Sei du ab jetzt der Chef in meinem neuen Leben.
Füll mich mit deiner Kraft, dem heiligen Geist ab.
Danke, dass ich ab jetzt dein Kind bin.
So soll es sein, Amen.“

Herzlichen Glückwunsch, willkommen in der Familie!

Wenn du magst, berichte davon, was jetzt bei dir passiert ist! Du kannst mir gerne eine E-Mail schreiben unter Martin@Volxbibel.de. Auch wenn du noch irgendwelche Fragen dazu hast, wie so ein Leben mit Gott funktioniert, kannst du mir mailen oder einen Brief schreiben. Ich oder jemand aus dem Team wird dir auf jeden Fall antworten, versprochen!

Also bis dann und
Jesus mit Dir!

Dein Martin

Weitere Bibelübersetzungen

Die Bibel besteht eigentlich aus zwei Teilen, die man Altes und Neues Testament nennt. Das hat nichts mit erben zu tun, sondern es geht um Verträge, die Gott mit den Menschen geschlossen hat. Der „alte Vertrag" taucht in der Volxbibel immer wieder auf, zum Beispiel im Brief an die Hebräer. Weil wir aber als Christen im „neuen Vertrag" leben, ist dieser für uns wichtiger; deshalb steht in der Volxbibel erstmal nur das Neue Testament.

Wenn du wissen willst, was vor dem neuen Vertrag alles passiert ist, solltest du dir eine Bibel besorgen, in der der alte Vertrag beschrieben wird. Im Alten Testament kannst du zum Beispiel über Leute wie David und Mose lesen, und was damals die Propheten alles gesagt haben. Die Geschichte von Israel wird dort erzählt, und wie die Menschen in dem alten Vertrag mit Gott lebten. Vielleicht gibt es irgendwann von diesem Teil auch eine Version in der Volxbibelsprache.

Die Geschichte der Bibel und ihre Übersetzungen

Es gibt viele Sprachen auf dieser Welt. Normalerweise braucht man eine Übersetzung, um sie zu verstehen. Das erste Original vom Neuen Testament ist in einer Sprache geschrieben, die heute kaum noch jemand versteht: Altgriechisch. Deshalb muss es übersetzt werden.
Als Jesus gestorben, wieder lebendig geworden und im Himmel verschwunden ist, war das natürlich *die* Nachricht! Als dann kurz darauf auch noch der Heilige Geist kam und überall im Land heftige Wunder passiert sind, war die Story nicht mehr aufzuhalten: Überall redete man über Jesus. Wahrscheinlich haben sich zu dieser Zeit schon Leute die ersten Notizen gemacht, aber es hat noch niemand die ganze Geschichte aufgeschrieben. In den ersten Jahren hat man hauptsächlich darüber geredet und das Alte Testament gelesen.

Erst später, als es immer mehr Christen gab, entstanden ein paar Briefe an Gemeinden in verschiedenen Städten. Darin ging es meist um konkrete Probleme, die es vor Ort gab. Später wurden als Fundament der christlichen Lehre die Evangelien verfasst (das bedeutet: „Gute Nachrichten"): Matthäus, Markus, Lukas und Johannes. Darin stehen Details über das Leben und die Predigten Jesu.

Vierhundert Jahre und einige Diskussionen später stand das Neue Testament offiziell fest. Dieses Testament umfasst 21 Bücher, die die grundlegenden Sachen des neuen Vertrages enthalten.

Martin Luther

Fast 800 Jahre nachdem Jesus gelebt hatte, wurden die ersten Texte der Bibel auch in die deutsche Sprache übersetzt. Die damalige Kirche fand das nicht so toll und bekämpfte diese Übersetzungen. Am Anfang des ersten Jahrtausends bekamen die Mächtigen in der Kirche richtig Panik und verboten allen Leuten, selber in einer Bibel zu lesen. Die Bibel ist mehr als Worte, sie hat die Macht, Menschen zu verändern, und genau davor hatte die damalige Kirche Angst. Diese ersten Übersetzungen wurden aber nicht vom griechischen Original, sondern von der lateinischen Übersetzung gemacht.

Martin Luther war der erste, der das gesamte „Neue Testament" vom Griechischen ins Deutsche übersetzt hat. Dafür hat er nur elf Wochen gebraucht. Später wurde diese Übersetzung noch oft überarbeitet, zuletzt 1984.

Unterschiedliche Übersetzungen, unterschiedliche Schwerpunkte

Jede Bibelübersetzung hat einen Schwerpunkt, der irgendwo zwischen Genauigkeit und Lesbarkeit liegt. Man kann den griechischen bzw. im Alten Testament hebräischen oder aramäischen Text Wort für Wort übersetzen, aber das Ergebnis kann man nicht lesen. Das klingt dann genauso schlecht wie eine englische Webseite, die von Google übersetzt wird. Je lesbarer man eine Übersetzung haben will, umso weiter wird sie sich vom Originaltext entfernen und diesen interpretieren.

Die Volxbibel hat ihren Schwerpunkt darauf gelegt, so leicht verständlich wie möglich zu sein. Ihre Stärke liegt eindeutig in der lockeren Lesbarkeit: Man kann sich ohne Probleme ein ganzes Evangelium vor dem Schlafengehen reintun. Dafür musste sie Kompromisse eingehen, was die Genauigkeit angeht. Wenn du die Volxbibel gelesen hast, bekommst du vielleicht Lust, auch mal eine genauere Bibel zu lesen.
Ich möchte dir hier drei Bibelübersetzungen vorstellen, die ich selber auch lese und getestet habe.

Die Elberfelder Übersetzung

ist eine sehr wörtliche Übersetzung. Das Neue Testament wurde 1974, das Alte Testament 1985 überarbeitet. 2006 erscheint noch mal eine neue Bearbeitung. Ihr Schwerpunkt liegt auf einer sehr genauen Wiedergabe des Originals, wodurch einige Passagen für Leute von heute schwerer zu verstehen sind. Wenn du aber wissen willst, wie es im Original genau steht, dann hol dir eine Elberfelder Bibel!

Die Lutherübersetzung

ist total weit verbreitet. Da ihr Stil fast schon wie ein Gedicht klingt, kann man Bibelstellen aus der Lutherübersetzung oft gut auswendig lernen. Dafür ist ihre Sprache aber für heute ziemlich altmodisch.

Die Neues Leben-Übersetzung

ist leicht verständlich und bleibt dabei auch sachlich immer zuverlässig. Sie hat aus dem biblischen Grundtext in ein Deutsch übersetzt, das auch noch heute gesprochen wird.

Mach dich mit der Bibel vertraut, lerne sie kennen! Und wenn du das Gefühl hast, die Volxbibel ist ausgelesen, dann besorg dir eine genauere Übersetzung und grab dich tiefer in die Botschaft der Bibel rein.
Es lohnt sich, denn die Bibel ist ein cooles Buch, es ist Gottes Buch!

Ausschreibung für ein neues Design!

Bist du kreativ? Hast du dein Zimmer besonders gestylt?

Kannst du gut zeichnen, Bücher bekleben oder mit einem Grafikprogramm am Computer arbeiten?

Die Volxbibel sucht für jedes neue Update noch ein nettes schönes Design!

Alle, die Lust haben und ab und zu mal kreativ sind, können sich daran beteiligen!

Du brauchst dafür entweder einen Computer und ein Grafikprogramm, kannst das Teil aber auch als Collage auf ein Blatt kleben. Wichtig ist dabei nur, dass es eine Vorder- und Rückseite geben muss und natürlich auch der Name Volxbibel irgendwie drauf steht!

Setz dich mit deinen Freunden zusammen oder bastel allein an einem neuen Cover und lass dir für deine Bibel etwas Cooles einfallen!

Die besten Einsendungen bekommen einen Preis, und vielleicht wird das nächste Update sogar deinen Entwurf tragen?!

Bitte schicke deine Vorschläge an:

Volxbibel-Verlag
Postfach 40 65
58426 Witten

Martin Dreyer

Volxbibel – Das Anwenderhandbuch

Was dahinter steckt – und was du mit ihr machen kannst

Taschenbuch
12,3 x 19,1 cm
48 Seiten
ISBN: 3-9810656-1-1

Die **Volxbibel** lebt.
Aus einer Vision von Menschen, die von Gottes Botschaft begeistert sind, wird Realität.
Doch das ist nicht alles. Die Volxbibel verändert sich.
In einem einmaligen Open-Source-Experiment im Internet können Leser selbst an der Volxbibel mitschreiben.
Sie tragen mit dazu bei, dass ihre Sprache immer topaktuell und „angesagt" bleibt.
Hier bieten sich nicht nur für den einzelnen Leser, sondern auch für Jugendgruppen oder im Religionsunterricht vielfältige Möglichkeiten.

Wie das genau geht und was man dabei beachten muss, erklärt *Martin Dreyer* in diesem Anwenderhandbuch.
Außerdem erzählt er die dramatische Geschichte dieser ungewöhnlichen Bibelübersetzung.
Der Leser staunt, wie Gott seine Hand dabei im Spiel hat.

vol[x]bibel-verlag